C. H. BECK
STUDIUM

GÜNTER STEMBERGER

Einleitung in Talmud und Midrasch

Achte, neubearbeitete Auflage

VERLAG C. H. BECK MÜNCHEN

Die erste bis sechste Auflage der ‚Einleitung in Talmud und Midrasch'
von Hermann L. Strack erschien in den Jahren 1887 bis 1976.
Die siebente Auflage erschien unter den Namen Strack/Stemberger

---

Die Deutsche Bibliothek – CIP-Einheitsaufnahme

Stemberger, Günter:
Einleitung in Talmud und Midrasch / Günter Stemberger. –
8., neubearb. Aufl. – München : Beck, 1992
  (Beck-Studium)
Bis 7. Aufl. u.d.T.: Strack, Hermann L.: Einleitung in
Talmud und Midrasch
ISBN 3 406 36695 3

Achte, neubearbeitete Auflage. 1992
ISBN 3 406 36695 3

Umschlagentwurf: Bruno Schachtner, Dachau
© C.H.Beck'sche Verlagsbuchhandlung (Oscar Beck), München 1982
Gesamtherstellung: C.H.Beck'sche Buchdruckerei, Nördlingen
Printed in Germany

Inhalt

Vorwort 9

Erster Teil. Allgemeine Einleitung

I. Der historische Rahmen 11
   1) Die äußere Geschichte 11
   2) Die Anfänge der rabbinischen Bewegung 14
   3) Die Quellen 15
   4) Die Periodisierung der jüdischen Geschichte 17

II. Das rabbinische Schulwesen 18
   1) Der Elementarunterricht 18
   2) Die rabbinische Ausbildung in Palästina 19
   3) Die rabbinischen Akademien Babyloniens 21
   4) Die Jüngerschaft 23

III. Die rabbinische Hermeneutik 25
   1) Die sieben Regeln Hillels 27
   2) Die dreizehn Middot des R. Jischmael 30
   3) Die zweiunddreißig Middot 32

IV. Mündliche und schriftliche Tradition 41
   1) Der Begriff der mündlichen Tora. Ein Schreibverbot? 41
   2) Rabbinische Belege für das Schreibverbot? 42
   3) Rabbinische Belege für die Niederschrift der mündlichen Tora 44
   4) Schulbetrieb und mündliche Tradition 47

V. Vom Umgang mit rabbinischen Texten: zur Methodenfrage 55
   1) Die Literaturgeschichte 56
   2) Kultur- und Religionsgeschichte 58
   3) Form-, Traditions- und Redaktionsgeschichte 59

VI. Die Rabbinen 66
   1) Unsere Quellen 66
   2) Rabbinennamen als Datierungshilfe 67
   3) Probleme der rabbinischen Biographie 70
   4) Die wichtigsten Rabbinen 72

VII. Sprachen der rabbinischen Literatur 106
   1) Mischna-Hebräisch (mhe¹) 106

2) Das amoräische Hebräisch (mhe²) 108
3) Das galiläische Aramäisch 109
4) Das babylonische Aramäisch 110
5) Lehn- und Fremdwörter 110
6) Lexika 111

Zweiter Teil. Die talmudische Literatur

I. Die Mischna 113
   1) Worterklärungen 114
   2) Aufbau und Inhalt 114
   3) Die Entstehung 129
   4) Der Text: Handschriften und Ausgaben 144
   5) Die Auslegung der Mischna 149

II. Die Tosefta 153
   1) Name, Aufbau und Inhalt 154
   2) Die Entstehung 154
   3) Der Text der Tosefta 162
   4) Kommentare zur Tosefta 165

III. Der palästinische Talmud 167
   1) Begriffe; der Name 167
   2) Inhalt und Aufbau 168
   3) Die Entstehung nach der Tradition 172
   4) Die Redaktion 173
   5) Der Text 183
   6) Kommentare 188

IV. Der babylonische Talmud 191
   1) Aufbau und Inhalt 192
   2) Die Entstehung: die Tradition 193
   3) Die Redaktion 195
   4) Der Text 208
   5) Die Autorität des babylonischen Talmud 214
   6) Kommentare 215
   7) Der Talmud in der Polemik 221

V. Die außerkanonischen Traktate 224
   1) Abot de Rabbi Natan (= ARN) 224
   2) Soferim 226
   3) Ebel Rabbati 227
   4) Kalla 228
   5) Derekh Erets Rabba (DER) 228

6) Derekh Erets Zutta (DEZ) 229
7) Pereq ha-Schalom 229
8) Die anderen „kleinen Traktate" 230

Dritter Teil. Midraschim

I. Einführung 231
   1) Der Begriff 232
   2) Anfänge der Midraschexegese 233
   3) Die Eigenart des rabbinischen Midrasch 235
   4) Einteilung der Midraschim 237
   5) Der Lesezyklus in der Synagoge 239
   6) Synagogenpredigt, Peticha und Chatima 241

II. Die halakhischen Midraschim 245
   1) Allgemeine Einführung 245
   2) Die Mekhilta de Rabbi Jischmael (= Mek) 249
   3) Die Mekhilta de Rabbi Simeon ben Jochai (= MRS) 254
   4) Sifra 257
   5) Eine „Mekhilta" zu Lev? 262
   6) Sifre Numeri 263
   7) Sifre Zutta (= SZ) 265
   8) Sifre Deuteronomium 266
   9) Midrasch Tannaim 270

III. Die ältesten Auslegungsmidraschim 272
   1) Genesis Rabba (GenR) 272
   2) Klagelieder Rabba (KlgIR) 279

IV. Homilien-Midraschim 284
   1) Levitikus Rabba (LevR) 284
   2) Pesiqta de Rab Kahana (PRK) 287
   3) Pesiqta Rabbati (PesR) 292
   4) Tanchuma – Jelamdenu 298
   5) Deuteronomium Rabba (DtnR) 301
   6) Exodus Rabba (ExR) 303
   7) Numeri Rabba (NumR) 305
   8) Kleinere Homilien-Midraschim 306

V. Midraschim zu den fünf Megillot 309
   1) Die sogenannten Rabbot 309
   2) Andere Midraschim zu den Megillot 313

VI. Andere Auslegungsmidraschim 315
   1) Midrasch Jona 315
   2) Midrasch Psalmen (MidrPss) 315
   3) Midrasch Mischle 317
   4) Midrasch Ijob 318

VII. Andere Haggadawerke 319
   1) Vom Midrasch zur Erzählliteratur 319
   2) Ethische Midraschim 332
   3) Esoterische bzw. mystische Schriften 334

VIII. Sammelwerke und Midrasch genannte Kommentare 341
   1) Jalqut Schim'oni 341
   2) Jalqut ha-Makhiri 342
   3) Jalqut-Reubeni 343
   4) Midrasch ha-Gadol (MHG) 343
   5) Bereschit Rabbati 345
   6) Leqach Tob 346
   7) Sekhel Tob 346
   8) Midrasch Samuel 347
   9) Bereschit Zutta 347
   10) Pitron Tora 348
   11) Weitere Midraschim und verwandte Werke 348

Anhang

Liste der Wochenlesungen (Sedarim) aus der Tora 351
Abgekürzt zitierte Literatur 352
Abkürzungen 355
Register 359
   Sachregister 359
   Büchertitel 360
   Eigennamen 363

Vorwort

Seit Erscheinen meiner Neubearbeitung von Stracks „Einleitung in Talmund und Midrasch" vor zehn Jahren hat die Erforschung der rabbinischen Literatur erhebliche Fortschritte gemacht. Es hängt vom speziellen Interesse des jeweiligen Beobachters ab, was man dabei für besonders wichtig hält. Sollte ich nur auf einige Punkte hinweisen, würde ich vor allem die neuen Lexika von D. Sperber und M. Sokoloff nennen, das erneuerte Interesse am palästinischen Talmud (Edition der Escorial-Handschrift, Textstudien und Übersetzungen) sowie die sehr lebhaft gewordene Midraschforschung, die auch so manchen bisher recht vernachlässigten Schriften zugutekommt; die Erforschung der Hekhalot-Literatur hat in diesem Jahrzehnt eine völlig neue Basis erhalten.

Schon die verschiedenen Übersetzungen des Buches (französisch 1986; spanisch 1988; englisch 1991, italienisch in Vorbereitung) gaben mir Gelegenheit, den Text immer wieder, vor allem bibliographisch, aber auch sonst, zu ergänzen und zu verbessern. Für diese neue Auflage wurde nochmals der gesamte Text gründlich überarbeitet, wobei besonders im Midraschteil umfangreiche Änderungen notwendig waren. Vom einstigen Text von H. L. Strack war schon in der Auflage von 1982 nur noch sehr wenig erhalten geblieben; die neue Textfassung hat sich noch mehr davon entfernt. So schien es nur gerecht, H. L. Strack siebzig Jahre nach seinem Tod aus der Verantwortung für diese Einleitung zu entlassen. Sein Andenken wird auch so allen lebendig bleiben, die mit der Erforschung der rabbinischen Literatur zu tun haben.

Wien, im Februar 1992   *Günter Stemberger*

ERSTER TEIL
ALLGEMEINE EINLEITUNG

I. Der historische Rahmen

Lit.: Palästina: G. *Alon,* The Jews; *ders.,* Studies; M. *Avi-Yonah,* Geschichte der Juden im Zeitalter des Talmud, B 1962; Z. *Baras,* S. *Safrai,* M. *Stern,* Y. *Tsafrir,* Hg., Eretz Israel from the Destruction of the Second Temple to the Muslim Conquest (h), 2 Bde, J 1982-4; S. W. *Baron,* History II; *A. Oppenheimer,* Galilee in the Mishnaic Period (h), J 1991; *ders.* – U. *Rappaport,* Hg., The Bar Kokhba Revolt – New Studies (h), J 1984. P. *Schäfer,* Der Bar Kokhba-Aufstand, Tüb. 1981; *ders.,* Geschichte der Juden in der Antike, Stuttgart 1983; *E. M. Smallwood,* The Jews under Roman Rule. From Pompey to Diocletian, L 1976; *G. Stemberger,* Das klassische Judentum. Kultur und Geschichte der rabbinischen Zeit, M 1979; *ders.,* Juden und Christen im heiligen Land. Palästina unter Konstantin und Theodosius, M 1987. – *Babylonien:* S. *Funk,* Die Juden in Babylonien, 2 Bde, B 1902/08; *I. M. Gafni,* Babylonia; *J. Neusner,* Babylonia; *A. Oppenheimer,* Babylonia Judaica in the Talmudic Period, Wiesbaden 1983. – *Innerjüdische Organisation:* H. *Mantel,* Sanhedrin; *L. I. Levine,* The Jewish Patriarch (Nasi) in Third Century Palestine, ANRW II 19/2, 649–688; M. *Beer,* Exilarchate; *A. Grossman,* Reschut ha-gola be-Babel bi-tequfat ha-Geonim, J 1984. – *Anfänge der rabb. Bewegung: S. J. D. Cohen,* The Significance of Yavneh: Pharisees, Rabbis, and the End of Jewish Sectarianism, HUCA 55 (1984) 27–53; *J. Neusner,* „Pharisaic-Rabbinic" Judaism: A Clarification. HR 12 (1973) 250–270; *ders.,* Development of a Legend, L 1970; *ders.,* The Formation of Rabbinic Judaism: Yavneh (Jamnia) from A. D. 70 to 100, ANRW II 19/2, 3–42; *A. J. Saldarini,* The End of the Rabbinic Chain of Tradition, JBL 93 (1974) 97–106; *P. Schäfer,* Die Flucht Johanan b. Zakkais aus Jerusalem und die Gründung des „Lehrhauses" in Jabne, ANRW II 19/2, 43–101.

Die geschichtliche Periode, auf deren Hintergrund die hier darzustellende rabb. Literatur entstanden ist, ist das 1. Jahrtausend unserer Zeitrechnung. Ihre beiden Endpunkte sind, grob genommen, das Jahr 70 mit der Zerstörung Jerusalems und seines Tempels durch Titus und etwa das Jahr 1040 mit dem Niedergang der gaonäischen Akademien Babyloniens, auch wenn die letzten Werke der rabb. Literatur erst Jahrhunderte später entstehen.

1) Die äußere Geschichte

Die wesentlichen Fakten dieser Periode seien nur ganz knapp in Erinnerung gerufen, da ja keine Literatur ohne ihren zeitgeschichtlichen Zusammenhang begriffen werden kann. Die beiden wichtigsten Zentren des jüdischen Lebens in der damaligen Welt waren Palästina und Babylonien; aus diesen Zentren ist die rabb. Literatur fast ausschließlich hervorgegangen.

In *Palästina* ging den Juden mit ihrer Niederlage im Jahre 70 der letzte Rest staatlicher Eigenständigkeit für immer verloren, der Tempel als religiöses Zentrum und als Basis der priesterlichen Macht existierte nicht mehr. Die Neuorganisation einer jüdischen Selbstverwaltung entwickelte sich nur allmählich aus dem neuen Zentrum religiöser Gelehrsamkeit, Jabne: dort begann Jochanan ben Zakkai bald nach 70, jüdische Gelehrte vor allem aus pharisäischen und Schriftgelehrten-Kreisen, aber auch aus den sonstigen wichtigen Gruppen des zeitgenössischen Judentums um sich zu sammeln. Aus diesen Anfängen entwickelte sich langsam die neue jüdische Führung Palästinas, die das Judentum durch eine Zeit ohne Tempel und ohne Staat zu lenken imstande war: das Patriarchat mit seinem den Sanhedrin der Tempelzeit fortführenden Gericht und seiner Schule.

Am großen Diaspora-Aufstand gegen die römische Herrschaft in den Jahren 115–117 haben die Juden Palästinas, soweit sich erkennen läßt, wohl nicht teilgenommen. Doch dann ließen sie sich unter der Führung Bar Kokhbas in den folgenschweren zweiten großen Aufstand gegen Rom in den Jahren 132–135 ziehen. Erst nach dem Tod Hadrians im Jahr 138 kam es zu einer Versöhnung mit Rom: unter den Antoninen und Severern konnte sodann ein friedlicher Wiederaufbau beginnen, an dessen Ende das machtvolle Patriarchat Jehuda ha-Nasi's, kurz Rabbi genannt, stand. Die jüdische Bevölkerung Palästinas hatte nach 135 ihren Schwerpunkt nicht mehr in Judäa, sondern in Galiläa; Zentrum der jüdischen Selbstverwaltung war nach dem Bar-Kokhba-Aufstand somit auch nicht mehr Jabne, sondern zuerst Uscha (bis etwa 170), dann Bet Schearim und Sepphoris, schließlich ab der Mitte des 3. Jhs. Tiberias.

Das 3. Jh. brachte dem palästinischen Judentum eine Verfestigung seiner Strukturen – Führung durch das nunmehr erbliche Patriarchat und Aufstieg des Rabbinats. Gleichzeitig hatte Palästina natürlich auch seinen Anteil an den politischen Wirren und dem wirtschaftlichen Niedergang des römischen Reichs in dieser Periode, aus der vor allem zwei Fakten hervorzuheben sind: politisch und wirtschaftlich von weitreichender Bedeutung war die Constitutio Antoniniana Caracallas von 212, die (fast) allen Reichsbewohnern, also auch den Juden, das römische Bürgerrecht verlieh. Direkter betroffen war das palästinische Judentum durch die Episode der Herrschaft Odenats und Zenobias von Palmyra über weite östliche Gebiete des römischen Reichs, darunter auch Palästina (260–273).

Die große Wende kam mit der Christianisierung des römischen Reiches unter Konstantin: 313 wurde das Christentum durch das „Edikt" von Mailand zur religio licita; mit der Alleinherrschaft Konstantins ab 324 wurde dies dann auch für Palästina bedeutsam. Die Folgezeit brachte ein ständiges Vordringen des Christentums, sodaß das Judentum sogar in Palästina immer mehr in die Defensive geriet. Die Herrschaft Julians (361–363), der sogar den Wiederaufbau des Tempels zu Jerusalem gestattete, bedeutete nur eine kleine Atempause. Dann setzte sich das Christentum endgültig durch. Nach außen ist dies vor allem durch ein Gesetz aus dem Jahr 380 dokumentiert, das alle Untertanen des Reichs auf das nizänische Glaubensbekenntnis verpflichtete und damit das Christentum de facto zur Staatsreligion machte. Zwischen 415 und 429 wurde die Institution des jüdischen Patriarchats aufgehoben. Der 438 promulgierte Codex Theodosianus und vollends der 529 bzw. 534 veröffentlichte Codex Justinianus fixierten dann endgültig die Rechtslage zu Ungunsten der jüdischen Bevölkerung. So ist es nicht zu verwundern, daß die Juden Palästinas sich viel von der Herrschaft der Perser (614–628) erwarteten; wiederum enttäuscht, ließen sie auch die Wiederkehr der byzantinischen Regierung über sich ergehen, bis die arabische Invasion – 638 wurde Jerusalem erobert – sie endgültig aus christlicher Macht befreite.

Babylonien, seit dem Exil von 586–538 stets Wohnsitz einer bedeutenden jüdischen Volksgruppe, die kurz nach 70 und wohl in Reaktion auf das Geschehen in Palästina eine Selbstverwaltung unter dem Exilarchen erlangt hatte, wurde für die rabb.-jüdische Geschichte mit dem Bar-Kokhba-Aufstand bedeutsam. Nun flüchteten nämlich zahlreiche Rabbinen Palästinas nach Babylonien, und manche von ihnen blieben auch, nachdem sich die Lage zuhause wieder normalisiert hatte. Um 226 wurde die parthische Herrschaft über Babylonien durch die sassanidischen Perser abgelöst, die den zoroastrischen Glauben als Staatsreligion durchzusetzen versuchten. Anfänglich führte dies zu Schwierigkeiten für die jüdische Bevölkerung; doch unter Schapur I. erhielt sie um 250 ihre Autonomie wieder voll bestätigt; Voraussetzung dafür war die Anerkennung des Landesgesetzes.

Eine lange Periode der Stabilität und Blüte fand erst in der 2. Hälfte des 5. Jhs. ihr abruptes Ende mit einer Reihe von Judenverfolgungen (gleichzeitig mit Christenverfolgungen), die um 468 ihren Höhepunkt erreichten: die jüdische Selbstverwaltung wurde aufgelöst, der Exilarch hingerichtet; Synagogen wurden geschlossen und zahlreiche Rabbinen getötet. Die Normalisierung der Verhältnisse in der ersten Hälfte des 6. Jhs. brachte keine Erneuerung des Exilarchats; ähnlich wie in Palästina fehlte somit nun auch in Babylonien dem Judentum die straffe zentrale Führung.

Die entscheidende Wende kam auch in Babylonien durch die Machtübernahme der Araber um 640. Die beiden großen jüdischen Zentren befanden sich nun erstmals unter einer gemeinsamen politischen Verwaltung; deren Hauptstadt war zuerst unter den Omajaden Damaskus, womit zunächst Palästina dem Machtzentrum näher war, dann jedoch ab 750 unter den Abbassiden Bagdad, was innerjüdisch zu einer Dominanz des babylonischen Judentums führte. Das erneuerte Exilarchat und die Führer der großen rabb. Akademien von Sura und Pumbedita – beide nunmehr in Bagdad – wurden für einige Zeit die anerkannten Vertreter des Judentums nicht nur in Babylonien, sondern auch in der übrigen Diaspora und sogar in Palästina.

Doch der politische Niedergang des Kalifats brachte dann auch eine langsame Gewichtsverlagerung innerhalb der jüdischen Bevölkerung mit sich: Ägypten, Nordafrika und Spanien wurden immer bedeutender; das Exilarchat verlor an Einfluß, die gaonäischen Schulen gingen darnieder. Die Kreuzzugsbewegung – 1099 Eroberung Jerusalems durch die Kreuzfahrer – bedeutete dann das endgültige Aus für diese Geschichtsepoche und die jüdische Welt, in der die rabb. Literatur entstanden war. Mag auch die literarische Tätigkeit im Geist der Rabbinen noch einige Zeit weitergegangen sein, ihre Zeit war endgültig vorbei, und die Schriften der Rabbinen wurden nun selbst Gegenstand von Kommentaren und Kompendien, wurden Primärliteratur.

2) Die Anfänge der rabbinischen Bewegung

Aus heutiger Sicht ist das Jahr 70 ein eindeutiger Wendepunkt in der jüdischen Geschichte. War es jedoch auch für die Zeitgenossen ein solcher Schnitt, der klar die Zeit des Tempels und der Pharisäer von der Zeit nach 70 ohne Tempel und mit den Rabbinen trennte? Die Einführung des Titels Rabbi (zu unterscheiden von der Anrede Rabbi im Sinn „mein Herr, mein Meister") deutet auf ein solches Bewußtsein einer neuen Zeit hin. Das spiegelt sich in TEd III,4 (Z. 460): „Wer Schüler hat, die selbst wieder Schüler haben, den nennt man Rabbi. Sind seine Schüler vergessen, nennt man ihn Rabban; sind auch die Schüler seiner Schüler schon vergessen, nennt man ihn beim (bloßen) Namen". Der in diesem Text reflektierte Sprachgebrauch nach 70 war keine bloß äußerliche Änderung, sondern zeigt ein neues Selbstverständnis; dieses ist nicht plötzlich und geradlinig entstanden, doch aus dem Rückblick der 2. Hälfte des 2. Jhs. schon klar.

Dieser Wandel im Selbstverständnis der Rabbinen zeigt sich auch in der Traditionskette von Abot bzw. ARN. Diese Schriften bieten zuerst eine Liste der „Paare" bis Hillel und Schammai, die untereinander bis zurück zu Mose durch Empfang und Weitergabe der Tora verbunden sind. Nach Hillel und Schammai erfolgt ein Bruch: nur Jochanan ben Zakkai wird nachträglich mit derselben Traditionsterminologie eingefügt (*qibbel – masar*), während die später dazugefügte Patriarchenliste und die Aufzählung der anderen Rabbinen diese typische Terminologie nicht verwendet. Das zeigt das Bemühen, Jochanan mit den „Paaren" zu verbinden, die rabb. Tradition mit der pharisäischen zu verknüpfen (*Saldarini*).

Wie *J. Neusner* verschiedentlich betont hat (z.B. Phar III 228. 282f), kommt dieses Bemühen in der Zeit von Jabne noch nicht zum Tragen: damals fühlte man noch gar keinen Bruch mit der Zeit vor 70. Dessen wurde man sich vielmehr erst in Uscha bewußt, als klar war, daß es in absehbarer Zeit keinen Tempel und keine Restauration früherer Zustände geben werde: „the real break in the history of the Pharisaic-rabbinic movement comes not at 70, with the destruction of the Temple, but at 140, with the devastation of southern Palestine and the reconstitution of the rabbinic movement and the patriarchal government in the north" (Phar III 283). Nun erst wurde der Bruch von 70 als irreparabel bewußt und nunmehr begann man auch, explizit an die Zeit vor 70 anzuknüpfen, die geistigen Stammväter der rabb. Bewegung in Hillel und Schammai und ihren Schulen bewußt darzustellen, ja den Ahnen bis in die Zeit Simeons des Gerechten und Esras nachzuspüren, die Kontinuität bis Mose herzustellen.

Die Erzählung von der Flucht Jochanan ben Zakkais aus Jerusalem wurde nun zur Gründungslegende des rabb. Judentums (dazu *Schäfer*). Doch dauerte es lange, bis man gerade hier den entscheidenden Neueinsatz gesehen hat. Erst aus der Sicht der Späteren ist es klar, daß der Verlust der Eigenstaatlichkeit und des Tempels die Voraussetzung für den Aufstieg des rabb. Judentums war. Noch länger hat es natürlich gebraucht, bis sich das Rabbinat als die neue Führungsschicht des Judentums durchsetzen konnte und die Vielfalt des Judentums vor 70 zu einer gewissen Einförmigkeit reduzierte. Das rabb. Judentum hat wohl nie die einzige Ausprägung jüdischen Lebens dargestellt; und es ist auch erst durch eine Entwicklung von Jahrhunderten zum „normativen" Judentum geworden, als das man es gern für die ganze Periode gesehen hat.

3) Die Quellen

Die Quellen für die Darstellung der rabb. Zeit sind so einseitig, daß das aus ihnen gewonnene Geschichtsbild weithin ungesichert bleibt – die Vorstellung vom „normativen" Judentum geht z. B. auf diese Quellenlage zurück. Nur die großen Linien der äußeren Geschichte sind durch nicht-jüdische Quellen hinreichend belegt. Was jedoch die innere Entwicklung des rabb. Judentums betrifft, sind wir fast vollständig auf das Selbstzeugnis der Rabbinen angewiesen, somit auf die Literatur einer einzigen Gruppe innerhalb dieses Judentums; das Selbstverständnis der Rabbinen prägt jegliche Überlieferung. Zwar kann man dieses Bild zum Teil durch archäologische Funde (nur in Palästina), durch Texte der Kirchenväter und andere nichtjüdische Schriften überprüfen und korrigieren; Tatsache bleibt, daß wir auf das Selbstzeugnis der Rabbinen verwiesen sind und keine andere Gruppierung innerhalb des damaligen Judentums uns literarische Zeugnisse hinterlassen hat. Wenn die Geonim – etwa der *Seder Tannaim we-Amoraim* oder der *Brief des Scherira Gaon* – uns die Zustände der rabb. Zeit schildern, erfolgt dies wiederum in einem bestimmten Gruppeninteresse; somit sind sie kein geeignetes Korrektiv gegenüber den rabb. Darstellungen. Die tatsächliche

Bedeutung der rabb. Bewegung innerhalb des jüdischen Lebens vor allem der talmudischen Periode ist so nur mit Vorsicht abzuschätzen. Sicher ist, daß die Rabbinen erst langsam zur anerkannten Führungsschicht innerhalb des Judentums aufgestiegen sind, erst allmählich ihre Gruppenliteratur zur fast kanonischen Literatur des Judentums werden konnte.

Der *Seder Tannaim we-Amoraim* (STA) verbindet eine Methodenlehre – wie kann man die geltende Halakha aus der rabb. Literatur ableiten? wie verhält sich die Mischna zu den Baraitot und zu den halakhischen Midraschim? – mit einer Traditionskette nach dem Vorbild von Abot, aber auch unter dem Einfluß der islamischen Methode des *isnad al-hadith*; dieser Teil überliefert die Patriarchenliste ab Hillel sowie eine Aufzählung der rabb. Lehrer bis zum Ende der saboräischen Periode. Wie schon Azaria dei Rossi im Meor Enajjim bemerkt hat, steht am Ende dieser Liste das Datum 884 (sowohl in seleukidischer Zeitrechnung wie auch von der Weltschöpfung her datiert). Gewöhnlich betrachtet man somit 884 als Entstehungsjahr der Schrift, was jedoch keineswegs sicher ist, zumal die Schrift aus verschiedenen Teilen zusammengesetzt ist. Stücke könnten auf Israel zurückgehen, andere wieder in Babylonien entstanden sein, spätere wiederum in Nordafrika und Frankreich, wo der vollständigste Text im Machzor Vitry überliefert ist. Kritische Ausgabe (Grundtext Machzor Vitry): *K. Kahan*, Hg., Seder Tannaim we-Amoraim, F 1935 (mit deutscher Einleitung); vgl. dazu *J. E. Ephrati*, The Sevoraic Period 14–32; *S. Abramson*, Le-toldot nusach „Seder Tannaim we-Amoraim", FS E. Z. Melammed, Ramat Gan 1982, 215–247 (Geniza-Fragmente).

Brief des Scherira Gaon (Iggeret Rab Scherira Gaon, daher ISG): 987 vom Gaon von Pumbedita Scherira (ca. 906–1006) an Rabbenu Nissim und die Gemeinde von Kairowan geschriebene Antwort auf Fragen zur Redaktion von Mischna, Tosefta und Talmud. Scherira verbindet eine Darstellung der rabb. Schriften mit einer Aufzählung der wichtigen Rabbinen sowie der Geonim bis zu seiner Zeit. In zwei Rezensionen, einer französischen und einer „spanischen" überliefert (diese ist nach *Schlüter* eher eine aschkenasische Überarbeitung). Während *B. M. Lewin* der „spanischen" Fassung den Vorzug gibt, wird heute eher die französische bevorzugt (cf. *Epstein*, IAL 610–615). Kritische Ausgabe: *B. M. Lewin*, Hg., Iggeret Rab Scherira Gaon, F 1920, Ndr. J 1972. Dazu: *S. Assaf*, Geonim 149–153; *M. Beer*, The Sources of Rav Sherira Gaon's Igeret (h), Bar-Ilan 4–5 (1967) 181–196; *Ephrati*, The Sevoraic Period 1–13; M. Schlüter, A Study in a Manuscript of Iggeret Rav Sherira Gaon (h), 10th WCJS, J 1990, C I 147–154.

4) Die Periodisierung der jüdischen Geschichte

In der rabb. Zeit erfolgt die Periodisierung aufgrund der Quellenlage völlig aus der Sicht der Rabbinen und ihrer Interessen: zentral für sie ist das Verhältnis zu Tradition und Lehre, was sich auch in der Abgrenzung der Perioden spiegelt. Von Hillel und Schammai zu Beginn unserer Zeitrechnung – nach Joseph Ibn Aqnin, einem Schüler des Maimonides, schon ab Simeon dem Gerechten um 300 v., nach Abraham Ibn Daud's um 1160/61 geschriebenem Sefer ha-Qabbala wiederum erst nach 70, genauer nach Jochanan ben Zakkai beginnend – reicht bis zu Rabbi und seinen Söhnen, somit ins frühe 3. Jh., die Zeit der *Tannaiten* (aram. *tanna*, von hebr. *schana* „wiederholen, lehren, lernen": die Meister der später als autoritativ betrachteten, mündlich durch ständige Wiederholung weitergegebenen Lehre) (dazu *Bacher*, ET I 193f, II 241). Bis etwa 500 folgen die *Amoräer* (*amar*, „sagen, kommentieren", somit die Kommentatoren der tannaitischen Lehren); die Zeit der *Saboräer* (*sabar*, „meinen": die Bearbeiter des babylonischen Talmud) im 6. und wohl auch frühen 7. Jh. findet ihre Fortsetzung in der Periode der *Geonim* (*gaon*, „erhaben", Titel der Schulhäupter Babyloniens) bis ins 11. Jh.

Diese Periodisierung ist schon sehr alt; schon die Gemara des Talmud bzw. die Midraschim treffen die Unterscheidung zwischen den Tannaiten und den ihnen folgenden Lehrern: als Tanna im eigentlichen Sinn (zu einer anderen Bedeutung S. 22) bezeichnen sie nur die Lehrer der mischnaischen Zeit, deren Aussprüche sie mit entsprechenden Verbalformen (*tenu, teni* u.ä.) einleiten; ebenso ist die Verwendung von *amar* im spezifischen Sinn schon talmudisch; die Bezeichnungen *sabora* bzw. *gaon* stammen aus der gaonäischen Periode: so findet man die üblich gewordene Periodisierung schon in STA und ISG vor; Abraham Ibn Daud hat sie dann voll ausgebaut: von ihm stammt auch die heute noch übliche Unterteilung der tannaitischen Periode in fünf Generationen, die der amoräischen Zeit in sieben Generationen.

II. Das rabbinische Schulwesen

Lit.: W. *Bacher,* Das alt-jüdische Schulwesen, Jb. für jüd. Geschichte und Literatur 6 (1903) 48–81; *H. Z. Dimitrovsky,* Hg., Exploring the Talmud, Bd I: Education, NY 1976; *E. Ebner,* Elementary Education in Ancient Israel during the Tannaitic Period, NY 1956; *J. Florsheim,* The Establishment and Early Development of the Babylonian Academies, Sura and Pumbeditha (h), Zion 39 (1974) 183–197; *I. Gafni,* Babylonia 177–236 (Lit.!); *B. Gerhardsson,* Memory and Manuscript; *D. M. Goodblatt,* Instruction; *ders.,* New Developments in the Study of the Babylonian Yeshivot (h), Zion 46 (1981) 14–38; *S. K. Mirsky,* Types of Lectures in the Babylonian Academies, FS S. W. Baron, NY 1959, 375–402; *Y. Sorek,* Nehardea – Mother City and Academy in the Time of the Mishna and Talmud (h), TA 1972. – *Zur Ordination: W. Bacher,* Zur Geschichte der Ordination, MGWJ 38 (1894) 122–127; *A. Epstein,* Ordination et Autorisation, REJ 46 (1903) 197–211 (zur Ordination Rabs durch Rabbi); *N. Goldstein,* Conditional Ordination and Temporary Ordination (h), Bar-Ilan 18–19 (1981) 136–143; *E. Lohse,* Die Ordination im Spätjudentum und Urchristentum, Göttingen 1951. – *Zur Jüngerschaft: R. Kirschner,* Imitatio Rabbini, JSJ 17 (1986) 70–79; *J. Neusner,* Talmudic Judaism in Sasanian Babylonia, L 1976, 46–135.

„Sitz im Leben" der rabb. Literatur ist neben der Synagogenpredigt und im geringeren Maß dem Gerichtswesen der Schulbetrieb im weitesten Sinn. Dieser Schulbetrieb spiegelt sich in den rabb. Texten und trägt seinerseits zur Erklärung dieser Texte bei. Zugleich hat das rabb. Schulwesen den wichtigsten Beitrag zur Ausbreitung des rabb. Ideals geleistet, bis dieses das gesamte Judentum mehr oder weniger bestimmt hat. Daher muß das Schulwesen in seiner Entwicklung hier kurz skizziert werden; zwei seiner wesentlichen Aspekte – Hermeneutik und mündliche Traditon – werden in den folgenden Abschnitten behandelt.

1) Der Elementarunterricht

Schon die Bibel verpflichtet den Vater zur religiösen Unterweisung seiner Söhne (Dtn 11,19). Sifre Dtn § 46 (F.104) verdeutlicht dies damit, daß der Vater mit seinem Sohn in der heiligen Sprache reden und ihn Tora lehren müsse. Mädchen zu unterrichten wurde im allgemeinen abgelehnt (Kontroverse in Sota III,4). Die meisten Väter sahen sich nicht in der Lage, diese Verpflichtung selbst zu erfüllen oder aber Privatlehrer anzustellen; so kam es bald zur Gründung von Knabenschulen. Die rabb. Tradition schreibt dies Simeon ben Schetach zu (pKet VIII,11,32c). Jehoschua ben Gamala,

Hoherpriester in den Jahren vor dem großen Aufstand gegen Rom, soll das Schulwesen auf alle Städte ausgedehnt haben, sodaß Knaben ab dem Alter von sechs oder sieben Jahren allgemein zur Schule gehen konnten (BB 21a). Doch selbst, wenn diese Tradition verläßlich sein sollte, kann eine solche Initiative in der damaligen politischen Lage kaum viel Erfolg gehabt haben: nach dem Aufstand mußte sicher wieder neu mit dem Aufbau des Schulwesens begonnen werden, ebenso nach dem Bar-Kokhba-Aufstand und den schwierigen Jahren, die ihm bis zum Tode Hadrians 138 folgten. Ab Mitte des 2. Jhs. hat sich dann der Schulunterricht für Knaben wohl allgemein durchgesetzt. Eine Baraita kann somit einem Gelehrten verbieten, in einem Ort zu wohnen, in dem es u. a. keinen Kinderlehrer gibt (Sanh 17b).

Die Grundschule (*bet sefer*, „Haus des Buches") befand sich gewöhnlich in der Synagoge oder einem ihrer Nebenräume. Das Kind lernte dort vor allem den Bibeltext lesen. Es begann mit dem Alphabet auf einer Tafel (ARN A6, Sch. 29), bekam dann kleine Stücke der Tora auf Schriftrollen vorgelegt (pMeg III,1,74a) und schließlich vielleicht vollständige Torarollen. Das Buch, mit dem man begann, war Lev (LevR 7,3, M.156). Im Lauf der Schulzeit sollte das Kind theoretisch die gesamte Bibel zusammen mit dem Targum durchlernen. Die Lernmethode, die hier wie überhaupt im jüdischen Schulwesen bevorzugt wurde, war das laute Lesen (Er 53b–54a) und die ständige Wiederholung (Chag 9b).

Der allgemeine Schulbesuch endete im Alter von zwölf oder dreizehn Jahren (GenR 63,9, Th-A 692; Ket 50a; Abot V,21 mit seinen Altersangaben ist eine spätere Ergänzung des Textes). Knaben, die noch weiter lernen wollten, gingen dann zu einem Mischnalehrer in das „Lehrhaus" (*bet midrasch* oder *bet talmud*), wo sie die Grundzüge der jüdischen Tradition und der Halakha lernten. Eine allgemeinere Fortbildung über das Grundschulniveau hinaus erfolgte durch Predigt und Lehrvortrag in Synagoge und Lehrhaus am Sabbat.

2) Die rabbinische Ausbildung in Palästina

Auch die rabb. Schulen in Palästina wurden wie die Oberschule als *bet hamidrasch* bezeichnet. Der Ausdruck *jeschiba* oder aram. *metibta*, später für rabb. Schulen geläufig, wurde hingegen zumindest in tannaitischer Zeit nicht dafür verwendet, sondern wörtlich als „Sitzung" verstanden, gelegentlich auch als der bei einer solchen Sitzung vorgetragene Lehrstoff; übertragen wurde der Ausdruck dann auch vom Gericht verwendet. Insofern das Gericht dem Publikum offenstand und die Verhandlungen zugleich der praktischen Unterweisung der Studenten dienten, mag sich hier ein Übergang zur Bedeutung „Hochschule, Akademie" ergeben haben.

Über die Vorläufer des rabb. Schulwesens in der Zeit des Tempels, ob es nun Einrichtungen der Pharisäer oder der Schriftgelehrten waren, ist uns fast nichts bekannt. Die Schilderung des *bet ha-midrasch* auf dem Tempelberg in TSanh VII,1 (Z.425) enthält wohl zum Teil anachronistische Züge; auch geht es hier nicht um einen Schulbetrieb im eigentlichen Sinn, sondern um die Entscheidung der Halakha durch den Sanhedrin vor dem Publikum, was natürlich eine gewisse Unterweisung mit sich bringt. Daß Jochanan ben Zakkai vor 70 im galiläischen Dorf Arab ein Lehrhaus geführt habe, wird zwar oft aus pSchab XVI,8,15d herausgelesen, ist dort jedoch nicht explizit behauptet (cf. *Neusner*, Development 133 f). Außerdem ist der Text relativ spät entstanden und anekdotisch, historisch somit nur sehr bedingt verwertbar. Die „Häuser" Hillels und Schammais schließlich können ebensowenig im Sinn von organisierten Schulen verstanden werden (gegen *Gerhardsson* 85: „two different school foundations and not merely two tendencies"). Legendär ist auch die Angabe BB 134a, daß Hillel achtzig Schüler gehabt habe.

Für die Zeit nach 70 ist vor allem eine Baraita in Sanh 32b informativ: „‚Gerechtigkeit, Gerechtigkeit, ihr sollt du nachjagen, (Dtn 16,20). Folge den Gelehrten zur *jeschiba*, R. Eliezer nach Lod, R. Jochanan ben Zakkai nach Beror Chajil, R. Jehoschua nach Peqiin, Rabban Gamaliel nach Jabne, R. Aqiba nach Bene Beraq, R. Mattja nach Rom, R. Chananja ben Teradjon nach Sikhnin, R. Jose nach Sepphoris, R. Jehuda ben Batyra nach Nisibis, R. (Chanina, dem Schwestersohn des R.) Jehoschua in die Diaspora [d.h. Babylonien], Rabbi nach Bet Schearim, den Gelehrten in die Quaderkammer".

Dieser Text geht auf eine in Sanh 32b zuvor zitierte kürzere Fassung zurück, die das rechtmäßige Gericht nur bei R. Eliezer in Lod und bei Rabban Jochanan ben Zakkai in Beror Chajil gewährleistet sieht, also wohl gegen die Nachfolge Jochanans durch Gamaliel in Jabne polemisiert. Dieser Text wurde später in eine Liste von Lehrzentren umgewandelt, die man wohl in die Zeit knapp vor 200 datieren kann, da Rabbi noch in Bet Schearim und noch nicht in Sepphoris wirkt (es sei denn, man wollte Sepphoris nur nicht ein zweites Mal nennen, nachdem es zuvor schon für R. Jose in der vorhergehenden Generation erwähnt worden war).

Einzelheiten über den Schulbetrieb, vor allem für die tannaitische Periode, sind nur spärlich bekannt. Mit einer fest organisierten Schule können wir für die frühe Zeit wohl nur am jeweiligen Sitz des Patriarchen rechnen, wo die Schule fest mit dem Gerichtshof verbunden war (kein Sanhedrin im ursprünglichen Sinn: siehe *Levine*, The Rabbinic Class 76–83). Die Schulen der anderen Gelehrten waren wohl eher kleine Jüngerkreise, die sich am Wohnsitz eines bekannten Lehrers bildeten und nach dessen Weggang oder Tod auch wieder auflösten. Erst ab dem 3. Jh. kommt es auch außerhalb des Patriarchensitzes zu festen Akademien, die in den Texten immer wieder zusammenfassend z.B. als „die Rabbinen von Caesarea" oder „die Rabbinen aus dem Süden" (wahrscheinlich Lod) genannt werden. Die wichtigsten Schulen Galiläas in amoräischer Zeit waren Sepphoris (auch noch nach dem Weggang des Patriarchen nach Tiberias) und Tiberias, wo schon R. Meir unterrichtet haben soll (pChag II, 1,77b) und R. Jochanan bar Nappacha (lt. Scherira 279 gestorben) die Schule zu großem Ansehen brachte. Noch vor der Übersiedlung des Patriarchats nach Tiberias gegründet, hat diese Schule auch das Ende des Patriarchats überlebt und ist bis in die islamische Zeit bedeutend geblieben, bis dann Jerusalem wieder das eigentliche Schulzentrum wurde.

3) Die rabbinischen Akademien Babyloniens

Die Geschichte dieser Schulen ist nur in gaonäischen Quellen aus dem 9. und 10. Jh. überliefert (Tanchuma, STA und vor allem ISG). An die Angaben Scheriras hat sich auch die jüdische Geschichtsschreibung des 19. und 20. Jhs. fast ausnahmslos gehalten, seine Angaben im wesentlichen nur mit talmudischem Material auffüllend. Demnach sollen die großen babylonischen Schulen auf das 3. Jh. zurückgehen: Rab, ein jüngerer Zeitgenosse Rabbis, habe in Sura am Eufrat die Hochschule gegründet und sei ihr erster Rektor gewesen; sein Zeitgenosse Mar Samuel habe die Hochschule von Nehardea geleitet; Jehuda bar Jechezqel habe als Ersatz für das 259 von Odenat zerstörte Nehardea die Schule von Pumbedita gegründet, doch auch jene von Nehardea lebte später wieder auf.

Es ist unmöglich, die gaonäischen Berichte einfach als getreue Zusammenfassungen von Archivmaterial der Akademien zu sehen; vielmehr verfolgen die Texte bestimmte politische Tendenzen – so wollte ISG das Wiederaufleben der Schule von Sura verhindern, indem er wiederholt betonte, allein Pumbedita habe eine ununterbrochene Tradition. Wenn man die gaonäischen Angaben im bT überprüft, der doch das Werk dieser Akademien sein soll, findet man in amoräischer Zeit keinen Beleg für große rabb. Akademien in Babylonien, wie *D. Goodblatt* aufgezeigt hat. Der bT verwendet als Ausdruck für eine rabb. Schule nicht *jeschiba* oder *metibta*, sondern *be rab*, „Haus des Meisters", gewöhnlich mit Zufügung des Namens des dort unterrichtenden Rabbi. Zusammen mit anderen talmudischen Angaben ergibt sich daraus, daß die babylonischen Rabbinen in ihren Wohnhäusern, gelegentlich auch in eigenen Schulhäusern, einen kleinen Jüngerkreis unterrichteten, der sich spätestens mit dem Tod des Meisters wieder auflöste. Erfolgreichere Lehrer haben sicher gelegentlich einen größeren Schülerkreis um sich versammeln können; u. U. haben sie dann auch Hilfslehrer anstellen müssen und so einen größeren Schulbetrieb organisiert. Doch bleibt es Tatsache, daß die Geonim anachronistisch ihre eigenen Verhältnisse in eine frühere Zeit projiziert haben. Die Akademien von Sura, Nehardea und Pumbedita waren in talmudischer Zeit wohl nichts anderes als die in diesen Städten besonders zahlreichen und bedeutenden Lehrer mit ihren Jüngerkreisen, die erst eine spätere Tradition zu einzelnen großen Akademien zusammengefaßt hat. Diese Akademien in ihrer späteren Form sind jedoch erst in der frühen islamischen Zeit entstanden und haben wohl auch islamische Vorbilder.

Was die *Lehrmethoden* betrifft, gab es wohl kaum große Unterschiede zwischen Palästina und Babylonien. Auch auf diesem Ausbildungsniveau hatte das Auswendiglernen durch ständig wiederholtes lautes Rezitieren des Lehrstoffes in einer bestimmten Form der Kantillation (Meg 32a) absoluten Vorrang. Zuerst galt es einmal zu lernen, auch wenn man das Gelernte nicht verstand; über den Sinn eines Textes nachdenken konnte man auch später (AZ 19a; Schab 63a). Wo die Zahl der Schüler genügend groß war, gab es auch einen Pauker, den *Tanna*, der einen möglichst großen Umfang an Traditionsstoff auswendig beherrschen mußte und der diesen Stoff durch ständig wiederholtes Vorsagen den Schülern weitergab. Als lebendige Studienbibliothek im Schulbetrieb unentbehrlich, wurde der Tanna andererseits wegen seines bloß mechanischen Wissens von vielen Rabbinen verachtet: „Der Magier murmelt und weiß nicht, was er sagt. Der Tanna lehrt und weiß nicht, was er sagt" (Sota 22a). Trotz dieser Kritik ist die Funktion des Tanna bis in gaonäische Zeit lebendig geblieben, war sie doch zusehr mit dem Ritual des Lernens verbunden, als daß man sie leichthin abgeschafft hätte.

Schon in talmudischer Zeit, besonders ausgebaut aber dann in der gaonäischen Periode, traten in Babylonien neben die Ausbildung der Rabbinen im Jüngerkreis bzw. später in der Akademie die Institutionen von *Pirqa* und *Kalla*.

Die Etymologie des Wortes Kalla (auch *kallah* wie hebr. „Braut" geschrieben) ist nicht geklärt, auch wenn es gern auf die „Braut" Tora gedeutet wird; *Gafni* (Tarbiz 51, 1981f, 572f) hat, gestützt auf einen Vergleich mit den Statuten der christlichen Schule von Nisibis, die Ableitung von griech. *kella*, (Studier-)Zelle, vorgeschlagen. Die von Natan ha-Babli ausführlich geschilderte Institution war eine Art rabb. Bildungstagung, ein mehrtägiges Treffen von Studenten und Absolventen rabb. Schulen. In gaonäischer Zeit waren dafür der Monat Elul im Sommer, der Monat Adar im Winter vorgesehen (die „Kallamonate"). Diese zu Beginn des 4. Jhs. erstmals nachweisbaren Versammlungen mögen zum Ausbau der rabb. Akademien wesentlich mit beigetragen haben. Auf ihnen konnte man mit relativ zahlreicher Teilnahme rechnen: mindestens zehn Männer mußten anwesend sein, damit die Sitzung eröffnet werden durfte (BB 12b). Thema der Kalla war ein Traktat der rabb. Tradition, später dann des Talmud, dessen Text abgefragt wurde, bevor man sich an die Diskussion seiner besonderen Probleme machte. Sicher sind die Kalla-Sitzungen für die endgültige Ausgestaltung des bT von besonderer Bedeutung gewesen (siehe *Goodblatt*, Instruction 155ff; Gafni, Babylonia 213ff).

Die *Pirqa* („Abschnitt, Kapitel"), ebenfalls seit Beginn des 4. Jhs. nachweisbar, war ein Einzelvortrag zu einem teils halakhischen, teils haggadischen Thema vor einem größeren Publikum, zu dem auch Leute aus dem einfachen Volk gehörten. In gaonäischer Zeit fand die Pirqa regelmäßig an Sabbaten in den Synagogen der rabb. Akademien statt; den Vortrag hielt das Schuloberhaupt oder der Exilarch. Die Pirqa hat somit viel zur Verbreitung der rabb. Geistigkeit im gewöhnlichen Volk beigetragen (dazu *Goodblatt*, Instruction 171 f; Gafni, Babylonia 204 ff).

4) Die Jüngerschaft

Neben den schulischen Aspekt der rabb. Ausbildung tritt als mindestens ebenso wichtiger Teil der Schulung die *Jüngerschaft* bei einem Gelehrten, der „Dienst" des Gelehrtenschülers (*talmid chakham*) bei einem Rabbi. Diese Jüngerschaft dauert Jahre und ist vielfach mit einer Art Lebensgemeinschaft und einem gemeinsamen Haushalt verbunden. Nur durch diese Lebensschulung wird man ein vollwertiges Mitglied der rabb. Gesellschaft; ohne sie bleibt man trotz allen Wissens ein Ungebildeter, ein *am ha-arets* (Sota 21b–22a). Bei seinem Meister lernt der Jünger das rechte Verhalten und paßt sich ihm in allen Formen des täglichen Lebens an, in Kleidung, Sprechweise usw., was zu einem ausgeprägten Traditionalismus und Klassenbewußtsein führt, vielfach auch zur Erblichkeit des rabb. Standes, auch wenn dies gelegentlich zu Kritik Anlaß gibt (z.B. Ned 81a).

Ziel der Ausbildung ist die Befähigung, in Fragen des religiösen Rechts frei und selbständig entscheiden zu können. In Palästina war dies an die *semikha*, die Ordination, gebunden, mit der auch das Recht verknüpft war, den Titel Rabbi zu tragen. Ob in Babylonien statt der Bezeichnung Rabbi der Titel Rab verwendet wurde, weil es dort die Ordination nicht gab, ist nicht sicher, wenn auch möglich.

Die rabb. Semikha (hebr. „Aufstützen", von da „Handauflegung" als Geste einer Funktionsübertragung) befähigte zur authentischen Weitergabe der Tradition. Sie sicherte die ununterbrochene Traditionskette von Mose bis in die eigene Zeit (Abot). Schon bald gab man die Handauflegung bei der Semikha auf und nannte nur noch den Namen des zu Ordinierenden mit der Formel: „Darf er lehren? Er darf. Darf er richten? Er darf. Darf er erlauben (d.h. Gelübde lösen)? Er darf" (Sanh 5a). In diesem vollen Umfang autorisierte die Ordination zur selbständigen Unterweisung und Entscheidung in der Halakha, zur Ausübung des Gerichts, zur Erlaubnis von Erstlingen für den profanen Gebrauch, zur Lösung von Gelübden, zur Mitwirkung bei der Einfügung des Schaltmonats und zur Verhängung des Banns.

Bedeutung und historische Entwicklung der Semikha sind erst sehr ungenügend erforscht. Ursprünglich konnte wohl jeder einzelne Rabbi mit der Ordination das Jüngerverhältnis seines Schülers abschließen. Insofern aber mit der Ordination die Aufnahme in den Gerichtshof des Patriarchen und steuerliche Privilegien verbunden waren, die der Patriarch sicher nur an eine begrenzte Zahl von Personen vergeben konnte, behielt er sich immer mehr das Recht zur Ordination vor, wobei er die anderen Mitglieder seines Gerichtshofs manchmal befragte, vielfach aber auch nicht. R. Abba sagt in pSanh I,3,19a: „Anfangs erteilte jeder selbst seinen Schülern die Ordination. Später gab man die direkte Ordination auf und sagte: Ein Gericht, das ohne Wissen des Patriarchen ordiniert, hat nicht ordnungsgemäß ordiniert; wenn hingegen der Patriarch ohne Wissen des Gerichts ordiniert, ist seine Ordination gültig. Dann setzte man fest, daß der Gerichtshof nur mit Wissen des Patriarchen ordiniert und auch der Patriarch nur mit Wissen des Gerichtshofs ordiniert". Wegen der zahlenmäßigen Begrenzung der Ordinierten gab es in Palästina somit eine Gruppe von rabb. voll ausgebildeten Männern, die jedoch nicht voll „praktizieren" konnten, da sie nicht ordiniert waren.

Um die Mitte des 4. Jhs., spätestens jedoch mit dem Ende des Patriarchats vor 429 hörte dann der Brauch der Ordination auf. Andere Formen, den Gelehrtenjünger für selbständig zu erklären, haben wohl inzwischen ihre Stelle eingenommen, wie es in Babylonien schon immer andere Formen gegeben haben muß (so etwa die Aufnahme in den Beamtenstab des Exilarchen).

III. Die rabbinische Hermeneutik

Lit.: W. *Bacher*, ET; J. *Bonsirven*, Exégèse rabbinique et exégèse paulinienne, P 1939; D. *Daube*, Alex. Methods; *ders.*, Rabb. Methods; *ders.*, Texts and Interpretation in Roman and Jewish Law, Jewish Journal of Sociology 3 (1961) 3–28 (Ndr. in Fischel, Essays 240–265); L. *Dobschütz*, Die einfache Bibelexegese der Tannaim mit besonderer Berücksichtigung ihres Verhältnisses zur einfachen Bibelexegese der Amoraim, Breslau 1893; L. *Finkelstein*, Sifra I 120–191; M. *Gertner*, Terms of Scriptural Interpretation: A Study in Hebrew Semantics, BSOAS 25 (1962) 1–27; A. *Goldberg*, Rede und Offenbarung in der Schriftauslegung Rabbi Aqibas, FJB 8 (1980) 61–79; A. *Guttmann*, Foundations of Rabbinic Judaism, HUCA 23/1 (1950f) 453–473; I. *Heinemann*, Darkhe ha-Aggada, J 1949, ³1970; *ders.*, Altjüdische Allegoristik, Jb. Breslauer Seminar 18 (1935); L. *Jacobs*, Studies in Talmudic Logic and Methodology, Lo 1961 (dazu E. *Wiesenberg*, Observations on Method in Talmudic Studies, JSS 11, 1966, 16–36); R. *Loewe*, The „Plain" Meaning of Scripture in Early Jewish Exegesis, Papers of the Institute of Jewish Studies, Lo 1 (1964) 140–185; S. *Lieberman*, Hell.; F. *Maass*, Von den Ursprüngen der rabbinischen Schriftauslegung, ZThK 52 (1955) 129–161; J.-E.*Ménard*, Hg., Exégèse biblique et Judaisme, Straßburg 1973; M. *Mielziner*, Introduction to the Talmud, Cincinnati-Chicago 1894, 117–264; M. *Ostrowski*, Ha-Middot sche-ha-Tora nidreschet bahen, J 1924; D. *Patte*, Early Jewish Hermeneutic in Palestine, Missoula 1975; B. *Salomonsen*, Om rabbinsk hermeneutik, Dansk teologisk Tidsskrift 36 (1973) 161–173; W. S. *Towner*, Hermeneutical Systems of Hillel and the Tannaim: A Fresh Look, HUCA 53 (1982) 101–135; G. Vermes, Studies 59–91; J. *Weingreen*, From Bible to Mishna. The continuity of tradition, Manchester 1976, 1–76; S. *Zeitlin*, Hillel and the Hermeneutic Rules, JQR 54 (1963f) 161–173. Weitere Literatur zu den einzelnen Abschnitten.

Zu einem großen Teil sind die rabb. Schriften aus dem Versuch erwachsen, die Tora als das Lebensgesetz des Judentums den sich wandelnden Lebensverhältnissen anzupassen. Diese Aktualisierung der Tora erfolgt in der „mündlichen Tora", deren Entwicklung vor allem auch mit der Bibelauslegung verbunden ist, sei es in direkter Ableitung neuer Bestimmungen oder Vorstellungen aus dem Bibeltext oder in nachträglicher Rechtfertigung einer Aussage der Tradition durch eine bestimmte Bibelstelle. Der Umgang der Rabbinen mit der Bibel mag vielfach willkürlich scheinen, ist jedoch an gewisse Regeln *(middot)* gebunden, welche die rabb. Tradition im Lauf der Zeit in Gruppen zusammengefaßt hat, die sieben Regeln Hillels, die dreizehn Regeln Jischmaels und die 32 Regeln des R. Eliezer (ben Jose ha-Gelili).

Natürlich hat es schon vor der Fassung dieser Regelgruppen eine bestimmte Methodik der Bibelauslegung gegeben, die eng mit der Bemühung um eine genaue Textweitergabe verbunden war. Die frühen Bibelgelehrten bezeichnet man als *soferim*, von *sefer* „Buch" abgeleitet, aber auch mit der Wortbedeutung „zählen" zu verbinden: denn eine ihrer wichtigsten Aufgaben war das Zählen der Worte in jeder Schrift der Bibel sowie der Häufigkeit der einzelnen Worte selbst, ja sogar der Buchstaben (cf. Qid 30a). Ebenso erstellten sie Listen, welche Ausdrücke in der Bibel nur ein- oder zweimal vorkommen. Solche Listen erleichterten die Erklärung eines Textes durch eine Parallele bzw. allgemein aus dem Zusammenhang der Bibel, gilt doch als wesentliches Auslegungsprinzip, die Tora aus der Tora auszulegen (pMeg I,13, 72b läßt dies schon Noach anwenden). Gegen das hohe Alter dieses Zugangs könnte man auf das durch Qumran belegte Nebeneinander verschiedener Rezensionen des Bibeltextes verweisen; doch belegen dieselben Funde auch das Bemühen um die Fixierung des Textes in allen Einzelheiten. Dasselbe kann man in der rabbinischen Tradition von den frühesten Anfängen an feststellen.

Aus dem allgemeinen Wortgebrauch oder auch durch den Vergleich mit fremden Sprachen leitet sich die einfache Worterklärung ab. Diese wird gern mit der Formel *ein...ela* eingeführt: ein Ausdruck bedeutet „nichts als" dies oder das. Vielfach (nicht unbedingt später: eine solche Entwicklung ist nicht zu beweisen) wendet man den Ausdruck allerdings auch dort an, wo die Erläuterung keineswegs aus dem Wortsinn selbst hervorgeht, sondern eher eine theologische Deutung ist oder den Wortsinn gar allegorisch umprägt. Erklärungen dieser Art wurden vielleicht in Textglossen zur Bibel oder auch in eigenen Sammlungen zusammmengestellt. Dazu: *W. Reiss*, Wortsubstitution als Mittel der Deutung. Bemerkungen zur Formel *ein...ela*, FJB 6 (1978) 27–69.

Für die Anwendung der Auslegungsregeln ist prinzipiell zwischen Halakha und Haggada zu unterscheiden. Die Halakha steht im allgemeinen schon vor ihrer biblischen Begründung fest: die Bibelauslegung hat sich dann mehr oder weniger darauf zu beschränken, die bestehende Halakha biblisch zu begründen und zu stützen. Insofern ist die halakhische Exegese traditionsgebundener als die haggadische Auslegung. Andererseits muß sich jedoch die Halakha den wechselnden Verhältnissen anpassen; auch bemüht man sich in den je gewandelten Zeitumständen nach Möglichkeit um eine einheitliche Halakha. Das hat einen ständigen Adaptierungsprozeß zur Folge. Die Haggada hingegen, die ja keinen direkten Einfluß auf das praktische Leben hat, bleibt von dieser ständigen Anpassung weitgehend verschont, auch wenn es im Dienste zeitgebundener Polemik und Abwehr bestimmter Ideen auch hier zeitbedingte Veränderungen gibt. Im allgemeinen ist die Haggada, obwohl prinzipiell nicht so streng genormt wie die Halakha, beständiger als diese.

1) Die sieben Regeln Hillels

Lit.: A. Schwarz, Die hermeneutische Analogie in der talmudischen Litteratur, Karlsruhe 1897; *ders.*, Der hermeneutische Syllogismus in der talmudischen Litteratur, W 1901; *ders.*, Die hermeneutische Induktion in der talmudischen Litteratur, W 1909; *ders.*, Die hermeneutische Antinomie in der talmudischen Literatur, W 1913; *ders.*, Die hermeneutische Quantitätsrelation in der talmudischen Literatur, W 1916; *J. Bergman*, Gezera schawa mahi?, Sinai 71 (1972) 132–139 (Unterschied zum *heqqesch*); *M. L. Chernick*, Hermeneutical Studies in Talmudic and Midrashic Literature (h), T-A 1984 (zu *Kelal u-ferat u-kelal* und *Ribbui u-mi^{c}ut*); *ders.*, Internal Restraints on Gezerah Shawah's Application, JQR 80 (1989f) 253–282; *M. Weiss*, The *Gezera Shava* and the *Kal Va-Chomer* in the Explicit Discussions of *Bet Shammai* and *Bet Hillel* (h), Sidra 6 (1990) 41–61.

Die sieben Middot Hillels sind nicht von Hillel erfunden, sondern eine Zusammenstellung von damals üblichen Hauptarten des Beweisverfahrens. Die Einführung der Regeln in die pharisäische Schriftauslegung verbindet man gewöhnlich mit der Episode von pPes VI,1, 33a: die Frage, ob man das Pesachopfer an einem Sabbat zubereiten darf, der mit dem 14.Nisan zusammenfällt, beantwortet Hillel positiv. Er begründet dies mit einem Schluß vom Leichteren auf das Schwerere (das tägliche Opfer verdrängt den Sabbat, obwohl die Bibel seine Darbringung nicht unter Androhung der Ausrottung gebietet; umso eindeutiger verdrängt das unter dieser Androhung vorgeschriebene Pesachopfer den Sabbat), mit einem Analogieschluß (vom täglichen Opfer heißt es wie vom Pesachopfer, es habe zu seiner festgesetzten Zeit stattzufinden – be-mo^{c}ado: Num 9,2; 28,2; so ist das Pesachopfer dem täglichen Opfer auch darin gleichzusetzen, daß es den Sabbat verdrängt) und mit einer Sachanalogie (beidemal handelt es sich um Opfer der Allgemeinheit). Alle logischen Ableitungen Hillels können seine Zuhörer, die Sippe von Batyra, nicht überzeugen, bis er sich dafür auf seine Lehrer Schemaja und Abtaljon beruft, also die Tradition für sich in Anspruch nimmt.

Dieselbe Erzählung (kürzer in Pes 66a) nennt in der Fassung von TPes IV,13 (L.165f) weder die Leute von Batyra noch Schemaja und Abtaljon als Lehrer Hillels. Auch die polemische Aussage, daß erst die Berufung auf die Tradition überzeugt, fehlt in T (dazu *Neusner*, Phar I 231–5, 246–251). Die Berufung Hillels auf seine Lehrer ist übrigens durch den Kontext in T allein auf die Halakha, nicht jedoch auf die Auslegungsregeln zu beziehen (*Lieberman*, Hell. 54). Die Nähe der Regeln Hillels zu den in der hellenistischen Rhetorik üblichen Auslegungsregeln, die dann auch in die römische Rechtsauslegung eingegangen sind (dazu *Daube*, Rabb. Methods), ist daher auch nicht mit dem Hinweis auf Hillels Lehrer Schemaja und Abtaljon zu erklären, die der Tradition nach Proselyten waren und in Alexandrien studiert und gelehrt haben sollen (gegen *Daube*, Rabb. Methods 241).

Eine direkte Übernahme der Regeln aus der hellenistischen Welt ist nicht nachzuweisen, auch wenn Zusammenordnung und Terminologie der Regeln auf hellenistische Einflüsse zurückgehen mögen.

TSanh VII,11 (Z.427), wo die Aufzählung der sieben Regeln eingeleitet wird mit: „Sieben Worte hat Hillel der Alte vor den Ältesten von Patira ausgelegt", bezieht sich nicht auf die Erzählung in TPes, wo die Leute von Patira/Batyra gar nicht genannt sind. Die Erzählung gibt nicht den historischen Anlaß für die Einführung der Regeln wieder; sie ist auch nicht als Illustration dafür erfunden worden, wie auch nicht die Liste aus ihr abgeleitet ist; die Erzählung nennt ja nur den Schluß vom Leichteren auf das Schwerere und den Analogieschluß (in T gar nicht explizit) aus den sieben Regeln, dafür jedoch die in der Liste nicht enthaltene Sachanalogie *(heqqesch).* Historisch ist die Verbindung Hillels mit den sieben Regeln nicht zu sichern.

Außer in TSanh ist der Text der Regeln Hillels auch in der Einleitung zu Sifra (F.9f) und in ARN A37 (Sch.110) überliefert. In Sifra ist er an die Auslegung der dreizehn Regeln Jischmaels angeschlossen; die Regeln 3 und 4 sind ineinander verschmolzen: *ubinjan ab uschne ketubim;* eigentlich gehören ja 3 und 4 als Einheit zusammen, wurden jedoch geteilt, damit sich die Siebenzahl ergibt (anders *Finkelstein* z. St., nach dem *uschne ketubim* die 13.Regel Jischmaels meint). In ARN steht die Liste zusammen mit anderen Listen von je sieben Dingen; daß ARN sie aus T kopiert hat (so *Neusner,* Phar I 275), läßt sich nicht belegen. Auch in T scheint die Liste nachträglich an das Kapitel angehängt, wohl durch den vorausgehenden Siebenerspruch veranlaßt; es ist ein in den Schulen allgemein bekannter und nach Bedarf in verschiedenen Schriften verwendeter Text.

1. *Qal wa-chomer* (genauer *qol,* „Leichtigkeit": so z.B. zu Beginn von Cod. Assemani 66 von Sifra; die übliche Aussprache vermeidet eine Verwechslung mit *qol* „Stimme"). Schluß a minori ad maius, vom Leichten (minder Bedeutenden) auf das Schwere (Bedeutendere) und umgekehrt. Laut Jischmael wendet schon die Tora zehnmal diese Regel an, so z.B. Gen 44,8 (GenR 92,7, Th-A 1145). Ein nichtbiblisches Beispiel ist Ket 111b: „ein *qal wa- chomer* vom Weizenkorn: dieses wird nackt begraben und kommt bekleidet heraus. Wieviel mehr ist dies von den Gerechten zu erwarten, die bekleidet begraben werden". Die Regel darf allerdings nicht zur Begründung einer höheren Strafe verwendet werden: „Es genügt, wenn das aus einem Rechtssatz Gefolgerte dem gleich ist, aus dem es gefolgert wurde" (BQ II,5).

2. *Gezera schawa,* wörtlich: „gleiche Verordnung" oder „Satzung". Nach *Lieberman,* Hell. 58f, ist der Ausdruck, dessen genaue Etymologie noch nicht geklärt ist, in Entsprechung zum Terminus der hellenistischen Rhetorik *synkrisis pros ison* gebildet (zuerst belegt bei Hermogenes, 2. Jh.). Analogieschluß. Streng genommen ist dieser nur anzuwenden, wenn in zwei zu vergleichenden Sätzen der Tora dieselben Ausdrücke vorkommen

und womöglich nur dort vorkommen; außerdem sollen diese Ausdrücke, auf denen der Analogieschluß aufbaut, für das Verständnis des Satzes nicht notwendig sein, sodaß man annehmen kann, die Bibel selbst habe sie schon im Hinblick auf den zu ziehenden Analogieschluß gesagt (Schab 64a). Auch ist die *gezera schawa* nur äußerst zurückhaltend anzuwenden und soll durch die Tradition gestützt sein: „du sollst die *gezera schawa* nicht leichtfertig anwenden" (Ker 5a); „niemand zieht einen Analogieschluß aus eigener Autorität" (pPes VI,1, 33a). Nur unter diesen, später allerdings nicht mehr streng eingehaltenen Bedingungen gilt die an einer Stelle des Pentateuch erwähnte gesetzliche Bestimmung auch für eine andere Stelle. Z. B. heißt es Lev 27,7: „ein Mann von sechzig Jahren und mehr" habe bei der Einlösung seines Gelübdes einen bestimmten Schätzwert. Ar IV,4 läßt nun das „und mehr" auch bei anderen Altersangaben gelten, wo es nicht ausdrücklich dazugesagt ist (Lev 27,3.5): in allen Fällen ist vom vollendeten Lebensjahr auszugehen, auch wenn dies einmal eine Erschwerung, ein andermal wieder eine Erleichterung der Vorschrift bedeutet; das Wort „Jahr" hat immer gleich ausgelegt zu werden (*schana, schana, li-gezera schawa*). Eng verwandt mit der *gezera schawa* ist der sogenannte *heqqesch*, die nicht so streng geregelte Sachanalogie (z.B. Hillel in pPes VI,1,33a).

3. *Binjan ab mi-katub echad*, wörtlich: „Gründung einer Familie" (*ab* kurz für *bet ab*) „von einer einzigen Bibelstelle aus". „Vermöge der mit diesem Ausdruck bezeichneten exegetischen Norm wird auf eine Anzahl biblischer Stellen, die inhaltlich zueinander gehören, irgendeine nur bei einer derselben sich findende nähere Bestimmung angewendet. Die Hauptstelle verleiht so allen übrigen einen sie zu einer Familie verbindenden gemeinsamen Charakter" (*Bacher*, ET I 9). In pSanh I,1,18a sagt R. Eleazar ben Pedat: „An jeder Stelle, wo es heißt: ,Und Gott', ist Gott und sein Gerichtshof gemeint. Und es ist ein *binjan ab*: an allen Stellen mit *wa-jomer* ,und er sagte' ist ein Unheil ausgesagt". Sifre Dtn § 148 (F. 202) leitet aus Dtn 17,6 ab: wo der Ausdruck *jimmatse* „er wird angetroffen" in einem bestimmten Zusammenhang ausgesagt wird, sind immer zwei oder drei Zeugen verlangt.

4. *Binjan ab mi-schne ketubim* heißt es, wenn die eben erwähnte Ableitung auf zwei Bibelstellen beruht. So werden z.B. die Vorschriften, daß ein Sklave freigelassen werden muß, wenn ihm sein Besitzer ein Auge oder einen Zahn zerstört hat (Ex 21,26.27), allgemein gefaßt: für alles Unersetzliche gehört dem Sklaven als Entschädigung die Freiheit (Mek Neziqin 9, L. III 72f).

5. *Kelal u-ferat u-ferat u-kelal*: „Allgemeines und Besonderes, Besonderes und Allgemeines", d.h. die Näherbestimmung des Allgemeinen durch das Besondere, des Besonderen durch das Allgemeine. Die dreizehn Middot Jischmaels zerlegen diese Regel in acht (Nr. 4–11). Zu Parallelen in der römischen Rechtsauslegung siehe *Daube*, Rabb. Methods 252-4. „Wie erfolgt der Schluß vom Allgemeinen auf das Besondere? Es heißt zuerst: ,Von den Haustieren' (darf man Opfer darbringen: Lev 1,2). Diese allge-

meine Aussage schließt nur ein, was dann detailliert wird: ‚Vom Rind und Kleinvieh'. Wie erfolgt der Schluß vom Besonderen auf das Allgemeine? ‚Wenn jemand einem andern einen Esel, ein Rind, ein Schaf zur Verwahrung gibt': das ist die detaillierte Aussage, der dann die Verallgemeinerung folgt: ‚oder sonst ein Haustier' (Ex 22,9). Der Schluß vom Besonderen auf das Allgemeine besagt, daß der allgemeine Ausdruck den Einzelbeispielen etwas hinzufügt" (Sifra, Einleitung, F. 5 f).

6. *Ke-jotse bo be-maqom acher*, „dem Ähnliches an einer anderen Stelle". Die eigenartige Formel, wörtlich „wie herausgeht mit ihm..." leitet *Daube*, Rabb. Methods 260, vom hellenistischen Fachausdruck *symbainein* ab, „entsprechen, sich aus einer Schlußfolgerung ergeben". Diese Regel ist dem Analogieschluß ähnlich, jedoch nicht so streng eingegrenzt. Als Beispiel der Beginn von Mek (L.I 1–3): Die Annahme, „das in der Bibel zuerst Genannte sei auch in Wirklichkeit vorrangig", wird an einer Reihe von Beispielen dadurch widerlegt, daß jeweils ein dazu passender Bibelvers angeführt wird, in dem die Reihenfolge anders ist. In Ex 3,6 heißt es „der Gott Abrahams, der Gott Isaaks und der Gott Jakobs"; in Lev 26,42 steht hingegen: „ich gedenke meines Bundes mit Jakob, meines Bundes mit Isaak und meines Bundes mit Abraham".

7. *Dabar ha-lamed me-injano*: „der Schluß aus dem Kontext" der biblischen Aussage. Wegen ihrer Einsichtigkeit ist diese Regel allgemein anerkannt. Der Satz Aqibas in Sifre Num § 131 (H. 169): „jeder Bibelabschnitt, der dicht bei einem anderen steht, ist mit Hinblick auf diesen auszulegen", scheint dasselbe zu besagen, doch führt dieses Prinzip oft nicht zu einer natürlichen Exegese aus dem Kontext, sondern zu oft weitergeholten Auslegungen aus dem (für den modernen Leser!) zufälligen Nebeneinander zweier Ausdrücke. Ein Beispiel für die Regel Hillels: eine Baraita in Sanh 86a beruft sich ausdrücklich auf die Ableitung aus dem Zusammenhang in der Auslegung von Ex 20,15: „Du sollst nicht stehlen". Nach Meinung der Rabbinen ist hier vom Menschenraub die Rede, da auch die anderen Gesetze im Zusammenhang von Personen handeln. In Lev 19,11 hingegen bezieht sich das „Ihr sollt nicht stehlen" aus dem Zusammenhang auf den Gelddiebstahl.

2) Die dreizehn Middot des R. Jischmael

Lit.: L. Finkelstein, Sifra I 147–191; *A. Freimann*, FS A. Schwarz, B-W 1917, 109–119 (Liste hebräischer Kommentare zu den 13 Middot); *G. G. Porton*, Ishmael IV 160–211.

R. Jischmael, der große Lehrer der Generation vor Bar Kokhba, gilt vor allem in der Bibelauslegung als der Gegenspieler von R. Aqiba. Gegen das pressende Deuten einzelner Wörter, ja Buchstaben, stellt er den Grundsatz auf: „die Tora redet in der Sprache der Menschen" (Sifre Num § 112, H. 121); damit lehnt er z.B. die Ausdeutung des Inf. absolutus *hikkaret* vor dem Verbum finitum *tikkaret* ab: „Es sind stilistische Wiederholungen, die die Tora auf ihre Weise verwendet" (pJeb VIII,1,8d), eine weitere Erklärung solcher Doppelausdrücke ist daher nicht notwendig.

Wie Hillel wird auch Jischmael eine Gruppe von Auslegungsregeln zugeschrieben, die 13 Middot, deren Text zu Beginn von Sifra (F.3f) steht (die Zahl 13 ist traditionell, bei normaler Unterteilung wären es 16; Aaron Ibn Chajjim kommt in seinem Kommentar zu Sifra von 1609–11 auf 17 Regeln). Diese Regeln stehen im Judentum in sehr hohem Ansehen: sie bilden einen Bestandteil des täglichen Morgengebets (so schon im ältesten vollständigen Siddur, dem des Rab Amram Gaon). Zahlreiche jüdische Lehrer seit dem Mittelalter haben sie als vom Sinai her überliefert erklärt (Zusammenstellung von *G. Fischer*, Jeschurun 7, 1860, 485–7). MHG Ex 21,1 (M. 458) leitet den Text der Middot ein: „R. Jischmael sagt: das sind die dreizehn Middot, durch die die Tora ausgelegt wird, die dem Mose am Sinai überliefert wurden". *D. Hoffmann* hat den Text in seine Ausgabe von MRS (F. 1905, 117) aufgenommen; doch hat sich dies durch die Genizafunde nicht bestätigen lassen, weshalb der Abschnitt in der Ausgabe *Epstein – Melamed* 158 auch nicht aufscheint. Text der Middot auch in MHG Lev 1,2 (S. 17), dort ausdrücklich aus Sifra zitiert.

Die 13 Middot sind im wesentlichen nur eine erweiterte Fassung der sieben Middot Hillels: J.1 = H.1; J.2 = H.2; J.3 = H.3 und 4; J.4–11 sind gebildet durch Zerlegung von H.5; J.12 = H.7: Chul 63a nennt diese Midda als eine der „13 Middot, nach welchen die Tora ausgelegt wird", aber ohne Nennung Jischmaels. H. 6 ist ausgelassen.

J.13 ist neu: „Zwei Schriftverse widersprechen einander, bis der dritte Vers kommt und zwischen ihnen entscheidet". Als Beispiel Mek Pischa 4 (L.I 32): Aqiba verweist darauf, daß nach Dtn 16,2 das Pesachopfer vom Kleinvieh und von den Rindern darzubringen ist, nach Ex 12,5 von den Schafen und Ziegen. „Wie sind diese beiden Schriftstellen aufrecht zu erhalten? Sage: dies ist eine Regel in der (Auslegung der) Tora – zwei Schriftverse widersprechen einander. Sie bleiben an ihrer Stelle stehen, bis der dritte Vers kommt und zwischen ihnen entscheidet". Ex 12,21 nennt nur Kleinvieh für das Pesachopfer; somit ist klar, daß nur Kleinvieh und nicht Großvieh für das Pesachopfer geeignet ist.

Die Geschichtlichkeit der Zuschreibung der 13 Middot an Jischmael läßt sich ebensowenig beweisen wie jene der 7 Regeln an Hillel. *G. G. Porton* (Ishmael II 65) zeigt mit stilistischen Gründen, daß die Liste in Sifra zusammengesetzt ist. Daher gebe es keinen Grund, „that it should be assigned to one man, other than the editor of this passage, or to one school". Eine Analyse der exegetischen Traditionen Jischmaels in tannaitischen Sammlungen zeigt: Jischmael „never uses the majority of his exegetical methods. He most commonly employs the *a fortiori* argument and the *gezerah shavah*, the same principles which were common in the non-Jewish world of his time" (l.c.6). Wenn wir uns an die Prinzipien halten, die er gemäß diesen Texten tatsächlich verwendete, kannte er höchstens fünf seiner Regeln. Auch sind die klaren Grenzlinien zwischen den Methoden Jischmaels und Aqibas nicht aufrecht zu halten: „frequently ᶜAqiba employs techniques usually associated with Ishmael and Ishmael uses methods usually assigned to ᶜAqiba" (Ishmael IV 208). Zu Jischmaels Zeiten gab es somit noch nicht zwei methodisch klar unterschiedene exegetische Schulen; wenn die rabbinischen Texte schon einen Unterschied zwischen den Methoden Jischmaels und Aqibas machen, dann gewöhnlich in der palästinischen Gemara (Ishmael IV 209). „It appears that the standard picture of Ishmael's exegetical practice is, at earliest, an Amoraic construction" (Ishmael II 7).

Der Karäer Jehuda Hadassi hat in seiner 1148 begonnenen Darstellung des karäischen Glaubens *Eschkol ha-kofer* (Ausgabe Eupatoria 1836, erweiterter Ndr. Lo 1971, 124b) sich gegen diese Middot ausgesprochen und auch auf ihre Ähnlichkeit mit griechischen Regeln, den 12 *ergasiai kai epicheiremata* hingewiesen. Dabei beruft er sich wohl auf ein mittelalterliches Scholion zur Schrift *Peri heureseos* des Hermogenes. Direkte Parallelen ergeben sich in den *ergasiai* allerdings nur zu den ersten beiden Regeln Jischmaels bzw. Hillels; gewisse Ähnlichkeiten bestehen hingegen mit einigen der 32 Regeln Eliezers, die Hadassi ebenfalls zitiert (cf. *Lieberman*, Hell. 56).

3) Die zweiunddreißig Middot

Lit.: *H. G. Enelow*, Hg., The Mishnah of Rabbi Eliezer or the Midrash of Thirty-Two Hermeneutic Rules, NY 1933, Ndr. 1970 (Textausgabe mit engl. Einleitung); *V. Aptowitzer*, Das Alter der Baraita der 32 Normen..., FS A. Schwarz, B-W 1917, 121–132; *Albeck*, Deraschot 434–6; *L. Bardowicz*, Die Abfassungszeit der Baraita der 32 Normen für die Auslegung der Heiligen Schrift, B 1913; *J. N. Epstein*, On the Mishna of R. Eliezer Son of R. Jose the Galilean (h), Tarbiz 4 (1932f) 343–353; ders., Mischnat R. Eliezer, HUCA 23/2 (1950f) hebr. Teil 1–15; *M. Moreshet*, The Language of „Mishnat R. Eliezer" (h), Bar-Ilan 11 (1973) 183–223; *M. Zucker*, Lepitron baᶜajat l"b middot u-mischnat Rabbi Eliezer, PAAJR 23 (1954) hebr. Teil 1–39.

Die 32 Middot sind nach Eliezer ben Jose ha-Gelili (Generation nach Bar-Kokhba) benannt. Bis ins 19. Jh. war ihr zuerst vom Grammatiker Abulwalid Ibn Ğanach (11. Jh.) zitierter Text nur aus dem *Sefer Keritut* des Simson von Chinon (1260–1330) bekannt (Ausgabe *J. M. Sofer*, J 1965), in der karäischen Tradition durch Jehuda Hadassi. Die Textfassung des MHG Gen (M.22f) zählt 33 Middot (Teilung der 29.Midda), der Text *Enelow*'s nennt 33 Middot, zählt jedoch nur 32 auf. Als Quelle des MHG hat sich inzwischen die Mischnat R. Eliezer erwiesen, auch Midrasch Agur oder Midrasch der 32 Middot genannt. Die Datierung des Midrasch ist umstritten. *Enelow* betrachtet das Werk, in dem keine späteren Lehrer als solche des 3. Jhs. zitiert sind, als „product of the Tannaic tradition" (59), „composed not later than the closing part of the fourth century" (60). Andererseits hat schon *Bardowicz* ein Datum nach Saadja vorgeschlagen, was auch *M. Zucker* annimmt, nach dem die 32 Middot eine Auswahl aus den 49 Regeln des Samuel ben Chofni sind, der selbst wieder vor allem aus Saadja geschöpft hat. Etwas früher sind die Ansätze von *Epstein* (Zeit des Heraklius) und *Albeck* (8. Jh.) *Moreshet* kommt aus sprachlichen Gründen auf eine Datierung zwischen 600 und 800. Jedenfalls gilt die Spätdatierung nur für die Endfassung der Schrift, die jedoch nicht einheitlich ist und deren Traditionen zum Teil in talmudische Zeit zurückreichen können. Doch werden die 32 Regeln im Talmud noch nicht genannt. Chul 89 a zitiert R. Jochanan: „Wo du die Worte des Eliezer ben Jose ha-Gelili in der Haggada hörst, halte dein Ohr hin gleich einem Trichter". Dieser Ruhm Eliezers als Haggadist mag dazu beigetragen haben, mit seinem Namen die Regelsammlung zu verbinden, die auch in manchen Talmudausgaben nach dem Traktat Berakhot abgedruckt ist. Raschi, Abraham ben David und Zakuto lesen im Titel der Baraita nicht „32 Regeln, durch die die *Haggada* ausgelegt wird", sondern „die Tora". *S. Krauss* folgert daraus, daß diese Middot auch für die halakhische Auslegung gelten (FS A. Schwarz 572). Das gilt für einzelne dieser Regeln, andere jedoch sind eindeutig haggadisch.

1. *ribbui*, „Vermehrung, Einschließung", wenn die Bibel die Wörtchen *af* und *gam* („auch") oder die Akkusativpartikel *et* verwendet. So deutet GenR 1,14 (Th-A 12) Gen 1,1 „Gott schuf den Himmel und die Erde" (im Hebr. zweimal die Akk.partikel *et*) so: „*den* Himmel: das schließt Sonne, Mond, Sterne und Sternbilder ein; und *die* Erde: das schließt Bäume, Gräser und den Garten Eden ein". Halakhische Anwendung: nach Ar I,4 schiebt man die Hinrichtung der zum Tod verurteilten Ehebrecherin, die schwanger ist, nicht auf, bis sie gebiert. Ar 7a begründet dies mit Dtn 22,22: *u-metu gam schnehem* „und sie (die Ehebrecher) sollen alle beide sterben", der Mann und die Frau mit dem Embryo. Siehe *M. Chernick*, Hermeneutical Studies in Talmudic and Midrashic Literature (h), T-A 1984; ders., Hitpatchut, tsura u-mibne ba-draschot schel ribbujim u-mi'utim, PAAJR 49 (1982) hebr. Teil 105–122.

2. *mi'ut*, „Einschränkung, Ausschließung, Verminderung", angezeigt durch die Worte *akh*, *raq* („nur") und *min* („von, aus"). Gen 7,23: „übrig blieb nur (*akh*) Noach". Nach GenR 32,11 (Th-A 298) ist das so zu verstehen: „*akh* bedeutet eine Einschränkung: auch er spie Blut wegen der Kälte", hat also nicht überlebt, ohne Schaden zu nehmen. Halakhische Anwendung: „und du sollst nur (*akh*) fröhlich sein" (Dtn 16,15). Laut Suk 48 a schließt das zwar den Abend des letzten Festtags von Sukkot ein, nicht aber den des ersten: dieser ist durch *akh* ausgeschlossen.

3. *ribbui achar ribbui*, „Einschließung nach Einschließung", durch Verbindung von zwei der in 1. genannten Partikel. MidrSam 20,5 (B.54a) deutet 1 Sam 17,36 „Auch den Löwen (*gam et ha-ari*), auch den Bären (*gam ha-dob*) schlug dein Knecht" im Namen des R. Natan: er hat vier Löwen (je einer zusätzlich für *gam*, *et* und den Artikel) und drei Bären getötet. Anders in der Halakha, wo gilt: „Einschließung nach Einschließung bedeutet Verringerung" (Sifra Tsaw 11, W.34d). Wenn daher in Lev 7,12 für das Dankopfer zweimal verlangt wird „mit Öl", wird dafür nur ein halbes Log Öl und nicht ein ganzes wie beim sonstigen Speiseopfer verwendet (vgl. Men 89a, wo diese Meinung Aqiba zugeschrieben wird). Sifre Num § 124 (H.155f) wendet denselben Grundsatz als Regel des R. Jischmael auf das Verbrennen der roten Kuh an (Num 19,5 zweimal „verbrennen"): man nimmt nur soviel Holz als gerade nötig. R. Jehuda deutet hier allerdings im Gegenteil, man solle nicht sparen, sieht also im doppelten *ribbui* eine Verstärkung.

4. *mi'ut achar mi'ut*, Verbindung zweier einschränkender oder ausschließender Partikel. „Eine Ausschließung nach einer Ausschließung bedeutet eine Einschließung". Diesen Grundsatz wendet R. Meir halakhisch in Mak 9b an: auch ein Blinder, der unvorsätzlich jemanden erschlagen hat, muß in die Asylstadt flüchten, denn die zwei Ausschließungen – „ohne es zu sehen" (Num 35,23), „ohne Vorsatz" (Dtn 19,4) – bedeuten eine Einschließung. Dieses Argument wird jedoch nicht allgemein akzeptiert. Haggadische Anwendung z.B. zu 1 Kön 8,9: „in der Lade war *nichts*, *nur* die zwei Steintafeln". Die zweifache Einschränkung *ein...raq* führt zur Annahme, in der Bundeslade habe sich auch eine Torarolle befunden (BB 14a) bzw. die Bruchstücke der ersten Tafeln (BB 14b).

5. *qal wa-chomer meforasch*. Ausdrücklich angegebener Schluß a minori ad maius und umgekehrt. Vgl. Hillel 1.

6. *qal wa-chomer satum*. Angedeuteter Schluß a minori ad maius und umgekehrt.

7. *gezera schawa* und 8. *binjan ab* vgl. Hillel 2.3.

9. *derekh qetsara*. Abgekürzte oder elliptische Ausdrucksweise. Dtn 21,11: „Und wenn du unter den Gefangenen eine Frau siehst, die schön von Gestalt ist" (*eschet jefat toar*). Aus dem status coniunctus *eschet* statt *ischa* folgert schon Sifre Dtn § 211 (F.245): auch wenn sie eine verheiratete Frau ist" (*eschet isch*), darf man sie heiraten. Der späte Midrasch Leqach Tob z.St. verdeutlicht: „Überall, wo *eschet* steht, muß eine Ergänzung erfolgen, z.B. *eschet kesilut* („Frau Torheit", Spr 9,13). Und warum heißt es hier (nur) *eschet*? Umd zu lehren: auch wenn sie eine Ehefrau (*eschet isch*) ist".

10. Die *Wiederholung* wird zur Deutung benützt. GenR 89,9 (Th-A 1098) sagt Jehuda b. Ilai: „Eigentlich sollten 14 Jahre Hungersnot über Ägypten kommen" (Gen 41,3.6: 7 magere Kühe, 7 dürre Ähren); Nechemja antwortet: „Eigentlich waren 28 Jahre bestimmt: 14 hat der Pharao (im

Traum) gesehen und es dem Josef gesagt", dabei also die Zahl wiederholt. Und weil auch Josef die Worte des Pharao wiederholt, müßten es nach Meinung der Rabbinen 42 Jahre gewesen sein. – Sanh I,6 beweist aus dem doppelten „die Gemeinde" Num 35,24f, daß ein kleiner Gerichtshof 23 Miglieder haben muß: „Gemeinde" = 10, wie aus Num 14,27 abgeleitet wird, wo man „die Gemeinde" als die zwölf Kundschafter mit Ausnahme von Josua und Kaleb versteht. Zu zweimal 10 kommen noch drei aus anderem Grunde nötige Mitglieder. – Eine Baraita in Chul 115b versteht das dreifache „Du sollst das Böckchen nicht in der Milch seiner Mutter kochen" (Ex 23,19; 34,26; Dtn 14,21) vom Verbot des Essens, des Kochens und der Nutznießung. Nach Aqiba dagegen bedeutet das dreimal gesetzte Wort „Böcklein", daß Vögel, Wild und unreines Vieh biblisch nicht unter das Verbot des in Milch Kochens fallen. – Mek Wa-jassa 5 (L. II 119) leitet Zeriqa aus der dreimaligen Wiederholung des „heute" in Ex 16,25 (vom Manna: „Eßt es heute; denn Sabbat ist heute für den Herrn; heute werdet ihr auf dem Feld nichts finden") ab, daß man am Sabbat drei Mahlzeiten halten muß (vgl. Schab 117b). – Joschijja verwendet das dreimalige *elohim* in Ex 22,7f als Beweis dafür, daß in Geld-(Zivil-)prozessen drei Richter entscheiden: Mek Neziqin 15 (L.III 119); vgl. Sanh 3b.

11. *Zusammengehöriges, das getrennt ist* (durch *sof pasuq* oder anderen trennenden Akzent). In 2 Chron 30,18f ist die Verstrennung tatsächlich sinnstörend, an anderen Stellen wird sie jedoch einfach übergangen, um eine Vorstellung biblisch zu stützen. Mak III,10 verbindet *be-mispar* von Dtn 25,2 mit *arbaᶜim*, dem ersten Wort des folgenden Verses, „an der Zahl 40", um damit eine Begrenzung der Prügelstrafe auf 39 Hiebe zu belegen: „*be-mispar arbaᶜim*: eine Zahl, die 40 am nächsten ist". – Mek Pischa 16 (L.I 139) beweist Jose ha-Gelili, indem er „und es werde nichts Gesäuertes gegessen" (Ex 13,3) mit dem „heute" des folgenden Verses verbindet, daß Israel nur diesen einen Tag in Ägypten Ungesäuertes gegessen hat. – Sifra Qedoschim 2 (W. 87d) leitet die Vorschrift, daß der Besitzer nicht einen Armen vor einem anderen begünstigen solle, indem er ihm auflesen hilft, aus Lev 19,10 ab: dabei wird „du sollst nicht auflesen" dem Zusammenhang und dem Atnach zuwider mit dem folgenden „dem Armen" verbunden (vgl. Git 12a). – Sifra Qedoschim 7 (W.91a) beweist Simeon ben Eleazar die Forderung, daß der Greis seinen Mitmenschen nicht belästigen dürfe, indem er Lev 19,32 „du sollst ehren das Ansehen des Greises. Und du sollst deinen Gott fürchten" gegen den Atnach abtrennt: „Greis, du sollst deinen Gott fürchten".

In Zusammenhang mit dieser der Grammatik widersprechenden Satztrennung im Interesse einer bestimmten Auslegung ist auch die gelegentliche Unentschiedenheit zu sehen, wohin ein Wort gehört. Issi ben Jehuda sagt Mek Amaleq 1 (L.II 142), in der Tora gebe es fünf Worte, die kein „Übergewicht" haben, welches die Waagschale zugunsten einer Verbindung mit dem Vorangehenden oder dem Folgenden senken würde (auch

Joma 52a–b). Ein halakhisches Beispiel Sota VII,4: nach Dtn 25,9 soll die Witwe dem Schwager, der nicht zur Schwagerehe bereit ist, „den Schuh ausziehen, ihm ins Gesicht spucken und sagen: *So* geschehe dem Mann, der nicht das Haus seines Bruders baut". R. Jehuda läßt das „so" zu „sagen" wie auch zu „geschehe" gehören; sie soll *so* (d. h. in diesem Wortlaut, in hebr. Sprache) sagen: *So* geschehe...; für Parallelen in den hellenistischen Normen von *synthesis* und *diairesis* siehe *Daube*, Alex. Methods 34–44.

12. Etwas wird zum Vergleich herangezogen und erhält dadurch selbst neues Licht (vgl. Hillel 7). Sanh 74a geht es um den Satz, daß man bei Todesandrohung alle Sünden außer Götzendienst, Blutschande und Mord begehen dürfe. Zu Blutschande und Mord bemerkt Rabbi: „Das ist ebenso, wie wenn jemand seinen Nächsten überfällt und totschlägt" (Dtn 22,26). „Was lernen wir aus dem Vergleich mit dem Mörder? Was lehrt, empfängt auch Belehrung. Ebenso wie bei der verlobten Jungfrau (Dtn 22,25) ist es auch beim Mörder gestattet, ihn (den Verfolgten) mit seinem (des Verfolgers) Leben zu retten. Und man vergleiche die verlobte Jungfrau (d. h. die Notzucht an ihr) mit dem Mörder: wie man sich eher töten lassen muß, als daß man einen Mord begeht, so muß man sich eher töten lassen (so Lesart Joma 82a), als daß man an einer verlobten Jungfrau Notzucht begeht".

13. Folgt auf ein Allgemeines eine Handlung (*ma῾ase*), so ist sie das Besondere des ersteren (vgl. Hillel 5). Die Aufzählung der 32 Regeln in MHG Gen bringt dazu das Beispiel (M. 30): „‚Gott sprach: es werde Licht' (Gen 1,3). Dann heißt es wieder: ‚Lichter sollen am Himmelsgewölbe sein' (Gen 1,14). Wer es hört, könnte meinen, dies sei eine andere Begebenheit. Doch es ist nur ein Detail der ersten; denn es wird gelehrt: dies sind dieselben Lichter, die am ersten Tag geschaffen wurden; doch hat er (Gott) sie erst am vierten Tag aufgehängt. Dem entspricht Gen 1,27: ‚Und Gott schuf den Menschen nach seinem Abbild'. Siehe, das ist das Allgemeine, und am Schluß detailliert er seine Taten: ‚Und Gott der Herr formte den Menschen aus Erde' (Gen 2,7). ‚Da ließ Gott der Herr eine Ohnmacht auf den Menschen fallen, sodaß er einschlief, und er nahm eine von seinen Rippen' (Gen 2,21). Wer es hört, könnte glauben, daß dies eine andere Sache ist, und doch ist es nur ein Detail der ersten".

14. Bedeutendes wird mit Geringerem verglichen, um ein besseres Verständnis zu erzielen, z. B. Dtn 32,2 die Tora mit dem Regen. Diese Norm wird für die Halakha nicht angewendet.

15. = Jischmael 13.

16. Ein an seiner Stelle besonderer Ausdruck. Sifre Num § 110 (H.113): „‚Bei eurem Kommen in das Land' (Num 15,18)... R. Jischmael sagt: die Bibel drückt dieses ‚Kommen' anders als alles andere ‚Kommen' in der Tora aus. Sonst sagt sie: ‚Und wenn ihr in das Land kommen werdet' und ‚wenn dich der Herr, dein Gott, (in das Land) kommen läßt'. Hier jedoch heißt es: ‚Bei eurem Kommen', um dich zu lehren, daß die Israeliten,

sobald sie das Land betraten, zur Teighebe verpflichtet waren" (aus Num 15,20 abgeleitet).

17. Ein an der Hauptstelle nicht deutlich ausgesprochener Umstand wird an einer anderen Stelle erwähnt. Besonders zur Ergänzung einer Pentateuchstelle aus einer nicht zum Pentateuch gehörigen. MHG Gen (M.32) bringt als Beispiele dafür Gen 2,8: die Beschreibung des Paradieses ist aus Ez 28,13 zu ergänzen, Num 3, wo keine Vorschriften über die Priesterabteilungen stehen, aus 1 Chron 24,19.

18. Es wird ein besonderer Fall einer Art von Vorkommnissen erwähnt, obwohl die ganze Art gemeint ist, z.B. „nächtlicher Zufall" (Dtn 23,11), weil die gemeinten Zufälle in der Nacht am häufigsten vorkommen. – Sifre Dtn § 194f (F. 234f) zu Dtn 20,5 f: Wer ein neues Haus gebaut und noch nicht eingeweiht hat, darf vom Kriegszug zurücktreten. Hier ist nur vom Bauen die Rede, gemeint ist aber auch Erben, Kaufen, Geschenkterhalten. Dasselbe gilt hinsichtlich des Weinbergs: hier ist nur vom Pflanzen die Rede; gemeint ist aber auch Erben, Kaufen, Geschenkterhalten.

19. Eine Aussage ist in Bezug auf einen Gegenstand gemacht, gilt aber auch für einen anderen. Mek Neziqin 6 (L. III 53) zu Ex 21,18: „Wenn jemand einen andern mit einem Stein oder mit der Faust niederschlägt" sagt R. Natan: „Er vergleicht den Stein mit der Faust und die Faust mit dem Stein. Wie der Stein geeignet sein muß, zu töten, so auch die Faust; und wie die Faust identifiziert werden kann, muß es auch beim Stein möglich sein. Wenn der Stein mit anderen Steinen vermischt ist (die vielleicht andere geworfen haben), ist der Täter straffrei".

20. Etwas wird von einem Gegenstand ausgesagt, paßt aber sachgemäß nicht zu diesem, sondern ist auf einen anderen zu beziehen. Sifre Num § 118 (H.138f) zu Num 18,15: „Du mußt auslösen das Erstgeborene des Menschen, und das Erstgeborene des unreinen Viehs sollst du auslösen". „Ich könnte das so verstehen, daß alles unreine Vieh inbegriffen ist. Doch Ex 13,13 sagt: ‚Jeden Erstling vom Esel aber löse durch ein Schaf aus', also vom Esel und nicht von anderem unreinen Vieh. Oder muß man deuten: den ersten Wurf des Esels muß man mit einem Schaf auslösen, den aller anderen unreinen Tiere mit Gewändern und Geräten? Ex 34,20 wiederholt ‚Den Erstling vom Esel sollst du durch ein Schaf auslösen'. Das wiederholte ‚durch ein Schaf' lehrt, daß man nur mit einem Schaf und nicht mit Gewändern und Geräten löst. Warum sagt dann Num 18,15: ‚Du mußt auslösen'? Wenn die Bedeutung nicht die ist, daß man (erstgeborenes) unreines Vieh auslöst, so beziehe es darauf, daß man unreines Vieh für die Ausbesserung des Tempels weihen und nachher wieder auslösen kann".

21. Etwas ist mit zwei Dingen verglichen und man legt ihm nur die guten Eigenschaften beider bei. Z.B. Ps 92,13: „Der Gerechte gedeiht wie die Palme". Man könnte sagen: wie die Palme bietet er keinen Schatten, doch ergänzt die Parallelzeile: „Er wächst wie die Zeder im Libanon", die jedoch keine genießbaren Früchte trägt, was wieder auf den Gerechten nicht an-

wendbar ist. – Ar IX,7 deutet Lev 25,31: Häuser in Dörfern haben die Vorzüge der Häuser in ummauerten Städten, zugleich die Vorzüge der Felder. „Sie werden sofort eingelöst, und sie werden alle zwölf Monate eingelöst wie Stadthäuser, und sie kehren im Jobeljahr in den Besitz des Eigentümers zurück, und man zieht (für die Zeit der Benutzung) Geld ab wie bei Feldern", wenn man sie zurückkaufen will.

22. Ein Satz, der aus dem Parallelsatz ergänzt werden muß. Mek Kaspa 2 (L. III 161) legt R. Natan den Satz Ex 23,1 aus: „Reiche deine Hand nicht dem Frevler, indem du als falscher Zeuge auftrittst". „Reiche deine Hand nicht – lasse den Frevler nicht als Zeugen auftreten, und laß den Räuber nicht als Zeugen auftreten".

23. Ein Satz gilt zur Ergänzung des Parallelsatzes. Nur in der Haggada. Sifre Dtn § 40 (F.80) zu Dtn 11,12 „Ein Land, um das sich der Herr, dein Gott, kümmert": Gott kümmert sich doch um alle Länder! Vgl. Ijob 38,26: „um es regnen zu lassen auf menschenleeres Land, auf die Wüste, darin niemand wohnt". Was soll dann das Wort: „Ein Land, um das sich der Herr, dein Gott, kümmert"? Wegen des hier ausgesagten Sichkümmerns kümmert sich Gott auch um alle anderen Länder. Ebenso ist es mit Ps 121,4: „der Hüter Israels schläft und schlummert nicht". Doch vgl. Ijob 12,10: „In seiner Hand ist die Seele alles Lebens". Das Wort „der Hüter Israels" besagt also: um dieses Behütens willen behütet er neben ihnen alles.

24. Etwas ist im Allgemeinen enthalten und wird dann aus diesem herausgenommen, um über es selbst etwas auszusagen. Jos 2,1 sagt Josua zu zwei Kundschaftern: „Geht, kundet das Land Jericho aus". Jericho ist im Land inbegriffen, wird jedoch ausgesondert, um zu zeigen, daß es dem ganzen Land Israel gleichwertig war (MHG Gen M.35 als Beispiel zu dieser Regel).

25. Etwas ist im Allgemeinen enthalten und wird dann aus diesem herausgenommen, um über dieses etwas auszusagen (leichte Modifikation zu Jischmael 8). Das Verbot Ex 35,3, am Sabbat Feuer anzuzünden, ist schon in Ex 35,2 enthalten, wer am Sabbat arbeitet, soll getötet werden. Man hat es jedoch hervorgehoben, um mit ihm zu vergleichen und dir zu sagen: Wie man durch das Feuermachen, das eine Hauptarbeit ist, sich schuldig macht (ein Opfer darzubringen), so macht man sich wegen jeder anderen Hauptarbeit schuldig (Schab 70a).

26. *Maschal*, „Gleichnis", allegorische Auslegung. Drei Stellen im Pentateuch hat Jischmael für die Halakha allegorisch ausgelegt: Ex 22,2; Num 21,19; Dtn 22,17 (Sifre Dtn § 237, F. 269f). Mek Neziqin 13 (L.III 102) zu Ex 22,2: „Doch ist darüber die Sonne aufgegangen", d.h. nach dem Diebstahl, und der Geschädigte erschlägt den Dieb, „dann entsteht Blutschuld". R. Jischmael bezieht das „darüber"(*alaw*) nicht auf die Tat, sondern auf den Dieb und fragt: „Geht denn die Sonne nur über ihm auf und nicht über der ganzen Welt? Die Sonne bedeutet für die Welt Frieden; ebenso hier. Wenn bekannt ist, daß er (der Einbrecher) im Frieden mit ihm (dem Geschädigten) lebt und dieser ihn dennoch tötet, so ist er schuldig".

27. *Entsprechung.* Entsprechende bedeutsame Zahl. So entsprechen die 40 Tage von Num 13,25 den 40 Jahren Num 14,34.

28. *Paronomasie*, Spiel mit homonymen Wurzeln; z.B. Num 21,9 *nechasch nechoschet* „eherne Schlange", Jer 23,2 *ha-ro'im ha-ra'im*, „die schlechten Hirten".

29. *Gematria*, nach *Bacher*, ET I 127, *grammateia* von *grammateus* notarius oder direkt aus *gramma* gebildet mit erleichternder Konsonantenumstellung. Für die Ableitung aus *geometria* siehe *Lieberman*, Hell. 69 (hellen. Parallelen) und *S. Sambursky*, On the Origin and Significance of the Term Gematria, JJS 29 (1978) 35–38 (überarbeitet aus Tarbiz 45, 1975 f, 268–271). Siehe auch *R. Weißkopf*, Gematria. Buchstabenberechnung, Tora und Schöpfung im rabbinischen Judentum, Diss. Tüb. 1978. Berechnung des Zahlwerts der Buchstaben. KlglR 1,1 (B.21a) sieht Ben Azzai im ersten Wort von Klgl *eikha* angedeutet, daß die Israeliten nicht eher ins Exil geführt worden seien, als bis sie verleugnet hätten den Einen (*alef*) Gott, die zehn (*jod*) Gebote, das nach zwanzig (*kaf*) Generationen gegebene Gesetz der Beschneidung und die fünf (*he*) Bücher der Tora. Die Zahl 318 der Knechte Abrahams Gen 14,14 wird PRK 8 (M.139) auf Elieser gedeutet; der Barnabasbrief findet in der Zahl einen Hinweis auf das Kreuz T = 300 und Jesus IH = 18. Joma 20a weist auf den Zahlenwert von *hasatan* = 364: 364 Tage des Jahres hat der Satan Gewalt über die Israeliten, aber nicht am Versöhnungstag. Schab 70a findet in Ex 35,1 *elle ha-debarim* die am Sabbat verbotenen 39 Arbeiten, die dem Mose am Sinai genannt worden sind: Mehrzahl debarim = 2, der Artikel fügt etwas hinzu (also 2 + 1), und *elle* hat den Zahlenwert 36. R. Mattan leitet die 30-tägige Dauer des Nasiräats aus Num 6,5 ab: *qadosch jihjeh* „er soll heilig sein"; *jhjh* hat den Zahlenwert 30 (Naz 5a = Taan 17a; Sanh 22b).

Zur Gematrie gehörig, manchmal aber auch als eigene Regel betrachtet, ist der Atbasch, wonach der erste Buchstabe des hebräischen Alphabets dem letzten entspricht, der zweite dem vorletzten usw., sodaß *alef* durch *taw*, *bet* durch *schin* usw. zu ersetzen ist. So übersetzt der Targum Jer 25,26: „Und zuletzt muß der König von Scheschakh trinken" unter Anwendung dieser Regel mit „der König von Babel".

30. *Notarikon* (von notarius, Schnellschreiber). Zerlegung eines Wortes in zwei oder mehr, oder jeder Buchstabe eines Wortes ist als Anfangsbuchstabe eines anderen Wortes zu verstehen. In den Buchstaben des Wortes *nimretset* 1 Kön 2,8 findet Schab 105a die Schimpfwörter angedeutet, die Schimi gebraucht hat: *noef*, Ehebrecher, Moabiter, *rotseach*, Mörder, *tsorer*, Bedränger, *to'eba*, Greuel. GenR 90,4 (Th-A 1103) deutet in selber Weise den Namen Tsafenat-Paneach, den der Pharao Josef in Gen 41,45 verleiht. – Zerlegung eines Wortes in zwei: Men 66b = Schab 105a deutet „Karmel" als *kar male*, „voller Polster" (so voll sind dort die Ähren mit Körnern); PRE 36 (L.84a) zerlegt den Namen Ruben in *reu ben*, „seht, ein Sohn". – Auch steht N. für kurze Ausdrucksweise, in welcher ein positiver

Satz auch den entsprechenden negativen einschließt, z.B. Mek Bachodesch 8 (L.II 259) zu Ex 20,12: „Wenn du die Eltern nicht ehrst, werden deine Tage abgekürzt werden. Denn die Worte der Tora sind (als) Notarikon (zu verstehen)".

31. *Vorhergehendes, das nachgestellt wird.* Lev 1,15: „Und der Priester kneipe den Kopf des Taubenopfers ab und lasse ihn auf dem Altar in Rauch aufgehen, und sein Blut werde an die Wand des Altares ausgepreßt". Dazu Zeb 65a: „Kann es dir einfallen zu meinen, daß er ihn erst, nachdem er ihn in Rauch hat aufgehen lassen, auspreßt? Der Satz will vielmehr sagen: wie das In-Rauch-Aufgehenlassen auf der Höhe des Altares stattfindet, so auch das Auspressen". – „Und es (das Manna) ward zu Würmern und stinkend" (Ex 16,20). Nach Mek Wa-jassa 5 (L. II 116) ist das ein verkehrt gestelltes Schriftwort (*miqra mesuras*): richtig kommt zuerst der Gestank, erst dann kommen die Würmer. Gelegentlich stellen die Rabbinen auch direkt den Bibeltext um, damit er ihrem Verständnis entspricht. So Num 9,6: „Und sie kamen vor Mose und Aaron", um eine gesetzliche Auskunft zu erhalten. Das scheint vorauszusetzen, daß man zuerst Mose fragte und erst dann Aaron, als man von Mose keine Antwort erhielt. Das scheint jedoch absurd: „Wenn es Mose nicht wußte, sollte es dann Aaron wissen? Vielmehr stelle das Schriftwort um (sie kamen vor Aaron und Mose) und erkläre es so" (R. Joschija in Sifre Num § 68, H.63). Diese Methode der Deutung hat ihre Parallelen in der hellenistischen Homerexegese, deren *anastrophe* dem rabb. *seres* entspricht (dazu *Daube*, Alex. Methods 27–34, und *Lieberman*, Hell. 65–7).

32. Mancher Bibelabschnitt bezieht sich auf eine frühere Zeit als ein vor ihm stehender und umgekehrt. Num 7 (Weihegeschenke) sollte vor Num 1 stehen. Auch als *erub paraschijot* „Vermischung der Bibelabschnitte" bezeichnet, so BQ 107a, wo R. Chijja bar Joseph eine solche Vermischung in Ex 22 feststellt: die Worte „das ist es" in V.8 befinden sich zwar im Abschnitt vom anvertrauten Gut, gehören aber in jenen vom Darlehen (V.24). Zur Aufeinanderfolge biblischer Aussagen ganz allgemein erklärt die „Schule Jischmaels": „In der Tora gibt es kein Vorher und Nachher" (Sifre Num § 64, H.61; Pes 6b).

IV. Mündliche und schriftliche Tradition

Lit.: Ch. *Albeck*, Einführung 163–170; P. J. *Achtemeier*, Omne verbum sonat: The New Testament and the Oral Environment of Late Western Antiquity, JBL 109 (1990) 3–27; J. M. *Baumgarten*, The Unwritten Law in the Pre-Rabbinic Period, JSJ 3 (1972) 7–29; *ders.*, Form Criticism and the Oral Law, JSJ 5 (1974) 34–40; R. *Brown*, Midrashim as Oral Traditions, HUCA 47 (1976) 181–9; J. E. *Ephrati*, „But a man should quote his teacher verbatim" (h), Bar-Ilan 9 (1972) 221–238; J. N. *Epstein*, ITM 692–706; L. *Finkelstein*, The Transmission of the Early Rabbinic Tradition, HUCA 16 (1941) 115–135; J. M. *Foley*, Oral Formulaic Theory and Research: An Introduction and Annotated Bibliography, NY 1985; B. *Gerhardsson*, Memory and Manuscript; E. *Güttgemanns*, Offene Fragen zur Formgeschichte des Evangeliums, M ²1971, bes. 136–153; I. *Heinemann*, Die Lehre vom ungeschriebenen Gesetz im jüdischen Schrifttum, HUCA 4 (1927) 149–171; J. *Heinemann*, Aggadah 17–47; P. G. *Kirkpatrick*, The Old Testament and Folklore Study, Sheffield 1988; S. *Lieberman*, The Publication of the Mishnah, Hell. 83–99; A. B. *Lord*, The Singer of Tales, C (M) 1960; J. *Neusner*, Phar III 143–179; *ders.*, The Written Tradition in the Pre-Rabbinic Period, JSJ 4 (1973) 56–65; *ders.*, Oral Tradition in Judaism. The Case of the Mishnah, NY 1987 (Bearbeitung von Material aus Pur XXI; Phar III); S. *Safrai* I 35–119; P. *Schäfer*, Das „Dogma" von der mündlichen Torah im rabbinischen Judentum, in: *ders.*, Studien 153–197; W. S. *Towner*, Form Criticism of Rabbinic Literature, JJS 24 (1973) 101–118; J. *Vansina*, Oral Tradition: A Study in Historical Methodology, Chicago 1965.

1) Der Begriff der mündlichen Tora. Ein Schreibverbot?

Der Gedanke der *„mündlichen Tora"* ist eine grundlegende Vorstellung des rabb. Judentums: Gottes Offenbarung am Sinai umfaßt nicht nur die in der Bibel niedergelegte „schriftliche Tora", sondern als dieser ebenbürtig einen Komplex an Traditionen, durch welche die Bibel erst voll anwendbar und der jeweiligen Situation entsprechende göttliche Lebensregel sein kann (so z.B. die Lehre von den zwei Torot in einer Anekdote um Hillel und Schammai: ARN B29, Sch. 61f; Schab 31a). Daß es eine solche die Schrift begleitende Tradition schon in biblischer Zeit und noch mehr später gegeben haben muß, ist unbestreitbar. Hier geht es allein um die praktische Bedeutung des Begriffs „mündliche Tora" (der ja auch und vor allem das rabb. Schrifttum umfaßt): schließt er eine Aussage über die Art der Weitergabe ein – nicht schriftlich, sondern durch mündliche Überlieferung? Oder ist damit nur eine Abgrenzung gegenüber der Bibel getroffen bzw. nur gesagt, daß die eine Tora Mose am Sinai schriftlich, die andere hingegen mündlich übergeben wurde?

Schon im Mittelalter war dies eine umstrittene Frage. Raschi schreibt z.B. zu Schab 13b bezüglich der Fastenrolle: „die ganze übrige Mischna und Baraita war nicht geschrieben, denn es war verboten, sie niederzuschreiben"; ähnlich zu Er 62b: „zu ihrer Zeit war keine Halakha niedergeschrieben, nicht ein einziger Buchstabe, ausgenommen die Fastenrolle". Saadja, Maimonides und andere wieder vertraten die Ansicht, die Rabbinen hätten ihre Lehren niedergeschrieben und auch Rabbi habe die Mischna schriftlich herausgegeben. Dieser Kontrast der französischen Tradition (Raschi) gegenüber der spanischen (Maimonides) zeigt sich auch in ISG: die französische Rezension behauptet mehrmals, in talmudischer Zeit sei nichts niedergeschrieben worden, während die spanische Fassung betont, Rabbi habe seine Mischna niedergeschrieben (Belege *Lewin*, ISG XLVI-IIf).

Im 19. Jh. gab es eifrige Verfechter beider Thesen; nicht nur Vertreter der konservativen Richtung hielten an der mündlichen Traditionsweise der Halakha (oder auch der Haggada) in der talmudischen oder zumindest tannaitischen Periode fest (so sah man z.B. in der Mündlichkeit die Garantie, daß die Halakha an die jeweiligen Zeitumstände angepaßt werden konnte). Vielfach wurde behauptet, die Niederschrift der Halakha oder auch der Haggada sei völlig verboten gewesen. Unabhängig davon galt jedoch weithin die Annahme, daß de facto bei rabb. Material mit langer mündlicher Überlieferung vor seiner Niederschrift zu rechnen ist. So ist z.B. für Beit-Arié (Codicology 10 Anm. 2) die Jahrhunderte lange Lücke zwischen den Qumrantexten und den ältesten rabb. Handschriften nicht auf völligen Verlust zurückzuführen, sondern auf „the dominant oral transmission of Jewish literature" (warum sind dann aber auch keine Bibel-MSS aus dieser Periode erhalten?!).

2) Rabbinische Belege für das Schreibverbot?

Der klassische Beleg ist Tem 14b (teilweise Parallele Git 60b): R. Dimi (A4) hatte keinen Boten; sonst hätte er Rab Joseph in einer halakhischen Frage (über das Gußopfer) einen Brief geschrieben. Doch durfte er das überhaupt? „Es sagte doch R. Abba der Sohn des R. Chijja bar Abba, es sagte R. Jochanan (A2): Die Halakhot schreiben, sind wie einer, der die Tora verbrennt, und wer aus ihnen lernt, empfängt keinen Lohn. R. Jehuda bar Nachmani (A2), der Dolmetsch des Resch Laqisch, legte aus: Eine Bibelstelle sagt: ‚schreib dir diese Worte auf', und dann sagt die Bibelstelle: ‚gemäß (*al pi*, wörtlich „durch den Mund") diesen Worten' (Ex 34,27), um dich zu lehren: Dinge, die mündlich (überliefert) sind, darfst du nicht aus einer Schrift vortragen (*le-omran bi-ketab*); was schriftlich (überliefert) ist, darfst du nicht mündlich (d.h. auswendig, aus dem Gedächtnis) vortragen. Eine Lehre aus der Schule des R. Jischmael: ‚Schreib dir diese Worte' –

diese darfst du schreiben, nicht aber Halakhot. Man sagt: vielleicht ist es bei einer neuen Sache anders. So pflegten R. Jochanan und Resch Laqisch am Sabbat das Buch der Haggada einzusehen und legten so die Bibel aus: ,Es ist Zeit, für den Herrn zu handeln; sie haben dein Gesetz gebrochen' (Ps 119,126). Sie sagten: Besser, es wird ein Buchstabe der Tora aufgehoben, als daß die (ganze) Tora in Israel in Vergessenheit gerate".

Der Text ist zusammengesetzt:

a) Der Satz Jehudas bar Nachmani ist aus der Umklammerung durch Aussagen Jochanans zu lösen, womit er nicht mehr so absolut klingt. Er darf nicht als Ablehnung jeglicher Niederschrift der mündlichen Tora verstanden werden, verurteilt vielmehr die Verwendung schriftlicher Targume in der Synagogenlesung; Jehuda bar Nachmani war ja Meturgeman! (cf. *Epstein*, ITM 697). R. Chaggai (A4) erzählt, wie R. Samuel bar R. Isaak (A3) in der Synagoge einen Bibellehrer sah, „der den Targum aus einem Buch vortrug. Er sagte zu ihm: Das ist dir verboten. Dinge, die mündlich gesagt wurden, sind mündlich (weiterzugeben), schriftliche schriftlich" (pMeg IV,1,74 d). Dieser Text kann sich ebenso wie auf den Gottesdienst auf den Schulbetrieb in der Synagoge beziehen; das „Buch" ist entweder ein schriftlicher Targum oder auch die hebräische Bibel, auf die sich der Lehrer bei der Übersetzung stützt – doch auch das ist verboten, „damit sie nicht sagen, die Übersetzung stehe in der Tora" (Meg 32 a).

b) R. Jochanan lehnt das *Schreiben von Halakhot* ab, und wohl auch nur für den offiziellen Schulunterricht („wer aus ihnen lernt"). Jedenfalls sind dergleichen Auffassungen erst seit dem 3. Jh. belegt und, wie aus der polemischen Note hervorgeht, auch nicht allgemein angenommen.

c) Vereinzelt wird auch die *Niederschrift der Haggada* verurteilt; so R. Jehoschua ben Levi: „Wer eine Haggada niederschreibt, hat keinen Anteil (an der kommenden Welt)" (pSchab XVI,1,15 c); andere hingegen schätzen Haggada-Bücher (pBer V,1,9 a), sodaß es auch in diesem Punkt keine einhellige Meinung gibt.

Das einzige explizite Zeugnis eines Nichtjuden aus dieser Zeit ist Augustinus, Contra adversarium legis et Prophetarum II,1,2 (CCSL 49, 87f): „Nescit autem habere praeter scripturas legitimas et propheticas Iudaeos quasdam traditiones suas, quas non scriptas habent, sed memoriter tenent et alter in alterum loquendo transfundit, quas deuterosin uocant". Doch ist Augustinus zu weit von der rabb. Welt entfernt, um als sicherer Zeuge gelten zu können (so rechnet *Epstein*, ITM 698, zu diesem Zitat mit der Unkenntnis des Augustinus).

Der Versuch, mit der Aussage des Josephus über die Pharisäer Ant XIII,297 den Grundsatz, daß die mündliche Überlieferung nicht niedergeschrieben werden darf, schon ins 1. Jh. zu datieren, ist problematisch: nach den einen ist der Text, wonach die Pharisäer gewisse Vorschriften tradieren, *haper ouk anagegraptai en tois Moyseos nomois*, während die Sadduzäer sich ausschließlich an die geschriebenen Vorschriften halten (*nomima ta gegrammena),* von einem pharisäischen Gegensatz von schriftlicher und mündlicher Tora zu verstehen *(Baumgarten,* Unwritten Law 12–14; *Schäfer,* Dogma 190), während z. B. *Neusner* (Phar III 163–5; cf. *Epstein,* ITM 697) hier nur den Kontrast sieht: in der Bibel geschrieben – nicht in der Bibel geschrieben. Auf jeden Fall sagt der Text nichts über ein Schreib*ver*bot.

3) Rabbinische Belege für die Niederschrift der mündlichen Tora

Daß die Lehre von der mündlichen Tora in rabb. Zeit nicht notwendig in ein Schreibverbot mündete, sondern vor allem als ein nicht unbedingt für die Praxis relevantes „Dogma" zu betrachten ist (so *Schäfer),* belegen auch die zahlreichen rabb. Hinweise auf schriftliche Texte haggadischer wie halakhischer Art.

a) Haggada-Bücher

Haggada-Bücher sind in Palästina für Lehrer des 3. Jhs. mehrfach belegt (pSchab XVI,1,15c; pBer V,1,9a; pKil IX,4,32b; pMaas III,10,51a; Tem 14b; Ber 23a–b; Sanh 57b); diesbezügliche Texte von Kirchenvätern (Origenes, Hieronymus) sind hier nur beschränkt verwertbar, da sie nicht unbedingt rabb. Kreise betreffen – das palästinische Judentum war ja auch damals noch vielfältiger. In Babylonien finden sich Erwähnungen solcher Bücher im Zusammenhang mit Lehrern des 4. Jhs. (Ber 23 b; Chul 60b; BM 116a; BB 52a; Schebu 46b; Schab 89a ist nicht explizit).

b) Mit Namen erwähnte Schriften

Megillat Taanit, Taan II,8; Er 62b u. ö:, die „Fastenrolle". Verzeichnis von 36 Tagen aus der Zeit des zweiten Tempels (Makkabäerzeit und Periode der römischen Herrschaft); an diesen darf wegen der an ihnen geschehenen freudigen Ereignisse nicht gefastet werden. Der aram. Text stammt aus dem 1. und 2. Jh.; der hebräische Kommentar dazu (das „Scholion") ist nachtalmudisch. Davon zu unterscheiden ist die hebr. Fastenrolle (auch Megillat Taanit Batra genannt), eine wohl gaonäische Liste von Tagen, an denen gefastet werden muß (Text u.a. in Abraham Ibn Daud, Sefer ha-Qabbala, ed. *Cohen,* hebr. Teil 57; dazu *M. Margalioth,* Moʿadim we-tsumot be-Erets Jisrael u-be-Babel bi-tequfat ha-Geonim, Areshet 1, 1943f, 204–216; *S. Z. Leiman,* The Scroll of Fasts: The Ninth of Tebeth, JQR 74, 1983f, 174–195).

Text: H. Lichtenstein, Die Fastenrolle. Eine Untersuchung zur jüdisch-hellenistischen Geschichte, HUCA 8–9 (1931–2) 257–351; *B.-Z. Lurie,* Megillat Taʾanith. With Introductions and Notes (h), J 1964.*Untersuchungen: I. Hampel,* Megillat

Taanit (h), Diss. TA 1976; *H. Mantel*, The Megilat Ta'anit and the Sects (h), in: SHJP in memory of Z. Avneri, Haifa 1970, 51–70; *W. R. Farmer*, Maccabees, Zealots, and Josephus, NY 1956, 151–8; *J. Tabory*, When was the Scroll of Fasts Abrogated? (h), Tarbiz 55 (1985 f) 261–5; *S. Zeitlin*, Megillat Taanit as a Source for Jewish Chronology and History in the Hellenistic and Roman Periods, Phil. 1922 (= JQR 9,1918 f, 71–102; 10, 1919 f, 49–80. 237–290); *ders.*, Nennt Megillat Taanit antisadduzäische Gedenktage?, MGWJ 81 (1937) 351–5. Weitere Lit. in *J. A. Fitzmyer – D. J. Harrington*, A Manual of Palestinian Aramaic Texts, R 1978, 248–250.

Megillat Juchasin, Rolle mit Genealogien. Gattungsbezeichnung und nicht Titel einer bestimmten Schrift. Die von Ben Azzai Jeb 49b zitierte Rolle, nach der N. N. ein Mamzer ist, ist zu unterscheiden von der Rolle, die R. Levi in pTaan IV,2,68a anführt, nach der Hillel von David abstammt (cf. GenR 98,10, Th-A 1259). Nach *J. Z. Lauterbach*, The three books found in the Temple at Jerusalem, JQR 8 (1917 f) 385–423, sollen auch die nach Sifre Dtn § 356 (F.423) und pTaan IV,2,68a im Tempel gefundenen Bücher dieser Art gewesen sein; doch legt der Zusammenhang eher Pentateuchrollen nahe, die vom Standardtext abweichen.

Sefer Juchasin, Buch der Genealogien. Pes 62b lehnt R. Jochanan es ab, R. Simlai das Buch der Genealogien zu lehren; im Namen Rabs heißt es dann: „Seit der Sefer Juchasin verborgen wurde, ist die Kraft der Weisen erschlafft und ihr Augenlicht stumpf geworden" (pPes V,3,32a nennt in einer Parallele, die jedoch den Sefer Juchasin nicht erwähnt, statt Jochanan Jonatan, was auch durch die Variante Natan in Pes 62b gestützt wird. Cf. *Bacher*, pAm I,60). Mar Zutra sagt anschließend, mit den haggadischen Auslegungen allein zum Text zwischen den beiden Vorkommen des Wortes *atsel* in 1 Chron 8,38 und 9,44 hätte man 400 Kamele beladen können, was wohl auch auf die reiche haggadische Auslegung gerade zu den Genealogien der Chronikbücher verweist. Der Sefer Juchasin scheint jedenfalls ein Kommentar zu den Genealogien des Buchs der Chronik gewesen zu sein (cf. Amram Gaon z. St., Otzar ha-Gaonim, Hg. *B. M. Lewin*, III/2, J 1930, 80).

Megillat Chasidim, „Buchrolle der Frommen". So pBer X,8,14d, ebenso MHG Dtn 11,22 (F.231) und der Großteil der Textüberlieferung von Sifre Dtn § 48, wo jedoch *Finkelstein* 112 die Lesart des MidrTann Dtn 11,22 (H.42) übernimmt: *megillat charisim*, etwa „Buchrolle der Sonnenverehrer"; dies deutet *Finkelstein* z. St. mit *D. Hoffmann* (MidrTann VIIf) auf die Essener (vgl. Josephus, BJ II 128). Der Herausgeber des MHG betrachtet jedoch die Lesart des MidrTann als Irrtum des Schreibers. Jalqut § 873 zu Dtn 11,22 liest *megillat setarim*, „Buchrolle der Geheimnisse" bzw. „geheimgehaltene Rolle".

Hierher gehören die Stellen, an denen von *geschriebenen Targumen* die Rede ist. Vgl. *Zunz* GV 65. So erwähnt z. B. TSchab XIII,2 (L. 57) einen Targum zu Ijob (vgl. auch *Lieberman*, TK III 203 f); auch in Qumran wurde in Höhle 11 ein solcher Targum zu Ijob gefunden (Hg. *J. P. M. Van der Ploeg – A. S. Van der Woude*, L 1971). Verboten war ja nicht die Niederschrift des Targum, sondern nur die Verwendung eines geschriebenen Targum für den öffentlichen Vortrag.

c) Zeugnisse für das Aufschreiben von Halakhot

In der Fastenrolle heißt es zum 4. Tammuz *(Lichtenstein* 331): „Aufgehoben wurde das Buch der Dekrete" *(sefar gezarata)*. Das mittelalterliche hebr. Scholion bezieht den Text auf sadduzäische Verordnungen; ebenso viele moderne Ausleger (z.B. *Lichtenstein* 295–7): sadduz. Strafkodex, aufgehoben beim Regierungsantritt der Salome Alexandra 76 v. Chr. oder 66 beim Ausbruch des Jüdischen Krieges. Dagegen *J. Le Moyne*, Les Sadducéens, P 1972, 219–223, der mit *S. Zeitlin, F. Baer* u.a. an heidnische, eventuell seleukidische Gesetze denkt.

Jochanan ben Nuri (Zeitgenosse Aqibas) erhält von einem alten Mann eine *megillat sammanin*, ein Verzeichnis der zum Räucherwerk gehörenden Spezereien, welches Erbstück in der Familie Abtinas gewesen war: Joma 38a, pScheq V,2,49a.

Rab findet im Haus des Chijja eine *megillat setarim*, in der halakhische Sätze des Issi ben Jehuda standen: Schab 6b; 96b; BM 92a. Die „Geheimrolle" (kein Zusammenhang mit dem als „Buch der Geheimnisse" bezeichneten Qumrantext 1 Q 27!) wird von Raschi zu Schab 6b mit dem angeblichen Schreibverbot erklärt: eine im Lehrhaus unbekannte neue Lehre eines einzelnen Rabbi wurde aufgezeichnet, damit man sie nicht vergaß, doch die Niederschrift wurde verborgen gehalten.

Samuel von Nehardea schickt laut Chul 95b an Jochanan dreizehn Kamelladungen voll mit Zweifeln, die sich auf die Gesetze über *Terefa* bezogen (R. Chananel in den Tosafot liest „zwölf Pergamentstücke"). Briefe halakhischen Inhalts werden erwähnt (*Epstein*, ITM 699f).

Die Diskussion zwischen Abaje und Raba BM 80a über BM VI,5 (der Umfang des Strohs ist beschwerlich wie die Last *ke-masui* bzw. macht die Last beschwerlich *le-masui*) soll nach *Strack* 13 zeigen, daß sie keine geschriebene Mischna vor sich hatten. Doch gibt der Text darüber keinen Aufschluß. Cf. *Epstein*, ITM 380f: das von Abaje vertretene *ke-masui* ist der eigentliche Mischnatext, die „Lesart" Rabas eine Korrektur im Sinne seiner Auslegung.

Vielfach erwähnt der Talmud, daß jemand, der im Schulhaus etwas nicht wußte, „hinausging, prüfte und fand" *(nafaq, daq we-aschkach)*: Ber 19a; Pes 19a; Chag 19a; Jeb 36a; 105a; Ket 81b u.ö. Diese Redewendung kann zwar das Vorhandensein halakhischer Aufzeichnungen nicht direkt erweisen, legt aber ein solches Verständnis nahe.

Die älteste uns erhaltene Niederschrift eines halakhischen Textes ist die umfangreiche Mosaikinschrift auf dem Fußboden der Synagoge von Rehob im Bet-Schean-Tal. Auf der Basis von vor allem pT macht sie Angaben über die Halakha des Sabbatjahres und des Zehnten, wie sie in den Orten Israels und der Umgebung einzuhalten ist. Die 1974 entdeckte Inschrift stammt aus der 1. Hälfte des 7. Jhs.: *Y. Sussmann*, A Halakhic Inscription from the Beth-Shean Valley (h), Tarbiz 43 (1973 f) 88–158; *S. Lieberman*, The Halakhic Inscription from the Beth-Shean Valley (h) 45 (1975 f) 54–63; *Z. Safrai*, Marginal Notes on the Rehob Inscription (h), Zion 42 (1977) 1–23 (nach ihm ist die Inschrift frühestens in das 2.Viertel des 7. Jhs. zu datieren; neue archäologische Untersuchungen stützen ein Datum im 6.–7. Jh.: *F. Vitto*, IEJ 30, 1980, 217).

Nicht viel jünger als diese Inschrift sind wohl die ältesten Genizafragmente von M, pT und Midraschim, welche Palimpseste über christlichen Texten sind. Für eine Analyse dieser Palimpseste siehe: *M. Sokoloff – J. Yahalom*, Christian Palimpsests from the Cairo Geniza, Revue d'Histoire des Textes 8 (1978) 109–132.

4) Schulbetrieb und mündliche Tradition

Die rabb. Polemik gegen die Niederschrift der mündlichen Tora ist, wie wir gesehen haben, erst seit dem 3. Jh. bezeugt; ihre dogmatisch-homiletische Begründung – die mündliche Tora unterscheidet Israel von den Völkern, die zumindest diese mündliche Tora nicht übersetzen und dann behaupten können, sie seien (das wahre) Israel – ist noch später belegt (ab 4. Jh., also in der christlich-byzantinischen Umwelt: pPea II,6,17a; pChag I,8,76d; PesR 5, F.14b usw.). Dazu paßt, daß auch im arabischen Denken die Bevorzugung der mündlichen Tradition erst in späterer Zeit auftaucht und nie allgemein wird *(Widengren)*. Gegen die These von der Mündlichkeit der Überlieferung steht die (allerdings nicht allzu häufige) Erwähnung von schriftlichen Aufzeichnungen der mündlichen Tora, die jedoch auf den privaten Bereich eingeschränkt zu sein scheinen. Die Frage nach der Art der Tradierung der rabb. Texte ist somit nicht eindeutig zu entscheiden.

Tatsache ist, daß im Rahmen des Schulbetriebs nie schriftliche Texte, sei es der Mischna oder eines Midrasch, erwähnt werden. Zu diesem Bild eines auf Mündlichkeit beschränkten Unterrichts paßt die ständige Betonung des Auswendiglernens wie auch die Funktion des Tanna als Repetitors (cf. S. 22 und S. 144). Der Tanna wird zuerst in der Generation Aqibas erwähnt. Nach *Neusner* (Phar III 171 f) kommt es in jener Zeit zum Anspruch, nicht nur den Inhalt früherer Lehren, sondern ihren genauen Wortlaut wiederzugeben. Die Belegtexte Ed VIII,7 und Jad IV,3 sind jedoch nicht notwendig zu verstehen als Hinweis auf „exact words supposedly orally formulated by a master (Moses), then orally transmitted, and now set down in writing" (Phar III 169), wie *Baumgarten* (Form Criticism 34 f) zu Recht kritisiert hat.

Wenn die rabb. Texte oder ein Teil von ihnen als mündliche Tradition entstanden sind und – zumindest offiziell – auf mündlichem Weg tradiert worden sind, liegt es nahe, dafür einen Nachweis in Stilkriterien des Textes zu suchen. Die Stilmittel mündlicher Komposition hat die alttestamentliche Exegese schon seit langem untersucht, dabei vor allem die Ergebnisse der nordischen Epen- und Sagenforschung verwertend. Auch die Epen Homers – im Kontrast mit lebender „mündlicher Literatur" am Balkan – waren schon Gegenstand eingehender Forschung (Lord). In jüngster Zeit gelten die Bemühungen vor allem den noch lebenden mündlichen Literaturen Afrikas. Man hat eine Reihe von Kennzeichen mündlich entstandener und mündlich tradierter Texte herausgearbeitet; sie sind jedoch nicht geeignet, die mündliche Entstehung eines jetzt schriftlich vorliegenden Textes mit völliger Sicherheit nachzuweisen. Über eine bestimmte Wahrscheinlichkeit kommt man in dieser Frage nicht hinaus.

Aber auch bei Beachtung dieser Einschränkung sind die Ergebnisse dieser Untersuchungen nicht direkt auf rabb. Texte anwendbar. Die Gesetze mündlicher Komposition sind nicht universal, sondern verschieden je nach soziologischem Kontext (Stellung des literarisch Schaffenden oder Tradierenden zu seinem Publikum) und literarischer Gattung. Die bisher untersuchten Traditionen sind v. a. epischer oder zumindest erzählender Art, somit am ehesten noch mit haggadischen Traditionen vergleichbar. In der rabb. Tradition überwiegen jedoch weithin rechtliche Diskussionen. Für die Midraschtradition, aber auch weithin für die halakhische Überlieferung ist zusätzlich zu beachten, daß sie Kommentar ist, somit einen Grundtext als tragende Stütze hat. Die enge Verflechtung von Mündlichkeit und Schriftkultur im Rabbinat ist stets zu berücksichtigen.

Daß ein uns schriftlich vorliegender rabbinischer Text mündlich entstanden und/oder überliefert worden ist, kann man durch gewisse sprachlich-stilistische Kennzeichen höchstens wahrscheinlich machen. Schwieriger ist der Nachweis mündlicher *Komposition*: darauf könnte v.a. die Verwendung ständig wiederkehrender Sprachmuster und Erzählschablonen deuten, die nur dem jeweiligen Umstand angepaßt werden müssen. Daß solche Texte für die mündliche *Weitergabe* gedacht waren, ist hingegen aus ihrer Verwendung mnemotechnischer Hilfsmittel leichter zu sichern; dazu zählen nicht nur eigene Merkworte (*simanim*, erst spät eingefügt), sondern v. a. auch gewisse syntaktische Muster, Standardphrasen und ein gewisser sprachlicher Rhythmus sowie allgemein festgeprägte literarische Formen. Hierher gehören auch Reihenbildungen, Zahlensprüche usw. wie auch die Zusammenordnung kleinerer Einheiten durch Stichwortassoziation, thematische Zusammengehörigkeit oder auch nur gemeinsame stilistische Eigenheiten. Striktere Anwendung finden dergleichen Regeln natürlich in der Halakha: dort geht es viel stärker um eine wörtliche Weitergabe als in der Haggada, wo bei aller Erstarrung des Erzählgerüsts und von Standardphrasen es im wesentlichen um den Inhalt geht, der auch durch die bloße Notiz von Stichwörtern gemerkt werden konnte.

Besonders für haggadische Texte gilt, was die ethnologische Feldforschung festgestellt hat, daß jede neue Rezitation zugleich eine Neuschöpfung (re-creation) des Textes sein kann, der v. a. in den frühen Phasen der Überlieferung innerhalb bestimmter Grenzen noch sehr veränderbar ist. Ob dabei die Entwicklung zu einer steten Verschönerung, Konkretisierung, Zufügung von neuen Personen, Namen und Details führt oder im Gegenteil zu einem Abschleifen und Verkürzen (so *W. S. Towner* hinsichtlich der rabb. Zahlensprüche), hängt sowohl von der speziellen Einzelgattung wie auch der Funktion des Textes in seinem Kontext ab. Pauschalurteile, ob das Kürzere früher oder später ist, sind unmöglich.

Bei halakhischen Traditionen ist sicher mit größerer Genauigkeit der Überlieferung zu rechnen. Das heißt jedoch nicht, daß wir hier die ipsissima verba der einzelnen Rabbinen erwarten dürfen. Zwar gilt das Ideal Ed I,3: *adam chajjab lomar bilschon rabbo,* „Man ist verpflichtet, die Sprache (Ausdrucksweise) seines Lehrers zu verwenden". Der Satz ist hier allerdings eine erklärende Glosse, warum in einem Spruch Hillels eine ungewöhnliche Maßeinheit verwendet wird; da ISG den Satz nicht wie M-Sätze mit *tenan,* sondern mit *amrinan* einführt, vermutet *Ephrati* hier überhaupt eine Leserglosse, die nicht zum M-Text gehört; auch in Ber 47a stand der Satz ursprünglich nicht (fehlt noch in Raschis Text); allein in Bek 5a scheint er ursprünglich und von dort auf die anderen Stellen übertragen worden zu sein. Somit ist die wörtliche Weitergabe von Halakha-Sätzen in der tannaitischen Zeit durch diesen Satz nicht belegbar; mag diese auch in bestimmten Kreisen als Ziel gegolten haben und auch im Einzelfall die Verwendung altertümlicher Ausdrücke erklären, so hat sie doch gewiß nicht die allgemeine Norm dargestellt bzw. wurde nicht erreicht (cf. z.B. *D. Halivni,* Sources I 7 ff). Das zeigt sich v. a. an der Sprache der Mischna: diese ist so streng normiert und einheitlich, daß man unmöglich den individuellen Sprachstil des einzelnen Meisters wiedererkennen kann (cf. z.B. *Neusner,* Pur XXI, 13. 299). Zu einem Teil mag das daran liegen, daß rabb. Lehrer ihren halakhischen Vortrag bzw. dessen als Merkstoff gedachtes Resumee der geltenden sprachlichen Disziplin unterwarfen (wie etwa das Juristendeutsch heute); zum größten Teil ist dies jedoch gewiß der sprachlich nivellierenden Redaktion zuzuschreiben.

Die Annahme einer Jahrhunderte lang wortgetreuen oder auch nur sachgetreuen Überlieferung durch mündliche Weitergabe ist ein durch nichts beweisbares Postulat. Es mag zwar nicht für jeden Einzelfall gelten, doch i. a. wird man annehmen müssen, daß Traditionen, die zuerst in späten Texten auftauchen, eo ipso spät sind, auch wenn sie frühen Meistern zugeschrieben werden (so mit *Neusner,* dessen These *J. Heinemann,* Aggadah 44–7 kritisiert). Eingeschränkt wird diese Hypothese durch die Tatsache, daß schriftliche Überlieferung notwendig selektiv ist; doch ist der Beweis für das hohe Alter einer erst spät aufscheinenden Überlieferung nur in seltenen Fällen zu führen. Die Berufung auf mündliche Tradition sollte daher nur mit äußerster Vorsicht und Zurückhaltung erfolgen.

Hier ist auch nach dem *Umfang mündlich tradierter Einheiten* zu fragen. Gerne verweist man pauschal auf das phantastische Gedächtnis des Orientalen. Sicher konnten viele Rabbinen die Bibel auswendig, wie auch islamische Rechtsgelehrte heute noch vielfach den Korantext auswendig beherrschen. R. Chisda tadelt R. Chananel, weil er gegen die Vorschrift biblische Bücher aus dem Gedächtnis anstatt von einer schriftlichen Vorlage niederschreibt (Meg 18b: die ganze Bibel, heißt es, könnte er auswendig schreiben!). Von R. Meir wird erzählt, daß er einmal in Asien eine hebräische Esterrolle aus dem Gedächtnis niederschrieb (TMeg II, 5, L.349; GenR 36,8, Th-A 343; pMeg IV,1,74d: nach dieser Fassung kopiert er dann die auswendig niedergeschriebene Rolle, damit die zweite Niederschrift auch liturgisch brauchbar sei). Auch ist an den Umfang dessen zu erinnern, was ein Tanna auswendig beherrschen soll: z.B. nach Qid 49b „Halakha, Sifra, Sifre, Tosefta". Daß aber auch in rabb. Zeit viel vergessen wurde, zeigen die zahlreichen Warnungen vor dem Vergessen der Lehre (z.B. Joma 38b; Men 99b; Abot III,8). Sogar ein grundlegendes Gesetz wie das des Sabbat kann man vergessen (Schab 68a), und in den Tagen der Trauer um Mose, heißt es, wurde überhaupt eine Unmenge an Halakhot, Schlußfolgerungen usw. vergessen (Tem 15b–16a). Es klingt wie ein Trost angesichts menschlicher Schwäche, wenn R. Jochanan sagt, sogar Mose habe die Tora gelernt und wieder vergessen, bis sie ihm als Geschenk verliehen wurde (Ned 38a). Somit wird man auch den Umfang mündlich tradierter Komplexe nicht übertrieben hoch ansetzen. I.a. werden es sicher relativ kleine Einheiten gewesen sein, die dann wohl auch schon in der mündlichen Tradition zu umfangreicheren Textgruppen zusammengestellt wurden, jedoch einen gewissen begrenzten Umfang nie überschritten. Parallelüberlieferungen von Texten mit ihrer oft sehr verschiedenen Zusammensetzung derselben Traditionseinheiten können ein Hinweis sein, daß die Gruppierung von Einzeltraditionen erst bei der Niederschrift erfolgte (doch ist stets auch die Möglichkeit absichtlicher Umstellungen schriftlicher Vorlagen zu bedenken). Die großen geordneten Texteinheiten sind wohl meist erst bei der Niederschrift entstanden.

Im Fall einer zuerst rein mündlichen Tradition bringt ihre *Verschriftlichung* einen Bruch in die Traditionsgeschichte, der nicht überbetont werden kann. Auch für rabb. Texte gilt, was *M. Dibelius* schon zu den Evangelien festgestellt hat, daß nämlich die Niederschrift „nicht einen organischen Fortgang des Prozesses durch Sammlung, Rahmung und Verbindung [bedeutet], sondern den Anfang eines neuen, rein literarischen Werdens" (Die Formgeschichte des Evangeliums, Tüb. 1919, ³1959, 10; dazu *Güttgemanns* 91ff). Die Textbearbeitung vollzieht sich im schriftlichen Stadium anders als im mündlichen, ist v.a. bewußter und absichtlicher. Nun werden

z. B. Glossen eingefügt (vgl. *Neusner*, The Written Tradition; ein strikter Beweis ist damit allerdings nicht zu führen), die den ursprünglichen Aufbau oft stören; es treten typische Lese- anstatt Hörfehler auf usw. Dennoch ist oft nicht zu sichern, ob bei Vorliegen von Paralleltraditionen ein Text den anderen schriftlich vor sich hatte, ob ein Autor einen schriftlichen Text aus dem Gedächtnis zitiert oder sich nur auf dieselbe mündliche Tradition stützt, die noch variabler ist. Ein üblicher Weg der redaktionsgeschichtlichen Methode, als Kriterium in der Frage, wer wen kopiert hat, die Tendenz des jeweiligen Verfassers anzusehen, ist bei rabb. Texten problematisch, da hier die Frage einheitlicher Tendenzen größerer Textblöcke oder ganzer Schriften noch weithin unerforscht ist.

Noch komplizierter wird es, wenn schriftliche und mündliche Überlieferung desselben Stoffes nebeneinandertreten, wie dies für die Mischna und wohl auch für andere Texte lange zutraf. Persönliche Niederschriften (welchen Umfangs?) stehen neben der offiziellen mündlichen Tradition, die durch die Tannaim weitergegeben wird. *Lieberman* (Hell. 97) spricht in diesem Zusammenhang von einer „mündlichen Veröffentlichung", der gegenüber die schriftlichen Aufzeichnungen keine Autorität besitzen. Wie diese mündliche Veröffentlichung im Schulbetrieb praktiziert wurde, sieht er in Er 54b illustriert, wo die Rabbanan lehren, wie die Lehre weitergegeben wurde (wörtlich: wie „die Ordnung der Lehre", *seder mischna*, erfolgte): Mose lernt aus dem Mund Gottes; dann lehrt Mose Aaron seinen Abschnitt, ebenso lehrt er die Söhne Aarons, die Ältesten und das ganze Volk ihren Abschnitt; dann übernehmen der Reihe nach Aaron, seine Söhne und die Ältesten es, den Abschnitt zu wiederholen, sodaß ihn alle viermal gehört haben. R. Perida lehrt einen seiner Schüler jede Lehre vierhundertmal, bis er sie beherrscht, und R. Aqiba meint ohne zahlenmäßige Beschränkung, der Lehrer habe so oft zu wiederholen, bis der Schüler den Text beherrscht. Wenn der Text von der Traditionsweitergabe durch Mose in etwa das rabb. Schulsystem widerspiegelt (und nicht nur ein babylonisches Ideal wiedergibt), hätten wir also die Ausbildung mehrerer Tannaim durch den Redaktor der Mischna anzunehmen; diese Tannaim wiederholen sich gegenseitig den Merkstoff, bis er fest sitzt. Dieses System der „Veröffentlichung" ergibt jedoch nicht einen ein für allemal feststehenden Text; denn der Meister kann den Text, den der Tanna vor ihm rezitiert, noch immer korrigieren und verändern *(Lieberman*, Hell. 93; *Epstein*, ITM 676).

Wenn diese Darstellung im allgemeinen stimmt, ergeben sich daraus Konsequenzen für die *Textkritik*: diese kann dann nicht mit einem feststehenden Urtext rechnen, den eine Edition rekonstruieren sollte. Das Nebeneinander von mündlicher und schriftlicher Überlieferung mit dem Vorrang des mündlichen Textes schließt eine gewisse Beweglichkeit des Textes ein. Wo dieses Nebeneinander von mündlicher und schriftlicher Überlieferung zutrifft, kann die Aufgabe der Textkritik nicht die Rekonstruktion eines Urtextes sein. Vielmehr hat sie eindeutig in späterer Schreib- und

Drucktradition entstandene Fehler zu eruieren, um zu einer möglichst alten Textgestalt zu gelangen, die i. a. durch eine einzelne Handschrift vertreten sein sollte. Der Variantenapparat kommt dann in erster Linie als Bezeugung der frühen Text- und Auslegungsgeschichte hinzu. Die für die Edition rabb. Texte nun weithin üblich gewordene Praxis, anstelle eines rekonstruierten Mischtextes eine Einzelhandschrift (so z.B. die Tosefta-Ausgaben *Rengstorf* und *Lieberman* gegenüber der einzig vollständigen Ausgabe von *Zuckermandel*) oder die Textgestalt einer frühen bzw. repräsentativen Druckausgabe (so die Ausgabe Romm-Wilna des bT) als Grundtext zu verwenden, dem dann der Variantenapparat zur Seite tritt, ist eine Konsequenz dieser Erkenntnis. Allerdings sollte sie nicht dazu führen, die Arbeit der Textkritik auf die bloße Auswahl des optimalen Grundtextes und die Sammlung der Varianten zu beschränken. Selbstverständlich ergibt sich aus dieser Editionspraxis, daß der Ausleger rabb. Texte in viel höherem Ausmaß, als die bei anderen antiken Texten der Fall ist, stets auch mit dem kritischen Apparat arbeiten muß (cf. *K. H. Rengstorf*, Grundsätzliche und methodische Überlegungen zur Bearbeitung von rabbinischen, insbesondere tannaitischen Texten, Theokratia 1, 1970, 76–87).

Warum haben die Rabbinen überhaupt die *mündliche Tradition* gepflegt, da sie doch in einer von alter Schriftkultur geprägten Umwelt lebten und selbstverständlich schon als Kinder schreiben gelernt hatten? Der Hinweis auf die hohen Kosten des Schreibmaterials in damaliger Zeit ist zwar richtig, erklärt jedoch nicht die prinzipielle Bevorzugung der mündlichen Tradition besonders der Halakha. Die mündliche Weitergabe wurde ja nicht als Notbehelf betrachtet! Der Grund liegt vielmehr in der Lehre von der mündlichen Tora, die nach rabb. Anschauung allein mündlich in angemessener Form weitergegeben werden konnte, wie auch in der Auffassung der Lehre als *mischna*, deren Wortbedeutung schon das Moment der ständigen (mündlichen) „Wiederholung" einschloß. Parallelen dazu gibt es auch sonst in der Religionsgeschichte (Parsismus, Buddhismus, Islam).

Nach *Baumgarten* (The Unwritten Law 29) ist die Betonung der mündlichen Weitergabe „a natural consequence of the canonization of the Torah", würde also der Abgrenzung aller späteren heiligen Tradition von der Heiligen Schrift dienen. Nach *Neusner* hingegen ist die anachronistische Methode der mündlichen Tradition in Jabne als Mittel der rabb. Gruppenpropaganda eingeführt worden, um den Anspruch zu untermauern, in der rabb. Lehre die mündliche Tora Moses weiterzugeben; die mündliche Tradition sei somit „part of the Torah-myth most pertinent to their political needs" gewesen; allerdings, so schränkt er selbst ein, wäre ein solcher Anspruch außerhalb der rabb. Bewegung kaum bekannt, noch weniger anerkannt und somit auf den inneren Kreis der Rabbinen selbst begrenzt gewesen (Phar III 174f). Eine politische Begründung der mündlichen Methode nur für den internen Gebrauch ist natürlich leicht angreifbar: z.B. *Schäfer*,

Dogma 193–5, der eine technische Begründung statt der dogmatischen wünscht: „nicht die mnemotechnische Methode ist das Neue in Yavneh, sondern der umfassende Versuch der Gliederung und formelhaften Bewältigung des (überkommenen) Traditionsmaterials" (195). Tatsächlich schließen beide Begründungen einander nicht aus; und daß die Bewältigung des Traditionsmaterials eben nicht primär in einer Niederschrift, sondern in einem mündlich zu rezitierenden Text mündet, wäre ohne das „Dogma" der mündlichen Tora kaum denkbar, wie *Neusner* richtig gesehen hat.

Wann man von rein privater Niederschrift rabb. Texte zum öffentlichen Gebrauch schriftlicher Exemplare übergegangen ist, kann nicht festgestellt werden; die Antwort wäre textkritisch bedeutsam, ist jedoch in unserem Zusammenhang nicht so wichtig. Jedenfalls hat es auch in gaonäischer Zeit trotz des Vorhandenseins schriftlicher Texte noch immer die Institution der Tannaim gegeben. Wahrscheinlich hat auch erst der Untergang der babylonischen Akademien und die Ausbreitung des rabb. Judentums über Nordafrika und Spanien endgültig den Untergang der mündlichen Überlieferung bedeutet.

Wichtig ist jedenfalls die Tatsache, daß auch schon die frühe amoräische Schuldiskussion zur Mischna manchmal einen geschriebenen Text voraussetzt. So etwa, wenn die Vokalisierung einzelner Worte diskutiert wird: hat man *nas'u* oder *nis'u* zu lesen (Ket 2 b), *natna* oder *nitna* (Ned 35 a; dazu *Epstein*, ITM 703)? Die Diskussion Er 53 a zwischen Rab und Samuel, ob in Er V,1 meᶜ*abberin* oder *me'abberin* zu lesen ist, ain oder alef (kein Bedeutungsunterschied, doch verschiedene Ableitung des Wortes), was *Albeck* als Beleg für verschiedene *Les*arten betrachtet (Einführung 174), beweist hingegen nicht unbedingt einen schriftlichen Text, sondern könnte auch auf eine Aussprache zurückgehen, die nicht mehr zwischen ain und alef unterscheidet. Eher beweist die Annahme eines Textausfalls durch Homoioteleuton in Zeb XI,8 – der Text bereitet den Amoräern in Zeb 97a große Schwierigkeiten – eine schriftliche Vorlage, wie *Albeck* (Einführung 179f) unter Verweis auf die Parallele Sifra Tsaw VII,5, W.32d–33a annimmt. Jedenfalls belegen solche Beobachtungen schriftliche Texte (welchen Umfangs?) als Hintergrund der rabb. Diskussion. Naturgemäß sind solche Nachweise primär bei der Mischna möglich, da sie selbst Gegenstand des rabb. Kommentars wurde. Um wieviel mehr treffen aber dann die Schlußfolgerungen daraus für die anderen rabb. Texte zu, die nicht so zentral als „mündliche Tora" betrachtet wurden!

Abschließend noch einige Bemerkungen zur technischen Seite der Niederschrift rabb. Texte. Die zuvor angeführten Stellen sprechen von Schriftrollen wie auch von *pinqasim* mit Aufzeichnungen der mündlichen Tora. *Pinqas* = *pinax*, „Tafel", ist das wachsüberzogene Notizbrettchen; daß es auch aus Papyrus bestehen konnte, liest man zwar oft aus Kel XXIV,7; doch ist nicht *epiforin*, „Papyrus", zu lesen, sondern *epifodin* = *hypopodion*, „Fußschemel", wofür man einen zusammengelegten *pinqas* verwenden konnte. Cf. *W. Bunte* z. St. und v. a. *M. Haran*. Ein *pinqas* kann aus mehreren Täfelchen zusammengesetzt sein, sodaß es auch für längere Niederschriften geeignet ist: so ist pMSch IV,9, 55b von einem *pinqas* mit zwölf Blatt die Rede, in der Parallele KlgR I,14 (B.52) von 24 Blatt. Der *pinqas* kann also das Äquivalent des Codex sein, unterscheidet sich aber von diesem durch die Zusammensetzung in Form einer Ziehharmonika (*M. Haran*). Der im Westen entstandene Codex (zuerst aus Holz, dann aus Papyrus oder Pergament), aus dem sich das spätere Buch entwickelte, setzte sich dann auch im Osten des Reiches durch (cf. die koptischen Papyrus-Codices von Nag-Hammadi, Ende 4. Jh.); in der rabbinischen Literatur wird er jedoch nicht erwähnt und ist wohl erst relativ spät für rabbinische Texte verwendet worden. Wie juridische Texte der Römer gegen Ende des 3. Jhs. zur leichteren Benützbarkeit von Rollen auf Codices umgeschrieben wurden, war wohl auch hier der leichtere Zugriff zu umfangreichen Texten das Hauptmotiv des Wechsels. *Lieberman* glaubt, daß auch die Unterscheidung gegenüber Torarollen mitspielte: „The employment of the note-book was the most suitable way of indicating that they were writing the Oral Law, for private, or unofficial use, and not for publication" (Hell. 204f; dieselbe Erwägung und nicht praktische Gründe haben nach ihm auch bei den Christen zur Bevorzugung des Codex beigetragen). Doch ist auch die Schriftrolle weiter in Verwendung geblieben (z. B. ein Genizafragment von ARN: siehe *M. Bregman*, Tarbiz 52, 1982f, 201ff, der in den Anmerkungen umfassender auf die Thematik eingeht). Dem privaten Charakter der Niederschriften entsprechend ist es wohl immer bei der Einzelanfertigung geblieben und hat es keine Skriptorien gegeben, in denen der zu kopierende Text einer Mehrzahl von Schreibern diktiert wurde (bei der Bibel war das ja überhaupt verboten). Sogar im Mittelalter ist, wie M. Beit-Arié (Codicology 11) betont, noch keine Information „about any kind of institutional copying and production of books" zu finden. Das erklärt auch, warum Abschriften rabb. Texte noch zum Ende der gaonäischen Zeit eine absolute Seltenheit waren.

Lit.: L. *Blau*, Studien zum althebräischen Buchwesen, Budapest 1902; *M. Haran*, The Codex, the Pinax and the Wooden Slats (h), Tarbiz 57 (1987f) 151–163; *ders.* More Concerning the Codex and the Pinax (h), Tarbiz 58 (1988f) 523f; *S. Krauss*, Talmudische Archäologie III, Le 1912, 144–158; *S. Lieberman*, Hell. 203–8; *C. H. Roberts – T. C. Skeat*, The Birth of the Codex, Lo 1983.

V. Vom Umgang mit rabbinischen Texten
Zur Methodenfrage

Lit.: R. *Bloch*, Note methodologique pour l'étude de la littérature rabbinique, RSR 43 (1955) 194–225; B. M. *Bokser*, Talmudic Form Criticism, JJS 31 (1980) 46–60; A. *Goldberg*, Entwurf einer formanalytischen Methode für die Exegese der rabbinischen Traditionsliteratur, FJB 5 (1977) 1–41; *ders.*, Distributive und kompositive Formen. Vorschläge für die descriptive Terminologie der Formanalyse rabb. Texte, FJB 12 (1984) 147–153 (v.a. zum Midrasch); *ders.*, Form-Analysis of Midrashic Literature as a Method of Description, JJS 36 (1985) 159–174; W. S. *Green*, Reading the Writing of Rabbinism: Toward an Interpretation of Rabbinic Literature, JAAR 51 (1983) 191–206; R. *Mayer*, Zum sachgemäßen Verstehen talmudischer Texte, in: Abraham unser Vater. FS O. Michel, L 1963, 346–355; K. *Müller*, Zur Datierung rabbinischer Aussagen, FS R. Schnackenburg, Freiburg 1989, 551–587; J. *Neusner*, Types and Forms in Ancient Jewish Literature: Some Comparisons, HR 11 (1972) 354–390 (ausführlicher Phar III 5–100); *ders.*, The Use of the Mishnah for the History of Judaism Prior to the Time of the Mishnah. A Methodological Note, JSJ 11 (1980) 177–185; A. J. *Saldarini*, „Form Criticism" of Rabbinic Literature, JBL 96 (1977) 257–274; P. *Schäfer*, Research into Rabbinic Literature: An Attempt to Define the Status Quaestionis, JJS 37 (1986) 139–152 (dazu C. *Milikowsky*, JJS 39, 1988, 201–211; Reaktion von *Schäfer* JJS 40, 1989, 89–94); M. *Smith*, On the Problem of Method in the Study of Rabbinic Literature, JBL 92 (1973) 112f; W. S. *Towner*, Form Criticism of Rabbinic Literature, JJS 24 (1973) 101–118.

Schon die Frage der mündlichen Überlieferung rabb. Texte hat zu den methodischen Problemen der Textkritik und -edition rabb. Literatur geführt. Hier geht es um allgemeine Methodenfragen, die zum Großteil erst in den letzten Jahren klar bewußt geworden sind. Der methodische Fortschritt, den besonders die Bibelexegese erzielt hat, findet erst zu einem ganz geringen Teil seinen Niederschlag bei der Bearbeitung rabb. Texte. Gerade die weithin verbreitete These, die rabb. Tradition sei über Jh.e hin in absoluter Treue mündlich weitergegeben worden, hat zu einer völlig unkritischen Verwertung rabb. Materials geführt: das betrifft sowohl den Historiker, der vielfach die rabb. Texte ungeprüft als Faktenberichte übernimmt und nur die Übertreibungen etwa bei Zahlenangaben und die offenkundig legendären Züge eliminiert, wie auch den mit der rabb. Theologie beschäftigten Forscher, der oft nicht (genügend) auf die verschiedenen Entstehungszeiten der einzelnen Schriften und auch nicht auf die jeweilige Intention einer literarischen Gattung achtet und so zu einem Bild *der* rabb. Theologie kommt, das recht undifferenziert ist; wegen seiner Einfachheit und Einheitlichkeit wird dieses Bild in der vergleichenden Religionsgeschichte, v. a. auch in der neutestamentlichen Exegese gern übernommen (siehe *K. Müller*, Das Judentum in der religionsgeschichtlichen Arbeit am Neuen Testament, F 1983, 69 ff). Nicht nur die Verwertung von (*H. L. Strack-*) *P. Billerbeck*'s „Kommentar zum Neuen Testament aus Talmud und Midrasch" als Steinbruch brauchbarer Zitate ist für diese Situation symptomatisch; auch *E. E. Urbach*'s in vieler Beziehung hervorragendes und als Standardwerk zur rabb. Theologie zu bezeichnendes Buch „The Sages. Their Concepts and their Beliefs", J 1975, entgeht trotz seiner bewußt historischen Zielsetzung nicht der Gefahr einer fast völlig ungeschichtlichen Darstellung.

Sicher kann die für die Bibel entwickelte Methodenlehre nicht ungeprüft für rabb. Texte übernommen werden; doch ist von dort Wesentliches zu lernen; so kommen denn auch von dort alle relevanten Anstöße, die die Bearbeitung rabb. Texte in den letzten Jahrzehnten befruchtet haben. Bislang gibt es erst vereinzelte Ansätze zu einer speziell für rabb. Texte geeigneten Methodenlehre. Hier sind natürlich auch nur vereinzelte knappe Hinweise möglich.

1) Die Literaturgeschichte

Die Einordnung rabb. Texte in eine Literaturgeschichte und deren konsequente Berücksichtigung ist eine Grundforderung. Doch ist eine Literaturgeschichte bei rabb. Texten sehr problematisch. *Wie datiere ich rabb. Schriften?* Man muß sich prinzipiell der hypothetischen Natur solcher Datierungen stets bewußt bleiben, da zu viele ihrer Kriterien subjektiv sind. Es ist einmal nur von der jeweiligen Endfassung einer Schrift zu sprechen, auch wenn selbstverständlich Schichten oder Einzeltraditionen viel älter sein können als die Gesamtschrift; dies ist jedoch im Einzelfall zu beweisen. Schon die gaonäischen Einleitungen – etwa ISG – versuchen eine Antwort auf die Frage, ebenso die Einleitungen des 19. Jhs., wie etwa *Z. Frankel* oder *L. Zunz*. Gewöhnlich beantwortet man die Frage durch die Nennung des jeweiligen Endredaktors einer Schrift: demnach ist Rabbi der Redaktor der Mischna, R. Chijja jener der Tosefta; Jochanan wird der pT zugeschrieben, Rab Aschi und Rabina der bT usw. Dabei wird ein Verfasserbegriff eingetragen, der für die rabb. Schriften mit ganz wenigen Ausnahmen nicht adäquat ist, da es sich dabei gewöhnlich um Kompositionen aus großteils schon zuvor bestehenden Texteinheiten handelt, die jedoch meist für die Neuverwendung bearbeitet wurden. Die verbreitete Annahme, daß eine rabb. Schrift eine bloße Kompilation ohne eigene Tendenz ist, ist für jeden Einzelfall erst zu begründen.

Vielfach versucht man – so etwa *Zunz* – eine Datierung nach inneren Kriterien wie auch nach der äußeren Bezeugung einer Schrift: wann wird eine Schrift zum erstenmal zitiert? Daraus ergäbe sich ein terminus ante quem. Doch wie erkenne ich ein Zitat als solches? Die Namen rabb. Schriften variieren in gaonäischer Zeit sehr und auch noch im Mittelalter sind sie nicht einheitlich. Auch kann derselbe Name verschiedene Schriften bezeichnen. Das Zitat selbst kann auch aus einer ähnlichen Schrift oder aus dem allgemeinen Lehrgut der rabb. Schulen stammen. Auch ist nicht immer auszumachen, in welcher Richtung das Abhängigkeitsverhältnis zu sehen ist. Wie problematisch das Kriterium der Zitierung ist, zeigt sich etwa in der Beurteilung der halakhischen Midraschim: wenn pT und bT sie nicht zitieren (so meint etwa *Ch. Albeck*), bedeutet das nicht eo ipso, daß sie den Talmudim unbekannt und daher später sind. Objektiver ist die Feststellung eines terminus post quem nach den jüngsten in einer Schrift genannten Rabbinen (doch Probleme der Identifizierung im Einzelfall, der Pseudonymität, späteren Zusätze usw.) oder gar nach Zeitereignissen, die erwähnt oder vorausgesetzt sind (allerdings auch hier oft eine Frage der Interpretation: nicht jeder Hinweis auf Jischmael oder die Araber deutet z.B. unbedingt auf die islamische Zeit). Was sprachliche Kriterien betrifft, sind zwar bedeutende Fortschritte in der Unterscheidung von zeitlichen Stufen etwa des Hebräischen gemacht worden. Doch die ritualisierte und formalisierte Sprache der Rabbinen macht oft genauere Angaben unmöglich. Zudem hat die Textüberlieferung vielfach die sprachlichen Eigentümlichkeiten einer Periode oder Region abgeschliffen. Insofern es sich bei rabb. Texten um Zitatliteratur handelt, ist natürlich auch mit verschiedenen Sprachschichten innerhalb derselben Schrift zu rechnen. Schließlich ist auch die Möglichkeit eines bewußt archaischen Stils zu erwägen (als Musterfall der Zohar; doch behauptet z.B. *B. Z. Wacholder* dies auch von Mek).

Trotz dieser Schwierigkeiten ist ein zumindest vorläufiges chronologisches Gerüst einer rabb. Literaturgeschichte machbar. Dieses müßte aber auch in der Auslegung der rabb. Texte entsprechend berücksichtigt werden. Leider ist es noch immer keine Selbstverständlichkeit, daß z.B. die Mischna oder die Tosefta aus sich selbst und nicht aus den Talmudim interpretiert werden müssen; die Talmudim gehören schon zur Auslegungsgeschichte und sind für die Festlegung des ursprünglichen Sinns der Mischna nicht mehr und nicht weniger brauchbar als etwa Texte der Kirchenväter für die Deutung des Neuen Testament. Ebenso selbstverständlich, doch nicht immer beachtet ist es, daß in der Rekonstruktion geschichtlicher Fakten oder Vorstellungen der tannaitischen Zeit tannaitische Texte absoluten Vorrang gegenüber späteren Texten haben, auch wenn diese eine Aussage im Namen eines Tannaiten oder als Baraita zitieren. Derselbe Vorbehalt gilt für die Verwertung gaonäischer Aussagen für die amoräische Zeit oder babylonischer Quellen für palästinische Zustände.

Die Datierung von Einzeltexten oder von bestimmten Vorstellungen erfolgt gewöhnlich über die Rabbinennamen (dazu S. 67–69). Vor allem ist jedoch die Einordnung solcher Texte oder Vorstellungen in eine umfassende

Traditionsgeschichte zu versuchen, besonders auch durch Heranziehung von Belegen aus der nichtrabb. Literatur, die oft sicherer datierbar ist. Parallelen in den Pseudepigraphen, in Qumran, im Neuen Testament, bei den Kirchenvätern oder in der arabischen Literatur können hier ebenso von Bedeutung sein wie nichtliterarische Zeugnisse (etwa die Fresken der Synagoge von Dura Europos, die für manche haggadische Tradition der früheste datierbare Beleg sind). Allerdings ist auch hier Vorsicht am Platz und nicht ohne weiteres die ständige Kontinuität einer Vorstellung zwischen zwei zeitlich weit entfernten literarischen Belegen (z.B. die Parallelen zwischen PesR 131b–132a und 4 Esr 9,38–10,57) oder gar ein direkter literarischer Zusammenhang zu behaupten.

2) Kultur- und Religionsgeschichte

Die traditionelle Auslegung rabb. Texte betrachtet diese fast ausschließlich als Literatur. Zeitgeschichte und Realienkunde bleiben weithin unberücksichtigt; die Texte werden dadurch eigenartig zeitlos. Doch hat die Erforschung v.a. Palästinas, in viel geringerem Maß auch Babyloniens zur rabb. Zeit in den letzten Jahrzehnten große Fortschritte gemacht. V.a. die Ergebnisse der Archäologie Palästinas tragen zu einem besseren Verständnis der Texte bei. Fragen der Siedlungsgeschichte, der Bevölkerungsstruktur und der wirtschaftlichen Gegebenheiten sind für die Textauslegung ebenso zu berücksichtigen wie etwa die Ausgrabungen von Synagogen, christlichen Kirchen und heidnischen Kultstätten und -gegenständen: diese Ergebnisse erhellen z.B. die Gesetze des Traktats Aboda Zara; andererseits sind die Synagogenfunde mit den rabb. Aussagen über die Erlaubtheit von Bildkunst zu konfrontieren. Als Konsequenz erweist sich das Bild, das uns die rabb. Literatur von den Zuständen ihrer Zeit hinterläßt, als völlig einseitig; anstelle eines monolithischen rabb. Judentums ergibt sich eine viel komplexere soziale Wirklichkeit eines palästinischen Judentums in rabb. Zeit (siehe z.B. *E. M. Meyers – J. F. Strange*, Archaeology, the Rabbis, and Early Christianity, Nashville 1981).

Von dieser Einsicht aus ist auch nach eventuellen Spuren eines Nachlebens der pseudepigraphen Literatur, von Qumran, Philo und Josephus im rabb. Schrifttum zu fragen. Diese innerjüdischen Zusammenhänge sind noch weitgehend unberücksichtigt.

Was die allgemeine Kulturgeschichte betrifft, sind v.a. die Beziehungen des rabb. Judentums zur hellenistischen Kultur Gegenstand der Forschung gewesen. Im 19. Jh. beschränkte man sich in erster Linie auf den Nachweis einzelner griechisch-hellenistischer Motive in rabb. Texten; *S. Krauss* hat dann die „Griechischen und lateinischen Lehnwörter in Talmud und Midrasch" gesammelt – ein Pionierwerk, das inzwischen unbedingt neu bearbeitet werden müßte; zahlreiche Vorarbeiten dazu haben *S. Lieberman* und *D. Sperber* geleistet. *A. A. Hallewy* ist in verschiedenen Büchern hellen. Einflüssen in der Haggada nachgegangen, während *H. A. Fischel* den Einfluß der hellen. Populärphilosophie wie auch bestimmter literarischer Konventionen auf die Rabbinen erforscht hat. Noch nicht so fruchtbar war bisher die Bearbeitung der Beziehungen des babylonischen Judentums zur parthisch-persischen Kultur und Religion.

Schon vielfach untersucht wurden die Zusammenhänge zwischen Rabbinen und Kirchenvätern (siehe *J. R. Baskin*, Rabbinic-Patristic Exegetical Contacts in Late Antiquity: A Bibliographical Reappraisal, in: W. S. Green, Hg., Approaches V, 53–80) sowie der gegenseitige Einfluß von rabb. Judentum und Islam. Die Frage von Abhängigkeiten und Anleihen ist hier allerdings methodisch vielfach noch nicht einwandfrei bearbeitet worden: so ist etwa vielfach angenommen worden, daß Kirchenväter rabb. Meinungen zitierten, wo es sich in Wirklichkeit nur um parallele Entwicklungen aus denselben Voraussetzungen handelt. Auch hier ist immer zu fragen, wer wen zitiert bzw. ob überhaupt zitiert wird. Auch ist die Vielschichtigkeit des Judentums Palästinas in rabb. Zeit nicht genügend berücksichtigt worden und die Möglichkeit christlicher Spuren auf rabb. Seite entweder a priori abgelehnt oder aber zu leichtfertig angenommen worden.

3) Form-, Traditions- und Redaktionsgeschichte

Die mit diesen Namen bezeichneten Methoden beherrschen seit Jahrzehnten die biblische Forschung. Der Ausdruck „*Formgeschichte*" erscheint erstmals bei *M. Dibelius*, Die Formgeschichte des Evangeliums, Tüb. 1919. Die Sache selbst ist etwa zwanzig Jahre älter: *H. Gunkel* hat sie, dabei auf Ansätze bei Lessing und Herder zurückgreifend, als „Gattungsgeschichte" in die alttestamentliche Forschung eingeführt. Die Methode beruht auf der Erkenntnis festgeprägter literarischer Gattungen in der Literatur sowohl der Gegenwart wie vor allem in der Antike. Dabei geht es primär um kleine Überlieferungseinheiten womöglich mündlicher Herkunft, die erst in einer längeren Traditionsgeschichte zusammengewachsen sind und durch einen sekundären „Rahmen" zu einem größeren literarischen Werk zusammengefügt werden. Heute bevorzugt man vielfach den Ausdruck „Gattung" statt „Form", die eigentlich nur die sprachliche Gestalt eines konkreten Textes meint, sich aber gerade in der rabb. Forschung fast allgemein durchgesetzt hat. Es ist zwischen der Form- oder Gattungskritik, die die einzelnen literarischen Formen mit ihren Gesetzlichkeiten und Entstehungsbedingungen, dem „Sitz im Leben" ermittelt, und der eigentlichen Formgeschichte zu unterscheiden, der es um Entstehung und Umwandlung von Formen im Lauf der Geschichte geht (vgl. *K. Koch*, Was ist Formgeschichte?, Neukirchen ³1974).

In der rabb. Forschung hat es schon früh vereinzelte Ansätze zur Verwendung der formgeschichtlichen Methode gegeben: so etwa *P. Fiebig* in einer Reihe methodisch allerdings nicht sehr befriedigender Arbeiten seit 1904 oder *F. Maaß*, der 1937 am Beispiel des Traktats Abot (für solche Studien besonders geeignet, doch für die Mischna untypisch) eine Formgeschichte der Mischna versuchte (für die eigentliche Form*geschichte* verließ er sich völlig auf die Zuschreibungen der Sätze an die einzelnen Rabbinen, was natürlich äußerst problematisch ist; sonst jedoch ist seine Studie sehr gut gearbeitet). Zu einer systematischen Anwendung der Methode ist es jedoch erst seit etwa 1970 gekommen, an halakhischen Texten v. a. durch *J. Neusner* und seine Schüler, an Midrasch-Material v. a. durch *A. Goldberg* und seine Schüler, an liturgischen Texten durch *J. Heinemann*. Von einer umfassenden rabb. rabb. Formgeschichte sind wir noch weit entfernt – nur wenige Gattungen sind bisher an einem umfassenderen Textmaterial untersucht worden. Immerhin ist es schon möglich, einen vorläufigen groben Raster der wichtigsten rabb. Formen zu erstellen, der allerdings kaum über eine bloße Aufzählung hinausgeht und mehr als Arbeitsprogramm denn als Forschungsergebnis zu werten ist. Dabei ergibt sich eine weitgehende Diskontinuität zu biblischen Formen bzw. solchen der zwischentestamentlichen Literatur.

Gelegentlich wird gefordert, Formbestimmungen ohne Rücksicht auf den Inhalt eines Textes vorzunehmen (vgl. *Neusner*, Pur III 192ff); tatsächlich bedingt der Inhalt die Form. Wenn nicht Formkritik zu bloßer Stilkritik werden soll – diese ist notwendig, sollte jedoch nicht unter dem Namen Formkritik betrieben werden –, ist von einer Bestimmung der Formen auch nach inhaltlichen Kriterien nicht abzusehen.

J. Neusner hat am Beispiel der rabb. Traditionen über die Pharisäer einen Formenkatalog aufgestellt (Types 354–8), der mit Erweiterungen und Modifikationen als Grundlage für den folgenden Raster gedient hat. Grundlegend ist die Unterscheidung zwischen halakhischem, haggadischem und exegetischem Material, welches sowohl an Halakha wie an Haggada teilhat.

Halakha:
1. *Aussprüche*:
In diesem Bereich ist die Forschung über die Feststellung der einfachsten syntaktischen Formen noch nicht hinausgekommen.
a) *einfache Aussage*: N. sagt + direkte Rede.
b) *Streitgespräch*: dieses kann eine bloße Aneinanderreihung zweier Aussagen mit ihrem jeweiligen Urheber sein, sei es als Disput (*X omer...; Y omer..*) oder Debatte (*X amar lahem/lo...; Y amar lahem/lo*: also mit histor. Kontext, wenn dieser auch auf das Minimum beschränkt ist, perfekt. Aussage und Zuhörer); in der Lemma-Form geht die Schilderung des Problems den konträren Entscheidungen voraus: Problem – X sagt – Y sagt; in der chiastischen Form folgt einer halakhi-

schen Entscheidung die Nennung des Urhebers: Entscheidung – so sagt X. Y aber sagt: andere halakhische Entscheidung.
c) *Bezeugung* (X *he'id*, bezeugt, daß... bzw. hinsichtlich: v. a. im Traktat Edujot).
d) *Formulare* (Prosbul, Scheidung, Ordination usw.).
e) *Brief* (X diktiert einen Brief, dessen Inhalt folgt. Nur wenige Textbeispiele lassen über den Inhalt hinaus ein Briefformular erkennen, das dann den bekannten aramäischen Briefen, etwa jenen von Wadi Muraba'at, folgt.
f) Ketten und Listen.

2. *Erzählung*:
a) *Taqqana*: Früher war es so, doch X *tiqqen*, ordnete an, daß...
b) *Präzedenzfall*, gewöhnlich einfache Aussagesätze mit wenig Dialog, vielfach eingeleitet durch *ma'ase*, „Tatfall".
c) *Aussprüche und Erzählungen in der 1. Person*.
d) *Erzählungen, eingeleitet durch einen Bibeltext und dessen Exegese*.

3. *Die talmudische Sugia*
(abgeschlossene logische Einheit der rabb. Diskussion) ist eine zusammengesetzte Form, die nicht nur verschiedene literarische Formen, sondern auch haggadisches neben halakhischem Material umfaßt. Dazu näher S. 204

Lit.: A. Goldberg, Form und Funktion des Ma'ase in der Mischna, FJB 2 (1974) 1–38; *A. Gulak*, Das Urkundenwesen im Talmud. Im Licht der griech.-ägypt. Papyri und des griech. und röm. Rechts, J 1935; *M. S. Jaffee*, The Taqqana in Tannaitic Literature: Jurisprudence and the Construction of Rabbinic Memory, JJS 41 (1990) 204–225; *F. Maaß*, Formgeschichte der Mischna mit besonderer Berücksichtigung des Traktats Abot, B 1937; *J. Neusner*, Form and Meaning in Mishnah, JAAR 45 (1977) 27–54; *ders.*, Form-Analysis and Source Criticism: The Case of Mishnah Kelim 1:1–4, in: R. H. Fisher, Hg., A Tribute to A. Vööbus, Chicago 1977, 133–152; *D. Pardee*, Handbook of Ancient Hebrew Letters. With a Chapter on Tannaitic letter fragments by *S. D. Sperling*, Chico 1982; *E. L. Segal*, The Terminology of Case-Citation in the Babylonian Talmud. A Study in the Limitation of Form Criticism, JSJ 9 (1978) 205–211.

Haggada:
Die primäre Unterscheidung von Poesie und Prosa ist in der rabb. Literatur ziemlich nebensächlich, da *poetische Formen* nur vereinzelt vorkommen: von größerer Bedeutung ist allein die Gattung des *Leichenlieds*: dazu *E. Feldman*, The Rabbinic Lament, JQR 63 (1972f) 51–75.

1. *Erzählung*: Die wichtigsten Gattungen sind hier die *geschichtliche Anekdote*, der kurze *biographische Hinweis* ohne direkte Rede, die *biographische Erzählung* (als Untergattungen Berufungserzählung, Schulgeschichte, Sterbeerzählung usw.), die *Wundererzählung*, die *Erzählung mit einer Moral*, die *Erzählung in Ich-Form* sowie jene, in der eine *bat qol* eingreift, *Märchen*, *Fabel* und *Legende*.

2. *Darstellung* „wissenschaftlichen" Inhalts (geographisch, volkskundlich, medizinisch, astronomisch usw.).
3. *Rede*: *Aussprüche in 1. Person*, solche *ohne erzählenden Kontext*, *Apophthegmata* mit erzählendem Kontext, *Wehrufe*, *Gleichnisse* (verschiedene Unterformen, wie z. B. Königsgleichnisse), *Sprichwort*, *Weisheitsspruch*, *Zahlenspruch*, *Kettenspruch* (Sorites), *Reihen* und *Listen*, *Gebet* und *Predigt*.

Lit.: *A. J. Avery-Peck*, Classifying early rabbinic pronouncement stories, SBLSP 22 (1983) 223–244; *D. Ben-Amos*, Narrative Forms in the Haggadah, Structural Analysis, Diss. Indiana University 1966; *ders.*, A structural and formal study of Talmudic-Midrashic legends (h), 4th WCJS, J 1968, II 357–9; *P. Dschulnigg*, Rabbinische Gleichnisse und das Neue Testament, Bern 1988; *J. Frenkel*, The Structures of Talmudic Legends (h), in: Folklore Research Center Studies VII: Studies in Aggadah and Jewish Folklore, J 1983, hebr. Teil 45–97; *A. Goldberg*, Das schriftauslegende Gleichnis im Midrasch, FJB 9 (1982) 1–87; *J. Heinemann*, Prayer in the Talmud. Forms and Patterns, B-NY 1977; *R. M. Johnston*, Parabolic Interpretations Attributed to Tannaim, Diss. Hartford Seminary Foundation 1977; *G. G. Porton*, The pronouncement story in Tannaitic literature. A review of Bultmann's theory, Semeia 20 (1981) 81–99; *A. J. Saldarini*, Last Words and Deathbed Scenes in Rabbinic Literature, JQR 68 (1977f) 27–45; *S. Sharvit*, The Introductory Formulae of Proverbs in Talmudic Literature (h), Hebrew Linguistics 28–30 (1990) 197–206; *A. M. Singer*, Animals in Rabbinic Teaching: The Fable, Diss. JThS 1979; *D. Stern*, Parables in Midrash. Narrative and Exegesis in Rabbinic Literatur, C (M) 1991; *ders.*, The Function of the Parable in Rabbinic Literature (h), JSHL 7 (1985) 90–102; *C. Thoma*, Prolegomena zu einer Übersetzung und Kommentierung der rabbinischen Gleichnisse, Theologische Zeitschrift 38 (1982) 514–531; *ders. – S. Lauer*, Die Gleichnisse der Rabbinen I: Pesiqtà de Rav Kahana; II: Bereschit Rabba 1–63, Bern 1986–1991. *T. Thorion-Vardi*, Das Kontrastgleichnis in der rabb. Literatur, F 1986; *W. S. Towner*, Enumeration; *I. Ziegler*, Die Königsgleichnisse des Midrasch beleuchtet durch die römische Kaiserzeit, Breslau 1903.

Exegese:
Hier ist wieder zwischen Halakha und Haggada zu unterscheiden. In beiden Gruppen kommt es zu bloßen *Verweisen* auf die Schrift, Verwendung von Bibeltexten als *Beweisen* sowie zur eigentlichen *Textauslegung*, deren Intensität von der bloßen *Glossierung* über die einfache *Wortexegese* zum vollen *Midrasch* gehen kann; dieser wiederum kann ein rein am Text orientierter Auslegungsmidrasch oder ein homiletischer Midrasch sein (dazu näher S. 235 ff).

Eine zusammengesetzte, vorwiegend schriftauslegende Form ist die *Homilie*, bei der vor allem Einleitung und Schluß festen Formgesetzen unterliegen (Proömium und Peroratio; doch *peticha* auch als komplette Kurzpredigt) und deren Hauptteil selbst wieder verschiedene Gattungen enthalten kann (Gleichnis, Maᶜase usw.). Dazu näher S. 242–44.

Über diese beschreibende Gattungskritik hat die Arbeit zur *Gattungsgeschichte* zu führen, die allerdings ebenfalls erst in Ansätzen existiert und auch nur in sehr eingeschränkter Weise möglich ist; so spricht z.B. *Neusner* hinsichtlich der Mischna bewußt nur von Formanalyse, nicht -geschichte, da dieses Werk innerhalb einer relativ kurzen Zeit seine formale Gestalt erhalten hat („the naive conception that we may ‚date' a unit by the formal traits exhibited therein. This has not been proved, and I think it cannot be proved": JQR 80, 1979f, 142 Anm. 16; doch cf. dazu auch die Einschränkung von *R. S. Sarason, ibidem* 150f).

Welche Ergebnisse kann die formgeschichtliche Analyse rabb. Texte erbringen? Eine solche Klassifizierung des Materials ist ja zu wenig, darf nicht Selbstzweck bleiben. Vor allem zwei Resultate sind zu nennen: 1) Die Abgrenzung von vorgegebener Form und Kreativität dessen, der die Form anwendet, erlaubt ein Urteil, worauf es dem Text ankommt, führt somit zu einer gemäßeren Auslegung und hält von einer Überbewertung von Zügen eines Textes ab, die zum Schema gehören, daher z.B. bei Erzählungen nicht sofort als historische Erinnerung gedeutet werden dürfen. 2) Die Kenntnis rabb. Formen erlaubt vielfach die Trennung von Basistext und späteren Ergänzungen. Die von einer Form*geschichte* erhoffte Erkenntnis des zeitlichen Kontextes einer bestimmten Gattung ist hingegen nur selten und nur in groben Umrissen möglich; nur zusammen mit anderen Kriterien kann sie zuweilen zu einem Urteil über das Alter einer bestimmten Tradition führen.

Die *Traditionsgeschichte* ist einerseits *Motivgeschichte*, weist also bestimmte Inhalte in ihrer Kontinuität bzw. Umwandlung innerhalb der rabb. Zeit nach; andererseits ist sie v.a. anhand der zahlreichen rabb. Paralleltraditionen möglich (dieselbe Traditionseinheit in verschiedener Fassung): die *synoptische Lektüre* dieser Paralleltexte ist eine Grundaufgabe rabb. Forschung, auch wenn die geeigneten Hilfsmittel dafür noch weithin fehlen und bisher nicht einmal eine Synopse von Mischna und Tosefta existiert, geschweige denn eine Synopse des gesamten rabb. Textmaterials, wie sie z.B. *M. Smith* forderte, die aber aus Gründen des Umfangs kaum zu verwirklichen sein wird. Gerade Paralleltexte zeigen, welche Texteinheiten im Lauf der Überlieferung erst zusammengesetzt wurden, ob diese Überlieferung primär schriftlich oder mündlich zu denken ist, welche Interessen sie geprägt haben usw. *J. Neusner*'s Ablehnung „synopt. Studien" in der rabb. Forschung (z.B. Studying Synoptic Texts Synoptically. The Case of Leviticus Rabbah, PAAJR 53, 1986, 111–145) möchte der literarischen Eigenständigkeit der einzelnen rabb. Schriften das nötige Gewicht verleihen und wendet sich gegen die Verwendung von Texten ohne Rücksicht auf Kontext und Funktion innerhalb einer Schrift, betont also redaktionsgeschichtliche Interessen, ohne synoptische Studien im hier vertretenen Sinn zu betreffen.

Die *Redaktionsgeschichte* bemüht sich um die Persönlichkeit des Endredaktors eines Werkes, seine schriftstellerische bzw. theologische Eigenart, die sich darin zeigt, wie er seinen Traditionsstoff auswählt, gruppiert, in einen bestimmten Rahmen fügt, bearbeitet und dadurch interpretiert (dazu *J. Rohde*, Die redaktionsgeschichtliche Methode, Hamburg 1966). Die Redaktionsgeschichte bemüht sich somit, den Redaktor als Schriftsteller und nicht nur als Sammler von Traditionen zu sehen: dies erweist sich jedoch in der rabb. Literatur viel schwieriger als etwa in den Evangelien. Denn nur wenige späte rabb. Schriften, wie etwa SER, gehen auf echte Schriftstellerpersönlichkeiten zurück, deren Intention sich ohne größere Probleme von der Tradition abheben läßt. So ist es auch gerade eine Arbeit zu SER, die die Intention der Redaktionsgeschichte am ehesten an einem rabb. Text verwirklicht hat (nämlich *M. Kadushin*, The Theology of Seder Eliahu. A Study in Organic Thinking, NY 1932: so das Urteil von *P. Kuhn*, Gottes Trauer und Klage in der rabb. Überlieferung, L 1978, 25). Doch ist auch auf verschiedene Studien von *J. Neusner* zu verweisen, der (z. B. zu Sifra im Kontrast mit M) sehr stark die redaktionellen Intentionen herausarbeitet.

Die rabb. Literatur ist nicht nur Traditionsliteratur, sondern zum größten Teil *Zitatliteratur (A. Goldberg)*. Die Zitatform gilt auch schon für die frühesten Stadien dieser Literatur und ihre einfachsten Einheiten. Im Gegensatz etwa zur pseudepigraphen Literatur legen die Rabbinen großen Wert darauf, den Urheber des jeweils zitierten Ausspruches zu nennen (zur Problematik dieser Zuschreibungen siehe das nächste Kapitel). Darin äußert sich jedoch nicht ein gesteigertes Selbstbewußtsein des jeweiligen Autors eines Satzes, sondern gerade im Gegenteil das Wissen des Tradenten, in eine bestimmte Tradition eingebunden zu sein. Zugleich ist das namentliche Zitat von der Ansicht bestimmt, daß ein Satz nur so viel gilt wie sein Urheber, was in amoräischer Zeit zum Bemühen führt, die Urheber anonymer Sätze der tannaitischen Zeit zu eruieren, um dadurch diese Sätze als Meinung eines einzelnen aufzuweisen; denn der anonyme Satz ist von höherer Autorität (sei es als alte unbestrittene Meinung oder als die Meinung des Endredaktors einer Schrift). Ordnungsprinzip bei der Sammlung von Zitaten ist denn auch nicht der Name des Urhebers (auch wenn es solche kleine Sammlungen im Einzelfall gegeben hat): es geht nicht um den Verfasser, sondern allein um die Sache. Es ist übrigens für rabb. Denken bezeichnend, wenn Jochanan ben Zakkai gewissermaßen als Stammvater der rabb. Tradition zwar oft zitiert wird, jedoch selbst seine Gewährsleute nie zitiert; und in der Endphase der talmudischen Tradition, sei es in den späten Schichten des bT oder auch in späten Midraschim, wird das Material ebenfalls wieder anonym; schon die Saboräer und noch mehr die Späteren fühlen, daß ihre Namen nicht mehr gleichwertig neben denen der früheren Rabbinen genannt werden können, ihr eigener Beitrag zum rabb. Traditionswerk von dem der Früheren qualitativ grundlegend verschieden ist.

Auf der Stufe der Endredaktion einer rabb. Schrift ist die Persönlichkeit des Redaktors primär in Auswahl, Anordnung und Bearbeitung der Zitate zu erkennen. Eine bloß additive Redaktion ist kaum einmal anzunehmen;

i. a. fügt nicht einmal der eigentliche Auslegungsmidrasch seine Zitate rein katenenartig in der Reihenfolge des biblischen Textes zusammen. Gewöhnlich baut der Redaktor die Zitate seiner eigenen Zielsetzung entsprechend zusammen und argumentiert mit ihnen, als ob sie seine eigenen Worte wären. Auch ist zu bedenken, daß die vorliegenden Zitate gewöhnlich schon überarbeitet sind, „Traditionsformen", die gekürzt ein viel breiteres Material überlieferungsfähig machen (*Goldberg*, Entwurf 7). Als solche liegen sie auch schon dem Redaktor vor, der sie für seinen Zweck verwendet: die jeweilige Änderung des Zwecks eines Zitats ist durch die diachrone Funktionsanalyse zu ermitteln (*Goldberg*, Entwurf 20). Daran ist dann die Intention des Redaktors zu erkennen, wie auch am anonymen Textmaterial, wo dieses dem Redaktor zuzuschreiben ist.

Besonders bei umfangreichen Texten ist auch erst zu klären, wieweit überhaupt mit einer einheitlichen Redaktion zu rechnen ist bzw. auf welche Texteinheiten man eine solche Redaktion beziehen darf. Dies gilt v.a. auch von den beiden Talmudim. Aber auch bei überschaubareren Traditionskomplexen ist diese Frage noch nicht geklärt, wieweit hier einheitliche Gestaltung oder einfach die Zusammenfügung von größeren Blöcken schon redigierten Materials vorliegt. Nicht einmal bei der Mischna ist die Intention des Endredaktors schon gesichert (wenn wir überhaupt im strikten Sinn mit einem solchen Endredaktor rechnen dürfen): nicht einmal die grundlegende Frage ist geklärt, ob die Mischna ein Lehrbuch, eine Materialsammlung oder ein autoritatives Gesetzbuch sein sollte. Durch Anwendung redaktionsgeschichtlicher Methoden müßte man der Klärung dieser Frage näherkommen, ebenso auch grundlegende Probleme der Redaktion der Tosefta und anderer Schriften beantworten können. Auch die Frage z.B. politischer Intentionen der Redaktoren (etwa eine pro-hillelitische Gesamtredaktion der Mischna?) ist noch nicht beantwortet. Hier ergeben sich noch große Aufgaben für die Redaktionsgeschichte rabb. Texte, auch wenn man sich bewußt bleiben muß, wie schwierig gerade bei diesem Material die Trennung von Tradition und Redaktion ist. Eine umfassende vergleichende Bearbeitung von Mischna und Tosefta könnte hier das nötige methodische Instrumentarium zur Verfügung stellen.

VI. Die Rabbinen

Lit.: M. Beer, The Babylonian Amoraim. Aspects of Economic Life (h), Ramat Gan ²1982; *S. J. D. Cohen*, Epigraphical Rabbis, JQR 72 (1981f) 1–17; *J. Fraenkel*, Paranomasia in Aggadic Narratives, SH 27 (1978) 27–51 (Einfluß von Wortspielen auf die Gestaltung von Erzählungen über Rabbinen); *I. Gafni*, On the Talmudic Chronology in Iggeret Rav Sherira Gaon (h), Zion 52 (1987) 1–24 (= Babylonia 239–265); *W. S. Green*, What's in a Name? – The Problematic of Rabbinic „Biography", in: ders., Approaches I 77–96; ders., Context and Meaning in Rabbinic „Biography", in: ders., Approaches II 97–111; *L. I. Levine*, The Rabbinic Class of Roman Palestine in Late Antiquity, J 1989; *J. Neusner*, The Present State of Rabbinic Biography, FS G. Vajda, Löwen 1980, 85–91; *S. Safrai*, Tales of the Sages in the Palestinian Tradition and the Babylonian Talmud, SH 22 (1971) 209–232; *D. Sperber*, Studies in Talmudic Chronology – I (h), Michtam le-David, GS D. Ochs, Ramat Gan 1978, 77–85; *E. E. Urbach*, The Sages. Their Concepts and Beliefs, J 1975, 564–678.

1) Unsere Quellen

Unsere Information über die einzelnen Rabbinen stammt aus der rabb. Literatur und den gaonäischen Texten, v. a. STA und ISG. Diese bieten auch eine Reihe absoluter Zahlen nach der seleukidischen Zeitrechnung, v. a. die Todesjahre einzelner Rabbinen (z. B. 279 als Todesjahr von R. Jochanan bar Nappacha). Doch ist zu beachten, daß diese Zahlenangaben in den zwei Rezensionen von ISG oft nicht übereinstimmen; auch sind diese oft in modernen Arbeiten einfach wiederholten Angaben kaum einmal überprüfbar, haben also nur relativen Wert. Anfänge einer systematischen Untersuchung dieser Zahlenangaben haben *D. Sperber* (zu den Todesdaten von 38 babyl. Amoräern) und *I. Gafni* unternommen und dabei den chronologischen Rahmen von ISG i. a. als verläßlich erfunden; doch stehen genauere Analysen – soweit von der Quellenlage her überhaupt möglich! – noch aus.

Die rabb. Texte selbst überliefern nie Daten. Die Zuordnung rabb. Angaben über Ereignisse im Leben dieses oder jenes Rabbi zu einem aus der allgemeinen Geschichte bekannten Datum ist kaum einmal möglich (Ausnahmen etwa die Zerstörung Jerusalems, der Bar-Kokhba-Aufstand, die Unruhen unter Gallus) und auch dann nur bedingt verwertbar. Daß z. B. Aqiba im Bar-Kokhba-Aufstand oder direkt nachher hingerichtet wurde, ist zwar in rabb. Quellen gut belegt, wenn auch legendarisch ausgeschmückt. Doch bringen diese Texte keine nähere Zeitangabe. Schon aus diesem Grund ist die Aussage chronologisch unbrauchbar, daß Rabbi im Jahr geboren wurde, in dem Aqiba starb; daraus etwa das Jahr 135 als Geburtsjahr Rabbis abzuleiten, geht nicht an. Dazu kommt, daß der Satz „X wurde geboren, als Y starb" ein Theologumenon ist, wie aus Qid 72b hervorgeht: „Es sagte Mar: Als R. Aqiba starb, wurde Rabbi geboren; als Rabbi starb, wurde Rab Jehuda geboren; als Rab Jehuda starb, wurde Raba geboren; als Raba starb, wurde Aschi geboren. Das lehrt dich: Kein Gerechter geht aus der Welt, ehe ein Gerechter gleich ihm erschaffen wurde. Denn es heißt: ,Die Sonne geht auf und die Sonne geht unter' (Koh 1,5). Ehe die Sonne Elis unterging, ging die Sonne Samuels in Rama auf" (Joma 38b bringt den Grundsatz mit dem Beispiel von Eli und Samuel im Namen Chijjas b. Abba, der Jochanan zitiert).

Die *Chronologie der Rabbinen* ist somit wie die der rabb. Literatur *relativ*, d.h. durch das Verhältnis eines Rabbi zu einem anderen als dessen Lehrer, Diskussionspartner, Schüler oder Tradent festzustellen (immer vorausgesetzt, daß die Namensgebung eindeutig und der Name richtig überliefert ist). So lassen sich *Generationen* von Rabbinen einander zuordnen. Dieses Bezugsnetz hat zur klassischen Einteilung der rabb. Zeit in fünf Generationen von Tannaiten, sieben von Amoräern geführt. Statt absoluter Lebensdaten ordnet man daher einen Rabbi z.B. als Tannaiten der 2.Generation (T2) oder Amoräer der 5.Generation ein (A5; ein vorausgesetztes p oder b verweist auf die Herkunft aus Palästina oder Babylonien). Damit ist auch ein ungefährer Bezug zur absoluten Chronologie gegeben. Fragezeichen bleiben bei selten genannten Rabbinen. Gelegentlich ist es nicht ganz sicher, ob wir nicht mit zwei Rabbinen desselben Namens zu rechnen haben, weil sonst die rabb. Angaben unvereinbar sind (z.B. bei Mar Uqba). Auch ist mit Irrtümern späterer Tradenten oder Abschreiber zu rechnen; ja, auch die direkte Erfindung von Rabbinennamen ist (wie im Zohar) nicht völlig auszuschließen (so z.B. von *B.Z. Wacholder*, HUCA 39, 1968, 132–4, für Mek angenommen).

2) Rabbinennamen als Datierungshilfe

Die Datierung einer rabb. Schrift gilt für das Gesamtwerk. Die Einzelstücke und -traditionen können jedoch viel älter sein, was aber erst zu beweisen ist. Gerne nimmt man als Anhaltspunkt für die Datierung eines solchen Stücks die Namen der erwähnten Rabbinen. Als handelnde Personen in erzählenden Texten können Rabbinen natürlich nur den terminus a quo angeben; wo Rabbinen als Urheber oder Tradenten eines Ausspruchs genannt werden, könnte man bei Verläßlichkeit der Überlieferung damit die Aussage oder zumindest ihren Inhalt datieren. Die Untersuchung umfangreicher Texteinheiten (z.B. durch *J. Neusner*) hat ergeben, daß zumindest in tannaitischen Sammlungen diese Zuschreibungen weitgehend verläßlich sind: wenn schon die Richtigkeit des Tradentennamens nicht positiv bewiesen werden kann, so doch i. a. die mit dem Namen verbundene geschichtliche Periode; dies kann vielfach durch Zitierung, Kommentierung oder Glossierung oder selbstverständliches Voraussetzen einer Vorstellung durch einen Rabbi der folgenden Generation(en) gesichert werden (Methode der *attestation*: *Neusner*, Phar III 180ff; ders., The History of Earlier Rabbinic Judaism, HR 16, 1977, 216–236; mit der Möglichkeit, Namenszuschreibungen auch in bT prüfen zu können, rechnet *D. Kraemer*, On the Reliability of Attributions in the Babylonian Talmud, HUCA 60, 1989, 175–190). Andere sind hier allerdings bedeutend skeptischer und behaupten global: „attributions are simply not historically reliable data" *(W. S. Towner*, Enumeration 34; cf. *W. S. Green*, Name 83f; *D. Halivni*, Doubtful Attributions in the Talmud, PAAJR 46f, 1979f, hebr. Teil 67–83). Zweifellos hat die Datierung nach Rabbinennamen mit vielfachen Problemen zu rechnen. Abgesehen vom Problem der Pseudepigraphie (dieses ist um so akuter, je später eine Erzählung oder ein Diktum erstmals aufscheint; es gibt sehr verschiedene Gründe, einem Rabbi später bestimmte Aussprüche in den Mund zu legen) sind Unsicherheitsfaktoren vor allem in der *Namensüberlieferung* zu sehen:

a) Oft weist schon der rabb. Text selbst darauf hin, daß der genaue Name des Tradenten nicht feststeht (v. a. sein Patronym oder seine Herkunftsbezeichnung: der bT bietet die Variante mit der Formel *we-amri le*) oder derselbe Satz verschiedenen Rabbinen zugeschrieben wird (*we-iteima*): dazu *Bacher*, TT 524–540.

b) Oft tragen *mehrere Rabbinen denselben Namen*, v. a. wenn der Vatername ausgelassen wird. Ob R. Jehuda Jehuda b. Ilai (T3) oder Jehuda bar Jechezqel (bA3) ist, kann meist durch den Kontext geklärt werden; doch ist der Kontext ursprünglich oder ist die Zusammenstellung fälschlich erfolgt, weil schon die Redaktoren des Stücks den Sprecher falsch identifiziert haben? Wenn nicht eine echte Diskussion geboten wird, sondern einfach Meinungen einander gegenübergestellt werden (siehe unter e), ist der Kontext ebenfalls keine Hilfe. Auch ist keine Entscheidung zu treffen, wenn kein anderer Rabbi im Zusammenhang genannt wird und auch keine rabb. Parallele eine Klärung bringt. Zirkelschlüsse sind oft nicht zu vermeiden, müssen aber als solche bewußt bleiben: so werden die halakhischen Midraschim u. a. auch deshalb gewöhnlich in die tannaitische Zeit datiert, weil sie (fast) nur Tannaiten zitieren; wegen dieser Datierung entscheidet man sich dann im Zweifelsfall für die Identifikation eines Rabbi mit einem Tannaiten.

c) Die *Textüberlieferung* in Handschriften und Drucken ist gerade bei Namen sehr unsicher, wie der kritische Apparat einer Textausgabe deutlich zeigt. So verwechselt man ständig Natan und Jonatan, diesen wieder mit Jochanan. Ebenso vertauscht man Eleazar und Eliezer, Acha und Achai, Joschijja und Hoschaja. Die häufige Verwendung von Abkürzungen kann zu verschiedenen Auflösungen führen: so wird Simeon mit Jischmael verwechselt, R. Jochanan oder R. Joschijja (jeweils R"J) mit Rabbi (Jehuda ha-Nasi), der auch da irrtümlich in den Text kommen kann, wo man nach einem ausgeschriebenen „Rabbi" den Namen zu schreiben vergaß; Simeon ben Schetach wird zu Simeon ben Azzai (wenn das *schin* des abgekürzten Patronyms als *ain* verlesen wurde) usw.

d) Wenn *rabb. Parallelüberlieferungen* dasselbe Dictum oder dieselbe Begebenheit verschiedenen Rabbinen zuschreiben und dies nicht durch Überlieferungsfehler (wie unter c beschrieben) zu erklären ist, besteht natürlich die Möglichkeit, daß tatsächlich zwei oder mehrere Rabbinen dasselbe gesagt oder erlebt haben. Vielfach ist jedoch mit Wanderlogien oder -erzählungen zu rechnen, wie auch Parallelen in der nicht-rabb. Literatur zeigen. Irrige Zuschreibungen kommen ebenso vor wie pseudepigraphe Zitate von berühmten, v. a. tannaitischen Meistern oder z. B. die Zuschreibung späterer Diskussionen an die „Häuser Hillels und Schammais".

e) Wenn zwei *Rabbinen verschiedener Perioden* in einem Text miteinander diskutieren, ist dies nicht unbedingt als Anachronismus dem Redaktor anzulasten (und der Text infolgedessen spät zu datieren). Es gibt auch fiktive Diskussionen, v. a. jedoch auch bloß sachliche Zusammenstellungen von Aussprüchen verschiedener Rabbinen, ohne daß damit eine historische Dialogsituation behauptet sein will.

f) Die *Datierung anonymer Aussprüche* bringt zusätzliche Probleme. Gelegentlich sind sie durch den Kontext als Voraussetzung der datierbaren Diskussion oder auch als deren abschließende Entscheidung zu erkennen; u. U. kann durch Parallelen der Sprecher identifiziert werden (besonders wo schon die rabb. Texte selbst auf das bewußte Verschweigen bestimmter Namen verweisen: so etwa Meir in der Schule Rabbis: cf. *Abr.Goldberg*, Tarbiz 38, 1968f, 231–254); manchmal ist auch ein Ausspruch mit datierbaren Vorstellungen in Zusammenhang zu bringen, sei es durch glaubwürdige Zuschreibung ähnlicher Vorstellungen an einen bestimmten Rabbi oder durch nicht-rabb. Parallelen. Dennoch bleibt natürlich ein relativ großer nicht datierbarer Anteil übrig. Eine anonyme Aussage ist nicht automatisch alt, weder in der Mischna und noch viel weniger in Talmud und Midrasch (der anonyme Anteil steigt mit späterer Zeit). Siehe *J. Neusner*, From Mishnah to Scripture. The Problem of the Unattributed Saying, Chico 1984.

g) Es ist zu betonen, daß wir wohl nur in Ausnahmefällen mit *ipsissima verba* bestimmter Rabbinen rechnen dürfen (dazu *Neusner*, Development 5f). Der rabb. Tradition geht es i. a. nicht um den Wortlaut einer Lehre, sondern um deren Inhalt, dem eine eigene Traditionsform zuteil wird – verkürzt, formalisiert und mnemotechnisch gestaltet – oder der (v. a. in der Haggada) völlig frei wiedergegeben wird (was jedoch feste Sprachklischees aus Predigt-, Schul- und Liturgiesprache nicht ausschließt).

3) Probleme der rabbinischen Biographie

Die Darstellung der jüdischen Geschichte der talmudischen Zeit ist seit jeher v. a. eine Aneinanderreihung von Gelehrten-„Biographien" gewesen (typisch z. B. *I. H. Weiss*, Dor). Dennoch ist diese biographische Arbeit nicht allzuweit gekommen, so daß *L. Finkelstein* (Akiba, NY 1936, Ndr. 1975, IX) feststellt: „The lack of suitable life-sketches of the rabbinic sages is especially deplorable because only biography can serve as an introduction to the spirit of the Talmud". Welche Art von Biographie er meint, zeigt seine eigene Darstellung Aqibas, eine geordnete und ausschmückende Nacherzählung der einzelnen rabb. Traditionen über Aqiba; das Ergebnis ist eine Heiligenlegende oder ein historischer Roman, doch keine Biographie. Eine solche ist auch kaum zu schreiben, da das Interesse der rabb. Literatur durchaus nicht biographisch ist. Nicht nur Geburts- und Todesdaten der einzelnen Rabbinen fehlen; auch über die persönlichen Lebensumstände der meisten von ihnen werden wir nicht oder nur nebenbei informiert; nicht einmal kürzere Lebensabschnitte auch nur der wichtigsten von ihnen lassen sich zusammenhängend rekonstruieren; denn die rabb. Texte bieten praktisch nur unzusammenhängende Einzelerzählungen, die auch nicht direkt biographisch orientiert sind.

Was von den Rabbinen überliefert ist, sind primär halakhische, exegetische oder sonstige Aussprüche ohne erzählenden Kontext, einfach mit „R. X sagte, legte aus usw." eingeleitet und neben die Aussprüche anderer Meister gestellt. „We know about early rabbinic figures what the various authorities behind the documents want us to know, and we know it in the way they want us to know it. Consequently, the historical context... for any saying attributed to a given master or story about him is the document in which the passage appears, *not* the period in which he is alleged to have lived" *(Green*, Name 80).

Was den Erzählstoff betrifft, finden wir keine Geburts- oder Kindheitsgeschichte, nur vereinzelte Schilderungen, wie sich ein Meister zur Tora bekehrt oder mit dem Studium begonnen hat, manche Begebenheiten, die die politische Lage der Juden in einer bestimmten Zeit charakterisieren, Reiseerlebnisse, Sterbeszenen, v. a. jedoch eine Fülle von Schulerzählungen verschiedenster Art (Jüngerverhältnis, Streitszenen, Begebnisse in der Synagoge) und Erzählungen, die als Präzedenzfälle für die praktische Halakha dienen können. Doch nicht nur in der Art der Erzählungen sind die rabb. Quellen sehr selektiv, sondern auch hinsichtlich der Personen, von denen ausführlicher erzählt wird. Es sind v. a. Personen der tannaitischen Zeit, über die wir in größerem Umfang informiert zu sein scheinen, Hillel, Gamaliel II., Jochanan ben Zakkai, Eliezer ben Hyrkanos, Aqiba, Meir und Rabbi, ebenso einzelne, v. a. frühe Amoräer wie Rab, Samuel, Jochanan und Resch Laqisch.

Wie verläßlich sind die erzählenden Überlieferungen? Methodisch einwandfreie Untersuchungen liegen bisher nur zu einzelnen Tannaiten vor (v. a. Arbeiten *Neusners* und seiner Schüler). Sie zeigen einheitlich, daß erzählende Traditionen fast immer später als dem jeweiligen Meister zugeschriebene halakhische Stoffe aufscheinen. Erzählungen über frühe Tannaiten sind kaum einmal in Mischna und Tosefta, aber auch nur selten in den halakhischen Midraschim und in Baraitot enthalten, sondern befinden sich zum größten Teil in der amoräischen Überlieferungsschicht oder gar erst in späten Midraschim. Dieser Umstand läßt sich nicht allein mit der vorwiegend halakhischen Natur der tannaitischen Texte erklären. Das Interesse, Erzählungen zu bewahren, kommt offenbar erst später. Sicher ist die Möglichkeit nicht auszuschließen, daß authentische biographische Erinnerungen durch andere Kanäle (v. a. die soviel strapazierte mündliche Tradition) erhalten wurden, so daß nur die schriftliche Festlegung spät ist. Da jedoch Erzählmaterial mit zunehmendem zeitlichem Abstand vom jeweiligen Rabbi immer häufiger wird, muß man ernsthaft mit späteren Erfindungen und Ausschmückungen rechnen. Für eine ernstzunehmende Biographie ist ein Großteil der rabb. Erzählungen unbrauchbar (gegen den Optimismus von *S. Safrai*, der zwar auch das fehlende biographische Interesse der rabb. Schriften betont, aber dennoch zuversichtlich ist, daß auch bei divergierenden Paralleleüberlieferungen über einzelne Rabbinen „the common feature of all such Aggadot is their genuine historical core… it is possible to determine what constitutes the historical element in the narrative": SH p. 210).

Die „biographischen" Erzählungen über die Rabbinen sind keine Augenzeugenberichte, die getreu überliefert wurden; meist sind es relativ spät entstandene Texte, die der Erbauung, Ermahnung oder auch politischen Zielen dienten (etwa der Stützung des Patriarchats oder anderer Institutionen). Es sind gewöhnlich legendenhafte, stereotype Erzählungen, die jedoch nicht die im Redenstoff so ausgeprägte formale Struktur aufweisen. Diese formale Verschiedenheit könnte auf andere Überlieferungskanäle als beim Redenstoff deuten, zeigt jedoch eher, daß die Überlieferung des Erzählstoffs nicht so geregelt, nicht so wichtig war, was natürlich eine geringere Zuverlässigkeit mit sich bringt. Nur vordergründig geht es in diesen Texten primär um Einzelpersonen. In Wirklichkeit wollen sie jedoch v. a. bestimmte Lebenshaltungen, die rabb. Lebensweise und ihr Ideal des Lernens einprägen; das erklärt wohl auch viele Unterschiede zwischen der babylonischen und der palästinischen Fassung so mancher Erzählung *(Safrai)*, die eben jeweils verschiedene Situationen der Erzählenden spiegeln. Die Texte verfolgen somit nach innen pädagogische Zwecke; nach außen sind sie rabb. Gruppenpropaganda.

Zahlreiche Erzählungen über rabb. Gelehrte weisen auffallende Parallelen zur hellenistischen Philosophenbiographie auf, wie besonders *H. A. Fischel* gezeigt hat (kritisch dazu *Green*, Name 86). Dies gilt besonders für einzelne Tannaiten, Hillel v. a., dessen Erzählungen sehr stark an hellenistische Klischees erinnern (*chria*), aber auch z. B. für die Gestalt der Berurja, die mit Erzählungen über gelehrte Töchter und Gattinnen griechischer Philosophen in Verbindung zu bringen ist. Berurjas Darstellung als Tochter Chananjas b. Teradjon und Gattin Meirs ist allerdings erst im bT nachzuweisen und somit historisch nicht zu sichern (*D. Goodblatt*; wie *S. Safrai* 229 richtig betont, liebt bT überhaupt die Herstellung von Verwandtschaftsbeziehungen zwischen bedeutenden Rabbinen). Es wäre zu fragen, wieweit ein Topos der hellen. Gelehrtenbiographie auch noch im sassanidischen Babylonien nachwirkte. Jedenfalls zeigt das Beispiel Berurjas einen weiteren charakteristischen Zug in der Ausgestaltung biographischer Erzählungen, nämlich den Trend zur nachträglichen Identifikation verschiedener Gestalten und zur Knüpfung enger Beziehungen zwischen den einzelnen Rabbinen: damit verringert sich die Zahl der Unbekannten und wird das Leben der bekannten Gestalten anschaulicher und plastischer (dies ist ein allgemeiner Zug in der Haggada: vgl. *I. Heinemann*, Darkhe 27 ff).

Schließlich müßten auch noch eventuelle Querverbindungen biographischer Erzählungen in rabb. Texten zur christlichen Hagiographie näher untersucht werden (die ja auch das Erbe der hellen. Gelehrtenbiographie übernommen und in die biblische Tradition integriert hat). Vor allem aber bedarf es einer umfassenden Bestandsaufnahme des gesamten biographischen Materials in den rabb. Texten und seiner literargeschichtlichen Einordnung, um über die so notwendigen Untersuchungen zu einzelnen Rabbinen hinaus zu einer Typologie der biographischen Erzählung zu gelangen, aus der ihre Klischees und ihre Entwicklungsmöglichkeiten deutlich werden. Derzeit sind biographische Aussagen über einzelne Rabbinen nur mit größtem Vorbehalt möglich. Eine Biographie im üblichen Sinn wird unerreichbar bleiben; dennoch können „biographische" Forschungen zu einer näheren Kenntnis der rabb. Geschichte und ihrer geistigen Strömungen Wesentliches beitragen und sind daher eine bleibende Aufgabe.

4) Die wichtigsten Rabbinen

Lit.: Ch. Albeck, Einführung 391–414; *ders.*, Mabo 144–451; *W. Bacher*, Tann; pAm; bAm; TT; *H. Duensing*, Verzeichnis der Personennamen und der geographischen Namen in der Mischna, Stuttgart 1960; *Z. Frankel*, Darkhe und Mabo; *I. Halevy*, Dorot; *A. A. Hallewy*, Ha-Aggada ha-historit-biografit le-or meqorot jewaniim we-latiniim, TA 1975; *ders.*, Aggadot ha-Amoraim, TA 1977; *R. Halperin*, Atlas Eytz Chayim. Tannaim wa-Amoraim, 2 Teile, TA 1980; *A. Hyman*, Sefer Toldot Tannaim we-Amoraim, 3 Bde, Lo 1910 (Ndr. J 1964); *W. Jawitz*, Sefer Toldot Jisrael, Bde VI–IX, TA 1935; *I. Konovitz*, Tannaitic Symposia. Complete Collected Sayings, in Halakah and Aggadah, in the Talmudic and Midrashic Literature (h), 4

Bde, J 1967–9; *M. Margalioth*, Hg., Encyclopedia of Talmudic and Geonic Literature, being a Biographical Dictionary of the Tanaim, Amoraim and Geonim (h), 2 Bde, TA 1960; *A. M. Naftal*, Ha-Talmud we-Jotsraw, 5 Bde, TA 1969–79; *Z. W. Rabinowitz*, Sha'are Torath Babel, J 1961, 315–547; *I. H. Weiss*, Dor.

Neben diesen Werken, die zum Großteil unkritische Materialsammlungen sind, sind die verschiedenen Lexika, v. a. EJ, unter dem Namen des jeweiligen Rabbi zu konsultieren. Die folgenden Listen bieten primär eine Einordnung in die rabb. Generationenfolge; die bibliographischen Hinweise unterscheiden bewußt nicht zwischen „historischen" und literarischen Studien.

a) Die älteste Zeit und die fünf „Paare"

„Die Männer der Großen Synagoge" (oder „Synode"; *ansche knesset hagedola*) verbinden in Abot I,1–2 die Zeit der Propheten mit der pharisäischen Bewegung, als deren erster Vertreter Simeon der Gerechte genannt wird. Sie überbrücken also eine Zeit von etwa zwei Jahrhunderten. Die spätere rabb. Literatur schreibt ihnen die Niederschrift von Ezechiel, den zwölf kleinen Propheten, Daniel und Ester zu (BB 15a), ebenso exegetische und liturgische Aktivitäten. Eine geschichtliche Rekonstruktion ihrer Organisation (etwa Annahme von 120 Mitgliedern, weil in Meg 17b 120 Älteste die 18 Benediktionen ordnen) und Tätigkeit ist haltlos. Sie sind vielmehr eine Fiktion, aus der großen Volksversammlung von Neh 8–10 abgeleitet, wie schon *A. Kuenen* gezeigt hat.

A. Kuenen, Abhandlungen zur biblischen Wissenschaft, Freiburg 1894, 125–160; *I. J. Schiffer*, The Men of the Great Assembly, in: *W. S. Green*, Persons 237–276 (Lit.!); *Schürer-Vermes* II 358f. In die hellenist. Zeit verlegt die Große Synode *H. D. Mantel*, The Period of the Men of the Great Synagogue (h), GS A. Schalit, J 1980, 22–46 (Simeon der Gerechte ist für ihn daher Simeon II. um 200); historisch unkritisch *L. Finkelstein*, The Men of the Great Synagogue (circa 400–170 B.C.E.), in: *W. D. Davies – L. Finkelstein*, Hgg., The Cambridge History of Judaism II, C 1989, 229–244.

Simeon der Gerechte (Abot I,2) war nach Josephus, Ant. XII,43 Hoherpriester unter Ptolemaios I., also um 300; bei Vergleich mit Sir 50,1–21 würde jedoch dieser Beiname eher auf den Hohenpriester Simeon II. (um 200) passen (Ant. XII,224). Hat Josephus die beiden verwechselt? *G. F. Moore* bezweifelt sogar die Existenz von Simeon I. Die Chronologie von Abot würde auch eher für Simeon II. sprechen. Die rabb. Tradition betrachtet Simeon völlig als Typus des guten Hohenpriesters und hat keine historischen Vorstellungen von ihm: sie läßt ihn sowohl mit Alexander d.Gr. zusammentreffen (LevR 13,5, M.293) wie auch den Vater des Onias sein, der unter den Makkabäern in Ägypten den Tempel baute (Men 109b).

G. F. Moore, Simeon the Righteous, GS I. Abrahams, NY 1927, 348–364; *Neusner*, Phar I 27–59; *Schürer-Vermes* II 359f.

Antigonos von Sokho, lt. Abot I,3 der Schüler Simeons, hat nach ARN A5 und B10 (Sch.26) zwei Schüler, Tsadoq und Boetos, von denen sich die Sadduzäer und die Boetosäer ableiten sollen (historisch wertlose Anekdote). *E. J. Bickerman*, The Maxim of Antigonos of Socho, HThR 44 (1951) 153–165; *Neusner*, Phar I 60f; *Schürer-Vermes* II 360.

Abot I läßt in der Traditionskette *fünf „Paare"* (*zugot*) von Gelehrten folgen, wohl eine Schematisierung der Tradition in Analogie zu Hillel und Schammai. Die rabb. Darstellung, daß sie jeweils Nasi und Ab Bet-Din waren, Vorsitzender und Stellvertreter (im Gerichtshof?), ist ein Anachronismus. Doch cf. *H. Mantel*, Sanhedrin 7–18; *E. E. Urbach*, EJ XVI, 1232–4.

Jose ben Joezer aus Tsereda und *Jose ben Jochanan*, Sota IX,9 als die letzten „Trauben" bezeichnet (dazu *G. G. Porton*, The Grape-Cluster in Jewish Literature and Art of Late Antiquity, JJS 27, 1976, 159–176); Chag II,7 nennt Jose ben Joezer als Frommen in der Priesterschaft. Zu ihrer Kontroverse über die Semikha Chag II,2 *E. E. Hallewy*, The First Mishnaic Controversy (h), Tarbiz 28 (1958f) 154–7; *S. Zeitlin*, The Semikah controversy between the Zugoth, JQR 7 (1916f) 499–517; *J. Goldin*, The First Pair (Yose Ben Yoezer and Yose Ben Yohanan) or The Home of a Pharisee, AJSR 5 (1980) 41–61; *Neusner*, Phar I 61–81.

Jehoschua ben Perachja und *Mattai* (andere Lesart Nittai) von Arbel (Irbid bei Tiberias). Jehoschua wird Sanh 107b und Sota 47a als Lehrer Jesu genannt, offenbar eine Glosse aus dem frühen Mittelalter (*J. Maier*, Jesus 117–129); ebenso wird er auf den babyl. Zauberschalen genannt (*Neusner*, Bab V 235–241; ein bisher unpublizierter Text: *J. Naveh-S. Shaked*, Amulets and Magic Bowls, J 1985, 162). Mattai scheint außer Abot I,6f nur Chag II,2 auf. *Neusner*, Phar I 82–6.

Jehuda ben Tabbai und *Simeon ben Schetach*. Allein der zweite ist in der rabb. Literatur von Bedeutung. Er soll sich unter Alexander Jannai (103–76) und Salome Alexandra (76–67), als deren Bruder er gilt, erfolgreich für die pharisäische Partei eingesetzt haben. *J. Efron*, Studies on the Hasmonean Period, L 1987, 143–218; *M. Hengel*, Rabbinische Legende und frühpharisäische Geschichte. Schimeon b. Schetach und die achtzig Hexen von Askalon, Heidelberg 1984; *Neusner*, Phar I 86–141.

Schemaja und *Abtaljon* werden vielfach mit den bei Josephus genannten Samaias und Pollion identifiziert (Ant. XIV,172–5; XV,3.370), in denen jedoch andere lieber Hillel und Schammai sehen (so *A. Schalit*, König Herodes, B 1969, 768–771). Dafür spricht die Namensähnlichkeit, dagegen die Behauptung des Josephus, daß Pollion der Lehrer des Samaias war. Auch verbindet die rabb. Tradition anders als Josephus die beiden nicht mit Herodes. *H. Feldman*, The Identity of Pollio, the Pharisee, in Josephus, JQR 49 (1958f) 53–62; *Neusner*, Phar I 142–159; *Schürer-Vermes* II 362f.

Hillel „der Alte" soll aus Babylonien stammen und nach gewissen (späten) Traditionen aus dem Hause Davids sein. Er lebte zur Zeit des Herodes. Die oft vertretene Meinung, er sei Lehrer Jesu gewesen, ist haltlos. Die Tradition schreibt ihm sieben Auslegungsregeln und die Einführung des Prosbul zu. Die Traditionen über sein Leben sind völlig klischee-geprägt, kontrastieren den sanften Hillel mit dem strengen Schammai und haben viel mit den Topoi der hellen. Gelehrtenbiographie gemeinsam. *I. Gafni*, Babylonia 70-76; *N. N. Glatzer*, Hillel. Repräsentant des klassischen Judentums, F 1966; *L. Finkelstein*, Schub al ha-mu"m ben Hillel u-bene Batira, FS H. A. Wolfson, J 1965, hebr. Band 203-224; *H. A. Fischel*, Studies in Cynicism and the Ancient Near East: The Transformation of a Chria, Religions in Antiquity, GS E. R. Goodenough, L 1968, 372-411; *Neusner*, Bab I 36-38; Phar I 212-340; III 255-272; *A. A. Peck – J. Neusner*, Die Suche nach dem historischen Hillel, Judaica 38 (1982) 194-214; *M. Stern* in *Safrai-Stern* II 615-8; *Schürer-Vermes* II 363-7; *E. E. Urbach*, The Sages, Lo 1975, 576-592.

Schammai, manchmal ebenfalls „der Alte" genannt. Hieronymus zu Jes III,8,11/15 (CCSL 73, 116): „Sammai igitur et Hellel non multo priusquam Dominus nasceretur, orti sunt in Iudaea, quorum prior dissipator interpretatur, sequens profanus; eo quod per traditiones et *deuteroseis* suas legis praecepta dissipaverit atque maculaverit". Vielleicht hat Hieron. den TBer VI,24 (L.40) zitierten Ausspruch Hillels mißverstanden (*pizar*, „ausstreuen", hier vom Verbreiten der Tora; *profanus*, da Hillel von *chol* abgeleitet wird). Da die hilleltische Richtung sich durchsetzte, werden die Traditionen Schammais fast nur noch als Kontrast dazu überliefert. *Neusner*, Phar I 185-211. 303-340.

b) Erste Generation der Tannaiten

Eine kurze, historisch ungenaue Liste älterer Gesetzeslehrer gibt Hieronymus zu Jes direkt vor dem soeben angeführten Zitat (CCSL 73, 116): „Sammai et Hellel, ex quibus orti sunt scribae et pharisaei, quorum suscepit scholam Akibas, quem magistrum Aquilae proselyti autumat et post eum Meir, cui successit(!) Joannan filius Zachai, et post eum Eliezer et per ordinem Telphon [Tarfon], et rursum Joseph Galilaeus, et usque ad captivitatem Hierusalem Iosue".

Schule Schammais und *Schule Hillels*: zwei Schulrichtungen im Pharisäismus des 1. Jhs. und in der Periode von Jabne, in der die halakhischen Kontroversen beider Schulen zum Großteil schon in festen literarischen Formen festgehalten werden (doch ist auch mit späteren pseudepigraphen Nachbildungen zu rechnen). Dazu gehört, daß in den etwa 300 Perikopen fast nie Namen genannt werden. Die Erzählung von den 80 Schülern Hillels, wovon Jonatan ben Uzziel der Größte, Jochanan ben Zakkai der Geringste war, ist eine historisch unbrauchbare Legende. In den Kontroversen, von denen etwa zwei Drittel direkt oder indirekt mit den Speisegesetzen zu tun haben, entscheidet die Schule Schammais gewöhnlich erschwerend (Ausnahmen Ed IV–V festgehalten), die Hillels erleichternd. Allgemein anwendbare Prinzipien, nach denen sich die Schulen gerichtet hätten, sind nicht erkennbar, auch wenn in der Schule Schammais eine halakhisch eher konservative Tendenz zu erkennen ist, die wohl auf einem eher wörtlichen Bibelverständnis beruht, und in der Beurteilung eines Geschehens der bloße Akt zählt, während die Hilleliten die Intention berücksichtigen. Eine soziologische Erklärung – die Schammaiten als Vertreter der landbesitzenden Mittelschicht, die Hilleliten als die Unterschicht – ist nicht beweisbar. In Jabne hat sich i. a. die Richtung der Hilleliten durchgesetzt, was auch die Gestaltung der Überlieferung bestimmt hat. – *Y. D. Gilat*, Intent and Act in Tannaitic Teaching (h), Bar-Ilan 4–5 (1967) 104–116; *ders.*, The Teachings of Eliezer ben Hyrcanos (h), TA 1968, 20–31; *A. Guttmann*, Hillelites and Shammaites – A Clarification, HUCA 28 (1957) 115–126; *I. Konovitz*, Beth Shammai – Beth Hillel. Collected Sayings (h), J 1965; *Neusner*, Phar II; *S. Safrai*, EJ IV 737–741; *ders.*, The Decision according to the School of Hillel in Yavneh (h), 7th WCJS, J 1981, III 21–44; *ders.* I 185–200; *Schürer-Vermes* II 365f; *M. Weiss*, The authenticity of the explicit discussions in Bet Shammai-Bet Hillel disputes (h), Sidra 4 (1988) 53–66.

Aqabja ben Mahalalel (Abot III,1; Ed V,6f u.ö.) läßt sich historisch nicht genau einordnen. Datierungsvorschläge reichen vom 1. Jh. v. bis zur Zeit Gamaliels II. in Jabne. *S. B. Hoenig*, New Light on the Epoch of Akabiah ben Mahalalel, FS A. A. Neuman, L 1962, 291–8; *H. Mantel*, Sanhedrin 106–118; *A. Neher*, Aqabia ben Mahalalel. Un héros méconnu de l'époque talmudique, REJ 133 (1974) 225–233; *Neusner*, Phar I 144f.416; *A. J. Saldarini*, The Adoption of a Dissident: Akabya ben Mahalaleel in Rabbinic Tradition, JJS 33 (1982) 547–556.

Rabban Gamaliel I., „der Alte", Lehrer des Apostels Paulus (Apg 22,3), Apg 5,34–9 als Mitglied des Sanhedrin geschildert, der für die Freilassung der angeklagten Apostel eintritt. Er soll der Sohn eines Simeon gewesen sein, der wiederum Hillels Sohn war. Die Existenz dieses Simeon (nur Schab 15a) ist sehr fraglich; aber auch die Annahme, daß Gamaliel Hillels Sohn war bzw. zumindest zu dessen Schule gehörte, läßt sich nicht beweisen. *Neusner*, Phar I 341–376; *Schürer-Vermes* II 367f.

Chananja (oder Chanina), der Vorsteher der Priesterschaft (*segan ha-kohanim*), wohl zu Ende des Tempels und auch noch nach 70. *Neusner*, Phar I 400–413.

Nechunja ben ha-Qana (oder *ha-Qane*: Deutung des Namens unsicher). Schebu 26a nennt ihn als Lehrer Jischmaels, der von ihm die Vorliebe für die Anwendung der Regel vom Allgemeinen und Besonderen habe. Bedeutend in der Hekhalotliteratur. In der Kabbala gilt er als der Verfasser des Sefer ha-Bahir. *L. Finkelstein*, Mi-torato schel R. Nechunja ben Ha-Qana, FS Ch.Albeck, J 1963, 352–377; *ders.*, Od mi-torato schel R. Nechunja ben Ha-Qana (be-Torat Kohanim), in: Hagut Ibrit be-Amerika I, TA 1972,

257–260; ders., Additional Teachings of R. Nehunya Ben Ha-Qana (h), Tarbiz 50 (1980f) 88–93; *L. H. Schiffmann*, The Recall of Rabbi Nehuniah Ben Ha-Qanah from Ecstasy in the Hekhalot Rabbati, AJSR 1 (1976) 269–281; *M. Schlüter*, Die Erzählung von der Rückholung des R. Nehunya ben Haqana aus der Merkava-Schau in ihrem redaktionellen Rahmen, FJB 10 (1982) 65–109.

Rabban Simeon ben Gamaliel I., zur Zeit des jüdischen Kriegs; Josephus, Vita 38 (191) beschreibt ihn als „Mann voll Einsicht und Verstand, der auch die schlechteste Lage durch seine Klugheit wieder in Ordnung zu bringen vermochte". *Neusner*, Phar I 413f.

Nachum der Meder. Er selbst oder seine Familie stammte aus Babylonien. Er erlebte noch den Fall des Tempels. *Neusner*, Phar I 413f.

R. Tsadoq (MS Parma Ter X,9 vokalisiert *Tsadduq*; cf. *Saddouk* in LXX; ebenso *Saddoukaioi*) lebte vor der Zerstörung des Tempels in Jerusalem und gehörte dann zum Kreis um Gamaliel II. Alle „biographischen" Traditionen sind spät; die Annahme von Tsadoq II., der ein Enkel des hier Genannten sein soll, ist im uneinheitlichen Material begründet, doch nicht beweisbar. *J. N. Lightstone*, ṣadoq the Yavnean, in: *W. S. Green*, Hg., Persons 49–147.

Rabban Jochanan ben Zakkai, während des Aufstandes gegen Rom aus Jerusalem geflüchtet, später von den Römern in Jabne interniert, wo er ein „Lehrhaus" gründet, das die Basis des rabb. Judentums werden sollte. Die rabb. Tradition hat dies zu einer Gründungslegende ausgestaltet. Ob Jochanan der Schule Hillels angehörte, ist ebensowenig nachzuweisen wie seine Mitgliedschaft bei den Pharisäern vor 70. Schon in der frühen Tradition gilt Jochanan als Mystiker. Abot II,8f nennt als seine fünf wichtigsten Schüler Eliezer ben Hyrkanos, Jehoschua ben Chananja, Jose den Priester, Simeon ben Natanael und Eleazar ben Arakh. – *G. Alon*, Studies 269–343; *M. Cohen*, Quelques observations au sujet de la personnalité et du rôle historique de Raban Yoḥanan ben Zakkay, RHR 187 (1975) 27–55; *J. Goldin*, Maschehu al Bet Midrascho schel Rabban Jochanan ben Zakkai, FS H. A. Wolfson, J 1965, hebr. Bd. 69–92; *A. Kaminka*, Rabbi Jochanan Ben Zaccai and His Disciples (h), Zion 9 (1943f) 70–83; *Neusner*, Life; *ders.*, Development; *ders.*, Eliezer II 437–458; *S. Safrai*, Bechinot chadaschot le-baʿajat maʿamado u-maʿasaw schel Jochanan ben Zakkai le-achar ha-chorban, GS G. Alon, J 1970, 203–226; *A. J. Saldarini*, Johanan ben Zakkai's Escape from Jerusalem. Origin and Development of a Rabbinic Story, JSJ 6 (1975) 189–204; *P. Schäfer*, Die Flucht Joḥanan b. Zakkais aus Jerusalem und die Gründung des „Lehrhauses" in Jabne, ANRW II 19/2, 43–101.

R. Eliezer ben Jakob der Ältere (sicher vom gleichnamigen Schüler Aqibas zu unterscheiden, auch wenn im Einzelfall nicht immer klar ist, wer von beiden gemeint ist). Überliefert v. a. Traditionen über den Tempel; gilt in Joma 16a sogar als Autor von Middot. *Bacher*, Tann I 62–7; *L. Finkelstein*, The Pharisees, Phil. ³1962, 731–4.

R. Chanina ben Dosa, Charismatiker, Wundertäter und Gesundbeter im 1. Jh. Steht in Verbindung mit Jochanan ben Zakkai und Gamaliel II., war jedoch wohl kein Pharisäer oder Rabbi. – *B. M. Bokser*, Hanina Ben Dosa and the Lizard: The Treatment of Charismatic Figures in Rabbinic Literature, 8 th WCJS, J 1982, C 1–6; *ders.*, Wonder-working and the Rabbinic Tradition. The Case of Hanina ben Dosa, JSJ 16 (1985) 42–92; *Neusner*, Phar I 394–6; *ders.*, Life 47–53; *S. Safrai*, The Pious (Hassidim) and the Men of Deeds (h), Zion 50 (1985) 133–154; *G. B. Sarfatti*, Pious Men, Men of Deeds, and the Early Prophets (h), Tarbiz 26 (1956f) 126–153, bes. 130–142; *G. Vermes*, Hanina ben Dosa. A controversial Galilean Saint from the First Century of the Christian Era, JJS 23 (1972) 28–50; 24 (1973) 51–64 (=Studies 178–214).

Chananja ben Chizkijja ben Garon (bzw. Gorion). Ihm schreibt Schab 13b Megillat Taanit zu, ebenso besondere Bemühungen, Widersprüche in der Bibel aufzulösen, und für die Anerkennung des Buches Ez. *Neusner*, Phar I 416.

Nachum aus Gimzo (im südwestlichen Judäa). Von ihm soll Aqiba die Regeln des Einschließens und Ausschließens (*ribbui* und *mi^{c}ut*) gelernt haben (Schebu 26 a). *Bacher*, Tann I 57–59.

c) Zweite Generation der Tannaiten (um 90–130)

1. Ältere Gruppe:

Rabban Gamaliel II., Sohn des Simeon ben Gamaliel I., oft zur Unterscheidung von seinem gleichnamigen Großvater als G. von Jabne bezeichnet; Nachfolger des Jochanan ben Zakkai. In der Zeit zwischen 80/90 bis ca. 110 war er der Führer des rabb. Judentums, auch wenn seine Position nicht unumstritten war; dies zeigt seine zeitweilige Absetzung, während welcher der aus priesterlicher Familie stammende Eleazar ben Azarja die Führung übernahm. Die rabb. Tradition weiß auch von einer Seereise nach Rom, die Gamaliel zusammen mit Eleazar ben Azarja, Aqiba und Jehoschua ben Chananja unternommen haben soll. Diese Reise wird gelegentlich mit einer Judenverfolgung unter Domitian in Verbindung gebracht, was jedoch problematisch ist. *A. Y. Bittmann*, Rabban Gamaliel of Yavneh: His Teachings and Role in the Development of Talmudic Law (h), Diss. Yeshiva Univ. NY 1974; *R. Goldenberg*, The Deposition of Rabban Gamaliel II: An Examination of the Sources, JJS 23 (1972) 167–190 (= *W. S. Green*, Hg., Persons 9–47); *D. Goodblatt*, The Origins of Roman Recognition of the Palestinian Patriarchate (h), SHJP 4 (Haifa 1978) 89–102 (nimmt eine Ernennung Gamaliels durch die Römer an; erst dann Bemühung um Anerkennung durch das Volk); *S. Kanter*, Rabban Gamaliel II: The Legal Traditions, Chico 1980; *B.-Z. Rosenfeld*, The Standing and Activities of Rabban Gamaliel Prior to his Move to Yavneh (h), Zion 55 (1990) 151–169 (Ernennung zum Patriarchen um 85).

R. Papias, der noch Halakhot aus der Zeit des Tempels überliefert, wird manchmal in den MSS mit R. Pappos (b.Jehuda) verwechselt, der jedoch später lebt. *Bacher*, Tann I 317–9.

R. Eliezer ben Hyrkanos (Abot II,8), in M schlechthin R. Eliezer (mehr als 320mal). Oft in Disput mit Jehoschua ben Chananja und Aqiba. Lehrte in Lydda. Seine halakhischen Interessen verbinden ihn mit den Pharisäern. Eine Zuordnung zum Haus Hillels oder Schammais (Letzteres z. B. *S. Safrai* I 186; 198–200) ist jedoch nicht möglich. Über ihn verhängte der Sanhedrin in Jabne den Bann, was die rabb. Tradition dann stark ausgeschmückt hat. Die Annahme, Eliezer sei dem Christentum zugeneigt gewesen, ist grundlos, auch wenn seine Verhaftung durch die römischen Behörden vielleicht auf einen solchen Verdacht zurückging: so z.B. *S. Lieberman*, Roman Legal Institutions in Early Rabbinics and in the Acta Martyrum, JQR 35 (1944) 1–57, bes. 20–24 (= Texts and Studies 76–80; cf. *J. Maier*, Jesus 144–160). *M. Aberbach*, Did Rabban Gamaliel II. Impose the Ban on Rabbi Eliezer ben Hyrcanus?, JQR 54 (1963f) 201–7; *R. D. Aus*, Luke 15:11–32 and R. Eliezer Ben Hyrcanus's Rise to Fame, JBL 104 (1985) 443–469; *Epstein*, ITL 65–70; *Y. D. Gilat*, R. Eliezer Ben Hyrcanus. A Scholar Outcast, Ramat Gan 1984; *Z. Kagan*, Divergent Tendencies and their Literary Moulding in the Aggadah, SH 22 (1971) 151–170; *I. Konovitz*, Rabbi Eliezer – Rabbi Joshua. Collected Sayings (h), J 1965; *J. Neusner*, Eliezer (dazu *Abr.Goldberg*, JSJ 6, 1975, 108–114); *ders.*, In Search of Talmudic Biography, Chico 1984.

Jehoschua ben Chananja, in M einfach R. Jehoschua, oft in Kontroverse mit Eliezer ben Hyrkanos. Wirkte in Peqiin. Zu seiner griech. Bildung *S. Lieberman*, Greek 16–19; sein Beitrag zu M: *Epstein*, ITL 59–65. *W. S. Green*, Redactional Techniques in the Legal Traditions of Joshua ben Hananiah, FS M. Smith, L 1975, IV 1–17; *ders.*, The Traditions of Joshua ben Ḥananiah. Part One: The Early Legal Traditions, L 1981; *I. Konovitz*, Rabbi Eliezer – Rabbi Joshua. Collected Sayings (h), J 1965; *R. Loewe*, Rabbi Joshua ben Ḥananiah: Ll.D. or D. Litt?, JJS 1974 (FS D. Daube) 137–154; *J. Podro*, The Last Pharisee. The Life and Times of R. Joshua ben Hananiah, Lo 1959 (Versuch einer konventionellen Biographie).

Jose der Priester, Simeon ben Natanael und *Eleazar ben Arakh* waren, wie auch Eliezer ben Hyrkanos und Jehoschua, Schüler des Jochanan ben Zakkai, Abot II,8. *Neusner*, Life 106–117.

Jose der Priester, Abot II,12, in pChag II,1 als Joseph der Priester. *Bacher*, Tann I 67–9.

R. Eleazar ben Arakh, Lieblingsschüler des Jochanan ben Zakkai, besonders auch in der Mystik. *Bacher*, Tann I 69–72; *Neusner*, Development 247–252 und Index.

R. Eleazar ben Azarja in Jabne, vornehmer, reicher Priester, kurze Zeit anstelle Gamaliels II. Führer der rabb. Bewegung in Jabne, in deren Tradition er jedoch eine Randfigur ist: *T. Zahavy*, The Traditions of Eleazar Ben Azariah, Missoula 1977.

R. Eleazar ben Tsadoq, Sohn des oben erwähnten *Tsadoq.* Er hatte einen gleichnamigen Enkel. *Bacher,* Tann I 50.

Samuel der Kleine soll vor Gamaliel II. die *Birkat ha-Minim* im Achtzehngebet formuliert haben (Ber 28 b). Diese war jedoch nicht primär oder gar ausschließlich gegen Christen formuliert, wie aus der Angabe der Kirchenväter Justinus, Epiphanius und Hieronymus hervorzugehen scheint, daß die Juden in ihrem täglichen Gebet Verwünschungen über die Christen aussprechen. Auch die in der Geniza von Kairo gefundene Textfassung, die ausdrücklich von *notsrim* statt *minim* spricht, ist kein Beleg für den ursprünglichen Text. Sem VIII überliefert die Totenklage Gamaliels II. und Eleazar ben Azarjas über Samuel. *Bacher,* Tann I 370–372; *N. Cohen,* Ma chiddesch Schmuel ha-Qatan be-Birkat ha-Minim?, Sinai 48 (1983 f) 57–70; *P. Schäfer,* Die sogenannte Synode von Jabne, Judaica 31 (1975) 54–64 (=Studien 45–55).

Simeon ha-Paqoli („dem Flachshändler") schreibt Ber 28 b die „Ordnung" des Achtzehngebets unter Gamaliel II zu. *N. Cohen,* The Nature of Shimʻon Hapekuli's Act (h), Tarbiz 52 (1983 f) 547–555.

R. Eleazar aus Modiim, zur Zeit des Bar-Kokhba-Aufstandes; soll von Bar Kokhba getötet worden sein. *Bacher,* Tann I 187–211; *P. Schäfer,* Der Bar Kokhba-Aufstand, Tüb. 1981, 44 f. 173 f. Manche möchten ihn mit dem Priester Eleazar der Bar Kokhba-Münzen gleichsetzen: siehe *S. Applebaum,* PEQ 116 (1984) 41; *L. Mildenberg,* The Coinage of the Bar Kokhba War, Aarau 1984, 29 f.

R. Levitas aus Jabne, Abot IV,4; nach *Bacher,* Tann I 444, wahrscheinlich in vorhadrianischer Zeit. Auch mehrmals in PRE genannt.

2. Jüngere Gruppe der zweiten Generation
Die berühmtesten Lehrer dieser Gruppe sind Jischmael und Aqiba.

R. Jischmael ben Elischa, gewöhnlich einfach R. Jischmael, stammt vielleicht aus priesterlicher Familie (cf. TChal I,10, L. 277). Schüler des Nechunja ben ha-Qana. Lebt meist in Kefar Aziz an der Grenze Edoms. Ihm wird der Grundsatz zugeschrieben: „Die Tora redet in der Sprache der Menschen" (gegen die Aqiba zugeschriebene Ausdeutung von stilistischen Eigenheiten in der Bibel: Sifre Num § 112, H.121). Vgl. S. 30–32 zu den ihm zugeschriebenen Auslegungsregeln. *Konovitz,* Tannaitic Symposia III 261–367; *G. G. Porton,* Ishmael; *ders.,* The Artificial Dispute: Ishmael and ʻAqiva, FS M. Smith, L 1975, IV 18–29.

R. Aqiba ben Josef, gewöhnlich schlechthin R. Aqiba. Bedeutender Lehrer in der Zeit von Jabne, dessen Tradition seine Schüler nach dem Bar-Kokhba-Aufstand zum Grundstock von M gemacht haben. Mystische Traditionen werden mit seinem Namen ebenso verbunden (Chag 14b) wie eine bestimmte Auslegungsmethode der Bibel: es heißt, er habe aus jedem Häkchen des geschriebenen Gesetzes Berge von Halakhot zu deuten gewußt (Men 29b). Historisch dürfte dies ebensowenig wie bei R. Jischmael stimmen. Auch verschiedene „biographische" Erzählungen (z.B. daß er sich erst im Alter von 40 Jahren dem Studium zugewandt habe, oder auch die Erzählungen von seiner Gefangenschaft und Hinrichtung) sind für die Darstellung des historischen Aqiba ziemlich unbrauchbar. Daß er Bar Kokhba als den „Stern aus Jakob", somit als messianische Figur, betrachtet habe (pTaan IV,7,68d), würde zu den übrigen ihm zugeschriebenen Anschauungen passen; doch sind seine zahlreichen Reisen kaum im Rahmen einer Werbekampagne für Bar Kokhba zu sehen. Hieronymus erwähnt Aqiba außer zu Jes 8,11 (siehe S. 75) auch in ep. 121,10 (CSEL 56, 48): die Juden pflegen zu sagen: Barachibas et Symeon et Helles [Hillel], magistri nostri, tradiderunt nobis, ut duo milia ambulemus in sabbato. – *G. S. Aleksandrow*, The Role of ᶜAqiba in the Bar Kokhba Rebellion, in: *Neusner*, Eliezer II 422–436 (= REJ 132, 1973, 65–77); *S. Applebaum*, The burial place of R.ᶜAqiva, 7th WCJS, J 1981, III 37–47; *J. Elbaum*, Models of Storytelling and Speech in Stories About the Sages (h), 7th WCJS, J 1981, III 71–77 (über Aqiba in ARN); *L. Finkelstein*, Akiba: Scholar, Saint and Martyr, NY 1936 = 1970; *A. Goldberg*, Das Martyrium des Rabbi Aqiva. Zur Komposition einer Märtyrererzählung (bBer 61b), FJB 12 (1984) 1–82; *A. Guttmann*, Akiba, „Rescuer of the Torah", HUCA 17 (1942f) 395–421; *I. Konovitz*, Rabbi Akiba. Collected Sayings (h), J ²1965; *P. Lenhardt – P.von der Osten-Sacken*, Rabbi Akiva. Texte und Interpretationen zum rabb. Judentum und Neuen Testament, B 1987; *C. Primus*, Aqiva's Contribution to the Law of Zeraᶜim, L 1977; *S. Safrai*, Rabbi Akiba ben Josef. His Life and Teaching (h), J 1970; *ders.* I 200–207; *P. Schäfer*, R. Aqiva und Bar Kokhba, in: *ders.*, Studien 65–121.

R. Tarfon, bei Hieronymus zu Jes 8,11–15 Telphon! Aus priesterlicher Familie, in Lydda beheimatet, Lehrer des Jehuda ben Ilai. Seine halakhischen Aussprüche werden zum Großteil in Diskussionen mit Aqiba geboten; darin geht es einerseits um den Vorzug des objektiven Faktums vor der subjektiven Intention, andererseits um priesterliche Interessen, zu deren Gunsten er stets entscheidet. Mit dem von Justin dem Märtyrer genannten Tryphon ist Rabbi Tarfon wohl nicht identisch: dazu *M. Freimann*, Die Wortführer des Judentums in den ältesten Kontroversen zwischen Juden und Christen, MGWJ 55 (1911) 555–585, 565ff; *L. W. Barnard*, Justin Martyr, His Life and Thought, Lo 1967, 24f. *J. D. Gereboff*, Rabbi Tarfon: The Tradition, the Man and Early Rabbinic Judaism, Missoula 1979; *J. Neusner*, A Life of Rabbi Tarfon, ca. 50–120 C. E., Judaica 17 (1961) 141–167.

R. Ilai, Schüler des Eliezer ben Hyrkanos, Vater des Jehuda (b.Ilai), der oft die Tradition des Eliezer weitergibt.

Aqilas, „der Proselyt", nach Epiphanius aus Sinope im Pontus, Schüler des R. Eliezer und des R. Jehoschua ben Chananja. Er übersetzte die Bibel ins Griechische. Ob er dabei unter dem Einfluß der Aqiba zugeschriebenen Auslegungsmethode stand, ist umstritten (*Barthélemy* ja, dagegen *Grab-*

be). D. Barth*élemy*, Les Devanciers d' Aquila, L 1963; *L. Grabbe*, Aquila's Translation and Rabbinic Exegesis, JJS 33 (1982) 527–536; *A. Silverstone*, Aquila and Onkelos, Manchester 1931.

R. Jochanan ben Torta kritisiert in pTaan IV,7,68 d Aqibas Eintreten für Bar Kokhba. *Bacher*, Tann II 557f.

Pappos ben Jehuda, auch einfach Pappos (ohne den Titel Rabbi), Haggadist. Soll mit Aqiba im Gefängnis gewesen sein (Ber 61 b). *R. Jochanan ben Nuri*, im engeren Kreis von Gamaliel II., disputiert mit Aqiba, auch sonst als dessen Gegner gezeichnet. *Bacher*, Tann I 366–8; *L. A. Rosenthal*, Die Malkhijot R. Jochanan b. Nuri,s, FS D. Hoffmann, B 1914, 234–240.

R. Jose ha-Gelili, der Galiläer, disputiert namentlich mit Aqiba, Tarfon und Eleazar ben Azarja; Aussagen über Opfer und Tempeldienst. – *J. N. Lightstone*, Yose the Galilean. I. Traditions in Mishnah – Tosefta, L 1979; *ders.*, Yosé the Galilean in Mishnah – Tosefta and the History of Early Rabbinic Judaism, JJS 31 (1980) 37–45; *J. Fraenkel*, SH 27 (1978) 28–35; *D. J. Stevens*, Rabbi Yose the Galilean; a representative selection of his legal traditions, Diss. Duke Univ., Durham, N. C. 1978.

R. Eleazar Chisma (LevR 23,4 gibt eine Erklärung des Namens), manchmal auch Eleazar ben Chisma genannt, soll ein Schüler des Jehoschua ben Chananja und im Lehrhaus des Gamaliel II. tätig gewesen sein. Die in seinem Namen überlieferten Halakhot befassen sich v.a. mit landwirtschaftlichen und Reinheitsgesetzen. *D. Levine*, Eleazar Ḥisma, in: *W. S. Green*, Hg., Persons 149–205.

R. Jochanan ben Beroqa, Schüler des Jeschoschua ben Chananja, Abot IV,4. *Bacher*, Tann I 448f.

R. Jose, Sohn der Damaszenerin (ben Dormasqit), Schüler des Eliezer ben Hyrkan, tritt für den Wortsinn in der Bibelauslegung ein (Sifre Dtn § 1, F.6–8). *Bacher*, Tann I 389–394.

R. Chananja (Chanina) ben Teradjon, nach (später) rabb. Tradition durch seine Tochter Berurja Schwiegervater des R. Meir und einer der Märtyrer in der Verfolgungszeit unter Hadrian. *Bacher*, Tann I 394–7; *H. W. Basser*, Hanina's Torah. A Case of Verse Production or of Historical Fact?, in: *J. Neusner*, Hg., Approaches to Ancient Judaism. New Series I, Atlanta 1990, 67–82 (= *ders.*, In the Margins of the Midrash, Atlanta 1990, 49–63); zu den angebl. Familienbeziehungen: *D. Goodblatt*, The Beruriah Traditions, JJS 26 (1975) 68–85 (= *W. S. Green*, Hg., Persons 207–235); *E. E. Urbach*, Ascesis and Suffering in Talmudic and Midrashic Sources (h), FS Y. F. Baer, J 1960, 48–68, bes. 61–4.

R. Eleazar ben Parta (vgl. *peruta* im paläst. Syrisch, „Wechsler"; andere denken an griech *prōtos*). *Bacher*, Tann I 400–403. Zu unterscheiden von dem gleichnamigen Enkel.

R. Jehuda ben Baba, mit dem Beinamen Chasid. Er soll 5 Schülern Aqibas bald nach dessen Tod die Ordination erteilt haben und auf der Flucht von römischen Soldaten getötet worden sein (Sanh 13b–14a). *G. A. We-*

wers, Rabbi Jehuda-ben-Baba. Skizze zum Problem der Individualüberlieferung in der frühen rabbinischen Literatur, Kairos 19 (1977) 81–115.

R. Jose ben Qisma, Abot VI,9. *Bacher*, Tann I 397–400; *J. Gutmann*, Milchemet ha-Jehudim bime Tirjanos, Sefer Assaf, J 1953, 149–184, bes. 171f.

Simeon ben Azzai, gewöhnlich einfach Ben Azzai (Abkürzung aus Azarja). In Chag 14b gehört er mit Ben Zoma, Elischa ben Abuja und Aqiba zu den vier, die in das „Paradies" gingen, d. h. sich in esoterische Spekulation vertieften, was nur Aqiba ungeschädigt überstand. *G. Scholem*, Jewish Gnosticism, Merkabah Mysticism, and Talmudic Tradition, NY 1960, 14–19; *H. A. Fischel*, Rabbinic Literature 1–34.90–98.99–128.161–5.

Simeon ben Zoma, gewöhnlich einfach Ben Zoma. *H. A. Fischel*, Rabbinic Literature 51–89.138–161.

Elischa ben Abuja, mehrmals als *Acher*, „der andere" bezeichnet, weil man ihn nach seinem Abfall nicht nennen wollte. War Lehrer des R. Meir. *A. Büchler*, Die Erlösung Elisaᶜ b. Abujahs aus dem Höllenfeuer, MGWJ 76 (1932) 412–456; *G. Stroumsa*, Aḥer: A Gnostic, in: *B. Layton*, Hg., The Rediscovery of Gnosticism II, L 1981, 808–818; *H. Yalon*, Acher im Talmudisch-Hebräischen, MGWJ 79 (1935) 238–240; *ders.* dazu auch Leschonenu 29 (1965) 213–7.

R. Chananja (oder Chanina) *ben Gamaliel II.. Bacher*, Tann I 436–440.

R. Eleazar ben Jehuda aus Bartota (Birtota? so Cod.Kaufmann zu Abot III,7), auch ohne Nennung seines Vaters Eleazar Isch Bartota. *Bacher*, Tann I 440–444.

R. Simeon von Timna (ha-Timni: so z. B. Jeb IV,13 Cod. Kaufmann; andere bevorzugen die Vokalisierung *ha-Temani*, „aus Teman", wohl Edom, cf. Ijob 2,11). Schüler Aqibas und Jehoschuas (TBer IV,18, L.23).

Gleichfalls zu dieser Generation werden noch *die älteren Schüler Aqibas* gezählt, namentlich:

Chananja ben Chakhinai, in Jabne und Bene Beraq, spät auch zu den „zehn Märtyrern" gezählt. *Bacher*, Tann I 434–6.

R. Simeon aus Schiqmona. *Bacher*, Tann I 445f.

R. Chidqa. *Bacher*, Tann I 446f.

Mattja ben Cheresch (Cheresch als Eigenname 1 Chron 9,15; andere: Charasch), wirkte vor dem Bar-Kokhba-Aufstand in Rom. *A. Toaff*, Matia Ben Cheresh e la sua academia rabbinica di Roma, Annuario di Studi Ebraici 2 (1964f) 69–80.

R. Jehuda ben Batyra (andere: Betera), in Palästina bei Eliezer ben Hyrkanos, später in Nisibis, wo Jochanan der Sandalenmacher und Eleazar ben Schammua bei ihm lernten. Nach *Neusner*, Bab I 43–49.121–4, ist mit zwei Rabbinen dieses Namens zu rechnen, der eine etwa 20/30–90, der 2. ca. 100–160, beide in Nisibis.

Chananja, der Neffe (Bruders Sohn) des Jehoschua ben Chananja, wohnte in Babylonien in Nehar Peqod, wohin er nach dem Bar-Kokhba-

Aufstand flüchtete. Versuchte dort selbständig den Kalender zu interkalieren, was ein Privileg Palästinas war. *A. Burstein*, Sinai 38 (1956) 32–37; 40 (1957) 387f; *Neusner*, Bab I 113–121.

d) Dritte Generation der Tannaiten (um 130–160 n. Chr.)

1. Jischmaels bedeutendste Schüler

R. *Joschijja*, der vielleicht aus Chutsal stammte und sich nach dem Bar-Kokhba-Aufstand in Babylonien niederließ (*Neusner*, Bab I 128–131), und R. *Jonatan*, wohl ebenfalls ein Babylonier (*Neusner*, Bab I 132). Sie werden oft in Mek und Sifre erwähnt; in M dagegen wird Jonatan nur einmal (Abot IV,9) genannt, Joschijja gar nie, vielleicht deswegen, weil Meir und Rabbi im Gegensatz zu Jischmael den Ansichten Aqibas folgten. *Bacher*, Tann II 351–364.

Diesem Kreis scheint auch Abba Chanin (Chanan) angehört zu haben, der oft als Tradent von Äußerungen von Eliezer ben Hyrkanos erwähnt wird und der vielleicht auch ein Babylonier war (*Neusner*, Bab I 130).

2. Die späteren Schüler Aqibas

Von diesen werden die vier ersten am häufigsten genannt (zu den Schülern Aqibas vgl. *Abr. Goldberg*, „All base themselves upon the teachings of Rabbi ᶜAqiva" (h), Tarbiz 38, 1968f, 231–254):

R. *Meir*, Schüler erst Jischmaels, dann Aqibas. Auch Elischa ben Abuja war sein Lehrer. Wohnte zeitweise in Tiberias oder im angrenzenden Chammat Tiberias. Nach später Tradition war er durch seine Gattin Berurja Schwiegersohn des Chananja ben Teradjon. Bedeutsam als Halakhist wie Haggadist (Sanh 38b: ein Drittel seines Vortrages war Halakha, ein Drittel Haggada, ein Drittel Gleichnisse). Hatte bedeutenden Anteil an der Redaktion von M, in der er etwa 330mal genannt wird. *N. G. Cohen*, Rabbi Meir, A Descendant of Anatolian Proselytes. New Light on His Name and the Historical Kernel of the Nero Legend in Gittin 56a, JJS 23 (1972) 51–59; *R. Goldenberg*, The Sabbath-Law of Rabbi Meir, Missoula 1978; *S. Lieberman*, Hell. 24–26; *Bacher*, Tann II 1–69; *I. Konovitz*, Rabbi Meir, Collected Sayings (h), J 1967; *A. Shinan*, ‚Achiwʻ schel Rabbi Meir, JSHL 2 (1983) 7–20 (zu GenR 92,6); *J. P. Siegel*, The Severus Scroll and 1QIs^a, Missoula 1975, 43–48.

R. *Simeon ben Jochai* (= Abkürzung von Jochanan), in M stets (über 300mal) einfach R. Simeon. Er hat lange als Autor des Zohar gegolten; in Wirklichkeit aber ist dieses Hauptwerk der Kabbala in der 2. Hälfte des 13. Jhs. von Mosche ben Schem Tob de Leon in Spanien verfaßt worden. Seinem Kreis wird auch MRS zugeschrieben. *Bacher*, Tann II 70–149; *M. Beer*, Shimᶜon bar Yoḥai and Jerusalem (h), GS A. Schalit, J 1980, 361–375; *I. Konovitz*, Rabbi Simeon bar Yohai. Collected Sayings (h), J 1966; *L. Levine*, R. Simeon b. Yoḥai and the Purification of Tiberias: History and Tradition, HUCA 49 (1978) 143–185.

R. Jose ben Chalafta, in M stets einfach R. Jose (etwa 330mal); lehrte in Sepphoris, bedeutender Halakhist. In der Tradition gilt er auch als Haupttradent der jüdischen Chronologie, wie sie im Seder Olam Rabba fixiert ist. Wird vielfach als Verfasser von Kelim betrachtet. *Bacher*, Tann II 150–190; R. Gershenzon – E. Slomovic, A Second Century Jewish-Gnostic Debate: Rabbi Jose ben Halafta and the Matrona, JSJ 16 (1985) 1–41; *I. Konovitz*, Rabbi Jose ben Halafta. Collected Sayings (h), J 1966; *K. H. Rengstorf*, Die Mischna. Jebamot, Gießen 1929 (Ndr. 1958), 32*–37*.

R. Jehuda bar Ilai (Abkürzung aus Eleazar oder, so *G. Dalman*, Grammatik des jüd.-pal. Aramäisch, Le ²1905, Ndr. Darmstadt 1960, 179, aus Eljoënai, 1 Chron 3,23 usw.). In M stets einfach R. Jehuda (mehr als 600mal); gilt als der Hauptvertreter seiner Generation (Sanh 20a „die Generation des Jehuda b. Ilai"). Sanh 86a schreibt ihm die Grundlage bzw. die anonymen Aussagen von Sifra zu. *Bacher*, Tann II 191–228.237–274; *I. Ben-Shalom*, Rabbi Judah b. Ilai's Attitude towards Rome (h), Zion 49 (1984) 9–24; dazu *D. Rokéaḥ*, Zion 52, 1987, 107–110, und nochmals *Ben-Shalom*, ibid. 111–113; *I. Konovitz*, Rabbi Judah bar Ilai. Collected Sayings (h), J 1965.

R. Nechemja, oft in Kontroverse mit Jehuda bar Ilai. Nach Sanh 86a soll von ihm der anonyme Teil von T stammen. *Bacher*, Tann II 225–274; *Konovitz*, Tannaitic Symposia IV 23–55.

R. Eleazar ben Schammua, in M und in der Baraita stets einfach R. Eleazar; in Alexandrien geboren; besucht seinen Lehrer Aqiba im Gefängnis. Geht dann mit Jochanan ha-Sandelar nach Nisibis, um unter Jehuda ben Batyra zu studieren. *Bacher*, Tann II 275–282; *I. Konovitz*, Tannaitic Symposia I 178–216; *Neusner*, Bab I 126f.

R. Eliezer ben Jakob (der Jüngere dieses Namens, 2. H. 2. Jh.), war nach dem Bar-Kokhba-Aufstand bei der Versammlung in Uscha. *S. Horovitz* (Siphre XVIII) möchte Sifre Zutta seinem Lehrhaus zuschreiben. *Konovitz*, Tannaitic Symposia I 48–86.

R. Jochanan ha-Sandelar, „der Sandalenmacher". Nach anderen leitet sich sein Beiname von seinem Heimatort Alexandrien ab. *Bacher*, Tann II 365f; *Neusner*, Bab I 126–8.

3. Andere Lehrer derselben Generation

Eliezer (manchmal auch Eleazar) *ben R. Jose ha-Gelili*, gepriesener Haggadist (Chul 89a). Ihm werden die 32 Middot des R. Eliezer zugeschrieben (vgl. S. 32f.).

R. Jehoschua ben Qarcha (oder Qorcha: „Glatzkopf"), bedeutender Haggadist. *Bacher*, Tann II 308–321.

R. Eleazar ben Tsadoq II., Enkel des schon erwähnten E. b. Ts. I.

R. Jose ben Jasjan, Zeitgenosse des Rabban Simeon ben Gam. II., auch einfach Ben Jasjan. *Bacher*, MGWJ 45 (1901) 300f und 46 (1902) 83f, setzt ihn mit Jose beR. Issi in Mek Bachodesch 3 (L. II 211) gleich, wo jedoch alle Textzeugen außer dem Jalqut beR. Jehuda lesen.

Rabban Simeon ben Gamaliel II., Vater des Jehuda ha-Nasi. Nach dem Tod Hadrians übernahm er das von den Schülern Aqibas in Uscha statt Jabne neu gegründete Zentrum des Rabbinats. Hor 13 b erzählt vom Versuch R. Meirs und R. Natans, ihn abzusetzen. Dazu *A. Büchler*, La conspiration de R. Nathan et R. Méir contre le Patriarche Simon ben Gamaliel, REJ 28 (1894) 60–74; *D. Goodblatt*, The Story of the Plot against R. Simeon B. Gamaliel II. (h), Zion 49 (1984) 349–374 (hält die Geschichte i. w. für eine bab. Erfindung); *Alon*, The Jews in their Land II 667–673; *Bacher*, Tann II 322–334; *Konovitz*, Tannaitic Symposia IV 159–228; *Neusner*, Bab I 73–80. Cf. *A. I. Baumgarten*, The Akiban Opposition, HUCA 50 (1979) 179–197, zu den Anfängen in Uscha.

R. Jischmael, Sohn des Jochanan ben Beroqa, zum Kreis des Rabban Simeon ben G. II. gehörig. *Bacher*, Tann II 369f; *Konovitz*, Tannaitic Symposia III 267–275.

Abba Saul. Seine Zeit wird dadurch bestimmt, daß er eine Kontroverse mit Jehuda b. Ilai hatte. *Bacher*, Tann II 366–9; *Konovitz*, Tannaitic Symposia I 14–28; *I. Lewy*, Über einige Fragmente aus der Mischna des Abba Saul, B 1876 (dazu auch *Epstein*, ITL 160–163).

R. Chananja ben Aqabja (oder Aqiba), wahrscheinlich Sohn des Aqabja ben Mahalalel; wegen seines Scharfsinns von Rab geschätzt (Schab 83 b). *Bacher*, Tann II 370.

Issi (Verkürzung von Josef) *ben Jehuda*, wahrscheinlich identisch mit Issi dem Babylonier, einem Schüler des Eleazar ben Schammua, nach Pes 113 b auch noch mit anderen. Babylonier. *Bacher*, Tann II 373–6; *M. Hakohen*, Toldot ha-Tanna Issi ben Jehuda, Sinai 33 (1953) 355–364; 34 (1954) 231–240.325–334.407–423; *Neusner*, Bab I 138f.188–190.

R. Nehorai, Zeitgenosse des Jose ben Chalafta, wahrscheinlich in Sepphoris wohnhaft. *Bacher*, Tann II 377–383.

Reuben ben Istrobeli (nach *H. Graetz* und *S. Krauss: Strobilos*, nach *Bacher* Aristobulos). Von seiner Intervention in Rom zur Zeit der hadrianischen Verfolgung erzählt Meila 17a–b. *Bacher*, Tann II 383f; *S. Klein*, Eine Tannaim-Familie in Rom, Jeschurun 3 (1916) 442–5.

Abba Jose ben Dostai (Dositheos). *Bacher*, Tann II 388f.

e) Vierte Generation der Tannaiten

1. Die Zeitgenossen Rabbis

R. Dostai ben Jannai tradiert die Äußerungen Meirs, Joses und Eleazars. Als Sendbote des Patriarchen in Babylonien. *Bacher*, Tann II 385–7; *Neusner*, Bab I 136f.

R. Simeon ben Jehuda, aus Kefar Ikos (auch K. Akum oder K. Akko geschrieben), *Bacher*, Tann II 392.

Achai ben Joschijja lehrte in Chutsal, nach einiger Zeit in Palästina wieder in Babylonien, wo er der Lehrer Rabs war. *Bacher*, Tann II 393f; *Neusner*, Bab I 129–132.126.

R. Jakob, nach Qid 39 b Tochtersohn des Elischa ben Abuja. Tritt bei der Verschwörung des R. Meir und des R. Natan für Simeon ben Gamaliel ein. Gelegentlich Beiname ben Korschai. *Bacher*, Tann II 395–7.

Symmachos (ben Joseph), Schüler des R. Meir. Von manchen mit dem Autor der griechischen Bibelübersetzung identifiziert. *Bacher*, Tann II 397; D. Barthélemy, Qui est Symmaque?, CBQ 36 (1974) 451–465 (= ders., Études d'Histoire du Texte de l'AT, Fribourg-Göttingen 1978, 307–321; *J. R. Busto Saiz*, La traducción de Símaco en el libro de los Salmos, Madrid 1978, 311–323. *R. Isaak*, oft in Mek und Sifre Num erwähnt. Schreitet mit R. Natan gegen R. Chananja ein, da dieser in Babylonien interkaliert. *Bacher*, Tann II 397–9; *Neusner*, Bab I 117–121.

R. Jose ben Kipper (*Neusner:* Kefar), Schüler des Eleazar ben Schammua, mehrfach in T; reiste zwischen Palästina und Babylonien. *Bacher*, Tann I 386; *Neusner*, Bab I 116–8.

R. Dosa, Tradent des Jehuda ben Ilai, nicht identisch mit Dosa ben Archinos. *Bacher*, Tann II 389 f.

R. Dostai ben Jehuda, Tradent des Simeon ben Jochai. *Bacher*, Tann II 390–392.

R. Eleazar ben Simeon (ben Jochai) wird als Kollaborateur der Römer geschildert. *Bacher*, Tann II 400–407; *Konovitz*, Tannaitic Symposia I 216 -252; *S. Krauss*, R. Eleasar ben R. Simeon als römischer Befehlshaber, MGWJ 38 (1894) 151–6; *Y. Gutman*, R. Elazar b. R. Shimon in the Roman Government Service of Palestine (h), Zion 18 (1953) 1–5.

R. Pinchas ben Jair, Asket, Schwiegersohn des R. Simeon ben Jochai (Schab 33 b), scheint in Lydda gewohnt zu haben. Ihm wird gelegentlich Midrasch Tadsche zugeschrieben. *Bacher*, Tann II 495–9; *O. Meir*, The She-Ass of R. Pinhas ben Yair, in: Folklore Research Center Studies VII: Studies in Aggadah and Jewish Folklore, J 1983, hebr. Teil 117–137; zu seinem Kettenspruch in Sota IX,15 *P. Schäfer*, Die Vorstellung vom heiligen Geist in der rabbinischen Literatur, M 1972, 118–121.

R. Eleazar ben Jose (ben Chalafta). Soll mit Simeon ben Jochai nach Rom gereist sein und dort den von Titus geplünderten Tempelschatz gesehen haben. *Bacher*, Tann II 412–5.

R. Menachem ben Jose (ben Chalafta), auch einfach R. Menachem. *Bacher*, Tann II 415 f.

Eurydemos ben Jose (ben Chalafta). *Bacher*, Tann II 416 f.

R. Jose ben Jehuda (ben Ilai), oft in Kontroverse mit Rabbi. *Bacher*, Tann II 417–421; *Konovitz*, Tannaitic Symposia III 147–178.

R. Jehuda ben Laqisch tradiert im Namen des Simeon ben Gamaliel II., in halakhischer Kontroverse mit Jose ben Jehuda (ben Ilai). *Bacher*, Tann II 494 f.

R. Eleazar ben Jehuda. *Bacher*, Tann II 417 Anm. 4 hält ihn für identisch mit dem gleichnamigen Lehrer aus Bartota.

R. Simeon ben Eleazar (ben Schammua), Schüler Meirs, oft in Kontroverse mit Rabbi, oft in T. Kontroversen mit Samaritanern. *Bacher*, Tann II 422–436; *Konovitz*, Tannaitic Symposia IV 117–156; *J. Fraenkel*, SH 27 (1978) 42–50.

R. *Jose ben Meschullam*, in Kontroverse mit Simeon ben Eleazar. Mit Simeon ben Menasja führte er offenbar die „heilige Gemeinde", die sich Ende 2. Jh. trotz des Verbots für Juden, sich in Jerusalem aufzuhalten, dort gebildet hatte: *S. Safrai*, The Holy Assembly of Jerusalem (h), Zion 22 (1957) 183–194; *ders.*, The Holy Congregation in Jerusalem, SH 23 (1972) 62–78; *Bacher*, Tann II 489.

R. *Natan*, mit dem Beinamen ha-Babli, weil er aus Babylonien nach Palästina gekommen war. Unter Rabban Simeon ben Gamaliel II. hatte er zusammen mit R. Meir wichtige Funktionen inne, nach Hor 13b wegen der Würdestellung seines Vaters in Babylonien (Exilarch?). Später oft in Kontroverse mit Rabbi. Die ARN zugrundeliegende Rezension von Abot wird gelegentlich ihm zugeschrieben. *Bacher*, Tann II 437–452; *M. Beer*, Exilarchate 29f; *Konovitz*, Tannaitic Symposia IV 58–89; *Neusner*, Bab I 73–79.

R. *Eleazar* (aber auch Eliezer bezeugt) *ha-Qappar*. Der Name ist vielleicht von Qefira abzuleiten, einem Ort im Golan nahe Dabbura, wo eine Inschrift entdeckt wurde: *Eliezer ha-Qappar. Ze bet midrascho schel Rabbi*. Oder er ist mit syr. *qufra* zu verbinden: „der Asphalthändler", bzw. von *Kapparis*, Kapernblüte, abzuleiten und bezeichnet dann einen Erzeuger von Medikamenten oder Gewürzen daraus. Wird gewöhnlich als Vater des Bar Qappara betrachtet, auf den sich eventuell die genannte Inschrift bezieht; andere möchten die beiden überhaupt miteinander identifizieren, was jedoch eher unwahrscheinlich ist. *Bacher*, Tann II 500–502; *D. Urman*, Jewish Inscriptions from Dabbura in the Golan, IEJ 22 (1972) 16–23; *ders.*, Eliezer HaKappar and Bar Kappara – Father and Son? (h), Beer-Sheva 2 (1985) 7–25.

R. *Simeon ben Jose ben Laqonja*, Schwager des Eleazar ben Simeon, Onkel und Erzieher des Jonatan ben Eleazar (ben Simeon). *Bacher*, Tann II 488f.

R. *Simeon ben Menasja* stand mit Jose ben Meschullam an der Spitze der „heiligen Gemeinde" in Jerusalem, die alle Zeit gleichmäßig auf Torastudium, Gebet und Arbeit zu verteilen bemüht war. *Bacher*, Tann II 489–494; *S. Safrai*, Zion 22 (1957) 183ff und SH 23 (1972) 62ff.

R. *Mana* (Abkürzung aus Menachem, wie auch Mani) in Akko, nicht zu verwechseln mit den beiden paläst. Amoräern Mani oder Mana.

R. *Jehuda ha-Nasi*, der „Fürst" oder der „Patriarch", häufig einfach Rabbi, zuweilen Rabbenu oder Rabbenu ha-qadosch, „heilig" aufgrund seines streng sittlichen Lebenswandels. Sohn des Rabban Simeon ben Gamaliel II., nach später Tradition am Todestag Aqibas geboren. Studierte bei Jehuda ben Ilai, später bei Simeon ben Jochai und Eleazar ben Schammua sowie Natan (dessen Ansichten er später freilich oft widerspricht). Residierte später in Bet Schearim, dann in Sepphoris. Er brachte die Institution des Patriarchats zu voller Geltung; seine guten Beziehungen zu den römischen Behörden spiegeln sich in den Legenden über „Antoninus und Rabbi". Soweit hier historische Erinnerungen verarbeitet wurden, ist bei Antoninus am ehesten an Caracalla zu denken, der in den Jahren 199 und 215 Palästina besucht hat. Jehuda ha-Nasi, der als der eigentliche Redaktor von M anzusehen ist, ist nach *A. Guttmann* im Jahr 217 gestorben. – *Ch. Albeck*, Einleitung 145–170; *M. Aberbach*, Hezekiah King of Judah and Rabbi Judah the Patriarch – Messianic Aspects (h), Tarbiz 53 (1983f) 353–371; *G. Alon*, The Jews II 705–725; *A. I. Baumgarten*, The Politics of Reconciliation: The Education of R. Judah the Prince, in: *E. P. Sanders* u.a., Hg., Jewish and Christian Self-Definition II, Lo 1981, 213–225.382–391; *ders.*, Rabbi Judah and his Opponents, JSJ 12 (1981) 135–172; *Bacher*, Tann II 454–486; *J. N. Epstein*, ITL 180–211; *A. Guttmann*, The Patriarch Judah I – His Birth and His Death. A Glimpse into the Chronology of the Talmudic Period, HUCA 25 (1954) 239–261; *I. Konovitz*, Rabbi Judah ha-Nasi (Rabbi). Collected Sayings (h), J 1965; *S. Krauss*, Antoninus und Rabbi, W 1910; *G. Stemberger*, Die Beurteilung Roms in der rabbinischen Literatur, ANRW II, 19/2 338–396, bes. 367–375; *J. S. Zuri*, Toldot ha-Mischpat ha-Tsibburi ha-Ibri. I,2: Tequfat R. Jehuda-Nasi, P 1931.

f) Fünfte Generation der Tannaiten

Jüngere Zeitgenossen Rabbis, teilweise seine Schüler. Sie bilden den Übergang zur Amoräerzeit, in der die Mischna Rabbis bald als autoritative Zusammenstellung des traditionellen Gesetzes anerkannt wurde.

Gamaliel III., Sohn Rabbis, von diesem zum Nachfolger im Patriarchat bestimmt (Ket 103 b). Ein Grab in Bet Schearim (Katakombe 14) mit dem Namen R. Gamaliels neben einem anderen mit dem Namen R. Simeons könnte seines sowie das seines Bruders sein. *Bacher*, Tann II 554; *A. Wasserstein*, Rabban Gamliel and Proclus the Philosopher (Mishna Aboda Zara 3,4) (h), Zion 45 (1980) 257–267.

R. Chijja (der Name ist wohl aus Achijja abgekürzt) der Ältere (Ruba oder Rabba). Ch. bar Abba, geboren in Babylonien, vielleicht aus der Exilarchenfamilie (beansprucht Abstammung von David), kam später nach Palästina, wo er in Tiberias lebte und im Seidenhandel tätig war. Schüler und Freund Rabbis, Onkel und Lehrer Rabs. Die rabb. Tradition erwähnt mehrmals seine Mischnajot-Sammlung. Scherira betrachtet ihn als den Redaktor von T; manche sehen ihn maßgeblich an Sifra beteiligt. Chul 141 a: Jede Baraita, die nicht von R. Chijja oder R. Oschaja redigiert ist, ist fehlerhaft (unzuverlässig). *Bacher*, Tann II 520–530; *A. Engle*, Rabbi Hiyya the Great – Halachist and Travelling Salesman, Niv Hamidrashia 1972, engl. Teil 63–72; *I. Konovitz*, Tannaitic Symposia II 47–106; *P. Minzberg*, Toldot R. Chijja u-banaw, J 1953; *Neusner*, Bab I 101–110; *E. S. Rosen-*

thal, Rab Ben Achi, R. Chijja gam Ben Achoto (Perat echad le-toldot ha-nusach schel ha-Babli), FS H. Yalon, J 1963, 281–337.

Bar Qappara (so gewöhnlich im Talmud), eigentlich R. Eleazar ben Eleazar ha-Qappar (siehe S. 88), auch R. El. ha-Qappar beRabbi. Lehrer des Hoschaja und des Jehoschua ben Levi. Hatte eine Schule im „Süden", wohl in Lydda (doch siehe *D. Urman*), wo er nach Meinung von *S. Lieberman* Sifre Zutta redigierte (Siphre Zutta, NY 1968, 104ff). Auch ihm wird in der rabb. Tradition eine Mischna-Sammlung zugeschrieben. *Bacher*, Tann II 503–520; *D. Urman*, Regarding the Location of the Batei-Midrash of Bar Kappara and R. Hoshaya Rabbah (h), 8th WCJS II, J 1982, hebr. Teil 9–16.

R. Simeon ben Chalafta, Freund Chijjas, wohnte in En Teena bei Sepphoris, mehrfach in Sagen verherrlicht, Haggadist, Gleichniserzähler. *Bacher*, Tann II 530–536.

Levi bar Sisi (Sosius?), im bT gewöhnlich einfach Levi (z.B. Joma 24a), Schüler Rabbis, nicht zu verwechseln mit dem Amoräer, dem Haggadisten R. Levi. *Bacher*, Tann II 536–9; *B. Ratner*, Die Mischna des Levi ben Sisi, FS A. Harkavy, St. Petersburg 1908, hebr. Teil 117–122.

R. Banna'a, oder Bannaja bzw. Benaja. Sein Haupttradent war Jochanan bar Nappacha. *Bacher*, Tann II 539–543.

R. Jose ben Saul, Schüler und Tradent Rabbis. *Bacher*, pAm III 598f.

Rab Huna, Exilarch zur Zeit Rabbis (pKet XII,3,35a). Sein Leichnam wurde nach Palästina gebracht (pKil IX,32b). *Beer*, Exilarchate 66f.96f; *Neusner*, Bab I 100–108.

Über die babylonischen Tannaim siehe *Neusner*, Bab I 113–163. Tannaim, deren Zeit nicht sicher bestimmbar ist, nennt *Bacher*, Tann II 547–561.

g) Erste Generation der Amoräer

1. Palästina

R. Chama bar Bisa, Vater eines R. Hoschaja (H. Rabba?). *Bacher*, pAm I 89f.

R. Efes, aus Südjudäa, später Rabbis Nachfolger als Haupt der Akademie in Sepphoris. *Bacher*, pAm I 2. 91. 341.

R. Chanina (zuweilen Ch.bar Chama), in reifem Alter aus Babylonien nach Palästina gekommen, Schüler Rabbis, Nachfolger des R. Efes als Leiter der Schule in Sepphoris. *Bacher*, pAm I 1–34.

R. Jannai, wohnte in Sepphoris. Zur Unterscheidung von seinem gleichnamigen Enkel (R. Jannai Ze'ira) auch Sabba, „der Alte" genannt. Schüler Chijjas, Lehrer Jochanans. *Bacher*, pAm I 35–47; *A. Oppenheimer*, „Those of the School of Rabbi Yannai" (h), SHJP 4 (Haifa 1978) 137–145.

Jehuda und Chizkija, die Söhne Chijjas, mit ihrem Vater aus Babylonien nach Palästina gekommen. Jehuda Schwiegersohn Jannais; Chizkija wird gelegentlich als Redaktor der MRS betrachtet. *Bacher*, pAm I 48–57.

R. Jonatan ben Eleazar, gewöhnlich einfach R. Jonatan, dem R. Chanina nahestehend, aus Babylonien stammend, in Sepphoris wohnhaft. Schüler des Simeon ben Jose ben Laqonja, Lehrer des Samuel bar Nachman. *Bacher*, pAm I 58–88.

Bar Pedaja, voller Name: Jehuda bar Pedaja, Neffe des Bar Qappara, Lehrer des Jehoschua ben Levi. *Bacher*, pAm I 124f.

R. Hoschaja, im pT gewöhnlich Oschaja, Sohn des Chama ben Bisa, zur Unterscheidung vom Amoräer der 3. Generation auch H. Rabba („der Große, der Ältere") genannt. Schüler des Bar Qappara und des R. Chijja, Lehrer Jochanans; lebte in Sepphoris, leitete später eine Schule in Caesarea. Wie Chijja und Bar Qappara wird auch ihm eine Sammlung von Mischnajot zugeschrieben. *Bacher*, pAm I 89–108; *D. Barthélemy*, Est-ce Hoshaya Rabba qui censura le „commentaire allégorique"?, Colloques Nationaux du CNRS, „Philon d'Alexandrie" (Lyon 1966), P 1967, 45–78 (= ders., Études d'histoire du texte de l'AT, Fribourg-Göttingen 1978, 140–173; *L. I. Levine*, Caesarea 76.87–89. 103f.

Jehuda II., Sohn Gamaliels III., in pT R. Judan Nesia oder R. Jehuda Nesia. Patriarch, Enkel Rabbis, in freundlichen Beziehungen zu Hoschaja, aber auch zu Jochanan bar Nappacha. Unter ihm Abstieg des Patriarchats, u. a. wegen des Verkaufs von Richterstellen: dazu *G. Alon*, Studies 374ff.

R. Jose ben Zimra. Seine Tochter war mit einem Sohn Rabbis verheiratet. Eleazar ben Pedat tradierte seine haggadischen Aussprüche. *Bacher*, pAm I 109–118; *Alon*, Studies 405f.

R. Simeon ben Jehotsadaq. Seine Aussprüche sind durch Jochanan überliefert. *Bacher*, pAm I 119–123.

R. Jehoschua ben Levi, in Lydda, einer der hervorragendsten Amoräer Palästinas in der 1.Hälfte des 3. Jhs., besonders durch seine Beschäftigung mit der Haggada; Schüler des Bar Qappara, des Jehuda bar Pedaja und des Pinchas ben Jair. Lehrer des Simeon ben Pazzi und des Tanchum ben Chanilai. *Bacher*, pAm I 124–194; *Y. Frankel*, The Image of Rabbi Joshua ben Levi in the Stories of the Babylonian Talmud (h), 6th WCJS, J 1977, III 403–417; *D. J. Halperin*, The Faces of the Chariot, Tüb. 1988, 253ff; 307ff; *I. Levy*, La légende de Pythagore de Grèce en Palestine, P 1927, 154ff; *S. Lieberman*, Shkiin, J ²1970, 34–42 (eine Erzählung über Jeh. b. L. bei Petrus Venerabilis, für welche wohl das Alfabet des Ben Sira als Quelle diente); *A. Marmorstein*, Jeschurun 13 (1926) 375–383.

R. Zabdai ben Levi gehörte zum Kreis Hoschajas, verkehrte mit Jehoschua ben Leví, den er überlebte, und mit Rab. *Bacher*, pAm III 640–642.

R. Chijja ben Gamda, in Palästina und Babylonien lebend, tradiert im Namen der letzten Tannaim Simai und Jose ben Saul.

2. Babylonien

Rab Schela, in Nehardea schon ein angesehener Lehrer, als Rab aus Palästina zurückkehrte. *J. Fraenkel*, The story of R. Sheila (h), Tarbiz 40 (1970f) 33–40; *Neusner*, Bab II 32–34.109–112.

Abba bar Abba, gewöhnlich nach seinem berühmten Sohn „der Vater Samuels" genannt, war auch in Palästina, wo er mit Levi bar Sisi befreundet war. *Bacher*, bAm 34; *Neusner*, Bab II (Index).

Ze'iri oder *Zera* der Ältere, ein zum Kreis Jochanans gehöriger Babylonier, Schüler des R. Chanina (bar Chama), in dessen Namen er oft tradiert. Mehrere Amoräer dieses Namens oft schwer zu unterscheiden. *Halevi*, Dorot II,242–6; *Neusner*, Bab II 145.147.

Qarna, „der Richter der Diaspora", beschäftigte sich bes. mit der Lehre von den Schädigungen (Neziqin). *Bacher*, bAm 34f; *Neusner*, Bab II (Index).

Mar Uqba(n) I., wohl Exilarch um 210–240. Erwähnt wird, daß er dem Gerichtshof in Kafri vorstand. *Neusner*, Bab II 98–107; *Beer*, Exilarchate 65–73 und Index.

Abba Arikha, „der Lange", wohl wegen seiner ungewöhnlichen Körpergröße, eigentlich Abba, gewöhnlich einfach *Rab* genannt. Neffe Chijjas, dem er nach Palästina folgte, um bei Rabbi zu lernen. Nach gaonäischer Tradition (ISG, Lewin 78–81) war er Gründer und Leiter der rabb. Schule zu Sura am Eufrat im Jahr 219, als er aus Palästina zurückkehrte, bis zu seinem Tod im Jahr 247. Doch kann historisch nicht von einer Akademie die Rede sein, sondern von einem Jüngerkreis um Rab (siehe *Goodblatt*, Instruction). „Die Halakha bei Verboten ist nach der Ansicht Rabs, sowohl bei Erleichterung wie bei Erschwerung" (Nid 24b; vgl. Bek 24a). Von ihm heißt es auch an einigen Stellen: „Er gilt als Tannait und darf (gegen die in M aufgenommene Ansicht) disputieren" (Er 50b; BB 42a; Sanh 83b). *M. Beer*, The Political Background of Rav's Activities in Babylonia (h), Zion 50 (1985) 155–172; *I. Konovitz*, Rab – Samuel, J 1974; *Neusner*, Bab I 105–112.173f; II passim, v.a. 111–119.126–134.180–187.232–236; *J. S. Zuri*, Rab. Biografia Talmudit, J 1925.

Rabba bar Chana, Sohn des Bruders von R. Chijja und Vetter Rabs, wie dieser ein Schüler Rabbis, von dem er die Vollmacht zu religionsgesetzlichen Entscheidungen erhielt (Sanh 5a). In Drucken oft Rabba bar bar Chana (z.B. Chul 8b).

Assi (Issi, Assa), von Rab und Samuel hochgeschätzt (Sanh 29b). *Neusner*, Bab II (Index).

Mar Samuel (lt. ISG Lewin 82 gest. 254), auch Samuel Jarchinaa, „der Astronom", und „Ariokh der Große" genannt (BM 85b), Sohn des Abba bar Abba. Nach ISG 79f Leiter einer rabb. Schule in Nehardea (dazu *Goodblatt*, Instruction). Von ihm stammt der oft angeführte Satz *dina de malkhuta dina*: „Das Recht der Regierung (auch der nichtjüdischen) ist gültiges Recht" (BQ 113a; dazu *S. Shilo*, Dina de-malkhuta dina, J 1974).

Zu unterscheiden von Mar Samuel Mar(i). – *M. Beer*, Exilarchate (Index) und Exilarchs 70–73; *B. M. Bokser*, Samuel's Commentary on the Mishnah I, L 1975; *ders.*, Post Mishnaic Judaism in Transition. Samuel on Berakhot and the Beginnings of Gemara, Chico 1980 (dazu *E. Segal*, Tarbiz 51, 1981f, 315–8); *J. Horovitz*, Mar Samuel und Schabur I. Zur Erklärung der letzten Zeilen des Talmudtraktats Baba mezia, MGWJ 80 (1936) 215–231 (zur talmudischen Tradition über Schapur allgemein: *G. A. Wewers*, Israel zwischen den Mächten. Die rabbinischen Traditionen über König Schabhor, Kairos 22, 1980, 77–100); *I. Konovitz*, Maᶜarekhot ha-Amoraim III: Rab – Samuel, J 1974; *Neusner*, Bab II passim, v.a. 64–72.111–9.134–144.232–6; *F. Rosner*, Mar Samuel the Physician, in: *ders.*, Medicine in the Bible and the Talmud, NY 1977, 156–170.

h) Zweite Generation der Amoräer

1. Palästina

R. *Jochanan bar Nappacha* („der Schmied"), gewöhnlich einfach R. Jochanan. Seine Lehrer waren besonders Jannai, Hoschaja und Chanina ben Chama; unter seinen Genossen ragt Simeon b. Laqisch hervor. Sein Zeitgenosse war auch Rab Jehuda bar Jechezqel (Pes 118a). Jochanan lehrte anfangs in Sepphoris, wo er auch geboren war, später in Tiberias. ISG 83f überliefert, er sei achtzig Jahre Schulhaupt gewesen (*malakh*), bevor er 279 starb. Maimonides schreibt ihm die Redaktion des pT zu. *Bacher*, pAm I 205–339; *Z. M. Dor*, Teachings; *R. R. Kimelman*, R. Yohanan of Tiberias. Aspects of the Social and Religious History of Third Century Palestine, Diss. Yale, New Haven 1977; *ders.*, Problems in Late Rabbinic „Biography": The Case of the Amora Yohanan, SBLSP 2 (1979) 35–42; *ders.*, Rabbi Yoḥanan and Origen on the Song of Songs: A Third Century Jewish-Christian Disputation, HThR 73 (1980) 567–595; *ders.*, The Conflict between R. Yohanan and Resh Laqish on the Supremacy of the Patriarchate, 7th WCJS, J 1981, III 1–20; *I. Konovitz*, Maᶜarekhot ha-Amoraim I: Rabbi Jochanan – Resch Laqisch, J 1973; *J. S. Zuri*, R. Jochanan, der erste Amoräer Galiläas, B 1918.

R. *Simeon ben Laqisch*, gewöhnlich Resch Laqisch genannt, mit der Schwester Jochanans verheiratet und wie dieser in Tiberias wohnhaft, aber früher als dieser gestorben. *Bacher*, pAm I 340–418; *M. Z. Brettler–M. Poliakoff*, Rabbi Simeon ben Lakish at the Gladiator's Banquet: Rabbinic Observations on the Roman Arena, HThR 83 (1990) 93–98; *I. Konovitz*, Maᶜarekhot ha-Amoraim I: Rabbi Jochanan – Resch Laqisch, J 1973; *I. Unna*, R. Simon ben Lakisch, als Lehrer der Halakha und Agada, F 1921; *A. Wasserstein*, A Good Man Fallen Among Robbers (h), Tarbiz 49 (1979f) 197f.

R. *Isaak ben Eleazar*, gewöhnlich Isaak ben Chaqola. Zeitgenosse des R. Jehoschua ben Levi und des R. Jochanan (Joma 78a). Nach MQ 25b hielt er Jochanan eine Leichenrede.

R. *Alexander* (bzw. Alexandrai) hat Aussprüche des Jehoschua ben Levi überliefert, ist daher nicht zum ersten Amoräergeschlecht zu rechnen. *Bacher*, pAm I 195–204.

Rab Kahana, in pT stets ohne Titel. Schüler Rabs, kam von Babylonien nach Palästina, wo er zum Kreis Jochanans und Simeons ben Laqisch gehörte. Die gewöhnlich PRK genannte Predigtsammlung stammt aus späterer Zeit. Nicht weniger als sechs babyl. Amoräer hießen R. Kahana, drei von ihnen kamen auch nach Palästina. *Bacher*, pAm III 607–9; *Neusner*, Bab II (Index); *D. Sperber*, On the Unfortunate Adventures of Rav Kahana: in: *S. Shaked*, Hg., Irano-Judaica, J 1982, 83–100.

R. Chijja bar Josef ist gleichfalls aus Babylonien nach Palästina gewandert und dort Schüler Jochanans geworden, mit dem disputierend er mehrfach erwähnt wird. *Bacher*, pAm III 560.

R. Jose ben Chanina (nicht zu verwechseln mit dem gleichnamigen Tanna), älterer Schüler Jochanans; auch Kontroversen zwischen beiden sind erhalten. Sein bedeutendster Schüler war Abbahu. *Bacher*, pAm I 419–446; *J. S. Zuri*, Rabbi Jose bar Chanina me-Qisrin, J 1926.

R. Chama bar Chanina, Sohn des Chanina bar Chama in Sepphoris. *Bacher*, pAm I 447–476.

R. Meascha, Enkel des Jehoschua ben Levi. *Bacher*, pAm III 614–6.

R. Simlai (Samlai), Sohn des Abba, stammte aus Nehardea, wohnte dann in Lydda (schon Rab bezeichnet ihn als Bewohner von L.), später in Galiläa bei Jannai in Sepphoris. Sein Tradent ist R. Tanchum bar Chijja. *Bacher*, pAm II 552–566; *Neusner*, Bab II 144; *B. Rosenfeld*, The Activity of Rabbi Simlai: A Chapter in the Relations between Eretz Israel and the Diaspora in the Third Century (h), Zion 48 (1983) 227–239 (Simlai als Sendbote des Patriarchen); zu seinen Kontroversen mit Minim: *A. F. Segal*, Two Powers in Heaven, L 1977, Index.

R. Jonatan aus Bet Gubrin (Eleutheropolis), tradiert einen Ausspruch des Jehoschua ben Levi. *Bacher*, pAm III 592–4.

Mani I., auch Mana bar Tanchum, Zeitgenosse Jochanans. *Bacher*, pAm III 444.612.751.

Ruben, hervorragender Haggadist, Zeitgenosse des Mani I., überliefert Aussprüche des Chanina bar Chama. Seine Tradenten sind Bebai und Pinchas. *Bacher*, pAm III 79–86.

R. Abba (oder Ba) *bar Zabdai* (oder Zabda), kurze Zeit auch in Babylonien. Überlebte den Rab Huna von Sura, gehörte noch zum Kreis von Ammi und Assi in Tiberias. *Bacher*, pAm III 533–5.

R. Tanchum ben Chanilai, in pT meist verderbt zu Ilai, Tradent des Jehoschua ben Levi, gehört teilweise schon zur 3. Generation. *Bacher*, pAm III 627–636.

2. Babylonien

Y. Florsheim, The Relationships amongst Second Generation Babylonian Amoraim (h), Zion 51 (1986) 281–293.

Rab Huna (lt. ISG gest. 297), nach Rab bedeutendster Lehrer in Sura. Verschiedene Texte deuten auf einen Exilarchen Huna II., dessen Existenz jedoch unsicher und der vielleicht mit Rab Huna gleichzusetzen ist. *Bacher*, bAm 52–60; *Beer*, Exilarchate 77f. 92–97.108f; *I. Konovitz*, Ma'arekhot ha-Amoraim III: Rab Huna – Rab Hisda, J 1977; *Neusner*, Bab III 48–53 und Index.

Rab Jehuda bar Jechezqel (lt. ISG gest. 299), gewöhnlich einfach Rab Jehuda. Schüler Rabs, bedeutender Lehrer in Pumbedita und nach dem Tode des Rab Huna wichtigster Lehrer Babyloniens. Qid 72a wird er zu denen gerechnet, die das Torastudium vor dem Vergessenwerden bewahrten. Die Bedeutung seines Beinamens Schinena Qid 33b ist ungewiß; Hai Gaon: „mit großen Zähnen"; *Bacher* denkt an eiserne Ausdauer; andere: „scharfsinnig". *Bacher*, bAm 47–52; *Neusner*, Bab II (Index).

Efa und Abimi, die „Scharfsinnigen", *Charifin*, von Pumbedita. *L. Bank*, „Les gens subtils de Poumbedita", REJ 39 (1899) 191–8.

Mar Uqba(n) II., Exilarch wie sein Großvater Mar U. I., durch seine Mutter ein Enkel Rabs, tradierte Aussprüche Samuels. *Neusner*, Bab II 98–107; III 48–50.54–58.

Giddel, jüngerer Schüler Rabs, in dessen Namen er viel tradierte. *Bacher*, pAm III 564f.

Rab Qattina und Geniba, beide in Sura, waren gleichfalls Schüler Rabs. Geniba wurde vom Exilarchen wegen seiner Opposition der persischen Staatsgewalt zur Hinrichtung ausgeliefert: *Neusner*, Bab III 75–81.

Rab Adda (Ada) bar Ahaba, in Sura, angeblich am Todestag Rabbis geboren (Qid 72a–b), Schüler Rabs, berühmt durch hohes Alter und Frömmigkeit, als Wundertäter betrachtet. Als Autor der noch im 14. Jh. zitierten Baraita deRab Adda über die Interkalation angesehen. *Bacher*, bAm 74f; *Neusner*, Bab II und III (Index).

Rabbah bar Abuha, Schwiegervater des Rab Nachman, mit dem Exilarchenhaus verwandt. *Neusner*, Bab III 58–61 und Index.

Rab Mattena, Schüler Samuels, dann wahrscheinlich des Rab Jehuda. *Bacher*, bAm 83–85; *Neusner*, Bab III (Index).

Rab Jirmeja bar Abba, in pT Rab Jirmeja bar Wa oder einfach R. J., älterer Schüler Rabs, zeitweise in Palästina. *Bacher*, pAm 7.51 und pAm III 582f; *Neusner*, Bab II und III (Index).

i) Dritte Generation der Amoräer

1. Palästina

R. Samuel bar Nachman (in bT, zuweilen auch in pT: bar Nachmani), Schüler Jonatans ben Eleazar; hochangesehener Haggadist. Wirkte in Tiberias. Er war in Palästina geboren, ist aber zweimal in Babylonien gewesen: zuerst längere Zeit in jüngeren Jahren, später in amtlicher Sendung, um in Babylonien die Interkalation vorzunehmen. Sein Hauptschüler und Tradent ist Chelbo. *Bacher*, pAm I 477–551.

R. Isaak II., in bT oft mit dem Beinamen Nappacha, „der Schmied", Schüler Jochanans, wirkte teils in Tiberias, teils (wahrscheinlich später) in Caesarea; einige Zeit auch in Babylonien, wo er bes. mit Nachman b. Jakob verkehrte. Einer der fruchtbarsten Haggadisten (oft in Kontroverse mit Levi), doch auch in der Halakha angesehen. *Bacher*, bAm 79f.86 und pAm II 205–295; *Levine*, Caesarea (Index); *Neusner*, Bab III (Index).

R. Levi, Schuler Jochanans, bedeutender Haggadist. *Bacher*, pAm II 296–436.

R. Eleazar ben Pedat, gewöhnlich ohne Nennung des Vaters (nicht mit dem Tannaiten Eleazar ben Schammua zu verwechseln); in pT (außer in Ber) Leazar. In seiner Heimat Babylonien Schüler Samuels und Rabs, in Palästina bei Jochanan. Übernahm von diesem die Schule in Tiberias, starb aber noch in demselben Jahre 279 (ISG). Seine Haupttradenten sind Abbahu und Benjamin ben Jefet. *Bacher*, pAm II 1–87; *Epstein*, ITM 292–307.

R. Abbahu, einer der späteren Schüler Jochanans, Schüler auch des Jose ben Chanina, Schulhaupt in Caesarea. Kenner der griechischen Sprache und Kultur; Kontroversen mit Minim (Christen?). *S. Lieberman* datiert seinen Tod in das Jahr 309 (FS S. W. Baron, hebr. Band, J 1974, 239–241). *Bacher*, pAm II 88–142; *S. T. Lachs*, Rabbi Abbahu and the Minim, JQR 60 (1969f) 197–212; *L. I. Levine*, Rabbi Abbahu of Caesarea (h), 6th WCJS, J 1975, II 47–50; *ders.*, R. Abbahu of Caesarea, FS M. Smith, L 1975, IV 56–76; *ders.*, Caesarea (Index); *J. Maier*, Jesus 80ff.

R. Ammi (ben Natan); pT auch Immi, Schüler Jochanans und Hoschajas. Hochangesehener Lehrer in Tiberias. Sehr oft zus. mit Assi und Chijja II. erwähnt; sie waren Zeitgenossen des Kaisers Diokletian. Über Ammi und Assi *Bacher*, pAm II 143–173; *Neusner*, Bab III (Index).

R. Assi (so bT; pT gewöhnlich Jose, doch auch Assa, Assi oder Issi: der Name ist wohl ein Diminutiv aus Josef), aus Babylonien eingewandert; dort war er Schüler Samuels, später in Palästina Jochanans. *Neusner*, Bab III (Index).

R. Jehuda III. der Patriarch; pT R. Jehuda Nesia oder R. Judan Nesia. Sohn des unbedeutenden Gamaliel IV., Schüler Jochanans. Er beauftragte Ammi und Assi mit der Einrichtung von Kinderschulen. In seiner Zeit besuchte der Kaiser Diokletian Palästina. *L. I. Levine*, The Jewish Patriarch (Nasi) in Third Century Palestine, ANRW II, 19/2, B 1979, 649–688.

R. Chijja II. bar Abba, wahrscheinlich Bruder des Simeon b. Abba, jung aus Babylonien nach Palästina gewandert, wo er Schüler bes. Jochanans war. *Bacher*, bAm 86f und pAm II 174–201.

R. Simeon (in Palästina mit gräzisiertem Namen Simon), in Babylonien S.ben Pazzi genannt, Schüler und Tradent des Jehoschua ben Levi, im Süden wohnhaft, oft in Diskussion mit Chanina ben Papa, Lehrer des Tanchum ben Chijja und Chilqijjas, der oft in seinem Namen tradiert. *Bacher*, pAm II 437–474.

R. Zera I., ein Babylonier, Schüler des Rab Jehuda bar Jechezqel, gegen dessen Willen er sich nach Palästina begab. Dort trat er in nahe Beziehungen zu Ammi, Assi und Abbahu. Als Schüler Zeras gelten bes. Jirmeja, Abba b. Zebina und Chaggai. Nicht zu verwechseln mit dem späteren palästin. Zera, der ein Schüler Jirmejas war. Er war kein Freund der Haggada: „Die Hagg. läßt sich hin und her wenden, und wir lernen nichts (für die Praxis) aus ihr" (pMaas III,51 a). *Bacher*, pAm III 1–34; *L. Bank*, Rabbi Zeira et Rab Zeira, REJ 38 (1899) 47–63 (unterscheidet drei Träger dieses Namens, nämlich zwei Babylonier, den Schüler des Rab Jehuda und einen Zeitgenossen Abajes und Rabbas, und den Palästinenser); *Abr.Goldberg*, Rabbi Ze'ira and Babylonian Custom in Palestine (h), Tarbiz 36 (1966f) 319–341.

R. Abba II., ein Babylonier, Schüler des Rab Huna und des Rab Jehuda, war wiederholt in Palästina und blieb dann dauernd dort, erst in Caesarea (in Verkehr mit Abbahu), dann in Tiberias (in Verkehr mit Ammi und Assi). *Bacher*, pAm III 517–525.

R. Samuel bar R. Isaak, Schüler des Chijja II. bar Abba, Schwiegervater des Hoschaja II., war einige Zeit in Babylonien im Kreise des Rab Huna; sein bedeutendster Schüler und Tradent ist Jirmeja. *Bacher*, pAm III 34–54.

R. Hela (oder Ela), neben Zera I. der bedeutendste Gelehrte zu Anfang des 4. Jhs. in Tiberias; von diesem (pJoma III,40c; pGit VII,3,48 d) „Baumeister der Gesetzeslehre", d. i. großer Gelehrter genannt, Lehrer Abins I., Jonas und Joses. *Bacher*, pAm III 699–702.

R. Zeriqa (pT auch Zeriqan), Schüler des Eleazar ben Pedat und Ammis, im Verkehr mit Jirmeja und Jehuda bar Simon. *Bacher*, pAm III 754f.

Hoschaja (II.) und *Chananja*, Brüder, die aus Babylonien stammten, als Nichtordinierte durch das Beiwort *chabrehon de-rabbanan*, „Genosse der Gelehrten", gekennzeichnet; Schüler Jochanans in Tiberias, wo sie sich als Schuhmacher ernährten, beide von der Nachwelt legendarisch verherrlicht. Hoschaja wurde ein Schwiegersohn des Samuel bar Isaak. *Bacher*, pAm III 550–552.565.

R. Joschijja, Schüler des Jochanan und des Rab Kahana; zur Unterscheidung von dem der 2.Generation angehörigen gleichnamigen Amoräer in Chutsal mehrfach als „Zeitgenosse des Eleazar (ben Pedat)" bezeichnet. *Bacher*, pAm III 599–603.

R. Abba bar Memel, im pT R. Ba, angesehener Halakhist; in Verkehr mit Zera I., Samuel b. Isaak und Jirmeja; in seinem Namen tradiert Jose bar Abin. *Bacher*, pAm III 530–532.

R. Jakob bar Idi, Schüler Jochanans. *Bacher*, pAm III 571f.

R. Isaak bar Nachman, Schüler des Jehoschua ben Levi. *Bacher*, pAm I 131; III 440.

R. Bebai (vgl. Esr 2,11), Schüler Abbahus, zu unterscheiden von dem ungefähr gleichzeitigen bab. Amoräer. *Bacher*, pAm III 667–9.

R. Abba bar Kahana, Schüler Jochanans, bedeutender Haggadist; sein Haupttradent ist Berekhja. *Bacher*, pAm II 475–512; *A. Marmorstein*, Jeschurun 13 (1926) 369–375.

R. Chanina b. Pappai (so bT; Aramaisierung von Pappos); pT meist Chinena, in den Midraschim meist Chanina b. Pappa. Schüler des Samuel b. Nachman, debattiert oft mit Simon ben Pazzi, wirkte neben Abbahu in Caesarea, vorübergehend auch in Babylonien. Mehrfach in Legenden verherrlicht. *Bacher*, pAm II 513–532.

R. Benjamin ben Levi, wesentlich Haggadist. Tradenten: Judan und Huna. *Bacher*, pAm III 661–6.

R. Acha b. Chanina hatte mit Chanina b. Pappai Kontroversen, tradierte Sätze z.B. von Jochanan und Jehoschua ben Levi, hat auch einige Zeit in Babylonien geweilt. *Bacher*, pAm III 504–6.

Tanchum bar Chijja aus Kefar Akko, wohnte in Tiberias, Schüler des Simon ben Pazzi, in Verkehr mit Assi und Chanina b. Pappai. *Bacher*, pAm III 636–9.

R. Abba aus Akko, bekannt durch seine Bescheidenheit. *Bacher*, pAm III 526.

2. Babylonien

Rab Huna b. Chijja, Nachfolger des R. Jehuda b. Jechezqel in Pumbedita. *Beer*, Exilarchate 101–3; *Neusner*, Bab IV 95–7.

Rab Chisda, gest. 309, Schüler und Freund des Rab Huna, nach dem Tod des Rab Jehuda bedeutendster Lehrer in Sura, bes. Haggadist, berühmt durch sein scharfsinniges Diskutieren (Er 67a: *pilpule de Rab Chisda*). *Bacher*, bAm 61–71; *J. Florsheim*, R. Chisda's place in Seder Moed of the Babylonian and Palestinian Talmuds (h), Diss. J 1970; *ders.*, Rav Hisda as Exegetor of Tannaitic Sources (h), Tarbiz 41 (1971f) 24–48; *ders.*, Le-Toldot Chajjaw schel Rab Chisda, Sinai 71 (1972 121–131; *I. Konovitz*, Maᶜarekhot ha-Amoraim III: Rab Huna – Rab Hisda, J 1977; *Neusner*, Bab III passim (Index).

Rabbah bar Rab Huna, nach dem Tod Chisdas dreizehn Jahre wichtigster Lehrer in Sura, gest. 322. *Neusner*, Bab III (Index); IV 107–9 und Index; *Bacher*, bAm 62f.

Rab Scheschet, Schüler Samuels, daher anfangs in Nehardea, dann in Machoza, später als Lehrer in Schilhi. Er beherrschte den Traditionsstoff in großem Umfang gedächtnismäßig (Er 67a; Schebu 41b). *Bacher*, bAm 76–9; *Neusner*, Bab III und IV (Index).

Rami (R. Ammi) bar Abba, neben Eleazar ben Pedat und Chijja II. (Betsa 25b). Mehrere haggadische Sätze von ihm Ned 32a-b; Meg 15b.

Rab Nachman bar Jakob (gest. 320), gewöhnlich einfach Rab Nachman, Schüler des Samuel, bei dem sein Vater die Stellung eines Gerichtsschreibers innehatte (BM 16b); Schwiegersohn des Rabba b. Abuha in Machoza und Freund des Palästinensers Isaak II. In seinem Haus beschäftigte man sich viel mit Masora. *Bacher*, bAm 79–83; *Neusner*, Bab III 61–75 und passim; IV (Index).

Rabbah (pT Abba) *bar bar Chana* (der Vater hieß Abba bar Chana, daher zweimal *bar*) war einige Zeit in Palästina, später in Pumbedita und in

Sura. Besonders bekannt geworden ist R. durch seine phantastischen Reiseerzählungen (BB 73 a–74 a). *Bacher*, bAm 87–93; *Neusner*, Bab III (Index).

Ulla bar Jischmael, bT Ulla ohne Nennung des Vaters, auch in pT ohne Titel; er siedelte aus Palästina nach Babylonien über, kehrte jedoch wiederholt zum Besuch in seine Heimat zurück. *Bacher*, bAm 93–97; *Neusner*, Bab III (Index).

Rabba(h) bar Nachmani, auch einfach Rabbah, gest. 330, Nachfolger des Rab Huna bar Chijja als wichtigster Lehrer, nach der Tradition auch Leiter des Lehrhauses, in Pumbedita. Ist wohl nie in Palästina gewesen. Wegen seiner scharfen Dialektik als „Bergeentwurzeler" (*Oqer harim*) bezeichnet. *Bacher*, bAm 97–101; *M. Beer*, The Removal of Rabba bar Nachmani from the Office of Head of the Academy (h), Tarbiz 33 (1963f) 349–357; *Neusner*, Bab IV (Index); *D. Sperber*, Ha-im ala Rabbah le-Erets Jisrael?, Sinai 71 (1972) 140–145.

Rab Rachba von Pumbedita, Tradent seines Lehrers Jehuda bar Jechezqel. Pes 13b.52b.

Rab Josef (bar Chijja), gest. 333, wegen seiner umfassenden Kenntnis des traditionellen Gesetzes durch die Bezeichnung „Sinai" geehrt. Nach Rabbahs Tod soll er die Schule in Pumbedita geleitet haben. Ihm wird die Redaktion einer aram. (Teil-)Übersetzung der Bibel zugeschrieben. Auch als Merkaba-Mystiker bekannt. *Bacher*, bAm 101–107.

j) Vierte Generation der Amoräer

1. Palästina

R. Jirmeja, aus Babylonien stammend, Schüler des Zera I., nach dessen Tod die anerkannte Autorität der Schule von Tiberias, tradierte Aussprüche des Chijja II. bar Abba; Lehrer Chizkijjas, Jonas, Joses und Zeras II. *Bacher*, pAm III 95–106.

R. Chaggai, gleichfalls Schüler des Zera, angesehenes Mitglied des Lehrhauses zu Tiberias, Vater Jonatans, Tradent des Isaak II. *Bacher*, pAm III 670–673. Seinem Schüler Jakob von Kefar Niburaja sagt man oft Verbindungen mit Judenchristen nach: *Bacher*, pAm III 709–711; *O. Irsai*, Ya'akov of Kefar Niburaia. A Sage Turned Apostate (h), JSJT 2 (1982f) 153–168.

R. Chelbo, Schüler des Samuel bar Nachman, dem Ammi nahestehend, vorübergehend in Babylonien bei Rab Huna; sein Schüler war Berekhja. *Bacher*, pAm III 54–63.

R. Acha aus Lydda, später in Tiberias, Schüler des Jose b. Chanina und des Tanchum b. Chijja, Lehrer des Huna b. Abin. Er war anerkannt auf dem Gebiet der Halakha, noch mehr als Haggadist. *Bacher*, pAm III 106–160.

R. Abin I. (pT auch Abun u. Bun), oder abgekürzt Rabin (so meist in bT), stammte aus Babylonien, wo er auch später längere Zeit lebte. Mit Abaje (gest. 338) befreundet. Seine Lehrer waren Assi und Hela. Tradenten: Judan, Huna, Pinchas (b. Chama) und Berekhja. An vielen Stellen ist es nicht möglich, ihn von seinem gleichnamigen Sohn zu unterscheiden, der an seinem Todestag geboren wurde. *Bacher*, pAm III 397–432; *D. Urman*, Jewish Inscriptions of the Mishna and Talmud Period from Kazrin in the Golan (h), Tarbiz 53 (1983 f) 513–545, möchte die Grabinschrift *Rabbi Abun. Mischkabo be-Schalom* auf diesen Rabbi beziehen (542–4), was jedoch fraglich ist.

R. Samuel b. Ammi. Von ihm sind bes. haggadische Aussprüche erhalten. *Bacher*, pAm III 744–8.

R. Chanina b. Isaak, Haggadist. Tradenten: Jehoschua b. Nechemja und Huna. *Bacher*, pAm III 681–5.

R. Chanina b. Acha, wahrscheinlich Sohn des Acha b. Chanina. *Bacher*, pAm III 679 f.

R. Chanin (Chanan) aus Sepphoris, Tradent des Samuel b. Nachman. Sein Tradent ist Pinchas. *Bacher*, pAm III 674–6.

R. Judan, oft Tradent früherer Autoritäten, Schüler des Abba II. (R. Ba) und Lehrer des Mana II. *Bacher*, pAm III 237–272.

R. Huna (auch Chuna, Chunja oder Nechunja), mit vollem Namen R. Huna b. Abin, Schüler und Tradent des Jirmeja und des Acha, neben Jose eine Autorität der Schule von Tiberias, lebte eine Zeitlang in Babylonien, oft haggadischer Kontroversist Judans. Sein Hauptschüler war Tanchuma bar Abba. *Bacher*, pAm III 272–302.

R. Jehuda bar Simon, auch: der Sohn des S. ben Pazzi: pT auch kurz: J. ben Pazzi; oft auch einfach R. Jehuda, aus Lydda. Schüler seines Vaters Simon b. P. und Zeras. In Kontroversen namentlich mit Aibo. *Bacher*, pAm III 160–220.

R. Aibo, Kontroversist des Jehuda bar Simon. *Bacher*, pAm III 63–79.

R. Jehoschua ben Nechemja, ausschließlich Haggadist, fast nur in der Midraschliteratur. *Bacher*, pAm III 303–9.

R. Chanina b. Abbahu, Sohn des Schulhaupts von Caesarea. Einmal kurz: Chanina von Caesarea. *Bacher*, pAm III 676–9.

R. Ahaba (oder Achawa) ben Zera, Sohn des Zera I. in Caesarea, wo Mani II. seine Vorträge hörte; besonders Haggadist. *Bacher*, pAm III 656–9.

R. Dimi oder Abudimi (der „Babylonienfahrer", *nachota*, der paläst. Lehrsätze und Überlieferungen in Pumbedita, bes. Abaje, vortrug). *Bacher*, pAm III 691–3.

Hillel II., Patriarch (ca. 330–365), Sohn des Patriarchen Jehuda III. Nur zweimal in Zusammenhang mit Halakhot erwähnt, pBer I,5 a; pTer I,41 a. Er soll im Jahr 358 den festen Kalender eingeführt haben, was jedoch erst Abraham bar Chijja im Jahr 1122 unter Berufung auf Hai Gaon bezeugt. Er ist wohl der in der Synagogeninschrift von Chammat Tiberias erwähnte Patriarch. In seine Zeit fällt auch der Versuch Julians, den Tempel wieder aufzubauen. *E. Mahler*, Handbuch der jüdischen Chronologie, F 1916, Ndr. H 1967, 455–479; *M. Schwabe*, A New Document relating to the

History of the Jews in the 4th Century C. E. Libanius ep. 1251 (F) (h), Tarbiz 1,3 (1930) 107–121. Die weiteren Briefe des Libanius an einen Patriarchen *(M. Schwabe,* Tarbiz 1,2, 1930, 85–110) betreffen wohl den Sohn Hillels, Gamaliel V.

2. Babylonien

Abaje, lebte etwa 280–339, Sohn des Kajlil, der ein Bruder des Rabba(h) bar Nachmani war. Er war ein Schüler dieses Rabba(h) und bes. Josefs; lt. ISG dann als des letzteren Nachfolger fünf Jahre Schulhaupt in Pumbedita. *Bacher,* bAm 107–113; *D. Hanschke,* Abbaye and Rava – Two Approaches to the Mishna of the Tannaim (h), Tarbiz 49 (1979f) 187–193; *R. Kalmin,* Friends and Colleagues, or Barely Acquainted? Relations Between Fourth-Generation Masters in the Babylonian Talmud, HUCA 61 (1990) 125–158; *Y. L. Maimon,* Le-toldot Abaje, FS Ch.Albeck, J 1963, 306–323; *Neusner,* Bab IV (Index).

Raba, gest. 352, mit vollem Namen Raba bar Josef bar Chama, Schüler des Rab Nachman (bar Jakob) und des Rab Josef; lehrte in Machoza am Tigris. Unter Abaje und Raba erreichte die talmudische Dialektik ihren Höhepunkt; ihren Debatten ist im bT viel Raum gewidmet. Die Halakha hat mit Ausnahme weniger Fälle für Raba gegen Abaje entschieden (Er 15 a; Sanh 27 a). *Ch. Albeck,* Raba ha-scheni, FS J. Freimann, B 1937, hebr. Teil 1–71 (unterscheidet Raba von einem zweiten, der zu den letzten Amoräern gehörte, zu Ende der Zeit von Rabina und Rab Aschi); *Dor,* Teachings 11–78; *Neusner,* Bab IV (Index); *M. Weiss,* Amar Raba matnitin qaschiteh – mai irja. A Study of Talmudic Terminology (h), Tarbiz 51 (1981 f) 543–565 (rechnet wie *Albeck* mit einem zweiten Raba in der 4. bis 5. Generation).

R. Adda II. bar Ahaba, Zeitgenosse und Schüler von Abaje und Raba. BB 22 a; Taan 8 a.

Rab Nachman bar Isaak, gest. 356, war zusammen mit Raba Schüler des Nachman bar Jakob. Nach Rabas Tod Schulhaupt in Pumbedita (so ISG). Da Rab N. bar Isaak auch kurzweg Rab Nachman genannt wird, ist es zuweilen schwierig, ihn von seinem Lehrer N. bar Jakob zu unterscheiden. *Bacher,* bAm 133–7; *Neusner,* Bab IV (Index).

Rab Rami bar Chama, Schwiegersohn und Schüler Chisdas, gest. um 350. *Neusner,* Bab IV (Index).

Rab Idi bar Abin I., Schüler Chisdas, um 350, in Naresch, später in Schekhantsib.

Rab Josef bar Chama, in Machoza, Schüler des R. Scheschet.

Rabbah bar Mari, ein Babylonier, der sich zeitweise in Palästina aufhielt. *Bacher,* bAm 124–7; *Neusner,* Bab IV 381–3 und Index.

R. Acha bar Jakob in Pafunja (wahrscheinlich Epiphaneia, zum Bezirk von Pumbedita gehörig). *Bacher,* bAm 137–9.

k) Fünfte Generation der Amoräer

1. Palästina

R. *Jona*, Schüler Jirmejas und Helas. Jona und Jose II. waren um 350 die Leiter des Lehrhauses in Tiberias. In der Zeit des Ursicinus (seit 351 Feldherr des Gallus, der unter Konstantius Caesar im Orient war). *Bacher*, pAm III 220–231; *Epstein*, ITM 395–9.

R. *Jose II. bar Zabda*, gleichfalls Schüler Helas. *Bacher*, pAm III 231–7.

R. *Jehuda IV.*, der Patriarch, etwa 385–400, Sohn Gamaliels V., Enkel Hillels II. Mit seinem Sohn Gamaliel VI. erlosch das Patriarchat in Palästina.

R. *Pinchas*, voller Name: Pinchas bar Chama, Schüler Jirmejas, zum Kreis des Jose gehörig, Zeitgenosse des Patriarchen Jehuda IV. *Bacher*, pAm III 310–344.

R. *Chizqijja*, Schüler Jirmejas, Schulhaupt in Caesarea. *Bacher*, pAm III 690f.

R. *Berekhja*, in den Midraschim oft: B. ha-Kohen; Schüler Chelbos, sehr häufig als Tradent genannt. *Bacher*, pAm III 344–396.

R. *Jose bar Abin* (Abun), auch Jose beR. Bun, der letzte bedeutende Halakhist in Palästina, Lehrer des Abin II. *N. Aminoah*, An Inquiry into the Talmudic Tradition of R. Jose Bé R. Bun (h), 8th WCJS, J 1982, C 13–18; *Bacher*, pAm III 449.724–9.

R. *Abin II.*, am Todestag seines Vaters Abin I. geboren, in der 3. und 4. Ordnung des pT sehr oft neben Mani II., oft in den Tanchuma-Midraschim. *Bacher*, pAm III 397f.404.407.

R. *Mani II.*, auch Mana (Abkürzung aus Menachem), Sohn des Jona, Schüler Joses II., Chizqijjas und Judans. Lebte und lehrte meist in Sepphoris. Sein Schüler war der Haggadist Azarja, sein Haupttradent Nachman. Sehr oft in pT. *Bacher*, pAm III 397.443–457.

R. *Chananja II.* (auch Chanina) aus Sepphoris, oft in Verbindung mit Mani, zu dessen Gunsten er auf die Würde des Schulhauptes verzichtete. *Bacher*, pAm III 673f.446f.

R. *Tanchum(a) bar Abba*, genauer Berabbi Abba, Schüler Hunas, sammelte systematisch die Haggada. Seine Midraschsammlungen hat man vielfach als Grundstock von PRK, PesR und den Tanchuma-Jelamdenu-Midraschim betrachtet. Er beschließt die Reihe der bedeutenderen palästinischen Haggadisten. *Bacher*, pAm III 465–511.

R. *Nachman*, Schüler und Tradent des Mani II. (zu unterscheiden von dem älteren Nachman, dem Sohn des Samuel b. N., und von dem Babylonier Rab N. bar Jakob). *Bacher*, pAm III 739–743.

R. *Azarja*, Schüler des Mani II., tradiert Aussprüche des Jehuda bar Simon. *Bacher*, pAm III 458–465.

Ulla II., mehrmals in pT (nicht in bT), jüngerer Zeitgenosse Rabas. Später aus Palästina nach Babylonien übersiedelt. 1986 wurde nahe Tiberias ein Basaltblock entdeckt, auf dem ein R. Ulla und sein Bruder als Spender für die Synagoge genannt sind: Z. *Ilan*, Excavations and Surveys in Israel 6 (1987f) 110.

Zera II., Schüler Jirmejas, zum Kreis Manis gehörig. *Bacher*, pAm III 17.99.106.225.449.

2. Babylonien

Rab Papa bar Chanan, gest. 375, Schüler Abajes und Rabas, gründete eine Schule in Naresch bei Sura. Zitiert gerne Sprichwörter. *Bacher*, bAm 141–3; *Dor*, Teachings 79–115; ders., The Palestinian tradition and the Halakhic teaching of Rabbi Pappa (h), 4th WCJS, J 1967, I 157–162; *Neusner*, Bab IV (Index). M. *Schiff*, The contribution of Rav Pappa to the Redaction of „Talmud" (according to the tractates of Seder Moed) (h), Diss. TA 1979.

Rab Huna, Sohn des Rab Jehoschua, wie Papa ein Schüler Rabas, gelehrt und reich. *Bacher*, bAm 141; *Neusner*, Bab IV (Index).

Rab Bebaj bar Abaje. Zahlreiche Legenden über seinen Umgang mit dem Todesengel und den Dämonen.

R. Chama in Nehardea, Sanh 17b. Nach Rab Nachman bar Isaak hat er lt. ISG 21 Jahre die Schule in Pumbedita geleitet, gest. 377. *Neusner*, Bab V (Index).

R. Papi, Schüler Rabas, Lehrer Aschis, in Machoza, in guten Beziehungen zum Exilarchen.

Dimi von Nehardea, lt. ISG in den Jahren 385–8 Leiter der Schule von Pumbedita.

Rafram I. ben Papa in Pumbedita, Schüler des Rab Chisda und Nachfolger Dimis.

Rab Zebid, auch Z. von Nehardea genannt, lt. ISG von 377 bis 385 Leiter der Schule in Pumbedita. *Neusner*, Bab V (Index).

l) Sechste Generation der Amoräer in Babylonien

Amemar, Lehrer Aschis, hat lt. ISG die Schule in Nehardea wieder hergestellt und lange geleitet. *Bacher*, bAm 146; *Neusner*, Bab V (Index).

Rab Kahana in Pum Nahara (dicht bei Nehardea), Schüler Papas und des Huna b. Jehoschua, Lehrer Aschis. *Neusner*, Bab V.

Rabina I., gest. etwa 420, Schüler Rabas, befreundet mit Rab Nachman b. Isaak; Kollege des Rab Acha b. Raba, später des Rab Aschi. *Neusner*, Bab V (Index).

Huna bar Natan, Schüler Papas, mehrmals von Aschi erwähnt, war, wie Scherira berichtet, Exilarch. Ein Siegel, das eventuell diesem Huna gehörte, beschreibt S. *Shaked*, Epigraphica Judaeo-Iranica, FS S. D. Goitein, J 1981, 65–82, 65–68. M. *Beer*, Exilarchs 62–70.

Rab Aschi (gest. 427), auch mit der Ehrenbezeichnung Rabbana Aschi (Ket 22a); er soll 52 Jahre lang das Lehrhaus in Sura geleitet und in den

Kalla-Monaten den ganzen Talmud, einen großen Teil zweimal, durchgenommen haben. Das hat ihm einen großen Platz in den verschiedenen Theorien zur Entstehung des bT gesichert: siehe *Neusner*, Hg., Formation (Index); *ders.*, Bab V (Index); *J. Jacobowitz*, Aspects of the Economic and Social History of the Jews in Babylonia with Special Emphasis on the Teachings and Decisions of R. Ashi and the Sixth Generation of Amoraim, Diss. NY Univ. 1978; *J. S. Zuri*, Rab Aschi (h), Warschau 1924.

Rab Kahana, gest. 414, lehrte in Pumbedita. *Neusner*, Bab V.

Rab Acha bar Raba, Sohn des Raba bar Josef, gest. 419, lehrte in Pumbedita, disputiert oft mit Rabina I. *Neusner*, Bab V.

Mar Zutra, mit Aschi befreundet, gest. 417. *Beer*, Exilarchs 49–55; dazu *Neusner*, Bab V 48–51 und Index.

m) Siebente Generation der Amoräer in Babylonien

ISG nennt als Schulhäupter in Sura:

R. Jemar, Nachfolger Aschis, 427–432, vielfach mit dem Exilarchen Meremar identifiziert. *Beer*, Exilarchs 55–61; *Neusner*, Bab V (Index: Maremar, Yemar).

R. Idi bar Abin II., Schüler Papas, 432–452.

Rab Nachman bar Rab Huna, 452–5. *S. Albeck*, Sinai-Sefer Jobel (1958) 70f.

Mar bar Rab Aschi (= Tabjomi), 455–468. *Neusner*, Bab (Index).

Rabba Tosfaa, 468–470. Der Name T. bezieht sich auf die Heimat Tospitis oder ist als „Hinzufüger" zu verstehen. *Neusner*, Bab V (Index).

Rabina (Rab Abina) II. bar Huna, 470–499, Neffe des Rabina I.

Schulhäupter in Pumbedita waren lt. ISG:

Rab Gebiha aus Be Qatil, 419–433.

Rab Rafram II., 433–443. *Neusner*, Bab V (Index).

Rab Richumai (Nichumai), 443–449. *Neusner*, Bab V 137f.143–5.

Rab Sama Sohn Rabas, 449–476.

Rab Jose. ISG bezeichnet ihn, zusammen mit Rabina II., als *sof hora'a*, das Ende der autoritativen Lehre und der Amoräer, weshalb man gerne in seine Zeit die Redaktion des bT verlegt. Dazu *Neusner*, Hg., Formation (Index); *ders.*, Bab V 143–5.

Die gaonäischen und mittelalterlichen Traditionen über die späteren Meister einschließlich der Saboräer: *Neusner*, Bab V 135–146 (144f synoptische Tabelle der verschiedenen Quellen).

n) Die Saboräer

Zum Anteil der Saboräer am bT siehe S. 205–7. ISG 98f nennt folgende Saboräer, die teilweise noch der 2. Hälfte des 5. Jhs., sonst der 1. Hälfte des 6. Jhs. angehören:

1. Älterer Saboräerkreis
Sama bar Jehuda, gest. 504.
Rab Achai bar Rab Huna, gest. 506. Auch mit dem Zusatz „aus Be Chatim". *Neusner*, Bab V 143–5.
Rab Richumai (Variante Nichumai), gest. 506. *Ephrathi*, The Sevoraic Period 123.
Rab Samuel bar R. Abbahu von Pumbedita, gest. 506. Chul 59b. *Ephrathi*, The Sevoraic Period 122f.
Rabina von Amutsja (oder Amusa), gest. 507.
Rab Acha, Sohn des (Rabba bar) Abbuha, gest. 510.
Rab Tachna (Variante: Tachina) und Mar Zutra, Söhne des Rab Chinena, gest. 515 (Mar Zutra ist nicht mit dem gleichnamigen Exilarchen gleichzusetzen, der um dieselbe Zeit versucht haben soll, einen jüdischen Staat in Babylonien zu gründen: dazu *Neusner*, Bab V 95–105).
Rabba Josef (Variante: Jose), Schulhaupt in Pumbedita, gest. 520.

2. Jüngerer Saboräerkreis
Rab Aina in Sura, wohl nicht mit Rab Giza zu identifizieren: *Ephrathi*, The Sevoraic Period 33f. 36–44.
Rab Simona in Pumbedita. *Ephrathi*, The Sevoraic Period 36–45.
Rabbai aus Rob in Pumbedita. Manche rechnen ihn schon als Gaon (vgl. ISG 47: *we-amrin de-gaon hawa*). Demnach würde die Zeit der Saboräer schon mit Rab Simona um 540 schließen, was jedoch nicht haltbar ist. *Ephrathi*, The Sevoraic Period 33f. 37–42.

Zu den *Geonim* vgl. *Assaf*, Geonim. Der Anfang der Geonim hängt natürlich vom Ende der Saboräer ab, solange man die Bezeichnungen im Sinn einer strikten Periodisierung nimmt und nicht mit einer Zeit des Nebeneinander von Saboräern und Geonim als Schulhäuptern rechnet. Die eigentliche gaonäische Periode setzt jedenfalls erst in islamischer Zeit ein, auch wenn man manchmal schon Simona und Rabbai als die ersten Geonim betrachtet und gewöhnlich *Mar bar Rab Chanan* aus Isqija als ersten Gaon in Sura (ab 589) bezeichnet, *Rab Mar ben Mar Rab Huna* als den ersten in Pumbedita (seit 609). Das Ende des Gaonats ist mit *Samuel ha-Kohen ben Chofni* in Sura, gest. 1034, *Rab Hai* in Pumbedita, gest. 1038, anzunehmen. Über die Anwendung des Titels Gaon in noch späterer Zeit, v. a. für Schulhäupter in Palästina und Ägypten siehe: *S. Poznanski*, Babylonische Geonim in nachgeonäischer Zeit, B 1914; *ders.*, Die Anfänge des palästin. Geonats, FS A. Schwarz, B-W 1917, 471–488; *L. Ginzberg*, Geonica, 2 Bde. NY 1909 (Ndr. 1968); *S. Assaf*, Geonim; *ders.*, EJ VII 315–324 (vom Hg. bearbeitet).

VII. Sprachen der rabbinischen Literatur

Die rabb. Literatur ist in verschiedenen Sprachstufen des Hebräischen und des Aramäischen überliefert. Neben das Mischna-Hebräische tritt das Hebräisch der amoräischen und gaonäischen Zeit; das Aramäische, vereinzelt auch in tannaitischen Texten gebraucht, ist v. a. in der amoräischen Literatur in Verwendung. Es scheidet sich regional in den galiläischen und den babylonischen Dialekt. Ein wichtiger Aspekt der rabb. Sprache sind die fremdsprachlichen Einflüsse, die v. a. für die griechischen und lateinischen Fremd- und Lehnwörter bisher schon genauer erforscht wurden, die jedoch auch aus dem orientalischen Sprachbereich (Akkadisch, Persisch, Arabisch) feststellbar sind. In diesem Rahmen kann die Problematik nur kurz skizziert werden; das Hauptgewicht liegt auf der Angabe der sprachlichen Hilfsmittel für den Umgang mit den rabb. Texten. Etwas ausführlicher *B. M. Bokser* in: *J. Neusner*, Hg., The Study II 63–70; *D. Goodblatt*, ibid. 136–144.

1) Mischna-Hebräisch (mhe[1])

Lit.: Albeck, Einführung 189–390; *M. Bar-Asher*, The Different Traditions of Mishnaic Hebrew (h), Tarbiz 53 (1983 f) 187–220; *ders.*, La langue de la Mishna..., REJ 145 (1986) 267–278; *ders.*, Quelques phénomènes grammaticaux en hébreu mishnique, REJ 149 (1990) 351–367 (Partizip; Lit.!); *ders.*, L'Hébreu mishnique: esquisse d'une description, Academie des Inscriptions et Belles-Lettres. Comptes rendus des séances de l'année 1990,1 (1990) 199–237; *A. Bendavid*, Biblical Hebrew and Mishnaic Hebrew (h), 2 Bde, TA I ²1967, II 1971; *Epstein*, ITM 1207–1269; *G. Haneman*, A Morphology of Mishnaic Hebrew (h), TA 1980; *M. Z. Kaddari*, On the Verb Hyh in the Language of the Mishnah (h), Bar-Ilan 16–17 (1979) 112–125; *E. Y. Kutscher*, The Present State of Research into Mishnaic Hebrew (Especially Lexicography) and its Tasks (h), Archive I 3–28; *ders.*, Some Problems of the Lexicography of Mishnaic Hebrew and its Comparison with Biblical Hebrew (h), Archive I 29–82 (beide Artikel mit ausführlicher engl. Zusammenfassung; Ndr. zusammen mit anderen wichtigen Studien in: *ders.*, Hebrew and Aramaic Studies I, J 1977); *ders.*, EJ XVI 1590–1607; *ders.*, A History of the Hebrew Language, L 1982, 115–147; *M. Mishor*, On the Style of Mishnaic-Talmudic Literature: The Imperfect with Indicative Meaning (h), Tarbiz 55 (1985 f) 345–358; *M. Moreshet*, The Hifᶜil in Mishnaic Hebrew as Equivalent to the Qal (h), Bar-Ilan 13 (1976) 249–281; *ders.*, The Present Participle with Enclitic Nominative Pronoun in Mishnaic Hebrew (h), Bar-Ilan 16–17 (1979) 126–148; *ders.*, Lexicon of Verbs renewed by the Tannaim (h), Ramat Gan 1980; *ders.*, Polel/ Hitpolel in Mishnaic Hebrew and

Aramaic Dialects (h), Bar-Ilan 18–19 (1981) 248–269; *G. B. Sarfatti*, The Use of the Syntagm *nimtsa ʿose* in Mishnaic Hebrew to Express Before-Future and After-Past Time (h), Language Studies II-III, J 1987, 225–243; *S. Sharvit*, The Crystallization of Mishnaic Hebrew Research (h), Bar-Ilan 18–19 (1981) 221–232; *ders.*, The Tense System of Mishnaic Hebrew (h), GS E. Y. Kutscher, Ramat-Gan 1980, 110–125; *ders.*, Verbs Containing Infinitive as their only Complement in Mishnaic Hebrew (h), Language Studies II-III, J 1987, 279–296; *W. Weinberg*, Observations about the Pronunciation of Hebrew in Rabbinic Sources, HUCA 56 (1985) 117–143; *W. J. van Bekkum*, The Origins of the Infinitive in Rabbinical Hebrew, JSS 28 (1983) 247–272; *H. Yalon*, Introduction to the Vocalization of the Mishna (h), J 1964; *ders.*, Studies in the Hebrew Language (h), J 1971. *Grammatik*: *M. H. Segal*, A Grammar of Mishnaic Hebrew, O 1927, Ndr. Lo 1978 (sehr veraltet); *M. Pérez-Fernández*, La Lengua de los Sabios. I. Morfosintaxis, Estella (Navarra) 1992.

Mit Ausnahme weniger aramäischer Sätze – Sprüche Hillels und anderer früher Meister: Abot I,13; II,6; IV,5; V,22f; Ed VIII,4; Zitate aus der Fastenrolle: Taan II,8; dem Targum: Meg IV,9; und aus Urkunden: Ehevertrag Ket IV,7–12; Jeb XV,3; Scheidebrief Git IX,3; Pachtvertrag BM IX,3; BB X,2 – ist die Mischna in jener Sprachstufe des Hebräischen geschrieben, die man nach ihr als Mischna-Hebräisch bezeichnet, die sich jedoch (mit Nuancen) auch in der Tosefta und den halakhischen Midraschim wie in den Baraitot des pT findet. Schon die Rabbinen haben diese Sprachstufe vom Bibelhebräischen (bhe) unterschieden: „Die Sprache der Tora steht für sich und die Sprache der Weisen steht für sich" (R. Jochanan in AZ 58b).

Im Gefolge von *A. Geiger* hat man mhe früher als Kunstsprache der Tannaiten angesehen. *M. H. Segal* hat es dann als eine Weiterentwicklung des bhe nachgewiesen (JQR 20, 1908, 647–737). Die Bar-Kokhba-Briefe haben nunmehr gezeigt, daß diese Sprache in Judäa tatsächlich gesprochen wurde; erst nach dem zweiten Aufstand und der Verlagerung des rabb. Schwerpunkts nach Galiläa, wo Aramäisch die Umgangssprache war, konnte sich mhe auf Dauer nicht durchsetzen und wurde mit dem Ende der tannaitischen Periode zu einer toten Gelehrtensprache (so v. a. *Kutscher*). Die Eigenstellung von mhe gegenüber bhe erweist sich in Wortschatz und Grammatik:

a) Wortschatz

Zu einem großen Teil aus bhe übernommen. Doch nehmen nun Wörter vielfach neue Bedeutung an (z. B. *tsedaqa* bhe „Gerechtigkeit", mhe „Nächstenliebe") oder werden zu rabb. Schulausdrücken; gelegentlich ändern sie auch das Genus oder die Pluralbildung; in der Rechtschreibung setzt sich die Plene-Schreibung durch. Zahlreiche Lehnwörter aus dem Akkadischen und Persischen, aus dem Lateinischen und Griechischen ergänzen den Wortschatz. Den wesentlichen Einfluß nimmt aber das Aramäische.

b) Grammatik

Was das Substantiv betrifft, wird die Verwendung des status constructus zum Anschluß eines Genitivs weitgehend durch *schel* ersetzt; zusätzlich ist das proleptische Possessivsuffix häufig (z. B. *ribbono schel olam*, „Herr der Welt"); nach welchen Regeln der Artikel verwendet wird, ist noch nicht völlig geklärt. *Schel* plus Possessivsuffix ersetzt nun auch oft das Suffix am Nomen selbst, wie allgemein das Pronominalsystem flexibler wird (z. B. *etsem* plus Suffix als Reflexivpronomen; *et* plus proleptisches Suffix: z. B. *oto ha-jom*, „am selben Tag", usw.). Im *Verbalsystem* erfolgt eine Vereinfachung durch den Ausfall einer eigenen Form für die 2.Person Fem. Plural (im Perfekt durch die auch sonst übliche Angleichung von Schluß-*mem* und -*nun*) und eine gewisse Vereinheitlichung bei den schwachen Verben. Der Pual verschwindet fast völlig; an die Stelle des Hitpael tritt der Nitpael. Entscheidend ist jedoch die Neuerung im Zeitsystem (unter dem Einfluß des Aramäischen, vielleicht auch des Griechischen): nun erst kann man Gegenwart, Zukunft und Vergangenheit klar schon von den Formen her unterscheiden, indem die vollendete Form der Vergangenheit, die unvollendete der Zukunft zugeordnet wird und das Partizip das Praesens ersetzt. Eine fortdauernde perfektische Handlung drückt nun *haja* plus Partizip aus: *haja omer*, „er pflegte zu sagen". Selbstverständlich haben diese Veränderungen auch die Syntax des mhe gewandelt. Besonders ist hier die häufigere Verwendung von Relativsätzen zu nennen.

Unterschiede zwischen der Sprache der Rabbinen Palästinas und Babyloniens scheinen auf der Stufe von mhe[1] zu bestehen; sie sind v. a. phonologischer Art (zB. fast völliges Verschwinden der Laryngale in der babyl. Aussprache) bzw. betreffen die Schreibweise, sind jedoch jedenfalls verhältnismäßig gering.

2) Das amoräische Hebräisch (mhe[2])

Lit.: *S. Abramson*, On the Hebrew in the Babylonian Talmud (h), Archive II 9–15; *ders.*, Some Aspects of Talmudic Hebrew (h), Language Studies II-III, J 1987, 23–50; *Y. Breuer*, On the Hebrew Dialect of the Amoraim in the Babylonian Talmud (h), Language Studies II-III, J 1987, 127–153; *E. Y. Kutscher*, unter 1) genannte Titel; *M. Moreshet*, The Language of the Baraytot in the T. B. is not MHe[1] (h), GS H. Yalon, J 1974, 275–314; *ders.*, New and Revived Verbs in the Baraytot of the Babylonian Talmud (In Comparison with mhe[2] in the Babylonian and Palestinian Talmudim) (h), Archive I 113–162; *ders.*, Further Studies of the Language of the Hebrew Baraytot in the Babylonian and Palestinian Talmudim (h), Archive II 31–73; *M. Sokoloff*, The Hebrew of Berésit Rabba according to Ms. Vat. Ebr. 30 (h), Leshonenu 33 (1968f) 25–42.135–149. 270–9.

In amoräischer Zeit wird Hebräisch noch gebietweise eine bestimmte Zeit in Judäa gesprochen, ist jedoch sonst eine tote Sprache geworden. Diese verändert sich gegenüber mhe¹ in zweifacher Weise: a) durch den Einfluß der lebenden Umgangssprache, des Aramäischen, dessen verschiedene Dialekte in Galiläa und Babylonien auch auf mhe² differenzierend wirken. In Palästina kommt ein gewisser Zustrom früher nicht belegter Formen und Wörter des in Judäa weiterlebenden Hebräisch dazu. b) durch eine steigende Orientierung an bhe in Wortschatz und Formen.

Was die Baraitot betrifft, hat *Moreshet* nachgewiesen, daß sie in der palästinischen Überlieferung i. a. mhe¹ sind, in bT hingegen eine schon stark von mhe² beeinflußte Sprache aufweisen; die Sprache der babyl. Baraitot ist demnach als eine Zwischenstufe zwischen mhe¹ und mhe² (der babyl. Ausprägung) anzusehen, bzw. ist gelegentlich völlig mhe² (fiktive Baraitot).

3) Das galiläische Aramäisch

Lit.: *E. Y. Kutscher*, Studies in Galilean Aramaic, Ramat Gan 1976; *ders.*, Hebrew and Aramaic Studies, I (h), II (engl./deutsch), J 1977; *ders.*, EJ III 270–275; *M. Sokoloff*, Notes on the Vocabulary of Galilean Aramaic (h), GS E. Y. Kutscher, Ramat-Gan 1980, 166–173; *G. Svedlund*, The Aramaic Portions of the Pesiqta de Rab Kahana, Uppsala 1974. – *Grammatiken*: *G. Dalman*, Grammatik des jüdisch-palästinischen Aramäisch, Le ²1905 (Ndr. Darmstadt 1960); *C. Levias*, A Grammar of Galilean Aramaic (h). Introduction by *M. Sokoloff* (engl.), NY 1986 (für die Syntax noch immer relevant); *H. Odeberg*, The Aramaic Portions of Bereshit Rabba. With Grammar of Galilean Aramaic, Lund 1939 (Syntax!); *W. D. Stevenson*, Grammar of Palestinian Jewish Aramaic, O 1924 (alle veraltet und unzureichend). Lexikon: *M. Sokoloff* (siehe unter 6).

Das „galiläische" Aramäisch (dessen Geltungsbereich wohl über Galiläa hinaus ganz Palästina umfaßte) ist in den Handschriften und Drucken besonders schlecht überliefert, da europäische Kopisten an ihre Texte (pT, Midraschim) aus der vertrauteren Sicht des bT herangingen, andererseits auch durch die Sprache der Targumim beeinflußt waren, die zwar i. a. palästinischer Herkunft, doch babylonisch überarbeitet sind und so eine Mischform darstellen. Erst die Entdeckung zahlreicher aramäischer Inschriften aus dem talmudischen Palästina und die darauf gestützte Aussonderung von sprachlich besonders verläßlichen MSS hat in den letzten Jahrzehnten die Rekonstruktion des ursprünglichen galiläischen Aramäisch ermöglicht (v. a. durch *Kutscher*).

4) Das babylonische Aramäisch

Lit.: J. N. Epstein, Babylonisch-Aramäische Studien, FS D. Simonsen, Kopenhagen 1923, 290–310; *S. Friedman*, Three Studies in Babylonian Aramaic Grammar (h), Tarbiz 43 (1973 f) 58–69; *Y. Kara*, Babylonian Aramaic in the Yemenite Manuscripts of the Talmud. Orthography, Phonology and Morphology of the Verb (h), J 1983; *S. A. Kaufman*, The Akkadian Influences on Aramaic, Chicago 1974; *E. Y. Kutscher*, Hebrew and Aramaic Studies, 2 Bde, J 1977; *ders.*, EJ III 277–282; *S. Morag*, Babylonian Aramaic: The Yemenite Tradition. Historical Aspects and Transmission. Phonology, The Verbal System (h), J 1988. – Grammatiken: *J. N. Epstein*, A Grammar of Babylonian Aramaic (h), J 1960 (dazu *E. Y. Kutscher*, Leshonenu 26, 1961 f, 149–183; Ndr. in: Hebrew and Aramaic Studies I 227–252); *C. Levias*, A Grammar of the Aramaic Idiom contained in the Babylonian Talmud, Cincinnati 1900, Ndr. Westmead 1971; *D. Marcus*, A Manual of Babylonian Jewish Aramaic, Washington D. C. 1981; *M. Margolis*, Lehrbuch der aramäischen Sprache des babylonischen Talmuds, M 1910; *M. Schlesinger*, Satzlehre der aramäischen Sprache des babylonischen Talmuds, Le 1928.

Das babylonische Aramäisch gehört mit dem Mandäischen und dem Syrischen zum östlichen Zweig des Aramäischen. Die Erforschung dieses Dialekts hat weniger Fortschritte gemacht, v. a. auch deswegen, weil hier Inschriften als Korrektiv zu den MSS fehlen, deren sprachliche Überlieferung v. a. durch Biblizismen und Vereinheitlichung gelitten hat. Auch die Zauberschalen von Nippur sind, obwohl sprachlich verwandt, hier nur mit Vorsicht zu verwenden. Umstritten ist auch noch immer die sprachliche Einordnung der „außerordentlichen Traktate" des bT: sind sie Zeugen einer sprachgeschichtlich früheren Stufe (so *Kutscher*) oder vielmehr spät, schon der gaonäischen Sprache nahe *(Epstein)*? Die Fragmente der Geniza, besonders auch die dort entdeckten (vokalisierten) gaonäischen Texte können in der Rekonstruktion der Sprachgeschichte weiterhelfen und v. a. auch eine genauere Trennung der amoräischen von der gaonäischen Sprache ermöglichen. Leider fehlt auch hier noch eine zuverlässige Grammatik, auch wenn die von *Epstein* sehr wertvoll ist *(Kutscher*, Leshonenu 26,170: „die einzige wissenschaftliche Grammatik des babylonischen Aramäisch, die wir heute besitzen").

5) Lehn- und Fremdwörter

Lit.: S. Lieberman, Greek; Hell.; Texts and Studies (aber auch fast alle anderen Werke). – *S. Krauss*, Griechische und lateinische Lehnwörter im Talmud, Midrasch und Targum, 2 Bde, B 1898–9, Ndr. H 1987 (mit wertvollen Anmerkungen von *I. Löw*); *E. S. Rosenthal*, For the Talmudic Dictionary – Talmudica Iranica, in: *S. Shaked*, Hg., Irano-Judaica, J 1982, hebr. Teil 38–134; *D. Sperber*, Greek and Latin Words in Rabbinic Literature: Prolegomena to a New Dictionary of Classical

Words in Rabbinic Literature, Bar-Ilan 14–15 (1977) 9–60; 16–17 (1979) 9–30; *ders.*, Essays on Greek and Latin in the Mishna, Talmud and Midrashic Literature, J 1982; *ders.*, A Dictionary of Greek and Latin Legal Terms in Rabbinic Literature, J 1984 (dazu *R. Katzoff*, JSJ 20, 1989, 195–206); *ders.*, Nautica Talmudica, Ramat Gan 1986.

Mit der Hellenisierung des östlichen Mittelmeerraums ist auch die hebräische und die aramäische Sprache unter den Einfluß des Griechischen geraten und hat im Lauf der Jahrhunderte zahlreiche Wörter in ihren Wortschatz übernommen. Diese Anleihen betreffen fast jedes Lebensgebiet, Recht und Handwerk ebenso wie Landwirtschaft und Haushalt. Wo diese Lehnwörter neben den eigenen hebräischen oder aramäischen verwendet werden, handelt es sich vielfach um Luxus- oder Importgüter. Die lateinischen Einflüsse, die mit der römischen Herrschaft über Palästina einsetzen, sind verhältnismäßig geringer und beschränken sich vor allem auf die Bereiche von Militär und Verwaltung.

Die Problematik dieser Lehnwörter ist nicht nur durch die mit jeder Übernahme in eine fremde Sprache verbundene Abwandlung bedingt, sondern v. a. durch die Überlieferungsgeschichte der rabb. Texte. Mit der islamischen Eroberung rückt das rabb. Judentum aus dem griech.-latein. Kulturkreis; die Lehnwörter werden vielfach bald unverständlich und verballhornt bzw. durch ähnlich klingende hebr.-aram. Wörter ersetzt. Das Unverständnis der Abschreiber hat dies noch verstärkt. Somit ist das Erkennen der Lehnwörter oft äußerst schwierig geworden. Viele Eintragungen in *S. Krauss* sind dadurch fehlerhaft. Große Fortschritte haben hier v. a. die Arbeiten von *S. Lieberman* gebracht, der u. a. auch die Notwendigkeit betonte, sich über die klassischen Wörterbücher hinaus auf das Vokabular des in Palästina gebräuchlichen Provinzialgriechisch zu stützen. Bedeutende Vorarbeiten für die dringend notwendige Neubearbeitung des Wörterbuchs von *S. Krauss* hat *D. Sperber* geleistet, neben seinen zwei Speziallexika v. a. im Beitrag in Bar-Ilan, der eine ausgewählte Liste von zahlreichen gegenüber *Krauss* neuen Beispielen mit einem griech.-latein. Index bietet. Was die Übernahme persischen Sprachguts in die Sprache von bT betrifft, gibt es zwar auch schon einzelne Untersuchungen aus dem 19. und frühen 20.Jh., deren Ergebnisse dann auch in die talmudischen Lexika eingegangen sind; doch ist auf diesem Gebiet noch vieles sehr unsicher bzw. völlig unerforscht, worauf v. a. *E. S. Rosenthal* verweist.

6) Lexika

M. Jastrow, A Dictionary of the Targumim, the Talmud Babli and Yerushalmi, and the Midrashic Literature, 2 Bde, Lo 1886–1903, Ndr. NY 1950; *A. Kohut*, Aruch Completum, 8 Bde, W 1878–92; *ders.*, Additamenta ad Aruch Completum, hg. *S. Krauss*, W 1937; *J. Levy*, Neuhebräisches und chaldäisches Wörterbuch über die

Talmudim und Midraschim, 4 Bde, Le 1876–89; Nachträge und Berichtigungen, B 1929; Ndr. H 1964; *M. Sokoloff*, A Dictionary of Jewish Palestinian Aramaic of the Byzantine Period, Ramat Gan 1990. Dazu kommen die Spezialwörterbücher von *I. Löw*, Die Flora der Juden, 4 Bde, W/Le 1926–34, Ndr. H 1967; *ders.*, Fauna und Mineralien der Juden, H 1969.

Ein neues Lexikon der rabb. Literatur wird an der Bar-Ilan-Universität erarbeitet (siehe die zwei Bände von Archive); davon ist bisher der Band von *Sokoloff* zum paläst. jüd. Aramäisch erschienen. Alle anderen genannten Lexika sind veraltet, etymologisch unzuverlässig und auch unvollständig. Die Fortschritte der vergleichenden Semitistik zwingen ebenso zu zahlreichen Korrekturen wie die Textfunde der Geniza von Kairo, die Ergebnisse der Sprachgeschichte des Hebräischen und des Aramäischen und die inzwischen viel genauere Differenzierung des galiläischen und des babylonischen Aramäisch.

ZWEITER TEIL
DIE TALMUDISCHE LITERATUR

I. Die Mischna

Allgemeine Lit.: Ch. Albeck, Einführung; *ders.*, Untersuchungen über die Redaktion der Mischna, B 1923; *J. Brüll*, Einleitung in die Mischnah (h), 2 Bde, F 1876–85, Ndr. J 1970; *H. Eilberg-Schwartz*, The Human Will in Judaism: The Mishnah's Philosophy of Intention, Decatur-Georgia 1986; *J. M. Ephrati*, On the Literary Sources of the Mishnah (h), Bar-Ilan 11 (1973) 49–68; *J. N. Epstein*, ITM und ITL; *M. S. Feldblum*, „Mischna jetera". Siddur ha-Mischna ba-aspeqlaria schel chomer ha-stami ba-Talmud, GS. J. H. Lookstein, NY 1980, 7–15; *Z. Frankel*, Darkhe; *L. Ginzberg*, Zur Entstehungsgeschichte der Mischnah, FS D. Hoffmann, B 1914, 311–345; *Abr.Goldberg*, The Mishna – A Study Book of Halakha, in: *Safrai* I 211–251; *A. Goldberg*, Form und Funktion des Maʿase in der Mischna, FJB 2 (1974) 1–38; *M. I. Gruber*, The Mishnah as Oral Torah: A Reconsideration, JSJ 15 (1984) 112–122; *A. Guttmann*, The Problem of the Anonymous Mishna, HUCA 16 (1941) 137–155; *D. W. Halivni*, The Reception Accorded to Rabbi Judah's Mishnah, in: E. P. Sanders u. a., Hg., Jewish and Christian Self-Definition II, Lo 1981, 204–212. 379–382; *ders.*, Mishnas which were changed from their Original Forms (h), Sidra 5 (1989) 63–88; *D. Z. Hoffmann*, Die erste Mischna und die Controversen der Tannaim, B 1882; *N. Krochmal*, The Writings (h), Hg. S. Rawidowicz, Lo ²1961, 194–237; *S. Lieberman*, The Publication of the Mishnah, in: *ders.*, Hell. 83–99; F. Maaß, Formgeschichte der Mischna mit bes. Berücksichtigung des Traktates Abot, B 1937; *E. Z. Melammed*, Introduction; *ders.*, Interpolations in the Mishnah and their Identification (h), Tarbiz 31 (1961 f) 326–356; *ders.*, The Parallelism in the Mishnah (h), 6th WCJS, J 1977, III hebr. Teil 275–291; *ders.*, Maʾasim Collections of Tannaim (h), 7th WCJS, Studies in the Talmud, Halacha and Midrash, J 1981, 93–107; *J. Neusner*, The Modern Study (Einführung überarbeitet in: *ders.*, Hg., The Study I 3–26); *ders.*, Form-Analysis and Exegesis: A Fresh Approach to the Interpretation of Mishnah with special reference to Mishnah-tractate Makhshirin, Minneapolis 1980; *ders.*, Judaism: The Evidence of the Mishnah, Chicago 1981; *ders.*, The Memorized Torah: The Mnemonic System of the Mishnah, Chico 1985 (überarbeitet aus: *ders.*, Phar und Pur); *ders.*, The Mishnah before 70, Atlanta 1987 (überarbeitet aus: *ders.*, Pur); *ders.*, The Philosophical Mishnah, 4 Bde, Atlanta 1989; *ders.*, The Economics of the Mishnah, Chicago 1989; *ders.*, Redaction, Formulation and Form: The Case of Mishnah; With Comments by *R. S. Sarason*, JQR 70 (1979f) 131–152; *L. A. Rosenthal*, Über den Zusammenhang, die Quellen und die Entstehung der Mischna, B 1918; *B.-Z. Segal*, Ha-Geografia ba-Mischna, J 1979; *E. E. Urbach*, EJ XII 93–109; *B. De Vries*, The Early Form of Certain Halakhot (h), Tarbiz 24 (1954f) 392–405; 25 (1955f) 369–384; *A. Weiss*, Al ha-Mischna, Ramat Gan 1969; *M. Weiss*, Mishnah Tractates which Open with Numbered Lists (h), Sidra 1 (1985) 33–44; *H. Yalon*, Introduction to the Vocalization of the Mishna (h), J 1964.

1) Worterklärungen

Lit.: S. *Abramson,* „Mischna" we-„Talmud" (Gemara) be-fi Qadmonim, FS D. Sadan, TA 1977, 23–43; *Albeck,* Einführung 1–3; *Bacher,* ET I 122f. 193–5; L. *Finkelstein,* Midrash, Halakhot, and Aggadot (h), FS Y. F. Baer, J 1960, 28–47.

Das hebr. Verb *schana,* „wiederholen", bedeutet im engeren Sinn durch wiederholtes Vorsagen mündlich Überliefertes lernen (z. B. Abot II,4; III,3) bzw. lehren (z. B. Er 54b), im Gegensatz zu *qara,* die heilige Schrift studieren. Aram. Äquivalent *teni* oder *tena.* Davon als Substantiv *mischna* bzw. aram. *matnita* abgeleitet.

Mischna bedeutet somit das Lernen (Abot III,7) wie auch die mündliche Lehre (TBer II,12, L. 8). In diesem Sinn umfaßt M die drei Zweige der Tradition, den Midrasch als die Auslegung des Bibeltextes, die Halakhot als die von der Schrift unabhängig formulierten Satzungen, schließlich die Haggadot, alles nicht-halakhische Material. So antwortet Qid 49a mit einer Baraita auf die Frage: „Was ist Mischna? R. Meir sagt: Halakhot; R. Jehuda sagt: Midrasch" (dazu näher *Finkelstein*).

Im besonderen bedeutet M das gesamte bis etwa 200 ausgebildete traditionelle Religionsgesetz, aber auch die Lehre eines der in dieser Zeit tätigen Lehrer (Tannaiten) wie auch den einzelnen Lehrsatz (gleichbedeutend *halakha*) oder Sammlungen solcher Lehrsätze (z. B. pHor III,48c *mischnajot gedolot,* die großen Mischnasammlungen wie die M Chijjas – so statt des „Chuna" der Drucke zu lesen –, Hoschajas und Bar Qapparas). *Kat'-exochen* ist M die R. Jehuda ha-Nasi zugeschriebene Sammlung, um die es hier geht.

Natan ben Jechiel gibt in seinem Arukh eine andere Ableitung des Wortes: „warum wird sie M genannt? weil sie die ‚zweite' ist gegenüber der Tora". Ähnlich ist die Ableitung, die hinter dem Sprachgebrauch der Kirchenväter steht, die M mit *deuterosis* wiedergeben (ebenso Justinians Novelle 146).

Die M Rabbis wird im bT als *mischnatenu* oder *matnitin* (selten *matnita*) zitiert, im pT als *matnitin* oder *matnita.* Andere M-Sammlungen heißen in bT *matnita* oder *baraita,* in pT *mischnajot.* M-Sätze werden in bT und pT angeführt mit *tenan* oder *tenajna,* „wir haben gelernt".

2) Aufbau und Inhalt

In der uns vorliegenden Form besteht M (ebenso T und die Talmudim) aus sechs Hauptabteilungen oder Ordnungen (*sedarim,* gelegentlich auch *arakhim*). Daher die traditionelle Bezeichnung des Talmud als Schas (Abkürzung von *schischa sedarim,* „sechs Ordnungen"). Jeder Seder hat eine

Anzahl (7–12) Traktate: *massekhet* (eigentliche „Gewebe"; zum Bedeutungswechsel vgl. lat. textus) oder aram. *massekhta*. Als Pluralformen sind *massekhot*, *massekhtot* und *massekhiot* belegt. Die Traktate zerfallen in Kapitel (*pereq*), diese in Lehrsätze (*mischna* bzw. pT *halakha*).

a) *Inhaltsübersicht*

(In Klammer hinter dem Namen des Traktats folgt jeweils die Zahl seiner Kapitel)

§ 1. *Erste Ordnung: Zeraʿim „Samen"*
Elf Traktate, v. a. die Landwirtschaft betreffende Gesetze.

1. *Berakhot* (9), „Segenssprüche". Bestimmungen zum *Schema*-Gebet, Morgen-, Nachmittag- und Abendgebet, zu den 18 Benediktionen (*Schemone Esre*) und zum Zusatzgebet. Lobsprüche beim Genießen verschiedener Früchte und bei sonstigen Gelegenheiten. Das gemeinsame Gebet nach der Mahlzeit. Nennung des Gottesnamens bei der Begrüßung.

2. *Pea* (8), die „Ecke" des Ackers, deren Ernte nach Lev 19,9f; 23,22; Dtn 24,19ff den Armen zu überlassen ist; allgemein das Armenrecht. Von welchen Gewächsen gibt man die Pea? Was macht eine Feldecke aus? Wie gibt man die Pea? Die Nachlese, das Vergessene, der Armenzehnte, der reisende Arme; wer hat Anspruch auf das Armenrecht?

3. *Demai* (7), „Zweifelhaftes", d.h. Früchte, bei denen es zweifelhaft ist, ob von ihnen die Zehntenhebe für die Priester und in den betreffenden Jahren der zweite Zehnte gegeben sind. Wann muß man nachverzehnten? Wer gilt hinsichtlich der Einhaltung dieser Bestimmungen als vertrauenswürdig? Verhalten bei gemeinsamem Besitz bzw. bei Vermischung von Demai mit Unverzehntetem.

4. *Kilaim* (9), „Verschiedenartiges". Nach Lev 19,19; Dtn 22,9–11 sind das verbotene Mischungen von Dingen (Gewächsen, Tieren, Kleidungsstoffen) einer Gattung, aber verschiedener Art. Welche Arten von Pflanzen und welche von Tieren bilden Kilaim? Vermengung von zweierlei Samen; Aussaat von Verschiedenem auf einem Acker oder im Weinberg. Bastarde.

5. *Schebiit* (10), „Siebentes Jahr", in dem nach Ex 23,11 und Lev 25,1–7 die Felder brach liegen und nach Dtn 15 Schulden erlassen und Schuldsklaven befreit werden müssen. Welche Feldarbeiten darf man im Sabbatjahr verrichten? Wie darf man das im Sabbatjahr Gewachsene nutzen? Schuldenerlaß und Prosbul (Erklärung „vor Gericht", *pros boulen*, daß man die Schuld jederzeit einheben darf).

6. *Terumot* (11), „Abgaben" oder „Heben" (Priesterhebe Num 18,8ff und Dtn 18,4; Abgabe, die die Leviten nach Num 18,25f vom ihnen zustehenden Zehnten den Priestern geben müssen). Wie sondert man die Abgabe ab, welches Maß hat sie? Was geschieht bei Vermischung dieser

Abgabe mit anderen Früchten, wie erstattet man vergessene oder gestohlene Abgaben? Verunreinigung der Hebe usw.

7. *Maaserot* oder *Maaser Rischon* (5), „Zehnte" oder „erster Zehnter", der nach Num 18,21 ff den Leviten zusteht. Von welchen Früchten muß man diesen Zehnten geben, welche sind zehntenfrei?

8. *Maaser Scheni* (5), „der zweite Zehnte" (Dtn 14,22 ff; vgl. 26,12 ff, nach rabb. Erklärung auch Lev 27,30–33), der bzw. dessen Geldwert in Jerusalem verzehrt werden sollte. Bestimmungen über den Verkauf des zweiten Zehnten, seine Verunreinigung, die Verwendung des dafür erlösten Geldes. Der Weinberg im vierten Jahr; die Wegschaffung (*bi'ur*) des Zehnten. Abschaffung des dabei üblichen Bekenntnisses Dtn 26,13–15 und andere vom Hohenpriester Jochanan (= Johannes Hyrkan) angeordnete Änderungen.

9. *Challa* (4), „Teighebe", Num 15,8 ff. Wovon und in welchem Maß muß man Challa geben? Inwiefern gleichen sich Challa und Hebe? Wie unterscheiden sich verschiedene Länder bezüglich der Challa?

10. *Orla* (3), „Vorhaut" der Bäume, vgl. Lev 19,23, wonach Bäume in den ersten drei Jahren als unbeschnitten gelten, die Früchte somit verboten sind. Wann betrifft dieses Gesetz Bäume und Weinstöcke? Vermischungen von Orla, Kilaim, Hebe usw. Anwendung dieser Gesetze in Israel, Syrien und anderwärts.

11. *Bikkurim* (3), „Erstlinge", vgl. Dtn 26,1 ff; Ex 23,19. Wer bringt sie dar, wovon und ab wann? Worin stimmen Erstlinge, Hebe und zweiter Zehnter überein und worin unterscheiden sie sich? Wie bringt man die Erstlinge nach Jerusalem? Viele Mischna- und Talmudtexte fügen ein 4. Kapitel über den Zwitter (*androgynos*) an, das sich mit Varianten in T befindet.

§ 2. Zweite Ordnung: Moed „Festzeiten"
12 Traktate.

1. *Schabbat* (24): Ex 20,10; 23,12; Dtn 5,14 usw. Die wenigen Bestimmungen des Pentateuch zum Sabbat werden hier sehr detailliert, z.T. daraus abgeleitet, daß Ex 35 das Gebot der Sabbatruhe mit den Vorschriften für den Bau des Heiligtums verbindet. Man unterscheidet öffentliches, privates, neutrales sowie freies Gebiet, was den Transport von einem Ort zum andern betrifft. Welche Beschäftigungen sind am Sabbat erlaubt? 39 Hauptarten der verbotenen Arbeiten.

2. *Erubin* (10), „Vermischungen", mit denen man bestimmte Sabbatgesetze umgehen kann: durch Ablegen von Speise am Ende des Sabbatwegs (2000 Ellen) gründet man einen „Wohnsitz", von dem aus man einen weiteren Sabbatweg gehen darf. Durch die fiktive Vermischung der Höfe darf man von einem Privatbereich in einen anderen tragen, nachdem in einer der Wohnungen eine aus gemeinsamen Beiträgen hergestellte Speise niedergelegt worden ist.

3. Pesachim (10), „Pesachlämmer, Pesachopfer". Ex 12,23; 15,34; 34,18; Lev 23,5–8; Num 28,16ff; Dtn 16,1ff. Wegschaffen des Sauerteigs; Zubereitung der ungesäuerten Brote; die bitteren Kräuter; am Rüsttag erlaubte Arbeiten; Schlachtung des Pesachlammes und seine Zubereitung; wer darf davon essen? Das Pesachfest im 2. Monat (Num 9,10ff); Ordnung des Pesachmahles.

4. Scheqalim (8), „Schekel", nämlich die im zweiten Tempel für den Gottesdienst verwendete Halbschekelsteuer (Ex 30,12ff; Neh 10,33). Wer ist dazu verpflichtet? Einwechseln der dazu vorgeschriebenen alten Münzen. Was darf dafür angeschafft werden? Die Opferbüchsen im Tempel, die Bundeslade, Reinigung des Tempelvorhangs, Kostbarkeit des Vorhangs vor dem Heiligtum.

5. Joma (8), „der Tag", d.h. der Versöhnungstag, *(Jom ha-) Kippurim* Lev 16. Vorbereitung des Hohenpriesters; Auslosung der beiden Bökke; drei Sündenbekenntnisse des Hohenpriesters und sein dreimaliges Eintreten in das Allerheiligste. Verbote für den Versöhnungstag. Wodurch versöhnt wird (Sündopfer, Schuldopfer, Tod, Versöhnungstag, Buße).

6. Sukka (5), „Laubhütte", auch Plural *Sukkot*, das Laubhüttenfest Lev 23,33–6; Num 29,12ff; Dtn 16,13ff. Herstellung und Beschaffenheit der Festhütte; vom Essen und Schlafen in ihr; der Feststrauß (Lulab, Etrog); das Wasserschöpfen. Die 24 Priesterabteilungen, ihre Arbeit bei den Opfern, ihr Anteil an den Opferstücken und den Schaubroten.

7. Betsa (5), „Ei" (nach dem Anfangswort) oder *Jom Tob*, „Festtag". Was man an Festtagen beachten muß. Unterschiede zum Sabbat. Diesbezügliche Meinungsverschiedenheiten zwischen den Schulen Hillels und Schammais. Kauf von Lebensmitteln an Festtagen, Beförderung von Nahrungsmitteln, Verbot der Feuererzeugung usw.

8. Rosch ha-Schana (4), „Neujahrsfest" Lev 23,24f; Num 29,1ff. Viererlei Neujahr (Nisan, Elul, Tischri, Schebat). Bezeugung und Heiligung des Neumonds. Blasen des Schofar. Ordnung der Lobsprüche am Neujahrsfest: zehn Malkhijjot (Bibelverse, in denen das Königreich Gottes erwähnt wird), zehn Zikhronot (Bibelverse über das Gedenken Gottes), zehn Schofarot (Verse, in denen das Schofar erwähnt wird).

9. Taanit (4), auch Plural *Taanijot*, „Fasten". Wann beginnt man um Regen zu beten, wann darum zu fasten? Die siebentägigen Fasten und die dazugehörigen Gebete. An welchen Tagen fastet man nicht? Weshalb fastet man sonst noch? Choni der Kreiszieher. Wann bricht man bei beginnendem Regen das Fasten ab? Der 17. Tammuz, der 9. Ab und der 15. Ab.

10. Megilla (4), „Buchrolle", besonders die Esterrolle, die zu Purim in der Synagoge verlesen wird (vgl. Est 9,28). Wann und wie liest man die Esterrolle? Vom Verkauf heiliger Sachen; die gottesdienstlichen Vorlesungen aus Tora und Propheten; welche Texte dürfen nicht öffentlich vorgelesen, welche nicht übersetzt werden?

11. Moed Qatan (3), „Halbfeiertage" (*qatan*, „klein", unterscheidet den Traktat Moed von der gleichnamigen Ordnung), manchmal nach dem Anfangswort auch *Maschqin* genannt, „man bewässert". Vorschriften für die Tage zwischen dem 1. und 7. Tag des Pesach- bzw. zwischen dem 1. und 8. Tag des Sukkotfestes, an denen gewisse Arbeiten erlaubt sind.

12. Chagiga (3), „Festfeier". Über die drei Wallfahrtsfeste (Pesach, Wochenfest, Laubhüttenfest: Dtn 16,16). Wer muß im Tempel erscheinen und wieviel muß er für die Opfer aufwenden? Dinge, über die man nicht jeden belehrt. Meinungsunterschiede hinsichtlich der Semikha. Die rituelle Händewaschung. 7 Stufen der Reinheit und Reinheitsvorschriften.

§ 3. Dritte Ordnung: Naschim „Frauen"
7 Traktate

1. Jebamot (16), „Schwägerinnen", auch *Jabmut*, „Schwägerschaft", vokalisiert, manchmal auch *Naschim*, „Frauen", genannt. V.a. über die Schwagerehe (Dtn 25,5–10; vgl. Rut 4 und Mt 22,24) und die Chalitsa, die davon entbindet. Wer ist dazu verpflichtet und unter welchen Umständen? Wen darf ein (Hoher-) Priester nicht heiraten? Aufnahme von Ammonitern usw. in die Gemeinde. Stellung der Proselyten. Weigerung einer Unmündigen, bei ihrem Mann zu bleiben. Bezeugung des Todes eines Ehemanns.

2. Ketubbot (13), „Hochzeitsverschreibungen", vgl. Ex 22,16. Ketubba ist sowohl der Ehevertrag als auch die in ihm der Frau für den Fall der Scheidung oder des Todes des Mannes ausgesetzte Summe. Heirat von Jungfrauen; Strafgeld bei Vergewaltigung eines Mädchens. Pflichten des Manns und der Frau gegeneinander. Besitz der Frau; Erbrecht nach der Frau; Rechte der Witwe.

3. Nedarim (11), „Gelübde" und ihre Aufhebung (Num 30). Was gilt als Gelübde? Qorban; Gelübde mit Einschränkung; Ausflüchte. Vier von vornherein ungültige Gelübde. Notlügen. Deutung von Gelübden. Welche Gelübde kann ein Gelehrter erlassen? Wer kann einer Frau oder Tochter die Gelübde aufheben, und welche Gelübde?

4. Nazir (9), „Nasiräer", oder *Nezirut*, „Nasiräergelübde", Num 6. Welche Ausdrücke verpflichten zum Nasiräat und wie lange dauert es? Zeit des Scherens. Erlassung von N.-Gelübden. Was dem Nasiräer verboten ist. Verunreinigung des Nasiräers; die von ihm darzubringenden Opfer. N.-Gelübde von Frauen und Sklaven.

5. Sota (9), „die des Ehebruchs verdächtige Frau", Num 5,11–31. Durchführung des Eifersuchtsordals vor dem großen Gerichtshof. Unterschiede zwischen Israeliten und Priestern in Rechten und Strafen. Wann gibt man das Eifersuchtswasser nicht zu trinken? Formeln, die man nur hebräisch sagen darf. Erklärung zu Dtn 20,2–9 (Ansprache des Priesters vor dem Krieg); Tötung eines Kalbes, wenn ein Mörder unbekannt bleibt (Dtn 21,1–9). Anhang: Vorzeichen des Messias.

6. *Gittin* (9), „Scheidebriefe" (Dtn 24,1). Übersendung, Beglaubigung und Zurücknahme von Scheidebriefen. Formular, Unterschrift. Wiederaufnahme der entlassenen Frau. Scheidung in Krankheitsfällen, bedingte Scheidung. Gültigkeit mündlicher Anordnungen hinsichtlich eines Scheidebriefs. Gründe für die Scheidung.

7. *Qidduschin* (4), „Antrauung, Verlobung", verschieden von der später erfolgenden Heimführung, der eigentlichen Eheschließung (*nissuin*). Wie erwirbt sich der Mann eine Frau (durch Geld, Brief, Beischlaf)?. Erwerbung von anderen Gütern. Welche Gebote müssen nur Männer erfüllen, welche gelten nur in Israel? Verlobung durch einen Abgeordneten, unter Bedingungen. Ebenbürtige Heiraten. Sittenregeln.

§ 4. Vierte Ordnung: Neziqin „Beschädigungen"
10 Traktate

1. *Baba Qamma* (10), „erste Pforte" (des ursprünglich einheitlichen Traktats Neziqin mit 30 Kapiteln). Beschädigungen im engeren Sinn, einschließlich Diebstahl, Raub und Körperverletzung. Beschädigung durch den stoßenden Ochsen, die nicht zugedeckte Grube, durch Abweiden und Feuer. Abschätzung des Schadens, Ersatz. Bedenklicher Ankauf. Abfälle, die dem Fabrikanten bzw. dem Handwerker gehören.

2. *Baba Metsia* (10), „mittlere Pforte". Fundgegenstände, die zwei beanspruchen. Wer hat keinen Anspruch auf Fundgegenstände? Aufbewahrung von Gegenständen, Kauf, die Frist zum Zurücktreten, unerlaubter Gewinn, Ersatzpflicht. Zinsen und Spekulation. Mieten von Arbeitern und Vieh. Miete und Pacht; Pfandnehmen; Lohnforderungen. Ansprüche, die sich aus dem Einsturz eines Baus ergeben.

3. *Baba Batra* (10), „letzte Pforte". Teilung gemeinschaftlichen Besitzes. Beschränkungen in der Ausnutzung des Grundbesitzes. Ersitzung (*chazaqa*). Verkauf von Immobilien und Mobilien. Gewährleistungspflicht des Verkäufers. Erbschaftsrecht. Vermögensteilung. Geschenke bei der Hochzeit. Ausstellung von Dokumenten. Bürgschaft.

4. *Sanhedrin* (10), aus griech. *synhedrion*, „Gerichtshof". Gericht von drei Männern; kleiner Sanhedrin von 23, großer S. von 71 Mitgliedern. Auswahl der Schiedsrichter. Zeugenschaft. Wer kann weder Richter noch Zeuge sein? Unterschied zwischen Zivil- und Kriminalprozessen. Arten der Todesstrafe. Der ungehorsame Sohn (Dtn 21,18ff). Der Einbrecher. Der Rückfällige. Hinrichtung ohne Urteil. Wer hat keinen Anteil an der kommenden Welt? Der widerspenstige Lehrer (*zaqen mamre*) und der falsche Prophet.

5. *Makkot* (4), „Schläge". Über die Prügelstrafe (Dtn 25,1–3). Prügelstrafe für falsche Zeugen. Der unvorsätzliche Totschläger und die Asylstädte (Dtn 19,1ff; Num 35,9ff). Wann trifft es die Prügelstrafe? Zahl der Hiebe, Art der Ausführung. Strafe der Geißelung macht von der Ausrottung frei. Lohn der Gebote.

6. *Schebuot* (8), „Schwüre" (vgl. Lev 5,4 ff). Hauptarten von Schwüren. Leichtfertiger und vergeblicher Schwur. Zeugniseid; vom Richter auferlegter Eid. Wann schwört man nicht? Eide in Lohn-, Geschäfts- und anderen Angelegenheiten. Vier Arten der Hüter (mit oder ohne Lohn, Entlehner, Mieter).

7. *Edujot* (8), „Zeugnisse" späterer Lehrer über die Sätze früherer Meister, auch *Bechirta*, „Auswahl", genannt. Nach Ber 28 a an dem Tag gelehrt, an dem Eleazar ben Azarja statt Gamaliel II. eingesetzt wurde. Insgesamt 100 Sätze, außerdem 40 Fälle, in denen die Schammaiten erleichtern, die Hilleliten erschweren. Die meisten Sätze stehen in M noch an anderer Stelle (nach der Sachordnung).

8. *Aboda Zara* (5), „Götzendienst". Feste der Götzendiener. Bestimmungen gegen zu engen Kontakt mit ihnen. Götzenbilder. Wein von Götzendienern. Wie man von Götzendienern gekaufte Geräte reinigt.

9. *Abot* (5), (Aussprüche der) „Väter", auch *Pirqe Abot*, „Abschnitte, Kapitel der Väter". Möglich ist auch das Verständnis von Abot als „grundlegende Prinzipien" der Mischna: so *M. B. Lerner* in *Safrai* I 264. Traditionskette von Mose bis zum Ende der tannaitischen Zeit. Sentenzen der genannten Lehrer. Anonyme Zahlensprüche und moralische Betrachtungen. Erst in späterer Zeit kam Kapitel 6 dazu, die Lobrede auf das Gesetz (*qinjan tora*, der „Erwerb der Tora"), die nicht zu M gehört.

10. *Horajot* (3), „Lehren, Entscheidungen". Irrtümlich erfolgte religionsgesetzliche Entscheidungen. Darbringung des Sündopfers Lev 4,13 f. Unterschiede zwischen Gericht, Hohempriester und anderen bei Befolgung irriger Entscheidungen. Andere Unterschiede zwischen Hohempriester, gewöhnlichem Priester usw.

§ 5. Fünfte Ordnung: Qodaschim „Heiliges"
11 Traktate

1. *Zebachim* (14), „Schlachtopfer" (vgl. Lev 1 ff). Erforderliche Intention. Wodurch ein Schlachtopfer untauglich wird und bei welchen Versehen es trotzdem tauglich bleibt. Blutsprengen, Vogelopfer. Vorrang von Opfern gegenüber anderen. Reinigung der Gefäße. Anteil der Priester an den Opfern. Verbrennung von Stieren und Böcken. Geschichte der Opferstätten.

2. *Menachot* (13), „Speiseopfer", vgl. Lev 2; 5,11 ff; 6,7 ff; 7,9 f; Num 6,13 ff usw. Die erforderliche Intention. Bei welchen Verstößen ein Speiseopfer tauglich bleibt oder untauglich wird. Zubereitung des Speiseopfers. Brote des Dankopfers, des Einweihungs- und des Nasiräeropfers. Maße beim Speiseopfer. Trankopfer. Opfergelübde.

3. *Chullin* (12), „Profanes". Das Schlachten von nicht zum Opfer bestimmten Tieren und sonstige Bestimmungen über den Genuß von tierischer Nahrung. Wer darf schächten, womit und wie tut man dies? Reine und unreine Tiere. Nicht Fleisch in Milch kochen. Abgaben von Geschlachtetem

an die Priester. Erstlinge von der Schafschur. Gesetz vom Vogelnest (Dtn 22,6f).

4. *Bekhorot* (9), „Erstgeburten", vgl. Ex 13,2.12f; Lev 27,26f; Num 8,16ff; 18,15ff; Dtn 15,19ff. Erstgeburt vom Esel, von unreinem Vieh. Beschau von Erstgeburten. Zum Opfer untaugliche Erstgeburten. Fehler, die einen Menschen zum Priesterdienst untauglich machen. Erbrechte des Erstgeborenen. Rechte des Priesters hinsichtlich des Lösegelds. Der Zehnte vom Vieh (Lev 27,32).

5. *Arakhin* (9), „Schätzungen", d.h. Beträge, die man auf Grund eines Gelübdes je nach Alter und Geschlecht zu entrichten hat (Lev 27,2ff). Wer darf schätzen? Mindest- und Höchstmaß. Berücksichtigung des Vermögens des Gelobenden. Verpflichtung der Erben. Pfändung, wenn das Äquivalent nicht bezahlt wird. Lösung des ererbten, erkauften oder verkauften Ackers; ummauerte Städte (Lev 25).

6. *Temura* (7), „Vertauschung" eines Opfertiers (Lev 27,10.33). Womit getauscht werden darf. Verschiedenheit der Opfer einzelner gegenüber solchen der Gemeinde. Tausch bei einem Sündopfer. Was darf nicht auf den Altar gebracht werden? Was von Geheiligtem muß man verbrennen oder vergraben?

7. *Keritot* (6), „Ausrottungen". Die in der Tora (Ex 12,15 u.ö.) genannte Strafe der „Ausrottung" wird als im Alter von 20–50 Jahren erfolgender natürlicher Tod ohne Nachkommen gedeutet. Ausrottung steht auf 36 Sünden, wenn man sie vorsätzlich begeht. Schuldopfer in Zweifelsfällen. Kraft des Versöhnungsfestes.

8. *Meila* (6), „Veruntreuung" von Geheiligtem (Num 5,6–8; Lev 5,15f). Bei welchem Opfer und ab welchem Zeitpunkt findet Veruntreuung statt, wo ist sie unmöglich? Benutzung des Geheiligten.

9. *Tamid* (6, jetzt 7 durch spätere Unterteilung von Kap. 6), Kurzform für *olat tamid*, das „tägliche Brandopfer", vgl. Ex 29,38ff; Num 28,3ff. Die Nachtwache der Priester im Heiligtum. Das Aufräumen des Altars. Die verschiedenen Aufgaben der Priester. Die Darbringung des Opferlamms. Das Morgengebet. Das Räucheropfer. Der Hohepriester beim Opferdienst. Der Priestersegen und die Gesänge der Leviten.

10. *Middot* (5), „Maße" und Einrichtung des Tempels. Die Nachtwachen im Tempel. Tore des Tempels, die Feuerstätte. Tempelberg, Mauern und Vorhöfe. Brandopferaltar. Der Tempel. Der Vorhof und seine Kammern. Die Quaderhalle.

11. *Qinnim* (3), „Vogelnester". Das Taubenopfer, das arme Wöchnerinnen (Lev 12,8) und Arme bei bestimmten Verfehlungen (Lev 5,1ff) darbringen und das auch als freiwilliges Brandopfer möglich ist (Lev 1,14ff). Komplikationen, wenn Vögel, die verschiedenen Personen oder zu verschiedenen Opferarten gehören, durcheinander geraten.

§ 6. Sechste Ordnung: Toharot „Reinheiten"
12 Traktate

1. Kelim (30), „Geräte". Welche Arten von Unreinheiten können Geräte annehmen? Anknüpfungspunkte in der Bibel: Lev 6,20f; 11, 32ff; Num 19,14ff; 31,20ff. Hauptunreinheiten, Grade der Unreinheit und der Heiligkeit. Irdene Gefäße; Öfen und Herde; Gefäße mit Deckel; Geräte aus Metall, Leder usw. Betten, Tische, Reitzeug usw. Unterscheidung von Äußerem, Innerem, Gestell, Rändern, Griffen usw. der Geräte bezüglich möglicher Verunreinigung.

2. Ohalot (18), „Zelte", bzw. *Ahilot*, „Bezeltungen". Über die durch einen Leichnam verbreitete Unreinheit. Diese erfolgt nicht nur durch Berührung, sondern schon dadurch, daß sich etwas im selben „Zelt" befindet (Num 19,14). Welche Öffnungen hindern bzw. fördern das Vordringen der Unreinheit? Auffinden von Leichnamen. Gebeinstätten. Häuser von Heiden.

3. Negaim (14), „Plagen", d.h. Aussatz (Lev 13–14). Arten des Aussatzes, Beschau durch den Priester. Zweifelhafte Fälle. Blühen des Aussatzes. Aussatzbeulen und Brandmale. Hautkrankheiten. Aussatz von Kleidern und Häusern. Reinigung eines Aussätzigen.

4. Para (12), „die (rote) Kuh" (Num 19). Alter und Eigenschaften der roten Kuh. Schlachten und Bereitung der Asche. Zubereitung des Sprengwassers und dessen Aufbewahrung. Wie es untauglich oder unrein wird. Wirksame und unwirksame Besprengung.

5. Toharot (10), „Reinheiten", euphemistisch für „Unreinheiten". Verunreinigungen, die nur bis Sonnenuntergang wirksam sind. Nicht rituell geschlachtete Tiere (*nebela*). Grade der Verunreinigung durch Berührung von Unreinem. Zweifelhafte Unreinheit. Verunreinigung durch Flüssigkeiten. Verunreinigung von Öl und Wein beim Pressen und Keltern.

6. Miqwaot (10), „Tauchbäder" zur Reinigung (Ansätze in Lev 15,12; Num 31,23 für Gefäße; Lev 14,8 für Aussätzige; 15,5ff für durch geschlechtliche Ausflüsse Verunreinigte). Maß und Beschaffenheit des Tauchbades. Wie ist das Tauchbad zu vollziehen und was macht es unwirksam?

7. Nidda (10), „Unreinheit (der Frau)"; vgl. Lev 15,19ff (Blutfluß) und Lev 12 (Wöchnerin). Die Menstruierende; die Wöchnerin. Samaritanische, sadduzäische und nichtisraelitische Frauen. Verschiedene Lebensalter, Pubertät bei weibl. Personen usw.

8. Makhschirin (6), „was (zum Unreinwerden) geeignet macht", auch *Maschqin*, „Flüssigkeiten", genannt. Nach Befeuchtung mit einer von sieben Flüssigkeiten können trockene Nahrungsmittel durch Berührung mit etwas Unreinem unrein werden (vgl. Lev 11,34.37f).

9. Zabim (5), „mit einem unreinen Ausfluß Behaftete" (vgl. Lev 15). Vom Zählen der sieben unreinen Tage, bis der Zab wieder als rein gilt. Fragen bei der Prüfung des Ausflusses; Verunreinigung durch einen Zab.

Vergleich mit verschiedenen Arten von Unreinheit. Aufzählung der Dinge, die Hebe untauglich (*pasul*) machen.

10. Tebul jom (4), „der am selben Tag ein Tauchbad genommen hat" und danach noch bis Sonnenuntergang unrein ist (Lev 15,5; 22,6f). Profanes darf er berühren, Hebe, Challa und Geheiligtes macht er jedoch untauglich (*pasul*), wenn auch nicht unrein. Wie wirkt sich die Berührung eines Teils auf das Ganze aus?

11. Jadajim (4), „Hände", d.h. rituelle Unreinheit und Reinigung der Hände; vgl. Mt 15,2.20; 23,25; Mk 7,2ff; Lk 11,38f. Reinigung der Hände durch Begießen mit Wasser. Wodurch werden die Hände verunreinigt? Schriften, die die Hände unrein machen, d.h. zum biblischen Kanon gehören: Debatte über das Hohelied und Kohelet. Das Aramäische in Esra und Daniel. Unterschiede zwischen Pharisäern und Sadduzäern.

12. Uqtsin (3), „Stiele". Wie Stiele, Schalen und Kerne mit unrein werden, wenn die Frucht unrein wird bzw. wie sie die Frucht mit verunreinigen.

b) Ist diese Einteilung ursprünglich?

(vgl. dazu *Epstein*, ITM 980–1006; *Albeck*, Einführung 184–8).

Die Unterteilung von M in *sechs Ordnungen* erwähnt Ket 103b im Namen des R. Chijja (T5): *schita sidre* (vgl. BM 85b). Palästinische Texte verwenden statt *seder* auch *erekh*: z.B. PRK 1,7 (M. 11) *schesch erkhe ha-mischna*. Mehrfach nennt der Talmud die Namen der einzelnen Ordnungen. Was die Reihenfolge der 6 Ordnungen betrifft, findet sich die uns vorliegende Folge schon in einer Auslegung des Resch Laqisch (A2) zu Jes 33,6; die einzelnen Ausdrücke des Verses bezieht er der Reihe nach auf die M-Ordnungen: Glaube – Zeraim; deine Zeit – Moed; Macht – Naschim; Rettung – Neziqin; Weisheit – Qodaschim; Wissen – Toharot (Schab 31a). Die Verbindung der Ordnungen mit den einzelnen Ausdrücken des Bibelverses ist nur zum Teil einsichtig. Dies legt nahe, daß der Text die Reihenfolge der Ordnungen nicht aus dem Bibeltext ableitet, sondern diese ihm vorgegeben ist. Trotzdem kann der Text nicht beweisen, daß diese Reihenfolge schon im 3. Jh. feststand. MidrPs 19,14 (B. 86a) legt R. Tanchuma (A5) Ps 19,8–10 auf die 6 Ordnungen von M aus. Dabei nennt er der Reihe nach Naschim, Zeraim, Toharot, Moed, Qodaschim und Neziqin. Die dazu jeweils zitierten Psalmstücke entsprechen nicht der Reihenfolge des Bibeltextes – wohl erst nachträglich hat man Toharot mit dem dazugehörigen Psalmzitat an die 5. Stelle gerückt, um der biblischen Textfolge zu entsprechen: das legt nahe, daß dem Autor tatsächlich die hier gebrachte Reihenfolge der M-Ordnungen vorlag (zumal auch hier die Verbindung zwischen Schriftwort und Ordnung äußerst locker ist). D.h. aber, daß es in talmudischer Zeit noch keine verbindliche Reihenfolge der einzelnen Ordnungen gab, auch wenn sich schon bald die uns bekannte Folge immer mehr durchsetzte (so auch BM 114b, wonach Neziqin die 4., Toharot die 6. Ordnung ist; Aufzählung der Ordnungen in jetziger Reihenfolge in EstR 1,12).

Die *Namen der Traktate* sind zum Großteil schon in den Talmudim belegt: so z.B. Ber in BQ 30a, Joma in Joma 14b, RH in Taan 2a; Ket, Ned, Naz und Sota in Sota 2a; BQ und BM in AZ 7a; Sanh (einschließlich Mak) in pMak I,31b; Mak und Schebu in Schebu 2b; Ed in Ber 28a, Abot in BQ 30a; Tam in Joma 14b, Mid in Joma 16a, Kel in Kel XXX,4; Ahilot und Negaim in pMQ II,5,81b; Uqtsin in Hor 13b. Die Namen sind meist vom Inhalt, gelegentlich auch vom Anfangswort genommen (so Betsa häufiger als Jom Tob; Schechitat Qodaschim älter als Zebachim; Maschqin älter als MQ).

Die *Zahl der Traktate* beträgt jetzt 63. Ursprünglich aber bildeten die drei „Pforten" (Babot) am Anfang der 4. Ordnung nur einen, gleichfalls Neziqin genannten Traktat: „Ganz Neziqin ist *ein* Traktat" (BQ 102a; vgl. BM 10a.b). Dieser umfaßte wie Kelim 30 Kapitel (LevR 19,2, M. 417). Diesen ursprünglichen Zustand geben die MSS Kaufmann und Parma wieder; auch andere MSS zählen die Kapitel der drei „Pforten" durch. Nur wegen seiner Größe ist der Traktat schon in talmudischer Zeit dreigeteilt worden (ebenso Kelim in T): die Teilung erfolgte rein mechanisch in 3 „Pforten" zu je 10 Kapitel; sachlich müßte BM X zu BB gehören. Makkot bildete ursprünglich zusammen mit Sanh einen einzigen Traktat, Sanh, der 14 Kapitel umfaßte, wie die MSS Kaufmann und Parma belegen. Das setzt auch pMak I,14,31b voraus: „Wir lernen hier etwas, was wir im ganzen (Traktat) Sanhedrin nicht lernen...". Die Abtrennung von Sanh ist auch hier nicht sachgemäß erfolgt: Mak I müßte noch zu Sanh gehören. Noch Maimonides bezeugt, wenn auch unwillig, in der Einleitung zu seinem M-Kommentar, daß in den Handschriften Mak und Sanh verbunden und als ein Traktat gezählt werden. Somit ergibt sich als ursprüngliche Zahl der Traktate 60, wie auch R. Isaak Nappacha (A3) bezeugt, wenn er die „60 Königinnen" von Hld 6,8 als die „60 Traktate der Halakhot" deutet (HldR 6,14).

Die *Reihenfolge der Traktate* innerhalb der Ordnungen ist nicht einheitlich überliefert: MSS und Drucke weichen ebenso voneinander ab wie die Anordnung der Traktate in der Überlieferung von T und den beiden Talmudim. Die hier gebotene Reihenfolge entspricht der des Maimonides in der Einleitung zu seinem M-Kommentar, ausgenommen in der Folge Naz Sota Git: Maimonides plädiert hier für die Folge Naz Git Sota, die sich jedoch wegen des expliziten Zeugnisses von Naz 2a und Sota 2a (kennt Maimonides diese Stellen nicht?) nicht durchgesetzt hat. Sonst gibt es wenig talmudische Angaben zur Reihenfolge (Taan 2a: RH-Taan; Schebu 2b: Mak-Schebu), die eindeutig verwertbar sind. Eine einheitliche ursprüngliche Reihenfolge der Traktate ist nicht anzunehmen. Das den M-Handschriften zugrundeliegende Ordnungsprinzip innerhalb der Ordnungen scheint die Kapitelzahl der einzelnen Traktate gewesen zu sein, wie schon *A. Geiger* vermutet hat (Wissensch. Zeitschrift für jüd. Theologie 2, 1836, 489–492). Dies trifft jedenfalls für alle Ordnungen außer Zeraim zu, wenn wir in der Ordnung Neziqin die drei „Pforten" als einzigen Traktat Neziqin mit 30 Kapiteln betrachten und ebenso Sanh und Mak als Traktat Sanh mit 14 Kapiteln zusammennehmen. In der Ordnung Qodaschim ist zu beachten, daß Tamid ursprünglich nicht 7, sondern 6 Kapitel zählte. Wo die einzelnen MSS von M in der Reihenfolge voneinander abweichen, geschieht dies regelmäßig durch Umstellung von Traktaten mit derselben Kapitelzahl. Wenn die Erstausgabe von M Abot (5 Kapitel) nach Horajot (3 Kapitel) bringt, so wohl deshalb, weil Abot innerhalb der Ordnung (und der ganzen M) einzigartig ist und vielleicht einst überhaupt den Abschluß von M bildete; aber auch diese Ausgabe stellt in der zusammenfassenden Liste der 4. Ordnung Abot vor Horajot!

Die Anordnung der Ordnung Zeraim weicht hingegen völlig von diesem Prinzip ab, auch wenn eine Gruppe größerer Traktate den kleinen Traktaten vorausgeht. Die Kapitelzahlen in der üblichen Reihenfolge sind: 9–8–7–9–10–11–5–5–4–3–3. MS Wien von T stellt im ersten Teil um: Ter (11), Schebi (10), Kil (9); auch ein Geniza-MS belegt die Reihenfolge Schebi-Kil. Doch selbst wenn dies die ursprüngliche Reihenfolge wäre, blieben noch die ersten drei Traktate in ihrer Anordnung ungeklärt. Auch der Versuch von *Abr. Goldberg* (in *Safrai* I 234), darin eine erst sekundär mit dem Folgenden verbundene Teil-Ordnung zu sehen, hilft kaum weiter. Demai, „zweifelhaft Verzehntetes", jetzt an 3. Stelle, müßte rein sachlich erst nach Maas und Ter kommen (in MS Erfurt von T steht Demai tatsächlich nach Ter!), und auch Pea, jetzt an 2. Stelle, ist hier sachlich kaum gerechtfertigt. Was schließlich Ber betrifft, dürfte der Traktat aufgrund seines Inhalts an den Anfang von M gestellt worden sein (im Münchener Codex des bT steht Ber am Ende der Ordnung Moed!). Wie es zur jetzigen Anordnung der Traktate in Zeraim gekommen ist, kann jedenfalls nicht mehr zufriedenstellend geklärt werden. Zwar ist vermutet worden, daß z. B. die Reihenfolge Kil-Schebi-Ter mit der Reihenfolge der biblischen Basistexte (Lev 19; Lev 25; Num 18) zu begründen sei. Die Annahme jedoch, daß allgemein die Stellung der betreffenden Gesetze im Pentateuch für die älteste Ordnung der Traktate maßgeblich gewesen sei, ist nicht zu belegen, auch wenn die Aufeinanderfolge nicht weniger Bestimmungen innerhalb der einzelnen Traktate durch das Beieinanderstehen entsprechender Sätze im Pentateuch erklärt werden kann. Einzelne Traktate sind sicher wegen ihrer sachlichen Verwandtschaft nebeneinandergestellt worden (so Maas und MSch). Doch auch der Versuch des Maimonides in der Einleitung zu seinem M-Kommentar, die von ihm für ursprünglich gehaltene Anordnung der Traktate sachlich zu begründen (Zusammenstellung des Gleichartigen, Voransetzung des Unentbehrlichen, Aufeinanderfolge in der Tora) kann nicht als überzeugend angesehen werden.

Wenn die Massekhtot innerhalb ihrer Ordnungen tatsächlich primär nach ihrer Kapitelzahl angeordnet worden sind, muß die *Kapiteleinteilung* älter als diese Anordnung sein. Tatsächlich erwähnt schon LevR 19,2 (M. 417) je 30 Kapitel für Neziqin und Kelim. Auch finden sich in den

Talmudim einzelne M-Kapitel mit den noch heute üblichen, aus den Anfangsworten gebildeten Namen zitiert, so pGit VIII,5,49c „Wer sich von seiner Frau scheidet" (Git IX), Jeb 96b „Vier Brüder" (Jeb III), Nid 48a „ein durch Kaiserschnitt entbundenes Kind" (Nid V). Das schließt natürlich nicht aus, daß einzelne Kapitel erst später abgetrennt (Tam VI und VII zählen in den MSS und bei den frühen Kommentatoren als ein einziges Kapitel) oder erst nachträglich hinzugefügt worden sind (Abot VI; Bik IV aus der T-Tradition). Auch ist vereinzelt die Abtrennung der Kapitel sachlich unrichtig vorgenommen worden: so etwa in Schab, wo IX,1–4 sachlich mit VIII,7 zusammengehört (jeweils Aussagen, für die ein zitierter Bibelvers kein Beweis, aber ein Hinweis ist). Solche unsachgemäßen Trennungen können gelegentlich älter als die Talmudim sein und auf die Rezitatoren von M in den Schulen, die Tannaim, zurückgehen.

Die *Reihenfolge der Kapitel* innerhalb eines Traktates ist nicht immer eindeutig überliefert: in Er bietet z.B. MS Oxford die Reihenfolge VI, V, VII, IV, während MS München V vor III stellt; Pes ist bei den Geonim zweigeteilt: a) Kap. I–IV und X; b) Kap. V–IX. So kommt es, daß MS München Kap. X direkt an IV anschließt; in Tam bietet MS Florenz IV vor III. In Ber hat Raschi IV nach II gelesen; Meg III steht in den Drucken des bT an 4. Stelle; in Git tauschen Rabbenu Ascher und viele französische Texte VI und VII; BB V steht in MS Hamburg 19 nach VI, VII nach VIII; Sanh X steht im bT an 11. Stelle, Men X in bT an 6. Stelle.

Die Untergliederung der Kapitel in *Halakhot* und *Mischnajot* ist jedenfalls alt und wird im wesentlichen schon in den Talmudim vorausgesetzt.

Die uneinheitliche Anordnung der Traktate innerhalb ihrer Ordnungen und der Kapitel innerhalb der Traktate in den verschiedenen Textzeugen macht deutlich, daß diese Untergliederung von M nicht einer normativen ursprünglichen Anordnung des Textes folgt, sondern wechselnden Interessen im Lehrbetrieb der Rabbinen und ihrer Nachfolger untergeordnet war; erst die MSS-Tradition und am nachhaltigsten der Versuch des Maimonides haben die Anordnung der Traditionsblöcke innerhalb M normiert, ohne jedoch je zu voller Einheitlichkeit zu führen.

c) Ein Ordnungsprinzip der Mischna

Trotz einer gewissen Uneinheitlichkeit in der Textüberlieferung steht der Aufbau von M soweit fest, daß nach ihrem Ordnungsprinzip zu fragen ist, auch wenn man die Erklärung des Maimonides hinsichtlich der logischen Reihenfolge der Traktate nicht übernehmen kann. Die *Zuordnung der einzelnen Traktate zu ihren jeweiligen Sedarim* ist fast durchwegs vom Inhalt her sachlich gerechtfertigt. Problematisch sind Ber, Naz, Ed und Abot.

1. *Ber*, das sich v.a. mit den täglichen Gebeten befaßt, paßt an sich nicht zur Ordnung Zeraim, in der es um die Gesetze bezüglich der Landwirt-

schaft und ihrer Produkte geht. Seine Zuordnung zu dieser Ordnung dürfte wohl deshalb erfolgt sein, weil hier auch die Tischgebete mit ihren Segenssprüchen über die einzelnen Lebensmittel ausführlich besprochen werden. Die Thematik des Gebets führt zur Einordnung des Traktats ganz zu Beginn der Ordnung und somit der ganzen M, um deren religiösen Charakter von Anfang an klarzustellen.

2. Die Einordnung von *Naz* gibt schon in Sota 2a und Naz 2a zu Fragen Anlaß. Man begründet die Zusammenstellung mit Sota moralisierend: wer die des Ehebruchs Verdächtige verflucht sieht, wird sich den verführerischen Weingenuß abgeloben. Tatsächlich gehört Naz mit Ned zusammen: da der Traktat über die Gelübde wegen der besonderen Problematik der Gelübde bei Frauen (Aufhebbarkeit durch Mann oder Vater: Ned X–XI) in der Ordnung Naschim aufgenommen wurde, fand hier auch Naz (als Sonderfall von Gelübden) seinen Platz, obwohl nur IV,1–5 und IX,1 von Frauen abgelegte Nasiräatsgelübde behandeln.

3. *Ed*, „Zeugnisse", dürfte im Anschluß an Schebuot, „Schwüre", in die Ordnung Neziqin gekommen sein, nachdem dieser Traktat mit seiner für M einzigartigen Anordnung nach Lehrmeistern und ohne thematische Einheit sonst nicht unterzubringen war. *Albeck* (Mischna IV 277) sieht die Aufnahme von Ed in Neziqin dadurch begründet, daß die in Ed enthaltenen Sprüche vor dem Sanhedrin in Jabne bezeugt wurden.

4. *Abot*, als einziger Traktat von M rein haggadisch und damit neben Ed der zweite abnormale Traktat in M, hat nach *Albeck* (Mischna IV 348f) in Neziqin Aufnahme gefunden, weil die „Väter" die Mitglieder des Sanhedrin waren. Diese Begründung ist jedoch recht zweifelhaft. In BQ 30a sagt R. Jehuda: „Wer ein Frommer sein will, halte die Gesetze von den ‚Schädigungen'. Raba sagte: die Vorschriften der ‚Väter'. Manche sagen: die Vorschriften von den ‚Segenssprüchen'". Wenn hier Raba die Aussage Jehudas spezifiziert, wäre damit für seine Zeit die Einordnung von Abot in Neziqin belegt, aber noch nicht begründet. Eine logische Begründung ist wohl nicht zu finden. Eher ist die historische Begründung von *A. Guttmann* zu erwägen: Abot sei erst spät (um 300) in M eingefügt und daher an den Schluß des Werkes gestellt worden, den damals gewöhnlich die Ordnung Neziqin bildete.

Innerhalb der einzelnen Traktate ist zwar die thematische Anordnung grundlegend; doch wird sie immer wieder durch Assoziationen unterbrochen, seien diese inhaltlich, formaler Art oder durch denselben Tradenten gegeben. In Sota z.B. ist das eigentliche Thema die des Ehebruchs Verdächtige. Wie dieser Vergeltung nach nach dem Prinzip „Maß für Maß" zuteil wird, so auch anderen, sei es zum Guten oder zum Bösen (I,7–9). Dem Satz Jehoschuas über die sittenlose Frau folgt eine weitere Sentenz in seinem Namen, wer aller durch sein Verhalten die Welt zerstört (III,4). Beim Speiseopfer der Sota wird unterschieden zwischen der Tochter eines Priesters und der Frau des Priesters, die Tochter eines gewöhnlichen Israeliten ist: so kommt man auf die Unterschiede zwischen Priester und Priestertochter allgemein zu sprechen, ebenso auf den Unterschied zwischen Mann und Frau. Formal werden die Sätze durch die Einleitung *ma ben*, „was ist (der Unterschied) zwischen...?" verbunden (III,7–8). Einem Spruch des R. Aqiba mit Kommentar des R. Jehoschua in V,1 folgen in 2–5 weitere Sprüche des R. Aqiba vom selben Tag (*bo ba-jom darasch R. Aqiba*), jeweils von R. Jehoschua und anderen ergänzt; der Anschluß ist dabei durch die Namen Aqibas und Jehoschuas gegeben, ebenso wohl auch durch das Stichwort „verunreinigen". Am umfangreichsten sind diese assoziativen Einschübe in VII–IX: die Beschwörungsformel der Sota kann in allen Sprachen gesprochen werden; was kann ebenso in allen Sprachen, was nur in Hebräisch rezitiert werden? So kommt man zu liturgischen Fragen und zum Thema des Kalbs, dem man das Genick bricht, wenn ein Mörder nicht gefunden wird. Dieser Brauch hat mit dem Überhandnehmen der Mordfälle aufgehört: was hat sich noch im Lauf der Zeit geändert? Von hier zieht man die Verbindungslinie bis zu den Zeichen der Endzeit.

An anderen Stellen ist die Textfolge von M offenbar vom halakhischen Midrasch beeinflußt und hängt vom Zusammenhang des Bibeltextes ab: MSch V,10–14 erläutert z.B. Dtn 26,13–15; Jeb VIII spricht unmittelbar nach einigen Bestimmungen über Männer, deren Geschlechtsglied verstümmelt ist (Dtn 23,2f), über die Nichtaufnahme von Ammonitern und Moabitern sowie die Aufnahme von Ägyptern und Edomitern in die Gemeinde (Dtn 23,4ff); auf die Erläuterung von Dtn 20,2–9 in Sota VIII folgt in IX die von Dtn 21,1–9; BM II,10 erwähnt den unter seiner Last erliegenden Esel (Ex 23,5), obwohl das nicht in den Zusammenhang gehört, weil im Kontext vom verirrten Vieh (Ex 23,4) die Rede ist; Mak II bringt Bestimmungen über den unvorsätzlichen Totschläger Dtn 19,4ff und die Asylstädte Dtn 19,2ff; diese gehören nicht in den Traktat, sind aber angeführt, weil Mak I von Fällen spricht, in denen falsche Zeugen Streiche erhalten sollen (Dtn 19,19). Schebu ist im wesentlichen aus der Erklärung von Lev 5 (Kap. I–V) und Ex 22,5–14 (Kap. VI–VIII) zusammengestellt.

Die dem modernen Leser unsystematisch wirkende Stoffzusammenstellung von M geht also auf verschiedene damals übliche Ordnungsprinzipien zurück. Völlige Kohärenz und Einheitlichkeit im System der Rabbinen dürfen wir prinzipiell nicht erwarten. Dennoch können, bei aller gebotenen Vorsicht, die Verschiedenheiten in der Anordnung des Stoffes in M sehr wohl für ihre Quellenanalyse und Traditionsgeschichte verwertet werden.

3) Die Entstehung

a) Die Tradition

Fast jede Darstellung der Entstehungsgeschichte von M beruht auf dem Schreiben des *Gaon Scherira von 987*, in dem er die Fragen der Gemeinde von Kairowan beantwortet: wie wurde M niedergeschrieben? Haben die Männer der Großen Synagoge zu schreiben begonnen und die Weisen jeder Generation einen Teil geschrieben, bis Rabbi kam und M abschloß? Das umfangreiche anonyme Material von M entspricht, wie sie wissen, der Lehre des R. Meir und die am häufigsten genannten Gelehrten – Meir, Jehuda, Jose und Simeon – sind Schüler Aqibas, nach dem die Halakha geht. Doch warum haben die Früheren den Späteren eine Fülle von Material überliefert und hat man dennoch bis zum Ende der Zeit Rabbis nichts aufgeschrieben? Des weiteren will die Gemeinde von Kairowan eine Begründung für die Anordnung der Traktate in M, Auskünfte über T usw. (ISG 4–6).

Die Antwort Scheriras fügt zerstreute talmudische Angaben zu einem geschichtlichen Abriß der talmudischen Zeit. Vor Rabbi gab es keine einheitliche Formulierung der Gesetze, geschweige denn eine geordnete M. Aus Sorge, die Lehre könne verloren gehen, machte sich Rabbi an die Redaktion von M. Dabei ging er nicht nach eigenem Gutdünken vor, sondern ließ die Tradition bis zurück zu den Männern der Großen Synagoge prüfen, um die als richtig befundenen Sätze wörtlich zu übernehmen (als Beleg gilt Sanh V,2, wo Ben Zakkai ohne den Titel Rabban genannt wird: diese Tradition soll aus der Zeit stammen, als er noch nicht ordiniert war). Einzelne Traktate wie Uqtsin (lt. Hor 13b zur Zeit Simeons b. Gamaliel gelehrt) und Edujot (lt. Ber 28a am Tag der Einsetzung des Eleazar ben Azarja vorgetragen) lagen Rabbi schon fest vor und wurden von ihm nur durch Lehren aus der Zeit seines Vaters ergänzt. Die anonyme Lehre in M ist lt. Scherira tatsächlich jene Meirs, der sich auf Aqiba stützt, welcher wiederum von seinen Lehrern übernimmt. Eine schriftliche Fassung von M war früher nicht nötig, da alle einmütig dasselbe lehrten; erst durch die zahlreichen Schüler Hillels und Schammais kam es zu Meinungsverschiedenheiten.

ISG kommt zu dieser Schilderung einer einheitlichen Weitergabe der M-Lehre aus grauer Vorzeit, bis sie von Rabbi redigiert wurde, von ihrer Auffassung der mündlichen Tora aus, die als solche direkt auf Mose zurückgeht (wie andere explizit sagen). Dieses einheitliche Bild der Traditionsentwicklung dient Scherira im Kampf gegen die Karäer mit ihrer Abwertung der rabb. Überlieferung. Das hohe Alter der mündlichen Tora betont auch Saadja im Sefer ha-Galui (*S. Schechter*, Saadyana, C 1903, 5); doch begannen nach ihm schon die Männer der Großen Synagoge mit der

Niederschrift von M. STA schließlich (Machzor Vitry, J 1963, 484) behauptet, gestützt auf Chag 14a: „Von den Tagen Moses bis auf Hillel gab es 600 Ordnungen der M, wie sie der Heilige Mose auf dem Sinai gegeben hatte; doch von Hillel an wurde das Ansehen der Tora schwach und so legten Hillel und Schammai nur 6 Ordnungen fest" (vgl. auch Responsum 20 in Shaare Teshubah. Responsa of the Geonim, NY 1946, und Bereschit Rabbati, ed. *Albeck* 48).

Die moderne Einleitungswissenschaft ist i.a. nicht über diese Ansätze hinausgekommen (vgl. *J. Neusner*, Hg., The Modern Study). Fast allgemein rechnet man mit einer langen Vorgeschichte von M: manche führen diese bis zur Offenbarung an Mose auf dem Sinai zurück (*D. Hoffmann*); i.a. läßt man sie jedoch mit dem Schriftstudium in der Exilszeit bzw. mit den Männern der Großen Synode einsetzen (z.B. *Z. Frankel*), wobei durch Esra ebenfalls der direkte Anschluß an die biblische Zeit gesichert ist. Auch die Haggada von den 600 Ordnungen von M vor Hillel oder zumindest die Schaffung der 6 Ordnungen durch Hillel selbst oder in seiner Zeit wird gerne übernommen (z.B. *N. Krochmal*). Andere wie *Ch. Albeck* nehmen im Anschluß an Scherira zwar keine feste Ordnung von M vor Rabbi an, halten jedoch ebenfalls daran fest, daß die Anfänge der in M niedergelegten Halakha Jahrhunderte älter als M selbst sind. Erst *J. N. Epstein* verzichtet weithin darauf, die vormischnaische Periode zu rekonstruieren und verläßt sich im allgemeinen auf eine literargeschichtliche Untersuchung von M selbst.

So ergeben sich als Festpunkte einer traditionellen opinio communis: Rabbi Jehuda ha-Nasi hat M redigiert; dabei hat er als Hauptquelle die M des R. Meir verwendet, der sich wieder auf die M seines Lehrers Aqiba stützt. Aber auch Aqiba war nicht der erste Redaktor von M, sondern greift auf eine „erste M" zurück, deren Wurzeln bis in die biblische Zeit zurückreichen.

Diese Darstellung scheint sich auf rabb. Zeugnisse stützen zu können; v.a. der R. Jochanan zugeschriebene Satz wird zitiert: „Anonyme Aussagen von M (*stam matinitin*) – R. Meir, solche von T – R. Nechemja, solche in Sifra – R. Jehuda, solche in Sifre – R. Simeon. Und alle richten sich nach R. Aqiba" (*we-kulhu aliba deR. Aqiba*: Sanh 86a). Abgesehen von der Frage der Zuverlässigkeit dieser Tradition spricht der Text nicht explizit von geordneten oder gar schriftlichen M-Sammlungen Aqibas oder Meirs, sondern kann auch von der M zugrundeliegenden Halakha verstanden werden. Dasselbe gilt von Sanh III,4, wo Aqibas M der ersten M gegenübergestellt wird (ebenso Naz VI,1 und TMSch II,12, L. 253; Ket V,3 und Git V,6: die erste M gegenüber späteren Entscheidungen; TMSch II,1, L. 249, und Sifre Zutta Naso 5,10, H. 232 bezeichnen bestimmte Lehren als M des R. Aqiba): M kann hier auch eine einzelne Halakha sein. Eine redaktionelle Tätigkeit Aqibas ist damit nicht notwendig eingeschlossen. Eine solche scheint jedoch in zwei anderen Texten ausgesagt zu sein: „als

R. Aqiba den Schülern Halakhot ordnete" (*mesader*: TZab I,5, R. 337), ließ er sie Gegengründe vorbringen. *S. Lieberman* (Hell. 91) versteht dies als Überprüfung der *hypomnemata*, der Mitschriften der Studenten, und deutet diese Aussage wie auch pScheq V,1,48c („R. Aqiba, der Midrasch, Halakhot und Haggadot festlegte", *hitqin*) im Sinn einer redaktionellen Tätigkeit Aqibas.

So schwer diese rabb. Aussagen zu bewerten sind, kann man sie doch nicht einfach vernachlässigen. Das zeigen auch nichtjüdische Zeugnisse, nämlich zwei allerdings ungenaue oder verderbte Stellen des Epiphanius: „Denn die Überlieferungen der Alten heißen bei den Juden *deuteroseis*. Diese sind vier: eine läuft unter dem Namen Moses [*mischne tora*, das Dtn? Doch deutet der Zusammenhang auf ein nichtbiblisches Werk!], die zweite nach dem sogenannten R. Aqiba, die dritte nach Adda oder Juda, die vierte nach den Söhnen der Hasmonäer" (Anordnungen des Johannes Hyrkan? oder Verstümmelung aus Hoschaja? Haer. 33,9, GCS 25, I 459f). Der Paralleltext (Haer. 15,2, p. 209f) lautet: „Denn es gab bei ihnen vier *deuteroseis*: eine ist nach dem Propheten Mose benannt, die zweite nach ihrem Lehrer Akiba oder Barakiba, eine weitere nach Adda oder Annas, der auch Juda heißt, eine andere nach den Söhnen der Hasmonäer".

b) Bibelauslegung als Ursprung der Mischna?

Lit.: G. *Aicher*, Das Alte Testament in der Mischna, Freiburg 1906;*A. J. Avery-Peck*, Scripture and Mishnah: The Case of the Mishnaic Division of Agriculture, JJS 38 (1987) 56–71; *D. W. Halivni*, Midrash, Mishnah, and Gemara. The Jewish Predilection for Justified Law, C (M) 1986; *J. Z. Lauterbach*, Rabbinic Essays, NY 1973 (= Cincinnati 1951), 163–256 (aus JQR 5, 1914f, und 6, 1915f); *E. Z. Melamed*, Halakhic Midrashim in the Mishna and Tosephta (h), Bar-Ilan 2 (1964) 84–99; *J. Neusner*, Method and Meaning in Ancient Judaism II, Chico 1981, 101–213; *ders.*, Judaism. The Evidence of Mishnah, Chicago 1981, 167–229; *ders.*, Accomodating Mishnah to Scripture in Judaism: The Uneasy Union and Its Offspring, in: *ders.*, Formative Judaism II, Chico 1982, 153–168; *R. S. Rosenblatt*, The Interpretation of the Bible in the Mishnah, Baltimore 1935; *S. Safrai* I 146ff; *R. S. Sarason*, Mishnah and Scripture: Preliminary Observations on the Law of Tithing in Seder Zeraʿim, in: *W. S. Green*, Approaches II 81–96; *E. E. Urbach*, The Derasha as a Basis of the Halakha and the Problem of the Soferim (h), Tarbiz 27 (1957f) 166–182; *J. Weingreen*, From Bible to Mishna. The Continuity of Tradition, Manchester 1976; *S. Zeitlin*, Midrash: A Historical Study, in: *ders.*, Studies in the Early History of Judaism. History of Early Talmudic Law, IV, NY 1978, 41–56.

Die rabb. Auffassung vom sinaitischen Ursprung der mündlichen Tora läßt natürlich auch M am Sinai beginnen. Neben dieser These eines von Anfang an bestehenden Nebeneinander von mündlicher und schriftlicher Tora findet sich in der Tradition auch die andere Meinung, daß die mündliche Tora von der schriftlichen abgeleitet und deren konsequente Auslegung ist. Schon Scherira (ISG 39) behauptet, daß die frühen Lehrer in der Zeit des zweiten Tempels nach der midraschischen Methode von Sifra und Sifre vorgingen, also die Halakha aus der Bibel ableiteten bzw. im Anschluß an die Bibel lehrten, auch wo diese von der Bibel unabhängig ist. Diese wohl auch von der Polemik gegen die Karäer mitbestimmte Aussage Scheriras haben *N. Krochmal, Z. Frankel, J. Brüll, D. Hoffmann* u. a. übernommen (in impliziter apologetischer Abwehr der christlichen These vom „Spätjudentum": *J. Neusner*, Method 158). *J. Z. Lauterbach* (Rabb. Essays 163 ff) hat sie ausgebaut und die Makkabäerzeit als die Periode angesehen, in der neben die midraschische Methode der Halakha-Lehre die mischnaische getreten sei, welche die Halakha wie die uns vorliegende M ohne Bezug zur Bibel lehrt. Den Grund für das Aufkommen der mischnaischen Methode sah *Lauterbach* darin, daß in einer Periode ohne Lehrautorität zahlreiche Halakhot ohne biblischen Bezug sich eingebürgert hatten und nicht mehr zu verdrängen waren; zugleich konnten die Pharisäer die mit diesen nicht aus der Bibel abgeleiteten Halakhot verbundene Lehre von der mündlichen Tora als Stütze ihrer eigenen Lehrautorität verwenden. Gegen diesen zeitlichen Ansatz wendet sich *Halivni* 18 ff: erst nach 70 verdrängte unter dem Druck der äußeren Umstände die mischnaische Methode den midraschischen Zugang, ohne sich jedoch auf Dauer durchsetzen zu können (M ist „a composite work, excerpted from earlier sources, from Midrash": p. 53).

Dagegen steht die Meinung, die Halakha sei ursprünglich nicht aus der Bibel abgeleitet und auch nicht im Rahmen der Exegese gelehrt worden; die mischnaische Methode sei also ursprünglicher als die midraschische. Dafür spricht, daß Halakhot frühester Autoritäten stets ohne biblische Begründung überliefert werden. Auch die Erzählung über Hillels Entscheidung hinsichtlich der Vorbereitung des Pesach-Opfers am Sabbat ist zu erwähnen (pPes VI,1,33a: vgl. S. 27), vorausgesetzt, sie ist zumindest in ihrem Kern historisch brauchbar. Vertreter dieser Meinung sind u. a. *Halevy* (Dorot Ic 292 ff; Ie 467 ff), *G. Aicher* und *S. Zeitlin*. Nach *Zeitlin* hat sich die Midraschform nur durchgesetzt, um den in der Zeit des zweiten Tempels entstandenen Halakhot höhere Autorität zu verleihen. Aus Qid 49a („Was ist M? R. Meir sagt: Halakhot. R. Jehuda sagt: Midrasch"; vgl. Sanh 86a, wonach die anonyme M Meir entspricht, die anonyme Sifra R. Jehuda) entnimmt *Zeitlin*, daß bei der Sammlung der Halakha in ein einziges Corpus Meir eine thematische Anordnung vertreten habe, Jehuda eine Anordnung gemäß dem Pentateuch.

Andere nehmen eine vermittelnde Position ein und vertreten ein Nebeneinander beider Methoden (so z.B. *S. Safrai* I 154) *J. N. Epstein*, (ITL 503 ff) und *Ch. Albeck* (Einführung 56–93) nehmen zwar beide im Anschluß an Scherira den zeitlichen Vorrang der mischnaischen Lehrmethode an; doch betonen sie, daß sich die Halakha vielfach zwar auf die Bibel stützt, sich jedoch nicht aus dieser ableitet. *E. E. Urbach* nimmt an, daß in der Frühzeit die etablierten Autoritäten (der Sanhedrin und seine Gelehrten sowie die Gerichte) die Halakha in Form von *taqqanot* und *gezerot* festsetzten, die autoritätslosen Soferim hingegen sich auf die Bibelauslegung stützten. Erst langsam, mit der Schwächung der bestehenden Institutionen, habe sich die Bibelauslegung als gleichwertige Quelle der Halakha durchgesetzt; nach 70 begannen die Gelehrten Soferim zu werden (Sota IX,15: im Kontext sind die Soferim jedoch eher als Schullehrer zu verstehen, besagt also die Stelle einen Niedergang der Gelehrsamkeit vor dem Ende der Zeiten!) und schließlich gewann die Schule Aqibas, die jegliche Halakha aus der Bibel ableiten wollte, die Oberhand.

Nach unserem derzeitigen Wissensstand sind solche historische Rekonstruktionen kaum möglich. Der einfache Befund des M-Textes selbst zeigt, daß es im wesentlichen drei Gruppen von Halakhot gibt: 1) solche, die aus der Bibel abgeleitet sind; 2) von der Bibel unabhängige Halakhot; 3) unabhängig von der Bibel entstandene Halakhot, die nachträglich mit der Bibel verbunden worden sind. Dem entspricht eine anonyme Aussage in Chag I,8: „(Die Gesetze über) die Dispens von Gelübden hängen in der Luft und haben nichts, worauf sie sich stützen können. (Die Halakhot über) Sabbat, Feste und Vergreifung am geheiligten Gut sind wie Berge, die an einem Haar hängen. Da gibt es wenig Bibel und zahlreiche Halakhot. Zivilrecht, Tempeldienst, Reinheiten und Unreinheiten sowie Inzest(gesetze) haben etwas, worauf sie sich stützen können. Sie sind das Wesen der Tora" (*gufe tora*). *Ephrati* (Bar-Ilan 11) betont die schlechte Bezeugung der Lesart „an einem Haar" (*be-saʿara*) gegenüber der anderen Lesung „im Sturm" (*samekh* statt *sin*); er sieht den Satz als Polemik gegen das Unternehmen von Jabne, die Halakha systematisch zu lehren; während die einen Sätze unbiblisch oder nur schwach durch die Bibel gestützt sind, sind die anderen die biblische Lehre (*gufe tora*) und bedürfen keiner systematischen Neuordnung. Doch auch wenn *Ephrati*'s Analyse historisch stimmt, ist der Satz doch durch das Fehlen einer rabb. Antwort darauf schon positiv aufgenommen und nur noch als faktische Feststellung des Verhältnisses der Halakha zur Bibel zu verstehen.

Eine genaue Analyse jedes einzelnen M-Traktates, ja jedes einzelnen Komplexes an Gesetzen kann allein dazu führen, das Verhältnis von M zur Bibel genauer zu definieren. M bringt verhältnismäßig wenig Bibelzitate, und sogar diese sind zum Teil erst später hinzugefügt worden; auch ist eine Beweisführung aus der Bibel („wie geschrieben steht") relativ selten. I.a. macht M den Eindruck eines bewußten Bemühens, von der Bibel unabhängig zu sein. Doch zeigt eine genauere Betrachtung einzelner Traktate ein je verschiedenes Verhältnis zur Bibel: manche Traktate wirken wie eine bloße Paraphrase, Kommentierung und Erweiterung des Bibeltextes (so z. B. fast die ganze 5. Ordnung von M außer Tam und Mid, die nicht Bibelerklärung, sondern Darstellung der tatsächlichen Zustände zur Zeit des Tempels sein wollen; ebenso jene Traktate von Seder Toharot, die die Quellen der Unreinheit behandeln). *J. Neusner* betont allerdings zu Recht: „Sameness, five hundred years later, is the greatest difference" (Method 170): es geht ja nicht nur darum, bestimmte Bibelabschnitte wiederzugeben und zu kommentieren, sondern auch um die dabei getroffene Auswahl und die Perspektive der Wiedergabe (in der Qodaschim z. B. das Priestertum völlig ignoriert). „Mishnah constitutes a statement on the meaning of Scripture, not merely a statement of the meaning of Scripture" (ibid. 168). Andere M-Texte sind zwar auch erweiternder Bibelkommentar, wären aber aus dem Bibeltext allein nie zu erschließen (z. B. der Traktat Qinnim). Schließlich gibt es zahlreiche Passagen von M, die von der Bibel völlig unabhängig sind bzw. überhaupt in Widerspruch zu ihr stehen. Das gilt z. B. für weite Strecken der sechsten Ordnung, wo es um Orte und Objekte der Unreinheit und um Wege ihrer Beseitigung geht: hier werden eine ganze Reihe von grundlegenden Thesen für den Umgang mit der Bibel vorausgesetzt (z. B. jene, daß die Reinheitsvorschriften auch außerhalb des Kultes gelten).

Ein historischer Schluß auf frühe Vorstufen von M ist von dergleichen Erkenntnissen her nicht möglich. M selbst behauptet auch in jenen Traktaten, die offenkundig auf der Bibel beruhen, keine sehr frühen Anfänge: die frühesten zitierten Autoritäten sind vom Beginn unserer Zeitrechnung. Andere Traktate (wie etwa Makhschirin), die von der Bibel ziemlich unabhängig sind, setzen erst nach 70 ein; aber auch solche Traktate, die biblische Grundlagen haben, kommen zu ihrer Interpretation erst aufgrund bestimmter bibelfremder Voraussetzungen. Die Feststellung von M-Einheiten, die nicht systematisch oder assoziativ, sondern in Anlehnung an Bibeltexte aufgebaut sind, kann daher im Einzelfall zur Quellenscheidung innerhalb von M dienen, nicht jedoch eine weiter zurückreichende Vorgeschichte von M belegen, die direkt mit der Bibel verbindet.

c) Vorstufen unserer Mischna

Der Versuch, auf dem Weg über eine frühe Stufe eines an die Bibel angelehnten und aus der Exegese stammenden Halakha-Vortrages eine lange Vorgeschichte von M zu erhellen, kann als gescheitert gelten; die Frage nach Vorstufen unserer M bleibt dennoch aufrecht. Schon Scherira nimmt an, daß Rabbi für seine M-Redaktion gewisse Traktate vorlagen, nämlich Edujot und Uqtsin. Verschiedene Amoräer behaupten ebenfalls solche Quellen Rabbis, nicht nur in der allgemeinen Aussage Jochanans Sanh 86a, daß die anonyme M von R. Meir stammt und alle sich an R. Aqiba halten, sondern auch in der Zuschreibung einzelner Traktate (ihres Grundstocks, ihres anonymen Teils oder nur einzelner Halakhot?) an bestimmte Tannaiten vor Rabbi.

J. N. *Epstein* (ITL 25–58; ähnlich kurzgefaßt E. E. *Urbach*, EJ XII, 93–102) arbeitet eine Reihe von M-Sammlungen heraus, die auf die Zeit des Tempels oder kurz nach seiner Zerstörung zurückgehen sollen. Dazu rechnet er den Grundstock von Scheq (Urheber Abba Jose ben Chanin: pScheq VI,2,49d), Tam (Simeon von Mitspa: so Jochanan pJoma II,3,39d; dagegen

Jakob bar Acha: nicht alles stammt von diesem, sondern nur die „Aussprüche, die den Rabbanan notwendig waren", *millin tserikhin le-rabbanan*, mit denen sie also übereinstimmten), Mid (Eliezer ben Jakob: Joma 16a; pJoma II,3,39d mit derselben Einschränkung wie zu Tam) und Joma, wo wie in Mid schon Tam benützt worden sei. Ebenso rechnet *Epstein* hierher Teile von Taan, Suk, Chag, Qid und einzelne Stücke in nahezu allen Traktaten. Bei allen diesen Traktaten, auch Scheq, Tam und Mid, rechnet er mit späterer Bearbeitung und Ergänzung (spätere Rabbinennamen), vertraut jedoch der weitgehenden Ursprünglichkeit der von ihm als frühe M herausgearbeiteten Texte. *Epstein* hat in seiner Argumentation viele Vorgänger (z. B. *D. Hoffmann* und *L. Ginzberg*). Seine Hauptkriterien sind zum Teil inhaltlich – Dinge, die mit dem Tempel(dienst) zu tun haben oder noch den König voraussetzen –, gelegentlich sprachliche Beobachtungen (so zu Tam oder Bik III,1–8, einem oft zitierten Text, der die Darbringung der Erstlingsfrüchte im Tempel durch Agrippa beschreibt: archaische Sprache, eigenartige Redewendungen – doch reichen diese wenigen Bemerkungen für eine Quellenscheidung oder gar für eine solche Frühdatierung?), v. a. jedoch amoräische Zeugnisse, dieser oder jener Tannait stehe hinter einem bestimmten Traktat. Solche talmudische Angaben sind jedoch kein Beweis, sondern höchstens ein Hinweis auf eine mögliche Lösung, die mit anderen Methoden zu überprüfen ist. Wenn z. B. Eliezer b. Jakob in Mid II,5 und V,4 sagt: „*ich* habe vergessen, wozu es diente", geht nach *Epstein* (ITL 31) daraus explizit hervor, daß die ganze uns vorliegende Beschreibung von ihm stammt; sein Name sei hier eingefügt worden, um die Ich-Form zu erklären. Das ist jedoch nicht beweiskräftig. Auch *Urbach*'s Verweis auf Dem II,2–3, Chag II,7; III,6f als Zulassungsbedingungen zu einer Gemeinschaft, die Parallelen in Qumran haben, beweist nicht „the antiquity of the formulation and phraseology of these halakhot" (EJ XII,96), sondern höchstens das Alter ihres Inhalts.

Die internen Kriterien für eine Quellenscheidung – Sprache, Widersprüche innerhalb von M, Abhängigkeit einer Halakha von einer anderen, eventuell auch formgeschichtliche Kriterien – müßten in einem viel größeren Maß angewandt werden, um zu einem überzeugenden Ergebnis zu gelangen. Hier geht es ja nicht um die Datierung des Inhalts bestimmter Halakhot, sondern um ihre literarische Verarbeitung (zur Kritik vgl. *J. Neusner*, Method 166f Anm. 8). *Neusner* (Eliezer II 52) kommt durch eine formkritische Analyse der Eliezer-Traditionen zu einem negativen Ergebnis hinsichtlich einer fest formulierten M vor 70: „We do not have any significant evidence that a corpus of Mishnah – whether in writing or orally formulated and then orally transmitted in exactly the language of the original formulation – lay before Eliezer".

Ch. Albeck (Einführung 94–129) sieht sich zwar gezwungen, die amoräischen Zuschreibungen von Tam und Mid zu akzeptieren (127), schwächt sie aber dahingehend ab, „daß eine Anzahl von anonymen Lehren dieser

Traktate sich in unserer Mischna in demselben Stile vorfinden, in welchem sie im Trakt. Tamid durch R. Simon aus Mizpa und im Trakt. Middot durch R. Elieser b. Jakob festgesetzt worden sind" (128). Der erste redigierte Traktat von M ist nach ihm Edujot, der nach TEd I,1 (Z. 454) auf die Gelehrten in Jabne zurückgehen soll, die aus Angst, die Tora könne vergessen werden, die Halakha in geordnete Form brachten, bei Hillel und Schammai beginnend (122ff). Die vom Rest von M so abweichende Anordnung des Stoffes nach Tradentennamen und formalen Kriterien wie auch die Tatsache, daß ein Großteil dieses Stoffes im sachlich richtigen Zusammenhang auch in den anderen Traktaten vorkommt, ist nach *Albeck* nur durch den zeitlichen Vorrang von Ed zu erklären. Allerdings liege der Traktat uns nicht in der ursprünglichen Form vor, sondern mit vielen Änderungen und Zusätzen aus späterer Zeit (für eine differenziertere Analyse des Traktats siehe *Epstein*, ITL 422–444, der 428 *Albeck*s Meinung ablehnt; vgl. auch *Neusner*, Phar II 326ff). *Albeck*s These ist unhaltbar; doch bleibt die Eigenart von Ed eine Tatsache, ob man sie nun historisch durch das höhere Alter des Traktats oder durch die Herkunft aus einer anderen Schule als der Rest von M erklären will. Doch ist eine beweisbare Verwertung dieser Beobachtungen für die Redaktionsgeschichte von M noch nicht gelungen.

Was *R. Aqiba* betrifft, nach dem sich lt. Sanh 86a alle richten, ist seine Bedeutung für die Entwicklung der M-Tradition nicht zu bezweifeln. Schon die Amoräer verweisen auf die Tatsache, daß Meir in seinem Halakha-Vortrag nie im Namen des R. Aqiba zitiert (in M trifft dies tatsächlich zu). R. Jochanan erklärt dies damit: „jeder weiß, daß Meir ein Schüler des R. Aqiba ist" (pBer I,4b). Tatsächlich lassen sich viele anonyme Sätze von M als Lehre Aqibas identifizieren (so immer wieder in bT). Eine Tradition in ARN A18 (Sch.67) vergleicht Aqiba einem Arbeiter, der in seinem Korb alles sammelt, was er findet, Weizen, Gerste usw., und daheim dann sortiert. „So tat R. Aqiba und machte die ganze Tora zu Ringen und Ringen", d.h. er ordnete sie „ringförmig", systematisch, an. Auch ist an den schon genannten Text des Epiphanius zu erinnern. Ebenso seien KohR 6,2; 12,7 und HldR 8,1 erwähnt, die jeweils als Beispiel von *mischnajot gedolot* u.a. die M des R. Aqiba zitieren (zur Problematik dieser Texte *Epstein*, ITL 71). Tatsache ist auch der bedeutende Umfang von Zitaten Aqibas in M sowie sein Anteil am anonymen Stoff von M.

Hier geht es jedoch nicht um die Frage, was Aqiba zum *Material* von M beigetragen hat, sondern darum: hat Aqiba eine geordnete, redigierte M-Sammlung geschaffen, die jetzt noch durch *literarische Kriterien* erfaßbar ist? Der relativ einheitliche Stil unserer M macht nicht nur die Auffindung von ipsissima verba Aqibas in M unwahrscheinlich, sondern noch mehr den Nachweis einer von Aqiba gestalteten literarischen Vorstufe von M unmöglich. Wenn z.B. *Epstein* (ITL 71) Aqiba als den Vater unserer M bezeichnet, mag dies zwar für den Stoff gelten, ist jedoch für die literarische Gestalt von M nicht beweisbar (vgl. *Ch. Primus*, Aqiva's Contribution to the Law of Zeraᶜim, L 1977, 7: „In Aqiva's traditions on agriculture I see no evidence to suggest the existence of an Aqivan proto-mishnah"; vgl. ibid. 194). Wenn Aqiba eine Proto-M geschaffen hat, ist diese völlig im Werk seiner Schüler aufgegangen.

Ähnlich steht es mit der *M Meirs*, der immer wieder in M genannt wird und auf den sicher auch viele anonyme Halakhot zurückgehen. Seine M soll die direkte Basis der M Rabbis gewesen sein, auch wenn man nach Hor 13b–14a in Rabbis Haus die Namen derer nicht nennt, die einst die Würdestellung der Dynastie untergraben wollten (d.h. Meir und Natan). Man hat versucht, ganze Kapitel der heutigen M direkt auf Meir zurückzuführen (so Git VIII, Ed IV und Ber VIII: *Epstein*, ITL 99f). Doch kann man höchstens die Übereinstimmung der Lehre dieser Kapitel mit Meir bzw. seiner Generation beweisen, nicht hingegen die Annahme, daß Meir diese Sätze so formuliert und selbst zu geschlossenen Kapiteln zusammengestellt hat. Gerade die Gestalt Meirs ist trotz häufiger Nennung als des Lehrers bestimmter Halakhot in M völlig ohne eigene Konturen. Von ihm gilt ebenso wie auch von den anderen Schülern Aqibas – Jehuda ben Ilai, Eleazar ben Schammua, Simeon ben Jochai und Jose ben Chalafta, aber auch Abba Saul, dessen M man zu rekonstruieren versucht hat –, daß wir bestenfalls das ihnen zugeschriebene Traditionsmaterial feststellen können, nicht jedoch ihre literarischen Spuren finden (insoweit sie je literarisch tätig gewesen sind!): „The men of the generation(s) following Meir were so successful at leaving their mark on these traditions that any reconstruction of the earlier shape of things must remain hypothetical at best" (*R. Goldenberg*, The Sabbath-Law of R. Meir, Missoula 1978, 246).

Auch läßt sich aus Hor 13b, wonach Meir und Natan Simeon ben Gamaliel durch die Aufforderung bloßstellen wollen, Uqtsin vorzutragen, einen Traktat, den er nicht beherrscht, aber noch rechtzeitig lernt, nachdem ihn Jakob b. Qodschi durch ständiges lautes Rezitieren des Traktats aufmerksam gemacht hat, nicht sicher schließen, der Traktat habe damals schon feste Gestalt gehabt; noch weniger beweist der Text, daß der Traktat in dieser Gestalt in unsere M übernommen wurde (wie dies ISG und viele andere annehmen. Siehe *D. Goodblatt*, Zion 49, 1984, 349–374: Hor 13b–14a eine späte und historisch unverläßliche babyl. Erzählung). Und auch Kel XXX,4 beweist nichts, wenn Jose b. Chalafta sagt: „Wohl dir, Kelim: du hast zwar mit Unreinheit begonnen, aber mit Reinheit geendet". *W. Bunte* (zur Stelle in der Gießener M) rechnet mit Jose als dem Redaktor des Traktats bzw. als jemandem, dem der Traktat schon fertig vorlag; S. 7 hält er hingegen eine Endredaktion durch Rabbi für möglich. Der Satz kann sich ebenso gut auf eine frühere Form des Traktats oder auch nur auf die Praxis verweisen, auch bei negativen Themen einen positiven Abschluß zu suchen.

Die Vorgeschichte von M ist somit zumindest mit den derzeit zur Verfügung stehenden Methoden nicht als Rekonstruktion ihrer literarischen

Quellen realisierbar. „Mishnah's formulation and its organization are the result of the work of a single ‚generation' of tradents-redactors: tradents who formulate units of thought, and redactors who organize aggregations of said units of thought. Mishnah is not the product of tradents succeeded by redactors". Diese Feststellung *Neusner*'s (JQR 70, 142) ist vielleicht ein wenig zu pessimistisch, was die Erhellung von Vorstufen von M betrifft (vgl. die Einschränkungen durch *R. S. Sarason*, ibid. 150), entspricht jedoch dem derzeit Beweisbaren. Sogar dort, wo Texteinheiten in M nach einem anderen Prinzip als der Rest von M zusammengeordnet sind (etwa nach rein formalen Kriterien in Meg I,4–11; Men III,4–IV,4 usw.), können wir zwar mit ziemlich fest geprägten Vorlagen rechnen, doch ist deren unveränderte Überlieferung nicht garantiert.

Mit relativ großer Sicherheit ist hingegen das Wachstum des M-*Stoffes* zumindest in den großen Etappen nachweisbar: eventuelle Anfänge vor 70 – Jabne – Uscha – Endredaktion, wie dies v. a. *Neusner* gezeigt hat. Denn wenn auch die Zuschreibung einzelner Aussprüche an individuelle Meister immer wieder zu Zweifeln Anlaß gibt, ist doch ihre Einordnung in bestimmte Gelehrtengenerationen mit ziemlicher Sicherheit vorzunehmen und damit auch das umfangreiche anonyme Material weithin historisch einstufbar. Ein Fortschrittt darüber hinaus, besonders auch die Beantwortung der Frage, ob dem Endredaktor von M festgeprägte schriftliche oder mündliche Quellen vorlagen, ist vielleicht durch verfeinerte Methoden in Zukunft zu erhoffen, derzeit jedoch nicht zu verwirklichen.

d) Die Redaktion der Mischna

Als Verfasser von M gilt in der rabb. Tradition einhellig R. Jehuda ha-Nasi, kurz Rabbi genannt (vgl. *Epstein*, ITL 200). „Rabbi und Rabbi Natan sind das Ende der Mischna, Rab Aschi und Rabina sind das Ende der (autoritativen) Lehre" (*hora'a*: BM 86a). Dieser viel zitierte Satz schreibt selbstverständlich Rabbi nicht direkt die Abfassung von M zu, sondern markiert einfach mit seinem und R. Natans Namen das Ende der mischnaischen Periode. Doch zeugt die unbefangene Zuschreibung von M-Entscheidungen an Rabbi eindeutig für die Vorstellung, daß M das Werk Rabbis ist (z.B. Ket 95a: „hier hat Rabbi anonym gemäß R. Meir entschieden, dort gemäß R. Jehuda"; R. Jochanan in pQid III,14,64c; R. Simeon ben Laqisch in pSchab XIV,1,14b usw.).

Doch kann M in ihrem gegenwärtigen Umfang keineswegs von Rabbi selbst stammen. Sie hat vielmehr im Lauf der Zeit zahlreiche Zusätze erhalten. Dazu gehören v. a. jene Stellen, in denen Rabbi selbst genannt und seine Meinung der anderer gegenübergestellt wird (Naz I,4; Mak I,8 usw.: vgl. ITL 194–9), ebenso jene Stellen, in denen Lehrer genannt werden, die nach Rabbi gelebt haben: so etwa in AZ II,6, wo mit Rabbi und seinem Gericht wohl Jehuda Nesia gemeint ist, besonders aber in Abot (II,2 Rabbis Sohn Gamaliel; VI,2 Jehoschua ben Levi; ganz VI ist ein späterer Zusatz) und am Ende einiger Traktate (so in Sota IX,15 – dort ist übrigens auch der Tod Rabbis erwähnt, sowie Uq III,12 Jehoschua ben Levi). I.a. ist hier mit späteren Zufügungen zu M zu rechnen, die aus T, halakhischen Midraschim und Baraitot stammen, z.T. auch aus der amoräischen Diskussion von M, während an anderen Stellen einfach das „Ich" des Sprechers vom tradierenden Tanna durch „Rabbi" ersetzt worden ist (hier ist jedoch eine Fehlerquelle: Rabbi ist nicht nur Jehuda ha-Nasi; jeder Tanna nennt seinen eigenen Meister Rabbi). Somit sind diese Stellen kein entscheidender Einwand gegen die Annahme Rabbis als des Redaktors von M, solange wir damit rechnen, daß der Text eine Zeitlang eine gewisse Beweglichkeit bewahrt hat (vgl. *Epstein*, ITM 946ff). Auch ist der Begriff „Redaktor" weit zu fassen und Rabbi als die Hauptgestalt anzusehen, unter deren Autorität M im wesentlichen ihre Gestalt gewonnen hat. Es bleibt zu betonen, daß wir für die Rolle Rabbis in der Entstehung von M keinen strikten Beweis führen können, es vielmehr nur keine entscheidenden Argumente gegen die Tradition gibt, die die Redaktion von M mit seinem Namen verbindet.

Gewöhnlich kann man die Zuschreibung einer Schrift an einen bestimmten Verfasser auch dadurch überprüfen, daß man die Schrift mit den anderswo überlieferten Meinungen des Genannten vergleicht. Bei M ist ein solcher Vergleich schon insofern sehr schwierig, als gerade die Nennung Rabbis sehr oft auf Überlieferungsfehler zurückzuführen ist (irrtümliche Auslassung des Namens hinter dem Titel Rabbi, falsche Auflösung von Abkürzungen wie R. J. und damit die Verdrängung von Jochanan oder Jonatan durch Rabbi usw.). Eine umfassende Untersuchung der Rabbi zugeschriebenen Traditionen gibt es noch nicht. Vor allem hängt die Frage eng mit dem Problem der Zielsetzung von M zusammen, die anschließend zu besprechen sein wird.

Wie die Amoräer immer wieder betonen, entspricht die anonyme Lehre von M – also jener Teil, den man als die Meinung des Redaktors ansehen kann – in vielen Fällen nicht der sonst bezeugten Meinung Rabbis (vgl. ITL 200ff). Wiederholt heißt es: „M ist nicht wie Rabbi" (pBetsa II,3,61b zu Betsa II,3; RH 19b zu RH I,3; Ar 31a zu Ar IX,3 usw.). Men 72a verweist auf einen Widerspruch innerhalb M und spricht die eine Meinung Rabbi, die andere R. Eleazar ben R. Simeon zu. Widersprüche gibt es auch zwischen anonymen Lehren von M und Rabbi zugeschriebenen Sätzen in T (vgl. z.B. TBer III,18, L. 16, mit Ber IV,5; TSchab X,19, L. 45, mit Schab XI,6 usw.). Als Erklärung solcher Widersprüche kann man den Rabbi zugeschriebenen Satz zitieren: „ich betrachte ihre Worte als besser im Vergleich zu meinen Worten" (Kil II,11; statt des *R. Meir omer* der üblichen Ausgaben ist die Lesart *Rabbi omer* vorzuziehen; cf. ITM 1203); in Er 38b heißt es zu solchen Stellen: „Rabbi lehrte dies, ist jedoch nicht dieser Ansicht". Damit sind also sowohl spätere Meinungsänderungen

Rabbis wie auch die Übernahme von etablierten Meinungen durch ihn auch in Fällen, wo er persönlich nicht derselben Meinung ist, in Betracht gezogen.

Diese Annahmen sind nicht unwahrscheinlich, fordern jedoch eine weitere Erklärung: warum überliefert Rabbi Sätze, mit denen er nicht (mehr) übereinstimmt? Was beabsichtigt er unter dieser Voraussetzung mit M? Hat er in diesem Fall irgendwo seine eigenen Meinungen niedergelegt? *E. Z. Melammed* (Introduction 120) nimmt z.B. eine Privatsammlung des Hauses Rabbis an; diese wurde von seinen Schülern und Söhnen redigiert und ist uns – so *Melammed*, ähnlich *Abr.Goldberg* (in *Safrai* I 294f) – vor allem in T erhalten, wo Rabbi etwa 250mal erwähnt wird, aber auch in den Talmudim und in den halakhischen Midraschim (vgl. *Epstein*, ITM 43ff, zu den zahlreichen Traditionen *debei Rabbi*: ist aber hier auch immer Jehuda ha-Nasi gemeint?). Auch *Albeck* (Einführung 161f) rechnet mit einer Privatsammlung des Lehrhauses Rabbis, mit einem „Talmud" Rabbis (pSchab XVI,1,15c), der in Ergänzung zu M vorgetragen worden sei und die Gesetzesentscheidungen enthalten habe. Eine solche Annahme einer halakhischen Privatsammlung ist natürlich nicht mehr als eine Zusatzhypothese, wenn man unter der Voraussetzung, daß Rabbi der Redaktor von M ist, von seiner Meinung abweichende Aussagen in M und anderes Rabbi zugeschriebenes Material umfassend erklären will; die Hypothese *Goldberg*'s (in *Safrai* I 217), daß die aufeinanderfolgenden Redaktoren von M bis einschließlich Rabbi stets nur die Lehren der vorausgegangenen Generation offiziell formulierten, nicht aber die der eigenen, verkompliziert das Bild nur unnötig.

Die Antwort auf die Frage, warum Rabbi Sätze überliefert, mit denen er nicht übereinstimmt, wie auch die nähere Bestimmung der angenommenen Privatsammlung Rabbis hängt eng mit dem alten Problem zusammen, welchen Zweck M verfolgt: ist sie eine bloße *Quellensammlung*, ein *Lehrbuch* oder ein *Codex* der geltenden Halakha?

Ch. Albeck vertritt die Meinung, daß Rabbis Grundsätze bei der Redaktion von M „die Grundzüge für eine jede rein ,wissenschaftlich' orientierte *Sammlung* darstellen. Der Redaktor sammelte die Quellen, er klärte die wichtigsten Lesarten ab..., überlieferte also einen ,eklektischen' Text aus den ,dreizehn Arten' der Halacha, die er gelernt hatte (s. Bab. Ned. 41a), aber er änderte diese nicht und fügte ihr nicht seine eigenen Ansichten ein" (Einführung 157). „Dass die Halachot bei der abschliessenden Redigierung nicht verändert worden sind, sondern in genau derselben Sprache festgesetzt und geordnet wurden, in welcher sie überliefert waren... Hieraus ist zu folgern, dass der Redaktor sich nicht zum Ziele gesetzt hatte, in seiner Mischna halachische Entscheidungen ,für die Praxis' (*lemaʿase*) zu ordnen" (Einf. 155; vgl. 156 und 463f). Die Entscheidung *Albecks* beruht auf seiner Auffassung, daß „der Redaktor der Mischna keine Änderungen, keine Umstellungen und keine Kürzungen an dem Stoff vornahm, der ihm vorlag, sondern ihn in unserer Mischna so festlegte, wie er ihn empfangen hatte" (149).

Abr. Goldberg leitet wie sein Lehrer *Albeck* aus den Wiederholungen, der sprachlichen Uneinheitlichkeit innerhalb M usw. ab, daß diese kein Codex des geltenden Rechts sein kann. Vielmehr sieht er in M ein vor allem nach pädagogischen Kriterien aufgebautes *Lehrbuch*, das in möglichst gut merkbarer Weise möglichst viel in möglichst kurzer Form bietet. Diese Absicht zeige sich v. a. in der Kombination der Quellen durch Rabbi: „His aim in choosing a source is always its pedagogic value for the preparation of an official text of study for the academy, regardless of whether the source chosen is the accepted law or not. The editor does not commit himself to any particular point of view, other than a general acceptance of the Akivan line in the Hillelite tradition" (in *Safrai* I 227).

J. N. Epstein (ITL 224–6) schließlich hält sich an die verbreitetste Meinung, M sei ein *Gesetzeskanon*, in dem die anonym gebotenen Entscheidungen jeweils die geltende Halakha darstellen, auch wenn im Einzelfall die Gesetzesentscheidung von M nicht immer sofort zu ersehen ist. In Hinblick auf einen Codex habe Rabbi ihm vorliegende Halakhot geändert, ergänzt oder getilgt, überprüft und revidiert, verschiedene Quellen miteinander verbunden, aber auch die Mehrheitsmeinung seiner eigenen vorgezogen.

Tatsächlich haben die Amoräer spätestens ab der 3. Generation M als Gesetzescodex und in sich völlig einheitliches System betrachtet. Das führte oft zu recht gezwungenen Auslegungen, gelegentlichen Textkorrekturen und der häufigen Annahme elliptischer Ausdrucksweise in M (*chasore mechasra*, „es fehlt etwas", als Deutungsprinzip in bT: dazu *Epstein*, ITM 595–672). Ähnlich wie in der Bibelauslegung ging man davon aus, daß es in M keine unnötigen Wiederholungen gebe. Diese amoräische Auslegung ist für die Wirkungsgeschichte von M bedeutsam, sagt jedoch nichts über die ursprüngliche Absicht von M. Diese ist vielmehr aus inneren Kriterien zu erheben, die wiederum nicht eindeutig sind, wie die so verschiedene Beurteilung durch so hervorragende Kenner der Materie wie *Epstein* und *Albeck* hinlänglich zeigt.

Für die Auffassung von *M als Quellensammlung* scheinen die Wiederholungen von Halakhot, die inneren Widersprüche, die Abweichungen der anonymen Entscheidungen gegenüber den anderwärts, in T und den Baraitot, als Halakha Rabbis zitierten Ansichten ebenso zu sprechen wie manche sprachliche Beobachtungen. Wiederholungen und noch mehr Widersprüche sind in einem Codex geltenden Rechts schwer erklärlich. Andererseits dürfen wir M nicht nach heutigen Kriterien beurteilen. Oft kommen Wiederholungen zustande, weil Traktate oder auch Kapitel möglichst geschlossene, in sich stehende Einheiten bilden sollen, oder auch, weil M zuweilen größere Texteinheiten zitiert, auch wenn nicht alles in den jeweiligen Zusammenhang gehört (v. a. bei den nach formalen Kriterien zusammengestellten Halakhot oder etwa bei der Zusammenstellung der Erleichterungen der Schule Schammais gegenüber jener Hillels in Betsa). Auch die Aufnahme nicht mehr geltenden Rechts (z. B. Toharot) spricht weniger für einen Codex als vielmehr für eine Traditionssammlung bzw. ein Lehrbuch, kann allerdings auch in Hinblick auf die Zukunft erfolgt sein, in der die Erfüllung dieser Halakhot wieder möglich würde.

Eine wörtliche Übernahme von unveränderten Quellentexten erklärt jedoch nicht die Gesamtheit der literarischen Eigenheiten von M und ist auch keine notwendige Erklärung. Auch ist zu fragen, ob eine Quellensammlung in sich, ohne Bearbeitung oder bestimmte Zielsetzung, im damaligen Rabbinat überhaupt einem Bedürfnis entsprochen hätte (zumal diese Sammlung ja alles andere als vollständig ist).

Was die Widersprüche in M betrifft, behilft sich z. B. Men 72a mit der Identifizierung der Autoren: in Men X,9 heißt es von der Erstlingsgarbe, sie sei in Ordnung, wenn sie bei Tag geschnitten werde; nach Meg II,6 hingegen ist die ganze Nacht für das Schneiden der Gerstengarbe geeignet. Nach Men 72a stammt die eine Entscheidung von R. Eleazar, die andere von Rabbi. Demnach würde M nicht immer die Diskussion entscheiden und auch die anonyme Meinung nicht unbedingt mit der Rabbis übereinstimmen; vielmehr würde der Redaktor eine Diskussion unentschieden überliefern und seine eigene Meinung an anderer Stelle einfügen. Gerade die Auflösung von Widersprüchen in M ist äußerst problematisch und wird zu leicht von einer vorgefaßten Meinung über Rabbis Intentionen beeinflußt.

Die Auffassung von *M als Lehrbuch* nimmt eine Mittelstellung ein. Die formalen Anforderungen an ein solches sind nicht so strikt wie bei einem Codex; didaktische Motive könnten im Vordergrund stehen und so die Art der Quellenverarbeitung (doch wie erkenne ich diese?) und v. a. auch Wiederholungen erklären. Den heutigen Anforderungen an ein Lehrbuch würde M allerdings durchaus nicht entsprechen: zuviel wird als bekannt vorausgesetzt. Wenn M ein Lehrbuch gewesen sein sollte, so jedenfalls keines für den Autodidakten, sondern eines, das als Leitfaden im Unterricht dienen konnte, eine Kurzfassung der Lehre nach einer breiteren Darstellung und Erklärung, stets von Erläuterungen begleitet und an bestimmte Wissensvoraussetzungen geknüpft, die nicht die heutigen sind. Auch wissen wir zu wenig über das rabb. Schulsystem und seine pädagogischen Methoden, um hier zu Sicherheit zu gelangen.

Die Sicht von *M als Codex* ist zwar traditionell geworden, hat jedoch (aus heutiger Sicht) mit den größten Schwierigkeiten zu kämpfen. *Dagegen* sprechen v. a. die schon genannten Aspekte, deretwegen sich *Albeck* für eine Quellensammlung entscheidet, ebenso die Tatsache, daß in einem Codex die Diskussion, die zur Entscheidung hinführt, mit ihren Gegenargumenten nur verwirren könnte, und auch die (wohl nicht nur für den heutigen Leser) oft schwierige Entscheidung, was denn tatsächlich die geltende Halakha ist. *Dafür* (aber auch für die These der Sammlung) spricht neben der Wirkungsgeschichte v. a. die Tatsache, daß M Sätze als Halakha bringt, die der anderwärts als Rabbis Lehre gebotenen Meinung widersprechen. Das zusammen mit dem viel häufigeren Befund, daß die anonyme Schlußentscheidung in einer Diskussion mit anderwärts Rabbi zugeschriebenen Thesen übereinstimmt, legt nahe, daß Rabbi versucht hat, eine allgemein annehmbare Zusammenfassung der Halakha zu finden, auch wenn er nicht in allen Einzelheiten damit übereinstimmt. Auch ist es nicht notwendig, M als ganz persönliches Werk Rabbis zu sehen. Es ist sogar wahrscheinlicher, M als den in seiner Schule gebotenen Lehrvortrag anzusehen, nicht als das Werk eines einzelnen, sondern einer Gruppe mit Rabbi an der Spitze. Das könnte auch mit dazu beigetragen haben, daß M so gar keine persönliche stilistische Handschrift trägt.

Ob M ursprünglich als Sammlung, Lehrbuch oder Codex konzipiert war, ist mit unserem heutigen Wissen nicht eindeutig zu beantworten. Es ist wohl auch nur eine moderne Alternative, die außerdem den Utopismus von M, ihre idealisierte Ordnung der perfekten Harmonie zwischen Himmel und Erde, und die dahinterstehende Philosophie nicht gebührend beachtet. Im Prinzip gilt ja die alte Tradition als in der Lehre weiterzugebendes Gesetz, womit die Begriffe in etwa ineinanderfallen. Auch ist eine gewisse Entwicklung nicht auszuschließen: so mag die Zusammenfassung der Halakha in der Schule Rabbis, mit ihrem Streben nach Einschluß der verschiedensten Lehrmeinungen im Rabbinat sicher auch ein politischer Akt im Bemühen um eine Vereinheitlichung des Judentums unter Leitung des Patriarchenhauses, zuerst primär Basis der Lehre in der Schule, zugleich natürlich Grundlage der Entscheidungen im Gericht Rabbis gewesen sein. Die überragende Autorität Rabbis hat dann dazu geführt, daß das Werk sehr bald als Codex des bindenden Rechts für das gesamte rabb. Judentum betrachtet wurde, wie die Bibel ein Grundstein und eine Basis neuer Entwicklung durch Interpretation (vgl. *Epstein*, ITM: ab etwa der 3. amor. Generation ändert sich die Einstellung zu M; man gibt ihr im Notfall eine sehr gezwungene Deutung oder korrigiert auch ihren Text, widerspricht ihr aber nicht mehr mit Baraitot).

Wie ist die *Redaktion und Veröffentlichung von M* zu denken? Die Redaktionsarbeit bestand im wesentlichen in Sichtung, Zusammenstellung, Auswahl und Ergänzung überkommener Tradition zu einem organischen Ganzen von stilistischer Einheit, nicht als Schreibtischarbeit, sondern im Schulbetrieb, als Teamarbeit unter der Führung Rabbis und in Fragen des praktisch anwendbaren Rechts sicher auch im Zusammenspiel mit dem Gericht des Patriarchen. Was die Veröffentlichung betrifft, ist nicht an eine offizielle schriftliche Ausgabe zu denken, deren Erstexemplar etwa am Patriarchenhof zu Einsicht und Kontrolle hinterlegt worden wäre. Es gab nur inoffizielle Niederschriften, die jeweils wohl nur einzelne Teile umfaßten, was zu der schon festgestellten Beweglichkeit in der Überlieferung des

Gesamtwerks und seiner Anordnung führte. Wenn es eine offizielle Publikation gegeben haben sollte, ist diese vielleicht in der von S. *Lieberman* vermuteten Form zu denken (vgl. S. 51), nämlich durch peinlich genaues Anlernen einer Zahl von Tannaim, die dann jederzeit in der Lage waren, die jeweils gewünschte Texteinheit zu rezitieren. Das ergab eine gewisse Beweglichkeit des Textes, insofern diese „lebenden Ausgaben" den Text durch im Schulbetrieb gebrachte kurze Erläuterungen ergänzen konnten, bis in die Zeit der Enkel Rabbis auch deren für wichtig gehaltene Entscheidungen hinzufügen durften, im Lauf der Überlieferung entstandene Fehler korrigierten (nicht unbedingt als Wiederherstellung der ursprünglichen Fassung!) usw. Zugleich bedingte diese Traditionsform aber auch eine gewisse Starrheit des Textes, eine Eigengesetzlichkeit der Tradition, über die der ursprüngliche Herausgeber nicht mehr ohne weiteres frei verfügen konnte; Meinungsänderungen ließen sich nicht leichthin in den Text einbauen; diesbezügliche Versuche trugen wohl auch zur Auffächerung der Texttradition bei, und dies besonders, sobald M auch in anderen Schulzentren übernommen wurde.

Die „Kanonisierung" von M ab der Mitte des 3. Jhs. bewirkte nicht unbedingt eine Erstarrung der Texttradition, sondern veranlaßte ihrerseits wieder Textänderungen (Harmonisierung mit der geübten Halakha), erklärende und ergänzende Zufügungen. Die Kommentierung von M in der amoräischen Zeit wirkte ebenfalls auf den Text zurück; neue Möglichkeiten der Textveränderung ergaben sich dann mit der überwiegend schriftlichen Weitergabe von M. Nur diese letzte Stufe der Textentwicklung ist der Textkritik faßbar. Diese kann nie auf eine Urschrift von M zurückführen, da es eine solche wohl nie gegeben hat. Die frühere Textgeschichte von M ist uns zwar durch verschiedene MSS und Talmuddiskussionen punktuell faßbar, läßt jedoch kein definitives Urteil über M zur Zeit Rabbis zu.

Zusammenfassend läßt sich nur die Kristallisation der Tradition im Kreis um Rabbi zu einem geordneten Ganzen feststellen, das noch etwa fünfzig Jahre gewisse Wachstumsmöglichkeiten hatte, bevor M der üblichen Textgeschichte kanonisch gewordener Schriften unterworfen wurde. Die hier gebotene Skizze der Redaktion und Veröffentlichung von M hat eine gewisse Wahrscheinlichkeit für sich, muß jedoch mit zu vielen Unbekannten rechnen, als daß man sie schon für gesichert halten könnte.

4) Der Text: Handschriften und Ausgaben

Lit.: J. N. Epstein, ITM; *M. Krupp*, Manuscripts of the Mishna, in: *Safrai* I 252–262; *M. Schachter*, Babylonian-Palestinian Variations in the Mishna, JQR 42 (1951f) 1–35; *ders.*, The Babylonian and Jerusalem Mishnah textually compared (h), J 1959; *Y. Sossman* (=Sussmann), Manuscripts and Text Traditions of the

Mishna (h), 7th WCJS (1981) III 215–250; *S. Zeitlin*, Ha-Mischna sche-ba-Talmud Jeruschalmi we-ha-Mischna sche-ba-Babli, FS Z. Shazar, J 1973, 539–548.

a) Handschriften

In der handschriftlichen Überlieferung des M-Textes ist zwischen dem palästinischen und dem babylonischen Texttypus zu unterscheiden. Diese beiden Typen gehen schon auf die früheste amoräische Texttradition zurück, waren jedoch nie in ihren jeweiligen Ländern einheitlich ausgeprägt, sondern wohl von Schule zu Schule leicht unterschiedlich (vgl. *B. M. Bokser* in *Neusner*, Hg., The Modern Study 33f, in Kritik an *Epstein*). Auch in ihrer späteren Ausprägung sind die Typen nicht rein erhalten, sondern haben sich gegenseitig beeinflußt (z.B. babylonische Vokalisierung eines paläst. Textes). Selbständige M-MSS (also solche ohne Kommentar oder Gemara) gehören durchwegs der palästinischen Texttradition an; die Gemara des pT wurde ohne M-Text überliefert – auch in MS Leiden von pT ist dieser erst aus MS Parma hinzugefügt worden. MSS des bT hingegen schlossen immer M ein, und zwar nach der babylonischen Rezension. Auch der M-Kommentar des Maimonides stützt sich auf den paläst. Texttypus von M, ändert diesen aber oft nach der bab. Tradition. Diese Mischfassung wurde dann auch vom Erstdruck Neapel übernommen.

1. Genizafragmente

Die ältesten erhaltenen M-Texte sind einzelne Fragmente aus der *Geniza von Kairo*. Diese sind jetzt auf verschiedene Bibliotheken und Museen aufgeteilt (v.a. Cambridge, Oxford, London, Leningrad und New York). Sie sind von sehr unterschiedlichem Wert: die ältesten unter ihnen stammen vielleicht aus dem späten 7. oder 8. Jh., die jüngsten sind mehr als 800 Jahre jünger. Besonders bedeutend sind die vokalisierten Texte: vertreten sind sowohl die alte palästinische wie auch die tiberianische und die babylonische Vokalisierung. Die Geniza-Fragmente sind erst zum Teil veröffentlicht:

N. Alloni, Hg., Geniza Fragments (12 Fragmente aus M, meist vor dem 11.Jh.; umfassende hebr. Einführung); *A. I. Katsh*, Ginze Mishna. One Hundred and Fifty Nine Fragments from the Cairo Geniza (h), J 1970 (Fragmente aus der besonders wertvollen Antonin-Sammlung Leningrad, u.a. MS 262, das einen Großteil von Toharot umfaßt. Edition nicht zufriedenstellend); *I. Yeivin*, A Collection of Mishnaic Geniza Fragments with Babylonian Vocalization. With Description of the Manuscripts and Indices (h), J 1974. – *N. Allony*, Qeta Mischna im Niqqud Eretsisraeli, FS Ch.Albeck, J 1963, 30–40 (dazu ibid. 114–122 *A. Greenbaum*, Biurim...); ders., Qeta Mischna Nusaf be-Niqqud Erets-israeli, Sinai 72 (1973) 11–29 (2 Blätter, 10.–11. Jh., Sanh X,6 – Mak I,1; Schebu VI,3–VII,7); *Ch.B.Friedmann*, Zur Geschichte der ältesten Mischnaüberlieferung. Babyl. Mischna-Fragmente aus der Altkairoer Geniza, veröffentlicht und kritisch untersucht, Jb der Jüdisch-Literarischen Gesellschaft 17, F 1927, 265–288; *P. Kahle – T. Weinberg*, The Mishna-Text in

Babylonia. Fragments from the Geniza, HUCA 10 (1935) 185–222; *P. Kahle*, The Mishnah Text in Babylonia II, HUCA 12–13 (1937f) 275–325; *A. I. Katsh*, Unpublished Geniza Fragments of Pirke Aboth in the Antonin Collection in Leningrad, JQR 61 (1970f) 1–14; *R. Mirkin*, Two Mishna Fragments from the Cairo Genizah (h), H. Yalon Memorial Volume, J 1974, 371–384; *S. Morag*, Mischnajot min hapereq „Ba-me madliqin" bi-schne kitbe-jad schel Genizat Qahir, Studia Orientalia, GS D. H. Baneth, J 1979, 111–123 (Schab II); *A. Murtonen*, Qit ͤe Mischna be-Niqqud Babli, Leschonenu 21 (1956f) 1–6; *S. Sharvit*, Tractate Bikkurim: The Printed Edition Compared with Genizah Fragments (h), Bar-Ilan 6 (1968) 22–32. Kurzbeschreibung und Listen von Geniza-Fragmenten in *N. Sacks*, Hg., Mischna Zeraim I, J 1972, 87–112; II, J 1975, 39–43. Allgemeiner Überblick: *Y. Sussmann*, Talmud Fragments in the Cairo Geniza (h), in: *M. A. Friedman*, Hg., Cairo Geniza Studies, TA 1980, 21–31.

2. Die wertvollsten vollständigen M-Handschriften

MS Kaufmann: Bibliothek der ungar. Akademie der Wissenschaften, Budapest, Sammlung Kaufmann A 50. Wichtigstes M-MS, meist Anf. 13. Jh. datiert; M. Beit-Arié, K"J Kaufmann schel ha-Mischna [Budapest A50]. Motsao u-zemano, in: Qobets Ma'amrim bilschon Chazal II, J 1979f, 84–99, schlägt das frühe 12. Jh. vor; *D. Rosenthal*, Mishna Aboda Zara (h), Diss. J 1980, 123–130, datiert das MS spätestens ins 11. Jh., da MS Parma von ihm abhängig sei; *M. Krupp* (Manuscripts 253) übernimmt dieses frühe Datum. Paläst. Texttypus mit nachträglicher tiberianischer Vokalisierung. Schrift wohl italienisch. 286 Blatt, Text bis auf ein Blatt (Ker III,7-V,2) vollständig. Beschreibung bei *S. Krauss*, MGWJ 51 (1907) 54–66; 142–163; 323–333; 445–461; zur Vokalisierung siehe *G. Birnbaum*, Leschonenu 48f (1984f) 269–280. Faksimile-Ausgabe durch *G. Beer*, Den Haag 1929, verkleinerter Ndr. J 1968.

MS Parma Biblioteca Palatina, De Rossi 138. 195 Blatt, paläst. Texttypus in orient. Quadratschrift, nachträglich teilweise vokalisiert. Meist Mitte 13. Jh. datiert. Doch hat schon *G. Haneman* in seiner Dissertation (J 1972) einen Schreiber des MS mit jenem von MS Vatikan 31 (1072/3 datiert) gleichgesetzt. Die enge Verwandtschaft der beiden MSS legt jedenfalls nahe, MS Parma in das 11. Jh. zu datieren: *M. Krupp*, The Relationship Between MS Parma De Rossi 138 of the Mishna and MS Vatican 31 of the Sifra, Seder Eliyahu Rabba, and Zutta (h), Tarbiz 49 (1979f) 194–6; *I. Z. Feintuch*, On the Parma MS (h), Bar-Ilan 18–19 (1981) 196–217. Schon früher hat *Feintuch* zu zeigen versucht, daß MS Parma in MS Leiden des pT als Vorlage verwendet wurde (Tarbiz 45, 1975f, 178–212). Faksimile-Ausgabe J 1970, 2 Bde.

MS Cambridge: Univ. Bibl. Add. 470,1. 250 Blatt, etwa 1400. Jerusalemer Textfamilie, sephard.-griech. Schrift. Veröffentlicht von *W. H. Lowe*, The Mishnah on which the Palestinian Talmud rests, C 1883, Ndr. J 1967.

Vollständiger M-Text auch in den beiden vollständigen Talmud-MSS: *Leiden*, Univ. Bibl., Sammlung Scaliger 3, für pT; für bT: *München*, Staatsbibl., Cod. hebr. 95.

Von besonderer Bedeutung ist der M-Text im Autograph des M-Kommentars von Maimonides (siehe S. 150f). Wichtig auch Codex Paris 328–329 (Faksimile mit Einleitung von M. Bar-Asher, 3 Bde, J 1973), der in 2 Bänden die gesamte M mit hebr. Übersetzung des M-Kommentars von Maimonides enthält; 1398–1401 geschrieben; eine sprachliche Analyse bietet *M. Bar-Asher*, The Tradition of Mishnaic Hebrew in the Communities of Italy (h), J 1980. Codex Parma „B" De Rossi 497, Seder Toharot (Faksimile mit Einleitung von M. Bar Asher, J 1971).

Kurze Beschreibung der MSS: *N. Sacks*, Hg., Mischna Zeraim I, 1972, 65–81; II, J 1975, 55.

b) Drucke

1. Frühe Drucke
Vom um 1485 entstandenen Erstdruck der M sind nur einzelne Blätter erhalten; so gilt die Ausgabe Neapel 1492 als editio princeps, die ein Werk von J. S. Soncino ist. Enthält auch den hebr. Maimonides-Kommentar; von hier ist wohl auch zum Großteil der M-Text übernommen worden. Dieser ist ein Mischtext, näher beim paläst. Typus, doch babylonisch beeinflußt. Vgl. *Epstein*, ITM 1275–8 und *A. M. Haberman* in der Einleitung zum Nachdruck der Ausgabe, J 1970. Die späteren Drucke bieten i.a. den babyl. Texttypus, so der Druck Justiniani, V 1546f, und die Ausgabe V 1548f mit dem Kommentar des Obadja von Bertinoro. Jom Tob Lipmann Heller gab eine aufgrund von MSS korrigierte Ausgabe mit eigenem Kommentar (Tosafot Jom Tob) heraus: Prag 1614–7; Krakau 1643f. Diese Ausgabe wurde die Grundlage aller späteren Drucke. Von diesen ist v.a. die Ausgabe Romm, 13 Bde, Wilna 1908f zu nennen (schon 1887 begonnen, nach Unterbrechung 1908 erweitert, nachgedruckt und vollendet).

2. Moderne Gesamtausgaben
Ch. Albeck, Schischa Sidre Mischna, 6 Bde, J 1952–8, mehrmals nachgedruckt. Text vokalisiert von *H. Yalon*. Einführungen und kurze Anmerkungen zu den einzelnen Traktaten. Praktische, aber unkritische Handausgabe (dazu *Abr. Goldberg*, KS 34, 1958f, 274–280).

Zwei *kritische Ausgaben* sind in Arbeit:
Die sogenannte „*Gießener Mischna*". Erscheint seit 1912, begründet von *G. Beer* und *O. Holtzmann*, später von *K. H. Rengstorf* und *L. Rost* bzw. *S. Herrmann* geleitet. Bis 1935 in Gießen erschienen, dann in Berlin, dort 1956 wieder aufgenommen. Text, deutsche Übersetzung, Einleitung, Kommentar in Form von Fußnoten; wertvoller textkritischer Anhang. Die Qualität der in Berlin erschienenen Bände hat gegenüber früheren Ausgaben sehr zugenommen. In den früheren Bänden wurde ein Mischtext erstellt, in den späteren Codex Kaufmann als Grundtext verwendet; die Varianten der MSS sind in den kritischen Apparat verwiesen, wie das dem

heutigen Stand der Textforschung zu M entspricht. Bis 1991 sind insgesamt 42 Traktate erschienen; allein die Ordnung Zeraim ist schon vollständig. Liste der erschienenen Traktate:

Zeraim: Ber O. *Holtzmann* 1912; Pea W. *Bauer* 1931; Demai W. *Bauer* 1931; Kil K. *Albrecht* 1914; Schebi D. *Correns* 1960; Ter E. *Güting* 1969; Maas und MSch W. *Bunte* 1962; Challa, Orla, Bik K. *Albrecht* 1913.1916.1922. – *Moed:* Schab, Er W. *Nowack* 1924.1926; Pes G. *Beer* 1912; Joma J. *Meinhold* 1913; Suk H. *Bornhäuser* 1935; Betsa W. E. *Gerber* 1963; RH P. *Fiebig* 1914; Taan D. *Correns* 1989; Meg L. *Tetzner* 1968; MQ E. L. *Rapp* 1931. – *Naschim:* Jeb K. H. *Rengstorf* 1929, verbess. Ndr. 1958; Naz M. *Boertien* 1971; Sota H. *Bietenhard* 1956; Git D. *Correns* 1991. – *Neziqin:* BQ, BM, BB, Hor W. *Windfuhr* 1913.1923. 1925.1914. – *Qodaschim:* Ar M. *Krupp* 1971; Tam, Mid, Qin O. *Holtzmann* 1928.1913.1931. – *Toharot:* Kel W. *Bunte* 1972; Oh W. *Bunte* 1988; Para G. *Mayer* 1964; Toh W. *Bunte* 1981; Nid B. Z. *Barslai* 1980; Zab W. *Bunte* 1958; Tebul Jom, Jad, Uqtsim G. *Lisowsky* 1964.1956. 1967.

The Institute for the Complete Israeli Talmud, Jerusalem, hat eine große M-Ausgabe begonnen, von der bisher die 1. Ordnung erschienen ist: The Mishnah with Variant Readings Collected from Manuscripts, Fragments of the „Genizah" and Early Printed Editions and Collated with Quotations from the Mishnah in Early Rabbinic Literature as well as with Bertinoro's Commentary from Manuscript. Order Zeraim, Hg. *N. Sacks*, 2 Bde, J 1972–75. Als Grundtext ist nicht ein MS verwendet worden, sondern die Ausgabe Romm, Wilna 1908 f.

3. Editionen einzelner Traktate (alphabetisch)
D. *Rosenthal*, Mishna Aboda Zara – A Critical Edition (with Introduction), Diss. J 1980 (Textbasis MS Kaufmann; ausführlicher hebr. Einleitungsband); *ders.*, ‚Nusach Erets Jisrael' we-‚Nusach Babel' be-Mischnat Aboda Zara, FS S. Lieberman, J 1983, 79–92; *R. T. Herford*, The Ethics of the Talmud: Sayings of the Fathers, Lo 1925, öfter Ndr. (Abot: Text, Übersetzung, Kommentar); *S. Sharvit*, Textual Variants and Language of the Treatise Abot and Prolegomena to a Critical Edition (h), Diss. Ramat Gan 1976; *ders.*, The Textual Criticism of Tractate Avot, in *Safrai* I 277–281; *M. Krupp*, Mischnatraktat „Arakin". Computergesteuerte textkritische Ausgabe, H 1977; *Abr. Goldberg*, The Mishna Treatise Eruvin. Critically Edited and Provided with Introduction, Commentary and Notes (h), J 1986; *P. R. Weis*, Mishnah. Horayoth, its history and exposition, Manchester 1952 (dazu *Abr. Goldberg*, KS 32, 1956f, 163–8); *Th. Hirth*, Der Mischnatraktat „Keritot" nach Handschriften und Erstdrucken herausgegeben, übersetzt und kommentiert, Diss. Tüb. 1973; *J. Rabbinowitz*, Mishnah Megillah. Edited with Introduction, Translation, Commentary and Critical Notes, Lo 1931, Ndr. Westmead 1970; *Abr. Goldberg*, The Mishnah Treatise Ohaloth. Critically Edited and Provided with Introduction, Commentary and Notes (h), J 1955; *ders.*, Commentary to the Mish-

na. Shabbat. Critically edited and provided with Introduction, Commentary and Notes (h), J 1976 (dazu Z. A. *Steinfeld*, KS 55, 1979f, 571–583); *Y. Feliks*, Mishna Tractate Shevi'it. A Study of the Mishnaic Text on its Botanical and Agricultural Background (h), J 1987 (krit. Text mit Kommentar); *E. Z. Melammed*, Shevi'ith Tractate (according to Manuscripts and Geniza Fragments)(h), GS H. Yalon, J 1974, 385–417; *H. Fox*, A critical edition of Mishnah Tractate Succah with an introduction and notes (h), 2 Bde, Diss. J 1979; *A. Brody*, Der Mišna-Traktat Tamid, Uppsala 1936.

c) Übersetzungen

Von den früheren Übersetzungen sei nur erwähnt: Mischna...cum Maimonidis et Bartenorae commentariis integris. Accedunt variorum auctorum notae ac versiones. Latinitate donavit ac notis illustravit *Gulielmus Surenhusius*, Amsterdam 1698–1703 (zum Teil von anderen übersetzt); *Johann Jacob Rabe*, Mischnah oder der Text des Talmuds...übersetzt und erläutert, 6 Teile, Onolzbach 1760–63. Ausgezeichnete Gesamtübersetzungen: *H. Danby*, The Mishnah. Translated from the Hebrew with Introduction and Brief Explanatory Notes, O 1933, mehrmals Ndr. *J. Neusner*, The Mishnah. A New Translation, New Haven 1988. Vollständige Übersetzungen auch in der deutschen bT-Übersetzung von *L. Goldschmidt* und in der englischen bT-Ausgabe (Soncino). Spanisch: *C.del Valle*, La Misná, Madrid 1981. Veraltet ist die Übersetzung: Mischnajoth... Hebr. Text mit Punktation, deutscher Übersetzung und Erklärung, B 1887ff, Basel ³1968 (Zeraim: *A. Sammter*; Moed: *E. Baneth*; Naschim: *M. Petuchowski*; Neziqin: *D. Hoffmann*; Qodaschim: *J. Cohn*; Toharot: *D. Hoffmann*). Zahlreiche Übersetzungen von Einzeltraktaten (siehe auch oben zu den Textausgaben sowie unten zu den M-Kommentaren).

d) Konkordanz

Ch. Y.Kasovsky, Thesaurus Mishnae. Concordantiae verborum quae in sex Mishnae ordinibus reperiuntur, 4 Bde, J 1957–61; *H. Duensing*, Verzeichnis der Personennamen und der geographischen Namen in der Mischna, Stuttgart 1960.

5) Die Auslegung der Mischna

Die Auslegung von M beginnt zum Teil schon in T und dann v. a. in den beiden Talmudim, deren M-Verständnis weithin die spätere M-Interpretation bestimmt hat. Erst relativ spät ist M wieder unabhängig vom Talmud für sich studiert und ausgelegt worden.

Saadja Gaon (882–942) soll einen M-Kommentar verfaßt haben, der jedoch nicht erhalten ist. Ebenso ist der Kommentar des *Hai Gaon* (939–1038) verloren gegangen. Der *Perusch ha-Geonim* wurde ihm vom Erstherausgeber *J. Rosenberg*, B 1856, irrtümlich zugeschrieben, dürfte jedoch aus seinem Schülerkreis stammen. Dieser älteste erhaltene M-Kommentar ist ein Sammelwerk; nur zum Seder Toharot erhalten. Besonders sprachliche Erklärungen (Vergleich mit Arab., Pers., Griech. und Aram.); stützt sich auf die Talmudim, T, die Targume und die LXX. *J. N. Epstein*, Der Gaonäische Kommentar zur Mischnaordnung Teharoth zugeschrieben R. Hai Gaon, 2 Hefte, B 1921–4; *ders.*, Der Gaonäische Kommentar zur Ordnung Tohoroth. Eine kritische Einleitung..., B 1915 (hebr. Zusammenfassung mit zusätzlichen Textstücken: The Supplement to the Gaonic Commentary to Taharot (h), Tarbiz 16, 1944f, 71–134).

Von *R. Natan*, dem Leiter der palästinischen Jeschiba im 11. Jh., stammt ein arabischer Kommentar mit kurzen Wort- und Sacherklärungen (hebr. Übersetzung von *J. Qafiḥ* in der M-Ausgabe El Hamekoroth, 13 Bde, J 1955–8). Von den zahlreichen Glossaren zu M ist fast nichts erhalten geblieben: siehe *N. Aloni*, Two Fragments from the Geniza Dealing with Mishnaic Vocabulary (h), FS Y. Gil, J 1979, 249–255.

Maimonides (1138–1204; zum Geburtsjahr siehe *S. D. Goitein*, FS G. Vajda, Löwen 1980, 155) schrieb zwischen seinem 23. und 30. Lebensjahr einen M-Kommentar in arab. Sprache, dem später die Bezeichnung *kitab as-sirag* bzw. *sefer ha-maor*, „Buch der Leuchte" gegeben wurde, da *ha-maor* der Ehrentitel des Maimonides war. Das Werk enthält eine Einleitung zu M und eine Abhandlung über die Tannaiten. Teile, wie die Einleitung und der Kommentar zu Abot und v. a. der Pereq Cheleq (Sanh X) mit den 13 Glaubenssätzen wurden auch getrennt überliefert. Schon zu Lebzeiten des Maimonides teilweise ins Hebräische übersetzt, vollständig 1297 in Spanien durch mehrere Bearbeiter. Die hebräische Übersetzung wurde zuerst in der M-Ausgabe Neapel 1492 gedruckt, in der M-Übersetzung von *G. Surenhusius* ins Lateinische übertragen Amsterdam 1698–1703. Arab. Text mit hebr. Übersetzung: Mischna im Perusch Rabbenu Mosche ben Maimon, Maqor we-Targum, Hg. *J. Qafiḥ*, 7 Bde, J 1963–8 (³1976–8 in 3 Bden, nur hebr.). Siehe dazu *J. Blau*, Leschonenu 30 (1965f) 54–60; 31 (1966f) 235–9; 32 (1967f) 399–401; 35 (1970f) 75–8. Auch ist das Handexemplar des Maimonides (nach anderen das Autograph) erhalten, heute auf mehrere MSS aufgeteilt: Oxford Bodl. 393 (Zeraim) und 404 (Neziqin, Qodaschim), sowie Sassoon 72 (Moed) und 73 (Naschim), jetzt NB Jerusalem; Toharot fehlt völlig, aber auch sonst ist das MS nicht vollständig (z. B. fehlen Schab und Er I–VII); Faksimile mit hebr.-engl. Einführung: *S. D. Sassoon – R. Edelmann*, Maimonidis commentarius in Mischnam, 3 Bde, Kopenhagen 1954–6. Zum MS: *S. M. Stern*, Autograph Manuscripts of the Commentary on the Mishnah by Maimonides (h), Tarbiz 23 (1953f) 72–83; *J. Blau*, Do We Really Possess an Autograph of Maimonides' Mishna-Commentary? (h), Tarbiz 27 (1957f) 536–543; *S. M. Stern – S. D. Sassoon*,

The Autograph Manuscript of Maimonides' Commentary on the Mishna (h), Tarbiz 29 (1959f) 261–7. Englische Übersetzung: *F. Rosner*, Moses b. Maimon. Commentary on the Mishnah: introduction to Seder Zeraim and commentary on tractate Berachoth, NY 1975. Cf. auch *G. Stemberger*, Maimonides als Mischna-Ausleger, Kairos 28 (1986) 196–208.

Isaak ben Melchisedek von Siponto (ca. 1090–1160) schrieb einen Kommentar zu Zeraim, der sich vor allem auf pT, aber auch T, Sifra, bT und die Geonim stützt. Im Mittelalter wird auch sein Kommentar zu Toharot öfter zitiert, ist jedoch nicht erhalten. Kritische Ausgabe: *N. Sacks*, Perusch ha-RIBMATS le-Rabbenu Malkitsedeq me-Simpont la-Mischna Zeraim, J 1975. *Simson b. R. Abraham aus Sens* (ca. 1150–1230) verfaßte einen Kommentar zu M Zeraim (außer Ber) und Toharot (außer Nid), der in den meisten Talmudausgaben enthalten ist. Dieselben Traktate kommentierte auch *Ascher ben Jechiel (Rosch)*, der aus Deutschland stammte und 1327 in Spanien starb. Sein erstmals in der Talmud-Ausgabe Amsterdam 1717 gekürzt gedruckter Kommentar, vollständig Zeraim Altona 1735, Toharot F 1720–22, faßt im wesentlichen seine Vorgänger kurz zusammen und ergänzt sie.

Von größter Autorität ist der Kommentar des *Obadja von Bertinoro* (Italien, seit 1486 in Jerusalem, wo er 1510 starb): zuerst veröffentlicht V 1548f, seither in fast allen M-Ausgaben, latein. Übersetzung von *G. Surenhusius*. Stützt sich auf den Talmudkommentar von Raschi; in Zeraim und Toharot, wo die Gemara fehlt, übernimmt er v. a. Simson von Sens. Auch fügt er gewöhnlich die Entscheidung der Halakha im Anschluß an Maimonides hinzu.

Jom Tob Lipmann Heller (1579–1654) aus Wallerstein in Bayern, später Rabbiner in Prag und Krakau, ergänzte den Kommentar Bertinoros. Diese „Zusätze", *Tosafot Jom Tob*, wurden zuerst 1617 in Prag gedruckt, umgearbeitet und vermehrt Krakau 1642–4. Seither in den meisten M-Ausgaben. *Salomo ha-Adani* (1567–ca. 1625) hat ebenfalls einen Kommentar als Ergänzung von Bertinoro verfaßt: *Melekhet Schlomo*; wie Heller ist auch er wegen seiner MSS-Kenntnisse bedeutend für die Textkritik von M. Gedruckt in M Romm, Wilna. Dort finden sich auch die Kommentare des *Gaon Elija von Wilna* (1720–1798) zu Zeraim, Toharot und einzelnen Traktaten aus den übrigen Ordnungen, ebenso der Kommentar Tif'eret Jisrael des *R. Jisrael Lipschütz* (1782–1861), der zuerst mit M in 6 Bänden in Hannover, Danzig, Königsberg 1830–1850 erschienen ist. Dieser Kommentar bemüht sich v. a. um die praktische Halakha im Anschluß an den Schulchan Arukh. Er besteht aus zwei Abteilungen, einer Erklärung des Wortsinns (Peschat) und einer in der Art des Pilpul, die *Lipschütz* im Anschluß an 1 Kön 7,21 Jachin und Boas nennt.

Die M-Ausgabe Romm, Wilna, enthält neben den genannten noch zahlreiche andere traditionelle Kommentare (siehe *Albeck*, Einführung 415–438; *A. Marx*, The „Romm" Mishnah, JQR 2, 1911f, 266–270).

Alle genannten Kommentare sind der Tradition verpflichtet. Das bedeutet v. a., daß M im Licht des Talmud gedeutet wird. Die Erörterungen sind gewöhnlich in Form von Glossen gehalten, die sprachliche oder halakhische Details betreffen und praktisch nie einen größeren Textzusammenhang berücksichtigen; an den Realien des Lebens in mischnaischer Zeit und seinem historischen Zusammenhang sind sie i. a. nicht interessiert.

Moderne Kommentare gibt es, wenn man von den zahlreichen Einzeluntersuchungen zu bestimmten Traktaten (v. a. Abot) oder Textabschnitten absieht, nur zwei (*Albeck*s Kommentar in seiner M-Ausgabe ist ja ebenfalls traditionell ausgerichtet, außerdem auf kurze Glossen beschränkt):

Die einzelnen Bände der *„Gießener Mischna"* beschränken sich zwar nach den allgemeinen Einführungen auf eine glossenhafte Kommentierung; diese erfaßt jedoch die wesentlichen sprachlichen, sachlichen und (weniger) religionsgeschichtlichen Zusammenhänge. Doch verhindert diese Art des Kommentierens eine eingehendere Beschäftigung mit literarischen Fragen – Struktur einer Perikope, Beziehungen zu Parallelen, formkritische und traditionsgeschichtliche Fragen. Dies hat in umfassender Weise *J. Neusner* in seiner Kommentierung der Ordnung Toharot getan, bedeutend kürzer zu den Ordnungen Qodaschim, Naschim, Moed und Neziqin: A History of the Mishnaic Law of Purities, 22 Bde, L 1974–7; A History of the Mishnaic Law of Holy Things, 6 Bde, L 1978–80; A History of the Mishnaic Law of Women, 5 Bde, L 1980; A History of the Mishnaic Law of Appointed Times, 5 Bde, L 1981–3; A History of the Mishnaic Law of Damages, 5 Bde, L 1983–5. *Neusner*'s Schüler haben im selben Stil fast ganz Zeraim bearbeitet: *R. Brooks*, Support for the Poor in the Mishnaic Law of Agriculture: Tractate Peah, Chico 1983; *H. S. Essner*, The Mishnah Tractate ʿOrlah: Translation and Commentary, in: *W. S. Green*, Hg., Approaches III 105–148; *P. J. Haas*, A History of the Mishnaic Law of Agriculture. Tractate Maaser Sheni, Chico 1980; *M. S. Jaffee*, Mishnah's Theology of Tithing. A Study of Tractate Maaserot, Chico 1981; *I. Mandelbaum*, A History of the Mishnaic Law of Agriculture: Kilayim, Chico 1982; *L. E. Newman*, The Sanctity of the Seventh Year: A Study of Mishnah Tractate Shebiit, Chico 1983; *A. J. Peck*, The Priestly Gift in Mishnah. A Study of Tractate Terumot, Chico 1981; *R. S. Sarason*, A History of the Mishnaic Law of Agriculture, III/1 Demai, L 1978; *T. Zahavy*, The Mishnaic Law of Blessings and Prayers. Tractate Berakhot, Atlanta 1987. Teile von Bikkurim und Challa: *M. W. Rubenstein, D. Weiner* und *A. Havivi* in *W. S. Green*, Hg., Approaches III. Zusammenfassend *A. J. Avery-Peck*, Mishnah's Division of Agriculture. A History and Theology of Seder Zeraim, Chico 1985. Diese Kommentare (v. a. Pur) bemühen sich systematisch um Formkritik und Traditionsgeschichte von M und allgemein um die literarischen Fragen, ohne (zumindest in Pur) die Realien zu vernachlässigen.

II. Die Tosefta

Allgem. Lit.: Ch. *Albeck*, Mabo 51–78; *ders.*, Die Herkunft des Toseftamaterials, MGWJ 69 (1925) 311–328; *ders.*, Mechqarim ba-Baraita u-ba-Tosefta we Jachsan la-Talmud, J 1944, Ndr. 1969; J. H. Dü*nner*, Die Theorien über Wesen und Ursprung der Tosephtha kritisch dargestellt, Amsterdam 1874; *J. N. Epstein*, ITL 241–262; Z. *Frankel*, Darkhe 322–5; *ders.*, Mabo 22–27; *Abr. Goldberg*, The Tosefta – Companion to the Mishna, in *Safrai* I 283–301; *ders.*, The Use of the Tosefta and the Baraitha of the School of Samuel by the Babylonian Amora Rava for the Interpretation of the Mishna (h), Tarbiz 40 (1970f) 144–157; *A. Guttmann*, Das redaktionelle und sachliche Verhältnis zwischen Mišna und Tosephta, Breslau 1928; M. D. *Herr*, EJ XV, 1283–5; *H. Malter*, A Talmudic Problem and Proposed Solutions, JQR 2 (1911f) 75–95 (Plädoyer für Zuckermandel); E. Z. *Melammed*, Introduction 148–160; *ders.*, Halakhic Midrashim in the Mishna and Tosephta (h), Bar-Ilan 2 (1964) 84–99; *Ch.Milikowsky*, Seder ʿOlam and the Tosefta (h), Tarbiz 49 (1979f) 246–263; *J. Neusner*, The Tosefta: Its Structures and Its Sources, Atlanta 1986 (aus *ders.*, Pur, überarbeitet; dazu Y. *Elman*, JQR 78, 1987f, 130–136); S. *Rosenblatt*, The Interpretation of the Bible in the Tosefta, Phil. 1974; *A. Schwarz*, Studien über die Tosifta, MGWJ 23 (1874) 464–470; 561–8; 24 (1875) 25–31; 87–90; 126–139; 274–281; 325–330; 351–366; 460–472; 492–500; *ders.*, Die Tosifta des Tr. Sabbath, in ihrem Verhältnis zur Mischna, Karlsruhe 1879; *ders.*, Tosifta juxta Mischnarum Ordinem recomposita et Commentario instructa, I Wilna 1890; II F 1902; *A. Spanier*, Die Toseftaperiode in der tannaitischen Literatur, B 1922; P. R. *Weis*, The Controversies of Rab and Samuel and the Tosefta, JSS 3 (1958) 288–297; S. *Zeitlin*, The Tosefta, JQR 47 (1957) 382–399; M. S. *Zuckermandel*, Tosefta, Mischna und Boraitha in ihrem Verhältnis zueinander, 2 Bde, F 1908–9; Supplement 1910; *ders.*, Gesammelte Aufsätze, 2 Bde, F 1911–2.

Zu Einzeltraktaten: G. *Mayer*, Ein Zaun um die Tora. Tradition und Interpretation im rabbinischen Recht, dargestellt am Toseftatraktat Kil'ajim, Stuttgart 1973; R. *Di Segni*, Indagini sul trattato di Meghillà della Tosefta, Annuario di Studi Ebraici (Collegio Rabbinico Italiano, Roma) 1975–6, R 1977, 17–43.

Verhältnis T zu M und den Talmudim: W. *Bunte*, Der Mischnatraktat Zabim in seinem Verhältnis zum gleichnamigen Traktat der Tosefta, ZDMG 107 (1957) 31–66; B. *Cohen*, Mishnah and Tosefta: a comparative study. I Shabbat, NY 1935; *Abr.Goldberg*, The Order of the Halachot in the Mishna and the Tosefta (h), 6th WCJS, J 1972, III 81–94; *ders.*, Tosefta to the Tractate Tamid (h), GS B. De Vries, J 1968, 18–42; *ders.*, The Relationship of Mishnah to Tosefta and Baraitha as Seen Differently by R. Yohanan and Resh Laqish (h), 7th WCJS (1981) III 109–116; S. *Schmida*, Mishna and Tosefta in the first section of Eduyot (h), GS B. De Vries, J 1968, 1–17; Z. A. *Steinfeld*, The Order of Halachot in Mishna and Tosefta Horayot (h), 8th WCJS (1982) C 9–12; B. *De Vries*, Mechqarim 96–129 (zu BM, Mak und Meila) und 148–160 (Beziehung zu Talmudim); M. *Weiss*, The arrangement of the Mishna in Tractate Peah and its relationship to Tosefta (h), Diss. Bar-Ilan 1978.

1) Name, Aufbau und Inhalt

Das aram. *tosefta* (eventuell *tosifta*; Plur. *tosafata*; hebr. *tosefet*, Plur. *tosafot*) bedeutet allgemein „Hinzufügung, Ergänzung", und zwar eine zusätzliche halakhische Lehre, welche M (im weiteren Sinn: die offiziell gelehrte Halakha) ergänzt. So stellt etwa Abbahu in pSchab VIII,1,11a in Abrede, eine neue Halakha (*oraita chadata*) zu wissen; vielmehr habe er eine *tosefta atiqta* gehört, eine „alte Ergänzung". Im engeren Sinn kann *tosefta* ein Buch mit solchen ergänzenden Lehren bezeichnen, insbesondere die uns unter diesem Titel erhaltene Schrift. Meg 28b nennt in einer umfassenden Formel als rabb. Lehrstoff *hilkheta, sifra, sifre we-tosefta* (Schebu 41b fügt noch *talmud* hinzu); in Qid 49b ist damit der Stoff bezeichnet, den ein Tanna beherrschen muß. Damit meint man sicher schon festgeordnete Traditionskomplexe – die Halakha mit ihren Ergänzungen und den halakhischen Midrasch, doch wohl kaum die uns unter diesen Namen bekannten Schriften. Auch wenn Joma 70a explizit aus der *tosefta* zitiert (das Zitat findet sich mit Varianten in TJoma IV,19, L. 247f), ist das nicht unbedingt unsere T.

T ist ein halakhisches Werk, das im Aufbau M entspricht: dieselben 6 Ordnungen (Sedarim) umfassen auch dieselben Traktate, deren Namen und Anordnung sowohl in der T-Überlieferung wie auch gegenüber M leicht variieren (hier übernehmen wir Traktatnamen und Kapitelzählung nach *Zuckermandel*, auch wenn die Seiten der Ausgaben *Lieberman* oder *Rengstorf* angegeben sind: z.B. ist TJoma IV,19 bei *Lieberman* TKippurim III,19). Das zu M Gesagte gilt also auch hier. Nur die Traktate Abot, Tamid, Middot und Qinnim haben keine Entsprechung in T; der Traktat Kelim ist in T in drei „Pforten" unterteilt (BQ, BM, BB). Im Umfang ist T etwa viermal so groß wie M.

Die Sprache von T ist M-Hebräisch, wie in M von vereinzelten aramäischen Sätzen und mit zahlreichen Lehnwörtern besonders griechischer oder lateinischer Herkunft durchsetzt. Auch die in T genannten Rabbinen entsprechen jenen von M, wenn auch nicht ganz in derselben Verteilung.

2) Die Entstehung

a) Die Tradition

Sanh 86a heißt es im Namen des R. Jochanan: *stam tosefta R. Nechemja*. Sollte hier unsere T gemeint sein, wird ihr anonymer Teil einem Lehrer von Uscha (T3) zugeschrieben, eine Generation später als die anonymen Sätze von M, die auf R. Aqiba zurückgehen sollen. Als eigentlichen Verfasser von T bezeichnet Scherira (ISG L. 34) R. Chijja bar Abba (T5), einen Freund und Schüler Rabbis, und bestätigt damit die Meinung der Fragesteller aus Kairowan. Dieselbe Meinung vertreten Raschi (z. B. zu BM 85b) und Maimonides (im Vorwort zu Mischne Tora, J 1957, 9; ebenso in der Einleitung zu seinem M-Kommentar, ed. *Qafiḥ* I 33 f).

Verschiedene Gelehrte des Mittelalters beziehen übrigens Sanh 86a nicht auf unsere T: so etwa R. Simson von Chinon im Sefer Keritut IV,1,12 (ed. *J. M. Sofer* 158): „Was sie im Talmud T nennen, ist nicht, was wir T nennen, sondern ein Zusatz, den sie hinzufügten, um M zu erklären". Unsere T bezeichnet er als Werk des R. Chijja und des R. Hoschaja (A1: ein von *S. Schechter*, Saadyana, C 1903, 141 Anm. 1 zitierter Text sieht ebenfalls Hoschaja als Autor von T an). Dieselbe Meinung vertritt R. Nissim (990–1062) in der Einführung zu seinem Sefer ha-Mafteach (in bT Romm vor Ber abgedruckt); er begründet dies mit Taan 21a, wo Ilfa (A2) sagt: „Wenn mich jemand eine Baraita des R. Chijja oder des R. Hoschaja fragt und ich sie nicht aus M erklären kann, stürze ich mich vom Masten des Schiffes und möge ertrinken". Später findet sich diese Ansicht noch z.B. bei Hameiri, der T als „Baraitot" des R. Chijja und des R. Hoschaja bezeichnet (Einführung zu seinem Abot-Kommentar 12a). Die wenigen Stellen, an denen T R. Chijja nennt (z.B. TNeg VIII,6, R. 180; TBetsa I,7, L. 281 wird auch R. Abba = Rab genannt!), müßte man bei Annahme dieser These wohl als spätere Zusätze betrachten.

In der modernen Forschungsgeschichte hat v. a. Z. *Frankel* die Zuschreibung von T an Chijja und Hoschaja übernommen. Nach ihm vereinigt unsere T T-Sammlungen des R. Chijja und in geringerem Maß auch des R. Hoschaja (Mabo 22a–27b). Dagegen wendet sich z.B. *Albeck* (Mabo 55f) mit der Begründung, daß nur ein kleiner Teil der in den Talmudim diesen Rabbinen zugeschriebenen Baraitot in T enthalten sei. *Abr. Goldberg* übergeht diesen Einwand mit der These, daß ein Redaktor nur die Lehren der vorangegangenen Generation offiziell edierte; die Redaktion von T begann eine Generation später als die von M und fand in der Arbeit von R. Chijja, dem literarischen Erben Rabbis, ihren Höhepunkt. Die Lehren von R. Chijja und seinen Zeitgenossen hat dann wahrscheinlich R. Hoschaja ediert und eine letzte, nicht umfangreiche Schicht sei wohl von Rab herausgegeben worden. Als Datum von T möchte *Goldberg* 220–230 annehmen (in *Safrai* I 283.194f).

Wenn man die traditionelle Angabe, R. Chijja sei der Verfasser von T, mit Sanh 86a verbindet, ergibt sich die vielfach angenommene Entwicklungsgeschichte von T in Parallele zu jener von M: man müßte dann eine T Nechemjas annehmen, die die M Aqibas oder Meirs ergänzt, und die dann R. Chijja in Anlehnung an die M Rabbis überarbeitet und beendet hätte. Zweck von T ist nach dieser traditionellen Auffassung die Ergänzung von M (um dort nicht aufgenommenes tannaitisches Material nicht in Vergessenheit geraten zu lassen) bzw. ein Kommentar zu M.

J. N. Epstein (ITL 242ff) übernimmt zwar auch die traditionellen Angaben, die T mit Nechemja und Chijja verbinden, sieht jedoch in der T Nechemjas nicht eine Ergänzung zur M Aqibas, sondern zu jener Simeons ben Gamaliel II., die damals die offizielle M gewesen sei; R. Chijja wiederum habe von Rabbi abweichende bzw. nach ihm entstandene Halakhot gesammelt; doch sei seine Sammlung nicht unsere T. Diese Rekonstruktion *Epsteins* führt nicht nur weitere Unbekannte ein, sondern geht auch weit über das hinaus, was sich aus den Quellen beweisen läßt.

b) Das Verhältnis der Tosefta zur Mischna

Fast immer ist T als Ergänzung zu M und kurz nach dieser entstanden betrachtet worden. Dadurch ist T in der Forschungsgeschichte immer in ihrem Verhältnis zu M und nie selbständig gesehen worden. Eine solche Betrachtung ist allerdings legitim, sofern T nicht voreilig an M gemessen und durch M interpretiert wird. Eine nähere Bestimmung des Verhältnisses von T zu M, aber auch zu den Baraitot und den Talmudim ist eine wesentliche Aufgabe der T-Forschung.

Für das Verhältnis von T zu M ergibt der Vergleich eine Vielfalt an Beziehungen verschiedenster Art, ähnlich den Grundfakten der synoptischen Frage in der neutestamentlichen Forschung. Dort methodische Anleihen zur Lösung des Problems zu nehmen, liegt daher nahe. Das gilt auch für die Erstellung einer so dringlich erforderten Synopse von T und M (und der anderen Parallelen). Die Beziehungen T-M lassen sich so zusammenfassen:

1. T ist wörtlich gleich M oder weist nur geringe Varianten auf.
2. T bietet zu in M anonymen Sätzen die Autorennamen oder ergänzt M durch zusätzliche Glossen und Diskussionen.
3. T wirkt wie ein Kommentar zu nicht zitiertem M-Material.
4. T bietet zusätzliches Material ohne direkten Bezug zum mit M gemeinsamen Stoff (v. a. mehr haggad. und midraschischen Stoff).
5. T widerspricht M in Halakha oder Tradentennamen.
6. Die *Anordnung* des mit M parallelen Stoffes ist in T weithin gleich, doch oft auch verschieden. Oft hat es den Anschein, daß T die ursprünglichere Anordnung und auch die Halakha selbst in der urtümlicheren Form bietet.
7. Der *Stil* von T ist nicht so prägnant durchformuliert und abgeschliffen wie der von M. Mnemotechnische Züge sind zwar vorhanden, doch nicht so bedeutend wie in M. Es scheint, daß T im Gegensatz zu M nicht zum Auswendiglernen und mündlichen Tradieren formuliert worden ist (*J. Neusner*).

Die hier skizzierten Fakten, ergänzt durch Beobachtungen an den zu T parallelen Baraitot in den Talmudim (sind diese aus T entnommen, stammen sie aus einer Paralleltradition oder sind umgekehrt die talmudischen Baraitot Bausteine von T gewesen?) sind in der Forschungsgeschichte sehr vielfältig und widersprüchlich gedeutet worden. Diese Fülle an Erklärungen geht allerdings nicht nur auf die Mehrdeutigkeit der Fakten zurück, sondern auch auf eine oft sehr selektive Verwertung dieser Fakten.

Die umfassendsten Studien zu T stammen von *M. S. Zuckermandel*, dem Herausgeber von T. Durch Jahrzehnte arbeitete er an seiner These, die er 1908–12 in endgültiger Form vorlegte. Nach ihm ist T die M unseres pT, unsere M hingegen babylonisch. Damit erklärt er die Tatsache, daß manchmal pT mit T gegen M übereinstimmt; wo pT mit M gegen T übereinstimmt, sieht er Interpolationen oder Textveränderungen. Später wandelte er seine These so ab, daß das Werk Rabbis unsere M und T umfaßte, pT also beide voraussetzt; die babylonischen Amoräer jedoch hätten nur Teile aus diesem Werk anerkannt, eben unsere M. Als M der allgemein anerkannte Codex wurde, ließ man in T viele parallele Texte aus, wodurch T ihre ursprüngliche Kohärenz verlor. Diese These, die *Zuckermandel* auch mit seiner T-Ausgabe erhärten wollte, hat fast allgemein schärfste Ablehnung erfahren und ist auch nicht haltbar. Doch ist ihr Anliegen berechtigt, das Verhältnis M-T nicht einseitig von M aus zu sehen.

J. H. Dünner, dessen Untersuchung zu T 1874 zugleich mit der frühesten Fassung der These *Zuckermandels* erschien, entfernte sich wie dieser, doch in anderer Richtung, von der Tradition: nach ihm ist T eine nachtalmudische Kompilation aus talmudischen Baraitot und echtem tannaitischen Material (solches nimmt er an, um damit die Unterschiede von T zu den talmudischen Baraitot zu erklären). Damit ist *Dünner* ein wesentlicher Vorläufer *Ch. Albeck*s und seiner Schule. Ihm ähnlich urteilt *I. H. Weiss*, Dor II 193 ff: er führt T auf einen palästinischen Kompilator zurück, der im 5., vielleicht schon im 4. Jh. in Babylonien gewirkt und neben verschiedenen anderen Quellen auch die Talmudim verwendet haben soll (*Weiss* begründet dies damit, daß zahlreiche T-Sätze in der Gemara als Aussprüche von Amoräern aufscheinen).

Eine neue Lösung des Verhältnisses M-T hat *A. Spanier* versucht; im Bemühen von *A. Schwarz*, T anhand von M neu zu ordnen, hat er einen Vorläufer. *Spanier* bezeichnet T als „Sonderausgabe von Scholien zur Mi; der Sammler, der sie von der Mi loslöste und für sich zusammenstellte, hat dabei manches hinzugefügt und fortgenommen, um dem neuen Werke wenigstens in bescheidenem Maße den Schein eines einheitlichen Ganzen zu verleihen" (Toseftaperiode 47). Solche Scholien zu M habe es übrigens schon zur M Aqibas gegeben; Rabbi habe sie z. T. in seine M eingearbeitet, was viele Parallelen zwischen M und T erklärt, die weit über die Eigenart von Scholien hinausgehen (S. 74). Selbstverständlich nimmt die These *Spanier*s von allem Anfang an eine schriftliche Fassung von M an.

A. Guttmann vertritt eine ähnliche These: „Das Ziel des Tosephtaredaktors scheint also zunächst gewesen zu sein, das in die Mišna nicht aufgenommene einschlägige tannaitische Material zu sammeln, gleichviel, ob es die Mišna ergänzt, erklärt, ihr widerspricht, oder bloß Varianten zu ihr bietet" (S. 1). Diesen Stoff hat der Verfasser zu einem relativ selbständigen Werk gestaltet, auch wenn T nur eine Ergänzung zu M darstellte (S. 2). Die gegenüber M abweichende Anordnung von T erklärt *Guttmann* dadurch, daß zuerst ein bloßer Zettelkatalog von tannaitischen Aussagen vorlag, wobei einzelne Traktate schon gebündelt waren. Als diese Karteikarten in Buch- bzw. Rollenform umgearbeitet wurden, behielten diese Traktate die Ordnung von M bei, während bei anderen die Ordnung durcheinandergeriet (176f). Diese These hat ebenso wie die *Spaniers* nur wenig Freunde gefunden und ist als unzureichende Notlösung anzusehen; auch überträgt sie zu sehr moderne literarische Gepflogenheiten in die talmudische Zeit (auch wenn man zu *Spaniers* Scholientheorie ähnliche Hypothesen zum Fragmententargum heranziehen könnte).

Die hier genannten Theorien zu T wollen alle eine Pauschallösung anbieten. Doch sind die zuvor genannten Beziehungen zwischen M und T nicht einheitlich über das Gesamtwerk verteilt; vielmehr sind sie in den einzelnen Traktaten von T je verschieden zusammengesetzt und gewichtet. Somit ist ein Pauschalurteil über das Verhältnis von T zu M nicht möglich und sind vorerst einmal die einzelnen Traktate von T für sich zu betrachten.

Diese Eigenständigkeit der Traktate zeigt sich schon in der Länge von T gegenüber M: T ist insgesamt viermal so lang wie M; somit sind auch viele Traktate in T länger als in M, einzelne sind fast gleich lang (z.B. Jad), manche jedoch sogar kürzer (z.B. Scheq).

In Stoff und Aufbau setzen viele Traktate von T M voraus, auch wenn T längere Stoffeinschaltungen enthält, über einzelne Passagen von M kommentarlos hinweggeht oder auch eine andere Anordnung des Stoffes aufweist: so z.B. Ter (dazu *E.Güting* in der Gießener M, auf die sich auch die folgenden Zitate beziehen, 27–31), wo T vielfach M zum besseren Verständnis braucht, kaum einmal jedoch M auf T angewiesen ist. Ähnlich steht es in Schebi *(D. Correns* 28f), wo T sich ebenfalls auf M bezieht, doch vielleicht eine frühere Textform von M voraussetzt (vgl. auch *De Vries*, Mechqarim 101 zu BM, und 108 Mak). Das läßt nicht an eine direkte Abhängigkeit vom M-Text denken, sondern an die Verwurzelung von T und M in einer gemeinsamen, schon weithin geprägten und geordneten Tradition, wie dies W. *Bunte* zu Maas und MSch annimmt (16–26), wo T ohne M völlig verständlich ist. Anders wiederum Sukka, wo viele Termini von T ohne M nahezu unverständlich sind, T überhaupt ohne M nicht zu deuten ist (so *H. Bornhäuser* 18–25). Umgekehrt wiederum urteilt *K. H. Rengstorf* zu Jeb (46–52): T setzt hier nicht eindeutig M voraus, M hingegen weithin T. Eher könnte man T von M aus ergänzen. Wieder ein anderes Bild ergibt sich *H. Bietenhard* (18–22) aus Sota, wo man leichter M aus T ergänzen kann als umgekehrt. Für die gesamte Ordnung Toharot schließlich stellt *J.* Neusner (Pur XXI,15) fest, daß hier tatsächlich T als Ergänzung von M und als ihr erster Kommentar zu verstehen ist. Seder

Qodaschim wiederum ist das Hauptargument für jene, die T als gegenüber M selbständiges Werk betrachten.

Die Liste der hier aufgeführten Urteile ließe sich sehr erweitern. Ihre Verschiedenheit geht nicht allein auf die persönlichen Ansichten der einzelnen Forscher zurück, auch nicht nur auf die sicher vorhandene Uneinheitlichkeit der Fragestellung, mit der man an den Vergleich von M und T herangeht. Sie ist vielmehr in einem objektiv verschiedenen Verhältnis der einzelnen Traktate von M und T zueinander begründet, das wohl auf eine je verschiedene Vorgeschichte verschiedener Traktate oder Ordnungen von T zurückzuführen ist. Eine noch stärker ins Detail gehende Vergleichsarbeit ließe wohl auch zu einzelnen Traktaten kein einheitliches Urteil mehr zu (so richtig *P. Schäfer*, JJS 37, 1986, 147–9).

c) Das Verhältnis der Tosefta zu den Talmudim

In den vorausgegangenen Hinweisen zur Forschungsgeschichte war auch schon kurz vom Verhältnis der T zu den Baraitot der Talmude die Rede. Auch in dieser für die historische Einordnung von T so wichtigen Frage sind die Fakten nicht eindeutig:

1. Das einzige explizite T-Zitat in den Talmudim befindet sich in Joma 70a. Die Textvarianten lassen aber keine Entscheidung zu, ob der hier als T zitierte Text tatsächlich aus unserer T und nicht aus einer ähnlichen gleichnamigen Sammlung stammt.

2. Zahlreiche Baraitot in den Talmudim entsprechen (fast) wörtlich T.

3. Andere Baraitot in den Talmudim stimmen zwar mit T in der Sache überein, weichen jedoch im Wortlaut beträchtlich ab.

4. Oft diskutieren Amoräer in den Talmudim über Probleme, deren Lösung ihnen aus T bekannt sein müßte. Kennen sie T nicht, anerkennen sie T nicht als die Halakha entscheidende Autorität oder war ihnen einfach der entsprechende T-Text nicht präsent (schließlich werden ja auch nicht immer die passendsten M-Zitate als Beleg gebracht, obwohl man die Kenntnis von M bei den Amoräern doch voraussetzen müßte)?

Diese Beobachtungen lassen verschiedene Deutungen zu, die sich im wesentlichen auf zwei Schulen zurückführen lassen. Ihre profiliertesten Vertreter in den letzten Jahrzehnten waren *J. N. Epstein* und *Ch. Albeck*, doch gehen beide Auffassungen viel weiter zurück.

Nach *Epstein* haben die Talmudim T in verschiedener Weise gekannt: eine Vorform der heutigen T hat zu den Baraitot des bT geführt, während die Baraitot im pT, die T textlich viel näher stehen, direkt auf unsere T zurückgehen. Daß die Talmudim gelegentlich T nicht zitieren, obwohl es ihnen in einer bestimmten Diskussion nützlich wäre, ist nicht überzubewerten und deutet nicht auf ihre allgemeine Unkenntnis von T.

Für *Albeck* hingegen ist die häufige Textabweichung talmudischer Baraitot von T-Parallelen sowie die Tatsache, daß der Talmud an entscheidenden Stellen T nicht zitiert, ein Beweis dafür, daß die Redaktoren der Talmudim T noch nicht kannten; vielmehr zitierten sie aus anderen Baraitasammlungen, die (vielleicht zusammen mit den Talmuden) dann auch die Quellen unserer T geworden sind. Die Endredaktion von T ist demnach gegen Ende der amoräischen Zeit anzusetzen.

Eine vermittelnde Stellung nimmt *B. De Vries* ein. Für ihn ist die Nichtberücksichtigung von T in talmudischen Diskussionen kein Beweis für die Nichtkenntnis von T, nicht zur Zeit der Entstehung der einzelnen Sugia und schon gar nicht für die Endredaktion, die es vielleicht gar nicht als ihre Aufgabe angesehen hätte, in ihr vorliegende Sugiot ergänzend mit T-Zitaten einzugreifen. Als Grundlage der Baraitot in den Talmuden sieht *De Vries* eine M ergänzende, den Amoräern schon schriftlich vorliegende Baraita- Sammlung, die nicht mit unserer T übereinstimmt (als Begründung dafür nennt er weniger die abweichenden Lesarten, als vielmehr Abweichungen in der Anordnung des Textes), auch nicht eine Vorform von T ist, aber eine mit T gemeinsame frühere Traditionsstufe verwendet. Andere (so *P. R. Weis* und *A. Weiss*) relativieren das Problem mit der Annahme, daß einzelne Amoräer T kannten, andere wiederum nicht.

d) Ist eine Lösung möglich?

Die Verschiedenartigkeit der vorgeschlagenen Lösungen zeigt, daß wir von einer allgemein annehmbaren Darstellung der Entstehungsgeschichte und Zielsetzung von T noch weit entfernt sind. Vielleicht liegt das auch an unseren Fragestellungen, die der Problematik nicht ganz gerecht werden. Jedenfalls dürften *Albeck*s Argumente für eine Spätdatierung von T nicht hinreichen. Die von ihm beobachteten Phänomene können auch anders gedeutet werden. Die vermeintliche Unbekanntheit von T in den Talmudim könnte auch als Nichtberücksichtigung wegen geringerer Autorität erklärt werden (so schon Alfasi: T ist nicht Halakha); Textabweichungen der Baraitot gegenüber T könnten z.T. auf sorglosere Zitierweise und bewußte Bearbeitung, z.T. auf andere, mit T parallele Sammlungen zurückgehen. Schließlich besagt auch eine tatsächliche Unbekanntheit von T (oder von Teilen von T) in gewissen Kreisen noch nicht, daß T damals noch nicht existiert hat. Die Gemeinsamkeiten von T mit M sind zu groß, als daß man ohne zwingenden Grund die Entstehungszeit von T allzuweit von jener von M abrücken würde.

Bezeichnend für die Komplexität des Befundes ist die Entwicklung der Auffassungen *J. Neusner*'s, der in seine History of the Mishnaic Law eine Übersetzung und Kommentierung von T aufnahm, bald aber zur Auffassung gelangte, er sei dabei einem Irrtum über T erlegen: in Wirklichkeit sei T nachmischnaisch und habe zur Geschichte des M-Gesetzes nichts zu sagen (The Tosefta IV, NY 1981, XVf). In VI, 1977, X bezeichnet er die Entstehungszeit von T als unbekannt, zwischen 200 und 450; II, 1981, IX, nennt er das Ende des 4. Jhs. 1986 griff er jedoch wieder auf seine frühere Auffassung zurück, wonach „the major work of redaction of T. – that is, the organization and arrangement of its already extant materials – between the preliminary redaction of M. and its ultimate conclusion" anzusetzen sei (The Tosefta 99; cf. 7). Ähnlich, wenn auch wieder vorsichtiger äußert er sich p. XXIII der neuen Einleitung zum Nachdruck von Band VI seiner T-Übersetzung (1990): T ist nach Abschluß von M, doch vor pT kompiliert worden und ist wohl ein Werk des 3. Jhs. Nur ein kleiner Teil ihres Inhalts „can have reached formulation prior to the closure of the Mishnah".

Sicher ist T in der Endfassung nach-mischnaisch und somit schon amoräisch, doch wohl aus den Anfängen der amoräischen Zeit. Der Annahme einer Endredaktion von T im späten 3. oder frühen 4. Jh. lassen sich jedenfalls kaum schwerwiegende Gründe entgegenhalten. Daß die Redaktion von T in Palästina erfolgte, ist wegen der Sprache wie auch wegen der besonderen Nähe zu pT unbestreitbar.

Natürlich ist jedoch mit einem späteren Wachstum von T zu rechnen, v. a. auch durch das Eindringen von M-Texten, wie auch umgekehrt T-Texte in M kamen; ebenso wurden wohl auch noch später talmudische Baraitot in T eingefügt. Solche Textveränderungen wurden sicher dadurch begünstigt, daß T nicht den offiziellen Status von M erlangte und dadurch in der literarischen Gestalt unkontrollierter war. Andererseits war T durch denselben Umstand nicht so sehr wie M bewußten Anpassungen an die spätere Halakha ausgesetzt. Dafür hat die Textgestalt von T sicher mehr durch lange Vernachlässigung zu leiden gehabt.

Nach dem bisher Gesagten ist die Frage nach dem Verhältnis von T zu M nicht einhellig zu beantworten: wieweit ist T tatsächlich eine „Ergänzung" zu M, wieweit ein selbständiges Werk und daher ihr Name eine „Irreführung", wie andere behaupten? Hier geht es wohl kaum mit einem Entweder-Oder. Auch ist eine historische Entwicklung in Betracht zu ziehen: so könnte T zuerst eine zu M parallele, jedoch von M unabhängige Halakha-Sammlung gewesen sein, die mit der „Kanonisierung" von M jedoch immer mehr nur in Funktion von M und als Ergänzung dazu gesehen wurde, was entsprechenden Einfluß auf die weitere Textgeschichte, jedoch keine einheitliche und durchgehende Revision von T zur Folge hatte. Oder man denkt an eine getrennte Entstehungsgeschichte der einzelnen T-Traktate, die zu jeweils verschiedenen Verhältnissen in Bezug auf M führte; beide Möglichkeiten können auch miteinander kombiniert werden.

Ebenso offen ist die mit dem Vorigen eng verbundene Frage nach der *Zielsetzung von T*: war T ursprünglich als geltende Halakha (in Konkurrenz zu M) gedacht, oder als M ergänzendes Lehrbuch, als erster Kommentar zu M? Diese Frage ist u. a. auch deswegen nicht zu beantworten, weil wir die Quellen von T nicht im notwendigen Maß freilegen und auch kaum Sicheres über ihre ursprüngliche Gestalt sagen können. Die These von *M. D. Herr* (EJ XV, 1284): „The compiler did not add, omit, or change his material in any way, but collected the material that was at his disposal", schildert den (oder die) Verfasser von T als bloßen Archivar von Baraitot, ist jedoch unbeweisbar und auch völlig unrealistisch. Es ist nicht zu begründen, daß T alle Baraitot, die wir aus den Talmudim kennen, die jedoch nicht in T enthalten sind, nicht gekannt hat; ebensowenig ist zu beweisen, daß gerade T trotz aller textlichen Abweichungen zu den talmudischen Baraitot stets die ursprüngliche Textgestalt überliefert hat. Auch die inneren Widersprüche und Wiederholungen in T sind kein hinreichendes Argument für die Annahme einer rein sammlerischen Tätigkeit des Redaktors von T. Was jedoch tatsächlich die Absicht von T war, positiv aufzuzeigen, ist uns derzeit genauso unmöglich wie die Beantwortung vieler anderer Fragen zur Literargeschichte von T. Diese ist trotz aller bisherigen Bemühungen zum größten Teil noch immer ungeklärt.

3) Der Text der Tosefta

a) Handschriften

Die einzige vollständige T-Handschrift ist *MS Wien* (Nationalbibl. Wien hebr. 20, Katalog Schwarz Nr. 46). Auch hier fehlen allerdings einige Blätter in der Mitte, die später ersetzt worden sind, ebenso Zab I,3–III,1 (Ausfall eines Blattes); 227 Blatt, Anfang 14. Jh. Dem Texttypus der Geniza-Texte und der sefardischen Textfamilie ähnlich, die den Drucken zugrundeliegt. Beschreibung: *M. S. Zuckermandel*, Der Wiener Tosefta-Codex, Magdeburg 1877.

Älter als der Wiener Codex ist MS *Erfurt*, das jedoch nur die vier ersten Ordnungen umfaßt (nach 3½ Kapiteln von Zeb hat der Schreiber seine Arbeit abgebrochen, obwohl noch Platz war). 222 Blatt in aschkenaz. Schrift, 12. Jh. (auf der letzten Seite befindet sich eine Pfandurkunde von 1260). Der Text weicht in den Parallelen zu M stärker von M ab als die Wiener Handschrift; diese im Vergleich zu MS Wien größere Unabhängigkeit gegenüber M könnte als Vorzug gelten; andererseits steht aber MS Erfurt der Textrezension der babylonischen Baraitot und nicht der palästinischen Textfassung nahe. Ob die Eigenheit von MS Erfurt „the product of the aggressive Ashkenazi revision" ist, wie *P. Schäfer* in Anlehnung an *I. Ta-Shma* vermutet (JJS 39, 1988, 92), müßte erst genauer untersucht werden. Ursprünglich als pT-Handschrift katalogisiert, dann als M verkannt und erst 1870 von *Z. Frankel* als T identifiziert. Seit 1879 in der königlichen Bibliothek Berlin, nun Orientabteilung der Staatsbibl. (Preußischer Kulturbesitz) Berlin (2°1220). Beschreibung: *M. S. Zuckermandel*, Die Erfurter Handschrift der Tossefta, B 1876.

Die Ordnung Moed (plus Chullin) ist auch in *MS London* (Brit. Mus., Add. 27.296) überliefert. Sefard. Handschrift, 15. Jh., sehr fehlerhaft. Zahlreiche Fragmente aus der Kairoer *Geniza* befinden sich v. a. in Cambridge (z. B. Er VIII–Pes IV, Fragmente von Jeb und Para I–IV) und im JThS NY (fast ganz Jeb in verschiedenen Fragmenten). Siehe *J. Bowman*, Fragments of the Tosefta from the Cairo Genizah and their Importance for the Text of the Tosefta, Glasgow University Oriental Society, Transactions 11 (1942–4), Hertford 1946, 38–47. Kurze Beschreibung der MSS durch *M. Lutzki* in *S. Lieberman*, Tosefta Zeraim, 8–13. Dort noch nicht berücksichtigt ist eine Handschrift der Zentralbibliothek Zürich (Z Heid 38), wohl 17. Jh., welche die ersten vier Ordnungen umfaßt; der Schreiber verwendete, vielleicht neben einem Druck, zumindest ein MS (*K. H. Rengstorf*, Die Tosefta. Text Bd I, Stuttgart 1983, XXI Anm. 43). Die schlechte handschriftliche Überlieferung von T gibt dem Textzeugnis mittelalterlicher Autoren besondere Bedeutung, deren Zitate *S. Lieberman* gesammelt hat: Tosefet Rishonim, 4 Bde, J 1937–9.

b) Drucke

Erstdruck im Talmudkompendium des Alfasi, V 1521 f; dieser Druck beruht auf einem inzwischen verlorenen MS; er wurde die Basis fast aller späterer Drucke. Schon der Drucker erkannte die Fehlerhaftigkeit seines MS, wollte jedoch nicht aus Eigenem korrigieren. In der bT-Ausgabe W 1860–73 ist T im Anschluß an den jeweiligen bT-Traktat wiedergegeben (die beigefügten Varianten aus MS Wien nehmen mit fortschreitendem Werk ab und fehlen in Seder Toharot völlig). Für die frühen Drucke siehe *M. E. Abramsky*, The printed Tosefta (Bibliography) (h), KS 29 (1953f) 149–161.

M. S. Zuckermandel, Tosephta, Pasewalk 1880; Supplement mit Übersicht, Register und Glossar, Trier 1882. Nach eigenen Angaben hat er bis Zeb V,5 MS Erfurt, dann MS Wien als Grundlage genommen und jeweils die Varianten aus der anderen Handschrift sowie aus dem Druck mitgeteilt. Doch ist MS Erfurt nicht genau kopiert und MS Wien noch unvollständiger benützt. Nach *Lieberman* entspricht die Ausgabe Z. ab Zeb V,6 im wesentlichen dem Druck der Ausgabe Romm (im bT der Ausgabe Romm Wilna). Zu ihrer Zeit war die Ausgabe eine große Leistung, auch wenn sie nicht voll zufriedenstellt. Noch durch keine andere Gesamtausgabe ersetzt, jedoch von *S. Lieberman* durch ein wertvolles Supplement ergänzt: Taschlum Tosefta, dem Ndr. von Zuckermandel J 1937 beigebunden, Ndr. J 1970.

S. Lieberman, The Tosefta, NY 1955–88, umfaßt in 5 Bänden die Ordnungen Zeraim, Moed, Naschim und die drei Babot von Neziqin. Basis der Ausgabe ist MS Wien; die Varianten aus MS Erfurt, aus dem Erstdruck und der Geniza enthält der Apparat (Geniza-Fragmente in Faksimile beigegeben). Im Gegensatz zu *Zuckermandel* bietet L. somit keinen Mischtext, auch wenn er in Ausnahmefällen die Lesart von MS Erfurt oder dem

Erstdruck in den Text aufnimmt (dies wird jedoch stets angegeben). Hebr. Kurzkommentar und ausführliches Verzeichnis der rabb. Parallelen.

K. H. Rengstorf hat in Zusammenarbeit mit anderen in der Reihe *Rabbinische Texte. Erste Reihe: Die Tosefta* bisher zwei Textbände veröffentlicht, Toharot und Zeraim, Stuttgart 1967.1983. Außerdem ein Faszikel mit Text, Übers. und Erklärung: Jeb (1953). Als Grundtext wählt *Rengstorf* MS Erfurt, muß aber natürlich von Zeb an auf MS Wien ausweichen. Die Ausgabe R. ist eine wichtige Ergänzung zu L.; wo eine der beiden Ausgaben zur Verfügung steht, ist sie natürlich Z. vorzuziehen.

Methodisch in Anlehnung an die Stuttgarter T: *F. Hüttenmeister*, Der Toseftatraktat Schekalim. Text, Übersetzung, Kommentar, Diss. Saarbrücken 1970; *H. Bietenhard*, Der Tosefta-Traktat Soṭa. Hebr. Text mit krit. Apparat, Übers., Komm., Bern 1986.

G. Larsson, Der Toseftatraktat Jom hak-Kippurim. Text, Übersetzung, Kommentar. I. Teil: Kap. 1 und 2, Lund 1980 (dazu *T. Kronholm*, Svensk exegetisk årsbok 46, 1981, 130–152).

D. E. Y.Sarnor hat mit anderen eine Edition von TSota veranstaltet: Tosefta Massekhet Sota, Boston 1970 (auf der Basis von MS Wien. Einleitung: Computer-Aided Critical Editions of Rabbinic Texts).

R. Neudecker, Frührabbinisches Ehescheidungsrecht. Der Tosefta-Traktat Giṭṭin, R 1982 (Übers., Kommentar, Reproduktion von MS Erfurt).

c) Übersetzungen

Eine latein. Übersetzung von 31 Traktaten der T hat *Biagio Ugolini* zusammen mit dem hebr. Text herausgegeben: Thesaurus antiquitatum sacrarum Bd 17 und 18 (Moed), 19 (Qodaschim), 20 (Zeraim), V 1755–7.

Die bisher einzige vollständige Übersetzung hat *J. Neusner* vorgelegt: The Tosefta. Translated from the Hebrew, 6 Bde, NY 1977–86 (Bd I, Zeraim, Hg. *J. Neusner – R. S. Sarason*). Die Übersetzungen sind der History of the Mishnaic Law *Neusner*'s und seiner Schüler (siehe S. 152) entnommen.

Deutsche Übersetzung und Erklärung in *K. H. Rengstorf*, Hg., Rabbinische Texte, Stuttgart 1960ff. Bisher 5 Bde: I 2 Seder Zeraim, Demai-Schebiit, übers. von *W. F. Krämer, P. Freimark*, 1971; IV,3 Seder Nezikin, Sanhedrin-Makkot, übers. *B. Salomonsen*, 1976; VI 1–3 Seder Toharot, 1960–1967, übers. *W. Windfuhr, G. Lisowsky, E. Schereschewsky, G. Mayer* und *K. H. Rengstorf*. Ebenso einzelne Faszikel mit Ber, halb Pea, Jeb (1953–8).

Einzeltraktate: *O. Holtzmann*, Der Toseftatraktat Berakhot. Text, Übersetzung und Erklärung, Giessen 1912; *M. Kern*, Der Tosefta-Traktat Yom Tob. Einleitung, Übersetzung und Erklärung, Diss. Würzburg 1934; *E. L. Rapp*, Der Tosephtatraktat Moᶜed Kaṭan, Journal of the Society of Oriental Research 12 (1928) 100–106 (ebenso in der Gießener M, MQ 2–

13); *P. Schlesinger*, Die Tosefta des Traktat Qiddusin. Übersetzt und erklärt, Diss. Würzburg 1926. *F. Hüttenmeister*, Scheq, *G. Larsson*, Joma, und *R. Neudecker*, Gittin (siehe unter b).

d) Konkordanz

H. J. Kasowski, Thesaurus Thosephtae. Concordantiae Verborum quae in Sex Thosephtae ordinibus reperiuntur, 6 Bde, J 1932–61 (Bde 5 und 6 Hg. *M. Kasowski*).

4) Kommentare zur Tosefta

Nach dem Zeugnis der Geonim ist schon zu ihrer Zeit T studiert worden (z. B. ISG 42 span. Rezension); doch lange Zeit wurde T nur in Zusammenhang mit M (v. a. Zeraim: wichtig v. a. *Melchisedek von Siponto* und *Simson von Sens*) oder pT studiert. Selbständige Kommentare zu T entstanden erst seit dem 17. Jh. Der erste Kommentar stammt von einem Anhänger Sabbetai Zewis, *R. Abraham ha-Jakini*, und ist nicht erhalten. Sein jüngerer Zeitgenosse *Abraham Gombiner* (ca. 1637–1683) schrieb einen kurzen Kommentar zu TNeziqin: als Anhang zum Werk seines Schwiegersohns Moses Jekutiel Kaufmann Lechem ha-Panim unter dem Titel Magen Abraham 1732 in Amsterdam veröffentlicht. Der bedeutendste traditionelle T-Kommentar stammt von *David Pardo* (1718–1790): Sefer Chasde David. Bd I Zeraim, Moed, Naschim Livorno 1776; II Neziqin Livorno 1790; III Qodaschim J 1890 (Ndr. I–III J 1971); IV 1–3 Toharot, J 1970–77. Zu nennen ist auch der Kommentar des *Elija Gaon von Wilna* (1720–1797) zu TToharot (in T Romm Wilna 1881). Elija Gaon brachte das T-Studium in Litauen zu großer Blüte. Aus Litauen stammt auch *Jechezqel Abramsky*, der Autor des letzten großen traditionellen T-Kommentars: Chazon Jechezqel. Bd I Zeraim, Wilna 1925; II,1 Moed (Schab, Er, Pes), J 1934; Chul J 1938; Zeb J 1942; II,2 Moed (RH, Joma), Lo 1942; BQ 1948; II,3 Moed (Suk, Betsa, Chag), 1950; BM 1952, BB 1953, Men 1954, Jeb 1957, Git 1957, Ned 1958, Schebu-Mak 1960, Sota 1963, Bek-Ar 1966 (alle J).

Es gibt noch keinen modernen Kommentar zur gesamten T, doch drei beachtliche Teilunternehmen: *S. Lieberman*, TK, umfaßt die Ordnungen Zeraim, Moed, Naschim sowie die drei Babot von Neziqin. Sehr ausführlich, weit über das hinausgehend, was man von einem T-Kommentar erwarten würde. Viele Parallelabschnitte aus M und den Talmudim werden ebenfalls erklärt. Wertvolle sprachliche Erläuterungen v. a. zu griechischen Lehnwörtern. Durch die Anlage in Form von Glossen bis ausführlichen Exkursen zu einzelnen Stellen kommen jedoch größere Textzusammenhänge als Einheit zuwenig in den Blick, wie auch die üblichen Einleitungsfragen ausgeklammert werden. Doch auch so ist TK der wichtigste T-Kommentar, den wir derzeit besitzen. Wichtig ist auch *Lieberman*'s Tosefet Rishonim, 4 Bde, J 1937–9, für die Kommentierung von T aus der frühen Textüberlieferung.

Die von *K. H. Rengstorf* mit einem Team edierte Stuttgarter T ist in den Übersetzungsbänden (siehe 3c) ebenfalls von einem Kommentar begleitet. Nicht so umfangreich wie TK, ebenfalls in Form von einzelnen Glossen und berücksichtigt daher den literarischen Zusammenhang nicht genügend, beachtet auch die jüdische Auslegungstradition nicht hinreichend, doch gut in Realien und eine wertvolle Ergänzung zu TK (besonders in Toharot, wo TK fehlt).

J. Neusner hat in seiner History of the Mishnaic Law (für Zeraim das Werk seiner Schüler) auch ganz T im Vergleich mit M kommentiert und dabei weithin auch die großen literarischen Fragen, die bisher zu kurz gekommen sind, entsprechend berücksichtigt (siehe S. 152).

III. Der palästinische Talmud

Allgem. Lit.: M. Assis, Parallel sugyot in the Jerusalem Talmud, h, Diss. J 1976; *ders.*, On the Question of the Redaction of Yerushalmi Neziqin (h), Tarbiz 56 (1986f) 147–170; *A. J. Avery-Peck*, Yerushalmi's Commentary to Mishnah Terumot: From Theology to Legal Code, in: *W. S. Green*, Hg., Approaches IV 113–136; *B. M. Bokser*, An Annotated Bibliographical Guide to the Study of the Palestinian Talmud, ANRW II 19,2 139–256 (Ndr. in: *J. Neusner*, The Study II 1–119, aber auch mit der Paginierung von ANRW, die hier verwendet wird; kritischer Status Quaestionis, wichtig); *J. N. Epstein*, IAL 271–606; *Y. Florsheim*, Le-Arikhat ha-Talmud ha-Jeruschalmi, Sinai 79 (1976) 30–43; *Z. Frankel*, Mabo (Klassiker); *S. J. Gartner*, Studies in Tractate Ta'anit – Palestinian Talmud. A comparative analysis of parallel sources in Talmudic and Midrashic Literature (h, 54pp. engl. Summary), Diss. Yeshiva Univ. NY 1976; *L. Ginzberg*, A Commentary on the Palestinian Talmud I, NY 1941 (Ndr. 1971), hebr. Einleitung (= Mabo); *Abr. Goldberg*, The Palestinian Talmud, in *Safrai* I 303–319; *M. S. Jaffee*, The Mishnah in Talmudic Exegesis: Observations on Tractate Maaserot of the Talmud Yerushalmi, in: *W. S. Green*, Hg., Approaches IV 137–157; *ders.*, Oral Torah in Theory and Practice: Aspects of Mishnah-Exegesis in the Palestinian Talmud, Religion 15 (1985) 387–410; *S. Lieberman*, On the Yerushalmi (h), J 1929, ²1969; *ders.*, The Talmud of Caesarea (h), Beiheft 2 zu Tarbiz, J 1931; *ders.*, Siphre Zutta (The Midrash of Lydda). II The Talmud of Caesarea, NY 1968; *E. Z. Melammed*, Introduction 499–644; *L. Moscovitz*, Sugyot Muḥlafot in the Talmud Yerushalmi (h), Tarbiz 60 (1990f), 19–66; *J. Neusner*, Judaism in Society: The Evidence of the Yerushalmi, Chicago 1983 (Ndr. Atlanta 1991); *ders.*, The Talmud of the Land of Israel. A Preliminary Translation and Explanation Bd 35, Introduction. Taxonomy, Chicago 1983; *L. I. Rabinowitz*, EJ XV, 772–9; *Y. Sussmann*, We-schub li-Jruschalmi Neziqin, in: Talmudic Studies I 55–133; *G. A. Wewers*, Probleme der Bavot-Traktate. Ein redaktionskritischer und theologischer Beitrag zum Talmud Yerushalmi, Tüb. 1984.

1) Begriffe; der Name

Talmud (von *lamad* „lernen" bzw. *limmad* „lehren") bedeutet „Studium" (als theoretische Tätigkeit im Gegensatz zu *maʿase*, „Handeln", Ausüben der Gebote), aber auch „Belehrung, Lehre" (so schon in Qumran: 4QpNah II,8), v. a. die aus der Bibel kommende Belehrung und somit auch den Schriftbeweis. So in den häufigen Ausdrücken *talmud lomar*, „es gibt eine Belehrung aus der Bibel, indem sie sagt" bzw. kurz „die Bibel lehrt"; *mai talmuda*, „welchen biblischen Beleg gibt es?"; *jesch talmud*, „es gibt einen biblischen Beweis". Da *limmad* somit auch „etwas aus der Bibel ableiten" bedeutet, ist Talmud gelegentlich mit Midrasch austauschbar. Talmud kann aber auch die gesamte traditionelle „Lehre" bedeuten, v. a. auch die durch Auslegung von M gewonnene Lehre der Amoräer, die Bibel und M gegenübergestellt wird (z.B. Qid 30a). So definiert auch Scherira (ISG L. 51): „Talmud ist die Weisheit der frühen Lehrer, die darin die Gründe der M auslegten". Vgl. *Bacher*, ET I 199–202; II 234f; *Albeck*, Mabo 3f; *Melammed*, Introduction 323–6.

Gemara (*gemar* bedeutet im babyl. Aramäisch nicht nur „vollenden", sondern auch „lernen") ist das „Lernen der Tradition" bzw. die „traditionelle Lehre" selbst im Gegensatz zur *sebara*, der logischen Ableitung neuer Lehren (z.B. Er 13a; 60a). Diese Lehre der mündlichen Tora wird als „Vollendung" der schriftlichen Tora bzw. als Vollendung des Studiums überhaupt betrachtet. Die Formulierung von Er 32b: „Habt ihr es in die Gemara (die traditionelle Auslegung von M) aufgenommen?" führt zum gaonäischen Sprachgebrauch, der Gemara als „Vervollständigung" von M durch die Auslegung der Amoräer auffaßt. Durch die Zensur gerät „Gemara" anstelle von „Talmud" in die Talmud-Drucke (seit der Ausgabe Basel 1578–81), in denen nach dem M-Text „Gemara" die Überschrift für die amoräische Auslegung bildet und somit zur üblichen Bezeichnung für diese wird. Vgl. *Bacher*, ET II 28–33; *Albeck*, Mabo 4–7; *Melammed*, Introduction 326–330.

Der pT, in seiner Heimat ursprünglich sicher einfach als Talmud schlechthin bezeichnet, begegnet in frühen Zitaten unter verschiedenen Namen. In den Responsen der Geonim wird er als *Talmud Erets Jisrael* angeführt (Saadja, Hai Gaon usw.), ebenso auch als *Gemara de-Erets Jisrael*. Die Halakhot Gedolot nennen ihn *Talmud de Maʿarba*, „Talmud des Westens", offenbar in Anlehnung an die häufige Ausdrucksweise des bT „im Westen sagen sie" u.ä., womit – von Babylonien aus gesehen – Palästina gemeint ist. Die Tosafot (Anfang zu Chul) sagen *Hilkhot Erets Jisrael*. Die Bezeichnung *Jeruschalmi* findet sich schon vereinzelt bei den Geonim, regelmäßig bei R. Chananel von Kairowan, manchmal auch bei Alfasi, oft auch bei den mittelalterlichen Autoren. Wenn man die heute fast allgemein eingebürgerte Bezeichnung auf den Entstehungsort des pT bezieht, ist dies sicherlich falsch, da Jerusalem damals den Juden verboten war. Vielleicht entstand die Bezeichnung in islamischer Zeit, als Jerusalem der Sitz der früher in Tiberias ansässigen Akademie wurde (so *Baron*, History VI 331 Anm. 25). Für Literaturangaben siehe *Bokser* 149f.

2) Inhalt und Aufbau

PT ist der M-Kommentar der palästinischen Amoräer. Dies gilt jedoch im weitesten Sinn. Denn pT hält sich nicht eng an M, sondern bietet viel zusätzliches Material, das mit M nur locker in Verbindung steht. Nicht nur entfaltet pT die Halakha von M in oft völlig unerwarteter Weise, sondern ergänzt sie auch durch verschiedenste haggadische Stoffe und Bibelauslegungen usw. und ist auch als historische Quelle für die Geschichte Palästinas, die Entwicklung der jüdischen Liturgie usw. von Bedeutung. In der Anordnung folgt pT M und wird entsprechend nach dem jeweiligen M-Traktat mit dessen Kapitel und Halakha (wo aber die Zählung der einzelnen Ausgaben variiert) zitiert, ergänzt durch die Blatt- und Kolumnenangabe (a–d).

a) Das Fehlen vieler Traktate

Nicht zur gesamten M, sondern nur zu den ersten vier Ordnungen sowie zu Nid I–III aus dem Seder Toharot liegt pT vor. Auch fehlt die Gemara zu Abot und Edujot, zu Schab XXI–XXIV und Mak III. Somit liegt in pT die Gemara zu 39 von 63 M-Traktaten vor.

Wie ist das Fehlen der Gemara zu so umfangreichen Teilen von M zu erklären? War sie nie vorhanden? War sie zwar Teil des palästinischen Lehrstoffes, ist jedoch aus bestimmten Gründen nicht in die endgültige Fassung von pT aufgenommen worden? Oder sind Teile des pT im Lauf der Textüberlieferung verloren gegangen?

Die früher gelegentlich vertretene These, ursprünglich habe es eine pGemara zu allen sechs Ordnungen gegeben, beruft sich als Erklärung für den Verlust von Qodaschim und Toharot auf die Ungunst der Zeiten und das lange Fehlen von anerkannten Lehrhäusern in Palästina sowie auf das geringere Ansehen von pT gegenüber bT. Für einen solchen Text-Verlust scheinen zahlreiche Jeruschalmi-Zitate bei mittelalterlichen Autoren zu sprechen, die sich in unserem pT nicht finden (gesammelt von *S. Buber*, Jeruschalaim ha-benuja, J 1906). Doch sind diese Zitate sehr problematisch. Vielfach sind es Sekundärzitate, v.a. von R. Chananel übernommen, wo Zitat und Paraphrase nicht immer zu unterscheiden und auch das Ende des eigentlichen Zitats oft nicht zu erkennen ist. V. a. jedoch zitieren spanische Gelehrte auch den palästinischen Midrasch, Midrasch Rabba, Tanchuma usw. als Jeruschalmi. So bringt Jehuda ben Barzillai (11.–12. Jh.) in seinem Jetsira-Kommentar (*S. J. Halberstam*, Hg., Commentar zum Sepher Jezira von R. Jehuda b. Barsilai, h, B 1885, 58 f) als Jeruschalmi eine Haggada aus TanB Lekh 24, die nachträglich auch in GenR geraten ist (vgl. Th-A 499). Ähnlich steht es mit Jeruschalmi-Zitaten Raschis. Auch kabbalistische Schriften werden als Jeruschalmi zitiert (nicht unbedingt als bewußte Fälschung, sondern eher, da sie für palästinische Midraschim angesehen wurden). So erweist sich ein Jeruschalmi-Zitat im Kad-ha-Qemach des Bachja ben Ascher (13. Jh.) z.B. als dem Buch Bahir entnommen (siehe *Ginzberg*, Mabo 29–32). Auch andere Texte werden gelegentlich als Jeruschalmi zitiert, so der *Sefer Maasim* (dazu: *J. N. Epstein*, Maasim li-bne Erez Israel, Tarbiz 1, 1929 f, 33–42; bes. 36–8; *S. Lieberman*, On the Yerushalmi 36–46; *ders.*, Concerning Sepher ha-Ma'asim, h, Tarbiz 42, 1972f, 90–96; *Z. M. Rabinowitz*, Sepher ha-Ma'asim livnei Erez Yisrael. New Fragments, h, Tarbiz 41, 1971f, 282–305; *M. A. Friedmann*, Schne Qeta'im mi-Sefer ha-Ma'asim li-Bene Erets Jisrael, Sinai 74, 1974, 14–36; *ders.*, Marriage Laws Based on Ma'asim Livne Erez Yisra'el (h), Tarbiz 50, 1980f, 209–242; *ders.*, ‚An Important Ma'ase' – A New Fragment of Ma'asim Livnei Eretz Israel (h), Tarbiz 51, 1981f, 193–205; *ders.*, On the New Fragment of Ma'asim Livnei Eretz Israel (h), ibid. 662–4). Weitere Lit.: *Bokser* 227–9.

Ebensowenig führt der Versuch von *Z. Frankel, B. Ratner* u. a. weiter, im vorhandenen pT-Text Querverweise zu verlorengegangenen Traktaten von Qodaschim zu finden (vgl. *Epstein*, IAL 332–4). Auch die Aussage des Maimonides im Vorwort zu seinem M-Kommentar, pT umfasse fünf Ordnungen, ist nicht beweiskräftig, solange kein einziges sicheres Zitat aus pQodaschim vorliegt. Die Veröffentlichung einer angeblichen Handschrift aus dem Jahr 1212 mit dem Großteil der Ordnung Qodaschim durch *S. Friedländer* (1907–8), zuerst von *S. Buber* und *S. Schechter* für echt gehalten, ist schon bald als Fälschung bzw. als thematische Sammlung aus den schon bekannten Teilen von pT (eventuell gestützt auf ein älteres Werk) erkannt worden: vgl. u. a. *V. Aptowitzer*, MGWJ 54 (1910) 564–570; *A. Schischa*, EJ VII, 182f.

Trotz seiner polemischen Tendenz, die palästinischen Traditionen abzuwerten, ist somit die Aussage des Pirqoi ben Baboi (Ende 8. Jh.) ernstzunehmen: nach ihm halten sich die Juden Palästinas nicht an alle Speisevorschriften, „weil sie keine einzige Halakha aus dem Talmud bezüglich der Schechita und überhaupt aus dem Seder Qodaschim haben. Der Seder Qodaschim und die ganze talmudische Ordnung Toharot ist ihnen in Vergessenheit geraten" (*Ginzberg*, Ginze Schechter II 560).

Funde von pT-Fragmenten in der Geniza von Kairo enthalten ebenfalls kein Stück der fehlenden Traktate. Diese waren daher wohl auch nie in pT enthalten. Das bedeutet jedoch nicht, daß sie in Palästina nicht studiert wurden – einschlägige Stellen im pT beweisen ebenso wie Zitate palästinischer Amoräer in bT zu diesen Themen das Gegenteil. Das Studium der in pT fehlenden Traktate in Palästina geht auch aus den Fragmenten hervor, die *M. Margulies* veröffentlicht hat (Hilkhot Erets Jisrael min ha-Geniza, J 1973). Offen bleibt jedoch, warum dieses Material nicht in die Redaktion von pT aufgenommen wurde (etwa, weil die Gesetze der beiden Ordnungen nicht mehr in Übung waren?). Die Begründung, die Zeitumstände hätten zu einem raschen Abschluß des Werkes gedrängt (*Frankel*, Mabo 48b), ist nicht zu beweisen.

Bei den unvollständigen Traktaten Schab, Mak und Nid ist eher an einen späteren Textverlust zu denken, auch wenn Schab XXI–XXIV schon dem Schreiber des Fragments in der Geniza nicht vorlag, wie dieser ausdrücklich bezeugt (Text ediert durch *J. N. Epstein*, Tarbiz 3, 1931f, 245). Was pNid IV–X betrifft, scheint der Text zumindest von VII noch im Mittelalter bekannt gewesen zu sein, wie der Verweis von Tosafot Nid 66a auf Jeruschalmi, Pereq Dam Nidda belegt. Auch vermutet *Ch. Albeck* (Einleitung zu GenR, 72), daß GenR 18,1 (Th-A 160) ein Zitat von pNid V,6 ist. Den Text von pMak III hat *S. Lieberman* aufgrund von Parallelen in pT sowie von Zitaten aus dem Mittelalter rekonstruiert (Hilkhot Ha-Yerushalmi, NY 1947, 67f); das ihm noch unbekannte Geniza-Fragment mit Mak III, das *S. Wiedder* veröffentlichte (Tarbiz 17, 1945f, 129–135), bestätigt im wesentlichen die Rekonstruktion. Allerdings erweist sich auch hier, wie vorsichtig mittelalterliche Zitate zu verwenden sind; manche einschlägige Zitate stammen nicht aus pT, sondern wohl aus einem halakhischen Sammelwerk Palästinas (vgl. *J. N. Epstein*, Tarbiz 17, 1945f, 136f). Weitere Lit. bei *Bokser* 165–8.

b) Wiederholungen innerhalb des palästinischen Talmud

Neben den fehlenden Trakten prägen v. a. die zahlreichen oft (fast) wörtlichen Wiederholungen langer Abschnitte innerhalb von pT dessen Erscheinungsbild. Die folgende Liste hat *W. Bacher* (JE XII, NY 1906, 6f) erstellt; auf die Bedeutung dieser Parallelen für die Redaktions- und Textgeschichte von pT ist später noch einzugehen.

Aus dem ersten Seder sind 39 lange Abschnitte im zweiten wiederholt, einige mehr als einmal (Stellenangaben hier nur nach Seite, Kolumne und Zeile, bei den Parallelen nur die Anfangszeile): *Ber* 3b, 10–55 = Schab 3a,69; 4a,30–56 = Scheq 47a, 13 = MQ 83c,40; 5a,33–62 = MQ 82b,14; 5d,14–20 = Schab 3a,55; 5d,65–6a,9 = MQ 83a,5; 6c,4–17 = Joma 44d,58; 6d,60–67 = Meg 73d,15; 7b,70–7d,25 = Taan 67c,12; 7d,75–8a,59 = Taan 63c,2; 8c,60–69 = RH 59d, 16; 9a,70–9b,47 = Taan 63c,66; 9c,20–31 = Meg 75c,8; 9c,49–54 = Meg 75b,31; 10a,32–43 = Pes 29c,16; 11c,14–21 = Pes 37c,54; 12c, 16–25 = Er 22b,29; 12c,44–62 = Suk 24a,6 = Meg 72a,15; 13d,72- 14a,30 = Taan 64a,75; *Pea* 15a,67–15b,21 = Chag 76b,24; 17a,39–72 = Chag 76b,13; 18d,16–33 = Scheq 46a,48; 18d,66–19a,5 = Scheq 48c,75; 21a,25–29 = Scheq 48d,55; *Demai* 22a,31–40 = Scheq 48d,40; *Kilaim* 29b,27–61 = Er 19c,15 = Suk 52a,40; 29b,62–76 = Suk 52a, 73; *Schebi* 34c,27–49 = MQ 80b,26; 38a,50–60 = Schab 3c,55; *Ter* 44a,32–38 = Schab 44d,4; 45d,42–51 = Schab 3d,2 (vgl. AZ 41d, 13–28); 46a,41–46b,35 = Pes 28a,34; *Maas* 49a,22–28 = Suk 53d,43; 49b,14–32 = Schab 6b,17; 49b,39–48 = Betsa 62b,72; *MSch* 53b,6–44 = Joma 45c,2 (vgl. Schebu 32b,56–34c,3); 54b,48–58 = Scheq 51b, 15; 55a,23–55 = Er 24c,33; 55d,62–67 = MQ 80b,72; *Chal* 57c,16–20 = RH 57b,60.

16 Abschnitte des ersten Seder sind im dritten wiederholt: *Ber* 6a,35–6b,17 = Naz 56a,12; 6b,51–56 = Qid 61c,11; 9d,3–19 = Git 47b,49; 11b,42–68 = Naz 54b,2; 14b,45–70 = Sota 20c,40; *Pea* 15b, 41–47 = Ket 32c,10; 15c,7–16 = Qid 61a,75; *Demai* 25b,60–25c,7 = Qid 63a,75; *Kil*

32a,64–32d,7 = Ket 34d,74; *Schebi* 36b,25–68 = Qid 61c,56; *Ter* 40c,42–40d,6 = Jeb 13c,70; 42b,44–53 = Naz 43d,16; 44c,9–44d,44 = Ket 27b,5; *MSch* 55a,69–55b,13 = Git 47d,55; *Orla* 61b,8–33 = Naz 55c,32; *Bik* 64a,32–44 = Jeb 9b,71.

10 Abschnitte aus dem ersten Seder sind im vierten wiederholt: Ber 3a,52–69 = Sanh 30a,65 = AZ 41c,46; 6b,20–41 = Sanh 20a,43; *Pea* 16b,22–25 und 43–60 = Sanh 27c,38; *Schebi* 35b,26–40 = AZ 44b, 27; 39b,14–38 = Mak 31a,33; *Ter* 45c,24–45d,11 = AZ 41a,18; 47c, 66–47d,4 = AZ 41c,13; *MSch* 54d,71–55a,8 = Sanh 19a,63; 56c,9–18 = Sanh 18d,13; *Orla* 62b,49–62c,10 = AZ 45a,32.

Auch Abschnitte der zweiten Ordnung kehren in der vierten wieder. Besonders lange sind: *Schab* 9c,62–9d,59 = Sanh 24c,19; 14d,10–15a,1 = AZ 40d,12.

3) Die Entstehung nach der Tradition

Maimonides bezeichnet R. Jochanan (bar Nappacha, lt. ISG im Jahre 279 gestorben) als Verfasser des pT (Vorwort zum M-Kommentar, ed. *Qafiḥ* I 46). In der Einführung zu Mischne Tora präzisiert er: „Und R. Jochanan verfaßte den pT im Land Israel etwa 300 Jahre nach der Zerstörung des Tempels", etwa hundert Jahre, bevor Rab Aschi den bT verfaßte. Im mit Mischne Tora etwa gleichzeitigen Sefer ha-Qabbala des Abraham Ibn Daud (*Cohen* hebr. Text p.24) ergänzt eine Glosse, die sich in Handschriften und im Erstdruck findet, wohl in Übernahme von Maimonides (so *Cohen* 122 Anm. 18), zu R. Jochanan: „Und er verfaßte den pT zu fünf Sedarim; denn vom Seder Toharot gibt es nur den Traktat Nidda. Und der pT wurde etwa 200 Jahre nach Zerstörung des Tempels verfaßt". Die Zeitangabe korrigiert Maimonides, dessen „300 Jahre nach Zerstörung des Tempels" ja nicht zu den Lebensdaten des Jochanan bar Nappacha paßt. Vgl. auch den Sefer Keritut des Simson von Chinon.

Schon früh erkannte man die Schwierigkeiten dieser Angabe des Maimonides; werden doch in pT zahlreiche Rabbinen genannt, die bis ins späte 4. Jh. lebten, ebenso werden so späte Ereignisse erwähnt (u. a. wird Ursicinus, der Feldherr des Gallus um 351–4, mehrmals genannt). Dies zusammen mit der Diskrepanz in der Zeitangabe des Maimonides führt zur Annahme eines anderen, späteren Jochanan als Verfasser von pT. So urteilt z. B. Estori ha-Parchi (1280–ca. 1355) in Kaftor wa-Ferach mit der Begründung, Jochanan bar Nappacha sei ein Schüler Rabbis, der pT hingegen sei etwa 280 Jahre nach M verfaßt worden (Kap. 16; ed. *A. M. Luncz*, J 1897, 280). Auch bei modernen Autoren fehlen nicht Versuche, die Angabe des Maimonides mit den Fakten zu harmonisieren: so meint *Frankel* (Mabo 48a), der Name Jochanans verweise nur auf seine Schule, die Akademie von Tiberias; *W. Bacher* (JE XII,17) wiederum sieht in der Nennung von

Jochanan als Verfasser von pT nur ausgedrückt, daß dieser den Grundstock dazu geschaffen habe.

4) Die Redaktion

a) Der terminus post quem

Die spätesten in pT genannten Rabbinen sind Amoräer der 5. Generation, v. a. Mana II. bar Jona (in bT Mani genannt), der in Sepphoris wirkte, und der bekannte Halakhist Jose bar Abin (= Jose beR. Bun), die in der 2. Hälfte des 4. Jhs. tätig waren. Aber auch R. Samuel, der Sohn des R. Jose bar Abin, und Schüler des R. Mani sind noch genannt, z. B. R. Azarja (?Esra) und R. Nachman, womit wir nach verbreiteter Meinung im 5. Jh. stehen. Der letzte in pT zitierte babylonische Gelehrte ist Raba (um 350 gestorben). Das letzte erkennbare historische Ereignis, von dem pT spricht, sind die Unruhen unter Gallus um 351; wenn die Lesart von pNed III,2, 37d (Julian) gegenüber der Parallele pSchebu II,9, 34d (Diokletian) vorzuziehen ist (so *Epstein*, IAL 274), ist sogar noch der Aufmarsch des Kaisers Julian zu seinem Perserfeldzug 363 erwähnt.

Aus den genannten Fakten ist kein präzises Datum zu sichern. *Y. Sussmann* (Neziqin 132f) betont die Unsicherheit der zeitlichen Einordnung der letzten Amoräer; R. Jose beR. Bun sei der letzte selbständige Meister von pT, womit dessen Redaktion spätestens Ende der 60er Jahre des 4. Jhs. möglich sei. Meist jedoch setzt man die jüngsten in pT genannten Lehrer später an und schließt so auf dessen Redaktion in der 1. Hälfte des 5. Jhs; *Epstein* (IAL 274) versucht eine genauere Datierung um 410–420. Ein etwas späteres Datum ergibt sich, wenn man die Endredaktion von pT mit dem Ende des Patriarchats vor 429 in Verbindung bringt und als Reaktion auf diesen schweren Eingriff in die Organisation des palästinischen Judentums sieht (z. B. *Ginzberg*, Mabo 83). Diese früher beliebte „Katastrophentheorie" ist zwar heute etwas in Mißkredit geraten, hat jedoch noch immer viel für sich, solange man sie nicht mißbraucht, um damit Probleme der pT-Redaktion vorschnell wegzuerklären oder gar die palästinische Überlieferung als unfertig abzuwerten, wie dies ja schon Pirqoi ben Baboi getan hat.

Als *Ort der Endredaktion* ist Tiberias anzunehmen, nachdem „hier" in pT immer wieder eindeutig als Tiberias zu erkennen ist und „die Rabbinen von hier" den „Rabbinen des Südens" (pBer II,7,5b) oder den „Rabbinen von Caesarea" (pSchab XIII,1,14a) gegenübergestellt werden. Auch treten die Rabbinen von Tiberias in einem Großteil von pT-Aschnitten nicht nur zahlenmäßig besonders hervor, sondern bestimmen auch die späteste Schicht der jeweiligen Perikope. Das entspricht auch der hervorragenden Stellung der Akademie am Sitz des Patriarchen, ist jedoch nicht zu verallgemeinern; denn die Annahme einer einheitlichen und zentralen Redaktion von pT ist problematisch, wie verschiedene Beobachtungen deutlich machen.

b) Art der Redaktion

Die zahlreichen Wiederholungen von Perikopen könnten ebenso wie das Fehlen zahlreicher M-Traktate und -Kapitel nahelegen, daß pT gar nicht im eigentlichen Sinn redigiert wurde, sondern nur eine eilige Stoffsammlung ist. Zu dieser Annahme kommt *I. Halevy* (Dorot II,528f) v. a. auch wegen der vielen Widersprüche in pT, aber auch deshalb, weil die Reihenfolge der Gemara in pT oft nicht jener von M entspricht. Man müsse daher schließen, daß der „Redaktor" einfach die Materialblöcke aus verschiedenen Schulen ungeordnet und unvermittelt nebeneinander gestellt habe. Dagegen haben sich v. a. *S. Lieberman* (The Talmud of Caesarea 20–25) und *L. Ginzberg* (Mabo 69–81) gewandt (Zusammenfassung: *Melammed*, Introduction 564–7). *G. A. Wewers* meint dagegen, ohne die These einer bloßen Materialsammlung zu erneuern: „Der fragmentarische Charakter des erhaltenen yT und die Annahme einer abschließenden und umfassenden Endredaktion schließen sich gegenseitig aus" (Probleme 311). Doch haben die Redaktoren tatsächlich das Ziel gehabt, die komplette M zu kommentieren? Sicher ist jedoch die pT-Redaktion nicht im Sinn einer endgültigen Fixierung des Textes zu verstehen und kann insofern von einer grundsätzlichen Unabgeschlossenheit von pT gesprochen werden (Probleme 3ff). Die Grenzen zwischen Redaktion und Tradition sind im einzelnen nicht immer auszumachen; auch später geht noch die Arbeit im Text selbst weiter, was dann auch zu verschiedenen Textrezensionen führt.

Es ist mit einer echten Redaktion von pT zu rechnen, auch wenn diese natürlich nicht an modernen Ordnungsprinzipien zu messen ist (cf. z. B. *J. Neusner*, Judaism in Society 49: pT „did not just grow, but rather, someone made it up"; wenige würde jedoch mit ihm S. 70 pT als „a single, stunningly cogent document...in the bulk of its units of discourse" bezeichnen). Charakteristisch für den Redaktor war es v. a., Sugiot an allen Stellen zu bringen, wo Themen oder Fragestellung sich berührten, auch wenn nur ein Teil der Sugia an der anderen Stelle sachlich angebracht war (vgl. *Lieberman*, On the Yerushalmi 34). Dabei hat er gelegentlich Perikopen umgebaut, um sie der neuen Umgebung anzupassen. So ändert z. B. pBer III,1,6a-b die Ordnung gegenüber der Parallele pNaz VII,1, 56a, um den Anschluß an das vorher Gesagte herzustellen (*Ginzberg*, Mabo 76). Im Lauf der Textüberlieferung sind gerade diese Paralleltraditionen dann Anlaß für zahlreiche Textverfälschungen gewesen. Bei Abschrift des gesamten pT pflegte man Parallelstellen nicht zu wiederholen, sondern einfach die Auslassung zu vermerken; sollte man aber nur einen einzelnen Traktat kopieren, mußte man diese Stellen wieder einfügen. Das war oft mit falschem Einsatz oder Ende der Stelle oder unrichtiger Einfügung in den Kontext verbunden und rief so erst den Eindruck völliger Unordnung in pT hervor. Ebenso konnte es vorkommen, daß eine Parallelstelle schließlich nur noch im sekundären Zusammenhang überliefert wurde (und in Extremfällen völlig verloren ging), dort jedoch in der Fassung, die eigentlich an die andere Stelle gehört hätte (siehe dazu *M. Assis*, Parallel sugyot; *G. A. Wewers*, Probleme). Auch sonst ist die jetzige Unordnung des pT oft auf Abschreibfehler zurückzuführen (z. B. Ausfall von Tradentennamen, Umstellung von Sätzen, Homoioteleuta usw.).

Wo die *Anordnung der Gemara* nicht der Reihenfolge von M entspricht, geht dies vielfach darauf zurück, daß die pT zugrundeliegende M einfach anders angeordnet war. Durch Abschreiber oder Drucker des pT durchgeführte Umstellungen, um die Anordnung von pT an unsere M anzugleichen, haben die Verwirrung nur vergrößert. Auch finden sich Abweichungen von der M-Ordnung vielfach gerade in Parallelperikopen und sind dann einfach auf falsche Einordnung des Textes durch den Abschreiber zurückzuführen, der eine in seiner Vorlage ausgelassene, da schon anderswo gebrachte Stelle falsch eingefügt hat. Der Großteil der Fälle ist mit einer der beiden angeführten Erklärungen zu lösen, so daß auch an den übrigen Stellen mit Überlieferungsfehlern zu rechnen ist.

Widersprüche in pT sind meist innerhalb einer Sugia anzutreffen. Wie meist schon aus den Tradentennamen hervorgeht, sind diese gewöhnlich auf die übergangslose Aneinanderfügung von Perikopen aus verschiedenen Schulen zurückzuführen, so daß Meinungsverschiedenheiten unvermittelt nebeneinanderstehen, obwohl explizit gesagt wird, daß der betreffende Punkt außer Streit steht. Wo Widersprüche zwischen einer Sugia und ihrer Parallelversion auftreten, ist damit zu rechnen, daß der Redaktor Fassungen derselben Sugia aus verschiedenen Schulen verwendet hat (wieweit voneinander abweichende oder einander widersprechende Parallelperikopen auf frühere Redaktionen des pT verweisen könnten, untersucht *L. Moscovitz*, Sugyot Muḥlafot); dazu kommen natürlich noch die schon erwähnten Möglichkeiten von Textveränderungen im Lauf der Überlieferung.

Unter Berücksichtigung des Gesagten ist jedenfalls eine echte und systematische Redaktion von pT anzunehmen, die u. a. dafür sorgt, daß in Palästina nicht anerkannte Schulregeln der Babylonier auch in Traditionen von in Palästina lehrenden babylonischen Meistern nicht vorkommen (*Lieberman*, Talmud of Caesarea 22, nennt als Beispiel pJeb VIII,2,9b, wo Jirjemas Satz die babylonische Regel „was schließt die Verallgemeinerung ein?", *klala le-atoje mai?* voraussetzt, aber nicht nennt). Wie im einzelnen die Redaktion vorgegangen ist und auf welche Quellen sie sich stützt, wie sie diese bearbeitet usw., ist noch nicht hinreichend geklärt.

c) Die Redaktion von Neziqin

Über die Feststellung hinaus, daß einzelne Sugiot in verschiedenen Schulen formuliert worden sind, läßt sich für einen umfassenden Teil von pT, nämlich den Traktat Neziqin mit seinen drei „Pforten" eine vom Rest des pT abweichende Redaktion erweisen. Schon *I. Lewy* hat in seinem Kommentar zu pBQ I–VI (Jb Breslau 1895–1914) wegen der Widersprüche zwischen Sugiot in Neziqin und ihren Parallelen im übrigen pT auf eine verschiedene Redaktion dieses Teils von pT geschlossen; *S. Lieberman* (Talmud of Caesarea) hat die Frage systematisch untersucht und ist zu folgenden Ergebnissen gekommen:

Die drei Babot unterscheiden sich vom übrigen pT nicht nur allgemein durch eine viel knappere Sprache, sondern auch durch viele Details von Stil und Wortwahl sowie in der Schreibung von Amoräernamen. Es ist anzunehmen, daß diese Unterschiede ursprünglich viel ausgeprägter waren, aber durch Angleichung an den Rest von pT in der Textüberlieferung oft verwischt worden sind. Sugiot von Neziqin, die Parallelen im übrigen pT haben, unterscheiden sich von diesen in Aufbau und Inhalt wie auch in den Namen der genannten Amoräer. Manche Sugiot in Neziqin haben ihrem Inhalt nach ihren Stammplatz in einem anderen Traktat, wo sie in pT jedoch nicht aufscheinen; umgekehrt werden in anderen Traktaten Mischnajot von Neziqin erklärt, worauf jedoch Neziqin in keiner Weise bezugnimmt, diese Tradition also nicht zu kennen scheint. In Neziqin häufig erwähnte Amoräer werden in pT sonst kaum genannt, während im übrigen pT wichtige (besonders späte) Amoräer in Neziqin nicht oder kaum aufscheinen. Daraus ist zu schließen, daß Neziqin nicht zusammen mit dem Rest von pT in Tiberias, sondern in einer anderen Schule redigiert worden ist.

Die Schule, aus der Neziqin stammt, ist Caesarea, das seit dem 3. Jh. ein bedeutendes talmudisches Zentrum war (dazu *L. I. Levine*, Caesarea 82–96, der *Lieberman*'s These zustimmt). Die dortigen Rabbinen, etwa 140mal in pT kollektiv als *Rabbanan de-Qesarin* genannt, haben offenbar eine Art „rabb. Gilde" gebildet (*Levine* 95–7). Die mit Caesarea verbundenen Rabbinen, deren bedeutendster Abbahu ist, werden in Neziqin besonders oft genannt. Dazu kommt, daß die Beispielerzählungen und sonstigen Illustrationen von Halakhot sich meist auf Caesarea beziehen, während die Formel *it amrin* „andere sagen" gewöhnlich Rabbinen in Tiberias meint. Die Tatsache, daß in Neziqin zahlreiche griechische Wörter vorkommen, die sich sonst in der rabb. Literatur nicht finden oder dort eine andere Bedeutung haben, läßt ebenfalls auf eine griechischsprachige Umgebung wie eben Caesarea schließen.

Fast alle in Neziqin genannten Amoräer gehören den drei ersten Generationen an. Aus späteren Generationen sind nur R. Jose b. Zabdi (etwa 40mal) und R. Jose beR. Bun (etwa 30mal) häufig genannt, und zwar

4. Redaktion

regelmäßig als Abschluß der Diskussion; ihren Aussagen folgen nie anonyme Kommentare. Zu diesen Beobachtungen passen Unterschiede in der Halakha gegenüber dem Rest von pT und auch eine oft noch recht archaische Terminologie. Das alles deutet auf eine frühere Redaktion von Neziqin, die um 350 erfolgt sein dürfte. *Ginzberg* (Mabo 81f) übernimmt diese Thesen – er sieht im „Talmud von Caesarea" ein Handbuch für die in der Halakha ungebildeten Richter der jüdischen Gemeinde von Caesarea.

J. N. Epstein (IAL 286) hat dagegen eingewandt, viele sonst im pT den Rabbinen von Caesarea oder Abbahu zugeschriebene Aussprüche fehlen in Neziqin oder stehen dort im Namen anderer Rabbinen; auch spricht pBB X,1,17c von den „Rabbinen von Caesarea" (nicht so die Parallele pGit VII,12,49d!), obwohl man „die Rabbinen von hier" erwarten müßte, wenn Caesarea der Ort der Redaktion gewesen wäre. Sicher hat es einen „Talmud von Caesarea" gegeben; doch werde dieser im ganzen pT verwendet, auch in Neziqin, „auch, aber nicht mehr". Auch mache es die häufige Nennung des R. Jose beR. Bun unmöglich, die Redaktion von Neziqin früher als die des übrigen pT anzusetzen. Neziqin sei auch gar nicht im eigentlichen Sinn redigiert, sondern enthalte an vielen Stellen nur kurze Zusammenfassungen und Hinweise als Gedächtnisstützen (IAL 290; *Melammed*, Introd. 572, schließt sich *Epstein* an). *S. Lieberman* (Sifre Zutta 125–136) hat auf die Einwände geantwortet und seine These nochmals bekräftigt.

Einzelnen Argumenten *Epstein*s gegen *Lieberman* könnte man mit dem Hinweis auf die allgemeine Textverderbnis von pT und der Feststellung begegnen, daß sicher auch der „Talmud von Caesarea" nicht alles aufgenommen hat, was die Rabbinen von Caesarea lehrten. Die Entdeckung von MS Escorial als eines Textzeugen von pNeziqin hat jedoch die Diskussion um diese Traktate neu aufleben lassen. Das MS zeigt, wie problematisch *Lieberman*'s Argumentation mit sprachlichen Eigentümlichkeiten und Fremdwörtern ist; auch die Lokalisierung der Beispielerzählungen verweist nicht so sicher auf eine Redaktion in Caesarea (*M. Assis*, On the Question). Die Verteilung der Rabbinennamen weicht nicht so sehr vom Rest von pT ab, daß man sie als Argument verwenden könnte (*Y. Sussmann*, Neziqin 121 ff). Was die Frühdatierung von Neziqin betrifft, hebt *G. A. Wewers* (Probleme 308f) hervor, daß die von *Lieberman* für Datierung und Lokalisierung der Redaktion von Neziqin verwendeten Unterschiede zum übrigen pT eigentlich nur die Traditionen, nicht die Redaktion betreffen; für diese sei damit nur ein terminus post quem gegeben. *Y. Sussmann* hingegen setzt die Gesamtredaktion von pT so früh an, daß eine viel frühere Entstehung von Neziqin nicht mehr möglich ist. Als Ergebnis der lebhaften Diskussion bleibt somit nur die jetzt viel deutlicher erfaßte Eigenständigkeit von Neziqin, die eine eigene Redaktion dieser Traktate in einer anderen Schule als der Rest von pT belegt; doch läßt sich weder Ort und Zeit der Redaktion sicher bestimmen noch *L. Ginzberg*'s Vermutung zum Zielpublikum von Neziqin begründen.

d) Quellen des palästinischen Talmud

Hier geht es nicht so sehr um Quellenschriften im eigentlichen Sinn, als vielmehr um die Materialien, die den Redaktoren von pT bzw. den Amoräern der pGemara zur Verfügung gestanden sind: M, Baraitot, halakhische Midraschim und babylonische Traditionen.

1. Die M des pT

Insofern pT ein Kommentar von M ist, bildet M natürlich seine wichtigste Basis. Die genaue Feststellung des M-Textes, der den Diskussionen von pT zugrundeliegt, ist jedoch mit großen Schwierigkeiten verbunden. Die ursprüngliche Fassung von pT hat keinen M-Text enthalten, sondern nur Zitate und Anspielungen innerhalb der Gemara selbst. Erst spätere MSS haben den durchlaufenden Text gemäß den Texteinheiten von M aufgebrochen und jeweils kapitelweise den M-Text vor den der pGemara gesetzt. So ist z.B. auch der Schreiber von MS Leiden vorgegangen: den M-Text und den Text von pT hat er von je verschiedenen Vorlagen abgeschrieben (siehe I. Z. Feintuch, The Mishna of the MS Leiden of the Palestinian Talmud, h, Tarbiz 45, 1975f, 178–212: die M-Vorlage ist meist MS Parma, De Rossi 138). Gelegentlich hat dabei der Kopist die Kapitel in der Gemara nicht richtig abgetrennt. In Jeb XV-XVI war seine pT-Vorlage unvollständig, so daß er die Grenze zwischen den beiden Kapiteln nicht erkannte, und so hat er einfach beide M-Kapitel gemeinsam vor den folgenden Text der Gemara gesetzt. Der sonst von MS Leiden abhängige Erstdruck hat aufgrund eines anderen MS korrigiert (*Epstein*, IAL 605, vgl. ITM 932f).

Das bedeutet, daß der M-Text unserer MSS und Drucke von pT nicht unbedingt jener Text ist, den die Amoräer diskutierten. Er ist vielmehr ein Mischtext zwischen der palästinischen und der babylonischen M-Rezension (sofern wir zwischen den beiden Rezensionen überhaupt so klar trennen können, wie dies *Epstein* macht).

Der tatsächliche Grundtext von pT ist aus der Gemara zu erschließen. Diese läßt oft Abweichungen vom M-Text erkennen, der sich in unseren Ausgaben an der Spitze des Kapitels befindet, aber auch von der Textfassung der M-Handschriften selbst wie auch von jener, die die Gemara des bT voraussetzt. Ber I,1 zählt z.B. Gebote auf, die man „bis Mitternacht" erfüllen muß, deren Verpflichtung jedoch die Gelehrten bis zum folgenden Morgengrauen festgelegt haben. Im bT zugrundeliegenden M-Text ist hier das „Essen des Osterlammes" nicht erwähnt (Ber 9a), wohl aber in der von pT diskutierten Fassung (pBer I,3,3 a; die MSS-Überlieferung von M ist hier uneinheitlich). Schab II,6 heißt es, daß Frauen wegen drei Übertretungen sterben, während sie gebären (*be-schaʿat ledatan*). Die pGemara setzt hingegen die Lesart *jldot* voraus und diskutiert, ob man *joldot* („Gebärende") oder *jeladot* („Mädchen") vokalisieren müsse (pSchab II,5 b). Die Lesart *be-schaʿat ledatan* ist wohl eine klarstellende Umschreibung des zweideutigen Ausdrucks (*Ginzberg*, Mabo 54).

Die zitierten Beispiele ließen sich leicht vermehren. Überall weicht hier die in pT vorausgesetzte M-Formulierung von jener des bT ab. *L. Ginzberg* ist der Meinung, daß sich in Palästina eine von Rabbi selbst revidierte Fassung seiner M durchgesetzt hat, während in Babylonien die Erstfassung nicht mehr verdrängt werden konnte (Mabo 51; die gegenteilige These, daß nämlich in Babylonien sich die Altersfassung Rabbis durchgesetzt habe, vertritt nun wiederum *D. Rosenthal*, Mishna Aboda Zara, Diss. J 1980). Doch macht er selbst darauf aufmerksam, daß nicht alle M-Varianten zwischen pT und bT so zu erklären sind, sondern wir auch mit bewußten Korrekturen des M-Textes durch die Amoräer rechnen müssen. Die Rekonstruktion *der* M des pT ist also auch durch die Gemara nicht möglich, da nicht alle Einzelbeispiele einer Textabweichung in pT automatisch einer einheitlichen palästinischen M-Rezension zugeschrieben werden dürfen, ja die Existenz einer völlig einheitlichen M-Fassung in ganz Palästina ebenfalls zu bezweifeln ist. (Vgl. *Epstein*, ITM 706–726.771–803; IAL 604–6; *Ginzberg*, Mabo 51–56; *Melammed*, Introduction 535–548; *Bokser* 171 f; die S. 144 f genannten Titel von *M. Schachter* und *S. Zeitlin*).

2. Baraitot in pT

Baraita, wörtlich die „draußen befindliche" Lehre (kurz für aram. *matnita baraita*) bezeichnet alle tannaitischen Lehren und Aussprüche außerhalb von M. Der hebr. Ausdruck *mischna chitsona* ist erst spät belegt (NumR 18,21). In pT kommt die Bezeichnung Baraita nur pNid III,3,50d vor, sonst meist *matnita* wie für M selbst. Die Sprache der Baraitot ist gewöhnlich eine spätere Form des M-Hebräischen.

Lit.: M. *Higger*, Otsar ha-Baraitot, 10 Bde, NY 1938–48 (Sammlung der Baraitot in beiden Talmudim); *S. Abramson*, Al schne leschonot habaa min ha-mischna, Sinai 79 (1975 f) 211–228 (zur Unterscheidung von *tanja* und *tenan* in der Einleitung von Zitaten); *Ch. Albeck*, Die Herkunft des Toseftamaterials, MGWJ 69 (1925) 311–328; *ders.*, Mechqarim ba-Baraita we-Tosefta we-Jachasan la-Talmud, J 1944, Ndr. 1969; *ders.*, Mabo 19–50; *W. Bacher*, TT; *J.N. Epstein*, ITM; *M. Stieglitz*, Die zerstreuten Baraitas der beiden Talmude zur Mischna Berachot, Diss. Bern 1908; *B. De Vries*, EJ IV 189–193.

Die zahlreichen Baraitot in pT sind nur zum Teil mit einer der dafür üblichen Formeln eingeleitet (z. B. *teni R.N.N.* oder anonym teno *rabbanan* u. a.), oft jedoch ohne jeden Hinweis auf ihre Herkunft aus der Baraita. Der Vergleich mit MSS zeigt, daß diese Zitatformeln oft später ausgefallen sind (dazu *Higger*, Otsar II 227 ff). Die Baraitot des pT (wie auch des bT) stammen v. a. von den Tannaim als den Tradenten der Schulen sowie aus sicher schriftlichen Sammlungen tannaitischen Materials. Ob man T als solche Baraitot-Sammlung betrachten muß oder mit M den Baraitot gegenüberzustellen hat, ist schon im Mittelalter nicht einheilig beantwortet worden und in diesem Zusammenhang auch unwesentlich. Ein klares Urteil, ob pT T selbst als Quelle verwendet (so *J. N. Epstein*) oder nur T-Stoff aus gemeinsamen Quellen schöpft (so *Ch. Albeck*), ist jedenfalls derzeit nicht möglich (vgl. S. 159f).

Der weitaus größte Teil der Baraitot in pT ist anonym. Doch werden auch eine Reihe von Sammlungen zitiert (*Bacher*, TT 203–214; *Melammed*, Introduction 549–554); die wichtigsten davon sind die Baraita-Sammlungen aus den Schulen des R. Chijja (etwa 200mal zitiert), des R. Hoschaja (etwa 80mal) und des Bar Qappara (etwa 60mal). Ob diese Sammlungen mit den *Mischnajot Gedolot* dieser drei Rabbinen (pHor III,48c: statt Chuna ist Chijja zu lesen!) identisch sind, ist nicht sicher, jedoch wahrscheinlicher als die Annahme zusätzlicher Sammlungen dieser Meister. Wichtige Baraita-Sammlungen stammen auch aus den Schulen des R. Simeon bar Jochai (etwa 70mal) und des R. Jischmael (etwa 80mal), des R. Samuel (etwa 20mal, nur in den Ordnungen Zeraim und Moed) und des R. Chalafta b. Saul (etwa 20mal).

Die Überlieferung der Baraitot stellt uns vor eine Reihe von Problemen. Manchmal werden Baraitot an anderer Stelle als Aussage eines Amoräers zitiert, was beides stimmen mag, aber auch auf Texte verweisen kann, die irrtümlich oder gar pseudepigraph als Baraitot überliefert werden. Auch weichen Baraitot vielfach gegenüber ihren Parallelen in T, den halakhischen Midraschim oder bT ab, was auf eine nicht so genormte Weitergabe von Baraitot wie bei M (und selbst dort ist die Normierung nur relativ!) schließen läßt. Baraitot werden oft nicht wörtlich zitiert, sondern nur gekürzt, in Anspielung, durch eine spätere Auslegung erweitert oder an einen anderen Sprachgebrauch angepaßt (dazu *Ginzberg*, Mabo 60f). V.a. jedoch macht die bruchstückhafte Überlieferung jede Rekonstruktion eventuell vorliegender (schriftlicher) Sammlungen von Baraitot und deren Verwertung bzw. Unkenntnis in pT (wie in den anderen rabb. Schriften) problematisch und damit auch daraus gezogene Schlußfolgerungen unsicher.

Weitere Lit. in *Bokser* 173–8.

3. Midraschim

Ebenso wie bT, jedoch in viel geringerem Ausmaß, hat auch pT midraschischen Stoff aufgenommen. Die zuvor genannten Baraitot bieten neben mischnaischem Material auch viel Midrasch, sodaß *Bacher* mehrere tannaitische Midrasch-Sammlungen als Quellen von pT vermutet (TT 210–213), und zwar Midraschim zum Pentateuch (Ex bis Dtn) aus der Schule des R. Chijja (vielfach zu Lev und mit Parallelen in Sifra, das deshalb gelegentlich R. Chijja zugeschrieben wird), des R. Jischmael, des R. Simeon ben Jochai und des R. Chizkijja.

Was den halakhischen Midrasch betrifft, hat *E. Z. Melammed* (Introduction 275–296) das gesamte Material in pT gesammelt. Etwa 1300 Zitate aus halakhischen Midraschim, die bestimmten Tannaiten zugeschrieben oder anonym als Baraita zitiert werden, verteilen sich ungefähr so: etwa 270 Zitate betreffen Ex, 440 Lev, 190 Num, 230 Dtn und über 100 Gen und die übrige Bibel. Teilweise finden sich diese Zitate wörtlich oder abgewandelt in den uns erhaltenen halakhischen Midraschim wieder, teilweise haben sie keine Parallele. Keines der Zitate ist sehr lang, viele sind sogar äußerst kurz, umfassen nicht einmal eine Zeile, oft nur einzelne kommentierende Worte. Selbstverständlich erschwert das äußerst die Feststellung, ob wir es mit einem echten Zitat zu tun haben, mit einer bloßen Anspielung oder einem Hinweis auf eine bestimmte Auslegungstradition. Oft ist der Midrasch aus der Schule des R. Aqiba explizit dem des R. Jischmael gegenübergestellt: ob dies aus der jeweiligen Quelle des pT stammt oder das Werk des Redaktors des jeweiligen Abschnitts ist, kann man nicht feststellen.

PT zitiert auch über 1100 Midraschim im Namen von Amoräern. Zum überwiegenden Teil sind sie haggadischer Art und beziehen sich auf Gen, Propheten und Schriften (aber auch zu Ex bis Dtn gibt es haggadische Midraschim, allerdings zu einem viel geringeren Teil). Auch hier sind die zitierten Midraschim sehr kurz. Auch die längeren unter ihnen umfassen nur wenige Zeilen. Gerne verbindet pT mehrere Midraschim eines einzelnen Amoräers miteinander; die halakhischen Midraschim bieten vielfach die biblische Begründung zu halakhischen Kontroversen der Tannaiten. Von der Sprache her sind die meisten dieser Midraschim hebräisch, doch gegenüber den tannaitischen Texten viel mehr mit aramäischen Worten oder auch ganzen Sätzen durchzogen. Besonders umfangreich ist das Aramäisch natürlich in der Haggada, die ja in erster Linie für das gewöhnliche Volk bestimmt war (*Melammed*, Introduction 312–7).

Viele der in pT zitierten Midraschim haben Parallelen in der Midraschliteratur sowie in bT. Die Frage nach eventuell pT vorliegenden Midrasch-Schriften oder -Sammlungen ist jedoch wegen der Kürze der Zitate und des allgemeinen Überlieferungszustandes von pT wie der rabb. Schriften i.a. nicht mit Sicherheit zu beantworten, auch wenn man sicher mit der Existenz midraschischer Schriften im amoräischen Palästina rechnen darf. *M. B. Lerner* (The book of Ruth in aggadic literature and Midrasch Ruth Rabba, h, Diss. J 1971) nimmt z.B. an, daß pT in einer späteren Redaktionsstufe eine frühe Rezension von RutR verwendet hat. Manchmal mag diese Beziehung zwischen pT und Midrasch wechselseitig gewesen sein, daß eine Frühform des Midrasch pT bekannt war, die endgültige Fassung wiederum von pT beeinflußt ist; auch ist damit zu rechnen, daß mit pT etwa zeitgleiche Midraschim frühere Fassungen von pT bzw. von einzelnen Traktaten verwendet haben. Da dieselben Amoräer sowohl an der Ausgestaltung des pT wie auch auf dem Gebiet des Midrasch gearbeitet haben, können Abhängigkeitsverhältnisse verschiedener Schriften zueinander nur mit äußerster Vorsicht festgestellt werden.

4. Babylonische Traditionen

Palästinische Gelehrte standen in dauerndem Kontakt mit babylonischen Rabbinen, sei es durch Kollegen, die aus beruflichen Gründen zwischen den beiden Ländern hin- und herreisten (die sogenannten *nachote*) oder auch durch Babylonier, die sich für eine bestimmte Zeit oder auch auf Dauer in Palästina niederließen. Besonders für Caesarea sind starke Verbindungen zu Babylonien belegt (*Levine*, Caesarea 89–92.96). Selbstverständlich brachten diese Babylonier auch ihre Traditionen mit, auch wenn sie versuchten, sich ihrer neuen Umgebung anzupassen (vgl. BM 85a über R. Zera: als er nach Palästina zog, fastete er hundert Tage, um die babylonische Gemara zu vergessen. Dazu *Abr.Goldberg*, Tarbiz 36, 1966f, 319–341). So kommen zahlreiche Aussprüche babyl. Amoräer in den pT, gewöhnlich zitiert mit der Einleitung „dort sagen sie" bzw. „die Rabbinen von dort lehren" (*Bacher*, TT 311–7; 477–505; *Epstein*, IAL 314–322). Allerdings muß sich „dort" in pT nicht immer auf Babylonien beziehen, sondern kann auch eine andere rabb. Schule in Palästina meinen! Viele der in pT zitierten Aussprüche von Babyloniern sind in bT nicht oder in anderer Form überliefert. In diesem Zusammenhang ist sicher nicht an größere Komplexe von schon durchredigierten (schriftlichen oder mündlichen) Traditionen zu denken, die man als „Quellen" des pT im eigentlichen Sinn bezeichnen könnte, sondern einfach an Traditionsmaterial, das durch Vermittlung babyl. Gelehrter in Palästina bekannt geworden ist. Vgl. auch *Bokser* 187–191. *J. Schwartz*, Tension between Palestinian Scholars and Babylonian Olim in Amoraic Palestine, JSJ 11 (1980) 78–94.

e) Die Verarbeitung der Überlieferung

Untersuchungen zur Redaktion von pT beschränken sich i.a. auf dessen Endzustand, dessen Eigenheiten durch die Redaktionsmethode erklärt werden sollen, und sehen pT als Einheit. Die hervorragende Ausnahme ist *S. Lieberman*'s Untersuchung der drei „Pforten" von Neziqin, in vielen Punkten ausgebaut durch die Arbeiten von *G. A. Wewers*, *M. Assis* und *Y. Sussmann*. Zwar herrscht weithin Übereinstimmung, daß verschiedene amoräische Schulen hinter pT stehen. Doch gibt es noch keine systematische Untersuchung zur Vorgeschichte des pT bzw. seiner Teile, auch wenn es selbstverständlich ist, daß nicht die Endredaktoren in einem einzigen Arbeitsgang eine amorphe Masse von Traditionsgut kompiliert und bearbeitet haben.

Z. Frankel (Mabo 45a–49a) hat eine Entwicklung des pT in drei Stufen vermutet: Kommentierung von M im Schulbetrieb – Sammlung und Ergänzung solcher Schulnotizen durch verschiedene Meister in Form von Traktaten entsprechend dem Aufbau von M – Auswahl, Kombination und Bearbeitung dieser Sammlungen in Tiberias (vgl. *Epstein*, IAL 275, der zu Einzelbeispielen ebenfalls drei Schichten feststellt). Diese Annahme ist vernünftig und im Einzelfall von Neziqin auch belegbar. Doch bietet sie nicht mehr als die großen Umrisse einer Entwicklung. Die Literargeschichte des pT im einzelnen festzustellen (die Entwicklung der Sugia, die Entstehung der einzelnen Traktate und die gestaltende Arbeit der verschiedenen Meister und Schulen, das relative Alter der einzelnen Stücke und ihre Verknüpfung) ist ein anzustrebendes Ziel; wieweit es erreichbar ist, ist jedoch nach bisherigen Untersuchungen kaum zu sagen. Erst dann wäre eine historisch gesicherte Verwendung von pT möglich, die über den zu optimistischen Standpunkt hinwegkommt, Einzelsprüche nach den als Autoren oder Tradenten genannten Meistern zu datieren, ohne dabei ins Gegenteil zu verfallen und nur die Stufe der Endredaktion zu akzeptieren (dazu tendiert *J. Neusner*, Judaism in Society). Bis dorthin ist noch ein weiter Weg.

5) Der Text

Mehr als andere rabb. Schriften hat pT in seiner Textüberlieferung gelitten. Auf die zahlreichen Textverderbnisse durch Auslassung und Wiedereinfügung von Parallelperikopen wurde schon hingewiesen. Andere Gründe der Textverderbnis sind in der Vernachlässigung von pT zu sehen, sobald bT die absolute Vorherrschaft im Studienprogramm des europäischen Judentums erlangte und sogar in Palästina pT verdrängen konnte. Als Folge davon sind nur sehr wenige MSS von pT erhalten, die außerdem, ausgenommen die Geniza-Fragmente, stark durch den Text und die Sprache des bT beeinflußt sind. Die Unkenntnis der dem pT eigenen Sprache führte nicht nur zu Angleichungen in Schreibweise und Grammatik an bT bzw. bei hebräischen Abschnitten an die Bibel, sondern auch zu einer völligen Verfälschung zahlreicher griechischer und lateinischer Lehnwörter und Zitate und in der Folge zu weiteren „Korrekturen", um dem Text einen Sinn abzugewinnen (dazu vgl. v.a. die Arbeiten von *S. Lieberman*). Zur Inschrift von Rehob als ältestem Zeugnis für die pT-Tradition siehe S. 46f.

a) Handschriften

MS Leiden, Scaliger 3 (Univ. Bibl. Leiden) ist das einzige vollständige MS von pT (selber Umfang wie die Drucke). 672 Blatt in zwei Folio-Bänden, 1289 vollendet. Der Schreiber Jechiel b.R. Jequtiel b.R. Benjamin ha-Rofe beklagt im Kolophon seine sehr fehlerhafte Vorlage, die er nach Kräften zu korrigieren versucht hat. Trotz sehr schneller Arbeit (die Ordnungen Naschim und Neziqin hat er in 36 Arbeitstagen vollendet: *Melammed*, Introd. 508), die zu zahlreichen Auslassungen durch Homoioteleuton führte, ist das MS textkritisch äußerst wertvoll. Viele Randglossen, meist Textkorrekturen, stammen zum Teil vom Schreiber selbst. Faksimile-Ausgabe mit Einführung von *S. Lieberman* J 1971 (schlechte Wiedergabe); Neuausgabe: *M. Edelmann*, Hg., Early Hebrew manuscripts in facsimile. Vol. III The

Leiden Yerushalmi part I. MS Leyden, Univ. Library Scaliger 3, mit Einführung von *E. S. Rosenthal*, 1979.

J. N. Epstein, Some Variae Lectiones in the Yerushalmi. I: The Leiden MS (h), Tarbiz 5 (1933f) 257–272; 6 (1934f) 38–55; *ders.*, Diqduqe Jeruschalmi: IAL 335–606 (nur bis Schab XV vollendet, von *Melammed* ergänzt); *S. Liebermann*, Hayerushalmi Kiphshuto, J 1934, Mabo 15–21; *ders.*, Further Notes on the Leiden Ms. of the Jerushalmi (h), Tarbiz 20 (1949) 107–117; *E. Z. Melammed*, MS Vatican as the Source for the Marginal Glosses in the Leiden Manuscript of Talmud Yerushalmi (h), Tarbiz 50 (1980f) 107–127.

MS Rom, Codex Vat. Ebr. 133. 152 Blatt. Sota und Zeraim (ohne Bik; M fehlt in Sota IX und in ganz Zeraim außer Ber II). Etwas älter als MS Leiden; sehr fehlerhaft, doch ergänzt es manche Lücken in MS Leiden und hat wertvolle Lesarten. Verwendet als Vorlage vier verschiedene MSS (*Melammed*, Introd. 513). Faksimile: Talmud Yerushalmi Codex Vatican (Vat. Ebr. 133) mit Einleitung von *S. Lieberman* (= *ders.*, On the Yerushalmi, h, J 1929), J 1971. Ausgewählte Varianten aus MS Rom zu Seder Zeraim: *L. Ginzberg*, Yerushalmi Fragments from the Geniza, NY 1909, Ndr. H 1970, 347–372.

MS Escorial G I-3, spanisches bT-MS aus dem 15. Jh., dessen oberer Rand die drei Babot von pT Neziqin enthält, wie *E. S. Rosenthal* entdeckte. Dieser wichtige Textzeuge steht den Geniza-Fragmenten nahe und hilft an vielen Stellen, MS Leiden zu ergänzen bzw. zu korrigieren: Yerushalmi Neziqin. Edited from the Escorial Manuscript with an Introduction by *E. S. Rosenthal*; Introduction and Commentary by *S. Lieberman* (h), J 1983. Eine Synopse von MS Escorial mit der Ausgabe Krotoschin bietet *G. A. Wewers*, Übersetzung des Talmud Yerushalmi IV/1–3: Bavot, Tüb. 1982, 526–533; zum MS siehe auch *M. Assis*, On the Question; *Y. Sussmann*, Neziqin 116.

Zeraim und Scheqalim mit Kommentar des S. Sirillo: Nat.Bibl. Paris, Suppl. Hebreu 1389 (umfaßt Berakhot bis Kilaim); nach *Becker*, wie schon früher vermutet, ein Autograph des Sirillo, 1541/2 in Safed entstanden, doch noch ohne Kenntnis des Erstdrucks V 1523f; die Fortsetzung dazu ist MS Moskau, Günzburg 1135 (Terumot bis Bikkurim). Jünger, z.T. noch von Sirillo bearbeitet, sind die MSS British Library 403–405 = Or.2822 -2824 und MS Amsterdam, Sammlung Etz Chayyim (jetzt Jerusalem). Editionen: *M. Lehmann*, Hg., Berakhot, Mainz 1875; *Ch.J. Dinklas*, Hg., Zeraim, 11 Bde, J 1934–1967; *K. Kahana*, Hg., Schebiit, 2 Bde, J 1972–3. Cf. *H.-J. Becker*, Die „Sirillo-Handschriften" des Talmud Yerushalmi, FJB 16 (1988) 53–73; *ders.*, Zwei neue Yerushalmi-Handschriften und die „Gemara" zu Eduyot mit dem Kommentar des Shlomo Sirillo, FJB 17 (1989) 57–66.

Der Traktat Scheqalim ist schon früh mit dem Text des bT verbunden worden. Er befindet sich u.a. in MS München des bT (Faksimile-Ausgabe

H. L. Strack Ndr. J 1971), ebenso in einem MS mit Kommentar des R. Meschullam (ed. *A. Schreiber*, Treatise Shekalim, NY 1954). Eine kritische Ausgabe des Traktats durch *M. Assis* ist in Vorbereitung. Cf. *ders.*, On the Textual History of the Tractate Shekallim (h), 7th WCJS, Studies in the Talmud, Halacha and Midrash (J 1981), 141–156; *Y. Sussmann*, Masoret limmud umasoret nusach schel ha-Talmud ha-Jeruschalmi Massekhet Scheqalim, FS S. Lieberman, J 1983, 12–76.

Weitere MSS: Z. M. Rabinovitz, A Fragment of Mishna and Yerushalmi Shevi'it (h), Bar-Ilan 2 (1964) 125–133 (pSchebi VII, jemenit. MS des 14. Jhs.; *Bokser* 158 erwähnt, daß *Sussmann* das MS für ein Geniza-Fragment hält, dessen Fortsetzung sich in Cambridge befindet); *M. Assis*, A Fragment of Yerushalmi Sanhedrin (h), Tarbiz 46 (1976f) 29–90; 327–9; dazu *S. Lieberman*, On the New Fragments of the Palestinian Talmud (h), ibid. 91–6 (nordafrik. MS, 12. Jh., Großteil von pSanh V,1,22c-VI,9,23c); *A. H. Freimann*, A Fragment of Yerushalmi Baba Kama (h), Tarbiz 6,1–2 (1934) 56–63; dazu *J. N. Epstein*, ibid. 64f (Vat.Ebr.530, nicht später als 14. Jh.; BQ II,4,3a–III,4,3c). Eine Reihe von pT-Blättern wurde in den letzten Jahren aus Bucheinbänden wiedergewonnen: *M. Perani*, Momenti e testimonianze di vita e cultura ebraica a Bologna, Bologna 1990 (2 Blatt mit Schebi 34c–d, 12. Jh.); *T. Kwasman*, Untersuchung zu Einbandfragmenten und ihre Beziehung zum Palästinischen Talmud, Heidelberg 1986, sieht in Fragmenten der Bibliotheken Darmstadt, München und Trier Reste eines MS aus dem 13. Jh.; wegen der Textabweichungen vermutet er darin jedoch eher einen Textzeugen eines Sefer Jeruschalmi und nicht des pT selbst.

b) Fragmente aus der Geniza

Zahlreiche Fragmente befinden sich in verschiedenen Bibliotheken und sind erst zum Teil veröffentlicht. Eine umfassende Untersuchung des Alters der einzelnen Stücke steht noch aus; die Pauschaldatierung ins 10. Jh. ist sehr fraglich (*Y. Sussmann*, Tarbiz 43, 1973f, 155f Anm. 497; *Sussmann* plant eine umfassende Ausgabe der pT-Fragmente aus der Geniza). Der besondere Wert der Fragmente liegt, abgesehen von ihrem Alter und der besonderen Seltenheit von pT-MSS, darin, daß sie alle im Orient entstanden sind und die ursprüngliche Schreibweise viel besser als die europäischen MSS erhalten haben.

L. Ginzberg, Yerushalmi Fragments from the Genizah Vol. I (mehr nicht erschienen), NY 1909, Ndr. H 1970; *ders.*, Ginze Schechter I 387–448; *S. Abramson*, Qeta Geniza mi-Jeruschalmi Schabbat Pereq ha-Matsni^{c}a, Kobez Al Yad 8 (18), J 1975, 3–13 (Korrekturen und Ergänzungen dazu *ibid.* 10 [20], J 1982, 323f); *N. Alloni*, Geniza Fragments 35–43; *J. N. Epstein*, Additional Fragments of the Yerushalmi (h), Tarbiz 3 (1931f) 15–26; 121–136; 237–248; *A. I. Katsh*, A Genizah Fragment of Talmud Yerushalmi in the Antonin Collection of the Saltykov-Shchedrin Library in

Leningrad, JQR 71 (1980f) 181–4 (Scheq VII,31 a.b.32 a; Fortsetzung von *Ginzberg* p. 139); *S. Loewinger*, New Fragments from the Yerushalmi Pesaḥim ch. 5–7, FS A. Marx, NY 1950, hebr. Teil 237–283 (dazu *Lieberman*, ibid. 284–6); *Z. M. Rabinovitz*, New Genizah Fragments of the Palestinian Talmud (h), GS H. Yalon, J 1974, 499–511; *S. Wiedder*, A Fragment of Jerushalmi from Geniza Fragments in Budapest (h), Tarbiz 17 (1945 f) 129–135 (dazu *J. N. Epstein*, ibid. 136 f).

Zu pT-MSS und Geniza-Fragmenten siehe: *Bokser* 153–163; *Ginzberg*, Mabo 36–40; *Melammed*, Introduction 508–515; *N. Sacks*, Mischna Zeraim I, J 1972, 72–76.

Wegen der schlechten handschriftlichen Bezeugung von pT sind die Zitate in der mittelalterlichen Literatur von besonderer Bedeutung. Für die Ordnungen Zeraim und Moed (außer Er) hat sie gesammelt: *B. Ratner*, Ahawath Zion w-Jeruscholaim, 12 Bde, Wilna 1901–1917, Ndr. J 1967, trotz vieler Fehler von größtem Wert (wichtige Rezensionen u.a.: *V. Aptowitzer*, MGWJ 52, 1908; 54, 1910; 60, 1916; *W. Bacher*, REJ 43, 1901, bis 64, 1912). Für mittelalterliche Zitate wichtig ist auch *S. Lieberman*, Emendations in Jerushalmi (h), Tarbiz 2 (1930f) 106–114; 235–240; 380; 3 (1931f) 337–9; ebenso seine anderen Arbeiten; *H.-J. Becker*, Die Yerushalmi-Midrashim der Ordnung Zera'im in Ya'aqov ibn Ḥavivs „En Ya'aqov", FJB 18 (1990) 71–173 (Anf. 16. Jh., Saloniki).

c) Druckausgaben

Lit.: *A. M. Habermann*, Ha-Talmud ha-Jeruschalmi, in der Neuausgabe von *R. Rabbinovicz*, Ma'amar al Hadpasat ha-Talmud, J 1952, 203–222; *E. R. Malachi*, Al ha-Defus ha-Jeruschalmi, Sinai 60 (1967) 169–173; *Bokser* 151 f.

Erstdruck durch D. Bomberg, V 1523f (zum Datum siehe *I. Z. Feintuch*, On the Talmud Yerushalmi, Venice Edition, h, KS 59, 1984, 268–270). Als Grundlage diente MS Leiden (dazu zuletzt: *M. Mishor*, An Impress from the Venice Edition in the Leiden MS of Talmud Yerushalmi, h, KS 53, 1977f, 578). Der Herausgeber behauptet, drei zusätzliche MSS verwendet zu haben. Diese sind wohl verloren, wenn nicht pHor in bT, ed. 1520–1523 von einem dieser drei MSS stammt; *Melammed*, Introd. 514, vermutet auch, daß MS Rom dem Drucker in Venedig vorlag. Wie *S. Lieberman*, Jeruschalmi Horajot, FS Ch. Albeck, J 1963, 283–305, gezeigt hat, hat der Herausgeber fast nur MS Leiden verwendet und seine Vorlage vielfach „korrigiert". In bT ed. 1520–1523 ist pHor statt der Tosafot zur babylonischen Gemara abgedruckt, pScheq ebenfalls nach einem anderen MS als in pT wiedergegeben.

Weitere Ausgaben: Krakau 1609 mit kurzem Kommentar; Krotoschin 1866 (Ndr. J 1969, verbreitetste Ausgabe); Shitomir, 5 Bde mit Kommentaren, 1860–1867; Romm Wilna, 7 Bde mit Kommentaren, 1922, Ndr. J 1973.

Ansätze kritischer Ausgaben: *A. M. Luncz*, Talmud Hierosolymitanum ad exemplar editionis principis, 5 Bde, J 1907–1919 (Ber bis Schebi; verwendet MS Leiden, Vat 133, das MS mit dem Kommentar Sirillos und einzelne Geniza-Fragmente); *E. A. Goldman*, A critical edition of Palestinian Talmud, tractate Rosh Hashana, HUCA 46 (1975) 219–268; 47 (1976) 191–268; 48 (1977) 219–241; 49 (1978) 205–226; *J. Feliks*, Talmud Jeruschalmi Massekhet Schebiit (Text nach MS Leiden mit Varianten aus MSS, Geniza und Erstdruck; botanisch bzw. landwirtschaftlich orientierter Kommentar), 2 Bde, J 1980–86.; *E. S. Rosenthal*, Yerushalmi Neziqin, J 1983; *A. Steinsaltz*, Talmud Jeruschalmi. Massekhet Pea, J 1987. Einen großen Fortschritt für die Textaufbereitung von pT bedeutet das Werk von *P. Schäfer – H.-J. Becker*, Hgg., Synopse zum Talmud Yerushalmi, Bd I/1–2. Ordnung Zeraʿim: Berakhot und Peʾa, Tüb. 1991. Die Synopse bietet die Texte der Ausgaben V 1523, K 1662 und Amsterdam 1710, der MSS Leiden und Rom sowie der Sirillo-MSS. Geniza- und andere MSS-Fragmente sind bewußt nicht aufgenommen. Die zwei weiteren Teilbände von Zeraim sollen in Kürze folgen.

d) Übersetzungen

Es gibt noch keine zufriedenstellende Gesamtübersetzung des pT in eine europäische Sprache. *Biagio Ugolini* hat 20 Traktate mit eigener latein. Übersetzung ediert: Thesaurus Antiquitatum Sacrarum, Bde 17–30, V 1755–65 (17: Pes; 18: Scheq, Joma, Suk, RH, Taan, Meg, Chag, Betsa, MQ; 20: Maas, MSch, Challa, Orla, Bik; 25: Sanh, Mak; 30: Qid, Sota, Ket). *M. Schwab*, Le Talmud de Jérusalem, 11 Bde, P 1871–1889, Ndr. in 6 Bden P 1969 (sehr unzuverlässige französ. Übers.). *A. Wünsche*, Der Jerusalemer Talmud in seinen haggadischen Bestandtheilen übertragen, Zürich 1880, Ndr. H 1967.

Eine ausgezeichnete deutsche Übersetzung erscheint seit 1975 in Tübingen: *Ch. Horowitz*, Der Jerusalemer Talmud in deutscher Übersetzung. Bd I: Berakhot, 1975. Folgebände unter dem Sammeltitel: Übersetzung des Talmud Yerushalmi, Hg. *M. Hengel, J. Neusner* [später ersetzt durch *H.-P. Rüger*], *P. Schäfer*. Bisher erschienen: Pea (1986), Ter (1985), Chag (1983), und die ganze Ordnung Neziqin (1980–1984), alle übers. von *G. A. Wewers*; Suk (1983 = Düsseldorf 1963) und Ned (1983 = Düsseldorf 1957) übers. von *Ch. Horowitz*, Meg (1987) und Scheq (1990) übers. von *F. G. Hüttenmeister*; MQ (1988), übers. von *H.-P. Tilly*.

Seit 1982 erscheint eine englische Übersetzung durch *J. Neusner*: The Talmud of the Land of Israel, Chicago; die meisten der 35 Bde (35 = Introduction: Taxonomy) liegen schon vor (1991): 2 (Pea: *R. Brooks*), 4 (Kil: *I. J. Mandelbaum*), 6–7 (Ter: *A. J. Avery-Peck*; Maas: *M. S. Jaffee*) und 9–12, 14–15, 17–35 (*J. Neusner*). Kritische Anmerkungen zu den ersten Bden: *J. Neusner*, Hg., In the Margins of the Yerushalmi. Glosses on the English Translation, Chico 1983.

Einzeltraktate: A. W. Greenup, Taanith from the Palestinian Talmud, Lo 1918; *J. Rabbinowitz*, The Jerusalem Talmud (Talmud Yerushalmi): Bikkurim. Text, translation, introduction and commentary, Lo 1975.

e) Konkordanz

M. Kosovsky, Concordance to the Talmud Yerushalmi (Palestinian Talmud), J 1979 ff (bis 1990 vier Bände, bis incl. kaf; Erstdruck als Basis); Otsar ha-Schmot J 1985.

6) Kommentare

Lit.: Bokser 225–249; *Ginzberg*, Mabo 90–132; *S. Lieberman*, The Old Commentators of the Yerushalmi (h), FS A. Marx, NY 1950, hebr. Teil 287–319; *Melammed*, Introd. 515–534; *I. Twersky*, Rabad of Posquières, Phil. ²1980; *J. Rubinstein*, Quntras ha-schalem schel Mefarsche ha-Jeruschalmi, im Anhang zur pT-Ausgabe NY 1948.

Abgesehen von einer möglichen Verwendung des pT oder einer seiner Vorstufen in verschiedenen Midraschim finden wir den frühesten Beleg für den Einfluß des pT in der Inschrift von Rehob (siehe S. 46f) aus dem 7. Jh.: pDemai II,22 c–d und pSchebi VII,36 c werden hier verwertet, sei es direkt aus einer pT-Fassung oder aus einer halakhischen Bearbeitung des pT nach Art des Sefer ha-Maasim, der in der ursprünglichen Fassung um die Mitte des 7. Jhs. entstanden ist. Die ziemlich schnelle Verdrängung des pT durch bT (Jehudai Gaon bemüht sich nach 750 darum sogar schon in Palästina) bewirkt, daß pT lange Zeit nicht als selbständiges Werk kommentiert wird, sondern lediglich als Parallelbeleg oder Erläuterung zu bT herangezogen wird: so v. a. im Sefer Methiboth, ed. *B. M. Lewin*, J 1933 Ndr. 1973, aus dem 10. Jh., dessen Verfasser ein Babylonier war, der wohl in Kairowan wirkte (dieser entscheidet aber oft noch die Halakha gegen bT!); ebenso bei R. Chananel von Kairowan, 11. Jh. (dazu *A. Y. Friezler*, Jachaso schel Rabbenu Chananel li-Jeruschalmi be-Ferusch le-Babli, Nib ha-Midraschija, TA 1972f, 126–134). Ähnlich R. Nissim und Alfasi im 11. Jh. sowie dann Maimonides (*S. Lieberman*, Hilkhot ha-Yerushalmi le-ha-Rambam, NY 1947). Im 12. Jh. ist auch der Sefer Rabia des Eliezer b. Joel ha-Levi (ed. *E. Prisman*, 4 Bde, J 1965) für die Wirkungsgeschichte des pT von Bedeutung, ebenso dann das Schrifttum der Tosafisten, die pT mehr verwendet haben als vielfach angenommen wird (*E. E. Urbach*, The Tosafists 543 ff).

Die ältesten erhaltenen Kommentare im eigentlichen Sinn zu pT betreffen beide den zusammen mit bT überlieferten Traktat Scheqalim. Sie werden *R. Meschullam*, 13. Jh., und dem gleichzeitigen *Schüler des R. Samuel ben R. Schneur von Evreux* zugeschrieben; ediert von *A. Schreiber* (Sofer), Treatise Shekalim with two Commentaries of Early Rabbinic Authorities, NY 1954; *E. E. Urbach* bezweifelt diese Zuschreibung und sieht die Kommentare als Werke von frühen Tosafisten an: KS 31, 1955 f, 325–8. Zur Ordnung Zeraim sind auch die frühen M-Kommentare heranzuziehen, die sich stark auf pT stützen, da hier bT fehlt.

Solomo Sirillo aus Spanien, später in Safed, vollendete um 1540 seinen Kommentar zu Zeraim und Scheq, wahrscheinlich noch ohne Kenntnis des Erstdrucks von pT (vgl. S. 184).

Eleazar b. R. Mosche Azikri (1553–1600, Safed), schrieb Kommentare zu Ber (in pT Shitomir 1860), Pea, Demai, Ter und Pes (nur in Zitaten im Melekhet Schlomo des Salomo Adani in M Romm), Betsa (ed. *I. Francus*, Talmud Jeruschalmi Massekhet Betsa im Perusch...Rabbenu El'azar Azikri, NY 1967, mit ausführlicher Einleitung).

Samuel Aschkenazi (ca. 1525–1595) kommentierte die Haggadot des pT, vielleicht noch mit pT-MSS: Jefe Mar'e, V 1590 und öfter (*M. Benayahu*, R. Samuel Yaffe Ashkenazi and Other Commentators of Midrash Rabba. Some Biographical and Bibliographical Details, h, Tarbiz 42, 1972 f, 419–460, bes. 428–430).

Jehoschua Benveniste (ca. 1590–1665, Türkei) verfaßte einen ausführlichen Kommentar zu den halakhischen Teilen von 18 Traktaten: Zeraim K 1662 (Ndr in: Jeruschalmi Zeraim, J 1972), der Rest K 1749. Wichtig wegen seiner Verwendung mittelalterlicher Autoren.

David Darschan, ein hauptsächlich sprachlicher Kurzkommentar zur pT-Ausgabe Krakau 1610.

Elija b. Loeb Fulda (ca. 1650–1720): Knapper Kommentar zu 15 Traktaten – Zeraim und Scheq, Amsterdam 1710; BQ, BM und BB F 1742. Gab den Anstoß für das Studium des pT in Deutschland und Osteuropa.

Mosche Margolies (gestorben 1780, Litauen), Kommentar zum ganzen pT: Pene Mosche, Nachträge Mar'e ha-Panim. Amsterdam 1754 Naschim; Livorno 1770 Neziqin; vollständig in pT Shitomir.

David Fränkel, der Lehrer Moses Mendelssohns, 1704–1762: Qorban ha-Eda; Nachträge Schire Qorban. Will den Kommentar Fuldas ergänzen (nur Scheq bei beiden). Dessau 1742, B 1757. 1760–62. Margolies und Fränkel sind die beiden wichtigsten traditionellen Kommentare.

Elija Gaon von Wilna hat sich in verschiedenen Werken mit pT befaßt, v. a. in seinem Kommentar zum Schulchan Arukh. Textkritisches Interesse; versucht pT anders als seine Vorgänger aus sich selbst und nicht aus bT zu erklären. *K. Kahana*, Le-Cheqer Be'ure haGRA li-Jeruschalmi we-la-Tosefta, TA 1957.

Die in diesen Kommentaren vertretene traditionelle Richtung wird bis in die Gegenwart weitergeführt, u. a. von *Jehoschua Isaak Schapiro*, Noam Jeruschalmi, 4 Bde, Wilna 1863–9, Ndr. in 2 Bden J 1968, *Abraham Krochmal*, Jeruschalaim ha-Benuja, Lemberg 1867, Ndr. J 1971, und *Josef Engel*,

Kommentar zu Zeraim, Giljon ha-Schas, W 1924, Ndr. in Talmud Jeruschalmi. Zeraim, J 1972. Vgl. auch die Sammlung wichtiger Kommentare: Haschlama li-Jeruschalmi, Wilna 1928, Ndr. J 1971 (Zusatztitel: Schitta mequbbetset al ha-Jeruschalmi). Traditionell orientiert ist auch noch *S. Goren*, Ha-Jeruschalmi ha-meforasch. I Berakhot, J 1961, auch wenn hier schon textkritisch gearbeitet und v.a. *Ginzberg*'s und *Lieberman*'s Arbeit eingebracht wird.

Unter den *modernen Kommentaren* sind v.a. folgende zu nennen (bewußte und systematische Anwendung kritischer Methoden):

I. Lewy, Introduction and Commentary to Talmud Yerushalmi. BQ. I-VI, J 1970 (= Ndr. von: Interpretation des 1. [2.usw.] Abschnittes des paläst. Talmud-Traktats Nesikin, h mit deutscher Einleitung, Jb des jüd.-theol. Seminars Breslau 1895–1914). Vgl. *E. Urbach*, Der Einfluß des Seminars auf das Studium des Jerusalemischen Talmuds (h), in: *G. Kisch*, Hg., Das Breslauer Seminar, Tüb. 1963, 175–185, bes. 177–182.

Saul Liebermann (sic!), Hayerushalmi Kiphshuto, Part I Vol. I: Sabbath Erubin Pesahim, J 1934 (nicht mehr erschienen); *ders.*, Kommentar zu Yerushalmi Neziqin, ed. E. S. Rosenthal, J 1983. Auch seine anderen Arbeiten enthalten viel für die Interpretation von pT.

Z. W. Rabinovitz, Scha^{c}are Torat Erets Jisrael. Notes and Comments on the Yerushalmi, ed. *E. Z. Melammed*, J 1940 (besonders auch zu Stil und Komposition des pT. Cf. die Rezension von *G. Allon*, Tarbiz 12, 1940f, 88–95).

L. Ginzberg, A Commentary on the Palestinian Talmud. A Study of the Development of the Halakah and Haggadah in Palestine and Babylonia (h), 4 Bde, NY 1941–1961. Textkritisch bedeutsamer „Kommentar" zu Ber I–V mit umfangreichen Exkursen zu verschiedensten Problemen v.a. der jüdischen Liturgie. In Bd I neben umfangreicher hebr. Einleitung ein allgem. englischer Introductory Essay. Ndr. der Bde 1–3 NY 1971. Vgl. *Abr. Goldberg*, KS 38, 1962f, 195–202.

M. Assis, Hagahot u-Feruschim bi-Jeruschalmi Schabbat, HUCA 48 (1977) hebr. Teil 1–11.

IV. Der babylonische Talmud

Allgem. Lit.: R. E. *Agus,* The Literary Sources of the Babylonian Talmud, Moed-Katan (h), Diss. Yeshiva Univ. NY 1977; *Ch. Albeck,* Mabo 452–575; *N. Aminoah,* The redaction of the tractate Qiddushin in the Babylonian Talmud (h), TA 1977; *ders.,* The Redaction of the Tractate Betza, Rosh-Hashana and Ta'anith in the Babylonian Talmud (h), TA 1986; *ders.,* The Transition from ‚Early Redaction' to ‚Final Redaction' in the Babylonian Talmud (h), Tarbiz 52 (1982f) 134–8; *ders.,* L'attitude des ‚Amoraïm à l'égard des sources talmudiques antérieures, REJ 145 (1986) 5–19; *E. Berkovits,* EJ XV, 755–768; *N. Brüll,* Die Entstehungsgeschichte des babylonischen Talmuds als Schriftwerkes, Jb für jüd. Geschichte und Literatur 2 (1876) 1–123; *I. Burgansky,* The Babylonian Talmud Tractate of Sukka: its sources and methods of compilation (h), Diss. Bar Ilan 1979; *Z. Dor,* On the Sources of Gittin in the Babylonian Talmud (h), Bar-Ilan 4–5 (1967) 89–103 (Ndr. in: *ders.,* Teachings); *J. N. Epstein,* IAL 9–270; *Abr. Goldberg,* The Babylonian Talmud, in *Safrai* I 323–345; *A. Goldberg,* Der Diskurs im babyl. Talmud. Anregungen für eine Diskursanalyse, FJB 11 (1983) 1–45; *D. Goodblatt,* The Babylonian Talmud, ANRW II 19,2, B-NY 1979, 257–336 (Ndr. in: *J. Neusner,* Hg., The Study II 120–199, aber auch mit der Paginierung von ANRW, die hier verwendet wird); *L. Jacobs,* The Talmudic Argument. A study in Talmudic reasoning and methodology, C 1984; *ders.,* Structure and form in the Babylonian Talmud, C 1991; *J. Kaplan,* The Redaction of the Babylonian Talmud, NY 1933, Ndr. J 1973; *D. Kraemer,* The Mind of the Talmud. An Intellectual History of the Bavli, NY-O 1990; *E. Z. Melammed,* Introduction 319–397; *J. Neusner,* Invitation to the Talmud. A Teaching Book, San Francisco ²1984; *ders.,* Hg., Formation; *ders.,* Judaism: The Classical Statement. The Evidence of the Bavli, Chicago 1986; *ders.,* The Bavli and its Sources. The Question of Tradition in the Case of Tractate Sukkah, Atlanta 1987; *ders.,* Language as Taxonomy. The Rules for Using Hebrew and Aramaic in the Babylonian Talmud, Atlanta 1990; *ders.,* The Rules of Composition of the Talmud of Babylonia, Atlanta 1991; *ders.,* The Bavli's One Voice. Types and Forms of Analytical Discourse and their Fixed Order of Appearance, Atlanta 1991; *Z. W. Rabinowitz,* Schaʿare Torath Babel, J 1961; *D. Rosenthal,* ʿArikhot qedumot ha-meschuqaʿot ba-Talmud ha-Babli, in: Talmudic Studies I 155–204; *E. Segal,* Case Citation in the Babylonian Talmud. The Evidence of the Tractate Neziqin, Atlanta 1990; *J. Sussmann,* Babylonian Sugiyot to the Orders Zeraʿim and Tohorot (h), Diss. J 1969; *M. A. Tenenblatt,* The Babylonian Talmud in its Historical Development: Its Origin and Arrangement (h), TA 1972; *A. Weiss,* The Babylonian Talmud as a Literary Unit, Its Place of Origin, Development and Final Redaction (h), NY 1943; *ders.,* The Talmud in its Development (h), NY 1954; *ders.,* SLA.

1) Aufbau und Inhalt

Zu den Begriffen „Talmud" und „Gemara" siehe S. 167f. Die Geonim, R. Nissim, Alfasi und andere bezeichnen bT einfach als *talmud dilan*, „unseren Talmud". *Talmuda de-Babel* in BM 85a bedeutet nicht unseren bT, sondern einfach die in Babylonien in amoräischer Zeit traditionelle Lehre. *Talmud babli* soll bT von pT abgrenzen, gewöhnlich jedoch genügt Talmud (oder Gemara) als Bezeichnung für bT, der im jüdischen Verständnis der Talmud schlechthin ist.

In einer allerdings nur sehr annähernden Weise läßt sich bT als die babylonische Kommentierung von M bezeichnen. Doch umfaßt bT Gemara nur zu 36½ von 63 Traktaten von M: keine Gemara gibt es zu Zeraim mit Ausnahme von Ber; in Moed fehlt Scheq (in MSS und Drucken durch pT ersetzt), in Neziqin Ed und Abot, in Qodaschim Mid, Qin und Tam (ausgenommen Kapitel I, II, IV); in Toharot ist nur Nidda kommentiert.

Sind diese fehlenden Traktate in den babylonischen Schulen erörtert worden? Dies scheint u.a. aus dem Ausspruch Rabas (4.Jh.) hervorzugehen: „In den Tagen Rab Jehudas (bar Jechezqel) bestand das ganze Studium im (Seder) Neziqin; wir hingegen lernen die sechs Ordnungen...wir lernen sogar (den Traktat) Uqtsin in dreizehn Sitzungen" (Taan 24a.b; Ber 20a dasselbe im Namen Papas, eines Schülers Rabas). Diskussionen zu Themen der M-Traktate ohne Gemara finden sich verstreut in den anderen Traktaten von bT. Ob der Ursprung solcher babyl. Aussagen jedoch in der Auslegung von Zeraim und Toharot selbst liegt (so *B. M. Bokser*, Samuel's Commentary on the Mishnah I, L 1975, 4 zu Zeraim) oder nicht (so *Sussmann*, Babylonian Sugiyot 316: Zeraim und Toharot wurden in den babyl. Schulen nicht für sich selbst studiert), ist nicht sicher.

Warum sind diese Traktate in bT ohne Gemara geblieben? Wenn man nicht mit Zufall oder äußeren Gründen rechnen will, bleibt die traditionelle Antwort, daß die Gesetze von Zeraim außer Ber sowie von Toharot außer Nid in der Praxis keine Bedeutung hatten: die landwirtschaftlichen Gesetze waren zum Großteil an das Land Israel gebunden, die Reinheitsvorschriften allgemein nicht mehr durchführbar, da es keinen Tempelkult gab. Dasselbe würde zwar auch für Qodaschim gelten, wozu es jedoch eine bGemara gibt: vielleicht deshalb, weil nach Men 110a das Studium der Opfervorschriften bzw. der Tora allgemein dem Opferdienst im Tempel gleichgestellt wird.

In den üblichen Druckausgaben umfaßt bT (inklusive M zu den Traktaten ohne Gemara und mit den „außerkanonischen" und „kleinen" Traktaten) fast 2900 Blatt Folio und ist damit viel umfangreicher als pT. Das liegt am ausladenderen Stil von bT sowie seinem viel längeren Wachstum, v.a. jedoch auch daran, daß bT viel Material aufgenommen hat, das mit einem M-Kommentar nichts mehr zu tun hat (was in kleinerem Umfang natürlich auch für pT gilt). V. a. hat bT zahlreiche und umfangreiche *Midraschim* integriert, während diese in Palästina einer eigenen Literaturgattung vorbehalten bleiben (wenn man von kleinsten midraschischen Einheiten in pT absieht). Ganz allgemein ist die Haggada in bT viel umfangreicher als in pT (⅔ von bT gegenüber ⅙ von pT). So enthält bT z. B. in Ber 55a–57b ein „Traumbuch" (vgl. pMSch IV,9,55b–c), in BB 73a–75b einen Traktat über Wunder und Visionen in Art einer Apokalypse, in Suk 27b–28a Beispielerzählungen über das Verhalten der Rabbinen in den Lehrhäusern, in Git 55b–58a Erzählungen aus der Zeit der beiden großen Aufstände gegen Rom (vgl. KlglR). An Midraschim seien z. B. Meg 10b–17a zu Ester (vgl. EstR) und Sota 11a–13a zu Ex (vgl. ExR) genannt.

BT weist insgesamt enzyklopädischen Charakter auf. Alles, was in den rabb. Schulen gelehrt wurde und für erhaltenswert galt, wurde aufgenommen: vielerlei Legenden (etwa über Totenerscheinungen), Anekdoten über die Rabbinen, historische Erinnerungen, Wissensstoff aus Medizin, Biologie, Mathematik, Astronomie, Astrologie usw. So ist bT weniger ein thematisch geschlossenes Buch als vielmehr eine im Aufbau an M orientierte Nationalbibliothek des babylonischen Judentums.

2) Die Entstehung: die Tradition

Die traditionelle Entstehungsgeschichte von bT beruht im wesentlichen auf zwei Talmudzitaten: BB 157b spricht von zwei *mahadurot* des Rab Aschi, was nicht nur „Ausgabe", sondern auch „Revision, Fassung" der dort diskutierten Lehre bedeuten kann. BM 86a nennt „Rabbi und R. Natan das Ende der *mischna*, Rab Aschi und Rabina das Ende der *hora'a*". Wie *hora'a* genauer zu interpretieren ist, steht nicht fest. Am ehesten ist es, parallel zu *mischna*, als eine bestimmte Form der Lehre und autoritativen Entscheidung der Halakha aufzufassen, die auf die Zeit der Amoräer beschränkt wird. So versteht es STA 8, wonach die *hora'a* von Rab bis Rab Aschi und Rabina währt und 204 bzw. nach einer anderen Lesart 280 Jahre dauert. Die beiden Zahlenangaben erklären sich durch die Unsicherheit, ob Rabina I., ein Zeitgenosse des nach STA 424 verstorbenen Aschi, oder der 499 verstorbene (STA 6) Rabina II. gemeint ist. Die erste Möglichkeit würde eher dem Wortlaut von BM 86a entsprechen (ein gewisser Zeitpunkt für das Ende der *hora'a*, anstatt dieses fast ein Jahrhundert währen zu lassen). Doch wurde die zweite Möglichkeit in gaonäischer Zeit allgemein übernommen: so schon von STA 6, wonach mit dem Tod Rabinas II. der Talmud „verschlossen" (*nistam*) bzw. „versiegelt" wurde (*nechetam*, so eine andere Lesart).

Am einflußreichsten wurde die Version von ISG, die neben diesen Talmudstellen v. a. Schultraditionen von Pumbedita verwertet: „Und Rab Aschi leitete sein Lehrhaus nahezu sechzig Jahre lang. Daher lesen wir im

Kapitel *mi sche-met* (hier BB 157b) von der ersten *mahadura* von Rab Aschi und von der letzten *mahadura* von Rab Aschi. Denn so haben die Rabbanan festgelegt: in jeder Kalla zwei *metibata*, seien sie nun kurz oder lang, zu lehren. Und so wiederholte (bzw. revidierte) er seine Lehre (*talmudeh*) in 30 Jahren. Und da Rab Aschi nahezu 60 Jahre lang vorsaß, hatte er zwei *mahadure*. Und er starb im Jahr 424" (span. Rezension: 427; ISG 93 f). „Und am Mittwoch, dem 13.Kislew des Jahres 499 starb Rabina, der Sohn des Rab Huna, welcher das Ende der *hora'a* ist" (ISG 95). „Und nach ihm saß Rab Assi vor und in seinen Tagen war das Ende der *hora'a* und der Talmud wurde verschlossen" (*istetem talmuda*; *Goodblatt* 309 erwägt auch die Übersetzungsmöglichkeit „wurde der Talmud anonym gemacht", insofern nachher die Urheber von Aussagen und Texten nicht mehr genannt werden) (ISG 97). Die Nennung von Rab Assi (span. Rezension: Jose) als *sof hora'a* ist übrigens durch den Talmudtext nicht gestützt! Anschließend streift Scherira nur kurz die Zeit der Saboräer, von denen innerhalb weniger Jahre die meisten starben, wie er gestützt auf gaonäische Chroniken feststellt (ISG 97f). Erst die gaonäische Zeit behandelt er wieder ausführlicher.

ISG nennt nirgends ausdrücklich Rab Aschi als den Herausgeber des bT; auch muß *talmud* in seinem Text nicht unbedingt bT bedeuten, sondern kann auch einfach die talmudische Lehre sein. Doch versteht ISG die beiden Talmudstellen offenbar aus der Sicht der gaonäischen Zeit und ihrer Institutionen als Aussagen über den Abschluß der talmudischen Lehre (sei es nun allgemein oder in Form des redigierten bT); die zwei *mahadurot* sind demnach eine zweimalige Totalrevision dieser Lehre in den Kalla-Monaten der 60-jährigen Amtszeit Rab Aschis (bzw. nach der spanischen Rezension in den Semestern dieser Lehrjahre).

Die mittelalterliche Tradition ist völlig von ISG abhängig. Sie baut ihre Angaben weiter aus und konkretisiert sie (nun ist eindeutig bT gemeint). So z.B. Raschi in seinen Kommentaren zu BM 86a und BB 157b. Ebenso Abraham Ibn Daud: Rab Aschi „begann den Talmud niederzuschreiben" (Sefer ha-Qabbala, ed. *Cohen* 27); Rab Jose ist der Anfang der Saboräer und im 24.Jahr seines Vorsitzes (d.h. im Jahr 500) wurde der Talmud versiegelt: „Seine Niederschrift begann unter Rab Aschi und 73 Jahre nach seinem Tode wurde er versiegelt" (ibid. 33).

Diese Thesen sind bis in die Gegenwart immer wieder übernommen worden und bilden noch immer das klassische Bild: demnach hat Aschi zweimal den gesamten Talmud bearbeitet; einige Jahrzehnte später erfolgte dessen endgültiger Abschluß und die Niederschrift. Fraglich bleibt dabei nur, welche Rolle man den Saboräern zuteilt. Aber auch z.B. *E. Berkovits* (EJ XV,760–2), der ihnen nicht nur die üblicherweise angenommene fast nur stilistische Revision, sondern auch längere Textstücke zuschreibt, läßt bT um die Mitte des 6.Jhs. endgültig vollendet sein, damit in Übereinstimmung mit den großen Autoritäten *Epstein* und *Albeck*. Eine große Rolle in allen Rekonstruktionen spielt auch die von Scherira für das Ende der Perserzeit erwähnte Verfolgungszeit (ISG 99), die gewöhnlich als Motiv für die bT-Redaktion schon durch Aschi gilt (dieser hätte dann in Vorahnung kommender Verfolgung gearbeitet) oder zumindest die Niederschrift des bT nach so langer mündlicher Überlieferung begründet.

Die traditionelle These ist aus mehreren Gründen problematisch. Nicht nur sind die beiden bT-Texte als Basis dafür zu schmal, außerdem nicht eindeutig und historisch nicht von vornherein gesichert. Die Auslegung durch Scherira setzt außerdem in BB 157b ein Akademiesystem und v. a. auch die Institution der Kalla-Monate in einer Weise voraus, wie sie erst in gaonäischer Zeit voll nachweisbar ist. Schließlich ergibt die Analyse von bT selbst, daß Rab Aschi zwar viel Material beigetragen hat, aber gegenüber anderen Meistern seiner Zeit und nach ihm in keiner Weise so herausragt, daß man ihn als den Redaktor der Erstfassung von bT bezeichnen könnte. Sicher ist mit den Namen von Aschi und Rabina ein Zeitraum angegeben, der für die Redaktion von bT entscheidend war. Näheres kann aber nur eine Untersuchung von bT selbst ergeben.

3) Die Redaktion

a) Keine einheitliche Redaktion

J. Neusner betont die völlig einheitliche Redaktion von bT: „The facts before us do not indicate a haphazard, episodic, sedimentary process of agglutination and conglomeration"; vielmehr sei bT „a well-considered and orderly composition, planned from beginning to end and following an outline that is definitive throughout" (The Rules 190); „the single, cogent and rhetorically consistent discourse before us... The whole shows a plan and program... the creation of single minded geniuses of applied logic and sustained analytical enquiry" (The Bavli's One Voice 460f). In einem vielleicht ein halbes Jahrhundert währenden Prozeß sei der Großteil der Materialien von bT gestaltet worden, die dann um Abschnitte der Mischna gruppiert und zu dem uns vorliegenden Werk redigiert wurden (ibid. 464). Zu Recht lehnt *Neusner* die traditionelle Vorstellung eines „sedimentären" Wachstums von bT zugunsten der Annahme einer geplanten Redaktion ab, die nach einheitlichen Kriterien vorging. In dieser Gesamtschau gehen jedoch die vielen Details unter, die auf eine bewegtere Entstehungsgeschichte verweisen und auch nicht von der Redaktion im Sinn der Einheitlichkeit des Werkes geglättet wurden.

Wie *J. N. Epstein* (IAL 12; ihm folgt *Melammed*, Introd. 462f) betont, zeigen Unterschiede, Widersprüche und Verdoppelungen innerhalb von bT, ja auch innerhalb einzelner seiner Traktate, ebenso wie sprachliche und stilistische Unterschiede und die Nennung verschiedener Amoräer in verschiedenen Traktaten und ihren Abschnitten, daß bT kein Werk aus einem Guß ist, sondern viele Quellen verarbeitet, Schichten aus verschiedenen Zeiten und Generationen, von verschiedenen Verfassern, Redaktoren und Schulen vereint: *"Jeder einzelne Traktat ist ein Buch für sich"* (IAL 12). So ist es sicher nicht nur dem Umstand zuzuschreiben, daß *Epstein* seine Einleitung nicht selbst vollenden konnte, sondern logische Konsequenz, wenn er in IAL nicht eine Einleitung in „den" bT bietet, sondern Einleitungen zu (neun) Traktaten des bT.

Fünf Traktate – Ned, Naz, Meil, Ker, Tam – heben sich vom Rest des bT durch eine Reihe sprachlicher und grammatikalischer Eigenheiten ab, wie schon die Tosafisten beobachtet haben (*Urbach*, The Tosafists 561). Zu diesen *„außergewöhnlichen Traktaten"* gehören auch jene Teile von Tem, die durch den Ausdruck *lischana acharina* gekennzeichnet sind. Diese Traktate unterscheiden sich durch Wortschatz, grammatische Eigenheiten (andere Possessivsuffixe, Demonstrativ- und Personalpronomina) und eine abweichende Terminologie: statt *teiqu*, eine Sache bleibt „unentschieden" (dazu *L. Jacobs*, Teyku. The unsolved problem in the Babylonian Talmud. A study in literary analysis and form of the Talmudic Argument, Lo-NY 1981), heißt es z. B. *tibae*; das sonst übliche *chasore mechasra*, die Deutung durch Annahme einer Auslassung im M-Text, fehlt, wo man es erwarten würde. Diese und andere ursprünglich noch viel ausgeprägtere sprachliche Unterschiede sind z. T. durch Abschreiber und Drucker an den üblichen Stil von bT angepaßt worden (dazu *Epstein*, A Grammar of Babylonian Aramaic, h, J 1960, 14–16, und IAL 54.72-4; *Melammed*, Introduction 464–470).

Raschi bezeichnet (z. B. Tem 6b) die *lischana acharina* als *laschon jeruschalmi*. Ihm folgt *I. Halevy* (Dorot III 48–50), der annimmt, daß hier und in den anderen außergewöhnlichen Traktaten tatsächlich palästinischer Sprachgebrauch vorliegt. Gestützt auf ein gaonäisches Zeugnis, daß Ned seit Jehudai Gaon in den babylonischen Jeschibot nicht studiert wurde (dazu *B. M. Lewin*, Otzar ha-Gaonim XI, J 1942, 5–12: nur von Ned ausdrücklich bezeugt, von den anderen Traktaten könnte man es aufgrund gaonäischer Listen von Traktaten annehmen), nimmt er an, daß diese Massekhtot in den babylonischen Jeschibot unter den Geonim nicht gelehrt wurden, wohl aber in Palästina, wo man auch die Abschriften dieser Traktate angefertigt habe. Das soll dann auch den sprachlichen Stil beeinflußt haben.

Dagegen wendet sich v. a. *Z. W. Rabinowitz* (Schaᶜare Torath Babel 299–310): noch im 11. Jh. hat man in Palästina pT und nicht bT studiert. Die sachlichen Unterschiede dieser Traktate gegenüber dem Rest von bT haben in pT keine Parallelen; die sprachlichen Eigenheiten lassen sich nicht auf Palästina zurückführen, sondern beruhen auf Dialektunterschieden im babylonischen Aramäisch. Der Großteil des bT wurde in Sura redigiert, wo Rab Aschi wirkte; die sprachlich abweichenden Traktate hingegen weisen den Dialekt von Pumbedita und Nehardea auf, der dem paläst. Aramäisch nahesteht. Sie sind in Pumbedita redigiert worden (so schon *I. Lewy* in seinem Kommentar zu pNeziqin p. 74); das lege auch die Ähnlichkeit der Sprache mit jener der Geonim nahe, die ja zum Großteil aus Pumbedita stammen (doch verwenden auch die Schriften der Geonim aus Sura dieselbe Sprache! *De Vries*, Mechqarim 231).

Andere versuchen die Eigenart dieser Traktate weniger durch einen anderen Ort der Redaktion als vielmehr zeitlich zu begründen. *A. Weiss* (MGWJ 73, 186–9; 83, 261–276; The Bab. Talmud as a Literary Unit 46–128) und ähnlich auch *B. De Vries* (Mechqarim 223–238) sehen die außergewöhnlichen Traktate als älter an. *A. Weiss*, der die Unterschiede zu den anderen Traktaten herabspielt, meint, ganz bT sei zuerst in Pumbedita redigiert worden und erst dann in die anderen Schulen gekommen; dort erfuhren die regelmäßig studierten Traktate sprachliche Anpassungen; die vernachlässigten 5½ Traktate hingegen behielten ihre sprachlich urtümliche Form. *De Vries*, der auch sachlich die 5½ Traktate für urtümlicher hält, nimmt insbesondere für Meila (Mechqarim 237f) eine Redaktion im Lehrhaus des Rab Papa an, betont jedoch gleich *Weiss* die ältere Sprachgestalt dieser Traktate gegenüber den anderen, die in gaonäischer Zeit regelmäßig studiert und entsprechend adaptiert wurden.

J. N. Epstein hingegen vertritt, daß die 5½ Traktate später als der Rest des bT sind. Seiner Ansicht nach enthalten sie Zitate aus dem übrigen bT (*De Vries* tut diese Stellen als spätere Zufügungen ab: das würde jedoch wohl im Gegensatz zu seiner sonstigen Annahme das Studium dieser Traktate in gaon. Zeit voraussetzen!); v.a. jedoch ist ihre Sprache dem gaonäischen Aramäisch schon so nahe, daß sich eine frühere Datierung verbietet (IAL 54–71; 72–83; 131–144).

Eine eindeutige Lösung ist derzeit nicht in Sicht. Eine Erklärung der Unterschiede durch verschiedene Orte der Redaktion ist denkbar, doch mit unseren derzeitigen Kenntnissen nicht zu beweisen; ebenso weiß man zuwenig von sprachgeschichtlichen Entwicklungen, um begründet für Früh- oder Spätdatierung dieser Traktate eintreten zu können. Vielleicht kommt man über den Sonderfall von Tem, wo oft sachlich dasselbe in zwei sprachlich verschiedenen Fassungen kommt, eine davon als *lischana acharina* gekennzeichnet, einer Lösung näher. *Rabinowitz* begründete dies mit einer doppelten Redaktion dieses Traktats, einer in Sura und einer in Pumbedita; später seien dann beide Fassungen miteinander vereint worden. *E. S. Rosenthal* (The Rendrings of TB Tractate Temura, h, Tarbiz 58, 1988f, 317–356) hat durch eine Analyse der Text-Überlieferung des Traktates gezeigt, daß es sehr wohl zwei Rezensionen gegeben hat. Die übliche Fassung ist durch die vier vollständigen MSS des Traktats belegt; die andere (*lischana acharina*) ist in Auszügen in MS Florenz aufgenommen (weitere Zitate bringt Betsalel Aschkenazi), doch durch ein Fragment aus der Geniza (Cambridge) und eines aus Modena auch selbständig belegt. Die

Frage nach Textrezensionen und ihrer Nachgeschichte wird auch für andere Traktate des bT die Forschung künftig wohl stärker bestimmen.

b) Quellen

1. Mischna

Lit.: Siehe die S. 144f genannten Titel von *M. Schachter* und *S. Zeitlin*; *B. M. Bokser*, Samuel's Commentary on the Mishnah. Its Nature, Forms, and Content. Part One: Mishnayot in the Order of Zeraʿim, L 1975; *ders.*, Post Mishnaic Judaism in Transition. Samuel on Berakhot and the Beginnings of Gemara, Chico 1980; *J. Florsheim*, Rav Hisda as Exegetor of Tannaitic Sources (h), Tarbiz 41 (1971 f) 24–48; *J. Fraenkel*, Ha Gufa Qashya. Internal Contradictions in Talmudic Literature (h), Tarbiz 42 (1972f) 266–301; *Abr.Goldberg*, The Use of the Tosefta and the Baraitha of the School of Samuel by the Babylonian Amora Rava for the Interpretation of the Mishna (h), Tarbiz 40 (1970f) 144–157; *M. Zucker*, Ha-„Chasore Mechasra" ba-Talmud, FS A. Schwarz, W 1926, 47–53.

Selbstverständlich ist auch für bT M die Basis. Schon die MSS, ebenso dann auch die Drucke von bT überliefern daher einen vollständigen M-Text. Dieser ist, wie schon betont, kein einheitlicher Grundtext; auch weicht, wie auch bei pT, gelegentlich der in der Diskussion vorausgesetzte M-Text von jenem am Anfang der Gemara ab (dazu ITM 166ff). Insofern M palästinensische Verhältnisse voraussetzt, steht natürlich die Exegese von M in Babylonien unter anderen Bedingungen als in Palästina. Mit der Anerkennung von M als Codex geltenden religiösen Rechts wohl noch im 3. Jh. sieht sich die babylonische Exegese von M gezwungen, M mit der zuweilen von ihr abweichenden babyl. Halakha in Einklang zu bringen. Dies erfordert eine viel größere Freizügigkeit im Umgang mit M als in Palästina üblich.

In Babylonien ist v. a. der Hinweis auf die elliptische Ausdrucksweise von M mit der Formel *chasore mechasra* beliebt, weshalb man entsprechend zu ergänzen habe. Manchmal geschieht dies zu Recht, manchmal aber auch ohne entsprechende Stütze im Text (dazu *M. Zucker*; *Epstein*, ITM 595–672). Ebenso spezifisch für bT ist die Formel *ha gufa qaschia*, „das enthält in sich eine Schwierigkeit", um auf Widersprüche zwischen zwei Teilen einer M hinzuweisen. Auch hier sind z. T wirkliche innere Widersprüche gesehen, zum Großteil jedoch in den Text hineingelesen worden, um eine bestimmte Auslegung zu erzielen (dazu *J. Fraenkel*). Wie *J. Florsheim* zu Rab Chisda betont: „Das Hauptziel der Auslegung ist die Erneuerung der Halakha. D.h. das Wesen der Auslegung ist es, die Quelle mit der nach dem System Rab Chisda's entschiedenen Halakha übereinstimmen zu lassen und nicht, das System Rab Chisda's mit der Quelle in Übereinstimmung zu bringen. D.h. nicht, daß Rab Chisda nicht die Auslegung der Quellen nach dem Wortsinn kannte; doch war diese nicht sein Hauptziel...Dieses System ist nicht Rab Chisda eigen, sondern für den Talmud in seiner Gänze typisch" (Tarbiz 41, p. 48).

2. Baraitot

Lit.: Zum Begriff und allgemein S. 179. *Albeck*, Mabo 44–50; *Bacher*, TT 222–234; *Goodblatt* 286–8; *J. Hauptman*, Development of the Talmudic Sugya by Amoraic and Post-Amoraic Amplification of a Tannaitic Proto-Sugya, HUCA 58 (1987) 227–250; *dies.*, Development of the Talmudic Sugya: Relationship between Tannaitic and Amoraic Sources, Lanham 1988 (ein Kapitel schon in PAAJR 51, 1984, 73–104); *L. Jacobs*, Are there fictitious baraitot in the Babylonian Talmud?, HUCA 42 (1971) 185–196; *Melammed*, Introduction 258–270 = Zusammenfassung von: *ders.*, Halachic Midrashim of the Tannaim in the Talmud Babli (h), J 1943; *ders.*, Introd. 392–4.407–12; *A. Weiss*, SLA 167–171.

Die Frage, ob und wieweit bT bzw. einzelne seiner Meister T und die halakhischen Midraschim gekannt haben, ist nicht mit Sicherheit zu beantworten (vgl. zu T S. 159f, zu den Midraschim S. 248). Die Möglichkeit, daß die Parallelen zwischen bT und diesen Werken auf nur ähnliche Sammlungen zurückgehen, ist nicht auszuschließen. Andererseits lassen auch die Abweichungen im Wortlaut bei diesen Parallelen nicht unbedingt auf andere Vorlagen schließen, sondern können auch im Lauf der Textüberlieferung bzw. durch bloß sinngemäße Zitation entstanden sein. Für die Analyse von bT selbst ist diese Frage auch nicht so bedeutend: „Whether or not the Babylonian Amoraim knew the extant Tannaitic collections, they obviously had at their disposal compilations of Tannaitic sources. Some of these compilations bore the same name as the extant collections; others bore different names" (*Goodblatt* 287).

Keine besonderen Probleme stellen die Baraitot, welche bT mit pT gemeinsam hat; denn hier ist die palästinische und wohl auch tannaitische Herkunft des Materials (nicht unbedingt der Formulierung) i. a. gesichert. Anders hingegen steht es mit jenen als Baraita eingeführten Texten des bT, die sich nur in bT befinden. Dies gilt besonders dann, wenn eine Parallele in pT existiert, jedoch nicht als Baraita (etwa in einer Erzählung über R. Eliezer ben Hyrkan BM 59b: vgl. pMQ III,1,81c). Ebenso fragwürdig sind jene Baraitot, die gleich daneben oder an anderer Stelle als Aussprüche von Amoräern zitiert werden, vielfach mit der Formel *tania nami hakhi* eingeleitet. Nach verbreiteter Auffassung sind diese Baraitot erst sehr spät in den Text eingebaut worden; *J. Hauptman* versucht dagegen nachzuweisen, daß sie zur frühesten Schicht der M-Kommentierung gehören; später seien oft amoräische Aussagen davorgestellt worden, an die die Textüberlieferung gern die Baraitot anglich. Wortgetreue Überlieferung ist so auch nach dieser These selbst bei Baraitot halakhischen Inhalts nicht unbedingt zu erwarten; erzählende Baraitot sind noch problematischer. Was schließlich die Aussagen von Tannaim aus amoräischer Zeit betrifft, sind die Amoräer selbst nicht bereit, diese als Autorität gleich einer echten Baraita anzunehmen.

Wie problematisch manche Baraitot sind, haben schon die Geonim gesehen (vgl. das Responsum des Rab Hai Gaon zu Pes 105 a in *B. M. Lewin*,

Otzar ha-Gaonim III, J 1930, 104, worauf schon *I. H. Weiss*, Dor III 195f, aufmerksam macht). *A. Weiss* (The Talmud in its Development 35–63) hat zwar versucht, die parallele Bezeugung von Aussprüchen als Baraitot und amoräische Aussagen damit zu erklären, daß in amoräischer Zeit viele Baraitot schon Allgemeingut waren und eben nicht ausdrücklich als solche zitiert wurden. Das mag zwar im Einzelfall richtig sein, kann jedoch nicht sämtliche Beispiele erklären, wie *L. Jacobs* hervorhebt: zumindest manche Baraitot sind jedenfalls in bT als fiktiv anzusehen.

3. Midraschim

Neben dem Tannaiten zugeschriebenen midraschischen Material in bT finden sich dort auch zahlreiche Midraschim aus amoräischer Zeit. Z.T. ist dieser Midraschstoff sicher in der Auslegung von M entstanden, wenn etwa Bibelstellen die Halakha von M oder auch amoräische Entscheidungen stützen sollen. Diese meist nur kurzen Stücke können wohl nicht als Quellen von bT im eigentlichen Sinn angesehen werden, ebensowenig wie die vielen Stellen, in denen haggadische Schriftauslegung – gewöhnlich ganz nach den Prinzipien, die schon in tannaitischer Zeit üblich waren – kurz und mehr nebenbei aufscheint (*Melammed*, Introduction 296–311; 384–391). Doch gibt es in bT auch größere und zusammenhängende Midraschim, deren Sitz im Leben nicht die M-Exegese ist, sondern die als eigene Disziplin gepflegte Bibelauslegung in Schule oder Synagogenpredigt Palästinas oder Babyloniens (Beispiele S. 193; allegorische Auslegung von Joel 2,20 auf den bösen Trieb in Suk 52a; halakh. Deutung von Lev 23,42f in Suk 6b, die allerdings auch direkt aus der M-Auslegung stammen könnte, usw.; siehe *A. Weiss*, SLA 256–9; 276–292). In diesen Fällen sind mündlich oder meist wohl eher schriftlich ausformulierte Traditionseinheiten anzunehmen, die den Redaktoren von bT als fertige Texte vorlagen und in den Rahmen des M-Kommentars eingebaut wurden. So manches Material in diesen Midraschim ist zwar aus palästinischer Tradition übernommen (im Einzelfall ist aber auch mit späterer Erweiterung des bT aus paläst. Quellen zu rechnen, wie *Abr. Goldberg* in *Safrai* I 336 mit Verweis auf MS Vat. 134 und S'ridei Bavli bemerkt); die größeren Einheiten sind jedoch in Babylonien erarbeitet und von babylonischen Interessen geprägt (siehe *D.Börner-Klein*, Eine babylonische Auslegung der Esther-Geschichte, F 1991; *G. Stemberger*, Midrasch in Babylonien. Am Beispiel von Sota 9b–14a, Henoch 10, 1988, 183–203; *D. Kraemer*, Scripture Commentary in the Babylonian Talmud: Primary or Secondary Phenomenon, AJSR 14, 1989, 1–15).

In diesem Zusammenhang sind auch die Targumim zu nennen, die den babyl. Amoräern ebenfalls, wenn auch nicht unbedingt in der uns heute bekannten, so doch in einer relativ gefestigten Form als Quelle zur Verfügung gestanden sind. Für die Auswertung von Parallelen zwischen Targum und bT ist jedoch zu beachten, daß viele davon erst sekundär aus bT in den Targum (besonders Pseudo-Jonatan) gekommen sind.

4. Palästinische Quellen aus amoräischer Zeit

Lit.: *N. Aminoah*, Qit'e Talmud mi-Siddur Qadum be-Massekhet Rosch Ha-Schana, FS E. Z. Melammed, Ramat Gan 1982, 185–197; *Bacher*, TT 506–523; *M. Dor*, Teachings; *Epstein*, IAL 290–312; *Abr. Goldberg*, Palestinian Law in Babylonian Tradition, as Revealed in a Study of Pereq ʿArvei Pesaḥim (h), Tarbiz 33 (1963f) 337–348; *M. S. Jaffee*, The Babylonian Appropriation of the Talmud Yerushalmi: Redactional Studies in the Horayot Tractates, in: A. J. Avery-Peck (Hg.), New Perspectives on Ancient Judaism IV, Lanham 1989, 3–27; *Melammed*, Introduction 442–451; *J. Schwartz*, Southern Judaea and Babylonia, JQR 72 (1981f) 188–197; *A. Weiss*, SLA 264ff.

Früher hat man vielfach angenommen, daß bT pT gekannt und als Quelle benützt hat. Alfasi (Sefer ha-Halakhot, Ende von Er: ed. *N. Sacks*, J 1969, I 198), wohl auf Rab Paltoi Gaon gestützt (so *Ginzberg*, Mabo 85), lehnt es ab, eine Entscheidung auf pT gegen bT zu stützen, da schon die Verfasser von bT pT geprüft und in vielen Punkten verworfen hätten. *M. S. Jaffee* glaubt in einem Vergleich von pbHor „suggestive evidence" zu finden, „that the Yerushalmi, in more or less its extant form, shapes the Babylonians' conception of their own task and, moreover, supplies the dominant exegetical themes appropriated by them for amplification or revision" (S. 7); pT biete die strukturelle Vorgabe des M-Kommentars in bT. Dagegen meint *J. Neusner*, daß pT und bT zwar ein gemeinsames Programm verfolgen; doch „the rhetoric and literary program of the Bavli owed remarkably little to those of its predecessor" (Judaism: The Classical Statement 75).

Die relative Nähe eines einzelnen Traktats von bT zu pT erlaubt allerdings kein Gesamturteil darüber, in welcher Form die Redaktoren von bT pT gekannt haben. Gewöhnlich schließt man aus einem Detailvergleich von pT mit bT, daß bT nicht unseren pT verwendet hat (dazu *Epstein*, IAL 290–2); vielmehr ist mit der Verbreitung palästinischen Materials – ungeformter Traditionen ebenso wie ganzer Sugiot, wenn auch noch nicht in der endgültigen Form, in der sie uns in pT begegnen – in Babylonien zu rechnen. Das erklärt die unleugbaren Parallelen zwischen den beiden Talmudim und zugleich ihre Abweichungen und Widersprüche in Tradentennamen, Halakha usw., ebenso auch die Tatsache, daß viele Aussprüche babyl. Amoräer nur in pT enthalten sind (Liste in *Bacher*, TT 311–317; 477–505) und daß Sprüche paläst. Amoräer in bT stark von ihrer Wiedergabe in pT abweichen.

Hauptverantwortlich für die Verbreitung paläst. Überlieferungen in Babylonien sind babylonische Lehrer, die eine Zeitlang in Palästina studiert haben (z. B. Rab), sowie die *nachote* (vgl. S. 182). Auf solche Anleihen in der palästinischen Tradition verweist bT selbst immer wieder mit Formeln wie „im Westen sagen sie" (z. B. Sota 18b), „als N. N. kam" (z. B. Schab 45b) oder „N. N. sandte" (z. B. Git 66a), um damit persönliche oder briefliche Überbringung von Traditionen auszusagen. Einzelne Rabbinen sind auch an solchen palästinischen Traditionen besonders interessiert und bemühen sich um ihre Auslegung und Verwertung: so v. a. Raba und sein Schüler Papa, die sich intensiv mit der Lehre Jochanans auseinandergesetzt haben (dazu Z. M. *Dor*).

Der palästinische Einfluß reicht von der bloßen Übernahme halakhischer Entscheidungen und Bräuche (dazu *Goldberg*) bis zur Übertragung ganzer Sugiot, die in Babylonien natürlich noch entsprechend bearbeitet wurden (*Dor* passim; *Bacher*, TT; *Epstein*, IAL; *Melammed*, Introd.). Auch kleine Traktate, wie etwa das Traumbuch von Ber 55a–57b, stammen aus palästinischen Quellen (pMSch IV,9,55b und KlglR zu 1,1), auch wenn sie in Babylonien entsprechend ausgebaut und erweitert worden sind (dazu *B. Stemberger*, Der Traum in der rabbinischen Literatur, Kairos 18, 1976, 1–42, v. a. 8–14).

c) Die redaktionelle Verarbeitung der Tradition

Manche Autoren bezweifeln, ob es je eine Endredaktion von bT im eigentlichen Sinn gegeben hat; sie rechnen eher mit Schicht für Schicht entstandenen lokalen Talmuden (*A. Weiss*, The Bab. Talmud as a Literary Unit 256) und einem – sicher von bestimmten großen Meistern maßgeblich beeinflußten – organischen Wachstum des babylonischen Traditionsmaterials, das schließlich aus bestimmten Gründen (Interessensverlagerung) aufgehört hat (so z. B. *A. Weiss*, SLA 117f). Das würde sich mit ISG decken, daß der Talmud von Generation zu Generation erweitert wurde.

Aber auch wenn man mit *J. Neusner* (siehe S. 195) gegen die Vorstellung eines sedimentären Wachstums von bT, wie er sie besonders *D. W. Halivni* vorwirft, die Rolle der Endredaktion in den Mittelpunkt stellt, in bT „not patchwork quilts, but woven fabric" sieht (The Bavli's One Voice 461), bleibt die Frage nach den Vorstufen von bT relevant. Wie stark auch immer der gestaltende Eingriff der eigentlichen Redaktoren in der Endphase von bT war, muß es doch Vorstufen von bT gegeben haben, die über die zuvor skizzierten Quellen hinausgingen und sich um eine durchgehende M-Auslegung bemühten. Ob dabei auch schon nicht an M orientierte Textblöcke (v. a. Midraschim oder kleine thematische Traktate) integriert wurden oder deren Aufnahme eine Entscheidung der eigentlichen Redaktoren von bT war, mag dabei offen bleiben. Jedenfalls hat nicht erst Rab Aschi im 5. Jh. oder sonst ein Endredaktor bT aus verschiedenen Quellen zusammengearbeitet. Vielmehr ist mit einer langen Entwicklung des bT und vielfältigen Vorformen zu rechnen, in denen die genannten Quellen schon in jeweils verschiedenem Ausmaß zur Verfügung standen und verwertet wurden. Überspitzt formuliert: jeder große Meister der amoräischen Zeit hat „seinen" Talmud gelehrt, sei dieser nun umfassend oder auf einzelne Traktate oder Themen spezialisiert gewesen (wie dies z. B. *Bokser* für Samuel gezeigt hat; vgl. auch *D. Rosenthal*, Pirqa de 'Abbaye (TB Rosh Ha'Shana II) (h), Tarbiz 46, 1976f, 97–109, der die Gemara zu RH II mit Ausnahme weniger Zusätze Abaje und seiner Schule in Pumbedita zuschreibt; auch die Sammlung von Sprüchen einzelner Meister ist gelegentlich als Quelle in bT eingegangen, z.B. BQ 11a-b, wo 7mal Ulla im Namen des R. Eleazar spricht; dazu *A. Weiss*, SLA 221–5).

Daß solche verschiedene Quellen der babylonischen Gemara bT zugrundeliegen (dazu v.a. *Albeck*, Mabo 557–575; weitere Lit. bei *Goodblatt* 289–293), geht v.a. aus den Parallelperikopen hervor. Wo diese an verschiedenen Stellen (fast) identisch überliefert werden, könnte man sie auf redaktionelle Entscheidung zurückführen. Doch manche dieser Parallelversionen weichen stark voneinander ab, schreiben denselben Ausspruch verschiedenen Meistern zu bzw. widersprüchliche Aussagen einem selben Meister. Diese Sugiot verweisen ebenso auf verschiedene Quellen wie jene Stellen, an denen einmal dieselbe Aussage eines Rabbi übernommen und dann wieder völlig abgelehnt wird, oder die aus einer Gemara zitieren, die nicht unserem bT entspricht (oft mit der Formel *we-hawenan ba*: dazu *De Vries*, Mechqarim 200–214). Ein weiteres Anzeichen verschiedener Quellen ist die Einleitung *ikka de-amri* „manche sagen" o.ä., worauf das soeben Gesagte mit nur leichten Varianten nochmals kommt (auch mit *lischana acharina*), sowie die nicht chronologische Anordnung von Rabbinen in einem Abschnitt: wenn beim üblicherweise chronologischen Aufbau einer Perikope nach späten Meistern wieder ältere Lehrer kommen, kann dies auf eine nachträgliche Ergänzung des Abschnitts aus einer anderen Quelle deuten (*Albeck*, Mabo 573f; dagegen *A. Weiss*, Mechqarim 160–212).

Die verschiedenen Quellen, die der Endredaktion von bT zugrundelagen, zu rekonstruieren ist beim derzeitigen Wissensstand nicht möglich, auch wenn einzelne größere und in sich geschlossene Materialblöcke sich problemlos herauslösen lassen, ohne daß ihr Fehlen bemerkt würde (so z.B. BB 73a–75b: dazu *G. Stemberger*, Münchhausen und die Apokalyptik, JSJ 20, 1989, 61–83). Auch ist eine literarische Eigenentwicklung der einzelnen Traktate vorauszusetzen, von denen manche älter, andere wieder jünger sind (so *J.N. Epstein*; siehe auch die Untersuchungen von *Aminoah* u.a. zu solchen Einzeltraktaten). Darüber hinaus hat man verschiedentlich versucht, Grundbausteine des bT herauszuarbeiten, die seine geschichtliche Entwicklung nachvollziehen lassen. So hat *J. Kaplan* zwischen kurzer und langer Form von bT unterschieden, die er *gemara* und *talmud* nennt und die seiner Meinung nach auch zeitlich einander folgen. Ähnlich unterscheidet *Weiss* (neben anderen Formen, wie Sammlungen, Midraschim und Traktaten) zwischen *Memra* und *Sugia*.

Die *Memra* ist „eine kurze amoräische Aussage, die einen bestimmten abgeschlossenen Gedanken ohne jedwede Diskussion umfaßt" (SLA 1); sie kann hebräisch oder aramäisch, anonym oder einem Amoräer zugeschrieben, selbständig oder auch Kommentar zu Bibel, M oder Baraita sein. Die Datierung einer solchen Memra ist für jeden Einzelfall eigens zu entscheiden.

Die *Sugia* (von aram. *segi*, „gehen" abgeleitet, somit „Gang" – vgl. Halakha – nämlich der Gang einer Diskussion, die Entscheidung in einer Kontroverse) bezeichnet eine in sich geschlossene Grundeinheit der talmudischen Diskussion, die vielfach auf einer Memra oder mehreren davon aufbaut, eine M diskutieren, aber auch von M unabhängig sein kann. Die Sugia ist an sich auch in Palästina daheim, hat jedoch in Babylonien eine besondere Entwicklung und Ausgestaltung erfahren.

Die Sugiot als Grundbausteine des bT entziehen sich einer pauschalen Beurteilung. Manche sind kurz und einfach aufgebaut, andere kompliziert und entsprechend lang; manchmal verwerten sie sogar andere Sugiot oder Teile davon, die sie in sich aufnehmen. Zwar in sich abgeschlossen, können Sugiot doch die Kenntnis anderer Sugiot und deren Begrifflichkeit voraussetzen. Hier sind Ansätze für eine Datierung und die Erkenntnis des Wachstums der Sugiot gegeben. Dabei sind allerdings vorschnelle Urteile zu vermeiden, wie etwa die pauschale Frühdatierung des anonymen Materials (z.B. *Albeck*, Mabo 577; vgl. dazu G. G. Porton in *Neusner*, Hg., Formation 131); weiter führen Kriterien, wie sie v.a. *S. Friedman* ausgearbeitet hat (6th WCJS III 390). Daß die Sugiot der außergewöhnlichen Traktate vergleichsweise rudimentär sind (*De Vries*, Mechqarim 194), ist ein Argument für die Frühdatierung dieser Traktate.

Einzelne Sugiot sind sicher schon sehr früh entstanden und haben andere Sugiot beeinflußt. Spätere Sugiot verwerten z.T. diese früheren zusammen mit anderen Quellen – Midraschim, Spruchsammlungen usw. Wohl von Anfang an werden auch solche Sugiot wie andere Materialien anhand von M geordnet und gesammelt, was zu immer umfangreicheren Corpora führt, die ihrerseits wieder mit anderen Sammlungen kombiniert werden. *Ch. Albeck* nimmt an, daß die späteren Redaktoren nichts anderes getan haben als Materialblöcke unverändert aneinanderzureihen. Dafür scheinen Abweichungen, Widersprüche und Wiederholungen zwischen den einzelnen Teilen von bT zu sprechen. Doch darf man die Redaktion von bT nicht nach modernen Kriterien beurteilen. Angesichts der im Wesentlichen doch geschlossenen Konzeption des Werkes ist die Vorstellung einer bT-Redaktion im Sinn einer bloßen Materialsammlung sicher eine unzulässige Vereinfachung.

Lit. zur Sugia: Ch. Albeck, Mabo 576–601 (dazu G. G. Porton in *Neusner*, Hg., Formation 127–133); *S. Atlas*, Le-toldot ha-sugia, HUCA 24 (1952f) hebr. Teil 1–21; *A. Cohen*, On the non-chronological Location of Mar Bar Rav Ashi's Statements in Babylonian Talmud Sugyot (h), Sidra 2 (1986) 49–66; *J. A. Ephrati*, Contributions of Succeeding Generations to a Sugya in Bava Metzia (h), Bar-Ilan 6 (1968) 75–100; *Y. Etz-Chayim*, Contradictory passages (Sugiot Muchlafot) in the tractate Neziqin (Bava Kama, Bava Mezia and Bava Batra) itself and between it and the rest of the Babylonian Talmud (h), Diss. Bar Ilan 1976; *S. Friedman*, Some

Structural Patterns of Talmudic Sugiot (h), 6th WCJS, J 1977, III 389–402; *ders.*, A Critical Study of Yevamot X with a Methodological Introduction (h), Texts and Studies. Analecta Judaica, Hg. *H. Z. Dimitrovsky*, NY 1977, 275–441; *ders.*, Form Criticism of the Sugya in the Study of the Babylonian Talmud (h), 7th WCJS (1981) III 251–5; *Abr. Goldberg*, The Sources and Development of the Sugya in the Babylonian Talmud (h), Tarbiz 32 (1962f) 143–152; *ders.*, Le-hitpatchut ha-sugia ba-Talmud ha-Babli, FS Ch.Albeck, J 1963, 101–113; *J. Hauptman*, Development of the Talmudic Sugya. Relationship Between Taanaitic and Amoraic Sources, NY 1988; *dies.*, Development of the Talmudic Sugya by Amoraic and Post-Amoraic Amplification of a Tannaitic Proto-Sugya, HUCA 58 (1987) 227–250; *L. Jacobs*, The Talmudic Sugya as a Literary Unit. An Analysis of Baba Kamma 2a–3b, JJS 24 (1973) 119–126; *ders.*, A Study of Four Parallel Sugyot in the Babylonian Talmud, JJS 25 (1974) 398–418; *ders.*, The Talmudic Argument. A study in talmudic reasoning and methodology, C 1984; *D. C. Kraemer*, The Origins of the Sugya as a Literary Unit, 9th WCJS (J 1986) 23–30; *B. De Vries*, Mechqarim 181–199; 239–258; *A. Weiss*, The Talmud in its Development; *ders.*, SLA; *ders.*, Mechqarim (zu Weiss: *S. Kanter* und *D. Goodblatt* in *J. Neusner*, Hg., Formation 87–94 und 95–103; *M. S. Feldblum*, Prof. Abraham Weiss – his approach and contribution to Talmudic scholarship, FS A. Weiss, NY 1964, 7–80, bes. 13–36).

d) Der Beitrag der Saboräer

Lit.: *T. R. Bard* in *J. Neusner*, Hg., Formation 61–74; *A. Cohen*, On the Phrase „La schmia li klomar la sbira li" in the Babylonian Talmud (h), Tarbiz 53 (1983f) 467–472; *J. E. Ephrathi*, The Sevoraic Period; *Y. Etz-Ḥaim*, Saboraic Material as a Factor in the Development of Non-Identical Parallel Sugiot (h), Michtam le-David, GS D. Ochs, Ramat-Gan 1978, 137–152; *I. Francus*, Additions and Parallels in T. B. Bava Qamma VII (h), Bar-Ilan 12 (1974) 43–63; *S. Friedman*, Glosses and Additions in TB Bava Qamma VIII (h), Tarbiz 40 (1970f) 418–443; *ders.*, zur Sugia genannte Artikel; *D. Goodblatt* 294f.314–8; *R. Kalmin*, The Post-Rav Ashi Amoraim: Transition or Continuity? A Study of the Role of the Final Generations of Amoraim in the Redaction of the Talmud, AJSR 11 (1986) 157–187; *ders.*, The Redaction of the Babylonian Talmud: Amoraic or Saboraic?, Cincinnati 1989; *H. Klein*, Gemara and Sebara, JQR 38 (1947f) 67–91; *ders.*, Gemara Quotations in Sebara, JQR 43 (1952f) 341–363; *ders.*, Some Methods of Sebara, JQR 50 (1959f) 124–146; *B. M. Lewin*, Rabbanan Saborae we-Talmudam, J 1937; *E. Z. Melammed*, Introduction 473–8; *E. Segal*, Case Citation 122ff; *J. S. Spiegel*, Later (saboraic) additions in the Babylonian Talmud (h), Diss. Univ. TA 1975; *ders.*, Comments and Late Additions in the Babylonian Talmud (h), in: *M. A. Friedman, A. Tal, G. Brin*, Hg., Studies in Talmudic Literature, TA 1983, 91–112; *A. Weiss*, The Literary Activities of the Saboraim (h), J 1953.

Die Bezeichnung „Saboräer" leitet sich von *sabar*, „nachdenken, prüfen, schlußfolgern" ab. Die so genannten Lehrer folgen den Amoräern. Was jedoch ihre nähere Geschichte und v. a. ihr Werk betrifft, herrscht wenig Klarheit. Scherira Gaon gibt als saboräische Periode die Zeit von 500 bis 589 an, während Abraham Ibn Daud sie ein Jahrhundert länger, bis 689, währen läßt. In der Forschung hat sich lange Scheriras Angabe durchgesetzt, und gestützt auf schlechte Textfassungen von ISG (und STA) hat man diese Zeit noch mehr eingeschränkt, sie nur noch bis Mitte des 6. Jhs. bzw. eine einzige Generation währen lassen: „Die eigentlichen Saboräer gehören nur einer einzigen Generation an" (*H. Graetz*, Geschichte der Juden V, Le ⁴1909, 398; vgl. auch *I. H. Weiss*, Dor IV 3 f).

Entsprechend gering hat man auch das Werk der Saboräer veranschlagt, überzeugt davon, daß Rab Aschi und Rabina das Ende der *hora'a* darstellen und um 500 der Talmud „versiegelt" worden ist. In traditionellen Darstellungen bleibt so den Saboräern nur die Feinarbeit literarischer Endredaktion: die Einfügung erklärender Glossen, die Angabe, welcher der zitierten amoräischen Aussagen die Halakha folgt, die Ergänzung von beweisenden Schriftstellen oder vollständigen Parallelen, wo ursprünglich nur ein knapper Hinweis darauf gegeben war, die Angabe von Simanim, mnemotechnischen Hilfen, u. ä. Sogar *J. N. Epstein* schränkt ihre Tätigkeit noch ziemlich ein: Ihr Werk ist „die äußere Anordnung (des bT), meist ohne etwas zu ändern... außer Zusätzen und Bindegliedern zwischen Memrot und Sugiot, die jedoch oft die ganze Sugia und ihre ursprüngliche Gestalt ändern. Sie übertrugen Sugiot von einer Stelle zu einer anderen, ergänzten eine durch die andere und bemühten sich um deren Vergleichung" (IAL 12).

Inzwischen hat sich ein Wandel in der Beurteilung der Saboräer angebahnt. Der längere Zeitansatz des Sefer ha-Qabbala Ibn Daud's beginnt sich durchzusetzen (Begründung bei *Ephrathi* 74–81) und man erkennt auch immer mehr den großen Anteil der Saboräer am bT. V. a. *J. Kaplan* und *A. Weiss* haben gezeigt, daß man von einer „Versiegelung" des bT um 500 nicht sprechen kann. Die Saboräer, „durch deren Verdienst die Himmel ausgespannt sind und die Erde festgegründet ist" (STA 9), haben nicht nur kleine kosmetische Retuschen an bT vorgenommen, sondern ihn durch zahlreiche Sugiot ergänzt. Darauf verweisen schon die Geonim (ISG 71!), die oft bT in einer Fassung zitieren, in der saboräische Ergänzungen noch fehlen, ebenso die handschriftliche Überlieferung des bT, die oft saboräische Stücke nicht enthält bzw. gerade hier sehr schwankt. Auch Angaben mittelalterlicher Autoren helfen hier oft weiter.

Schon *N. Brüll* hat darauf hingewiesen, daß manche Traktate mit saboräischen Sugiot beginnen. *A. Weiss* hat dies für fast alle Traktate und auch viele Kapitelanfänge innerhalb der Traktate aufgezeigt: diese Sugiot sind entweder das Werk von Saboräern, die damit eine Einführung in den Traktat oder das Kapitel geben, oder von ihnen unter Verwendung amoräischer Quellen geschaffen. Detailuntersuchungen wie die von *S. Friedman* und *I. Francus* haben die Berechtigung der Annahmen von *Weiss* gezeigt. Besonders zahlreich sind die saboräischen Ergänzungen in BM, aber auch in BQ und BB, womit sich Neziqin auch hierin als ein zusammengehöriger Traktat erweist (*Friedman*, Glosses); aber nirgends fehlen sie ganz.

Was die anonymen Stücke des bT betrifft, hat *D. Halivni* (Sources II Einführung) die Vermutung geäußert, daß sie spät, jedenfalls aus der Zeit nach Rabina und R. Aschi sind, und gefolgert: unter dieser Voraussetzung „müssen wir die Gemara als ein aus zwei Büchern zusammengesetztes Werk betrachten, aus einem Buch der Amoräer und einem Buch der anonymen Traditionen" (7f). Auch *J. S. Spiegel* findet als gemeinsamen Nenner saboräischer Ergänzungen die Anonymität (Additions 250). Soll das eventuell auch ISG 97 andeuten: *istetem talmuda*, „der Talmud wurde anonym gemacht", wie *Goodblatt* 309 zu übersetzen vorschlägt? Hier lassen sich noch keine allgemeinen Schlüsse ziehen; doch sind diese Ansätze jedenfalls zu bedenken und im einzelnen zu untersuchen. Immerhin ist schon deutlich geworden, daß der Anteil der Saboräer am bT gewaltig ist. Es ist somit fraglich, ob man zu Recht von saboräischen Ergänzungen eines vorliegenden bT sprechen darf, oder nicht richtiger die Saboräer als die eigentlichen Redaktoren von bT betrachten muß, wie das schon *J. Kaplan* (Redaction 312) getan hat.

e) Gaonäische Ergänzungen

„Die Behauptung, der Talmud sei am Ende des 5. Jahrhunderts abgeschlossen worden, schwebt mithin in der Luft. Der Talmud wurde seit der Mitte des 8. Jahrh. nicht fortgesetzt, weil sich bereits ein selbständiges schriftstellerisches Streben Bahn zu brechen suchte, wie die Halakhot Pesukoth und Gedoloth beweisen, und weil durch den Karaismus der talmudischen Richtung Abbruch geschah" (*L. Löw*, Gesammelte Schriften V, Szegedin 1900, Ndr. H 1979, 67).

Dieses Urteil ist im Grunde richtig; denn auch nachdem die Talmudtraktate durch die Saboräer ihre im wesentlichen endgültige Gestalt gewonnen hatten, scheute man sich auch in der Übergangszeit von den Saboräern zu den Geonim (deren Perioden nicht glatt abzugrenzen sind) nicht, weitere Erklärungen in den Text von bT selbst einzufügen. Mitte des 8. Jhs. sieht man bT jedoch schon als abgeschlossenes Werk an (siehe auch *Y. Sussmann* in Talmudic Studies I 101 ff: bT, wie wir ihn kennen, ist der der gaonäischen Schulen des 8. Jhs.). Zwar kommen auch weiterhin Ergänzungen in den Text, v.a. durch Jehudai Gaon (gestorben ca. 761), doch erst auf dem Umweg über erklärende Randglossen (*Assaf*, Geonim 135f). Viele dieser Ergänzungen sind in MSS als *perusch* gekennzeichnet oder fehlen bzw. werden von mittelalterlichen Autoren als gaonäische Zutaten identifiziert. Weitere Zusätze zu bT aus der Zeit Jehudais oder später identifiziert *D. Rosenthal*, ‚Lishna de-Kalla' (h), Tarbiz 52 (1982f) 273–308. Wichtig ist in diesem Zusammenhang v.a. der Sefer ha-Ittur des Isaak ben Abba Mari von Marseilles (12. Jh.). So manche Jehudai zugeschriebene Stellen (dazu *Brüll* 73 ff; *Melammed*, Introd. 472) gehen allerdings auf frühere Geonim und Saboräer zurück (*Assaf*, Geonim 136). Auf mündliche Rezitation als Ursache späterer Veränderungen von bT bis ins 9. Jh. und als Erklärung verschiedener Textrezensionen verweist *E. S.*

Rosenthal, The History of the Text and Problems of Redaction in the Study of the Babylonian Talmud, Tarbiz 57 (1987f) 1–36; ob diese Erklärung zutrifft oder nicht, wird jedenfalls die Frage von Textrezensionen (und nicht einfach üblicher Varianten in MSS) in Zukunft stärker zu beachten sein. Auch spätere Erklärungen, wie v. a. Raschi, sind auf dem Umweg über Randglossen in den Text gekommen. Ganz allgemein ist bT im Mittelalter in Übereinstimmung mit Raschis Erklärungen und Emendationen redigiert worden (dazu *J. A. Ephrati*, Bar-Ilan 6, 1976, 75–100). Auch ist man bis in die jüngste Vergangenheit mit der Eintragung von Konjekturen in den Text äußerst großzügig gewesen, so daß *D. Goodblatt* 264 urteilt: „BT reached its present state only in the last century". Damit stehen wir jedoch schon bei der Textgeschichte von bT, während seine Redaktionsgeschichte mit dem frühen 8. Jh. endgültig abgeschlossen ist.

4) Der Text

Wie schon die Redaktionsgeschichte von bT zeigt, ist dieser nicht durch einen bestimmten Herausgeber oder Kreis von Herausgebern zu einer genau datierbaren Zeit redigiert worden. Damit haben wir auch nie einen einheitlichen und allgemein anerkannten bT-Text anzunehmen. Nicht nur ist die Grenze zwischen Redaktions- und Textgeschichte nicht klar zu ziehen; das Nebeneinander von zwei gaonäischen Akademien hat wohl ebenso die Vereinheitlichung der Textgestalt von bT verhindert. So machen denn auch die Geonim schon in ihren Responsen auf Textvarianten aufmerksam. In der weiteren Textüberlieferung in den verschiedenen Zentren der jüdischen Gelehrsamkeit haben sich diese natürlich noch vermehrt.

Aufgabe der Textkritik kann es nun nicht sein, einen „Urtext" wiederherzustellen, sondern die Textgestalt(en) jener Zeit zu rekonstruieren, als bT als abgeschlossenes Werk angesehen wurde, d. h. die Textgestalt des 8. Jhs. Dies ist nur nach entsprechenden textgeschichtlichen Vorarbeiten und der Einordnung der verschiedenen MSS (und Zitate daraus) in Textfamilien möglich, wie schon *A. Marx* gefordert hat, gegen den Mischtext der Berakhot-Ausgabe von *N. Pereferkowitsch* (St. Petersburg 1909) protestierend (JQR 1, 1910f, 279–285). Auch die mittelalterlichen Zitate von bT sind noch nicht voll verwertet. Was hingegen die textkritische Verwertung von rabb. Parallelen betrifft, etwa in den Midraschim, ist äußerste Vorsicht am Platz, will man nicht verschiedene Ausprägungen einer Tradition als Textvarianten mißverstehen.

Ein wichtiger Punkt in der textkritischen Arbeit ist die Auffüllung von *Zensurlücken*. *S. Lieberman* (Shkiin, J ²1970) vermutet, daß schon sehr früh eine innerjüdische Zensur magische und theosophische Texte gestrichen hat, die den Karäern und ihrer Kritik eine willkommene Angriffsfläche boten. Mit solcher innerer Zensur ist auch später zu rechnen. Ab 1263 (Disputation von Barcelona) tritt jedoch die christliche Zensur in den Vordergrund; mit dem Aufkommen des Buchdrucks erlangte sie volle Wirksamkeit: in der bT-Ausgabe Basel 1578/9 wurde z. B. AZ völlig gestrichen! Jüdische Drucker ließen vielfach schon vorbeugend bestimmte Stellen aus, um nicht bei der Zensur Anstoß zu erregen: so schon Gerschom aus Soncino. Die weißen Stellen in den Exemplaren der zu Soncino gedruckten Traktate sind wohl in den Lücken der benutzten (spanischen) Handschriften begründet; die ziemlich häufigen Weglassungen in den zu Pesaro gedruckten Traktaten rühren dagegen wohl von Gerschom selbst her, der auf die Abhängigkeit des Herzogs vom Papst Rücksicht zu nehmen hatte. Leer gelassene Stellen findet man z. B. in AZ Pesaro, im ersten Sulzbacher Druck des Traktats Sanh und in vielen späteren Drucken. 1835 verbot die russische Zensur, zuerst für den Wilnaer Druck, daß auf die Streichungen durch leere Räume aufmerksam gemacht werde.

Ein Teil der von der Zensur im bT und in den Kommentaren zu ihm gestrichenen Stellen ist in kleinen meist anonym erschienenen Schriftchen gesammelt. Außer diesen hat es noch manche nicht in Buchform gedruckte Zusammenstellung gegeben, so die in Amsterdam 1708 von Simeon und Isaak Schammasch einseitig bedruckten Blätter, welche in die Ausgabe Frankfurt/Oder eingeklebt werden sollten. Vgl. v. a. *A. Berliner*, Censur und Confiscation hebräischer Bücher im Kirchenstaate, F 1891; *M. Carmilly-Weinberger*, Censorship and freedom of expression in Jewish history, NY 1977; *W. Popper*, The Censorship of Hebrew Books, NY 1899, Ndr. 1969; *I. Sonne*, Expurgation of Hebrew Books, NY 1943, Ndr. in: *Ch. Berlin*, Hg., Hebrew Printing and Bibliography, NY 1976, 199–241.

a) Handschriften

Die erste Erwähnung einer vollständigen bT-Handschrift findet sich im 10. Jh.: Samuel ha-Nagid schreibt (zitiert im Sefer ha-Ittim des Jehuda von Barcelona), Natronai bar Chakinai, der 773 aus Babylonien verbannt wurde, habe für die spanischen Juden bT aus dem Gedächtnis niedergeschrieben (Text in *B. M. Lewin*, Otzar ha-Gaonim I, Haifa 1928, 20). Nach einem im Jahr 953 aus Babylonien nach Spanien geschriebenen Brief (der Geniza-Text ist veröffentlicht in JQR 18, 1906, 401) hat Gaon Paltoi (842–858) für Spanien ein bT-MS mit Erläuterungen anfertigen lassen. *A. Marx* (JQR 18, 1906, 770) findet daher die Nachricht über Natronai sehr zweifelhaft; *S. Abramson* (Tractate ʿAbodah Zarah, NY 1957, XIII Anm. 1) hingegen hält beide Nachrichten für miteinander vereinbar. Maimonides sagt, er habe ein Stück einer etwa 500 Jahre alten Gemara benutzt (Mischne Tora Bd XVI, J 1965, 201). Nachmanides erwähnt die aus der Schule Chuschiels (Ende 10. Jh.) hervorgegangenen korrekten Talmudexemplare (Milchamot Adonai BQ 85 b; Text in verschiedenen Ausgaben von Alfasi enthalten,

z. B. Romm Wilna 1922). Von so frühen MSS ist allerdings fast nichts erhalten geblieben. Nicht nur der große Textumfang von bT ist einer größeren Verbreitung und Erhaltung von MSS im Wege gestanden, sondern viele MSS sind auch in von der Kirche angeordneten Talmudverbrennungen immer wieder vernichtet worden (erstmals Paris 1242, als 24 Wagenladungen hebr. MSS verbrannt wurden). Eine umfassende Liste von bT-MSS bietet *M. Krupp* in *Safrai* I 346–366.

MS München, Cod. Hebr. 95 der Staatsbibl. München. Einziges vollständiges MS des bT (doch auch hier fehlen 18 Blatt: Pes 58a–67b; 119a–121b; Ket 84a–87a; Men 76b–77b der übl. Ausgaben). 570 Blatt in aschken. Schrift, 1342 in Paris entstanden. Zahlreiche Randglossen (Varianten, Kurzkommentare). Faksimile-Ausgabe durch *H. L. Strack*, L 1912 (mit 43 pp. Einleitung, in der die fehlenden Stücke aus anderen MSS wiedergegeben sind); J 1971 in 3 Bden. Beschreibung *N. Sacks*, Mischna Zeraim I, J 1972, 69 f.

MS Leningrad-Firkovitch. 177 Blatt, orient. Schrift, sehr schlecht erhalten. Umfaßt Ket und Git. Nach Firk. auf 1122 datiert, doch konnte schon R. Rabbinovicz (Diqudqe Soferim Megilla Einleitung) diese Stelle nicht mehr lesen.

MS Oxford, Bodleian Libr. 2673, enthält Ker zur Hälfte und ist das älteste sicher datierte MS von bT: 1123. Publiziert in *S. Schechter-S. Singer*, Talmudical Fragments in the Bodleian Library, C 1896, Ndr. J 1971.

MS Florenz, Nationalbibl. III 7–9. Der Band mit Bek, Tem, Ker, Tam, Meil und Qin wurde 1177 vollendet (Ber im selben Band ist von anderer Hand). Von derselben Hand oder doch aus derselben Zeit sind wohl die beiden anderen Bände: BQ, BM, BB, Sanh und Schebu. Alle 3 MSS umfassen etwa ⅓ des bT. Faksimile: Babylonian Talmud: Codex Florence (National Library III 7–9), Introduction by *D. Rosenthal*, 3 Bde, J 1972.

MS Hamburg 165 umfaßt die drei Babot. 1184 in Gerona geschrieben. Faksimile durch *L. Goldschmidt*, B 1914, Ndr. J 1969 (mit neuem Faks.). Zu erwähnen ist auch Chul in MS 169: Babylonian Talmud. Tractate Hullin. Codex Hamburg 169, J 1972.

Vatikan. Die Talmud-MSS der Vat. Bibl. gehörten großteils einst der Palatina in Heidelberg; dazu Katalog Assemani, R 1756, wonach 31 Codices 57 Talmudtraktate und mehrere „kleine Traktate" enthalten. Liste der MSS: The Institute of Hebrew Manuscripts. List of Photocopies in the Institute. Part III: Hebrew Manuscripts in the Vatican, by *N. Allony-D. S. Loewinger*, J 1968. Bisher sind davon veröffentlicht: Manuscripts of the Babylonian Talmud from the Collection of the Vatican Library. Series A, 3 Bde, J 1972 [I: Vat. Ebr. 109 (Er, Betsa), 108 (Schab, MQ); II: Vat. Ebr. 134 (Joma, RH, Taan, Suk, Betsa, Meg, Chag, MQ); III: Vat. Ebr. 130 (Git, Ket); 110 (Sota, Ned, Naz)]; Series B, 3 Bde, J 1974 [IV: Vat. Ebr. 118 (Zeb, Men); V: Vat. Ebr. 119 (Zeb, Tem, Ar, Bek, Meila, Ker); 114 (Jeb, BM); VI: Vat. Ebr. 111 (Jeb, Qid, Nid)].

New York, JThS no. 44830, 1290 in Ubeda, Spanien, vollendet, enthält AZ. Faksimile: Tractate ᶜAboda Zarah of the Babylonian Talmud. Ms. Jew. Theol. Sem. of America, mit Einleitung und Anmerkungen von *S. Abramson*, NY 1957.

Göttingen, Univ. Bibl. Cod. Hebr. 3, 110 Blatt, Anf. 13. Jh., enthält Teil von Taan sowie Chag, Betsa, Meg und MQ bis 10a.

Karlsruhe, Badische Hof- und Landesbibl., Reuchlin 2: Sanh, einst im Besitz Reuchlins.

London, Brit. Museum, Harley 5508: RH, Joma, Chag, Betsa, Meg, Suk, MQ, Taan. 236 Blatt, wahrscheinl. 12. Jh.; Add. 25717: Bek (teilweise), Ar, Ker. 102 Blatt, 14. Jh.

New York, Columbia University. Von *E. Deinhard* aus dem Jemen nach NY gebrachtes MS, geschrieben 1546–8, enthält in 2 Bden: Betsa, Pes, Meg, MQ, Zeb. The Yemenite MS of Megilla, Hg. *J. M. Price*, Toronto 1916; The Yemenite MS of Moᶜed Katon, ohne Ort und Jahr, Hg. *J. M. Price*, Ndr. J 1970. *E. L. Segal*, The Textual Traditions of Ms. Columbia University to TB Megillah (h), Tarbiz 53 (1983f) 41–69.

b) Geniza-Fragmente

Zu bT gibt es zahlreiche, z. T. sehr umfangreiche MSS-Fragmente aus der Geniza von Kairo, die aber erst z. T. veröffentlicht worden sind. Manche Fragmente mögen bis ins 9. Jh. zurückreichen, doch gibt es noch keine systematische Untersuchung zur Paläographie dieser Texte und damit zu einer begründeten Datierung. Ebenso ist auch die Einordnung der Lesarten der verschiedenen Fragmente in die Textgeschichte von bT erst zu leisten.

W. H. Lowe hat schon 1879 ein Fragment von Pes herausgegeben (4 Blätter): The fragment of Talmud Babli Pesachim of the ninth or tenth century, in the University Library, Cambridge, C 1879; *N. Alloni*, Geniza Fragments, enthält auch 7 bT-Fragmente; *S. Friedman*, A Talmud Fragment of the Gaonic Type (h), Tarbiz 51 (1981f) 37–48 (BM 21b–22b); *Y. Hasidah*, Me-Ginze Jehuda. Daf Gemara Ketab-Jad, Sinai 73 (1973) 224–9 (Ber 27a–b; 14. Jh.); *A. I. Katsh*, Ginze Talmud Babli, J 1975 (178 Fragmente aus der Saltykov-Shchedrin Bibl. Leningrad zu Ber bis Jeb); *ders.*, Ginze Talmud Babli II, J 1979 (90 Fragmente zu Ket bis Nid); 32 Beispiele aus diesem Band vergleicht mit anderen MSS *ders.* in Essays on the Occasion of the Seventieth Anniversary of The Dropsie University, Phil. 1979, 219–235; *ders.*, Unpublished Geniza Talmudic Fragments from the Antonin Collection, JQR 58 (1967f) 297–309; *ders.*, Unpublished Geniza Talmudic Fragments of Tractate Shabbath in the Antonin Collection in the U.S.S.R., JQR 63 (1972f) 39–47; *ders.*, Massekhet Berakhot min ha-Geniza, FS Z. Shazar, J 1973, 549–596 und 16pp. Faksim.; *ders.*, Unpublished Geniza Talmudic Fragments, Journal of the Ancient Near Eastern Society of Columbia University 5 (1973) 213–223 (= FS T. H. Gaster); *ders.*, Unpublished Geniza Talmudic Fragments of the Tractates Baba Mezia, Baba Bathra and Sanhedrin in the Antonin Collection in Leningrad Library in the USSR, JQR 66 (1975f) 129–142; *ders.*, Unpublished Genizah Fragments of the

Tractate Shabbat in the Dropsie University Collection, JQR 69 (1978f) 16–26; *ders.*, Unpublished Talmudic Genizah Fragments in the Antonin Collection of the Saltykov-Shchedrin Library in Leningrad, JQR 69 (1978f) 193–207; *S. Morag*, Vocalised Talmudic Manuscripts in the Cambridge Genizah Collections. Vol. 1, C 1988; *ders.*, On the Vocalization of the Babylonian Talmud in the Geonic Period, h, 4th WCJS, J 1968, II 223–5; *Y. Sussmann*, Talmud Fragments in the Cairo Geniza (h), in: *M. A. Friedman*, Hg., Cairo Geniza Studies, TA 1980, 21–31; ausführliche Beschreibungen der Geniza-Fragmente finden sich auch in den einzelnen Bänden der bT-Ausgabe des Institute for the Complete Israeli Talmud (siehe S. 213).

Zur MSS-Überlieferung einzelner Traktate siehe: *S. J. Friedman*, Le-ilan ha-juchasin schel nuseche Baba Metsia, FS S. Lieberman, J 1983, 93–147; *D. R. Golinkin*, Rosh Hashana Chapter IV of the Babylonian Talmud (Part 2): A Critical Edition and Commentary (h), Diss. JThS NY 1988; *A. Schremer*, The Manuscripts of Tractate Moed Katan (h), Sidra 6 (1990) 121–150; *E. Segal*, The textual traditions of tractate Megillah in the Babylonian Talmud (h), Diss. J 1981; *I. M. Traube*, Studies in texts and manuscripts of Tractate Kiddushin (h), Diss. JThS NY 1975.

Der Mangel an guten frühen MSS von bT macht die Kollation der Talmud-Zitate bei den Geonim und im Mittelalter zusammen mit den Textvarianten der MSS zu einer dringlichen Notwendigkeit. *R. Rabbinovicz*, Diqduqe Soferim. Variae Lectiones in Mischnam et in Talmud Babylonicum, 15 Bde, M 1868–1886; Bd 16 Przemysl 1897; Ndr. in 12 Bden NY 1960, hat hier Pionierarbeit geleistet. Das Werk umfaßt die Ordnungen Zeraim, Moed, Neziqin (ohne Abot); von Qodaschim nur Zeb, Men, Chul. Ergänzungen: *M. S. Feldblum*, Diḳduḳe Sopherim. Tractate Gittin, NY 1966; *H. Malter*, The Treatise Taʿanit of the Babylonian Talmud, NY 1930, Ndr. J 1973; als Diqduqe Soferim ha-Schalem versteht sich die vom Complete Israeli Talmud Institute begonnene bT-Ausgabe (siehe unten). Sammlung der gaonäischen Texte durch *B. M. Lewin*, Otzar ha-Gaonim, 13 Bde, Haifa und J, 1928–1943; Otsar ha-Geonim le-Massekhet Sanhedrin, Hg. *H. Z. Taubes*, J 1966. Siehe auch *J. Brody*, Sifrut ha-Geonim we-ha-Teqst ha-Talmudi, in: Talmudic Studies I 237–303.

c) Druckausgaben

R. Rabbinovicz hat eine Geschichte des bT-Drucks vorgelegt (Ma'amar al hadpasat ha-Talmud, M 1866 in Bd I von Diqduqe Soferim, 1877 getrennt; J 1952 von *A. M. Haberman* neu herausgegeben und auf den neuesten Stand gebracht).

Um 1480 hat die Familie Alqabets einzelne Traktate in einer spanischen Rezension herausgebracht; Angehörige der Familie setzten später die Arbeit in Saloniki fort. Dazu *H. Z. Dimitrovsky*, S'RIDEI BAVLI: Spanish Incunabula Fragments of the Babylonian Talmud, 2 Bde, NY 1979. Auch in Marokko (Fez) wurden zwischen 1516 und 1521 einzelne Traktate gedruckt; nur Er 1521 vollständig erhalten. Jehoschua Schlomo und sein Neffe Gerschom aus Soncino haben von 1484–1519 in Soncino, Barco und

Pesaro wenigstens 25 Traktate gedruckt (*E. N. Adler*, Talmud Printing before Bomberg, FS D. Simonsen, Kopenhagen 1923, 81–4; *A. M. Haberman*, Ha-Madpisim Bene Soncino, W 1933; *M. Marx*, Gershom (Hieronymus) Soncino's Wanderyears in Italy, 1498–1527. Exemplar Judaicae Vitae, HUCA 11, 1936, 427–500).

Daniel Bomberg, ein Nichtjude in Venedig, hat die ersten vollständigen Ausgaben des bT gedruckt, die erste 1520–23 (Ndr. J 1968), die zweite 1531 vollendet. Sein Erstdruck fixiert die äußere Form der bT-Drucke bis in die Gegenwart: jeweils Textbeginn eines Traktats auf Blatt 2, da 1 dem Titelblatt vorbehalten ist; Vorder- und Rückseite jeden Blatts werden als a und b gezählt. Die Seitenaufteilung bleibt bei allen Ausgaben gleich, ebenso die Beifügung des Raschi-Kommentars auf der Innenseite des Textes, der Tosafot auf der Außenseite. Siehe *A. M. Haberman*, The printer Daniel Bomberg and the list of books published by his press (h), Safed-TA 1978.

In den folgenden Jahren Drucke in verschiedenen jüdischen Gemeinden, u. a.: *M. A. Justiniani*, V 1546–51; Basel 1578–80 durch die Zensur stark verstümmelt (*J. Prijs*, Der Basler Talmuddruck, 1578–1580, Olten 1960); Krakau 1602–5 folgt Basel, ergänzt jedoch die meisten Zensurverstümmelungen und übernimmt den dort fehlenden Traktat AZ aus Krakau 1579; Amsterdam 1644–8 *Immanuel Benveniste*, übernimmt den Text von Lublin 1617–39; Frankfurt am Main 1720–2 (1714–7 in Amsterdam begonnen; diese Teile in F nachgedruckt) hat fast allen folgenden Drucken als Grundlage gedient. Umfangreiche Sammlung von Kommentaren in der Ausgabe Romm, Wilna 1880–86 (vgl. *A. M. Haberman*, Peraqim be-toldot ha-madpisim ha-ibrim we-injane sefarim, 1476–1896, J 1978).

Das *Institute for the Complete Israeli Talmud* hat 1972 mit der Herausgabe eines bT begonnen, der als Grundtext den der Ausgabe Romm Wilna verwendet und dazu kritische Apparate mit den Varianten aus Geniza, MSS und mittelalterlichen Zitaten bietet. Bisher erschienen (alle J): Ket, ed. *M. Hershler*, 2 Bde, 1972–77; Sota, ed. *A. Liss*, 2 Bde, 1977–79; Jeb, ed. *A. Liss*, 3 Bde, 1983–9; Ned, ed. *M. Hershler*, 2 Bde, 1985–91.

A. Steinsaltz hat eine besonders für den Nichtspezialisten sehr hilfreiche Ausgabe begonnen, die den vokalisierten bT-Text mit Raschi-Kommentar und einem kurzen neuhebräischen Kommentar mit hebr. Übersetzung der aram. Teile, Textvarianten, Parallelen usw. bietet. Bisher erschienen: Ber, ganz Moed, Jeb, Ket, Qid, Sota, Ned (Hälfte), BM und Sanh (J 1967–91). Englische Ausgabe NY 1989ff (Talmudtext auch original).

Einzeltraktate: Taan, Hg. *H. Malter*, Phil. 1928 (Ndr. 1978), *editio major* 1930 (hier ohne die engl. Übersetzung; anders als die im folgenden zu nennenden Traktate versucht *Malter* einen Mischtext auf der Basis von 24 MSS zu erstellen, was entsprechend kritisiert worden ist), Ndr. 1967 und J 1973; Git, Hg. *M. S. Feldblum*, NY 1966; BQ, Hg. *E. Z. Melammed*, J 1952; BM, Hg. *M. N. Zobel* und *H. Z. Dimitrovsky*, TA-J 1960; BB, Hg. *S. Abramson*, J 1952; AZ, Hg. *S. Abramson*, J 1957. *S. J. Friedman*, Talmud

Babli, Baba Metsia, Pereq Ha-sokher et ha-umanin, 2 Bde, NY 1988 (krit. Text und Kommentar von BM VI).

d) Übersetzungen

I. Epstein, Hg., The Babylonian Talmud. Translated into English with notes, glossary and indices, 35 Bde, Lo 1935–52, Ndr. in 18 Bden Lo 1961 u. ö.; seit 1960 ist auch eine zweisprachige Ausgabe im Erscheinen. Eine neue Übersetzung gibt *J. Neusner* heraus: The Talmud of Babylonia. An American Translation (Chico/Atlanta 1984ff; bisher 24 Traktate). *L. Goldschmidt*, Der babylonische Talmud, 12 Bde, B 1929–36 (Ndr. Königstein/T. 1980–1), Indexband Hg. *R. Edelmann*, Kopenhagen 1959; zweisprachige Ausgabe in 9 Bden B 1897–1935. *M. Cales-H. J. Weiss*, Hg., El Talmud de Babilonia, Buenos Aires 1964ff (auf 26 Bde geplant; Text der Ausgabe Romm Wilna und span. Übers.; bis 1979 erschienen: Ber, Jeb, Ned, BQ, BM, BB); *E. Zolli*, Il Talmud babilonese, Bari 1958 (nur Ber; Ndr. R 1968 mit dem Titel: Il trattato delle Benedizioni del Talmud babilonese, mit einer Einführung von *S. Cavalletti*; Kritik durch *A. Toaff*, La Rassegna Mensile di Israel 34, 1968, 642–7). Für frühere Übersetzungen siehe *E. Bischoff*, Kritische Geschichte der Thalmud-Übersetzungen aller Zeiten und Zungen, F 1899.

e) Konkordanz

C. J. und *B. Kasowski*, Thesaurus Talmudis. Concordantiae Verborum quae in Talmude Babilonico reperiuntur, 42 Bde, J 1954–89; *B. Kosowsky*, Thesaurus Nominum Quae in Talmude Babylonico Reperiuntur, 5 Bde, J 1976–83.

5) Die Autorität des babylonischen Talmud

Der bT erreichte seine (fast) endgültige Gestalt im 8. Jh., zu einer Zeit, als die babylonischen Akademien in Blüte standen und die gerade an die Macht gekommenen Abbassiden ihre Hauptstadt Bagdad gründeten. Damit war das babylonische Judentum im politischen Zentrum der damaligen Welt, auch durch Verkehrsverbindungen von überall her relativ leicht erreichbar. Das ermöglichte eine geistige Ausstrahlung des rabb. Judentums, das sich nunmehr in Babylonien endgültig gefestigt hatte und über den Kreis der Talmudschulen hinaus auf das Volk immer mehr Einfluß bekam, weit über die Grenzen des Landes hinaus.

Etwa um dieselbe Zeit erfuhr aber das rabb. Judentum Babyloniens auch eine große Gefährdung durch die aufkommende Bewegung der Karäer mit ihrer Ablehnung der mündlichen Tradition und des Talmud. Diese Gefährdung dürfte ihrerseits die Rabbinen zum Angriff herausgefordert haben. Jedenfalls bemüht sich schon um 750 Jehudai Gaon, in Palästina für die babylonische Halakha zu werben (siehe S. 188). Schon seit amoräischer Zeit in Palästina vorhandene babylonische Synagogengemeinden haben diesen Vorstoß sicher erleichtert, ebenso die Nähe der karäischen Halakha zu palästinischer Überlieferung, die damit leicht suspekt wurde. Hier griff auch um 800 Pirqoi ben Baboi ein, der in einem Brief an die zum Einflußbereich Palästinas gehörende Gemeinde von Kairowan offen gegen die palästinische Halakha polemisiert (den Text hat *B. M. Lewin* veröffentlicht: Geniza Fragments: I. Chapiters of Ben Baboj, h, Tarbiz 2, 1930f, 383–404; dazu *J. N. Epstein*, ibid. 411 f; *S. Spiegel*, Le-paraschat ha-polmos schel Pirqoi Ben Baboi, FS H. A. Wolfson hebr. Teil, J 1965, 243–274). Im 9. Jh. versucht in Palästina der Sefer ha-Jeruschalmi einen Kompromiß zwischen paläst. und babylon. Halakha; doch spätestens mit dem Untergang der Akademie von Jerusalem im 11. Jh. siegt die babylonische Tradition.

Fast entscheidender war jedoch der Sieg des bT in Kairowan. Hält im Sefer ha-Metibot (10. Jh.) die Tradition des pT noch ihren Platz neben jener des bT, so wird sie bei Chananel und Nissim schon klar an die zweite Stelle gerückt und steht für Alfasi der Vorrang des bT gegenüber pT außer Frage. Mit dem Einfluß Alfasis auf die weitere Entwicklung der talmudischen Studien in Spanien ist der absolute Vorrang des bT dort endgültig gesichert und wird auch im aschkenazischen Raum nie in Frage gestellt. Der babylonische Talmud ist damit „der" Talmud schlechthin geworden, nach dem sich die gesamte Halakha bis in die Gegenwart richtet und der zumindest bis ins 18. Jh. auch der in den Lehrhäusern des Judentums absolut vorrangige, wenn nicht überhaupt ausschließliche Lehrstoff gewesen ist (vgl. *Ginzberg*, Mabo 88–110).

6) Kommentare

Die Auslegung des bT beginnt in diesem selbst, da jede neue Schicht des bT zugleich auch wesentlich Deutung der vorausgehenden ist. In der *gaonäischen Periode* konzentrieren sich die Bemühungen um die Auslegung des bT in drei Arten von Schriften:

a) Einführungen in den Talmud

Diese Einführungen enthalten kurze Angaben über die Lehrer des Talmud, ebenso Regeln für dessen Auslegung, v. a. zur Entscheidung der Halakha (dazu *Assaf*, Geonim 147–154). Die arabische Einführung in den Talmud des *Saadja Gaon* wird in den Buchlisten der Geniza erwähnt, doch sind nur fünf Abschnitte davon in hebr. Übersetzung in den Klale ha-Talmud des Betsalel Aschkenazi (Ende 16. Jh.) erhalten: veröffentlicht von *A. Marx*, FS D. Hoffmann, B 1914, hebr. Teil 196f.205.210 (*S. Abramson*, On „Darkhei ha-Talmud", Attributed to R. Saadya Gaon, h, KS 52, 1976f, 381–2, hält die Zitate für Exzerpte aus Samuel b. Chofni; vgl. *ders.*, Injanut be-sifrut ha-Geonim, J 1974, 164–173). *Samuel ben Chofni* hat ebenfalls eine arab. Einführung in den Talmud geschrieben, von der Teile in der Geniza entdeckt worden sind. In 148 Kapiteln behandelt sie die talmudischen Lehrer, die in bT erwähnten Quellen und die Regeln zur Festlegung der Halakha (*E. Roth*, A Geonic Fragment Concerning the Oral Chain of Tradition, h, Tarbiz 26, 1956f, 410–420; *S. Abramson*, R. Samuel b. Ḥofni's Introduction to the Talmud, ibid. 421–3; dort auch zu früher veröffentlichten Fragmenten; *ders.*, Injanut be-sifrut ha-Geonim, J 1974, 173–6; *ders.*, Min ha-pereq ha-chamischi schel ‚Mabo ha-Talmud' le-Rab Schmuel ben Chofni, Sinai 88, 1981, 193–218; *ders.* Millon la-Talmud leRab Schmuel ben Chofni, Sefer Abraham Eben-Schoschan, J 1985, 13–65).

b) Responsen

Responsen in Beantwortung verschiedenster Anfragen aus der jüdischen Welt enthalten auch viel zur Talmudauslegung.

Gesammelt in *B. M. Lewin*, Otzar ha-Gaonim, 13 Bde, Haifa und J 1928–43; *H. Z. Taubes*, Otsar ha-Geonim le-Massekhet Sanhedrin, J 1966; *A. Harkavy*, Responsen der Geonim, B 1887; *S. Assaf*, Teschubot ha-Geonim, 2 Bde, J 1927–9. Ebenfalls hierher gehören die *halakhischen Kompendien*: die Scheiltot (*S. Mirsky*, Hg., Sheeltot de Rab Ahai Gaon, 5 Bde, J 1960–1977; vgl. *S. Abramson*, Injanut be-sifrut ha-Geonim, J 1974, 9–23), die Halakhot Pesuqot des Jehudai Gaon (*S. Sasoon*, Hg., Sefer Halachot Pesuqot. Auctore R. Jehudai Gaon (Saec. VIII), J 1950; Faksimile des Codex Sassoon 263 mit Einleitung von *S. Abramson*, J 1971; *E. Hildesheimer*, An Analysis of the Structure of „Halachot Pesukot", h, Michtam le-David, GS D. Ochs, Ramat-Gan 1978, 153–171; *S. Morel*, Meqorotaw schel Sefer Halakhot Pesuqot: Nituach tsurani, PAAJR 49, 1982, hebr. Teil 41–95) und die Halakhot Gedolot des Simon Qajjara (*J. Hildesheimer*, Hg., Halachoth Gedoloth nach dem Texte der Handschrift der Vaticana, B 1890; *E. Hildesheimer*, Sefer Halakhot Gedolot I, J 1971 = Ausgabe nach dem MS der Ambrosiana Mailand; *S. N. Hoenig*, Halakhot Gedolot: An Early Halakhic Code, The Jewish Law Annual 2, 1979, 45–55; Faksim. des Codex Paris 1402 mit Einleitung von *S. Abramson*, J 1971).

c) Kommentare der Geonim

Diese werden z. T. bei mittelalterlichen Autoren zitiert (*Melammed*, Introduction 479–486), zum Großteil sind sie jedoch verloren gegangen. So der Kommentar des *Paltoi Gaon*, von dem wir aus einem Brief an Chasdai Ibn Schaprut von 952 wissen. Von *Scherira* sind Kommentare zu Ber und Schab aus mittelalterlichen Zitaten bekannt, jener zu BB I–III aus einer Buchliste der Geniza sowie Fragmenten, die *S. Assaf* und *J. Mann* veröffentlicht haben (*J. Mann*, Texts and Studies in Jewish History and Literature I, NY 1930, Ndr. 1972 mit Einführung von *G. D. Cohen*, bringt 568–572 ein Stück von Scheriras Kommentar zu BB, 573–607 Stücke von Hai Gaon zu Ber; *J. N. Epstein*, On the Commentary of R. Sherira and R. Hai Gaon to Baba-Bathra, h, Tarbiz 5, 1933f, 45–9). Der *Saadja* zugeschriebene Kommentar zu Ber (veröffentlicht von *S. A. Wertheimer*, J 1908, nach einem Geniza-Fragment) stammt wohl nicht von diesem, sondern von einem späteren Autor, der eingangs ein Stück aus Saadjas M-Kommentar zitiert (so *Assaf*, Geonim 143). *Hai Gaon* hat Kommentare zu vielen bT-Traktaten verfaßt, die z.T. aus mittelalterlichen Zitaten, inzwischen auch fragmentarisch aus der Geniza bekannt sind. Von ihm dürften auch die Texte zu Git und Qid aus der Geniza stammen (*S. Löwinger*, Gaonic Interpretations of the Tractates Gittin und Qiddushin, HUCA 23/1, 1950f, 475–498 und 10pp. Faksimile), doch nicht aus einem eigentlichen Kommentar, sondern als Responsa konzipiert (so *S. Assaf*, KS 29, 1959f, 64f). *E. Hurwitz*, Fragments of the Geonim Commentary to Tractate Shabbath from Cairo Geniza, and Selections from Commentaries of Rishonim from MSS (h), Hadorom 46 (1977f) 123–127. Allgemein zu den gaon. Kommentaren *S. Assaf*, Geonim 135–146.

d) Mittelalterliche Einleitungen in den Talmud

Hier ist v.a. die Einleitung des Samuel ha-Nagid zu nennen, die in vielen bT-Ausgaben nach Ber abgedruckt ist und v.a. schwierige Termini erklärt. Aus Zitaten geht hervor, daß nur ein Teil der Einleitung erhalten ist. Die Einführung des *Maimonides* zu seinem M-Kommentar ist z.T. auch eine Einleitung in den Talmud. Eine arabische Einleitung in bT stammt von *Joseph Ibn Aqnin*, einem Schüler des Maimonides (*H. Graetz*, Hg., Einleitung in den Talmud von Joseph Ibn-Aknin, FS Z. Frankel, Breslau 1871, Ndr. J 1967). Zu nennen ist auch *Simson von Chinon* (Anf. 14.Jh.) mit seinem Sefer Keritut (Hg. *S. Sofer*, J 1965) sowie *Betsalel Aschkenazi* (16.Jh., Ägypten), dessen Klale ha-Talmud methodologische Bemerkungen der hervorragendsten Ausleger des Talmud enthalten (Hg. *A. Marx*, FS D. Hoffmann, B 1914, 369–382 und hebr. Teil 179–217).

e) Halakha-Kompendien

Die Tradition dieser Kompendien wird im Mittelalter durch *Isaak ben Jakob Alfasi* weitergeführt, der im Sefer ha-Halakhot (ed. *N. Sacks*, Hilkhot Rab Alfas, 2 Bde, J 1969) das geltende Gesetz des bT mit einer Kurzfassung von bT selbst verbindet. *Eliezer ben Joel ha-Levi* (13.Jh., Deutschland, Akronym Rabia) hat halakhische Entscheidungen, Novellen und Responsen zum Talmud im Sefer Rabiah zusammengefaßt (*V. Aptowitzer*, Hg., Sefer Rabiah, B 1913, II J 1935, Ergänzungen 1936; Introductio ad Sefer Rabiah, h, J 1938; Neufassung dieser Ausgabe in 4 Bden durch S. Y. Cohen und E. Prisman, J 1964–5). Ein weiteres Talmudkompendium stammt von *Ascher ben Jechiel* (= Rosch; aus Deutschland, gest. 1327): dieses ist in den meisten bT-Ausgaben abgedruckt. Zu nennen ist auch *Maimonides*, Mischne Tora (20 Bde, J 1957–65), das die gesamte Halakha in sachlicher Ordnung umfaßt, ebenso die Arbaa Turim des *Jakob ben Ascher* (gest. um 1340). Dessen Schrift hat *Josef Karo* (1488–1575) im Bet Josef kommentiert, dessen Kurzfassung, der Schulchan Arukh, 1554 in Safed vollendet wurde. Durch Moses Isserles (1520–1572) in der Mappat ha-Schulchan ergänzt, wurde das Werk allgemein als geltendes Recht angenommen.

f) Eigentliche Kommentare zu bT nach den Geonim

Der erste Kommentar ist der des *Chananel ben Chuschiel* von Kairowan (etwa 990–1050). Dieser kommentierte wohl ganz bT unter starker Benutzung des pT. Zu Moed und Neziqin außer BB in bT Wilna; *S. Assaf*, Mepirusche Rab Chananel le-Sanhedrin, FS M. Ostrovsky, J 1946, 69–84. Den Kommentar zu Nid hat *E. Hurwitz* ediert: Perusch Rabbenu Chananel le-Massekhet Nidda me-Genizat Qahir, Hadorom 51 (1981) 39–109.

Nissim ben Jakob von Kairowan (gest. um 1062) hat einen Kommentar zu Ber, Schab und Er verfaßt, gedruckt in bT Wilna. Fragmente aus der Geniza: *B. M. Lewin*, Perusch Rabbenu Nissim le-Erubin, FS J. Freimann, B 1937, hebr. Teil 72–80.

Gerschom ben Jehuda (gest. 1028 in Mainz) werden Kommentare zu 9 Traktaten zugeschrieben (in bT Wilna; *N. Sacks*, Qobets Rischonim le-Massekhet Moed Qatan, J 1966, enthält u. a. auch den Gerschom zugeschriebenen Komm.); diese sind jedoch später stark erweiterte und zu Beginn des 12. Jhs. redigierte Vorlesungsmitschriften seiner Schüler. Unter Gerschoms Schülern studierten auch *Natan ben Jechiel*, der im 11. Jh. in Rom ein Talmudlexikon, den Arukh, verfaßte (ed. *A. Kohut*, 8 Bde, W 1878–92; wichtig für die Textkritik), und Raschi.

Raschi (= R. Schlomo Jitschaqi aus Troyes, gest. 1105) hat zu den meisten der mit Gemara versehenen Traktate des bT einen klassisch gewordenen Kommentar geschrieben, der in fast allen bT-Ausgaben abgedruckt ist. Die als Raschi gedruckten Kommentare zu Taan, Ned, Naz, Hor und MQ stammen jedoch nicht von ihm; die Traktate Pes, BB und Mak wurden von seinen Schülern vollendet. Aus einem spanischen MS veröffentlichte *E. F. Kupfer* einen Komm. zu MQ, den er für den echten Raschi-Komm. hielt (J 1961). Doch siehe *J. Florsheim*, Rashi's Commentary on Mo'ed Katan (h), Tarbiz 51 (1981 f) 421–444, nach dem das MS Zitate aus Raschis Komm. mit zahlreichen Zufügungen aus anderen Kommentaren bzw. durch den Kompilator selbst ergänzt. *J. Fraenkel*, Rashi's Methodology in his Exegesis of the Babylonian Talmud (h), J 1975; *A. Aptowitzer*, Le-toldot perusche Raschi la-Talmud, FS B. Heller, Budapest 1941, 3–17; *M. Hershler*, Mahadura qamma schel Raschi le-massekhet Sukka, Genuzot 1 (1984) 1–66; *J. Malchi*, Rashi's Commentary to Tractate „Berachot"; a comparison of the standard version with other versions, Diss. Bar Ilan 1983 (h); *H.Merḥavya*, Regarding the Rashi Commentary to ‚Ḥelek' (Talmud Bavli, Sanhedrin, Chap. XI) (h), Tarbiz 33 (1963f) 259–286 (hält dieses Stück im Gegensatz zu *J. N. Epstein* u. a. für echt, jedoch mit zahlreichen Glossen durchsetzt; ebenso *J. Fraenkel*, Rashi's Methodology 304–325).

Jehuda ben Natan, ein Schwiegersohn Raschis, vollendete dessen Kommentar zu Mak (ab 19b) und kommentierte fast den gesamten bT. In bT Wilna ist ihm Pseudo-Raschi zu Naz zu Unrecht zugeschrieben. Dieser Kommentar dürfte von Meir bar Samuel, einem anderen Schwiegersohn Raschis, stammen: *J. N. Epstein*, The Commentaries of R. Jehuda ben Nathan and the Commentaries of Worms (h), Tarbiz 4 (1932f) 11–34; 153–192; 295f. Siehe auch *E. Kupfer*, Hg., Peruche ha-Talmud mi-Bet Midrascho schel Raschi: Perusch Mass. Qidduschin, J 1977; *A. Schreiber* (Sofer), Schne Peruschim Qadmonim al-Mass. Meila, J 1965.

Die *Tosafisten* („Ergänzer" des Kommentars Raschis) wirkten v. a. im 12. und 13. Jh. in Deutschland und Frankreich. Nicht fortlaufender Kommentar, sondern ausführliche Erläuterung einzelner Stellen. Bemühen sich um die Beseitigung innerer Widersprüche in bT durch den *Pilpul* (wörtlich „Pfefferung": eine später zu Denkakrobatik ausartende scharfe Logik: dazu *C. Z. Dimitrovsky*, On the Pilpulistic Method, FS S. W. Baron, J 1974, hebr. Bd 111–181) und die Erschließung von Halakhot für immer neue Lebensumstände. Zu den älteren Tosafisten gehören drei Enkel Raschis: Isaak ben Meir, Samuel ben Meir (vollendete Raschis Komm. zu BB ab 29a) und Jakob ben Meir (Rabbenu Tam), sowie dessen Neffe Isaak ben Samuel von Dampierre. Isaaks Schüler Simson von Sens veranstaltete die älteste Sammlung dieser Tosafot, die „Tosafot von Sens", die zur Basis der folgenden Sammlungen wie der des Eliezer von Touques wurden („Tosafot von Touques"), welche den Großteil der in den bT-Ausgaben am Außenrand gedruckten Tosafot ausmachen.

E. E. Urbach, The Tosafists; *ders.*, Die Entstehung und Redaktion unserer Tosafot, JbJüd.-theol. Sem. Breslau 1936; *ders.*, Mi-toratam schel Chakhame Anglia mi-lifne ha-gerusch, FS I. Brodie hebr. Teil, Lo 1966, 1–56; *J. Faur*, Tosafot ha-Rosch le-Massekhet Berakhot, PAAJR 33 (1965) hebr. Teil 41–65; *S. Fridman*, Sefer Schaᶜare Schalom, TA 1965; *A. Schreiber* u. a., Hg., Tosfoth Chachmei Anglia, J 1968ff (Git, Sanh 1968; BM 1969; Betsa, Meg, Qid 1970; Nid, AZ 1971); *B. Z. Wacholder*, Supplements to the Printed Edition of the Tosafot Yesanim, Yevamot, Chapter I, HUCA 40/41 (1969f), hebr. Teil 1–30.

Mose ben Nachman (gest. 1270) hat zu zahlreichen Traktaten *Chidduschim* („Neuerungen") – ausführliche Diskussionen einzelner Stellen des bT – geschrieben und damit eine neue Entwicklung in der bT-Auslegung eingeleitet. Ausgabe in 3 Bden, J 1928-9, Ndr. J 1972; krit. Ausgabe: *M. Hershler*, Hg., Chiddusche ha-Ramban, J 1970ff (I 1970: Mak, AZ, Sanh; II 1973: Schab, Er, Meg; III 1987: Jeb, Sota, Ber, Taan, RH).

Menachem ben Salomo, gewöhnlich Meiri genannt, provençalischer Name Don Vidal Solomon (1249-1306), hat Chidduschim unter dem Titel Bet ha-Bechira verfaßt, die inzwischen zum Großteil veröffentlicht sind (zwischen 1942 und 1971 28 Bde zu 31 Traktaten, J, Chag in TA; auch zu MChalla, Abot und Miqwaot; Ndr. 13 Bde, J 1965-1978).

Salomo b. Abraham Adret (1235-1310, Barcelona): Chidduschim, 3 Bde, J 1962. Kritische Ausgabe: *H. Z. Dimitrovsky* u. a., Hgg., Chiddusche ha-Raschba, 11 Bde, J 1981-91.

Ascher ben Jechiel: Tosafot ha-Rosch ha-Schalem, Hg. *S. Wilman*, 3 Bde 1987 (Ndr. von Brooklyn 1971-78); Ned, hier nicht enthalten, doch in den meisten bT-Ausgaben.

Jom Tob den Abraham aus Sevilla (= Ritba, 1250-1320): Chiddusche ha-Ritba, Hg. *M. Goldstein* u. a., 15 Bde, J 1974-90 (Ber, Schab, Er, Pes, Joma, Suk, Betsa, RH, Taan, Meg, MQ, Ket, Ned, Git, Qid, Mak, AZ, Chul, Nid); BM, Hg. *A. Halpern*, Lo 1962; BB, Hg. *B. J. Menat*, J 1975; für übrige Traktate siehe die Ausgabe TA 1958 (6 Bde).

Betsalel ben Abraham Aschkenazi (ca. 1520-1591/4) sammelte Talmudauslegungen der Geonim und mittelalterl. Autoren in seiner Schitta Mequbbetset, 11 Bde, TA 1963; neue Ausgabe durch *J. D. Ilan*, Bene Beraq 1975ff (bis 1984 7 Bde: Men, Ar, Bek, Meila, Tem, Ker, Zeb, Tam).

Von den späteren Kommentatoren seien nur genannt: Salomo Luria von Lublin, gest. 1573; Samuel Edels, gest. 1631 in Ostrog; Elija Gaon von Wilna, gest. 1797; Aqiba Eger, gest. 1837 in Posen. In bT Wilna sind zahlreiche Kommentare mitgedruckt. Frühe Kommentare sind ediert in *M. Hershler*, Hg., Ginze Rischonim, J 1962ff (bis 1967 3 Bde: Suk, RH, Joma, Taan, Ber). Viele Kommentare sind im *Otzar Mefarshei Hatalmud*, J 1971ff, zusammengefaßt (keine wörtliche Wiedergabe, Hauptgewicht auf den Autoren nach 1600). Bis 1979 5 Bde erschienen (Suk, Mak, BM). *A. Freimann*, List of the Early Commentaries on the Talmud (h), FS L. Ginzberg, NY 1945, II 323-354; *M. M. Kasher – J. Mandelbaum*, Sarei ha-Elef. A Millennium of Hebrew Authors (500-1500 C. E.) (h), NY 1959; *I. Ta-Shmah*, ‚Ḥiddushei ha-Rishonim' – their Order of Publication (h), KS 50 (1974f) 325-336.

Moderne Kommentare zu bT, die über die Besprechung einzelner Stellen hinausgehen, gibt es nicht. Am ehesten könnte man hier *Z. W. Rabinowitz*, Shaᶜare Torath Babel. Notes and Comments on the Babylonian Talmud (h), Hg. *E. Z. Melamed*, J 1961, nennen, ebenso *D. Halivni*, Sources and Traditions. A Source Critical Commentary on the Talmud (h). I: On Seder Nashim, TA 1968; II: Seder Moed from Yoma to Hagiga, J 1975; Er – Pes, J 1982, eventuell auch den hebr. Kurzkommentar in der bT-Ausgabe Steinsalz, der aber kaum einmal über Raschi hinausgeht. Die Beschäftigung mit halakhischen bzw. literargeschichtlichen Problemen und der bloße Umfang von bT haben jedenfalls bisher von einer durchgehenden Kommentierung abgehalten.

7) Der Talmud in der Polemik

Lit.: *R. Chazan*, The Condemnation of the Talmud Reconsidered (1239–1248), PAAJR 55 (1988) 11–30; *ders.*, Daggers of Faith, Berkeley 1989; *J. Cohen*, The Friars and the Jews, Ithaka 1982; *F. Delitzsch*, Rohling's Talmudjude beleuchtet, Le 1881; *W. P. Eckert*, in: *K. H. Rengstorf – S.v.Kortzfleisch*, Hgg., Kirche und Synagoge I, Stuttgart 1968, 227–235; 278–282; 285–7; *S. Grayzel*, The Church and the Jews in the XIIIth Century, NY 1966; *ders.*, The Talmud and the Medieval Papacy, FS S. B. Freehof, Pittsburgh 1964, 220–245; *I. A. Hellwing*, Der konfessionelle Antisemitismus im 19. Jh. in Österreich, W 1972 (zu Rohling und Deckert); *H.-M. Kirn*, Das Bild vom Juden im Deutschland des frühen 16. Jahrhunderts, Tüb. 1989 (zu J. Pfefferkorn); *E. Klibansky*, Zur Talmudkenntnis des christlichen Mittelalters, MGWJ 77 (1933) 456–462; *Ch. Merchavia*, The Church versus Talmudic and Midrashic Literature (500–1248) (h), J 1970; *ders.*, The Talmud in the Additiones of Paul of Burgos, JJS 16 (1965) 115–134; *J. M. Millás*, Extractos del Talmud y alusiones polémicas en un manuscrito de la Biblioteca de la Catedral de Gerona, Sefarad 20 (1960) 17–49; *H.-G. von Mutius*, Die christlich-jüdische Zwangsdisputation zu Barcelona. Nach dem hebräischen Protokoll des Moses Nachmanides, F 1982; *M. Orfali*, Jerónimo de Santa Fe y la polemica cristiana contro el Talmud, Annuario di Studi Ebraici 10 (1980–1984, FS E. Toaff) R 1984, 157–178; *M. Pelli*, The Age of Haskalah, L 1979, 48–72 (Einstellung der Maskilim); *S. Rappaport*, Christian Friends of the Talmud, FS I. Brodie, Lo 1967, I 335–354; *J. Rembaum*, The Talmud and the Popes: Reflections on the Talmud Trials of the 1240s, Viator 13 (1982) 203–223; *J. M. Rosenthal*, The Talmud on Trial. The Disputation of Paris in the Year 1240, JQR 47 (1956f) 58–76; 145–169; *M. Stern*, Urkundliche Beiträge über die Stellung der Päpste zu den Juden, Kiel 1893, 98–108; 117–122; 126–138; 156–182 (16. Jh.).

Als Werk einer zwar starken, doch nicht alleinherrschenden Richtung im Judentum hat der Talmud stets seine Gegner auch innerhalb des Judentums gehabt. Schon vor der Vollendung des bT führen innerjüdische Polemiken zur Novelle 146 Justinians von 553, die nicht nur die Vertreter der griechischen Bibellesung in der Synagoge stärkt, sondern auch jede *deuterosis* verbietet, worunter wohl jede über die Bibel hinausgehende traditionelle Erklärung derselben gemeint ist. Leo VI. (886–912) hat dieses Verbot erneuert, das an sich gegen bT hätte angewendet werden können, jedoch offenbar keine praktische Auswirkung hatte. Gefährlicher war die Opposition der *Karäer* gegen den Talmud. Anan ben David, der um die Mitte des 8. Jhs. diese Richtung begründete, soll aufgefordert haben, die Worte der Mischna und des Talmud zu verlassen; er werde einen eigenen Talmud verfassen (so der Gaon Natronai im Seder Rab Amram Gaon, Hg. *D. Goldschmidt*, J 1971, 111).

Karäische Tendenzen oder auch nur ein radikaler Rationalismus im Gefolge des Maimonides haben *Nikolaus Donin* zu einem Gegner des Talmud gemacht. Deshalb 1224 von Rabbinen gebannt, trat er 1236 zum Christentum über. 1238 legte er Gregor IX. eine Schrift mit 35 Punkten gegen den Talmud vor, was zur *Disputation von Paris* 1240 über den Talmud zwischen Nikolaus und Rabbi Jechiel führte und 1242 die Verbrennung der schon 1240 konfiszierten hebräischen Bücher zur Folge hatte. 1247 schreibt Innozenz IV., er habe den Juden den Besitz des Talmud erlaubt, da sie ohne ihn nicht gemäß ihrer Religion leben könnten, zugleich aber habe er auch die Zensur des Talmud veranlaßt. Die *Disputation von Barcelona* 1263 zwischen dem ehemaligen Juden Pablo Christiani, der aus Talmud und Midrasch Beweise für das Christentum schöpfen wollte, und Nachmanides, der dagegen die Halakha als allein verbindlichen Teil des Talmud betonte, zeigt einen anderen Aspekt im Kampf um den Talmud. Der etwas später entstandene Pugio Fidei des *Raymund Martini* versucht ebenfalls, den Talmud für die christliche Propaganda unter den Juden zu verwenden. In der Folgezeit bestimmen jedoch Verurteilungen des Talmud (z.B. nach der Disputation von Tortosa 1413–14), Verbote, daß Juden den Talmud studieren (so Eugen IV. im Anschluß an das Konzil von Basel), Talmudverbrennungen (z.B. 1553 in Rom und Venedig, wo die blühenden hebräischen Druckereien zugrundegingen) und Zensur das Bild in den christlichen Ländern.

Auch im 16. Jh. war es ein bekehrter Jude, *Johannes Pfefferkorn*, der den Kampf gegen den Talmud führte, sah er doch in den jüdischen Büchern den alleinigen Grund, daß die Juden nicht Christen würden. Als er 1509 von Kaiser Maximilian mit der Prüfung der hebräischen Bücher beauftragt wurde, setzte sich der Humanist *Johannes Reuchlin* entschieden für den Talmud ein; Pfefferkorn brachte ihm deshalb ein langes Verfahren vor der Inquisition ein. Die römischen Maßnahmen gegen die Reformation verschärften schließlich das Klima religiöser Intoleranz und so kam der Talmud auch auf den ersten Index der verbotenen Bücher von 1559.

Christliche Hebraisten des 17. Jhs. erkannten den Wert der rabb. Literatur für ein tieferes Verständnis des Neuen Testaments: *John Lightfoot*, Horae Hebraicae et Talmudicae, C 1658, hat hier einen Weg gewiesen, der in *(H. L. Strack –) P. Billerbeck*, Kommentar zum Neuen Testament aus Talmud und Midrasch, 6 Bde, M 1922–61, sein vorläufiges Ziel erreicht hat (*M. Smith*, Tannaitic Parallels to the Gospels, Phil. 1951, hat sich methodisch richtig sehr eingeschränkt); zu nennen ist auch *J. Buxtorf*, Lexicon chaldaicum, talmudicum et rabbinicum, Basel 1639.

Das Hauptwerk der talmudfeindlichen Literatur ist *Johann Andreas Eisenmenger*, Entdecktes Judenthum, 2 Bde, F 1700. Eisenmenger hat jahrzehntelang bei Juden die rabb. Literatur unter dem Vorwand studiert, zum Judentum übertreten zu wollen, in Wirklichkeit jedoch alle Stellen zusammengesucht, die jüdische Irrtümer oder Angriffe gegen die christliche Religion belegen sollten. In seinem Werk, das für die kommenden Zeiten eine wahre Fundgrube antijüdischer Argumente werden sollte, zitiert er jeweils die hebräischen Originalquellen mit seiner Übersetzung, die zeitweise fehlerhaft, jedoch sicher nicht bewußt falsch war; auch hat er keine Belege gefälscht, wie ihm gelegentlich vorgeworfen wurde. Die Frankfurter Juden erwirkten ein Verbreitungsverbot, doch erschien 1711 in Berlin (Impressum Königsberg) eine 2. Auflage und 1732f eine englische Übersetzung.

Eisenmengers Zitatensammlung, ohne den jeweiligen Zusammenhang für jegliche Mißdeutung offen und so auch „Beweis" für Ritualmord, Brunnenvergiftung und andere „jüdische Verbrechen", diente *August Rohling* (1839–1931, seit 1876 Professor für Altes Testament in Prag) als Basis für sein Plagiat „Der Talmudjude", Münster 1871. Das Machwerk, das insgesamt 17 Auflagen erlebte, erwies sich als Munition in der antisemitischen Hetze v.a. der christlich-sozialen Partei in Österreich, wobei sich besonders auch der Wiener Pfarrer *Joseph Deckert* (1843–1901) hervortat.

Aber auch innerjüdische Angriffe gegen den Talmud waren in dieser Periode, die zugleich die der Haskala – der jüdischen Aufklärung war, nicht selten. *Moses Mendelssohn*, selbst rabb. gebildet, bemühte sich, den Quellen, d.h. der Bibel, den ihr geziemenden Platz und den Vorrang gegenüber dem Talmud einzuräumen. Der Lehrplan der auf ihn zurückgehenden Freischule in Berlin (1778 gegründet) gab dem Talmudstudium keinen Raum. Spätere jüdische Aufklärer wurden zuweilen gegen den Talmud direkt polemisch, wie etwa der Lektor der Rabbinerschule Warschau, *Abraham Buchner* (Der Talmud in seiner Nichtigkeit, Warschau 1848). Die meisten jedoch begnügten sich damit, die rabb. Literatur zu umgehen – erst relativ spät werden Talmudstudien in der Wissenschaft des Judentums bedeutend – oder auf ihre rein historische Bedeutung hinzuweisen. Mit der Gründung der Rabbinerseminare und Jüdischen Hochschulen fiel diesen die historisch-kritische Erforschung der rabb. Literatur zu, während die osteuropäischen Jeschibot das traditionelle Studium dieser Schriften weiterpflegten. Diese orthodoxen Kreise waren es auch, die an der halakhischen Autorität des bT auch für die Gegenwart festhielten, während weite jüdische Kreise – so v.a. auch das Reformjudentum – die talmudische Halakha den Zeitumständen anzupassen versuchten oder überhaupt als völlig überholt betrachteten und ad acta legten.

V. Die außerkanonischen Traktate

Am Ende der Ordnung Neziqin des bT werden gewöhnlich eine Reihe von Texten abgedruckt, die man als „außerkanonische" Traktate (da sie nicht die Autorität des eigentlichen bT besitzen) oder auch als „kleine Traktate" bezeichnet („klein" eher im Sinn geringerer Autorität als notwendig kleinen Umfangs). Diese erstmals in der bT-Ausgabe Romm-Wilna 1886 in dieser Form zusammen wiedergegebenen Traktate sind in zwei Gruppen zu teilen, sieben selbständige Schriften und sieben thematische Sammlungen von Halakhot, die zum größten Teil auch sonst belegt sind. Oft bezeichnet man nur diese zweite Gruppe als „kleine Traktate" im eigentlichen Sinn.

Englische Übersetzung aller dieser Traktate: *A. Cohen*, Hg., The Minor Tractates of the Talmud, 2 Bde, Lo 1965, ²1971. Umfassende Darstellung: *M. B. Lerner*, The External Tractates, in *Safrai* I 367–403.

1) Abot de Rabbi Natan (= ARN)

Lit.: L. Finkelstein, Introductory Study to Pirke Abot, JBL 57 (1938) 13–50; *ders.*, Mabo le-Massekhtot Abot we-Abot de-Rabbi Natan, NY 1950; *J. Goldin*, The two versions of Abot de Rabbi Nathan, HUCA 19 (1945f) 97–120; *ders.*, EJ III, 984–6; *ders.*, The Third Chapter of Abot De-Rabbi Nathan, HThR 58 (1965) 365–386; *ders.*, Reflections on the Tractate Aboth de R'Nathan (h), PAAJR 46–7 (1979f) hebr. Teil 59–65; *T. Kahana*, Le-habanat ha-Baraita al Hilkhot Jeruschalaim, Beth Mikra 21 (1975f) 182–192 (zu ARN 35 und Parallelen); *A. Marmorstein*, EJ (B 1928) 368–370; *J. Neusner*, Judaism and Story: The Evidence of the Fathers According to Rabbi Nathan, Chicago 1988; *A. J. Saldarini*, Scholastic Rabbinism. A Literary Study of the Fathers According to R. Nathan, Chico 1982; *L. Zunz*, GV 114–6.

Text: S. Schechter, Aboth de Rabbi Nathan. Edited from Manuscripts with an Introduction, Notes and Appendices (h), W 1887, korrigierter Ndr. H 1979; *M. Bregman*, An Early Fragment of Avot de Rabbi Natan from a Scroll (h), Tarbiz 52 (1982f) 201–222 (ARN A 38 und 36; das Geniza-Fragment soll nicht später als 9. Jh. sein). *Übersetzungen* von Fassung A: *K. Pollak*, Rabbi Nathans System der Ethik und Moral, F 1905; *J. Goldin*, The Fathers according to Rabbi Nathan, New Haven 1955; *J. Neusner*, The Fathers According to Rabbi Nathan: An Analytical Translation and Explanation, Atlanta 1986; Fassung B: *A. J. Saldarini*, The Fathers according to Rabbi Nathan (Abot de Rabbi Nathan) Version B. A Translation and Commentary, L 1975 (dazu *J. Elbaum*, KS 52, 1976f, 806–815).

1. Abot de Rabbi Natan (= ARN)

ARN ist in zwei Fassungen (A und B) überliefert, die 41 bzw. 48 Kapitel umfassen. Fassung A wurde erstmals in der Talmudausgabe von *M. A. Justiniani* am Ende von Seder Neziqin abgedruckt (V 1550). *S. Schechter* hat sie in der üblichen Form wiedergegeben, jedoch nach MSS (Oxford Neubauer 408; MS Epstein vom Jahr 1509) und mittelalterlichen Zitaten korrigiert. Fassung B hat schon *S. Taussig* z.T. aus Cod. hebr. München 222 veröffentlicht (Neweh Schalom I, M 1872); *S. Schechter* hat MS Rom Ass. 303 als Basis genommen, dazu MS Parma De Rossi 327 und MS Halberstam aus der Bodleiana, Oxford Neubauer 2635, sowie mittelalterl. Zitate herangezogen. Inzwischen sind auch eine Reihe von Geniza-Fragmenten von ARN A und B und von verwandtem Material bekannt geworden (Liste bei *Bregman* 219–222; zwei Fragmente hat schon *Saldarini* in seiner Übersetzung verwertet).

ARN steht eindeutig in einem Abhängigkeitsverhältnis zum M-Traktat Abot, den es zitiert und kommentiert. Gleich ihm enthält ARN nur Haggada. Für die nähere Bestimmung des Verhältnisses zu Abot unterscheidet *Schechter* verschiedene Teile: ARN A 1–11 (B 1–23) und 12–18 (B 23–30) betrachtet er als Midrasch zu Abot, dessen Aussprüche ARN ausführlich und oft mit verschiedenen Deutungen nacheinander interpretiert und dazu oft die Bibel heranzieht. ARN 20–30 (B 31–35) verhalten sich eher wie M selbst, indem sie einfach die Sprüche der Rabbinen ohne Kommentar bieten. 31–41 (B 36–48) bestehen wie Abot V primär aus Zahlensprüchen; sie zitieren Abot und ergänzen es nach Art von T (*Schechter* XVIf). *Goldin* und *Saldarini* schließen sich *Schechter* an, betrachten jedoch den Midrasch als die vorherrschende Gattung. Die Bezeichnung von ARN als T zu Abot (z.B. *D. Hoffmann*, Die erste Mischna und die Controversen der Tannaim, B 1882, 27) bzw. als Baraita dazu (so *Zunz*, GV 114; *Albeck*, Einführung 410) ist darin begründet, daß ARN (fast) nur Tannaiten als Autoritäten zitiert und in M-Hebräisch verfaßt ist, anstatt im Aramäisch der Gemara.

Der Abot-Text in beiden ARN-Fassungen weicht voneinander ab und weist gemeinsame gravierende Unterschiede zur jetzigen M Abot auf. M Abot enthält viel mehr Material, als ARN zugrundeliegt. Auch sind in ARN die Aussprüche der Rabbinen z.T. chronologisch richtiger als in M geordnet. Ebenso gibt es Abweichungen im Wortlaut und in den Tradentennamen (oft auch zwischen ARN A und B). *L. Finkelstein* (Mabo 4f; ihm folgen *Goldin* und *Saldarini*) hält die beiden Fassungen von ARN vorliegende Form von Abot für älter als die der M.

Nach *S. Schechter* (XX–XXIV) gehen ARN A und B auf einen gemeinsamen schriftlichen Urtext zurück, während *Goldin* (The two versions) mit *Finkelstein* (JBL 57, 16.39) sie für voneinander unabhängige Ausformungen der mündlichen Tradition hält. Das Grundthema in A sei das Studium der Tora, in B die guten Werke (The two versions 98f).

Für die Entstehungsgeschichte von ARN ist der Name von R. Natan belanglos. Es ist weder sicher, daß damit der bekannte Tannait gemeint ist, noch, daß dieser als Verfasser von ARN angesehen wurde. *J. Goldin* (EJ 984) vermutet, ARN beruhe auf einer Abot-Rezension von R. Natan und sei deswegen nach ihm benannt.

Die Verwendung einer von M abweichenden Fassung von Abot legt als Entstehungszeit für den Grundstock von ARN spätestens das frühe 3. Jh. nahe. Wie lange die lebendige Entwicklung von ARN gedauert hat, läßt sich nicht sagen. Die weithin übliche Datierung der Endfassung in das 7. bis 9. Jh. (*Zunz*, GV 116: nachtalmudisch) beruht im wesentlichen darauf, daß man ARN mit den kleinen Traktaten als Einheit sieht. Von Sprache, Inhalt und zitierten Rabbinen her schließt dagegen *J. Goldin*: „The composition of the contents of ARN cannot be much later than the third or following century, or at the utmost shortly thereafter" (The Fathers XXI). Man muß allerdings beide Fassungen gesondert beurteilen. ARN B (schon in den Scheiltot im 8. Jh. zitiert) ist sicher die ältere Version; sie hat, da nicht so verbreitet, weniger unter späteren Veränderungen gelitten (*Schechter* XXIV) und somit die urtümlichere Gestalt bewahrt. *M. B. Lerner* datiert die Endredaktion von ARN B Ende 3. Jh., für die Version A hingegen schließt er aus dem von *Bregman* veröffentlichten Fragment (Rest einer *Buchrolle* mit einer frühen Form von ARN A 38, gefolgt von 36), daß „the basis for the extant arrangement... is a product of the latter half of the seventh or early eighth century" (378), auch wenn das Material zum Großteil der tannaitischen Periode nahesteht.

2) Soferim

Lit.: *M. Higger*, Masseket Soferim, NY 1937; ders., Seven Minor Treatises... and Treatise Soferim II (mit engl. Übers.), NY 1930; *J. Müller*, Masechet Soferim. Der thalmudische Tractat der Schreiber, Le 1878 (mit ausführlichem deutschen Kommentar); *O. Ben Ifa*, Massekheth Soferim ou le traité gaonique des „Scribes", Dison 1977 (Text Müllers mit Übers.). – *M. M. Kasher*, Torah Shelemah Bd 29: The Script of the Torah and its Characters (h), J 1978, 94–99; *I. W. Slotki*, Einleitung zu seiner Übers. in *A. Cohen*, The Minor Tractates I; *Zunz*, GV 100f (Deraschot 275–7 Anmerkungen von *Albeck*).

Der Traktat Soferim ist in zwei Fassungen überliefert, einer palästinischen (in den Talmudausgaben) und einer babylonischen. Die übliche (pal.) Version besteht aus mehreren Teilen: Kap. 1–5 geben die Regeln für die Herstellung der Bibelhandschriften unter Verwendung des kleinen Traktats Sefer Tora; 6–9 setzen dieses Thema fort; 10–21 regeln die öffentliche Verlesung der Tora. Da auch bT vielfach zitiert wird, ist der Traktat, der auch als Hilkhot Soferim oder Baraita de-Soferim zitiert wird, in seiner jetzigen Gestalt nicht vor Mitte des 8. Jhs. anzusetzen, auch wenn frühere Vorformen anzunehmen sind. In manchen Punkten widerspricht Soferim der talmudischen Halakha und hat sich darin durchgesetzt.

Von der (bab.) Version II sind nur die ersten zwei Kapitel erhalten. Doch zeigt *Higger* (Seven Minor Treatises, hebr. Einleitung 12–15) durch Zitate in einem Geniza-Text (veröffentlicht von *E. N. Adler*, JQR 9, 1897, 681– 716 als ein Werk des Jehuda ben Barzilai, von *Higger* jedoch einem babylonischen Juden des 11. Jhs. zugeschrieben), daß der Text ursprünglich umfangreicher gewesen sein muß. Hai Gaon zitiert mehrmals diese zweite Fassung.

3) Ebel Rabbati

Lit.: N. Brüll, Die talmudischen Traktate über Trauer um Verstorbene, Jahrbücher 1 (1874) 1–57; *M. Higger*, Treatise Semachot, NY 1931 (krit. Ausgabe); *Ch. M. Horovitz*, Uralte Tosefta's Teile 2–3, Mainz 1890 (Semachot zutarti und Stücke von Ebel-Traktaten); *D. Zlotnick*, The Tractate „Mourning", New Haven 1966 (Einleitung, engl. Übersetzung, krit. Text); *ders.*, EJ XIV, 1138f; *M. Klotz*, Der talmudische Tractat Ebel Rabbati, B 1890 (krit. Ausgabe der Kap. 1–4 mit kommentierter deutscher Übers.); *Zunz*, GV 94.

Ebel Rabbati, der „große (Traktat) über die Trauer", euphemistisch bei Raschi u.a. Semachot („Freuden") genannt, beschreibt in 14 Kapiteln Halakhot und Gebräuche, die gegenüber Sterbenden, Selbstmördern und Hingerichteten einzuhalten sind, Trauer- und Begräbnisbräuche, aufgelokkert durch viele Beispielerzählungen (*maʿase*). In MQ 24a; 26b; Ket 28a werden Zitate aus einer Schrift namens Ebel Rabbati gebracht; nur hat es offenbar Textrezensionen verschiedenen Umfangs und Inhalts gegeben. (Nachmanides zitiert in Torat ha-Adam eine Variante als *mekhilta achariti de ebel*; verschiedene mittelalterliche Zitate finden sich nicht in unserem Text); so bleibt offen, ob bT nicht doch eine frühe Form oder Rezension unseres Textes zitiert. Der Gaon Natronai (9. Jh.) schreibt zu den bT-Stellen: „Ebel ist ein M-Traktat, in dem Trauergebräuche enthalten sind; in ihm findet sich ein Großteil der Halakhot, die in MQ III gelehrt werden; und es gibt zwei, einen großen und einen kleinen" (Otzar ha-Gaonim VIII, J 1938, 95).

Der Text fehlt in MS München von bT, wurde jedoch schon in der Erstausgabe des bT 1523 gedruckt und ist in mehreren MSS überliefert. Gewöhnlich wird er ins 8. Jh. datiert (z.B. *Brüll*). Doch können die zahlreichen Parallelen mit bT und v.a. pT nicht einfach als Entlehnungen aus den Talmudim erklärt werden. Von den genannten Rabbinen her, vom Aufbau, Inhalt und auch von der Sprache aus ist auch ein viel früheres Datum möglich (*Zlotnick*: Ende 3. Jh.), das auch durch archäologische Fakten (Begräbnissitten) gestützt wird (*E. M. Meyers*, The Use of Archaeology in Understanding Rabbinic Materials, FS N. N. Glatzer, L 1975, 28– 42, 93f; *ders.*, Jewish Ossuaries: Reburial and Rebirth, R 1971). Zu Semachot de R. Chijja (S. Zutarti) siehe *M. B. Lerner* 390f.

4) Kalla

Lit.: Ch. Albeck, Mabo 601–4; *V. Aptowitzer*, Le traité de „Kalla", REJ 57 (1909) 239–248; *B. De Vries*, The date of compilation of the tractate ‚Kalla rabbati' (h), 4th WCJS, J 1967, 131–2 (Ndr. in: *ders.*, Mechqarim 259–262). – *Text:* N. N. *Coronel*, Chamischa Quntarsim. Commentarios quinque... , W 1864 (erste Ausgabe von Kalla Rabbati); *M. Higger*, Massektot Kallah, NY 1936; *M. Friedmann*, Pseudo-Seder Eliahu zuta, W 1904, 13–19 (Ndr. zusammen mit SER und SEZ, J 1960).

Der in bT und Machzor Vitry wiedergegebene Traktat Kalla („Braut") umfaßt ein Kapitel, das Verlobung, Ehe und eheliche Beziehungen bespricht. Schab 114a, Taan 10b und Qid 49b nennen als Erfordernis für einen rabb. Gelehrten die Kenntnis der *massekhet kalla*. Raschi u. a. beziehen dies auf den Traktat Kalla, während Chananel u. a. darin die Institution der Kalla und den dafür vorbereiteten Traktat sehen; diese Deutung ist vorzuziehen, wobei die Nennung des Kalla-Traktats in bT schon eine Glosse zur paläst. Tradition ist (*Albeck*; *Goodblatt*, Instruction 157–9). *Higger* 13 sieht Kalla als tannaitisches Werk an, das ein Schüler des Eliezer ben Hyrkan verfaßt habe. Gewöhnlich aber sieht man darin ein Werk des Jehudai Gaon (8. Jh.) bzw. allgemeiner gaonäischer Herkunft (*M. B. Lerner* 395: „definitely... a post-talmudic compilation of the early Gaonic Period").

Kalla Rabbati, von *Coronel* aus MS Halberstam-Epstein veröffentlicht, auch in bT Romm Wilna enthalten, besteht aus 10 Kapiteln mit jeweils Baraita und Gemara; die Gemara von 1–2 kommentiert den Traktat Kalla, 8 das Zusatzkapitel VI von Abot (Qinjan Tora), die übrigen Kapitel sind Gemara zum Traktat Derekh Erets. *Friedmann* 15 verbindet das Werk mit der Schule Rabas (bA4), was *De Vries* übernimmt und v. a. mit der sprachlichen Nähe zu den außergewöhnlichen Traktaten des bT begründen möchte. Meist schreibt man es hingegen einem Schüler des Jehudai Gaon (*Aptowitzer*) oder zumindest dieser Zeit zu.

5) Derekh Erets Rabba (DER)

Lit.: A. *Epstein*, Qadmoniot 104–6; S. *Krauss*, Le traité talmudique „Déréch Éréç", REJ 36 (1898) 27–46; 205–221; 37 (1898) 45–64; dazu W. *Bacher*, REJ 37 (1899) 299–303; *Zunz*, GV 116–8. – *Text:* M. *Higger*, The treatises Derek Erez, Pirke ben Azzai, Tosefta Derek erez, edited from MSS with an introduction, notes, variants and translation, NY 1935, Ndr. J 1970. *Übers.:* M.*van Loopik*, The Ways of the Sages and the Way of the World. The Minor Tractates of the Babylonian Talmud: Derekh 'Eretz Rabbah, Derekh 'Eretz Zuta, Pereq ha-Shalom. Translated on the basis of manuscripts and provided with a commentary, Tüb. 1991.

Derekh Erets (wörtlich „Weg der Erde", daher „Lebensregeln") bezeichnet zwei völlig verschiedene Traktate, die zur Unterscheidung voneinander nachträglich als Rabba bzw. Zutta bezeichnet wurden. DER ist eine Sammlung von Baraitot, durch Aussprüche früher Amoräer ergänzt. Die Kapitel 1-2 fehlen in manchen MSS (1: unerlaubte Ehen – Elija Gaon möchte das Stück daher zu Kalla nehmen; 2: verschiedene Menschenklassen usw.), die mit 3 beginnen, das auch Pereq ben Azzai bezeichnet wird (Raschi in Ber 22a) und vielfach dem ganzen Traktat den Namen gegeben hat. Kap. 3-11 bieten Lebensregeln, Tischsitten, Regeln für das Benehmen im Bad usw. und haben viel Material mit ARN gemeinsam. Ber 22a bitten die Schüler R. Jehuda, sie ein Kapitel Derekh Erets zu lehren; pSchab VI,2,8a nennt einen Satz aus DER als *be-derekh erets* stehend. Der Grundstock könnte schon in tannaitischer Zeit entstanden sein; doch ist der Text später nicht nur überarbeitet worden, sondern hat ein lebendiges Wachstum erfahren, das zu sehr variierender Texttradition geführt hat.

6) Derekh Erets Zutta (DEZ)

Lit.: Siehe zu 5; *Text:* M. *Friedmann*, Pseudo-Seder Eliahu zuta, W 1904, Ndr. J 1960; *D. Sperber*, Masechet Derech Eretz Zutta, J ²1982; *ders.*, A Commentary on Derech Erez Zuta Chapters Five to Eight, Ramat-Gan 1990. *Übers.:* M. van *Loopik* (siehe zu 5); deutsch: A. *Tawrogi*, Der thalmudische Tractat Derech Erez Sutta, Königsberg 1885.

DEZ ist eine primär an den Gelehrten gerichtete Sammlung von zumeist anonymen Maximen, die zu Selbstprüfung und Bescheidenheit mahnen. Das letzte Kapitel (10) ist eschatologisch. Das Werk ist zusammengesetzt: 1-4 (und 9, später hinzugefügt) wird auch als „Sündenfurcht" (*Jir'at Chet*) zitiert; 5-8 (in den bT-Ausgaben aus Machzor Vitry übernommen) nennen die Halakhot Gedolot allein DEZ. Kap. 10 stammt sicher auch aus anderer Quelle. *Van Loopik* 9 vermutet, daß DEZ 1-3 (4) „as a literary unit is a Tannaitic collection from the circles of the early Hasidim"; die Endredaktion von DEZ sei jedoch vermutlich erst in gaonäischer Zeit erfolgt (cf. auch *D. Sperber*, Masechet 11.179: gaonäisch).

7) Pereq ha-Schalom

Text in *Higger* (siehe unter 5) und *Higger*, Masekhtot Zeirot, NY 1929 (beide Fassungen). Übersetzung: M. *van Loopik* (siehe zu 5); A. *Wünsche*, Lehrhallen IV 56-61.

Das Kapitel, oft als 11. von DEZ wiedergegeben (so in bT Wilna), ist eine kleine Schrift mit Sprüchen über den Frieden, die in zwei Fassungen vorliegt (vgl. *S. Schechter*, ARN 112f Anm. 19 zu B). Als Quelle ist wohl LevR 9,9 (M. 187–195) anzusehen.

8) Die anderen „kleinen Traktate"

Text: M. *Higger*, Seven Minor Treatises... and Treatise Soferim II, NY 1930 (Einführung, Text, Übersetzung). Zuerst von *R. Kirchheim*, Septem libri Talmudici parvi Hierosolymitani, F 1851, Ndr. J 1970, nach einem MS E. Carmoly's ediert, seither in fast allen bT-Ausgaben nach den unter 1–7 besprochenen Texten.

Die 7 Traktate sind thematische Sammlungen von Baraitot, die als Einheit erstmals in Nachmanides, Torat ha-Adam (Kitbe Ramban, ed. *B. Chavel*, J 1964, II 100) genannt sind: „der Traktat Tsitsit aus den sieben kleinen Traktaten". *M. Higger* betrachtet die üblicherweise als nachtalmudische Schriften bezeichneten Texte als die ersten thematischen Kompendien in der Zeit nach M, in Palästina entstanden, doch später in Babylonien überarbeitet. *M. B. Lerner* 401 hält sie für tannaitisch. LevR 22,1 (M. 496) sagt R. Nechemja, daß auch die Gesetze über Tsitsit, Tefillin und Mezuza schon in der Gesetzgebung am Sinai enthalten waren. Der Satz wird von KohR 5,7 übernommen, dort aber durch einen späteren Bearbeiter, der bei Tsitsit usw. an die kleinen Traktate dachte, durch Gerim, Abadim u. a. ergänzt (dazu *Epstein*, ITM 50). Diese Texte sind somit als Belege für die kleinen Traktate nur indirekt (für die gaonäische Zeit) brauchbar.

1. *Sefer Tora*: Vorschriften über das Schreiben von Tararollen; Grundform wohl schon im 3. Jh., wenn auch später überarbeitet.

2. *Mezuza*, „Türpfosten". Ein Pergamentstück mit Dtn 6,4–9; 11,13–21 in einem Behälter, der am rechten Türpfosten angebracht wird.

3. *Tefillin*, „Gebetsriemen", aus Ex 13,9.16; Dtn 6,6; 11,18 abgeleitet.

4. *Tsitsit*, „Quasten, Schaufäden" (Num 15,37ff; Dtn 22,12) an den vier Zipfeln des Oberkleides, später am kleinen und am großen Talit (Gebetsmantel).

5. *Abadim*, „Sklaven". Deutsch mit Anmerkungen: Angelos 1, Heft 3–4, Le 1925, 87–95.

6. *Gerim*, „Proselyten".

7. *Kutim*, „Samaritaner". Die freundliche Einstellung zu den Samaritanern in einem großen Teil von Kutim legt nahe, daß der Grundstock dieses Traktats wohl schon vor dem endgültigen Bruch Ende des 3. Jhs. entstanden sein muß.

Die letzten drei Traktate waren schon früher veröffentlicht worden (*H. J. D. Azulai*, Mar'it ha-Ajn, Livorno 1805; eine andere Fassung von Gerim schon in Simchat ha-regel, Livorno 1782); so hat *Jakob Naumburg* Gerim schon in Nachalat Jakob, Fürth 1793, kommentiert.

DRITTER TEIL
MIDRASCHIM

I. Einführung

Lit.: R. *Bloch*, Midrash, DBS V, P 1950, 1263–80; *dies.*, Ecriture et tradition dans le judaisme – aperçus à l'origine du Midrash, Cahiers Sioniens 8 (1954) 9–34; D. *Boyarin*, Intertextuality and the Reading of Midrash, Bloomington 1990; A. *Del Agua Pérez*, El método midrásico y la exégesis del Nuevo Testamento, Valencia 1985; J. *Elbaum*, On the Character of the Late Midrashic Literature (h), 9th WCJS (J 1986) 57–62; L. *Finkelstein*, The Oldest Midrash: Pre-Rabbinic Ideals and Teachings in the Passover Haggadah, HThR 31 (1938) 291–317; M. *Fishbane*, Biblical Interpretation in Ancient Israel, O 1985 (zur innerbiblischen Exegese; dazu Y. *Zakovitch*, Tarbiz 56, 1986f, 136–143); Abr. *Goldberg*, The Early and the Late Midrash (h), Tarbiz 50 (1980f) 94–106; A. *Goldberg*, Die funktionale Form Midrasch, FJB 10 (1982) 1–45; *ders.*, Stereotype Diskurse in den frühen Auslegungsmidraschim, FJB 16 (1988) 23–51; *ders.*, Midrashsatz. Vorschläge für die descriptive Terminologie der Formanalyse rabbin. Texte, FJB 17 (1989) 45–56; *ders.*, Paraphrasierende Midrashsätze, FJB 18 (1990) 1–22; I. B. *Gottlieb*, Midrash as Biblical Philology, JQR 75 (1984f) 134–161; D. W. *Halivni*, Midrash, Mishnah, and Gemara, C (M) 1986; E. E. *Hallewy*, Biblical Midrash and Homeric Exegesis (h), Tarbiz 31 (1961f) 157–168; G. H. *Hartman* – S. *Budick*, Hgg., Midrash and Literature, New Haven 1986; I. *Heinemann*, Darkhe ha-Aggada, J ³1970; J. *Heinemann*, Aggadah; D. *Henschke*, The Midrash of the Passover Haggada (h), Sidra 4 (1988) 33–52; M. D. *Herr*, EJ XI, 1507–1514; K. *Hruby*, Exégèse rabbinique et exégèse patristique, Revue des sciences religieuses 47 (1973) 341–372; M. *Jurgrau*, Targumic and Midrashic Methods of Interpretation (h), Bar-Ilan 12 (1974) 179–199; M. *Kadushin*, The Rabbinic Mind, NY ²1965; R. *Le Déaut*, A propos d'une définition du midrash, Bib 50 (1969) 395–413; F. Maaß, Von den Ursprüngen der rabbinischen Schriftauslegung, ZThK 52 (1955) 129–161; E. Z. *Melammed*, Bible Commentators (h), J 1975, I 5–128; D. *Muñoz Leon*, Derás. Los caminos y sentidos de la palabra divina en la Escritura I: Derás targúmico y derás neotestamentario, Madrid 1987; J. *Neusner*, Midrash in Context. Exegesis in Formative Judaism, Phil. 1983; *ders.*, What is Midrash?, Phil. 1987; *ders.*, Midrash as Literature. The Primacy of Documentary Discourse, Lanham 1987; *ders.*, Invitation to Midrash, San Francisco 1988; G. *Porton*, Defining Midrash, in: J. Neusner, Hg., The Study I 55–92 (überarbeitet aus ANRW. II, 19/2, B-NY 1979, 103–138); *ders.*, Understanding Rabbinic Midrash: Texts and Commentary, Hoboken 1985; A. *Samely*, Between Scripture and its Rewording: Towards a Classification of Rabbinic Exegesis, JJS 42 (1991) 39–67; R. S. *Sarason*, Toward a New Agendum for the Study of Rabbinic Midrashic Literature, GS J. Heinemann, J 1981, 55–73; I. L. *Seeligmann*, Voraussetzungen der Midraschexegese, VTS 1 (L 1953) 150–181; A. *Shinan* – Y. *Zakovitch*, Midrash on Scripture and Midrash Within Scripture, SH 31 (1986) 257–277; G. *Stemberger*, Midrasch. Vom Umgang der Rabbinen mit der Bibel, M 1989; G. *Vermes*, Scripture and Tradition in Judaism: Haggadic Studies, L ²1973 (Ndr. 1983); *ders.*, Bible and Midrash: Early Old Testament Exegesis, in: *ders.*, Studies 59–91; *J. Weingreen*, From Bible to Mishnah, Manchester 1976; *A. G. Wright*, The Literary Genre Midrash, Staten Island, NY 1967 (dazu Le Déaut im genannten Aufsatz).

1) Der Begriff

Lit.: Bacher, ET I 25–28.103–5; II 41–3.107; *I. Frankel*, Peshat in Talmudic and Midrashic Literature, Toronto 1956; *M. Gertner*, Terms of Scriptural Interpretation: A Study in Hebrew Semantics, BSOAS 25 (1962) 1–27; *I. Heinemann*, Lehitpatchut ha-munachim ha-miqtsoʿiim le-ferusch ha-Miqra, Leschonenu 14 (1946) 182–9; *R. Loewe*, The „Plain" Meaning of Scripture in Early Jewish Exegesis, Papers of the Institute of Jewish Studies, Lo, 1 (1964) 140–185; *S. Wagner*, ThWAT II (1977) 313–329.

Midrasch ist vom Verb *darasch* abgeleitet, das „suchen, fragen" bedeutet. Schon in der Bibel wird das Verb vorwiegend theologisch verwendet, mit Gott oder der Tora u. ä. als Objekt (z. B. Esr 7,10 „das Gesetz Gottes erforschen", Jes 34,16 „im Buch Gottes nachforschen"). Das Substantiv Midrasch kommt in zwei späten Stellen vor: nach 2 Chron 13,22 ist die Geschichte Abijas „aufgezeichnet im Midrasch des Propheten Iddo"; 24,27 spricht vom „Midrasch zum Buch der Könige". Die genaue Bedeutung von Midrasch ist an beiden Stellen nicht sicher: „Buch, Werk" (die LXX übersetzt *biblion* bzw. *graphe*, die Vulgata *liber*) oder doch schon im späteren Sinn eine „Auslegungsschrift". Sir 51,23 ist der erste Beleg für *bet midrasch*, „Lehrhaus". Im Sinn von „Lehre, Belehrung" ist Midrasch jetzt auch in Qumran belegt: *midrasch le-maskil* in 4QS b und d (*G. Vermes*, JJS 42, 1991, 254: „Teaching for the master"); mehrfach verwendet Qumran *darasch* im Sinn von „erforschen, auslegen" (die Gesetze oder Gebote: 1QS 5,11; 6,6; 4Qfl 1,11) und spricht vom *midrasch ha-tora* (1QS 8,15; CD 20,6).

Damit ist der rabb. Sprachgebrauch schon gegeben, wo Midrasch v. a. „Forschung, Studium" ist und als „Theorie" vom wichtigeren Tun (*maʿase*) abgesetzt wird (Ab I,17), insofern synonym mit *talmud*, das z. B. in pPes III,7,30b dem Tun gegenübergestellt wird. Im engeren Sinn als „Auslegung" steht Midrasch in Ket IV,6 *ze midrasch darasch*, „diese Auslegung legte er vor" (Gegenstand der Auslegung ist hier die Ketubba). Speziell wird Midrasch dann auf die Beschäftigung mit der Bibel bezogen: so z. B. pJoma III,5, 40c, wonach sich jede Schriftauslegung (*midrasch*) nach dem Inhalt zu richten hat. Das *bet ha-midrasch* ist somit das Lehrhaus, in dem man dem Studium v. a. der Bibel obliegt (z. B. Schab XVI,1; Pes IV,4). Konkret bezeichnet Midrasch dann auch das Ergebnis der Auslegung bzw. Schriftwerke, die Bibelauslegung enthalten. Der *darschan* (aram. *daroscha*) ist der Schriftausleger oder Prediger.

An sich besagt der Ausdruck nicht eine bestimmte Methode der Bibelauslegung, die der Erhebung des Wortsinns, dem *peschat*, gegenübergestellt werden könnte, wie dies dann in der mittelalterlichen Exegese der Fall ist (auch wenn es eine Unterscheidung *derasch-peschat* schon in amoräischer Zeit gibt: *Heinemann* 188; vgl. Ar 8b; Er 23b; Sanh 100b u.ö.). Auch der *peschat* ist in talmudischer Zeit nicht der einfache Wortsinn, sondern vielfach nur eine durch lange Tradition oder Lehrautorität geheiligte Meinung.

Midrasch läßt sich nicht genau definieren, eher beschreiben, wie *R. Le Déaut* 401 betont. *G. G. Porton* umschreibt „midrash as a type of literature, oral or written, which stands in direct relationship to a fixed, canonical text, considered to be the authoritative and the revealed word of God by the midrashist and his audience, and in which this canonical text is explicitly cited or clearly alluded to" (The Study 62).

Der kanonische (oder vielleicht allgemeiner: religiös autoritative) Text ist sicher wesentliche Voraussetzung des Midrasch (auch wenn Ket IV,6 als Gegenstand der Auslegung die Ketubba nennt); Midrasch ist aber nicht nur „a literature about a literature" *(Wright* 74), wie *R. Le Déaut* (406) zu Recht moniert; er kann ebensogut statt auf einen biblischen Text auf ein biblisches Ereignis anspielen. Die von *Porton* in die Definition des Midrasch aufgenommene Einstellung der Zuhörer bzw. der Leser zum kommentierten kanonischen Text (oder biblischen Ereignis) gehört nicht dazu, da sie fast immer unüberprüfbar bleiben müßte.

2) Anfänge der Midraschexegese

Ansätze zu einer midraschischen Auslegung früherer Bibeltexte hat es schon *innerhalb der Bibel* selbst gegeben (dazu umfassend *M. Fishbane*): „Die älteste Midraschexegese (hat sich) organisch aus der Eigenart der biblischen Literatur entwickelt" (*Seeligmann* 151). So hat man etwa die Chronikbücher als Art Midrasch zu den Büchern Sam und Kön verstanden (*Seeligmann* in Tarbiz 49, 1979f, 14–32), ebenso die chronistischen Zusätze in früheren Büchern gesehen (z.B. Glosse in Gen 22,14, die den Berg der Opferung Isaaks mit dem Tempelberg gleichsetzt). Ebenso sind hier die Geschichtspsalmen zu nennen und v.a. auch die Überschriften der Psalmen.

Aus der *nachbiblischen Literatur* sei das Lob der Väter in Sir 44–50 genannt, die Schilderung des Wirkens der Weisheit in der Geschichte Israels in Weish 10–19, ebenso auch das midraschische Element in der LXX sowie im Werk des Philo oder des Josephus. Umstritten ist die genauere Bestimmung der literarischen Gattung von Jubiläen und Genesisapokryphon. Zu Jubiläen als Rewritten Bible siehe *J. C. Endres*, Biblical Interpretation in the Book of Jubilees, Washington 1987. Das Gen-Apokryphon „contains elements similar to a *targum* and to a *midrash*" (*J. A. Fitzmyer*,

The Genesis Apocryphon of Qumran Cave I, R ²1971, 10) und ist nach *M. R. Lehmann* wahrscheinlich „the oldest prototype of both available to us" (RQ 1, 1958f, 251).

Das *Verhältnis von Targum und Midrasch* ist überhaupt nicht klar abzugrenzen. Für beide wird Neh 8,8 oft als Ausgangspunkt, wenn nicht gar als erster Beleg genannt. Dort heißt es von der Verlesung der Tora unter Esra: „Und sie lasen im Buch, der Tora Gottes, in Abschnitten und mit Erklärungen, so daß sie das Gelesene verstanden". Jedenfalls ist der Targum nicht einfach Übersetzung, sondern auch Erklärung und oft auch Erweiterung der Bibel mit Haggada. Mit *Le Déaut* 411 ist anzunehmen, daß viele Elemente vom Targum in den Midrasch kamen und umgekehrt, also keine selbständige Geschichte der beiden literarischen Gattungen anzunehmen ist (siehe dazu v. a. *A. Sperber*, The Bible in Aramaic IV B: The Targum and the Hebrew Bible, L 1973, sowie die Texte in IV A: The Hagiographa. Transition from Translation to Midrash, L 1968; zu Bd B siehe *A. Díez Macho*, JSJ 6, 1975, 217–236; für Parallelen zwischen Pentateuch-Targumen und rabb. Literatur siehe *E. B. Levine* im Anhang zu *A. Díez Macho*, Neophyti I. Targum Palestinense MS de la Biblioteca Vaticana, Bde II–V, Madrid 1970–78). Die Verwandtschaft der beiden Gattungen ergibt sich auch aus dem gemeinsamen Sitz im Leben, der für beide in Schule sowie Synagogenliturgie zu sehen ist (dazu *A. D. York*, The Targum in the Synagogue and in the School, JSJ 10, 1979, 74–86); Meturgeman und Darschan, Übersetzer und Prediger, sind sicher oft identisch gewesen. Das besagt jedoch nichts über die eigentlichen Anfänge des Midrasch, wie *Porton* (The Study 67) zu Recht betont: „Those who argue that the regular readings of the Torah within the synagogal service gave rise to midrash find little evidence upon which to base their theory".

Aus Qumran ist als eigene Gattung der Bibelauslegung auch der *Pescher* bekannt geworden (1QpHab). Nach jedem einzelnen Bibelvers folgt die Deutung des Prophetentextes auf die Gegenwart der Gemeinde von Qumran. Darin spiegelt sich die Überzeugung, daß die Prophetentexte über ihren gewöhnlichen Sinn hinaus eine Bedeutung für das Ende der Tage haben, das sich in der Gegenwart des Auslegers erfüllt. Hierin sind diese Kommentare mit den Erfüllungszitaten im Neuen Testament zu vergleichen. Der Pescher ist als Untergattung des Midrasch zu betrachten (vgl. *H. Gabrion*, L'interprétation de l'Écriture dans la littérature de Qumran, ANRW II 19,1, B-NY 1979, 779–848; *W. H. Brownlee*, The Midrash Pesher of Habakkuk, Missoula 1979; *M. P. Horgan*, Pesharim: Qumran Interpretations of Biblical Books, Washington 1979).

Midraschartige Texte hat man auch im *Neuen Testament* festgestellt; besonders für die Kindheitsevangelien und für die Erzählung von der Versuchung Jesu hat man vielfach den Begriff Midrasch verwendet. Allerdings ist gerade in der neutestamentlichen Forschung die Bestimmung eines Textes als Midrasch vielfach zu einer Modeströmung geworden, wobei nicht immer genügend auf die Eigenart des rabb. Midrasch als Ausgangspunkt geachtet worden ist. *Wright*'s Arbeit über die literarische Gattung Midrasch geht von dieser Unsicherheit in der neutestamentlichen Forschung aus.

Zu nennen ist auch der *Liber Antiquitatum Biblicarum*, der wohl vom Ende des 1. Jhs. stammt und von *Porton* als „one of the oldest midrashic works in our possession" bezeichnet wird (The Study 72; dagegen *M. D. Herr* 1508: LAB ist kein Midrasch!); *L. Finkelstein* wiederum, allerdings mit sehr fragwürdigen Argumenten für seine Datierung, betrachtet die Pesach-Haggada als den ältesten eigentlichen Midrasch (cf. dazu *D. Henschke*). Eine längere Vorgeschichte des Midrasch vor rabb. Zeit läßt sich jedenfalls nicht bestreiten.

3) Die Eigenart des rabbinischen Midrasch

Wie schon bei seinen Vorläufern, so ist auch beim rabb. Midrasch das *religiöse Interesse* der Bibelbearbeitung und -auslegung von Bedeutung. Midrasch ist nicht „objektive" Fachexegese, auch wenn er sich zuweilen deren Methoden aneignet, die philologische Fragestellung ebenso kennt wie das textkritische Interesse (die *al-tiqri*-Auslegung in der rabb. Literatur dient jedoch durchaus nicht immer nur der Textkritik: vgl. *Seeligmann* 160; *I. Heinemann*, Darkhe 127–9); ebenso ist dem Midrasch das Prinzip der Auslegung aus dem Kontext, der Erklärung der Bibel aus der Bibel, selbstverständlich: Kontext ist jedoch die ganze Bibel; in dieser kann jeder Vers mit jedem in Beziehung gesetzt werden; die spezielle Intention einer einzelnen Schrift interessiert hingegen kaum. Die Bibel wird eben als geschlossene Einheit empfunden, deren göttliche Botschaft entsprechend einheitlich ist. Daß Midrasch primär religiöse Betätigung ist, zeigt auch die (spät eingeführte) Rezitation der dreizehn Regeln Jischmaels im Morgengebet. Er kommt aus dem Bewußtsein einer untrennbaren Zusammengehörigkeit Israels und seiner Bibel, weshalb Midrasch immer auch *Aktualisierung* ist, die Gegenwartsbedeutung des Textes bzw. der biblischen Geschichte stets von neuem zu erheben hat. Nicht immer allerdings ist der Gegenwartsbezug der Midraschexegese offensichtlich; aber auch dort, wo sie oberflächlich betrachtet nur der frommen Neugierde dient, geht es letztlich darum, die Bibel stets die geistig-religiöse Umwelt sein zu lassen, in der der Jude lebt.

Die *Methoden* der Bibelauslegung im Midrasch beschränken sich nicht auf die hermeneutischen Regeln. *G. Vermes* unterscheidet zwischen „reiner Exegese", in der es um sprachliche Probleme, echte und vermeintliche Lücken und Widersprüche im Text geht, und „angewandter Exegese", „providing a non-scriptural problem with a scriptural solution" (Bible and Midrash 62). Auch ist, wie schon früher betont, zwischen Halakha und

Haggada zu unterscheiden. Die *halakhische Exegese* muß nicht nur die in der Bibel fehlenden Details nachliefern, die erst die genaue Gebrauchsanweisung einer biblischen Vorschrift sind; sie muß auch Widersprüche ausgleichen(etwa zwischen Dtn 15,12 und Ex 21,7 hinsichtlich der Freilassung der Sklavin: *Vermes*, Bible and Midrash 69), den Bibeltext mit der bestehenden Praxis in Übereinstimmung bringen (etwa in der Frage des Bilderverbots), in der Bibel noch gar nicht vorgesehene Regelungen biblisch abstützen (Bibelstelle als *asmakhta*, „Stütze", oder *zekher*, „Erinnerung, Hinweis") usw. Die *haggadische Exegese* ist freier, mehr vom spielerischen Moment mitbestimmt, dennoch aber in ihrer Weise stark traditionsgebunden wie andererseits auch zeitgeschichtlichen Einflüssen offen (z.B. für apologetische und polemische Notwendigkeiten). Die Unterschiede zwischen halakhischer und haggadischer Exegese sind jedenfalls weniger prinzipiell, als vielmehr durch die verschiedene Zielrichtung beider bestimmt.

I. Heinemann (Darkhe) spricht von zwei Hauptrichtungen in der Haggada: die „*schöpferische Geschichtsschreibung*" füllt biblische Erzählungen auf, indem sie Details ergänzt, Personen identifiziert, die Lebensverhältnisse der biblischen Gestalten anachronistisch zeichnet, diesen die Kenntnis der ganzen Bibel und auch der Zukunft zuschreibt, Widersprüche bereinigt, durch Analogie die Details der Erzählungen miteinander verbindet usw. Die „*schöpferische Philologie*" deutet nicht nur Wiederholungen von Worten und Sätzen, für das Verständnis eines Satzes nicht notwendige Wendungen, sondern auch das Fehlen von Details, die man erwarten würde, durch ein argumentum ex silentio. Sie achtet auf kleine stilistische Abweichungen zwischen parallelen Aussagen und Erzählungen, verschiedene Möglichkeiten, ein nicht vokalisiertes Wort zu lesen, sowie auf sprachlich antiquierte Formen der Bibel. Von der Selbständigkeit der einzelnen Redeteile überzeugt, nimmt sie oft ihre eigene Abtrennung von Worten und Sätzen vor (anfänglich gab es in MSS zwischen den einzelnen Worten keine Zwischenräume!), zerlegt ein Wort in Teile oder betrachtet es als Notarikon, zählt die Häufigkeit des Vorkommens eines bestimmten Buchstabens in einem Abschnitt, achtet auf die Stellung eines Wortes im Zusammenhang, um daraus etwas abzuleiten, dreht die Reihenfolge von Worten in einem Satz um, deutet eigenwilligst Eigennnamen usw.

Was willkürlicher Umgang mit dem Bibeltext zu sein scheint, entspringt in Wirklichkeit der Auffassung, daß in der Tora alles enthalten ist; Abot V,22 sagt Ben Bag Bag: „Wende und wende sie (die Tora), denn alles ist in ihr". Auch ist die Bibel, wie man überzeugt ist, mehrdeutig: „Eine Bibelstelle hat mehrere Bedeutungen" (Sanh 34a). Dabei bleiben sich die Rabbinen jedoch bewußt, daß sie in ihrer Auslegung der Bibel gelegentlich Gewalt antun; so wirft etwa Jischmael dem Eliezer ben Hyrkan vor: „Siehe, du sagst zur Schrift: sei still, bis ich dich auslege" (Sifra, Tazria Negaim 13,2, W. 68b). Wesentlich bleibt jedoch immer das Bewußtsein, daß die Bibel relevant bleibt, das Wort Gottes an den Menschen von heute ist.

Eine brauchbare Beschreibung des rabb. Midrasch muß auch imstande sein, diesen von der midraschartigen Literatur zur Bibel vor und nach der rabb. Periode abzugrenzen, Vorläufer und Nachfolger der rabb. Bibelauslegung aufzuzeigen. *D. Halivni* (Midrash 118ff) versucht eine Unterscheidung von „einfachem" und „komplexem" Midrasch; ähnlich hebt *Abr. Goldberg* in einem Vergleich der Tempelrolle von Qumran mit frühen rabb. Texten hervor, daß die Tempelrolle als „früher Midrasch" die Halakha nicht mit Regeln von der Bibel ableitet oder aus dieser beweist, sondern sie gleichwertig und sprachlich nicht unterscheidbar neben den Bibeltext stellt und mit Bibelversen umrahmt. Nicht zu belegen ist allerdings die Ansicht, die pharisäische Halakha sei ebenfalls in dieser Form dargeboten worden und Spuren der Weiterentwicklung zum „späten Midrasch" ließen sich noch in Texten wie Sota VIII nachweisen. Richtig ist jedoch, daß der rabb. Midrasch gegenüber seinen Vorformen vielfach den Bibeltext als Beweis verwendet, ihn sprachlich von der Auslegung klar trennt und vielfach auch die Regeln angibt, aus denen sich eine Auslegung ergibt. Als zusätzliche Charakteristik ist die Angabe von Rabbinen als Autoren bzw. Tradenten von Auslegungen hervorzuheben. In späten Midraschim werden Rabbinennamen immer seltener, um schließlich fast völlig zu verschwinden.

4) Einteilung der Midraschim

Die erhaltenen rabb. Midraschim lassen sich folgenderweise einteilen:

a) Halakhische und haggadische Midraschim

Die Abtrennung ist nicht genau, insoferne auch die halakhischen Midraschim haggadischen Stoff enthalten und umgekehrt; doch kennzeichnet sie das jeweils dominierende Interesse eines Midrasch. Gegen die Bezeichnung einer Midraschgruppe als haggadische Midraschim wird gelegentlich der Einwand erhoben, der Ausdruck sei eine Tautologie. Die ursprüngliche Bedeutung von Haggada sei ja Bibelauslegung, wie die Einleitungsformel *maggid ha-katub* nahelegt *(Bacher*, ET I 30; vgl. *Porton*, The Study 77). Doch betrifft dieser Einwand höchstens die Herkunft des Begriffs Haggada; denn in der weiteren Entwicklung erfolgte eindeutig eine Einschränkung des Begriffs. Wie *Bacher* selbst betont (ET I 33), „hat das Substantiv schon in früher Zeit im Sprachgebrauche der Schulen die Bedeutung nichthalachischer Schrifterklärung gewonnen. Denn nur in dieser Bedeutung tritt uns das Wort in den ältesten Traditionen entgegen". Die überkommene inhaltliche Einteilung ist also beizubehalten. Die Bezeichnung der halakhischen Midraschim als *„tannaitische Midraschim"* ist hingegen als Einteilungsprinzip nur dann konsequent, wenn man auch von amoräischen bzw. gaonäischen Midraschim spricht, d.h. die Entstehungszeit zum Einteilungsgrund macht. Dazu ist jedoch die Datierung vieler Midraschim (bes. auch der halakhischen Midraschim) viel zu problematisch.

b) Exegetische und homiletische Midraschim

Von der Form her unterscheiden wir exegetische und homiletische Midraschim, auch als Auslegungs- bzw. Predigtmidraschim bezeichnet. Doch auch hier ist keine glatte Trennung durchzuführen, insofern sich gelegentlich charakteristische Züge der einen Gattung auch in der anderen finden. Doch prinzipiell ist es ein Unterschied, ob der Midrasch den biblischen Text Vers für Vers, oft sogar Wort für Wort auslegt oder nur zu einzelnen Versen bzw. zum Hauptthema des Wochenabschnitts der Tora- oder Prophetenlesung einen erbaulichen Kommentar gibt. Auch bieten die Predigtmidraschim sicher i.a. nicht tatsächlich gehaltene Synagogenpredigten, sondern literarische Kurzfassungen, die z.T. auch direkt in den Schulen entwickelt worden sind.

Die Vermischung der verschiedenen Gattungen im Midrasch ist sicher auch dadurch gefördert worden, daß Midrasch mehr noch als die sonstige rabb. Literatur weitgehend Zitatliteratur, Komposition aus vorliegenden Texteinheiten ist. Besonders im exegetischen Midrasch besteht die Neigung zur Aneinanderreihung von Auslegungen entsprechend der Anordnung des Bibeltextes, wobei gewöhnlich die Autoren bzw. Tradenten der einzelnen Auslegungen genannt werden. Die Verknüpfung von Auslegungen mit der wiederholten Einleitung *dabar acher*, „andere Auslegung", läßt an bloß katenenartige Sammlungen denken; vielfach jedoch sind solche nebeneinandergestellte Auslegungen keine Alternativen, sondern Teile einer bewußt komponierten Gesamtdarstellung (siehe *E. Ungar*, When „Another Matter" is the Same Matter. The Case of Davar-Aher in Pesiqta DeRab Kahana, in: *J. Neusner*, Hg., Approaches to Ancient Judaism. New Series II, Atlanta 1990, 1–43; *J. Neusner*, Symbol and Theology in Early Judaism, Minneapolis 1991).

c) Entstehungsland

Fast alle Midraschim mit Ausnahme der späten Sammelwerke sind in Palästina entstanden. Zwar hat man auch in Babylonien auf dem Gebiet des Midrasch gearbeitet, wenn auch offenbar nicht in dem Umfang wie in Palästina; babylonische Midraschtexte, die zum Teil palästinisches Material verwerten, dieses jedoch vielfach den eigenen Interessen anpassen und selbstständig bearbeiten, sind nicht als eigene Schriften überliefert, sondern in bT integriert worden (siehe S. 200).

5) Der Lesezyklus in der Synagoge

Lit.: *M. Bregman*, The Triennial Haftarot and the Perorations of the Midrashic Homilies, JJS 32 (1981) 74–84; *A. Büchler*, The Reading of the Law and the Prophets in a Triennial Cycle, JQR 5 (1892f) 420–468; 6 (1893f) 1–73 (Ndr. in *J. J. Petuchowski*, Hg., Contributions to the Scientific Study of Jewish Liturgy, NY 1970); *I. Elbogen*, Der jüdische Gottesdienst in seiner geschichtlichen Entwicklung, F ³1931 (Ndr. H 1962), 155–186; *E. Fleischer*, A List of Yearly Holidays in a Piyyut by Qiliri (h), Tarbiz 52 (1982f) 223–272; *J. Heinemann*, The Triennial Lectionary Cycle, JJS 19 (1968) 41–8; *M. L. Klein*, Four Notes on the Triennial Lectionary Cycle, JJS 32 (1981) 65–73; *J. Mann*, The Bible as Read and Preached in the Synagogue, Cincinnati I 1940 (Ndr. NY 1971 mit Prolegomenon von *B. Z. Wacholder*), II 1966 (von *I. Sonne* vollendet); *G. F. Moore*, Judaism in the First Centuries of the Christian Era I, C (M) 1927 (Ndr. 1958) 296–302; *J. Offer*, The Masoretic Divisions (Sedarim) in the Books of the Prophets and Hagiographa (h), Tarbiz 58 (1988f) 155–189; *Ch. Perrot*, La lecture de la Bible dans la synagogue. Les anciennes lectures palestiniennes du Shabbat et des fêtes, H 1973; *D. Rosenthal*, The Torah Reading in the Annual Cycle in the Land of Israel (h), Tarbiz 53 (1983f) 144–8.

Die Homilien-Midraschim bieten Predigten zu den Synagogen-Lesungen der Sabbate und Festtage. Sie folgen einer palästinischen Leseordnung, auch wenn sie meist nachträglich nach der babylonischen Ordnung unterteilt worden sind (ebenso verfuhr man mit den halakhischen Midraschim, die ursprünglich ein völlig anderes Gliederungsprinzip gehabt haben).

a) Die Tora-Lesung

Meg III,6 sieht eine lectio continua der Tora vor; doch ist nicht einheitlich geregelt, ob die Wochentagslesungen in den Ablauf einbezogen werden oder nicht. Aus Meg 29 b geht hervor, daß man in Babylonien einen einjährigen Lesezyklus hatte, in Palästina einen dreijährigen (der Text ist allerdings nicht datierbar; offen ist auch, ob hier „drei Jahre" im strikten Sinn gemeint sind). Doch gab es in Palästina noch in gaonäischer Zeit *keine einheitlichen Zyklen* (für die rabb. Zeit cf. LevR 3,6, M. 69; für die gaon. Periode Ha-Chilluqim sche-ben ansche mizrach u-bene Erets Jisrael, Hg. *M. Margoliot*, J 1938, 88); vielmehr variierten die Zyklen von Ort zu Ort. Das belegen auch die verschiedenen Perikopenlisten (die Pentateuch-Perikope heißt in Palästina Seder, in Babylonien Parascha): 141, 154, 155 und 167 Sedarim sind belegt. Die Lesungen waren auch nicht an bestimmte Jahreszeiten gebunden, wie u. a. aus den Qerobot Jannais hervorgeht. Statt eines Zyklus von genau 3 Jahren haben wir somit einen solchen von ca. 3½ bis fast 4 Jahren anzunehmen. Auch wird der Zyklus unterbrochen, z.B. für die besonderen Sabbate (für die ebenso wie für die Feste die Lesung schon sehr früh feststeht). Es kann somit keine feste Entsprechung bestimmter Tora- mit bestimmten Prophetenlesungen gegeben haben.

Der babylonische einjährige Zyklus teilt den Pentateuch in 54 Wochenabschnitte; es ist möglich, daß auch diese Leseordnung ursprünglich aus Palästina stammt *(Wacholder* XXIII, *Perrot* 146f). Einen Hinweis darauf sieht *E. Fleischer* in einem von ihm veröffentlichten Pijjut ha-Kallirs, der den einjährigen Zyklus sowie das Fest Simchat Tora als dessen Abschluß voraussetzt. Problematischer ist dagegen die Annahme von *D. Rosenthal*, der in AZ 2a–3b den einjährigen Zyklus in Palästina (vielleicht als Brauch der Synagoge der Babylonier in Sepphoris) schon für das Ende des 3. Jhs. belegt sieht.

b) Die Prophetenlesung

Die Prophetenlesung heißt *Haftara* („Abschluß, Entlassung"; vgl. den palästinischen Ausdruck *aschlemata*, „Vollendung", d.h. wohl der Bibellesung, nicht des Gottesdienstes selbst). Sie ist zwar schon im Neuen Testament belegt (Lk 4,17), jedoch erst sehr spät nach einem Zyklus geregelt worden. Anders als für die Toralesung galt für die der Propheten nicht die Pflicht der lectio continua (Meg IV,4). Die Lesungen für die Feste und ausgezeichneten Sabbate waren schon sehr früh festgelegt (TMeg III,1–7, L. 353–5; dazu *Lieberman*, TK V 1164ff); im übrigen galt jedoch lange Wahlfreiheit, wenn nur die Haftara irgendwie mit dem Seder zusammenpaßte (Meg 29b). Vielfach wurden die Haftarot in eigenen Rollen zusammengeschrieben (Git 60a); soweit man aus den späten Haftarot-Listen des „dreijährigen" Zyklus entnehmen kann, wurden bei deren Auswahl Jesaja und die zwölf kleinen Propheten ganz besonders bevorzugt. An den drei Trauer- und sieben Trostsabbaten (17. Tammuz bis Sukkot), zu denen die Haftarot ebenfalls schon sehr früh feststanden, hat sich die Synagogenpredigt an die Haftarot gehalten; wieweit sie diese sonst berücksichtigt hat, ist nicht allgemein zu beantworten (vgl. *Wacholder* XII gegen *Mann*). Zwar zitieren die (literarischen!) Homilien der Midraschim im tröstlichen Schlußteil (Chatima) oft den Anfangsvers der Haftara. Da aber viele andere Chatimot nicht einer bekannten Haftara entsprechen bzw. gar nicht mit einem Prophetenvers enden, ist es wohl nur im Einzelfall möglich, von der Peroratio der Homilie auf den Prophetentext zu schließen, der zusammen mit einem gewissen Toraabschnitt gelesen wurde *(Bregman)*.

c) Hagiographen

Nach Schab XVI,1 werden die Hagiographen im Synagogengottesdienst am Sabbat nicht gelesen; pSchab XVI,1,15c schränkt dies auf die Zeit vor dem Mincha-Gebet ein, zu welchem Schab 116b ausdrücklich für Nehardea die Lesung der Ketubim belegt. Sehr früh ist die Lesung von Ester für Purim belegt; die von Rut, Hld und Klgl ist in Soferim XIV,3 bezeugt.

Selbstverständlich wurden im Gottesdienst auch die Psalmen rezitiert, doch i. a. wohl kaum nach einer festen Ordnung.

6) Synagogenpredigt, Peticha und Chatima

Lit.: N. J. *Cohen,* Structure and Editing in the Homiletic Midrashim, AJSR 6 (1981) 1–20; A. *Goldberg,* Die „Semikha". Eine Kompositionsform der rabbinischen Homilie, FJB 14 (1986) 1–70; J. *Heinemann,* Sermons in the Talmudic Period (h), J 1970; *ders.,* EJ XIII, 994–8; *ders.,* On Life and Death. Anatomy of a Rabbinic Sermon, SH 27 (1978) 52–65 (zu Schab 30a–b); M. *Hirshman,* The Preacher and His Public in Third-Century Palestine, JJS 42 (1991) 108–114; S. *Maybaum,* Die ältesten Phasen in der Entwicklung der jüdischen Predigt, 19. Bericht der Lehranstalt für die Wissenschaft des Judenthums in Berlin, 1901; *Zunz,* GV 342–372.

Zur Peticha: W. *Bacher,* Die Proömien der alten jüdischen Homilie, Le 1913 (Ndr. Westmead 1970); M. *Bregman,* Circular Proems and Proems Beginning with the Formula ‚Zo he shene'emra beruaḥ haq-qodesh'(h), GS J. Heinemann, J 1981, hebr. Teil 34–51; H. *Fox,* The Circular Proem: Composition, Terminology and Antecedents, PAAJR 49 (1982) 1–31; A. *Goldberg,* Petiḥa und Ḥariza. Zur Korrektur eines Mißverständnisses, JSJ 10 (1979) 213–8; *ders.,* Versuch über die hermeneutische Präsupposition und Struktur der Petiḥa, FJB 8 (1980) 1–59; K.-E. *Grözinger,* Prediger gottseliger Diesseitszuversicht, FJB 5 (1977) 42–64; J. *Heinemann,* The petiḥtot in aggadic midrashim, their origin and function (h), 4th WCJS, J 1968, II 43–7; *ders.,* The Proem in the Aggadic Midrashim – A Form-Critical Study, SH 22 (1971) 100–122; *ders.,* Tannaitic Proems and their Formal Characteristics (h), 5th WCJS, J 1972, III 121–134; M. S. *Jaffee,* The „Midrashic" Proem: Towards the Description of Rabbinic Exegesis, in: W. S. *Green,* Hg., Approaches IV 95–112; B. *Kern,* Paraphrasendeutung im Midrasch. Die Paraphrase des Petiḥaverses, FJB 9 (1981) 115–161; P. *Schäfer,* Die Peticha – ein Proömium?, Kairos 12 (1970) 216–9; E. L. *Segal,* The *Petiḥta* in Babylonia (h), Tarbiz 54 (1984f) 177–204; A. *Shinan,* Letorat happetiḥta, JSHL 1 (1981) 135–142.

Zur Chatima: A. *Goldberg,* Die Peroratio (Ḥatima) als Kompositionsform der rabbinischen Homilie, FJB 6 (1978) 1–22; E. *Stein,* Die homiletische Peroratio im Midrasch, HUCA 8–9 (1931–2) 353–371.

Die rabb. Predigt, sei sie nun Volkspredigt in der Synagoge, für einen breiteren Kreis im Lehrhaus außerhalb des Gottesdienstes (und damit zeitlich nicht so gebunden) oder als Schulvortrag in der rabb. Akademie gedacht, sei sie gekürztes Referat einer tatsächlich gehaltenen Predigt oder Literaturpredigt, war – den Umständen entsprechend und auch je nach Zeit und Gegend verschieden stark – durch bestimmte Konventionen geprägt. Davon sind bisher Peticha und Chatima besonders untersucht worden; der Hauptteil der Predigt hingegen weist nicht so deutlich zutage liegende Gesetzmäßigkeiten auf und blieb bisher eher vernachlässigt. Wie N. J. *Cohen* herausarbeitet, ist in den frühen Predigtmidraschim der Hauptteil der Predigt gewöhnlich durch die Behandlung thematischer Fragen geprägt, auf die exegetischen Bemerkungen zu den ersten Versen der

Perikope folgen. In späteren Midraschim hält man sich nicht mehr an diese Reihenfolge und mischt sogar Petichot in den Hauptteil. Darin möchte *Cohen* jedoch keine Verwilderung der Form sehen: „the breakdown in the fixed structure of the rabbinic derashah was due to a conscious decision on the part of the editors to enhance the artful editing of their homilies" (Structure 20). Wenn auch in Einzelbeispielen eine größere thematische Verflechtung innerhalb der späteren Homilie festzustellen ist, kann man jedoch den formalen Verfall nicht übersehen.

a) Die Peticha

Die Peticha ist wohl die häufigste Form der Midraschliteratur. W. *Bacher* hat in den ihm zur Verfügung stehenden Texten fast 1400 Beispiele gezählt; doch gibt es eine große Zahl weiterer Belege. Der Name kommt von der üblichen Formel: *Rabbi N. N. patach*, „hat (die Predigt) eröffnet", oder auch: „hat gepredigt". Dementsprechend wird Peticha gewöhnlich als „Eröffnung", „Proömium" wiedergegeben, kann aber auch einfach „Predigt" bedeuten.

Der Grundaufbau ist dreigliedrig: ein Peticha-Vers, gewöhnlich nicht aus der biblischen Schrift(engruppe), aus der die Lesung stammt, meist aus den „Schriften"; der Prediger legt diesen Vers so aus, daß er zum abschließenden Lesungsvers (gewöhnlich dem 1. oder 2. Vers der Lesung, i.a. der Pentateuchlesung, daher auch „Sedervers") hinführt.

Neben dieser „einfachen Peticha" gibt es die zusammengesetzte, wenn die auslegende Überleitung vom Peticha-Vers zum Seder-Vers in mehreren Anläufen durch verschiedene zitierte Rabbinen erfolgt. Manchmal wird noch vor dem Peticha-Vers der Seder-Vers zitiert. Gelegentlich werden in der Peticha auch Schriftverse aus allen drei Teilen der Bibel verwendet: *Bacher* hat darin den Gedanken der Einheit der Schrift als Grundmotiv der Peticha gesehen; dagegen richtig *Goldberg* (JSJ 10): dies ist nicht typisch für die Peticha, sondern eine davon unabhängige besondere Form des Beweises.

Vereinzelt kommt die Peticha auch im halakhischen Midrasch vor (jedoch immer zweifelhaft) und wird auch manchmal in Talmud und Midrasch Tannaiten in den Mund gelegt. Ihre klassische Form erreicht sie jedenfalls in den frühen haggadischen Midraschim wie GenR und LevR, während es später immer mehr zu Mischformen kommt. Besonders ist jene Form zu nennen, die abschließend anstelle des Seder-Verses bzw. zusätzlich dazu den Peticha-Vers wiederholt, der somit als Rahmung der gesamten Peticha dient (von *Bregman* als circular proem bezeichnet). Diesen Aufbau verwendet gerne, wenn auch nicht ausschließlich, eine Sonderform der Peticha, die dem Peticha-Vers zu Beginn die Formel folgen läßt: „das ist es, was durch N. N. im heiligen Geist gesagt wurde" (zu dieser ruach-ha-qodesch-Peticha siehe auch A. *Goldberg*, Ich komme und wohne in deiner Mitte, F 1977, 14f). *Bregman* (Circular Proems) weist beide Formen als späte Entwicklung der literarischen Homilie nach, die besonders in der Tanchuma-Jelamdenu-Literatur beliebt waren.

Die Funktion der Peticha ist umstritten: ist sie eine Einleitung zu einer Predigt oder selbst die Predigt? *Bacher* hat mit der Übersetzung „Proömium" die Peticha als Einleitung gesehen. Dabei stellt sich die Frage, warum denn so zahlreiche Proömien erhalten sind, jedoch keine eigentlichen Predigten, wenn man nicht die den Proömien folgenden formlosen Aneinanderreihungen von Einzelauslegungen als solche betrachten möchte. *J. Heinemann* hat deshalb die Peticha als einführende Kurzpredigt vor der Lesung gedeutet, wofür sowohl die Kürze der Petichot wie auch ihr „auf den Kopf gestellter" Aufbau sprechen; später sind Petichot dann aber sicher auch als Einleitung zu längeren Predigten verwendet worden. *P. Schäfer* hingegen hält es für unmöglich, daß *patach* beide Bedeutungen, „eröffnen" und „erklären, predigen" gleichzeitig haben kann. Außerdem gibt es keinen Beleg, daß solche Einführungspredigten tatsächlich üblich waren. Daher schließt er, daß die Peticha die Predigt schlechthin sei und die Einleitungsformel *R.N.N. patach* sinngemäß bedeute, daß er den Perikopenvers mit Hilfe des zitierten Bibelverses ausgelegt habe. Wohl zu Recht hält *Grözinger* dies für eine Scheinalternative, da man vielfältige Funktionen der Peticha in der Geschichte der rabb. Homilie annehmen muß, wobei die Peticha sowohl eine selbständige homiletische Einheit oder auch Bestandteil einer zweigliedrigen Homilie, einer wirklich vorgetragenen wie auch einer Literaturpredigt – dann u.U. erst vom Redaktor gebildet – sein kann (FJB 43–7; zur Entwicklungsgeschichte v.a. *Bregman*, Circular Proems).

b) Die Chatima

Die Chatima („Abschluß" der Predigt) ist nicht direkt eine Peroratio, die ja durch rhetorische Stilmittel die Argumente der Rede zusammenfaßt und so den Zuhörer überzeugen will, was in der Chatima nicht so der Fall ist. Die rabb. Homilie ist bemüht, mit einem tröstlichen Ausklang zu enden (Sifre Dtn § 342, F. 391f, auf das Beispiel Moses zurückgeführt; PRK 13,14, M. 238: alle Propheten haben mit Mahnworten begonnen und mit Trostworten geendet, ausgenommen Jeremia). Die Einfügung von Trostworten am Ende von M- und T-Traktaten bezeugt dieselbe Tendenz.

Der messianische bzw. allgemein endzeitliche Ausblick in der Chatima ist analog zur Peticha gestaltet, doch nicht so fest geprägt. Die Chatima setzt im Perikopentext ein und leitet meist von dessen erstem oder letztem behandelten Vers (dem *injan*, dem eigentlichen Thema der Predigt) zum Chatima-Vers über, der gewöhnlich ein den Propheten entnommener tröstlicher Vers ist. Diesen leitet eine ziemlich geprägte Chatima-Formel ein, in der oft Gott als Sprecher auftritt und die gewöhnlich diese Welt der kommenden gegenüberstellt („nicht so wie in dieser Welt ist es in der kommenden", oder „so ist es in dieser Welt – um wieviel mehr in der kommenden" u.ä.). Anders als bei der Peticha ist bei der Chatima der Anfang schwer zu bestimmen, da nicht formal gekennzeichnet. Oft kann man ihn nur vom Schluß her erkennen.

Die homiletische Funktion dieser v. a. in der Pesiqta- und Tanchuma-Homilie beheimateten Form der Chatima ist, wie *Goldberg* betont (20–22), von der typologischen Schriftdeutung der rabb. Homilie her zu sehen. Der Prediger legt den Perikopenvers, der gewöhnlich von etwas Unvollkommenem und Unvollständigem spricht, bewußt in Richtung auf den Prophetenvers aus, führt also vom Unvollkommenen zum Vollkommenen hin. Die Chatima ist somit das eschatologische Schlußkerygma der Predigt.

II. Die halakhischen Midraschim

1) Allgemeine Einführung

Lit.: Ch. Albeck, Untersuchungen über die halakischen Midraschim, B 1927; *ders.*, Mabo 79–143; *M. Chernick*, The Use of Ribbuyim and Mi‘utim in the Halakic Midrash of R. Ishmael, JQR 70 (1979f) 96–116 (keine klare Trennung zwischen Jischmael und Aqiba); *J. N. Epstein*, ITL 497–746; *L. Finkelstein*, The Sources of the Tannaitic Midrashim, JQR 31 (1940f) 211–243; *Abr.Goldberg*, Leschonot „dabar acher" be-midresche ha-halakha, FS E. Z. Melamed, Ramat Gan 1982, 99–107; *A. J. Heschel*, Studies in Midrashic Literature (h), FS A. Weiss, NY 1964, 349–360 (Unterschiede zwischen den Schulen Jischmaels und Aqibas in der Haggada); *M. D. Herr*, EJ XI, 1521–3 (Zusammenfassung von *Albeck*); *D. Hoffmann*, Zur Einleitung in die halachischen Midraschim, B 1887; *J. N. Lightstone*, Oral and written Torah in the eyes of the Midrashist; new perspectives on the method and message of the Halakhic Midrashim, Studies in Religion 10,2 (1981) 187–193; *ders.*, Form as Meaning in Halakhic Midrash. A Programmatic Statement, Semeia 27 (1983) 24–35; *E. Z. Melammed*, Introduction 161–317; *ders.*, The Relationship between the Halakhic Midrashim and the Mishna and Tosefta: The Use of Mishna and Tosefta in the Halakhic Midrashim (h), J 1967 (zusammengefaßt in Introd. 223–258); *S. K. Mirsky*, The schools of Hillel, R. Ishmael and R. Akiba in Pentateuchal interpretation, FS I. Brodie, Lo 1966, I 291–9; *J. Neusner*, The Canonical History of Ideas. The Place of the So-called Tannaite Midrashim, Atlanta 1990; *G. G. Porton*, Ishmael II.

Die halakhischen Midraschim sind Auslegungsmidraschim zu Ex bis Dtn. Wie der Name besagt, sind sie v. a. gesetzlich ausgerichtet; sie bemühen sich, die Schrift als die Quelle der Halakha nachzuweisen und diese (nicht unbedingt gleich polemische) Gegenposition zur Ableitung der Halakha in der Mischna auch durch den formalen Aufbau ihrer einzelnen Abschnitte hervorzuheben (dazu *Lightstone*, Form). Als fortlaufende Kommentare sind sie jedoch auch stark haggadisch, da sie die erzählenden Abschnitte nicht übergehen.

D. Hoffmann hat diese Midraschim in *zwei Gruppen* eingeteilt, die er den *Schulen Aqibas* und seines Zeitgenossen *Jischmael* zuordnet. Als Kriterien nennt er die Namen der jeweils zitierten Lehrer und die Tatsache, daß viele in Midraschim der Schule Jischmaels anonyme Sätze in den Talmudim auf die Schule Jischmaels zurückgeführt werden. Die beiden Schulen unterscheiden sich nach *Hoffmann* im weiteren durch ihre technische Terminologie sowie die exegetische Methode. Die Schule Aqibas wendet die Wortanalogie (*gezera schawa*) gerne an, jene Jischmaels hingegen nur, wenn das Wort sonst überflüssig wäre und daher als eigens für diese Deutung bestimmt erscheint. Für die Schule Aqibas sei auch das Einschließen und Ausschließen (*ribbui* und *miʿut*) bezeichnend, ebenso die Ausdeutung aller sprachlichen Besonderheiten, wie etwa das Doppeltstehen einzelner Ausdrücke oder einzelne Partikel und Buchstaben. R. Jischmael und seiner Schule wird hingegen eine Vorliebe für den Wortsinn zugeschrieben, da die Bibel die Sprache der Menschen spreche. Nach diesen Kriterien hat *Hoffmann* der Schule Jischmaels Mekhilta und Sifre Num zugewiesen, Anfang und Schluß von Sifre Dtn und dann auch MidrTannaim zu Dtn; der Schule Aqibas gehören an: zu Ex die Mekhilta de R. Simeon ben Jochai, zu Lev Sifra, zu Num Sifre Zutta und zu Dtn Sifre.

Ch. Albeck hat indessen aufgezeigt, daß die Einteilung der Midraschim nach Schulen sehr zu relativieren ist. Einzig in der Terminologie unterscheiden sie sich absolut, auch wenn in der Textüberlieferung diese Unterschiede gelegentlich verwischt worden sind (Untersuchungen 78–81 stellt die charakteristischen Termini der einzelnen Midraschim zusammen). Die terminologischen Unterschiede gehen jedoch nicht auf die verschiedene Begrifflichkeit der Schulen Jischmaels und Aqibas zurück, sondern auf die Redaktoren dieser Midraschim. Diese habe das aus verschiedenen Quellen stammende Material terminologisch vereinheitlicht, wie auch die Parallelen in den Talmudim erweisen (Unters. 86). Die Zuweisung an die Schulen Jischmaels und Aqibas ist nicht bewiesen, „da die Abhängigkeit der Methoden dieser Midraschim von den Grundsätzen der genannten Tannaiten nur allzuschwach begründet ist" (Unters. 129). Doch hält auch *Albeck* es für erwiesen, daß Mek und noch mehr Sifre Num zahlreiche Quellen aus der Schule des R. Jischmael verwendet haben.

Die Frage nach den Quellen der hal. Midraschim hat *L. Finkelstein* aufgegriffen, der im Grunde *Albeck*s These zustimmt. Prinzipiell ist das haggadische Material gesondert zu betrachten, da es auf anderen Quellen aufbaut, die allen Gruppen gemeinsam waren und nur leicht adaptiert worden sind. Die eigentlichen Schulunterschiede lagen im gesetzlichen Bereich. Nach Ausscheiden der zahlreichen Interpolationen in den hal. Midraschim, auf die auf *J. N. Epstein, S. Lieberman* u. a. aufmerksam gemacht haben, kommt man nach *Finkelstein* tatsächlich auf einen Kern zurück, der aus den Schulen Jischmaels und Aqibas stammt, auch wenn die Unterschiede der beiden Schulen in späterer Zeit verwischt worden sind.

Wie problematisch jedoch auch dieses Ergebnis *Finkelstein*'s ist, hat *G. G. Porton* aufgezeigt. Zwar scheint die Fülle des Jischmael zugeschriebenen exegetischen Materials seine Rolle in der Bibelauslegung zu stützen; doch erlaubt das noch keinen Schluß auf eine Auslegungsschule Jischmaels; im überlieferten Material verwendet Jischmael die Mehrheit der ihm zugeschriebenen ermeneutischen Regeln nie, v. a. nicht in den tannaitischen Texten bzw. in den hal. Midraschim (Ishmael IV, 191); er verläßt gelegentlich auch den Wortsinn, wo Aqiba sich daran hält, und benützt überhaupt Aqiba zugeschriebene Methoden (wie umgekehrt Aqiba solche

Jischmaels). Somit ist eine klare Grenzziehung zwischen Jischmael und Aqiba nicht möglich, ebensowenig auch die Annahme von zwei sich deutlich gegenüberstehenden Schulen in der Zeit Jischmaels. „It appears that the standard picture of Ishmael's exegetical practices is, at earliest, an Amoraic construction" (Ishmael II,7; vgl. III, 2f). Erst im pal. Talmud kommt es zu einer weitgehenden methodischen Trennung zwischen Jischmael und Aqiba (Ishmael IV, 191).

Damit ist die These *Albeck*s erhärtet, daß die terminologischen Unterschiede, die zwischen beiden Midraschgruppen tatsächlich bestehen, Werk der Redaktoren sind (wobei offenbleibt, ob wir dabei an die Erst- oder Endredaktoren zu denken haben); diese haben aus anderen Quellen entnommenes Material terminologisch an ihre Hauptquellen angepaßt, in denen sich die Schulterminologie schon allmählich herausentwickelt hatte (*Albeck*, Unters. 86).

Wiewohl sich die beiden Midraschgruppen in der exegetischen Terminologie deutlich unterscheiden, sind sie stofflich durchaus nicht scharf voneinander getrennt: jede Gruppe bringt, wenn auch sprachlich bearbeitet, auch viel Material der anderen Gruppe (oft als *dabar acher* eingeleitet: siehe *Abr. Goldberg*). *G. G. Porton* stellt eine ziemlich gleichmäßige Verteilung der Jischmael zugeschriebenen Meinungen in beiden Gruppen der hal. Midraschim und ebenso eine auffällige Prominenz Aqibas in der Jischmaels Schule zugeschriebenen Midraschgruppe fest (Ishmael IV, 55f.65f). „I would conclude, therefore, that our standard division of the Tannaitic texts into ᶜAqiban and Ishmaelean is at least over-simplified, and it may be incorrect" (Ishmael IV, 67).

Somit ist als *vorläufiges Ergebnis* festzuhalten: 1) Exegetische Unterschiede zwischen Jischmael und Aqiba sind nicht beweisbar, ebensowenig, daß sie Auslegungsschulen begründet haben. 2) Die hal. Midraschim gliedern sich in zwei Gruppen, die Traditionen von R. Jischmael oder R. Aqiba in bevorzugter Weise, jedoch vielfach kombiniert mit jenen der Gegenseite überliefern. 3) Haggada und Halakha in diesen Midraschim stammen aus verschiedenen Quellen; der haggadische Stoff ist allen Gruppen gemeinsam. 4) In der Halakha entwickelt sich eine Schulterminologie, die von den Redaktoren der Midraschim auch auf fremdes Material angewendet worden ist. 5) Mit *Albeck* (Unters. 154) sind die hal. Midraschim zu gruppieren: a) Mek und Sifre Num; b) Sifra und Sifre Zutta; c) Sifre Dtn und MRS; die Midraschim von b) und c) weisen oft dieselben Quellen auf, gehören also irgendwie zusammen, während MidrTannaim und Fragmente zu Lev mit a) in eine Gruppe zu rechnen sind. 6) Wenn man schon von Midraschim der Schulen Jischmaels bzw. Aqibas sprechen will (wobei man sich auf Maimonides, Vorwort zu Mischne Tora, stützen kann), müßte man sich des rein praktischen (nicht historischen) Charakters einer solchen Benennung bewußt sein; vorzuziehen ist (mit *Herr*, EJ) die neutralere Einteilung in Gruppe I („Jischmael") und II („Aqiba").

Vielfach werden die hal. Midraschim auch als *tannaitische Midraschim* bezeichnet, begründet mit der Sprache dieser Midraschim (M-Hebräisch) und den in ihnen genannten Lehrern (Tannaiten bzw. Amoräer der 1.Generation). Auch diese Einstufung hat *Albeck* angegriffen, weil die hal. Midraschim in den beiden Talmudim nie zitiert würden (Unters. 91 ff). Zwar sieht auch *Albeck* die zahlreichen Parallelen zwischen den hal. Midraschim und den talmudischen Baraitot; doch führt er diese eher auf beiden bekannte Sammlungen zurück. Dies begründet er v. a. mit der sehr variierenden Zitationsweise solcher Aussprüche in den Talmudim: „Wenn der Talmud z. B. unsere Mekilta anführen sollte, könnte er sie nicht bald mit *tania*, bald mit *teni R. Jischmael*, bald mit *teni R. Schimʿon* usw. anführen. Die talmudischen Quellenangaben müssen also auf andere, eindeutig bestimmte Baraitasammlungen Bezug nehmen, und nicht auf unsere halakischen Midraschim, die Baraitot aus all diesen Sammlungen enthalten" (Unters. 110).

Diese Argumentation ist nicht ganz stichhaltig; sie preßt die Talmudim in ein zu starres Zitationsschema und bedenkt auch nicht die verschiedenartige Herkunft des Talmudmaterials. Doch sind tatsächlich Zitate aus den hal. Midraschim in den Talmudim nicht mit absoluter Sicherheit nachzuweisen. Das argumentum ex silentio, daß der Talmud sich in bestimmten Diskussionen sicher auf die hal. Midraschim gestützt hätte, wären sie ihm bekannt gewesen, hilft in unserer Frage nicht weiter. Auch für *Albeck* beweist der Umstand, daß die Talmudim die hal. Midraschim nicht kennen, nicht mit Sicherheit, „daß sie in talmudischer Zeit nicht existiert hätten" (Unters. 119). Doch sei es wahrscheinlich, daß sie „frühestens in spättalmudischer Zeit" abgefaßt wurden. *M. D. Herr* präzisiert das Entstehungsdatum mit der 2.Hälfte des 4.Jhs. oder Anfang 5.Jh. (EJ XI, 1523). Beide halten jedoch an der tannaitischen Herkunft des Materials dieser Midraschim fest: es sind Baraitot.

Es ist nicht zu bezweifeln, daß die hal. Midraschim i. a. nach der eigentlichen tannaitischen Zeit, d. h. nach der Redaktion von M ihre Endredaktion erfahren haben. Das zeigen u. a. die zahlreichen Zitate aus M und T, die *Melammed* in den hal. Midraschim gesammelt hat, auch wenn es im Einzelfall kaum zu beweisen ist, daß das Zitat aus der Endfassung von M oder (besonders!) T stammt. Auffallend ist jedoch, daß *Melammed* kein Zitat in Sifre Zutta nachweisen konnte. Das allein zeigt schon, daß ein Pauschalurteil hinsichtlich der Datierung der hal. Midraschim nicht möglich ist, sondern in jedem einzelnen Fall differenziert geurteilt werden muß. Immerhin ist auch die Spätdatierung der hal. Midraschim in der Schule *Albeck*s nicht schon allein dadurch gesichert, daß keine Zitate aus ihnen in den Talmudim absolut beweisbar sind. Die urtümlichere Gestalt, die Paralleltraditionen zwischen hal. Midraschim und Talmudim regelmäßig in den Midraschim aufweisen, ja auch das oft nachweisbare relativ höhere Alter einer Tradition im Midrasch gegenüber einer M- oder T-Parallele legen es nahe, die

Endredaktion der hal. Midraschim i. a. nicht allzuweit von der von M und T zu entfernen. Das späte 3. Jh. dürfte einem Großteil der hal. Midraschim als Datum der Redaktion entsprechen, auch wenn dies zu jedem einzelnen Midrasch genauer festzulegen ist.

2) Die Mekhilta de Rabbi Jischmael (= Mek)

Lit.: S. *Abramson*, Arbaʿa Injanot be-Midresche Halakha, Sinai 74 (1974) 1–9 (zu einer von ihm gebotenen neuen Lesart aus einem MS Antonin S. *Lieberman*, Pisqa Chadascha mi-Mekhilta u-Firuscha, Sinai 75, 1974, 1–3); *Ch. Albeck*, Mabo 79–113, bes. 106–113; *D. Boyarin*, Intertextuality; *N. J. Cohen*, Analysis of an Exegetic Tradition in the Mekhilta de-Rabbi Ishmael: The Meaning of the ‚Amana in the Second and Third Centuries, AJSR 9 (1984) 1–25 (zum Schluß von Beschallach 7); *W. D. Davies*, Reflections on the Spirit in the Mekilta: a suggestion, FS Th. H. Gaster, NY 1974, 95–105 (ebenso 6th WCJS, J 1977, III 159–173); *K. G. Eckart*, Untersuchungen zur Traditionsgeschichte der Mechilta, Diss. Kirchl. Hochschule B 1959; *J. N. Epstein*, ITL 545–587; *L. Ginzberg*, The Relation between the Mishnah and the Mekiltah (h), GS M. Schorr, NY 1944, 57–95 (Ndr. in *L. Ginzberg*, Al halakha we-aggada, TA 1960, 66–103. 284–290); *M. D. Herr*, EJ XI, 1267–9; *M. Kadushin*, Aspects of the Rabbinic Concept of Israel. A Study in the Mekilta, HUCA 19 (1945f) 57–96; *ders.*, A conceptual approach to the Mekilta, NY 1969; *H. Klein*, Mekilta on the Pentateuch, JQR 35 (1944f) 421–434; *J. Kugel*, Song and Poetry in the Mechilta d'R. Yishmael (h), 8th WCJS (J 1982) C 141–4; *O. C. Kvarme*, Skrift og tradisjon. En innføring i den rabbinske midrasjlitteratur med saerlig henblikk pa Mekilta de Rabbi Jismael, Tidsskrift for Teologi og Kirke 49 (1978) 173–196; *J. Z. Lauterbach*, The Name of the Mekilta, JQR 11 (1920f) 169–195; *ders.*, The Arrangement and the Divisions of the Mekilta, HUCA 1 (1924) 427–466; *ders.*, The Two Mekiltas, PAAJR 4 (1933) 113–129 (zu den Mek-Zitaten, die in beiden Fassungen fehlen); *H. I. Levine*, Studies in Mishnah Pesachim, Baba Kama and the Mechilta (h), TA 1971; *E. Z. Melammed*, Introduction 181–8.249–53; *J. Neusner*, Mekhilta According to Rabbi Ishmael. An Introduction to Judaism's First Scriptural Encyclopaedia, Atlanta 1988; *ders.*, Bab I 179–183; *S. Niditch*, Merits, Martyrs, and ‚Your Life as Booty': An Exegesis of Mekilta, Pisha 1, JSJ 13 (1982) 160–171; *G. Stemberger*, Die Datierung der Mekhilta, Kairos 21 (1979) 81–118; *W. S. Towner*, Enumeration; *B. Z. Wacholder*, The Date of the Mekilta de-Rabbi Ishmael, HUCA 39 (1968) 117–144.

a) Der Name

Mekhilta (Wurzel *kul*) ist das aram. Äquivalent für hebr. *midda* oder *kelal*, „Regel, Norm". Näherhin bedeutet es die Ableitung der Halakha aus der Bibel nach bestimmten Regeln, dann auch die halakhische Exegese selbst bzw. deren Ergebnis, und ist damit auch vielfach mit Mischna oder Baraita ungefähr gleichbedeutend (vgl. das Responsum des Hai Gaon in *L. Ginzberg*, Geonica II, NY 1909, 39). Schließlich bedeutet Mek auch einen

Traktat, der solche Auslegungen enthält (somit ähnliche Entwicklung wie beim griech. *kanon*). Die Gleichsetzung mit *megilta* im Arukh des Natan von Rom ist haltlos. Im Talmud bezeichnet Mek nicht unseren Ex-Kommentar, sondern wird als *baraita* der *matnita* gegenübergestellt: so Pes 48a; Tem 33a; vgl. Git 44a: „geh und schau in deiner *mekhilta* nach", d.h. in schriftlichen Notizen zur Halakha; ebenso pAZ IV,8,44b: *appeq R. Joschijja mekhilta* (G. *Wewers* z.St. übersetzt etwas mißverständlich: R.J. „gab die Mekhilta heraus", erklärt aber in der Anmerkung dazu: „eine Sammlung halakhischer Fragen zum Götzendienst").

In gaonäischer Zeit bezeichnet Mek (vielleicht ursprünglich im Plural: *mekhilata*, ungefähr gleichbedeutend mit *massekhtot*) den halakhischen Kommentar zu Ex bis Dtn. So vielleicht schon die Halakhot Gedolot, auch wenn die Textüberlieferung hier kein sicheres Urteil erlaubt (cf. *Epstein*, ITL 546), dann Hai Gaon (A. *Harkavy*, Responsen der Geonim, B 1887, Nr. 262) und auch noch Maimonides in der Einleitung zu Mischne Tora. In anderen Texten ist Sifre (debe Rab) ebenso umfassend gemeint, gelegentlich ohne Sifra zu Lev: so auch in Sanh 86a, Chag 3a u.ö., auch wenn dort mit Sifra und Sifre noch nicht unsere erhaltenen Midraschim gemeint sind. Die Bezeichnung Mek für unseren Midrasch ist sicher jünger als Sifre.

Wenn ein Saadja zugeschriebener Text unsere Mek als *mekhilta de-we-elle-schmot* zitiert, ist dies vielleicht noch eher Beschreibung als eigentlicher Name (*Lauterbach*, Name 174), ebenso der Ausdruck *mekhilta de-erets Jisrael* (z.B. *Harkavy*, Responsen der Geonim Nr. 229). Die ersten sicheren Belege für die Bezeichnung unserer Schrift als Mekhilta de R. Jischmael stammen aus dem 11. Jh.: Nissim von Kairowan (zu Schab 106b in bT Wilna) und Samuel ha-Nagid in seiner Einleitung zum Talmud.

Die Benennung nach R. Jischmael erfolgte nicht, weil man diesen für den Verfasser der Schrift gehalten hätte (doch siehe Maimonides!), sondern – wie in der mittelalterlichen Zitierweise üblich – weil der eigentliche Midrasch in Pischa 2 (L. 15; Pischa 1 ist als Einleitung zu betrachten) mit der Nennung Jischmaels einsetzt.

b) Inhalt und Einteilung

Mek ist ein Kommentar zu Ex 12,1–23,19; 31,12–17; 35,1–3. Somit umfaßt sie nur etwa zwölf von vierzig Kapiteln von Ex. Sie konzentriert sich auf die gesetzlichen Teile, übergeht hier aber auch die erzählenden Stücke nicht. Auffällig ist jedoch, daß auch wesentliche gesetzliche Teile nicht behandelt werden. Die Vorschriften zum Bau des Bundeszeltes (Ex 25,1ff) wurden offenbar in einem eigenen Werk kommentiert, das wohl in etwa der *Baraita de-melekhet ha-mischkan* entsprach (deren Grundstock nach Meinung von *Epstein*, ITL 549, eventuell auf die Schule des R. Jischmael zurückgeht). Diese in M-Hebräisch verfaßte Schrift, die nur Tannaiten zitiert, beschreibt den Bau des Bundeszeltes in 14 Kapiteln: Text in BhM

III 144–154; krit. Ausgaben: *M. Friedmann*, W 1908 (Ndr. zusammen mit Sifra J 1967); *R. S. Kirschner*, „Baraita d-Melekhet ha-Mishkan": Critical Edition with Introduction, Diss. Berkeley 1988. Geniza-Fragmente der Baraita haben schon *Ginzberg*, Ginze Schechter I 374–383, und *Hopkins*, Miscellany 78 ff, veröffentlicht. Ebenso war auch der Kommentar zu Ex 29 (Weihe der Priester) eine eigene Schrift, die als *Mekhilta de-Milluim* in Sifra (zu Lev 8) aufgenommen wurde, obwohl sie terminologisch zur Gruppe I („Schule Jischmaels") gehört.

In der ursprünglichen Einteilung ist Mek in 9 Traktate (*Massekhtot*) gegliedert, die wiederum in insgesamt 82 Abschnitte (*Paraschijjot*) unterteilt sind (MSS bieten *Halakhot* als weitere Unterteilung): 1. Pischa (Ex 12,1 ff); 2. Beschallach (13,17 ff); 3. Schirata (15,1 ff); 4. Wajassa (15,22 ff); 5. Amaleq (17,8 ff); 6. Bachodesch (19,1 ff); 7. Neziqin (21,1 ff); 8. Kaspa (22,24 ff); 9. Schabbeta (31,12–17; 35,1–3).

Diese Einteilung richtet sich allein nach dem Inhalt und nicht nach der Leseordnung in der Synagoge. Erst die Druckausgaben haben die Einteilung nach der babylonischen Leseordnung eingeführt; das führte zur Bezeichnung des 1. Teils von Amaleq als Beschallach, des 2. Teils (ab 18,1) zusammen mit Bachodesch als Jitro; auch wurden die Traktate Neziqin und Kaspa als Mischpatim zusammengefaßt, Schabbeta hingegen in Kitissa und Wa-jaqhel geteilt. Doch empfiehlt sich die Beibehaltung der ursprünglichen Einteilung (so Ausgabe *Lauterbach*; die Ausgabe *Horovitz-Rabin* hat leider die sekundäre Einteilung übernommen, fügt jedoch in Kleindruck die ursprüngliche hinzu).

c) Eigenart, Entstehung, Datierung

Die Zuordnung von Mek zu Gruppe I („Schule Jischmaels") erfolgt (z. B. *Epstein*, ITL 550 ff) wegen der zahlreichen Stellen von Mek, die wörtlich oder dem Inhalt nach in anderen Schriften als Lehre des R. Jischmael zitiert werden, in bT mit der Einleitung *tanna debe R. Jischmael* bzw. in bT und in den Midraschim als *teni R. Jischmael* aufscheinen. Doch ist auch festzustellen, daß manche der so eingeführten Zitate in Mek fehlen bzw. dieser gar widersprechen, sodaß von hier kein Beweis zu führen ist. Was die Auslegungsmethode betrifft, ist die Zuordnung in den halakhischen Teilen unproblematisch (z. B. keine Ausdeutung der rein stilistischen Verdoppelungen); der haggadische Teil stammt aus gemeinsamen Quellen mit der anderen Gruppe. Eindeutig ist die Abgrenzung in der exegetischen Terminologie (z. B. *maggid* statt *melammed* usw.).

Zur *Entstehungsgeschichte* von Mek hat *Lauterbach* (in der Einführung zu seiner Textausgabe) einige Thesen vorgelegt. Für ihn ist Mek „one of the older tannaitic works" (XIX), „one of the oldest Midrashim"; dies gehe aus der alten Halakha hervor, die oft der späteren widerspricht, aus vielen sonst nicht erhaltenen Legenden und einer zum Großteil noch sehr einfachen Bibelauslegung, die weithin mit den alten Bibelübersetzungen übereinstimmt. Im Talmud ist die Schrift unter dem Namen Mek nicht bekannt, da sie in amoräischer Zeit nur Teil der größeren Sammlung Sifre (zu Ex, Num und Dtn) war. Auch ist der den Amoräern bekannte Midrasch zu Ex nicht mit unserem identisch, sondern nur der Kern dazu, der in verschiedenen Redaktionen bis zur Endgestalt beträchtliche Veränderungen in Form und Inhalt mitgemacht hat (XXIII). Der Kern gehe höchstwahrscheinlich auf die Schule des R. Jischmael oder zumindest auf die Lehren seiner Schüler zurück; doch habe schon der erste Redaktor Material aus der Schule des R. Aqiba hinzugefügt. Mek habe „more than one revision and several subsequent redactions" mitgemacht; eine davon erfolgte wahrscheinlich in der Schule des Jochanan bar Nappacha, in dessen Namen viele in Mek anonym geführte Sätze sonst in der rabb. Literatur aufscheinen. Doch habe es auch noch spätere Redaktionen von Mek gegeben (XXVI).

Dieses Bild einer Reihe von einander folgenden Redaktionen, einsetzend zu Beginn der amoräischen Zeit mit einem auf die Schule Jischmaels zurückgehenden Kern, hat manches für sich; mit *Lauterbach*'s Bezeichnung von Mek als einem der ältesten tannaitischen Werke stimmt es allerdings nicht ganz überein. Die Datierung der Endredaktion (abgesehen von späteren Interpolationen, Textverderbnissen usw.) ist dabei völlig in Schwebe gelassen. Was ist bei diesen vielfachen Überarbeitungen vom tannaitischen Kern tatsächlich noch geblieben? Konsequent gedacht, kann man hier wohl nicht mehr von einem tannaitischen Midrasch sprechen.

Eine Entstehungsgeschichte von Mek kann nur von den einzelnen Quellen von Mek ausgehen, wobei auch das Verhältnis zu MRS zu berücksichtigen ist. Die getrennte Untersuchung des haggadischen und des halakhischen Materials ist hier ebenso geboten (darauf hat *L. Finkelstein* aufmerksam gemacht) wie eine differenzierte formgeschichtliche Behandlung der einzelnen Stücke (wie sie *Eckart* am Beispiel des Traktats Pischa versucht hat). Hier stehen wir noch ziemlich am Anfang der Arbeit. Dies gilt auch von der Untersuchung der einzelnen Massekhtot der Mek als selbständiger Einheiten. *J. N. Epstein* hat auf die Gemeinsamkeiten, aber auch Widersprüche und Unterschiede zwischen den einzelnen Traktaten hingewiesen (ITL 581–7): „ihr ganzer Zusammenhang besteht nur in ihrem Platz in *einer* Sammlung und in *einem* Buch", nämlich in ihrer Verbindung zu einem Ex-Midrasch (ITL 581). Dazu paßt, was *E. Z. Melammed* (Introd. 249) zur Verwendung von M und T in Mek feststellt (kein Zitat in Schirata und Schabbeta, nur zwei in Beschallach, dagegen 45 in Pischa, 36 in Neziqin usw. Was als echtes Zitat anzusehen ist, bleibt problematisch, ändert jedoch nichts an diesen charakteristischen Unterschieden zwischen den einzelnen Traktaten). *J. Neusner* hat die enge Zusammengehörigkeit von Pischa und Neziqin aufgezeigt (v. a. durch das weit überproportionale Vorkommen von Joschijja, Jonatan und Natan, aber auch die viel größere Häufigkeit von Jischmael). Da alle drei hier genannten Rabbinen nach dem

Bar-Kokhba-Aufstand in Babylonien waren, schloß *Neusner* „that the Mekhilta sections in question were *originally* compiled on the basis of discussions between 135–150 c.e.,... probably at Huẓal" (Bab I 179). Heute würde *Neusner* diese Schlußfolgerung nicht mehr aufrechthalten und äußert sich nicht mehr zur Datierungsfrage (Mekhilta 24f); doch bleiben die gemachten Beobachtungen (nunmehr ergänzt durch *Neusner*'s Feststellung der ganz eigenen Argumentationsweise von Neziqin: Mekhilta 213–219) zu erklären.

Eher ist es möglich, die Endredaktion von Mek zu datieren. Zwar hat *B. Z. Wacholder* eine Entstehung des Werkes im 8. Jh. in Ägypten oder sonst in Nordafrika vorgeschlagen; denn Mek verwende bT und nachtalmudische Schriften, erfinde Tannaiten und kenne die historischen Verhältnisse der tannaitischen Zeit nicht; auch spiele sie auf die islamische Herrschaft und den Bilderstreit an; in Kaspa 5 sei sogar eine gaonäische Tradition verwendet. Eine genauere Untersuchung der Einzelstellen zeigt jedoch, daß diese Argumente nicht stichhaltig sind. Mek weist vielmehr bei Paralleltraditionen gewöhnlich die ältere Fassung als z.B. T, Sifre und MRS auf. Die Erwähnung der Söhne Ismaels bedeutet nicht notwendig einen Hinweis auf die islamische Herrschaft. Die Form der Einzeltraditionen, die genannten Rabbinen und die historischen Ereignisse, auf die angespielt wird, legen nahe, die Endredaktion in die 2. Hälfte des 3. Jhs. zu verlegen (gegen *Wacholder*'s These jetzt auch *M. Kahana*, Tarbiz 55, 1985f, 515–20).

d) Der Text

1. Handschriften
MSS der vollständigen Mek sind MS Oxford 151, laut *Neubauers* Katalog (I, 1886, 24) von 1291, sowie MS München, Cod. hebr. 117, etwa 1435 entstanden. Faksimile: The Munich Mekilta – Bavarian State Library, Cod. Hebr. 117, ed. *J. Goldin*, Kopenhagen – Baltimore 1980. Teile des Mek-Textes finden sich auch in Casanata Ms H. 2736 (Ende von Beschallach und ganz Schirata) und Oxforder Fragmenten (Nr. 2657 Teile von Wajassa, Nr. 2669 Teile von Neziqin).

Geniza-Fragmente haben *E. Y. Kutscher* (Geniza Fragments of the Mekilta of Rabbi Yisma'el, h, Leschonenu 32, 1968, 103–116: Fragment Oxford 62d mit Stück von Wajassa) und *Z. M. Rabinovitz* veröffentlicht (Ginzé Midrash 1–14: Stücke von Beschallach und Schirata aus dem British Museum, von derselben Art wie die von *Kutscher* veröffentlichten; laut *Rabinovitz* p.2 zählen sie zu den ältesten Fragmenten der Geniza insgesamt; cf. auch *Kutscher* zum hohen textkritischen Wert der Fragmente). Weitere Geniza-Fragmente aus der Bibliothek des Dropsie-College, Phil., und jener der Columbia University hat schon *Lauterbach* in seiner Ausgabe verwertet.

2. Druckausgaben

Erstdruck K 1515; die Ausgabe V 1545 (Faksimile J 1981) verwendet Konst. und korrigiert diesen Text (nur selten anhand eines MS, und zwar desselben, das Konst. zugrundelag: *E. Z. Melammed*, The Constantinople Edition of the Mechilta and the Venice Edition, h, Tarbiz 6, 1934f, 498–509). Von den späteren Ausgaben werden besonders jene mit Kommentar von *J. H. Weiss*, Wien 1865, und die mit Kommentar von *M. Friedmann*, W 1870, viel zitiert. Sie sind nun durch zwei *kritische Ausgaben* ersetzt:

H. S. Horovitz – I. A. Rabin, Mechilta d'Rabbi Ismael cum variis lectionibus et adnotationibus, F 1931, J ²1960 (verwendet als Basistext i. a. V 1545; dazu *E. Z. Melamed*, Tarbiz 6,1, 1934, 112–123). Die von *Rabin* angekündigte hebr. Einleitung ist nicht erschienen.

J. Z. Lauterbach, Mekilta de Rabbi Ishmael: A critical edition on the basis of the MSS and early editions with an English translation, introduction and notes, 3 Bde, Phil. 1933–5 (breitere Textbasis als bei *Hor.-Rabin*, doch kein vollständiger kritischer Apparat; eklektischer Text; dazu *Lieberman*, KS 12, 1935, 54–65). Siehe auch *L. Finkelstein*, The Mekilta and its Text, PAAJR 4 (1933f) 3–54.

Für eine neue kritische Ausgabe plädiert *M. Kahana*, The Critical Edition of Mekilta De-Rabbi Ishmael in the Light of the Genizah Fragments (h), Tarbiz 55 (1985f) 489–524; eine solche neue Ausgabe bereitet *D. Boyarin* vor (siehe *ders.*, From the Hidden Light of the *Geniza*: towards the original Text of the *Mekhilta d'Rabbi Ishmael*, h, Sidra 2, 1986, 5–13).

3. Konkordanz

B. Kosovsky, Otsar Leschon ha-Tannaim. Concordantiae verborum quae in Mechilta d'Rabbi Ismael reperiuntur, 4 Bde, J 1965–9.

4. Übersetzung

J. Winter – A. Wünsche, Mechiltha, ein tannaitischer Midrasch zu Exodus, Le 1909 (Ndr. H 1990); engl. Übersetzung in *Lauterbach*; *J. Neusner*, Mekhilta Attributed to R. Ishmael. An Analytical Translation, 2 Bde, Atlanta 1988.

3) Die Mekhilta de Rabbi Simeon ben Jochai (= MRS)

Lit.: *S. Abramson*, Arbaʿa injanot be-midresche halakha, Sinai 74 (1973f) 1–13 (zu MRS 1–8); *Ch. Albeck*, Untersuchungen 151–6; *ders.*, Mabo 82f; *J. N. Epstein*, ITL 725–740; *L. Ginzberg*, Der Anteil R. Simons an der ihm zugeschriebenen Mechilta, FS I. Lewy, Breslau 1911, 403–436; *M. D. Herr*, EJ XI, 1269f; *M. Kasher*, Meqorot ha-Rambam we-ha-Mekhilta de Raschbi, NY 1943, J ²1980 mit dem Titel Sefer ha-Rambam... (dazu *S. Zeitlin*, JQR 34, 1943f, 487–9, der meint, daß MRS mehrfach Mischne Tora benützt hat und nicht umgekehrt); *Ch. Levine*, Exegesis of the Mishna in the Mechilta de Rashbi and its Relation to Amoraic Teaching (h), Bar-Ilan 16–17 (1979) 59–69; *ders.*, The Concept of ‚Sheliḥut Yad' in the Mekhilta de Rashbi (h), Bar-Ilan 18–19 (1981) 99–117; *ders.*, Paraschat Nizqe Bor le-or ha-Mekhilta de Raschbi, FS E. Z. Melamed, Ramat Gan 1982, 80–98; *I. Lewy*, Ein Wort über die „Mechilta des R. Simon", Jb des jüd.-theol. Sem. Breslau 1889; *E. Z. Melammed*, Introduction 208–213; *B. De Vries*, Mechqarim 142–7.

Der Ex-Midrasch MRS wird im Mittelalter oft zitiert (bis ins 16. Jh.), wurde jedoch nicht gedruckt und galt seit dem 17. Jh. als verschollen, bis er im 19. und 20. Jh. wiederentdeckt wurde.

a) Name

Mittelalterliche Zitate aus MRS werden gewöhnlich als Mekhilta de R. Simeon (b.Jochai) angeführt: z.B. mehrmals im Pentateuchkommentar des Nachmanides, so zu Ex 22,12; Ritba (Jom Tob ben Abraham von Sevilla) zitiert den Text als Mekhiltin de R. Aqiba; auch der Name *mekhilta de sanija* kommt vor („Mek. vom Dornbusch", da Beginn in Ex 3; so Hadassi, Eschkol ha-Kofer 36a). Ein auch bei Nachmanides gebrachtes Zitat findet sich in den Responsen der Geonim (*Harkavy* Nr. 229) als Sifre debe Rab in Gegenüberstellung zur *Mekhilta de-erets Jisrael* (wegen der Kürze des Zitats – zwei Worte und ein Bibelvers – ist nicht sicher, daß der gaonäische Text wirklich diese Stelle und nicht nur eine Parallele zitiert).

b) Text

Schon *M. Friedmann* hat in seiner Mek-Ausgabe die ihm bekannten MRS-Zitate gesammelt; *I. Lewy* hat dann gezeigt, daß der Großteil davon in MHG überliefert ist. *D. Hoffmann* hat dann aus MHG und drei Geniza-Fragmenten von MRS (zwei in Oxford, ein weiteres in Cambridge ist nicht mehr aufzufinden) den Text rekonstruiert: Mechilta de-Rabbi Simon ben Jochai..., F 1905. Durch weitere Textfunde ist jedoch diese Ausgabe wie die gesamte frühe Literatur zu MRS fast nur noch forschungsgeschichtlich von Interesse.

Derzeit bekannte MSS (von *J. N. Epstein* gesammelt): am wichtigsten ist *MS Firkovitch II 268*, Leningrad, das auf 51 Blatt in Raschi-Schrift 20 nicht zusammenhängende Stücke, etwa die Hälfte von MRS, überliefert. Zur selben Geniza-Handschrift gehören noch Blätter, die sich in verschiedenen Bibliotheken befinden. Weitere Fragmente befinden sich in Cambridge (*Ginzberg*, Ginze Schechter I 339–373) und Oxford; MS Antonin 236 in Leningrad bietet ein Stück von MRS in einer eigenen Textrezension, das *Melamed* daher im Anhang zur Textausgabe gesondert abdruckt.

Auf der Grundlage dieser Fragmente hat *J. N. Epstein* eine Ausgabe vorbereitet, die *E. Z. Melamed* fertiggestellt hat. In dieser Edition sind etwa zwei Drittel des Textes durch Geniza-Fragmente gedeckt, der Rest (kleingedruckt) stammt aus Zitaten in MHG: *J. N. Epstein – E. Z. Melamed*, Mekhilta d'Rabbi Sim'on b. Jochai. Fragmenta in Geniza Cairensi reperta digessit apparatu critico, notis, praefatione instruxit..., J 1955,

Ndr. J 1979; in der Einleitung 13–25 bietet *Epstein* Forschungsgeschichte und Einordnung von MRS, 33–45 beschreibt *Melamed* die erhaltenen Geniza-Fragmente.

In der Textausgabe noch nicht berücksichtigte Geniza-Fragmente: S. *Abramson*, A New Fragment of the Mekhilta de-Rabbi Shimᶜon bar Yoḥai (h), Tarbiz 41 (1971f) 361–372 (JThS, NY; entspricht E.-M. 9–10); *A. Glick*, Another Fragment of the Mekilta deRaSHBi (h), Leschonenu 48f (1984f) 210–215 (Cambridge, 2 nicht zusammenhängende Blätter zu Ex 14,10–15 und 14,16 = E.-M. 54–57 und 59, sowie zu Ex 15,1 = E.-M. 74f); *G. Ṣarfatti*, Qeṭa mitokh Mekhilta de-Raschbi, Leschonenu 27/28 (1962–4) 176 (= E.-M. 157 Z. 5–11; dazu Z. Ben-Ḥayyim, ibid. 177f; das Fragment befindet sich im JThS, NY; ein weiteres Fragment zu Ex 3,1 im JThS nennt *Ch. Albeck*, Mabo 83 Anm. 9).

c) Inhalt und Einteilung

MRS ist ein Auslegungsmidrasch zu Ex 3,1f.7f; 6,2; 12,1–24,10; 30,20–31,15; 34,12. 14. 18–26; 35,2. Die fragmentarische Überlieferung läßt natürlich kein definitives Urteil zu, ob nicht der ursprüngliche Textbestand größer war. Der Anfang mit Ex 3 ist jedoch durch die mittelalterliche Zitierung als „Mekhilta vomDornbusch" gesichert. Auch die ursprüngliche Einteilung (wohl wie Mek in Massekhtot, Paraschen und Halakhot) ist nicht genau festzustellen; die Gliederung nach Paraschen in der Ausgabe E.-M. ist ein rein praktischer Behelf.

d) Eigenart, Entstehung und Datierung

Terminologie und Rabbinennamen reihen MRS in die Gruppe II der hal. Midraschim („Schule Aqibas") ein. Auffällig ist allerdings die häufige Nennung der Schüler Aqibas mit Patronym, ebenso die vielfache Bevorzugung des Wortsinns in der Auslegung. Die Haggada stimmt mit Mek überein.

L. Ginzberg stimmt *I. Lewy* zu, daß R. Chizkijja (A1) MRS redigiert habe (viele anonyme Sätze von MRS werden in den Talmudim R. Chizkijja zugeschrieben), hält jedoch gegen *Lewy*, nach dem MRS in gar keiner Beziehung zu R. Simeon oder seiner Schule steht, an der Verfasserschaft des R. Simeon wegen der vielen anonymen Sätze in MRS, die die Lehre Simeons bieten, fest. Doch hat *J. N. Epstein* (Einleitung 18–22 der Ausgabe) gezeigt, daß MRS oft auch R. Chizkijja zugeschriebene Sätze nicht enthält bzw., was noch schwerwiegender ist, diesem widerspricht. Er leitet daraus ab, daß der *tanna debe Chizkijja*, den die Talmudim zitieren, selbst wieder Sifre debe Rab zu Ex (d.h. MRS) verwendet hat. R. Simeons Lehre wird in MRS auch verwendet, doch könne dieser weder als Verfasser noch als Hauptautorität der Schrift gelten. Sie ist nach ihm nur benannt, weil er in ihr als erster Rabbi zitiert ist.

Epstein betont, daß MRS Sifra, Sifre und T oft benützt hat und somit später als die anderen hal. Midraschim entstanden ist. *De Vries* hat zudem wahrscheinlich gemacht, daß (zumindest die Endredaktion von) MRS Mek als fertiges Buch vor sich gehabt und auch verwendet hat. Dazu kommt die Beobachtung *Levine*'s, daß MRS M nach Art der Amoräer behandelt und entsprechend ihren eigenen halakhischen Anschauungen formuliert, ebenso die spätere Stufe des M-Hebräischen in MRS: so *M. D. Herr*; ob man allerdings deshalb schon mit ihm (1270) MRS nicht früher als Anfang des 5. Jhs. ansetzen kann, ist fraglich; jedes Datum im 4. Jh. scheint ebenso möglich – doch fehlen noch entsprechende Detailuntersuchungen, um eine genauere Datierung zu sichern.

4) Sifra

Lit.: Ch. Albeck, Mabo 113–123.608–610; *R. Brown*, A Literary Analysis of Selected Sections of Sifra (h), 10th WCJS (J 1990) C I 39–46; *J. N. Epstein*, ITL 645–702; *L. Finkelstein*, Sifra on Leviticus, vol. I: Introduction, NY 1989; *ders.*, The Core of the Sifra: A Temple Textbook for Priests, JQR 80 (1989f) 15–34; *M. D. Herr*, EJ XIV, 1517–19; *E. Z. Melammed*, Introduction 189–194. 233–243; *J. Neusner*, Purities, v. a. Bd 7: Negaim. Sifra, L 1975; *ders.*, Sifra in Perspective: The Documentary Comparison of the Midrashim of Ancient Judaism, Atlanta 1988; *ders.*, Uniting the Dual Torah. Sifra and the Problem of the Mishnah, C 1990; *G. G. Porton*, Ishmael II 63–81.

a) Der Name

Sifra, aram. „Buch", bezeichnet das Buch Lev, weil dieses im altjüdischen Schulsystem das erste Buch war, mit dem der Unterricht begann: R. Issi begründet dies in LevR 7,3 (M. 156) damit, daß die Kinder und die Opfer rein sind und Reine sich mit Reinem beschäftigen sollen. Diese Erklärung ist sicher sekundär; doch auch die Annahme, der Lernbeginn mit Lev sei alte priesterliche Tradition (so z. B. *Finkelstein*, Sifra I 5), läßt sich nicht beweisen. Für den Beginn des Unterrichts mit Lev siehe auch ARN A6 (Sch. 29) über Aqiba. Beide Stellen verwenden übrigens die in Palästina übliche Bezeichnung *Torat Kohanim*, „Priestergesetz".

Sowohl Sifra wie auch Torat Kohanim bezeichnen dann auch einen hal. Midrasch zu Lev (nicht unbedingt unser Sifra!): z. B. Ber 47b, wonach der Lehrstoff Sifra, Sifre und Halakha ist; nach Meg 28b und Qid 49b u. ö. Halakha, Sifra, Sifre und Tosefta. Torat Kohanim z. B. in Qid 33a, Jeb 72b und regelmäßig als Titel in den MSS. Ber 11b und 18b verwenden die Bezeichnung Sifra debe Rab, den im Lehrhause (Rabs) gelehrten Kommentar zu Lev (*Goodblatt*, Instruction 116f, meint, daß *sifra debe rab* einfach „Schulbuch" bedeutet und keine Beziehung zu Rab besteht. Das ist an sich möglich, besonders was Rab betrifft; doch scheint hier nicht irgendein Lehrbuch gemeint zu sein, sondern ein ganz bestimmtes Buch, das mit der späteren Tradition am ehesten noch als Lev-Kommentar zu verstehen ist). Alle diese Bezeichnungen sind auch in der gaonäischen und mittelalterlichen Literatur üblich, und zwar nun eindeutig auf unser Sifra bezogen.

b) Inhalt und Einteilung

Sifra ist ein halakhischer Midrasch zu Lev, der im jetzigen Überlieferungszustand ganz Lev Vers für Vers, oft sogar Wort für Wort kommentiert. Dem Charakter von Lev entsprechend ist sein Inhalt fast ausschließlich Halakha. Wie bei Mek war die ursprüngliche Einteilung sachlich (9 Traktate oder Dibburim, die in Paraschijot unterteilt waren, diese wieder in je zwei bis drei Kapitel, Peraqim); diese wurde jedoch in der Textüberlieferung an die Paraschen der babylon. Leseordnung angepaßt und auch sonst verfälscht.

Ursprüngliche Einteilung	*Jetzt übliche Einteilung*
1. 1,1–3,17 Nedaba oder Wajjiqra	1. 1,1–3,17 Nedaba od. Wajjiqra
2. 4,1–5,26 Choba (Nefesch)	2. 4,1–5,26 (Wajjiqra) Choba
3. 6,1–7,38 Tsaw	3. 6,1–7,38 Tsaw
	4. 8,1–36 Mekhilta de-Milluim
4. 10,8–12,8 Scheratsim	5. 9,1–11,47 Schemini
5. 12,9–13,59 Negaim	6. 12,1–8 Tazria
	7. 13,1–59 Tazria Negaim
6. 14,1–15,33 Metsora	8. 14,1–57 Metsora
	9. 15,1–33 Metsora Zabim
7. 16,1–20,27 Achare (Mot) oder Qedoschim	10. 16,1–18,30 Achare (Mot)
	11. 19,1–20,27 Qedoschim
8. 21,1–24,23 Emor	12. 21,1–24,23 Emor
9. 25,1–27,34 Sinai	13. 25,1–55 Behar
	14. 26,1–27,34 Bechuqqotai

c) Eigenart, Entstehung, Datierung

Die in den Drucken vorliegende Fassung von Sifra ist nicht einheitlich. Der Grundstock von Sifra gehört mit seiner Terminologie, der exegetischen Methode und den wichtigsten Rabbinen zur Gruppe II der halakhischen Midraschim ("Schule Aqibas"). Doch gibt es in Sifra eine Reihe von Ergänzungen. Dazu gehört schon die Einleitung mit den 13 Regeln, nach denen die Tora ausgelegt wird (*Epstein*, ITL 641f; *Porton*, Ishmael IV, 167: "the exegetical *sugyot* in Sifra... do not picture Ishmael's conforming to the opening section of the text". *Finkelstein*, Sifra I 186f: spätestens in gaonäischer Zeit wurde dieser Abschnitt mit Sifra verbunden). Sicher aus Gruppe I ist auch die *Mekhilta de-Milluim* (W. 40d–46b) zu Lev 8,1–10,7 (die also auch den 1. Teil des jetzigen Abschnitts Schemini einschließt; vgl. *Albeck*, Untersuchungen 81–4, und *Epstein*, ITL 681). In Schemini 17–28 ist dieses Stück selbst noch einmal ergänzt worden (W. 44c–45b; dieses Stück fehlt

z. B. in Cod. Ass. 66, ed. *Finkelstein* 192, und im Genizatext von *Rabinovitz*, Ginzé Midrash 42–50). Noch später ist Achare 13,3–15 (W. 85d-86b) und Qedoschim 9,1–7; 9,11–11,14 (W. 91c-93b) zu Lev 18,6–23 und 20,9–21 hinzugekommen: diese sogenannte *Mekhilta de-Arajot* hat erst Aaron Ibn Chajjim in seinem Qorban Aharon aus dem Jalqut eingefügt; sie fehlt noch im Erstdruck; im Codex Assemani 66 *(Finkelstein* 370–387) ist sie aus anderer Quelle ergänzt worden. Ursprünglich hat man diesen Text nicht öffentlich ausgelegt („vor dreien": Chag II,1; TChag II,1, L. 380, was pChag II,1, 7a als Meinung Aqibas darstellt). Auch dieses Stück gehört seiner Eigenart nach zur Gruppe I der halakhischen Midraschim *(Epstein,* ITL 640f). Schließlich paßt auch der Abschnitt Bechuqqotai nicht ganz zum Rest von Sifra; er dürfte einem anderen Zweig der von Sifra vertretenen Auslegungsrichtung angehören. Auch sonst sind noch eine Reihe von kleineren Stücken erst später in Sifra gelangt (siehe *Epstein*, ITL 682ff).

Sanh 86a nennt R. Jochanan R. Jehuda (bar Ilai) als Lehrer der anonymen Sätze in Sifra (vgl. Schab 137a, Er 86b u. ö.). Die amoräische Tradition schreibt somit Jehuda einen halakhischen Kommentar zu Lev zu. Einzelne anonyme Sätze von Sifra werden im Talmud tatsächlich als Lehre Jehudas zitiert; d. h. der Lev-Kommentar des Jehuda (bzw. der im Talmud ihm zugeschriebene Kommentar) hat vielleicht als Grundstock oder Quelle für unser Sifra gedient, oder diese Sätze stammen aus der allgemeinen Schultradition. Die These von *Finkelstein* (Sifra I 12.21ff; The Core), Sifra gehe auf ein Priesterlehrbuch aus makkabäischer oder noch früherer Zeit zurück, das von Eliezer ben Hyrkan, dann von Aqiba bearbeitet und schließlich von R. Jehuda redigiert, aber auch später noch ergänzt wurde, geht über das Beweisbare weit hinaus.

Die Bezeichnung Sifra debe Rab führt Maimonides in der Einleitung zu Mischne Tora (Ausgabe J 1957, Sefer ha-Madda 9) zur These: „Rab verfaßte Sifra und Sifre, um die Grundlagen *(iqqare)* der Mischna zu erklären und bekanntzumachen" (stützt sich auf Ber 18b). Auch *Weiss* (Einleitung zu seiner Ausgabe, IV) vertritt diese These gegenüber der anderen Erklärung des Namens, er bezeichne nur den in der Schule Rabs üblicherweise gelehrten Kommentar zu Lev (wie auch ITL 652 vertritt). Gegen eine Verfasserschaft Rabs spricht u. a., daß er manchmal die Lösung eines Problems in Sifra nicht zu kennen scheint bzw. dieser sogar widerspricht.

Andere wieder (so *D. Hoffmann* 22f; dazu *Albeck*, Untersuchungen 119f) betrachten R. Chijja als Verfasser von Sifra. Ihm werden tatsächlich viele Auslegungen zu Lev zugeschrieben und manche seiner Lehren finden sich auch in Sifra. *Epstein* vermutet, daß Chijja einen Lev-Kommentar verfaßt hat, den dann vielleicht der Endredaktor von Sifra verwendet hat (ITL 655). Die These von *Strack*, der Grundstock von Sifra stamme von Jehuda, der Endredaktor sei R. Chijja, vereinfacht zu sehr auf der Basis der Tradition. Sifra vereint vielmehr die Lehren verschiedenster Rabbinen und aus verschiedensten Quellen.

Wie *Melammed* (Introd. 233 ff) gezeigt hat, zitiert Sifra besonders oft M und T (über 400 Stellen, besonders aus Negaim). Dazu hat *J. Neusner* anfangs auf der Basis der Abschnitte Negaim und Metsora (Pur VII) Sifra als massive Polemik gegen M verstanden. Sifra zitiere immer wieder M wörtlich, um ihre Ableitung des Gesetzes aus der Vernunft zu kritisieren: einzig aus der Bibel kann das Gesetz abgeleitet werden. Nach Analyse des gesamten Textes hat *Neusner* seine These stark nuanciert: „the authorship of Sifra is careful not to criticize the Mishnah" (Uniting 176); auch für Sifra ist M „a valid source of law on its own" (p. 99). Nicht das Fehlen von Bibelbelegen in M ist das Hauptanliegen von Sifra; vielmehr sei Sifra als „sustained critique of applied reason" zu verstehen (p. 180f). Nicht einmal eine direkte Verwendung der fertig redigierten M und T scheint ihm mehr gesichert: Die Redaktoren von Sifra hätten vielmehr eine frühe Schicht einfacher Auslegungen zu Lev mit einer größeren Schicht dialektischer Einheiten aufgefüllt und dabei „abundant materials from completed, free floating pericopae also utilized in the redaction of Mishnah and Tosefta" verwendet (Sifra in Perspective 24).

Ob sich dieses (plausible) historische Modell zweier Schichten in Sifra und der damit verbundene frühe Ansatz von Sifra (auch wenn *Neusner* sich zur Datierung nicht festlegt: Uniting 3) verifizieren läßt, bleibt ebenso zu überprüfen wie die von *Neusner* vertretene Einheitlichkeit des Werks (Sifra in Perspective 36: „uniform and formally coherent character of the document"), bei der wohl doch der verschiedenen Herkunft einzelner Teile (etwa der Mekhilta de-Milluim) zu wenig Rechnung getragen wird. Sicher ist, daß Sifra seinen Kommentar zu Lev weitgehend (doch nicht in allen Teilen gleich intensiv) mit Materialien auffüllt, die wir aus M und T kennen, und davon auch vielfach seine Fragen an den Bibeltext ableitet. Daß diese enge Verflechtung von Sifra mit M und T auch spätere Ergänzungen und Angleichungen nach sich zog, ist anzunehmen. Jedenfalls ist Sifra mit seinem Programm weniger als Alternative zu M, sondern vielmehr als wichtige Ergänzung dazu zu verstehen.

Umstritten ist, wieweit Sifra in den Talmudim zitiert wird oder ob diese nur mit Sifra gemeinsame Quellen zitieren. Doch dürfte dies nicht hinreichen, mit *Herr* Sifra auf die Zeit um 400 oder später zu datieren. Ein Datum in der 2. Hälfte des 3. Jhs. scheint für den Grundstock von Sifra gerechtfertigt; allerdings hat gerade dieser Text eine umfangreiche und noch nicht hinreichend geklärte Nachgeschichte gehabt.

d) Der Text

1. Handschriften

Codex Assemani 66 der Vatikanbibliothek ist, abgesehen von den Geniza-Fragmenten, die älteste erhaltene rabb. Handschrift. Wahrscheinlich im 10. Jh. entstanden (so *M. Lutzki* im Mabo zum Faksimile 70ff, während

L. Finkelstein ibid. 1 das 9. Jh. annimmt. *H. Cassuto,* Codices Vaticani Hebraici. Codices 1–115, Vatikan 1956, 95, schreibt gar, „manus saec. fere VIII" habe den Text korrigiert und vokalisiert). Babylonische Vokalisierung. Faksimile: Sifra or Torat Kohanim according to Codex Assemani LXVI, with a Hebrew Introduction by *L. Finkelstein,* NY 1956.

Eine von diesem MS sehr verschiedene Texttradition bietet die Vatikanhandschrift *Vat. Ebr. 31,* auf 1073 datiert. Dieses MS dürfte aus Ägypten stammen *(Finkelstein,* l.c. 1); in seinen Lesarten steht es einigen Geniza-Fragmenten und MHG nahe. Faksimile: Torath Cohanim (Sifra), Seder Eliyahu Rabba and Zutta Codex Vatican 31, J 1972. Weitere MSS: Parma De Rossi 139, Oxford Neubauer 151 und London Margulies II 341.

G. Haneman, On the Linguistic Tradition of the Written Text in the Sifra MS. (Rome, Codex Assemani 66) (h), GS H. Yalon, J 1974, 84–98, zeigt die disparate Herkunft der einzelnen Teile von Sifra in Cod. Ass. 66 mit linguistischen wie äußeren Kriterien.

Geniza-Fragmente: N. Alloni, Geniza-Fragments 67–70; *Rabinovitz,* Ginzé Midrash 15–50 (umfassen Weiss 2c–3b; 3c; 4a–b; 4b–c; 20a–c; 22d–23b; 35c–d; 43d–45c: ein neuer Text der Mekhilta de-Milluim). Ein weiteres Geniza-Fragment im Besitz der Dropsie Univ., Phil., ist JQR 13 (1922f) 12 beschrieben; Fotos zahlreicher Fragmente in *Finkelstein,* Sifra I.

2. Druck

Erstdruck K 1523 (nur ein kleiner Teil des Textes); dann V 1545. Heute wird gewöhnlich nach der Ausgabe *I. H. Weiss* zitiert, Wien 1862, Ndr. NY 1947. *M. Friedmann,* Sifra, der älteste Midrasch zu Levitikus, Breslau 1915, Ndr. J 1967, verwertet zwar verschiedene MSS, umfaßt jedoch nur Nedaba 1–19 (bis Lev 3,9). *L. Finkelstein,* Sifra on Leviticus according to Vatican Manuscript Assemani 66 with variants from the other manuscripts, Genizah fragments, early editions and quotations by medieval authorities and with references to parallel passages and commentaries (h), 4 Bde, NY 1983–90 (I: Introduction; II: Text der Abschnitte Nedaba und Choba nach MS Assemani 66; III: Varianten aus MSS, Drucken und frühen Zitaten; IV: Kommentar). Siehe auch: *L. Finkelstein,* Emendations to the Text of Torat Kohanim (h), GS M. Schorr, NY 1944, 241–7; ders., Notes and Emendations on the Sifra (h), FS L. Ginzberg, NY 1945, hebr. Bd 305–322.

3. Konkordanz

B. Kosovsky, Otsar Leschon ha-Tannaim. Sifra, 4 Bde, NY-J 1967–9.

4. Übersetzung

J. Winter, Sifra. Halachischer Midrasch zu Leviticus, Breslau 1938; *J. Neusner,* Sifra. An Analytical Translation, 3 Bde, Atlanta 1988 (übersetzt, soweit vorhanden, Finkelstein, dann die Ausgabe S. Koleditzky, J 1961).

e) Kommentare

Hillel ben Eljaqim (Griechenland, 12. Jh.) hat einen Sifra-Komm. verfaßt, den S. *Koleditzky* nach MS Wien 59 und einem MS der Bodleiana ediert hat: Sifra or Torat Kohanim and commentary by R. Hillel ben R. Eliakim, 2 Teile, J 1961; der Kommentar von *Abraham ben David* (Rabad) von Posquières (1120–1198), teilweise schon im Erstdruck von Sifra, vollständig in Weiss veröffentlicht, ist auch in dem *Simson von Sens* (Anf. 12. Jh.) zugeschriebenen Komm. verwendet worden (dazu *I. Twersky*, Rabad of Posquières, Phil. ²1980, 98f), der u.a. in der Ausgabe Sifra J 1959 veröffentlicht ist (in dieser Ausgabe zahlreiche Kommentare). Von *Aaron Ibn Chajjim* (geboren in Fez, gestorben 1632 in Jerusalem) stammt der ausführliche Kommentar Qorban Aharon, V 1609–11, Ndr. J 1970, der auch sämtliche einschlägigen talmudischen Stellen einbezieht. Die Anmerkungen des Gaon von Wilna zu Sifra sind erstmals in Sifra J 1959 gedruckt; dort auch viele weitere Kommentare zur Baraita der 13 Regeln Jischmaels.

5) Eine „Mekhilta" zu Lev?

Lit.: J. N. Epstein, ITL 634–643; *H. Klein*, Mekilta on the Pentateuch, JQR 35 (1944f) 421–434; *E. Z. Melammed*, Introduction 213f; *Z. M. Rabinovitz*, Ginzé Midrash 51–9.

Schon die Zufügungen zu Sifra, die aus der anderen Auslegungsschule stammen (Mekhilta de-Milluim und Mekhilta de-Arajot), legen nahe, daß es ursprünglich auch zu Lev zwei halakhische Kommentare gegeben hat. *J. N. Epstein* zitiert als Stütze für diese Annahme die in den Talmudim als *teni R. Jischmael* bzw. *tanna debe R. Jischmael* zitierten Auslegungen zu Lev (dieses Material vollständig in *Porton*, Ishmael III). Solche Zitate können allerdings die Existenz eines durchgehenden Kommentars zu Lev aus der „Schule Jischmaels" nicht beweisen, sondern höchstens nahelegen. Weiteres einschlägiges Material findet sich in T: *Epstein* identifiziert TSchebu III (Z. 449f) als Kommentar der Schule Jischmaels zu Lev 5,1, TSchebu I,5–7 (Z. 446f) als solchen zu Lev 5,2. Ebenso verweist er auf die Einfügung in Sifra Schemini 5,4 in MS Rom 31 und zahlreiche Stücke in Sifre-MSS und -Ausgaben (dazu auch *L. Finkelstein*, Prolegomena to the Sifre, PAAJR 3, 1932, 26ff).

Z. M. Rabinovitz hat ein Blatt einer jemenitischen Handschrift (ca. 14. Jh.) mit einem Kommentar zu Lev 9,16–10,5 veröffentlicht, offenbar eine Fortsetzung zum Text in *L. Ginzberg*, Ginze Schechter I 67–83. Der Text kombiniert verschiedene Midraschim, doch scheint der Großteil davon der sogenannten „Schule Jischmaels" anzugehören.

6) Sifre Numeri

Lit.: Ch. *Albeck*, Mabo 123–7; J. N. *Epstein*, ITL 588–624; M. D. *Herr*, EJ XIV, 1519f; S. *Horovitz*, Einleitung zu seiner Textausgabe; Z. *Karl*, Mechqarim be-Sifre, TA 1954; E. Z. *Melammed*, Introduction 195–202; J. *Neusner*, Bab 183–7; *ders.*, Einleitung zu seiner Übersetzung; M. *Pérez Fernández*, Parabolas Rabinicas, Murcia 1988 (cf. auch *ders.*, Sefarad 46, 1986, 391–6; 47, 1987, 363–381 zur Bibelauslegung in Sifre Num).

a) Der Name

Sifre, „Bücher", bezeichnet in Ber 47b, Chag 3a u. ö. in der Zusammenstellung „Halakha, Sifra, Sifre und Tosefta" einen halakhischen Kommentar zu Ex, Num und Dtn. Auch in gaonäischer Zeit wird noch der Ex-Kommentar dazugerechnet; in Nordafrika und Europa gilt jedoch im Mittelalter der Name Sifre nur noch für die uns erhaltenen halakhischen Kommentare zu Num und Dtn. Der Ausdruck *schear sifre debe rab* (Joma 74a, BB 124b) bezeichnet in bT offenbar einfach „die übrigen Schulbücher" ohne Bezug auf die Person Rabs; was deren Inhalt genauer war (in Joma wird eine Erklärung zu Lev, in BB eine solche zu Dtn daraus zitiert), ist nicht festzustellen. Chananel (zu Schebu 37a) zitiert Sifre Num § 28 als Sifre debe Rab, bezieht den Ausdruck also auf unsere Midraschim zu Num und Dtn und versteht Rab als Eigenname; er sieht also die beiden Midraschim als von Rab verfaßt (so auch Rambam) oder zumindest als in seiner Schule gelehrt an. Für Sifre Num findet man gelegentlich die Bezeichnung Midrasch Wischalchu, da der Kommentar mit Num 5 beginnt (so z. B. der Arukh).

b) Inhalt und Einteilung

Sifre Num ist ein Auslegungsmidrasch zu Num, der mit 5,1 einsetzt, dem ersten gesetzlichen Stück von Num; größere erzählende Einheiten wie Num 13–14 oder 16–17 übergeht er völlig; in den besprochenen Stücken schließt er jedoch auch die erzählenden Teile ein, bringt also auch Haggada. Die ursprüngliche Einteilung war rein sachlich und unabhängig von der Leseordnung der Synagoge: Paraschijot, die in Baraitot unterteilt waren. Diese Einteilung ist nachträglich in MSS und Drucken verwischt worden. Die heute übliche Einteilung gliedert den Text in Paragraphen (Pisqaot), die weithin der Verseinteilung der Bibel entsprechen. Zusätzlich nennt man den Namen des jeweiligen Leseabschnitts: §§ 1–58 = Parascha Naso (zu Num 5–7); §§ 59–106 = P. Beha῾alotekha (zu Num 8–12); §§ 107–115 = P. Schelach (zu Num 15); §§ 116–122 = P. Korach (zu Num 18); §§ 123–130 = P. Chuqqat (zu Num 19); § 131 = P. Balaq (zu Num 25,1–13); §§ 132–152 = P. Pinchas (zu Num 26,52–30,1); §§ 153–158 = P. Mattot (zu Num 30,2–31,24); §§ 159–161 = P. Mas῾e (zu Num 35,9–34).

c) Eigenart, Entstehung, Datierung

Sifre Num gehört der Gruppe I der hal. Midraschim an („Schule Jischmaels"). Es bevorzugt dieselben Rabbinen (besonders Jischmael, Joschijja, Jonatan, Natan), dieselbe Terminologie und dieselbe Auslegungsmethode wie Mek. Auch hier befinden sich zahlreiche Texte, die in anderen rabb. Schriften R. Jischmael zugeschrieben werden, allerdings auch Unterschiede und Widersprüche dazu.

Sifre Num ist kein einheitlicher Text. Ein langes haggadisches Stück in Beha^calotekha (§§ 78–106) fällt durch eine andere Terminologie und andere Tannaitennamen auf. Offenbar ist hier versucht worden, zwischen den beiden Midraschschulen auszugleichen, was jedoch nicht ohne Spannungen und innere Widersprüche abging. § 131 (Balaq) gehört der Gruppe II an, und auch die Haggada in §§ 134–141 stammt aus einer anderen Quelle als der Rest von Sifre Num.

Die Aussage Jochanans in Sanh 86a, daß die anonymen Sätze in Sifre R. Simeon (b. Jochai) entsprechen, bezieht sich nicht auf unser Sifre zu Num und Dtn, das ja eine Zusammenfügung verschiedener Midraschim ist. Nur einzelne Stücke in Sifre Num scheinen aus den Kreisen um Simeon b. Jochai zu stammen *(Epstein*, ITL 601, rechnet dazu §§ 42, 119, 128). Wie bei den anderen hal.Midraschim herrscht auch hier keine Einhelligkeit, ob die Talmudim Sifre Num gekannt und zitiert haben oder nur gemeinsame Quellen zitieren. Als Entstehungszeit kommt auch für Sifre Num am ehesten ein Datum ab der 2. Hälfte des 3. Jhs. in Frage.

d) Text

1. Handschriften und Drucke

H. S. Horovitz stützt sich in seiner kritischen Ausgabe Siphre D'be Rab. Fasciculus primus: Siphre ad Numeros adjecto Siphre zutta, Le 1917, J ²1966 (zu ergänzen mit der Kollation von MS Berlin in *Kuhn*s Übersetzung) auf folgende Handschriften: MS British Museum add. 16006, in dem zahlreiche Stellen durch Homoioteleuton ausgefallen sind; MS Vatikan 32 (10. oder frühes 11. Jh.; Faksimile J 1972); ein Midrasch Chakhamim, der u.a. einen großen Teil von Sifre exzerpiert (früher im Besitz von *A. Epstein*, jetzt JThS, NY). Dazu kommt MS Berliner Staatsbibliothek (Ms. Orient. Quart. 1594), wahrscheinlich im 14. Jh. in Norditalien entstanden; nach *K. G. Kuhn* ist es wohl der wichtigste Textzeuge von Sifre Num (so in seiner Übersetzung von Sifre Num 708; 703–785 bietet er eine Beschreibung und Kollation des MS), *M. Kahana* hingegen beurteilt es viel zurückhaltender. Siehe auch *L. Finkelstein*, PAAJR 3,3ff). Erstdruck V 1545 zusammen mit Sifre Dtn (Ndr. J 1970f). Umfassende Liste der Textzeugen: *M. Kahana*, Prolegomena to a New Edition of the Sifre on Numbers (h), J 1986.

2. Übersetzung

K. G. *Kuhn*, Der tannaitische Midrasch Sifre zu Numeri übersetzt und erklärt, Stuttgart 1959; *J. Neusner*, Sifré to Numbers. An American Translation and Explanation, 2 Bde (§§ 1–115), Atlanta 1986 (den abschließenden Bd III soll W. S. *Green* besorgen); *M. Pérez Fernández*, Midrás Sifre Números. Versión critica, introducción y notas, Valencia 1989.

3. Konkordanz

B. *Kosovsky*, Thesaurus „Sifrei". Concordantiae Verborum quae in „Sifrei" Numeri et Deuteronomium reperiuntur, 5 Bde J 1971–4.

e) Kommentare

Der Kommentar des *Hillel ben Eljaqim* (12. Jh.) ist wichtig für die Textkritik; er zitiert auch verschiedene frühere Kommentare wie den von Hai Gaon. Enthalten in der Sifre-Ausgabe von *S. Koleditzky*, 2 Bde, J 1983, die auch die Anmerkungen des Gaon von Wilna enthält (cf. dazu *M. Kahana*, The Commentary of R. Hillel on Sifre, h, KS 63, 1990f, 271–280). Der Kommentar des *David Pardo* (18. Jh.) wurde 1799 in Saloniki veröffentlicht, der von *M. Friedmann* in seiner Sifre-Ausgabe W 1864.

7) Sifre Zutta (= SZ)

Lit.: Ch. *Albeck*, Untersuchungen 148–151; ders., MGWJ 75 (1931) 404–410 (Kritik an *Epstein*); *J. N. Epstein*, ITL 741–6; ders., Tarbiz 3 (1931f) 232–6 (Antwort auf *Albeck*, MGWJ); *M. D. Herr*, EJ XIV, 1522f; *H. S. Horovitz*, Einleitung zu seiner Textausgabe XV–XXI; *S. Lieberman*, Siphre Zutta (The Midrash of Lydda) (h), NY 1968; *E. Z. Melammed*, Introduction 215–9.249.

Sifre Zutta, „das kleine Sifre" zur Unterscheidung von Sifre Num, wird in mittelalterlichen Zitaten auch einfach als Sifre oder Zutta angeführt oder auch als *Sifre schel panim acherim*. Maimonides zitiert die Schrift mehrmals als Mekhilta (de R. Jischmael) im Sefer ha-Mitswot.

Der Text von SZ ist nur fragmentarisch in mittelalterlichen Zitaten, im Jalqut und MHG sowie in Zitaten in NumR erhalten. Dazu kommen zwei Fragmente aus der Geniza, von denen eines schon S. *Schechter* veröffentlicht (JQR 6, 1894, 656–663) und *H. S. Horovitz* in seine Textausgabe im Anhang zu Sifre Num (siehe oben) aufgenommen hat (330–334). *J. N. Epstein*, Sifre Zutta Paraschat Para, Tarbiz 1 (1929f) 46–78, veröffentlichte MS Firkovitch II A 313[43], ein 5 Blatt umfassendes Fragment (entspricht *Horovitz* 300–315). *Horovitz* bemerkte schon zu seiner Ausgabe von SZ, „daß vieles in den Text aufgenommen sein dürfte, was nicht aus S.z. stammt, aber mit eben solcher Bestimmtheit läßt sich behaupten, daß in demselben vieles fehlen dürfte, was ursprünglich im S.z. enthalten war"

(XX). *S. Lieberman* sieht dies durch den Vergleich mit dem von *Epstein* veröffentlichten Fragment bestätigt, doch dürfte der von *Horovitz* zusammengestellte Text von Vollständigkeit nicht weit entfernt sein (Siphre Zutta 6). *Lieberman* ergänzt den Text von SZ durch eine Reihe weiterer Zitate (Siphre Zutta 6–10).

Wie Sifre Num dürfte auch SZ mit 5,1 eingesetzt und einen durchgehenden hal. Kommentar zu Num geboten haben, der nicht nach der Leseordnung, sondern sachlich in Paraschen unterteilt war.

SZ steht der Gruppe II der hal. Midraschim („Schule Aqibas") nahe; das zeigt besonders der Vergleich mit Sifra, mit dem SZ zahlreiche sachliche und auch wörtliche Parallelen aufweist, von dem es jedoch auch in vielen Punkten abweicht. Gerade in der exegetischen Terminologie bietet SZ manche sonst nicht belegte Formeln, wie auch manche in SZ zitierte Tannaim sonst nicht überliefert sind. In der Halakha weicht SZ recht oft von M ab. Auffällig ist auch, daß der Name Rabbis wie auch der Natans nie genannt, ihre Lehren vielmehr anonym gebracht werden. *S. Lieberman* (91) sieht darin polemisches Verschweigen sowohl des Patriarchen Rabbi wie auch des mit dem Exilarchen verwandten Natan.

Gegen *D. Hoffmann*, der Simeon b. Jochai als Autor von SZ vermutet hatte (er bezog Sanh 86a *stam sifre R. Simeon* auf SZ), nennt *Horovitz* (XVII) R. Eliezer ben Jakob (T3), der in SZ oft genannt und auch mehrmals in rabb. Texten als Autor von in SZ anonym gebrachten Sätzen zitiert wird. *Epstein* vermutet als Ort der Endredaktion Sepphoris (da Er 83b Sepphoris nennt, wo die Parallele SZ 283 Zeile 19 einfach „von uns" sagt); als Redaktor nennt er Bar Qappara (T5) (ITL 745), während *Melammed* (Introd. 216f) eher an dessen Zeitgenossen R. Chijja denkt. *Lieberman* 92ff betrachtet wie *Epstein* Bar Qappara als Endredaktor, hält jedoch Sepphoris für unmöglich (Sitz des Patriarchen, während SZ so kritisch gegenüber dem Patriarchat ist) und schließt daher auf Lydda, das in spättannaitischer Zeit das einzige bedeutende Torazentrum neben Sepphoris gewesen ist. Seines Erachtens ist SZ älter als alle anderen hal. Midraschim (Anfang 3. Jh.).

8) Sifre Deuteronomium

Lit.: S. *Abramson*, Arba'a Injanot be-Midresche Halakha, Sinai 74 (1974) 9–13; Ch. *Albeck*, Mabo 127–9; H. W. *Basser*, Midrashic Interpretations of the Song of Moses, NY 1984 (kommentierte Übersetzung von Sifre Dtn §§ 306–341); *ders.*, In the Margins of Midrash. Sifre Ha'azinu Texts, Commentaries, and Reflections, Atlanta 1990; J. N. *Epstein*, ITL 625–630. 703–724; L. *Finkelstein*, Haschpa'at Bet Schammai al Sifre Debarim, Sefer Assaf, J 1953, 415–426; *ders.*, Concerning an Obscure Beraytha in the Sifre (h), FS S. Halkin, J 1973, 181–2; S. D. *Fraade*, From Tradition to Commentary. Torah and Its Interpretation in the Midrash Sifre to

Deuteronomy, Albany 1991; *ders.*, Sifre Deuteronomy 26 (ad Deut. 3:23): How Conscious the Composition?, HUCA 54 (1983) 245–301 (auch allgemein zu Problemen von Sifre Dtn und seiner Datierung); *Abr. Goldberg*, The School of Rabbi Akiba and the School of Rabbi Ishmael in Sifre Deuteronomy, Pericope 1–54 (h), in: M.-A. Friedman, A. Tal, G. Brin, Hgg., Studies in Talmudic Literature, TA 1983, 7–16 (nur §§ 31–54 gehören zur „Schule Jischmaels"); *I. B. Gottlieb*, Language Understanding in Sifre Deuteronomy: A Study of Language Consciousness in Rabbinic Exegesis, Diss. NY Univ. 1972; *R. Hammer*, Section 38 of Sifre Deuteronomy: An Example of the Use of Independent Sources to Create a Literary Unit, HUCA 50 (1979) 165–178; *ders.*, A Rabbinic Response to the Post Bar Kochba Era: The Sifre to Ha-Azinu, PAAJR 52 (1985) 37–53 (zu §§ 306ff); *M. D. Herr*, EJ XIV, 1520f; *Z. Karl*, Mechqarim be-Sifre, TA 1954; *T. Martínez Saiz*, La muerte de Moisés en Sifré Deuteronomio, GS A. Díez Macho, Madrid 1986, 205–214; *E. Z. Melammed*, Introduction 202–7.243–5; *J. Neusner*, Sifre to Deuteronomy. An Introduction to the Rhetorical, Logical, and Topical Program, Atlanta 1987.

Zum *Namen* siehe S. 263

a) Inhalt und Einteilung

Sifre Dtn ist ein exegetischer Midrasch zu Dtn 1,1–30; 3,23–29; 6,4–9; 11,10–26,15; 31,14; 32–34. Außer dem gesetzlichen Hauptstück Dtn 12–26 kommen also auch erzählende Teile (der historische Prolog, das Gebet des Mose, das Schemá, die Amtsübertragung an Josua, Lied und Segen des Mose sowie dessen Tod). Die ursprüngliche Gliederung erfolgte nach Paragraphen (Pisqaot), die wohl je einem Vers entsprachen, sowie den offenen und geschlossenen Paraschijot des Bibeltextes (nicht jenen der babylonischen Leseordnung, die nachträglich auch hier einbezogen wurde): siehe *Rabinovitz*, Ginzé Midrash 61.

b) Text

1. Handschriften und Drucke
Erstdruck V 1545 zusammen mit Sifre Num (Ndr. J 1970/1). Krit. Ausgabe *L. Finkelstein*, Siphre ad Deuteronomium H. S. Horovitzii schedis usis cum variis lectionibus et adnotationibus, B 1939, Ndr. NY 1969. Eklektischer Text. Wichtige Rezensionen zu den ersten Faszikeln der Ausgabe: *J. N. Epstein*, Tarbiz 8 (1936f) 375–392; *S. Lieberman*, KS 14 (1937f) 323–336. Die Ausgabe beruht v.a. auf folgenden MSS (dazu *L. Finkelstein*, Prolegomena to an Edition of the Sifre on Deuteronomy, PAAJR 3, 1931f, 3–42): MS Rom Assemani 32 (10. oder 11. Jh.) umfaßt den Text von Sifre Num und Dtn (endet Mitte § 306 zu Dtn 32,1); Faksimile J 1972; Berlin MS Orient. Quart. 1594 (siehe S. 264); *British Museum* MS Add. 16,406; *MS Oxford*, Neubauer 151. Die sechs von F. schon verwerteten Geniza-Fragmente sind durch ein weiteres zu ergänzen: *Z. M. Rabinovitz*, Ginzé Midrash 60–65 (umfaßt §§ 289–292, orient. Schrift ca. 14. Jh.); T. S. c2 181

(zu Dtn 1,14–16; 1,30; 3,23) gehört hingegen nach M. *Kahana* nicht hierher, sondern zu MidrTann; ebenso ein Stück zu 32,43 ff, das in einem in der Geniza fragmentarisch erhaltenen Jalqut zitiert wird (siehe S. 270). Zitate in MHG, Jalqut und einem jemenitischen Midrasch (vom Ende des 14. Jhs., Sammelwerk nach Art des MHG: Leningrad Cod. II Firkovitch 225 Teil 4): L. *Finkelstein*, Fragment of an Unknown Midrash on Deuteronomy, HUCA 12–13 (1937-8) 523–557 (nur ein Teil des MS!).

2. *Konkordanz*
B. *Kosovsky* (S. 265).

3. Übersetzungen
H. *Bietenhard*, Der tannaitische Midrasch „Sifre Deuteronomium". Mit e. Beitrag von H. *Ljungman*, Bern 1984; R. *Hammer*, Sifre. A Tannaitic Commentary on the Book of Deuteronomy, New Haven 1986; J. *Neusner*, Sifre to Deuteronomy. An Analytical Translation, 2 Bde, Atlanta 1987.

c) Eigenart, Entstehung, Datierung

Sifre Dtn ist kein einheitliches Werk. §§ 1–54 und 304–357, d.h. die haggadischen Teile, gehören nicht mit dem zentralen gesetzlichen Teil §§ 55–303 (Dtn 11,29–26,15) zusammen. Der halakhische Teil ist nach den üblichen Kriterien – Rabbinen, Auslegungsmethode und Fachterminologie – Gruppe II der hal. Midraschim („Schule Aqibas") zuzurechnen, was auch die zahlreichen, oft wörtlichen Parallelen zu Sifra zeigen. Einzelne Stücke werden zwar in anderen rabb. Texten als Lehre des R. Jischmael zitiert; doch lassen sich diese als spätere Zufügungen erweisen: sie scheinen in der MSS-Tradition meist erst spät auf bzw. sind sonst als in den eigentlichen Text erst nachträglich eingedrungene Glossen ersichtlich. In der Ausgabe *Finkelstein* sind diese fraglichen Texte durch Kleindruck gekennzeichnet (vgl. ITL 706 f.711–724). Der Versuch von *Neusner* (Sifre to Deuteronomy. An Introduction), Sifre Dtn als geschlossenes Werk mit einheitlicher Rhetorik, Thematik und Logik nachzuweisen, der auch eventuelle spätere Ergänzungen gefolgt sind, scheint noch zu grobe Kriterien zu verwenden, weshalb auch die Abgrenzung zu Sifra und Sifre Num so schwer möglich ist. Zumindest die halakhischen Midraschim sind mit *Neusner*'s Kriterienkatalog kaum zu differenzieren; auch gibt zu denken, daß damit die Materialblöcke, welche man u. a. wegen ihrer Terminologie der „Schule Jischmaels" zuordnet, nicht ausgesondert werden können.

Die Aussage von Sanh 86 a, der anonyme Teil von Sifre gehe auf R. Simeon zurück, paßt nach *Epstein* (ITL 705 f) am ehesten auf den halakhischen Teil von Sifre Dtn, da so manche hier anonym angeführte Stellen in anderen rabb. Texten im Namen des R. Simeon b. Jochai gebracht werden. Dasselbe gilt allerdings auch bezüglich Rabbi und R. Chizkijja: bei diesen Rabbinen will *Epstein* das aber eher mit der Benützung von Sifre Dtn in deren Schulen erklären, ebenso auch bei Jochanan bar Nappacha (ITL 709), den *D. Hoffmann* 70f als Redaktor von Sifre Dtn angesehen hatte.

L. Finkelstein (GS Assaf) hat eine detaillierte These zur Entstehung von Sifre Dtn im halakhischen Teil vorgetragen. Ausgehend von den Stellen, wo Sifre Dtn die Halakha Schammais gegen die Hillels vertritt, führt er diese auf den Schammaiten Eliezer ben Hyrkan zurück, dessen Schüler noch unter Jochanan ben Zakkai mit der Redaktion von Sifre Dtn begonnen haben sollen (F. verweist besonders auf Stellen, die vom Gerichtshof in Jabne sprechen). Später habe dann Aqiba Sifre Dtn in seiner Schule gelehrt, ergänzt und korrigiert und der Meinung Hillels angepaßt, ohne jedoch alle Spuren der früheren Redaktion zu verwischen (423 f).

Diese These *Finkelstein*'s geht über das Beweisbare weit hinaus. Eliezer ist nicht als Schammait anzusprechen, sondern stimmt nur manchmal mit der Meinung dieser Schule überein *(Neusner,* Eliezer II 309). Zwar steht Sifre Dtn zusammen mit Sifra Eliezer-Traditionen näher als etwa Mek (ibid. 226–233), doch kann ihm kein besonderes exegetisches Interesse und erst recht keine eigene exegetische Methode nachgewiesen werden (387–398). *Finkelstein,* aber auch *Epstein* haben für ihre Rekonstruktionen Beobachtungen zu Einzeltraditionen und möglichen Quellen von Sifre Dtn auf ein geschichtliches Werden der Gesamtschrift interpretiert. Zu solchen Urteilen fehlt jedoch noch immer die Basis. Auch beim halakhischen Teil von Sifre Dtn kommen wir derzeit über eine Datierung der Endredaktion nicht hinaus. Diese ist entgegen der Schule *Albeck*s nicht um 400, sondern im späten 3. Jh. zu vermuten.

Dasselbe gilt für die *haggadischen Teile* §§ 1–54 und 304–357, die aus der „Schule Jischmaels" stammen bzw. dieser nahestehen, wie Terminologie, Rabbinennamen usw. zeigen. *J. N. Epstein* (ITL 627 ff) zeigt die Uneinheitlichkeit auch der haggadischen Stücke selbst. Allein §§ 31–54 (Dtn 6,4–9; 11,10–28) haben durchgehend die für Gruppe I typischen Charakteristika (auch Parallelen zu Mek); §§ 1–25, 26–30 sowie 304–357 sind hingegen aus verschiedenen Quellen zusammengesetzt, was sich in den Rabbinennamen und v. a. in einer Mischterminologie zeigt. Der haggadische Stoff der halakhischen Midraschim ist allerdings ganz allgemein viel stärker Gemeingut als die Halakha. Die frühe Wirkungsgeschichte von Sifre Dtn (oder zumindest seinem Material) zeigt sich in den Targumen zu Dtn *(I. Drazin,* Targum Onqelos to Deuteronomy, NY 1982, 8–10.43–47, belegt die Abhängigkeit von Onqelos gegenüber Sifre; siehe auch *P. Grelot* in RB 88, 1981, 421–5).

d) Kommentare

Es sind dieselben wie zu Sifre Num, da beide Werke als Einheit überliefert wurden (S. 265). Den Abschnitt Ha'azinu eines weiteren Kommentars zu Sifre Num und Dtn (14. Jh.?) veröffentlicht *H. W. Basser,* In the Margins 182 ff.

9) Midrasch Tannaim

Lit.: Ch. Albeck, Untersuchungen 156f; *J. N. Epstein*, ITL 631–3; *M. D. Herr*, EJ XI, 1518f; *E. Z. Melammed*, Introduction 219–222.

MidrTann ist die Bezeichnung, die *D. Hoffmann* dem von ihm rekonstruierten halakhischen Midrasch zu Dtn gab. Andere bevorzugen die Bezeichnung Mekhilta zu Dtn, um damit die Zusammengehörigkeit mit Mek zu betonen, bzw. im Anschluß an die Aussage des Maimonides im Vorwort zu Mischne Tora, daß Jischmael eine Mekhilta zu Ex bis Dtn geschrieben habe.

a) Der Text

D. Hoffmann hat schon 1890 Zitate aus MHG gesammelt, die die Existenz eines hal. Midrasch zu Dtn (auch zu 12–26 und nicht nur zu den Rahmenkapiteln) beweisen sollten: Ueber eine Mechilta zu Deuteronomium, FS I. Hildesheimer, B 1890, 83–98 und hebr. Teil 3–32. *S. Schechter* veröffentlichte dann zwei Geniza-Fragmente: Geniza Fragments, JQR 16 (1904) 446–452; The Mechilta to Deuteronomy, JQR 16 (1904) 695–701. Diese hat *Hoffmann* dann zusammen mit MHG-Zitaten zur Grundlage seiner Textausgabe gemacht: Midrasch Tannaim zum Deuteronomium, 2 Hefte, B 1908/9, Ndr. J 1984. Ein weiteres Geniza-Fragment: *S. Schechter*, Mekhilta le-Debarim Paraschat Re'e, FS I. Lewy, Breslau 1911, hebr. Teil 187–192. Da das von ihm in JQR 16,695 ff veröffentlichte Fragment fehlerhaft wiedergegeben war, edierte es *J. N. Epstein* neu: Mekhilta le paraschat Re'e, GS H. P. Chajes, W 1933, hebr. Teil 60–75. *Hoffmann* hatte es in seiner Ausgabe ohne Rückgriff auf das MS mit Konjekturen „korrigiert". Weitere Textbelege, von denen zwei *L. Finkelstein* schon gekannt, aber Sifre Dtn zugeordnet hatte: *M. Kahana*, New Fragments of the Mekilta on Deuteronomy (h), Tarbiz 54 (1984f) 485–551; *ders.*, Citations of the Deuteronomy Mekilta Ekev and Ha'azinu (h), Tarbiz 56 (1986f) 19–59; *ders.*, Pages of the Deuteronomy Mekhilta on Ha'azinu and Wezot ha-Berakha (h), Tarbiz 57 (1987f) 165–201 (zwei Blätter von jemenit. MSS des 14.-15. Jhs. mit dem Midrasch zu Dtn 32,36–39 und 33,3–4); Reaktionen auf den letzten Artikel: *H. Fox*, Tarbiz 59 (1989f) 229–231 und *H. Z. Basser* ibid. 233f(ebenso *ders.*, In the Margins 63–66); Antwort *M. Kahana*, ibid. 235–241.

Epstein (ITL 632f) folgert aus dem Vergleich der Geniza-Fragmente mit MHG, daß dessen Autor keine vollständige Handschrift der Mekhilta zu Dtn zur Verfügung hatte, bei Texten die Parallelen in bT oder Sifre Dtn haben, diese miteinander kombiniert und auch nicht alles, was sich nicht in Sifre findet, deshalb auch schon aus der Mekhilta zu Dtn entnommen habe. Nur etwa die Hälfte der MHG-Zitate in *Hoffmann* dürften tatsächlich aus

Mek zu Dtn stammen. Das zu beurteilen, ist nach inneren Kriterien (Auslegungssystem, Rabbinennamen, Terminologie) möglich. Die Analyse der von *Kahana* publizierten Textstücke sollte die Diskussion über MidTann voranbringen.

b) Eigenart und Entstehung

MidrTann war ein halakhischer Midrasch, der wohl ganz Dtn umfaßte. Die Geniza-Fragmente dokumentieren glücklicherweise gerade den Übergang von Dtn 11 zu 12, also vom haggadischen zum halakhischen Teil. Sie rechtfertigen in etwa die Entscheidung *Hoffmanns*, für den haggadischen Teil Sifre Dtn §§ 1–54, ergänzt durch MHG, zu übernehmen, ebenso §§ 304 ff. Die ursprüngliche Einteilung war, wie die Geniza-Fragmente zeigen, in Paraschen und Halakhot.

Rabbinennamen, exegetische Methode und Terminologie weisen MidrTann der Gruppe I („Schule Jischmaels") der halakhischen Midraschim zu. Über Entstehungsgeschichte und Datum der Endredaktion läßt sich beim fragmentarischen und z.T. auch fragwürdigen Textzustand nichts Näheres sagen; das Urteil über die anderen halakhischen Midraschim kann wohl im allgemeinen vorläufig auch hier als Arbeitshypothese übernommen werden.

III. Die ältesten Auslegungsmidraschim

1) Genesis Rabba (GenR)

Lit.: Ch. *Albeck*, Einleitung zum Bereschit Rabba, im Anhang zur Textausgabe *Theodor-Albeck* Bd III, J ²1965 (h); *R. N. Brown*, The enjoyment of Midrash. The use of the pun in Genesis Rabba, Diss. HUC-JIR 1980 (Univ. Microfilms, Ann Arbor 1980); *ders.*, A Note on Genesis-Rabba 48:17 (h), Tarbiz 51 (1981f) 502; *ders.*, The Term 'Etmaha in Genesis Rabba, HUCA 56 (1985) 167–174; *J. N. Epstein*, IAL 287–290 (Beziehung zu pT); *M. Guttmann* – *B. Heller*, EJ (1931) VII, 241–7; *J. Heinemann*, The Structure and Division of Genesis Rabba (h), Bar-Ilan 9 (1971) = GS H. M. Shapiro I, Ramat Gan 1972, 279–289; *M. D. Herr*, EJ 7, 399–401; *M. Lerner*, Anlage des Bereschith Rabba und seine Quellen, B 1882; *A. Marmorstein*, The Introduction of R. Hoshaya to the First Chapter of Genesis Rabba, FS L. Ginzberg, NY 1945, 247–252; *O. Meir*, Ha-Sippur ha-Darschani be-Bereschit Rabba, TA 1987; *dies.*, Chapter Division in Midrash Genesis Rabbah (h), 10th WCJS (J 1990) C I 101–108; *J. Neusner*, Comparative Midrash. The Plan and Program of Genesis Rabbah and Leviticus Rabbah, Atlanta 1986; *ders.* Judaism and Christianity in the Age of Constantine, Chicago 1987; *H. Odeberg*, The Aramaic Portions of Bereshit Rabba. With Grammar of Galilean Aramaic, Lund-Le 1939; *L. I. Rabinowitz*, The Study of a Midrash, JQR 58 (1967f) 143–161; *C. Thoma* – *S. Lauer*, Die Gleichnisse der Rabbinen. Zweiter Teil: Von der Erschaffung der Welt bis zum Tod Abrahams: Bereschit Rabba 1–63, Bern 1991; *T. Thorion*, MASHAL-Series in Genesis Rabba, ThZ 41 (1985) 160–167; Zunz, GV 184–9.

a) Der Name

GenR, nach der hebr. Bezeichnung von Genesis auch Bereschit Rabba, scheint mit diesem Namen schon in den Halakhot Gedolot, im Arukh und öfter auf. Daneben sind auch die Bezeichnungen Bereschit de Rabbi Oschaja, Bereschit Rabba de Rabbi Oschaja und Baraita de Bereschit Rabba schon früh belegt. Ungeklärt ist jedoch, warum der Kommentar als Rabba bezeichnet wird. Zunz (GV 187) vermutete als ursprünglichen Namen Bereschit de R. Oschaja Rabba. Später sei der Name des R. Oschaja, nach dem der Midrasch benannt wurde, weil er mit *R. Oschaja patach* beginnt, ausgefallen und Bereschit Rabba übriggeblieben. Dagegen läßt sich einwenden, daß eine Reihe von Textzeugen nur R. Oschaja und nicht R. Oschaja Rabba lesen (O. Rabba aber z.B. im Genizatext!). Bereschit Rabba als die „große Genesis" zum Unterschied vom Bibeltext selbst zu verstehen, verbietet sich, da sonst jeder Bibelkommentar den Beinamen Rabba erhalten müßte. So bleibt die Möglichkeit, daß Rabba unseren Gen-Kommentar von einem kleineren Gen-Kommentar unterscheiden sollte, sei es, wie *J. Theodor* (MGWJ 38, 1894, 518) meinte, der viel ausführlichere Teil von GenR, d.h. die Paraschen 1–29, im Unterschied zum viel kürzer gefaßten Rest (Th. sieht hierin zwei Midraschim, aus denen GenR zusammengesetzt ist), oder sei es zur Unterscheidung von einem anderen kleineren Gen-Midrasch. Durch die gemeinsame Überlieferung mit anderen Midraschim zum Pentateuch dürfte dann die Bezeichnung Rabba auch auf diese übergegangen sein, später dann auch auf die Megillot.

b) Inhalt und Aufbau

GenR ist ein Auslegungsmidrasch zu Gen. Er gibt teils einfache Wort- und Satzerklärungen, teils, in oft nur loser Anknüpfung, kurze oder ausführliche haggadische Deutungen und Darlegungen, in die häufig Sentenzen und Gleichnisse hineinverflochten sind. Ab Parasche 93 wird die Vers-für-Vers-Erklärung (die aber auch schon zuvor viele Verse übergeht) aufgegeben. MS Vatikan 30 überliefert jedoch 95–97 in einer anderen Textfassung, die als die ursprüngliche zu betrachten ist.

Die Druckausgaben zählen gewöhnlich 100 Paraschen, die Handschriften zwischen 97 und 101, letztere Zahl in MS Vat. 30. Hier weicht die Zählung ab Par. 97 (in Vat. 30 als 98 gezählt) voneinander ab. Aber auch in den Paraschen 40–43 haben MSS und Drucke keine einheitliche Zählung. Ein Teil der Texttradition teilt 40 in 40 und 41, verbindet aber sein 43 mit dem 43 der anderen Tradition, daß hier wieder die Einheit hergestellt ist.

Gegenüber den halakhischen Midraschim erhält das Werk sein besonderes Gepräge durch die (teilweise freilich späteren) *Proömien*. Alle Paraschen mit Ausnahme von sieben (13.15.17.18.25.35.37) haben eine oder mehrere Petichot. *Albeck* (12) zählt im eigentlichen GenR (Paraschen 1–94 sowie 95–97 nach MS Vat. 30) insgesamt 246 Petichot, die meist mit Versen aus den Ketubim einsetzen und zum größeren Teil (170) anonym sind. Die Zahl der Petichot zu Beginn der Paraschen schwankt zwischen einer (in 38 Paraschen) und neun (in Parascha 53).

Nach welchem Prinzip ist die Paraschen-Einteilung erfolgt? *Albeck* (97) folgt *Theodor*, daß die Paraschen zum Großteil nach den „geschlossenen" und „offenen" Abschnitten in der Bibel (Setumot und Petuchot; dazu *J. M. Oesch*, Petucha und Setuma, Freiburg-Göttingen 1979) eingeteilt worden seien, in einzelnen Fällen auch nach dem dreijährigen Lesezyklus Palästinas. Doch bleibt nach diesem System ein großer Teil der Paraschen unerklärt. Deshalb versucht *J. Heinemann* eine Erklärung von den Petichot aus. Gewöhnlich sind diese vor den Sedarim zu erwarten, zu denen ja gepredigt wurde. Für Gen kennt der palästinische Zyklus etwas mehr als 40 Sedarim. Wo nun in GenR eine Parasche einem Seder-Beginn entspricht, sind gewöhnlich zwei oder mehr Proömien zu finden; wo dies nicht der Fall ist, gibt es entweder gar keine Peticha (7 mal) oder eine kurze, rudimentäre oder auch eine unechte Peticha. Das läßt den Schluß zu, daß die Einteilung von GenR ursprünglich nach den Sedarim der palästinischen Leseordnung erfolgte. Wegen Materialfülle, so *Heinemann*, habe man dann weitere 50 bis 60 Abschnitte gemacht und diesen, um einen gleichmäßigen Aufbau des Midrasch zu erzielen, womöglich Proömien vorangestellt, sich dabei aber auch mit Ersatzlösungen beholfen. Da die Paraschen aber auch so noch sehr verschieden lang sind, postuliert O. *Meir* ein anderes Einteilungsprinzip, nämlich das Streben nach sinnvollen thematischen Einheiten, um so der Tendenz des Auslegungsmidrasch zu atomistischer Auflösung entgegenzuwirken.

c) Quellen von Genesis Rabba

Der Redaktor des Midrasch stützt sich auf eine Fülle von rabb. Traditionen; im Einzelfall ist allerdings schwer zu entscheiden, ob er schriftliche Texte vor sich hat und frei zitiert, oder ob er auf frühere Fassungen der uns überlieferten Texte oder gar nur auf gemeinsame mündliche Traditionen zurückgreift. Die letzte Annahme könnte v. a. bei den Parallelen von GenR mit Philo, Josephus und der zwischentestamentlichen Literatur zutreffen; doch ist auch nicht auszuschließen, daß solche Traditionen, die im rabb. Judentum nicht gepflegt wurden (zumindest nicht offen), durch Kontakte und Diskussionen mit Christen bekannt wurden. Diese Wechselwirkungen in Palästina sind noch nicht genügend erforscht.

Dreimal (Ausgabe Th-A 198.461.1152) beruft sich GenR ausdrücklich auf die Übersetzung des Aquila ins Griechische. Zu den Targumim finden sich zahlreiche Parallelen, oft mit dem ausdrücklichen Hinweis auf den Targum. Abweichungen im Wortlaut sind natürlich, da ja die Targumim noch lange ein lebendiges Wachstum erfahren haben. Aber auch bei den zahlreichen Zitaten aus M und Baraita (mit oder auch ohne Hinweis) hält sich der Redaktor nicht an den genauen Wortlaut, wie er uns überliefert ist. So kann *Albeck* sogar bei wörtlichen Parallelen mit T eine direkte Entlehnung aus T verneinen, einerseits weil viele dieser Parallelen sich auch in pT finden, v. a. jedoch weil es sich hier gewöhnlich um Haggada handelt, deren Herkunft schwer zu beweisen ist. Ähnlich steht es mit den hal. Midraschim, deren Verwendung in GenR *Albeck* verneint (wo nicht anders möglich, einfach mit dem Argument, daß ja auch pT die hal. Midraschim nicht verwendet habe: 64).

Ein eindeutiges Urteil ist zwar, wie so oft in der rabb. Literaturgeschichte, nicht möglich, was die direkte Benützung gewisser Schriften betrifft. Sicher ist jedoch, daß GenR mit den Inhalten von M, T, hal. Midraschim und Targumim wohl vertraut gewesen ist.

Eine besondere Bedeutung für die Datierung von GenR hat die Frage, ob der Redaktor unseren pT benützt hat oder nicht. *Frankel*, Mabo 51b-53a, vertrat ebenso wie *Zunz*, GV 185, die Ansicht, daß GenR pT benützt und erklärt hat. Dagegen hat *Albeck* durch einen umfassenden Vergleich der etwa 220 Parallelstellen zu zeigen versucht, daß GenR einen pT verwendet hat, der unserem pT glich, doch von diesem verschieden war (eine solche Argumentation leidet allerdings an der Unsicherheit der Textüberlieferung von pT wie auch GenR). Daß GenR diese andere Fassung von pT verwendet hat und nicht umgekehrt dieser pT GenR benützt, geht für *Albeck* v. a. aus den halakhischen Aussprüchen in GenR hervor. Diese „wurden fast alle zuerst als Erklärung oder Ergänzung der M und nicht zu einem Toratext gelehrt. D. h. daß der Redaktor von GenR sie aus dem Talmud kopierte, den er zur M hatte" (67). Von hier kann man dann auch für die Haggada schließen, wo diese in GenR pT parallel ist, auch wenn hier mit zahlreicheren Quellen zu rechnen ist.

d) Redaktion und Datierung von Genesis Rabba

Im Vorwort zu Mischne Tora schreibt Maimonides, daß „R. Oschaja, der Schüler unseres heiligen Rabbi, einen Kommentar zum Buch Genesis verfaßte". Damit meint er offenbar GenR. Diese Zuschreibung geht eindeutig vom Anfang von GenR aus, wo R. Oschaja als erster zu Wort kommt. Der Name *GenRabba* scheint die Zuschreibung des Werkes an Rabba bar Nachmani (bA3) verursacht zu haben: so in einer MSS-Gruppe des Sefer ha-Qabbala des Abraham Ibn Daud (*Cohen* verweist diese Lesart, die er p. 123 als Glosse bezeichnet, in den Apparat).

Eine Datierung im 3. Jh. (Oschaja) oder um 300 (Rabba bar Nachmani) ist aber nicht haltbar; denn GenR zitiert babylon. Rabbinen aus der Zeit um 300, palästinische Rabbinen bis etwa 400. Auch wird Diokletian genannt (GenR 63,8, Th-A 688). *Zunz* (GV 186) meint außerdem in GenR 64,10 (Th-A 710–712), wo von einer später wieder zurückgezogenen Erlaubnis der römischen Regierung die Rede ist, den Tempel wieder aufzubauen, nicht einen Hinweis auf die Zeit Hadrians sehen zu könne, wofür der hier genannte R. Jehoschua ben Chananja spricht; vielmehr sei der Text ein mißverstandener Bericht über den Versuch des Tempelbaus unter Julian. Die Zeitverwirrung zeige, daß der Redaktor lange nach den Ereignissen gelebt habe. Eine solche Deutung dieses Textes ist jedoch absolut nicht notwendig. Die Datierung von GenR ins 6. Jh. ist daher nicht begründet. Von den in GenR erwähnten Rabbinen und Ereignissen her ist nur eine Datierung nach 400 gefordert. Da GenR pT noch nicht in seiner jetzigen Form zitiert, wohl aber auch die letzten Schichten seines Inhalts kennt, ist der Midrasch wohl etwa gleichzeitig mit pT endredigiert worden, d. h. im 5. Jh. und wohl in dessen 1. Hälfte.

Zur Vorgeschichte von GenR läßt sich nichts sagen. Die Annahme, GenR sei die erweiterte Fassung eines schon von R. Oschaja begonnenen Midrasch, läßt sich nicht erweisen; doppelte Auslegungen zu einzelnen Stellen und deren stilistische Abweichungen voneinander könnten allerdings auf verschiedene Vorstufen von GenR zurückgehen (dazu *R. N.*

Brown, 'Etmaha). Sicher ist jedoch, daß GenR in Palästina redigiert wurde. Darauf verweist nicht nur das Überwiegen von palästinischen Rabbinen in GenR, sondern v. a. die Sprache: vorwiegend Hebräisch mit vielen griechischen Fremdwörtern, aber auch Teile in galiläischem Aramäisch. Dazu kommt die Tradition (Raschi zu Gen 47,2 bezeichnet GenR als *Aggadat Erets Jisrael*).

Der Text von GenR hat im Lauf der Überlieferung verschiedene *Erweiterungen* (aber auch Auslassungen) erfahren. Dies ist v.a. aus dem Vergleich von Cod. Vat. 30 mit den übrigen Textzeugen zu ersehen. Schon *Zunz* hat auf solche Zufügungen in den Paraschen 75 (Th-A 884–892.894–6), 91 (Th-A 1118–1126) und 93 (Th-A 1161–1171) aufmerksam gemacht, die zum Großteil aus Tanchuma stammen. Andere Erweiterungen sind erst in den Drucken dazugekommen.

Was die Kapitel 96–100 betrifft, hat *Zunz* (GV 265–7) auf ihre Andersartigkeit gegenüber dem Rest von GenR aufmerksam gemacht und betont, daß ein Großteil des Inhalts mit Tanchuma übereinstimmt. Außerdem bieten die meisten MSS die Auslegung des Jakobsegens Gen 49 in einer teilweise aus Tanchuma-Homilien übernommenen jüngeren Rezension, die auch im Arukh und im Jalqut zitiert wird. Diese Fassung wird als *schitta chadascha* bezeichnet. *Albeck* 103 f gibt zu, daß 95 und 96 Tanchuma-Homilien sind, die aber durch die in Vat. 30 überlieferten echten GenR-Paraschen 95–97 zu ersetzen sind. Die vier letzten Paraschen 98–101 (bzw. 97–100 in den üblichen Drucken) sind jedoch echter Bestandteil von GenR, ausgenommen die mit *lischana acharina* gekennzeichneten Abschnitte in den beiden letzten Paraschen. Die Parallelen zu Tanchuma besagen nicht, daß Tanchuma die Quelle für GenR gewesen sei. Einzelne Stellen in Vat. 30, die *Albeck* (104.108) als Zutaten verdächtigte, hat *L. M. Barth* durch neues Textmaterial als echt erwiesen (An Analysis of Vatican 30, Cincinnati 1973, 89 ff).

e) Der Text

1. Handschriften (Beschreibung in *Albeck* 104–117)
MS Vat. Ebr. 60 der Vatikanbibliothek ist die älteste erhaltene GenR-Handschrift; in der Ausgabe Th-A noch nicht verwendet. *H. Cassuto*, Codices Vaticani Hebraici 1–115, Vatikan 1956, 87, datiert das MS auf ca. das 10. Jh. Faksimile: Midrash Bereshit Rabba. Codex Vatican 60. (Ms. Vat. Ebr. 60) A previously unknown manuscript, recently established as the earliest and most important version of Bereshit Rabba, J 1972; weiteres Faksimile: Kopenhagen 1981, mit engl. Einleitung von *M. Sokoloff*. Ders., The Geniza fragments of Genesis Rabba and Ms. Vat. Ebr. 60 of Genesis Rabba (h), Diss. J 1971 f.

MS Vat. Ebr. 30, im 10. oder 11. Jh. in Ägypten als das Werk mehrerer Schreiber entstanden, gilt als die beste Textfassung von GenR (so *Albeck*,

Kutscher u.a.). Es ist dem älteren MS Vat. Ebr. 60 überlegen, auch wenn Anfang und Ende sowie Stücke im Hauptteil fehlen. Faksimile: Midrash Bereshit Rabba (Ms. Vat. Ebr. 30) with an Introduction and Index by *M. Sokoloff*, J 1971. *L. M. Barth*, An Analysis of Vatican 30, Cincinnati 1973; *E. Y. Kutscher*, Studies in Galilean Aramaic, Ramat Gan 1976, 11–41; *M. Sokoloff*, The Hebrew of Berešit Rabba according to Ms. Vat. Ebr. 30 (h), Leschonenu 33 (1968f) 25–42.135–149.270–279.

MS British Museum, Add. 27169, das GenR und LevR enthält, wurde von *Theodor* als der Basis-Text seiner Ausgabe gewählt. *Albeck* 105 glaubt an eine Niederschrift vor dem Jahr 1000 (nach einer Glosse wird der Messias für dieses Jahr erwartet), während *Herr* 401 das MS auf die Mitte des 12. Jhs. datiert. Beschreibung: *J. Theodor*, Der Midrasch Bereschit Rabba, MGWJ 37 (1893), 38 (1894) und 39 (1895) in zwölf Fortsetzungen.

Weitere MSS befinden sich in Paris (Bibl. Nat. Nr. 149: GenR, LevR und Teil von NumR, 1291 in Arles geschrieben), Oxford, Stuttgart und München.

2. Geniza-Fragmente
Schon die Ausgabe Th-A hat einzelne Blätter aus der Geniza in der Bodleiana zu Oxford im Apparat verarbeitet (Stücke aus GenR 33, 34,70,74). *Albeck* gibt im Registerteil 146–150 drei Blatt aus Cambridge (schon von *E. Levine*, JQR 20, 1907f, 777–783, veröffentlicht) und eines aus Oxford wieder (Stücke von GenR 1,4 und 5). Nicht verwertet sind die Texte in *A. S. Lewis – M. D. Gibson*, Palestinian Syriac Texts, Lo 1900, Plates II und III (Texte transkribiert in *L. M. Barth*, An Analysis of Vatican 30, 329–335; Stücke aus GenR 1,2,56,57). *N. Alloni*, Geniza Fragments 51–62, hat weitere Fragmente beschrieben und in Faksimile wiedergegeben. Die von ihm als Fragmente einer einzigen Handschrift betrachteten Palimpsest-Texte gehören allerdings zu zwei verschiedenen Palimpsesten, eines über einem christlich-aramäischen Text, das andere über einem griechischen Unzialtext aus dem Neuen Testament. Alle bisher bekannten Geniza-Fragmente, insgesamt 12 Handschriften, hat *M. Sokoloff* v.a. sprachlich analysiert und (zusätzlich zu Faksimile-Beispielen aus jedem MS) transkribiert, angeordnet nach der Reihenfolge von GenR: The Geniza Fragments of Bereshit Rabba. Edited on the Basis of Twelve Manuscripts and Palimpsests with an Introduction and Notes (h), J 1982. Zu den Palimpsesten aus der Geniza allgemein, mit Listen der bisher identifizierten Texte, siehe: *M. Sokoloff – J. Yahalom*, Christian Palimpsests from the Cairo Geniza, Revue d'Histoire des Textes 8 (1978) 109–132. *Yahalom* 115f nimmt für die untere Schrift i.a. ein Datum zwischen 500 und 600 an, die obere Schrift könnte daher frühestens um 600 entstanden sein, u. U. aber auch erst aus dem 10. Jh. oder noch später stammen.

3. Drucke (dazu Albeck 117–138)
Der Erstdruck von GenR erfolgte zusammen mit dem der anderen Schriften des Midrasch Rabba zum Pentateuch K 1512, wahrscheinlich auf der

Basis mehrerer MSS, wovon eines von der Art des MS Vat. Ebr. 30 gewesen sein muß. Doch finden sich hier auch viele in keinem MS vorhandene Ergänzungen, aus pT, anderen Midraschim und dem Raschi zugeschriebenen Kommentar zu GenR entnommen (*Albeck* 127f). Zum zweitenmal, nun auch einschließlich der Midraschim zu den Megillot, die zuerst 1519 erschienen sind (Pesaro?), wurde GenR 1545 in Venedig gedruckt. Als Grundlage diente neben dem Erstdruck ein MS, doch wurden auch viele eigenmächtige Textveränderungen vorgenommen (*Albeck* 131). Die Ausgabe von 1545 war dann die Grundlage für die zahlreichen weiteren Drukke des Midrasch Rabba, von denen der wichtigste jener von Romm, Wilna 1887 ist, der auch zahlreiche traditionelle Kommentare enthält. Auf ihn stützt sich die Ausgabe von *M. A. Mirkin*, Midrasch Rabba, 11 Bde (davon GenR in 1–4), TA 1956–67; doch berücksichtigt diese Ausgabe auch die Edition Th-A. Zu erwähnen ist auch die Ausgabe des Midrasch Rabba von *E. E. Hallewy*, 8 Bde, TA 1956–63. Beide Ausgaben bieten einen vokalisierten Text der Rabbot zum Pentateuch.

Die kritische Ausgabe von *J. Theodor-Ch.Albeck*, Midrash Bereshit Rabba. Critical Edition with Notes and Commentary, 3 Bde, J 1965 (Ndr. von B 1912–36 mit Korrekturen) verwendet als Basis das MS des British Museum, arbeitet jedoch fast das gesamte damals bekannte MSS-Material in den Apparat ein. Die Edition ist mustergültig, auch wenn schon *Albeck* erkannte, daß eigentlich MS Vat. 30 und nicht MS London die Basis hätte sein sollen (so urteilt auch *L. M. Barth*, An Analysis 120). Doch läßt das inzwischen gefundene Geniza-Material und auch MS Vat. 60, das *Theodor* und *Albeck* übersehen haben, obwohl im Katalog der Brüder Assemani richtig gekennzeichnet, eine Neuausgabe wünschenswert erscheinen.

4. Übersetzungen

A. Wünsche, Bibl. Rabb., Le 1881, Ndr. H. 1967; *H. Freedman – M. Simon*, Hg., Midrash Rabba. Translated into English, 10 Bde, Lo 1939, [3]1961 (GenR in Bden 1–2, übersetzt von *H. Freedman*); *J. Neusner*, Genesis Rabbah. The Judaic Commentary on Genesis. A New Translation, 3 Bde, Atlanta 1985. Italienisch: *A. Ravenna*, Turin 1978; französisch: *B. Maruani – A. Cohen-Arazi*, Paris 1987.

f) Kommentare

Die Ausgabe von GenR V 1567–8 enthält am Innenrand den fälschlich Raschi zugeschriebenen Kommentar (dazu *J. Theodor*, FS I. Lewy; *R. N. Brown*, An Antedate to Rashi's Commentary to Genesis Rabba, h, Tarbiz 53, 1983f, 478: zumindest Teile müssen älter als 1291 sein), am Außenrand jenen des Abraham ben Ascher, eines Schülers des Josef Karo in Safed, später Rabbiner in Aleppo. Beide zusammen tragen dort den Titel *Or ha-*

Sekhel. Ein anonymer Kommentar aus dem 12. Jh. findet sich in einem MS in Mantua (*Y. Ta-Shema,* An Unpublished Early Franco-German Commentary on Bereshit and Vayikra Rabba, Mekilta and Sifre, h, Tarbiz 55, 1985 f, 61–75); R. Isaak ben Jedaja (Mitte 13. Jh.) kommentierte ganz Midrasch Rabba, doch setzt der erhaltene Text in MS 5028 JThS erst in LevR ein: dazu *M. Saperstein,* The Earliest Commentary on the Midrash Rabba, in: *I. Twersky,* Hg., Studies in Medieval Jewish History and Literature, C (M) 1979, 283–306; *ders.* in REJ 138, 1979, 17–45. Sehr verbreitet ist der Kommentar *Mattenot Kehunna* des R. Issachar Baer ben Naftali ha-Kohen, 1584 vollendet (zum gesamten Midrasch Rabba): der Teil zu GenR erschien zuerst in der Ausgabe des Midrasch Rabba Krakau 1587–8. Der Autor war textkritisch sehr interessiert und versuchte, mit MSS die Fehler in den Druckausgaben zu korrigieren. Für weitere Kommentare siehe *M. Benayahu,* R. Samuel Yaffe Ashkenazi and Other Commentators of Midrash Rabba (h), Tarbiz 42 (1972 f) 419–460. Ein moderner Kommentar ist der Ausgabe Th-A unter dem Titel Minchat Jehuda beigegeben. Dieser ist jedoch primär textkritisch ausgerichtet. Einfache hebräische Sachkommentare sind in den Ausgaben *Mirkin* und *Hallewy* zu finden.

2) Klagelieder Rabba (KlglR)

Lit.: J. Abrahams, The sources of the Midrash Echah rabbah, Dessau 1881; *T. Baarda,* A Graecism in Midrash Echa Rabba I,5, JSJ 18 (1987) 69–80; *G. Hazan-Rokem,* ‚Echah?... Ayekah?' – On Riddles in the Stories of Midrash Echah Rabbah (h), JSHL 10 f (1987 f), Part II, J 1988, 531–547; *dies.,* Perspectives of Comparative Research of Folk Narratives in Aggadic Midrashim – Enigmatic Tales in Lamentations Rabba, I (h), Tarbiz 59 (1989 f) 109–131; *B. Heller,* EJ X (1934) 48–50; *M. D. Herr,* EJ X, 1376–8; *J. Neusner,* The Midrash Compilations of the Sixth and Seventh Centuries. An Introduction to the Rhetorical, Logical and Topical Program. Vol. I: Lamentations Rabbah, Atlanta 1989; *D. Stern,* Parables in Midrash, C (M.) 1991; *M. Zulay,* An Ancient Poem and Petichoth of Echa Rabbati (h), Tarbiz 16 (1944 f) 190–195; *Zunz,* GV 189–191.

Text: *S. Buber,* Midrasch Echa Rabbati. Sammlung agadischer Auslegungen der Klagelieder, Wilna 1899, Ndr. H 1967; *M. Krupp,* The Yemenite Version of Midrash Lamentations Rabbah (h), 10th WCJS (J 1990) C I 109–116; *Z. M. Rabinovitz,* Ginzé Midrash 118–154; *ders.,* Genizah Fragments of Midrash Ekha Rabba (h), 6th WCJS, J 1977, III 437–9.

a) Der Name

KlglR wird auch Midrasch Threni oder nach dem hebr. Anfang Ekha Rabbati genannt. Den letztgenannten Namen verwendet schon Raschi zu Jes 22,1 und Jer 40,1. Dieser Titel bezog sich wohl ursprünglich nur auf Kapitel 1 (Jerusalem wird Klgl 1,1 als *rabbati am* bezeichnet) und wurde erst nachträglich auf die anderen Kapitel ausgedehnt (so *Zunz*, GV 189 Anm. e; *Buber*, Mabo 3 Anm. a deutet hingegen Rabbati im Gegensatz zu einem kleinen Midrasch zu Klgl, Ekha zutta). Andere Bezeichnungen sind: Aggadat Ekha (Rabbati) – so Chananel; Megillat Ekha (Arukh); Midrasch Qinot (Raschi zu Ez 12,3); Midrasch Ekha (Raschi zu Jes 43,24).

b) Der Text

KlglR, ein exegetischer Midrasch zu Klgl, dem eine Reihe von Petichot vorangestellt sind, ist in zwei Textrezensionen überliefert. Die eine wird durch den Erstdruck Pesaro 1519 (Ndr. B 1926; zusammen mit den anderen Megillot) vertreten (diese Fassung auch in Midrasch Rabba, Wilna 1887), die andere durch die Ausgabe *Buber*, die als Textbasis MS J. I.4 der Biblioteca Casanatense in Rom benutzt. Diese Textfassung ist durch Zitate im Arukh und bei mittelalterlichen Autoren belegt. Allerdings fehlen im von *Buber* verwendeten MS (an dessen Ende eine Kaufbestätigung von 1378 eingetragen ist) unter anderem die Petichot, die *Buber* deshalb aus Cod. 27089 des British Museum (datiert 1504) übernommen hat; doch auch in dieser 19 verschiedene Schriften umfassenden Sammelhandschrift fehlen die Petichot 1–4, für die einfach auf die Quelle PRK verwiesen wird. Fünf weitere MSS sind in Parma erhalten, wovon MS De Rossi 1240 im Jahr 1270 geschrieben wurde; zwei MSS befinden sich in der Vatikanbibliothek, eines in Oxford, ein weiteres (1295 datiert) in München; dieses gleicht im Text dem Erstdruck und hat diesem vielleicht als Grundlage gedient (Beschreibung der MSS in *Buber*, Mabo 73–7).

Rabinovitz hat mehrere *Geniza-Fragmente* veröffentlicht: ein Fragment von 3 Blatt in Cambridge enthält den Text mehrerer Petichot, ein Blatt in Leningrad den Midrasch zu 1,17 und 16; ein weiteres Blatt in Cambridge bietet den Midrasch zu 3,64–4,2. Die Fragmente, alle in orientalischer Schrift und von *Rabinovitz* ins 11. bis 12. Jh. datiert, weichen in Textanordnung, Inhalt und Sprache von den beiden bekannten Fassungen ziemlich ab, sind jedoch i.a. dem Erstdruck näher als der Ausgabe *Buber*. Die Fragmente zeigen, wie im Lauf der Überlieferung des Textes griechische Worte verfälscht, seltene rabb. Ausdrücke abgeändert, sprachliche Eigenheiten dem Stil des bT bzw. des mittelalterlichen Hebräisch angeglichen wurden und auch die Textordnung vielfachen Änderungen ausgesetzt war. Trotz ihres geringen Umfangs sind somit die Geniza-Fragmente wertvolle Zeugen einer sehr frühen Entwicklungsstufe des Midrasch. Eine kritische Ausgabe bereitet P. *Mandel*, Jerusalem, vor.

Übersetzungen: A. *Wünsche*, Bibl. Rabb., Le 1881, Ndr. H 1967; A. *Cohen*, Lamentations, in: Midrash Rabba, Translated into English, Hg. H. *Freedman* – M. *Simon*, Lo 1939, Ndr. 1961; J. *Neusner*, Lamentations Rabbah. An Analytical Translation, Atlanta 1989.

c) Inhalt und Redaktion

KlglR ist durch zahlreiche Petichot eingeleitet, auf die unten noch einzugehen ist; der eigentliche Kommentar ist entsprechend den 5 Kapiteln von Klgl in 5 Paraschijot eingeteilt. Diese bieten eine durchgehende Auslegung Vers für Vers; einerseits einfache Wort- und Sacherklärungen, aber auch zahlreiche Gleichnisse und Erzählungen. Da Klgl zum 9.Ab im Gedenken an die Zerstörung des Tempels im Jahre 70 in den Synagogen gelesen und kommentiert wurde, hat man in diesem Midrasch zahlreiche Erzählungen über die Zerstörung Jerusalems im Jahre 70, aber auch über andere Notzeiten unter Trajan und Hadrian sowie im Bar-Kokhba-Aufstand eingebaut, ebenso auch Themen der früheren Märtyrertradition übernommen, wie die aus 2 und 4 Mak bekannte Erzählung von der Mutter mit ihren sieben Söhnen, die als Märtyrer sterben. Daneben lockern andere Erzählungen den Text auf, etwa solche, in denen die Überlegenheit der Bewohner Jerusalems gegenüber denen Athens gezeigt werden soll (*Krupp* 113 vermutet hierin spätere Ergänzungen; sie fehlen in den jemenit. Texten). Parallelen zu Josephus Flavius müssen nicht unbedingt mit einer direkten Benützung von dessen Werk erklärt werden.

KlglR zitiert neben Tannaiten vorwiegend palästinische Amoräer, alle spätestens aus dem 4. Jh. Das spricht ebenso für eine frühe Entstehung in Palästina wie auch die Sprache, in der Hebräisch neben galiläischem Aramäisch steht, zahlreiche griechische Ausdrücke (z.B. *niketes barbaron* in Peticha 23) und auch lateinische Stücke zu finden sind (z.B. die Anrede Jochanans ben Zakkai an Vespasian in 1,5: *vive domine imperator*).

KlglR verwendet M und T sowie Mek, Sifra und Sifre. Mit pT weist der Midrasch zahlreiche Parallelen auf (vgl. z.B. 1,2 mit pTaan IV,59d–60c). Die starken Unterschiede im Text scheinen jedoch eher für die Benützung einer gemeinsamen Vorlage als für direkte Abhängigkeit zu sprechen. Ob PRK benützt wird, ist fraglich: was zu 1,2 im Anschluß an Ps 77,7f gesagt wird, könnte aus PRK 17 (M. 281) entlehnt sein, doch ist eher an den umgekehrten Weg zu denken.

KlglR selbst scheint in LevR, RutR und einer Reihe von Midraschim verwendet worden zu sein. Eine Benützung durch bT kann hingegen trotz der langen Sammlung von parallelem Stoff in Git 55b–58a nicht angenommen werden. Eine Beeinflussung von KlglR durch bT wiederum gehört nicht in die Redaktionsgeschichte des Midrasch, sondern in die Geschichte seiner Textüberlieferung, wie gerade auch die Geniza-Fragmente deutlich machen.

Zunz (GV 190f) hat aufgrund vermeintlicher Anspielungen an die arabische Herrschaft in KlglR die Schrift ins 7. Jh. datiert. Doch liest die Ausgabe *Buber* 77 zu 1,15 neben Edom nicht Ismael, sondern Seir. *Buber* (Mabo 9) hat wiederum den Text zu früh angesetzt, ins 4. Jh. (weil er pT 200 Jahre nach Zerstörung des Tempels datiert!). Am wahrscheinlichsten ist ein Entstehungsdatum im 5. Jh., wohl in der ersten Hälfte. Doch hat die Popularität des Midrasch dazu geführt, daß sein Text sehr freizügig behandelt wurde: auch später hat man noch aus anderen Schriften Stücke eingebaut oder den Text Paralleltraditionen angepaßt, dafür wieder sicher auch echtes Material getilgt. Späte Einzelzüge können daher nicht für die Redaktion des Midrasch selbst veranschlagt werden, wie andererseits die hier vorgenommene Datierung nur die Grundform des Midrasch deckt, die noch am ehesten durch die Geniza-Fragmente vertreten wird.

d) Die Petichot

Die Petichot, die den Anfang des Midrasch bilden, machen mehr als ein Viertel des Werkes aus. Jetzt zählt man 34, wovon jedoch die Proömien 2 und 31 aus je 2 zusammengesetzt sind, so daß es 36 sind: vielleicht ist dies absichtlich, da 36 der Zahlenwert des Wortes Ekha ist. Die Petichot entsprechen dem klassischen Typ; 20 gehen von Prophetentexten aus, 13 von den „Schriften" (davon 2 von Klgl selbst!), 3 vom Pentateuch.

Nach welchem Prinzip die Petichot angeordnet sind, läßt sich nicht sagen. Die Annahme von *Herr* (1377), sie seien nach der Zahl der Petichot im Namen der einzelnen Rabbinen gereiht, beginnend mit den Rabbinen, die vier Petichot bieten, bis zu denen, von denen nur eine Peticha gebracht wird, entspricht weder der Reihung der Ausgabe *Buber* noch jener der übrigen Drucke (die hierin mit *Buber* übereinstimmen): zuerst kommen 3 Petichot des Abba bar Kahana, dann je vier von Abbahu, Isaak und Chanina b. Pappa, je zwei von Abbahu, Abin usw., nach drei Einzelpetichot nochmals 2 im Namen des Zabdi; in drei Fällen (2b–31b–34) fehlt der Name samt Einleitung. Vor allem jedoch zeigt das Geniza-Fragment eine völlig andere Reihenfolge von Petichot: 23–16–19–18–17–24–25; auch nennt es für Peticha 16 statt Abbahu Abun.

Der Geniza-Text zeigt auch einen einheitlichen Abschluß aller Petichot: „als sie verbannt wurden, begann Jeremia über sie zu klagen und sagte: ‚Wie einsam sitzt sie da' (Klgl 1,1)". In MSS und Drucken ist dieser stereotype Abschluß der Petichot teilweise getilgt worden. Andererseits fehlt im Geniza-Text u.a. ein langes Stück über die Klage Gottes usw. in Pet. 24, das schon früher aus verschiedenen Gründen als spätere Ergänzung verdächtigt worden war (z.B. *A. Goldberg*, Untersuchungen über die Vorstellung von der Schekhinah, B 1969, 135).

S. Buber (Mabo 4) hat angenommen, daß die Petichot nicht vom Redaktor von KlglR in den Text aufgenommen wurden, sondern von einem späteren Sammler, der u.a. auch KlglR schon benützt hat. Dagegen stellt *M. Zulay* fest, daß die Petichot schon im alten Pijjut vorausgesetzt sind und daher in byzantinischer Zeit schon bekannt gewesen sein müssen (An Ancient Poem 190). Dieses Argument gilt jedoch nur für die einzelnen Stücke (immerhin laut *Zulay* 21 von 36), die im Pijjut verwertet sind, und nicht für die Gesamtheit der Petichot, von denen eine Reihe (z. B. die ersten 4) aus PRK entnommen zu sein scheinen (oder gemeinsames Material oder auch umgekehrt?). In den (späten) jemenitischen MSS fehlen die ersten Petichot der Druckausgaben (*Krupp* 113). Die Textgeschichte von KlglR zeigt jedenfalls, wie anfällig diese Einleitung zu KlglR für spätere Ergänzung und Bearbeitung gewesen ist, auch wenn vielleicht ein Grundstock der Petichot tatsächlich auf den Redaktor des Midrasch zurückgeht. Ob die Petichot (oder zumindest einige davon) auf tatsächliche Synagogenpredigten zurückgehen, ist in diesem Zusammenhang unwesentlich.

IV. Homilien-Midraschim

1) Levitikus Rabba (LevR)

Lit.: *Ch. Albeck*, Midrasch Wajjiqra Rabba, FS L. Ginzberg, NY 1945, hebr. Bd 25–43; *N. J. Cohen*, Leviticus Rabbah, Parashah 3: An Example of a Classic Rabbinic Homily, JQR 72 (1981f) 18–31; *Abr. Goldberg*, The Term gufa in Midrash Leviticus Rabba (h), Leschonenu 38 (1973f) 163–9; *ders.*, On the Authenticity of the Chapters „Vayehi baḥazi hallayla" (Ex.XII,29) and „Shor o Kesev" (Lev XXII,27) in the Pesiqta (h), Tarbiz 38 (1968f) 184–5 (gegen *Heinemann*, Tarbiz); *J. Heinemann*, Chapters of Doubtful Authenticity in Leviticus Rabba (h), Tarbiz 37 (1967f) 339–354; *ders.*, The Art of Composition in Leviticus Rabbá (h), Hasifrut 2 (1969–71) 809–834; *ders.*, Profile of a Midrash. The Art of Composition in Leviticus Rabba, JAAJR 31 (1971) 141–150 (Kurzfassung des zuvor genannten Artikels); *ders.*, EJ XI, 147–150; *M. Kadushin*, A Conceptual Commentary on Midrash Leviticus Rabbah, Atlanta 1987; *D. Künstlinger*, Die Petichot des Midrasch rabba zu Leviticus, Krakau 1913; *M. Margulies*, Bd V seiner Textausgabe: Introduction, Supplements and Indices (h), J 1960; *J. Neusner*, Judaism and Scripture. The Evidence of Leviticus Rabbah, Chicago 1985; *ders.*, The Integrity of Leviticus Rabah. The Problem of the Autonomy of a Rabbinic Document, Chico 1985 (Zusammenfassung in PAAJR 53, 1986, 111–145; cf. *S. D. Fraade*, Prooftexts 7, 1987, 179–194); *ders.*, Appropriation and Imitation: The Priority of Leviticus Rabbah over Pesiqta deRab Kahana, PAAJR 54 (1987) 1–28; *Z. M. Rabbinovitz*, Two supplements to the collection of liturgical poems by Yannai (h), 4th WCJS, J 1968, II 49f (Verwendung von LevR); *R. S. Sarason*, The Petiḥtot in Leviticus Rabba: „Oral Homilies" or Redactional Constructions?, JJS 33 (1982, = FS Y. Yadin) 557–567; *B. L. Visotzky*, Anti-Christian Polemic in Leviticus Rabbah, PAAJR 56 (1990) 83–100; *Zunz*, GV 191–5.

a) Name

Nach dem hebr. Beginn von Lev in den MSS gewöhnlich als Wajjiqra Rabba zitiert (Rabba wohl von GenR übernommen), gelegentlich auch als Haggadat Wajjiqra, Haggada de-Wajjiqra und ähnlich.

b) Text

Margulies hat als Basis seiner Ausgabe *MS British Museum* Add. 27169 Nr. 340 verwendet, das GenR und LevR umfaßt und auch für die GenR-Ausgabe von *Theodor-Albeck* die Grundlage war (Beschreibung des MS durch *Albeck* dort, Mabo 105 ff). *Vatikan Cod. Hebr. 32* (Faksimile J 1972) umfaßt neben LevR auch Sifre Num und Dtn und dürfte aus dem 10. oder

11. Jh. stammen. Für LevR geht das MS, wie aus den gemeinsamen Auslassungen und Kürzungen hervorgeht, mit dem MS des British Museum auf eine gemeinsame Vorlage zurück. Zur selben Textfamilie gehört MS 149 der Nationalbibliothek *Paris*, das auch GenR und den Beginn von NumR umfaßt und auf 1291 datiert ist. Nur zum Teil hat *Margulies MS München 117* vom Jahr 1433 verwertet. Weitere MSS befinden sich in der Bodleiana in Oxford sowie in Jerusalem (alle spät).

Die *Geniza-Fragmente* von LevR beschreibt *Margulies* V 3–86 und druckt sie zum Großteil auch ab; es sind insgesamt 40 Blatt, die von 17 MSS stammen. Das älteste (*Margulies* V 3: 9. Jh.) und wichtigste Fragment, MS Heb. C. 18 F. 17–22 der Bodleiana, ist teilweise vokalisiert: Beschreibung *N. Alloni*, Geniza-Fragments 63 f, Faksimile 155–66. Auch in LevR erweist sich der von den Geniza-Fragmenten vertretene Texttypus als der älteste und noch am wenigsten verfälschte.

Erstdruck K 1512, dann V 1545. Die Drucke stützen sich v. a. auf ein MS vom Typ des MS Paris, verwenden jedoch auch andere Vorlagen. LevR befindet sich in allen traditionellen Drucken von Midrasch Rabba, in *Mirkin*, Midrasch Rabba VII-VIII, und in *Hallewy*, Midrasch Rabba V. *Kritische Ausgabe:* M. *Margulies*, Midrash Wayyikra Rabbah. A Critical Edition based on Manuscripts and Genizah Fragments with Variants and Notes, 5 Bde, J 1953–60.

Übersetzungen: A. *Wünsche*, Bibl. Rabb. V, Le 1883f, Ndr. H 1967; J. *Israelstam* – J. J. *Slotki*, Bd IV der Soncino-Ausgabe des Midrasch Rabba, Lo 1939, ³1961; J. *Neusner*, Judaism and Scripture. The Evidence of Leviticus Rabbah, Chicago 1986.

c) Inhalt und Einteilung

LevR besteht aus 37 thematisch relativ einheitlichen Abschnitten zu Lev. Jedes Kapitel beginnt mit Petichot (nur 2–5–22 nur eine Peticha), denen der Hauptteil folgt (in den Geniza-Fragmenten regelmäßig mit *gufa* eingeleitet), der mit der Chatima eschatologisch ausklingt. Etwa zwei Drittel der Petichot sind anonym (nach *Albeck* 88 von 126; *Sarason* zählt 122, von denen 35 einem Rabbi zugeschrieben werden, meist jedoch sekundär, wie aus der Nennung desselben Rabbi auch innerhalb der Peticha deutlich ist); der größte Teil davon ist ein literarisches Werk, wie die stereotypen Überleitungen zum Sedervers und auch die Parallelen in der sonstigen rabb. Literatur zeigen, wo dasselbe Material nicht im Rahmen einer Peticha aufscheint.

Die Einteilung in 37 Homilien scheint dem palästinischen Lesezyklus zu folgen. Dieser kennt jedoch nur 20 bis 25 Sedarim zu Lev. J. *Heinemann* glaubt die Lösung des Problems darin zu sehen, daß einige Predigten erst später hinzugefügt worden sind (allerdings sehr bald, da sie in allen MSS enthalten sind): von den fünf Kapiteln, die auch in PRK enthalten sind, hält er LevR 20.29.30 (=PRK 26.23.27) für ursprüngliche Bestandteile der PRK, 27 (=PRK 9) vielleicht ebenso (so in EJ nach der Kritik *Goldbergs*). Allein 28 (=PRK 8) ist nach ihm ziemlich sicher in LevR ursprünglich und später in PRK übernommen worden.

Außerdem betrachtet *Heinemann* LevR 2 als wahrscheinlich nicht authentisch; dieses Kapitel ist nämlich wie LevR 1 eine Homilie zu Lev 1,1: die beiden anderen Fälle von zwei Homilien zu nur einem Seder sind LevR 4 und 5 sowie 20 und 21 – doch gehört 20 richtig zu PRK und 4 dürfte richtig zu einem Lev 4,13 und nicht 4,1f beginnenden Seder gehören. Die auch so noch verbleibende Überzahl von Homilien gegenüber dem Lesezyklus versucht *Heinemann* durch die Annahme zu erklären, daß der LevR zugrundegelegte Zyklus von dem sonst üblichen stark abwich und daher LevR durch Homilien zu den Standardperikopen ergänzt wurde.

Die Gegenposition vertritt *J. Neusner* (The Integrity), der aus dem rhetorischen Plan der Homilien schließen möchte, daß alle 5 mit PRK gemeinsamen Kapitel ursprünglich zu LevR gehören, da sie völlig in das literarische Schema dieses Buches passen; auf die Argumentation *Heinemann*'s geht er allerdings nicht ein, auch nicht auf die Frage von LevR 2. Ob *Neusner*'s literarische Kriterien ausreichen, bleibt zu untersuchen.

Von der Form her sind die Predigten in LevR als literarische Homilien zu betrachten; Vorstufen in wirklichen Predigten sind nicht mehr nachweisbar; *Neusner* bezweifelt sogar, ob die Kapitel auch nur formal als Predigten zu betrachten sind.

d) Redaktion und Entstehungszeit von LevR

Die Frage ist v.a. aus dem Verhältnis zu den anderen rabb. Texten zu beurteilen. Mit *GenR* hat LevR viel Stoff gemeinsam, ebenso die Sprache. *Margulies* V p.XII glaubt, daß beide Schriften gemeinsame haggadische Quellen benutzen und aus demselben Lehrhaus stammen. *Albeck* hingegen glaubt an eine Benützung von GenR durch LevR; *Abr. Goldberg* möchte auch wegen der äußeren Form LevR erst nach GenR ansetzen: Homilienmidrasch anstelle des Auslegungsmidrasch von GenR, der noch den halakhischen Midraschim nahesteht; größere Bedeutung der Petichot in LevR (KS 43, 1967f, 73).

Noch näher ist LevR mit *PRK* verwandt. Neben den fünf gemeinsamen Kapiteln, die – wie schon gesagt – auf spätere Überarbeitung zurückgehen, finden sich zahlreiche Parallelen. *S. Buber* u.a. haben daraus eine Verwendung der PRK durch den Redaktor von LevR erschlossen; *Albeck* 36ff und ihm folgend *Abr. Goldberg*, ebenso auch *J. Neusner*, sehen umgekehrt PRK in Abhängigkeit von LevR; *Margulies* (V p.XIII) schließlich läßt beide Werke auf denselben Verfasser zurückgehen.

Was die Parallelen mit pT betrifft, schließt *Albeck* 30f, daß LevR pT benützt hat (und zwar unseren pT, nicht eine andere Fassung davon, wie

GenR), in den haggadischen Parallelen aber auch eine andere Quelle zur Verfügung hatte. *Margulies* XIX kann jedoch wahrscheinlich machen, daß die Parallelen (zumindest der Großteil davon) nicht auf eine Benützung des pT durch LevR, sondern auf gemeinsame haggadische Quellen zurückgehen, ja daß pT eine Vorstufe von LevR verwenden konnte: „Das haggadische Buch zu Lev, das dem Redaktor des pT vorlag, war unserem LevR sehr ähnlich". Die zahlreichen Parallelen zwischen LevR und *Tanchuma* stammen zum Teil aus LevR, wo Tanchuma sie vorgefunden und gekürzt übernommen hat (z.B. sind die Parallelstellen in Tanchuma gewöhnlich anonym, in LevR mit Tradentennamen). Anklänge an Tanchuma in LevR, v.a. sprachlicher Art, sind dort erst spät eingedrungen, wie der Vergleich mit frühen MSS und den Geniza-Fragmenten beweist.

Da LevR M, T und die halakhischen Midraschim zitiert, selbst wiederum schon im Midrasch Rabba zu den Megillot (besonders HldR und KohR) und von den frühen Paitanim, besonders Jannai, benützt wird, engt sich die Zeit der Redaktion von LevR auf etwa 400 bis 500 ein. Dasselbe ergibt sich aus den in LevR genannten Rabbinen, meist palästinischen Gelehrten des 3. und 4. Jhs. Eine nähere Bestimmung würde sich aus dem Verhältnis zu GenR, PRK und pT ergeben: dieses läßt sich jedoch nicht eindeutig erklären (so datiert *Margulies* XXXII LevR auf den Anfang des 5. Jhs., *Albeck* auf das Ende des 5. bzw. den Anfang des 6. Jhs.). Daß der Midrasch in Palästina entstanden ist, ergibt sich aus der Sprache (galiläisches Aramäisch, viel Griechisch), der Bevorzugung paläst. Rabbinen, vielen paläst. Ortsangaben und auch aus der Halakha, deren landwirtschaftliche Gesetze nur in Palästina in Geltung waren.

2) Pesiqta de Rab Kahana (PRK)

Lit.: Ch. Albeck, Deraschot 105–7.360f; *L. Baeck*, Haggadah and Christian Doctrine, HUCA 23/1 (1950f) 549–560; *L. M. Barth*, Literary Imagination and the Rabbinic Sermon, 7th WCJS, Studies in the Talmud, Halacha and Midrasch, J 1981, 29–35 (zu PRK 15); *ders.*, The „Three of Rebuke and Seven of Consolation" Sermons in the Pesikta de Rav Kahana, JJS 33 (1982) 503–515; *Abr. Goldberg*, On the Authenticity of the Chapters „Vayehi baḥazi hallayla" (Ex XII,29) and „Shor o Kesev" (Lev. XXII,27) in the Pesiqta (h), Tarbiz 38 (1968f) 184–5; *B. Mandelbaum*, Prolegomenon to the Pesikta, PAAJR 23 (1954) 41–58 (Beschreibung der MSS, Struktur von PRK); *ders.*, EJ XIII, 333f; *J. Neusner*, From Tradition to Imitation. The Plan and Program of Pesiqta Rabbati and Pesiqta de Rab Kahana, Atlanta 1987; *ders.*, PAAJR 54 (1987) 1–28 (zur Priorität der mit LevR gemeinsamen Kapitel in LevR); *L. H. Silberman*, A Theological Treatise on Forgiveness: Chapter Twenty-Three of Pesiqta Derab Kahana, GS J. Heinemann, J 1981, 95–107; *ders.*, Toward a Rhetoric of Midrash: A Preliminary Account, in: *R. Polzin – E. Rothman*, Hg., The Biblical Mosaic. Changing Perspectives, Chico 1982, 15–26; *ders.*, Challenge and Response: Pesiqta DeRab Kahana, Chapter 26, as an Oblique Reply to Christian Claims,

HThR 79 (1986) 247–253; *D. Sperber*, Varia Midrashica IV, REJ 137 (1978) 149–157; *G. Svedlund*, The Aramaic Portions of the Pesiqta de Rab Kahana...with Engl. translation, commentary and introduction, Uppsala 1974; *C. Thoma – S. Lauer*, Die Gleichnisse der Rabbinen. Erster Teil: Pesiqta de-Rav Kahana (PesK), Bern 1986; *E. Ungar*, When „Another Matter" is the Same Matter: The Case of Davar-Aher in Pesiqta DeRab Kahana, in: J. Neusner (Hg.), Approaches to Ancient Judaism. New Series II, Atlanta 1990, 1–43; *Z. Zinger*, The Bible Quotations in the Pesikta de Rav Kahana, Textus 5 (1966) 114–124; *Zunz*, GV 195–237.

Text: *B. Mandelbaum*, Pesiqta de Rav Kahana. According to an Oxford Manuscript with variants...with commentary and introduction, 2 Bde, NY 1962, ²1987 (dazu *Abr.Goldberg*, KS 43, 1967f, 68–79).

Übersetzungen: A. Wünsche, Bibl. Rabb. V, Le 1884f, Ndr. H 1967; *W. G. Braude – I. J. Kapstein*, Pesikta de-Rab Kahana, Phil. 1975; *J. Neusner*, Pesiqta deRab Kahana. An Analytical Translation, 2 Bde, Atlanta 1987 (in Bd 2 längere Einleitung zu PRK, großteils identisch mit From Tradition to Imitation).

a) Der Name

Pesiqta (vielleicht ursprünglich Pluralform *pesiqata*; mit *pasuq*, „Vers", verwandt) entspricht *pisqa*, „Abschnitt, Kapitel". *Zunz*, GV 203, vermutet, daß Pesiqta ursprünglich nur die Einzelabschnitte der Sammlung zusammen mit dem jeweiligen Titel bezeichnete und erst später der Name für das ganze Werk wurde. Der Name ist gewählt, weil der Midrasch nicht einen durchlaufenden Kommentar bietet, sondern Leseabschnitte aus der Synagogenliturgie kommentiert.

Die Benennung des ursprünglich sicher einfach Pesiqta genannten Werks nach Rab Kahana ist ab dem 11. Jh. belegt (R. Meschullam ben Mosche u. a.: *Zunz*, GV 204 Anm. f). Nach Meinung von *Zunz* und *S. Buber* kam es zu dieser Bezeichnung, weil die größte Texteinheit des Werkes (die mit dem Sabbat vor dem 17. Tammuz einsetzenden zwölf Kapitel) beginnt: *R. Abba bar Kahana patach*. Doch selbst wenn PRK einst mit diesem Text begonnen haben sollte, warum hat man dann den zu erwartenden Namen Pesiqta de R. Abba bar Kahana so abgekürzt? *B. Mandelbaum* (PRK II, engl. Einführung XVIII) möchte daher eher die Erwähnung des R. Kahana zu Beginn des Kapitels für Neujahr (in zwei MSS), das er für den ursprünglichen Anfang des Textes hält, für den Namen verantwortlich machen, der PRK von den anderen Pesiqta genannten Werken unterscheiden sollte.

b) Text

PRK war lange nur aus Zitaten, besonders im Arukh und im Jalqut bekannt. *Zunz* hat aus diesen Zitaten ihren Inhalt und Aufbau rekonstruiert (GV, 1. Aufl. 1832). Daß ihm dies im wesentlichen gelungen ist, hat die aufgrund von vier nachher bekannt bzw. benutzbar gewordenen Handschriften von *S. Buber* veranstaltete Ausgabe (Lyck 1868) bestätigt. Diese

Ausgabe ist nunmehr durch den Text von *Mandelbaum* abgelöst worden; doch ist *Buber*s Ausgabe wegen ihres Kommentars und der Zitate mittelalterlicher Autoritäten weiterhin nützlich.

Buber hatte als Grundlage MS Safed, 1565 in Kairo geschrieben (= MS 47 der Alliance Israélite Universelle, Paris) verwendet, ergänzt (unsystematisch) durch drei weitere MSS: Oxford MS Marshall Or. 24, durch das Kolophon auf 1291 datiert; MS Carmoly, Cambridge Add. 1497, spätes 15. oder Anf. 16. Jh.; Parma De Rossi Cod. 261:2 aus dem 13. oder 14. Jh. (nur 11 Kapitel). *M. Friedmann* (Beth Talmud 5, 1886–9, 46–53.78–90.108–114.168–172.197–206) hat zwei weitere MSS beschrieben: MS Casanatense 3324 in Rom (frühes 17. Jh., unvollständig) und ein zweites MS aus der Bodleiana, Oxford (15. Jh., Text z. T. gekürzt).

B. Mandelbaum verwendet als Grundtext das Oxford MS Marshall Or. 24; neben den genannten MSS kommt noch MS Oxford, Bodleiana *(Neubauer* 2324/11) dazu. Ebenso kann er sieben *Geniza-Fragmente* verwerten (JThS, NY; Cambridge, Oxford, Leningrad), wovon die von Cambridge von besonderem Interesse sind: hier ist allerdings die Beschreibung und Wiedergabe der Varianten in *Mandelbaum* zu korrigieren: siehe *N. Alloni*, Geniza-Fragments 71–5; *N. Alloni – A. Díez-Macho*, Pesiqta de Rab Kahana be-Niqqud Erets-israeli, Leschonenu 23 (1958f) 57–71. Bei zwei der drei Texteinheiten handelt es sich um Palimpseste über griech. *(Mandelbaum* I, 13 schreibt aus Versehen „lateinische", obwohl auf seiner Foto-Wiedergabe die griech. Unzialen klar erkennbar sind) und syrischen Texten, die auf das 8.–10. Jh. zu datieren sind *(Abr. Goldberg*, KS 43,71 Anm. 1 hat die Abweichungen *Mandelbaum*s gegenüber dem Text in Leschonenu kollationiert).

c) Inhalt und Aufbau

PRK ist ein Homilienmidrasch für die Lesungen der Feste und der besonderen Sabbate, die ja schon früh eine feste Lesung hatten. *Zunz* hatte ursprünglich 29 Pisqaot erschlossen, beginnend mit Neujahr, da der Arukh zweimal Rosch ha-Schana als *resch pisqot* bezeichnet. Die Ausgabe *Buber* hingegen beginnt nach den ihm vorliegenden MSS mit Chanukka und zählt 32 Pisqaot (doch hat er 31 weggelassen; 22 und 30 sind doppelt, 24 ist nicht ursprünglich) . *Mandelbaum* beginnt seine Ausgabe zwar mit Chanukka, anerkennt aber die Richtigkeit der These von *Zunz*, gestützt auf MS Oxford 2324/11 sowie eine Buchliste aus der Geniza, die den Anfang der Pisqa Rosch ha-Schana zitiert. Um die ursprüngliche Reihenfolge einzuhalten, müßte man somit bei *Mandelbaum* mit Bd II seiner Ausgabe beginnen. *Goldberg*, KS 72, bezweifelt die Beweiskraft dieser Argumente, insbesondere da die Buchliste der Geniza auch sonst *Buchteile* zitiert. Siehe auch *Braude – Kapstein* XLVII f.

Mandelbaum (II pp XIV–XVII) zählt 28 Pisqaot und 9 Anhänge. Neben den Festpredigten gibt es Homilien zu den 4 Sabbaten nach Chanukka, den drei Strafsabbaten vor dem 9. Ab und den 7 Trostsabbaten nach diesem Tag sowie zu den zwei Sabbaten nach Neujahr (für diese letzten zwölf Sabbate gilt als Predigttext die Haftara!). Die Anhänge betreffen Simchat Tora, das in Palästina wenig Sinn gehabt hätte (PRK ist ja eine Sammlung von jährlichen Predigten; die Feier zum Abschluß des Zyklus hätte es jedoch nur einmal in ca. 3½ Jahren gegeben; doch siehe jetzt den von E. Fleischer edierten Pijjut ha-Kallir's, der Simchat Tora voraussetzt: dazu S. 240), den ursprünglich ebenfalls nur in Babylonien gefeierten zweiten Tag von Sukkot und eine Reihe von der PRK fremden Zufügungen (Anhang 4 in *Mandelbaum*, d.h. die zweite Predigt zu Dtn 14,12ff hält *Goldberg*, KS 72, für echt: die Lesung wurde sowohl am Sabbat in der Pesachwoche wie auch an jenem in der Sukkotwoche gehalten; siehe dazu E. Fleischer, The Reading of the Portion ‚Asser Te'asser' (Deut. XIV,22) (h), Tarbiz 36, 1966f, 116–155).

Zu den fünf mit LevR gemeinsamen Kapiteln siehe S. 285f. *Albeck* hatte sie alle in LevR für ursprünglich gehalten (ebenso jetzt auch *Neusner*); *Heinemann* hingegen nimmt nur LevR 28 als ursprünglich gegenüber PRK 8 an, betrachtet jedoch PRK 9,23,26 und 27 als in der Pesiqta ursprünglich. Aber auch die Entlehnung von LevR 28 beweist ihm nicht die Kenntnis von LevR durch den Redaktor von PRK; vielmehr ist sie auf der Stufe der Textüberlieferung erfolgt. PRK 7 dürfte (so *Goldberg*) aus PesR bzw. aus Material, das PesR vorlag, übernommen worden sein, PRK 12,12–25 aus Tanchuma-Jitro stammen. In beiden Fällen ist der *Aufbau der Pisqa* (zusätzlich zu MS-Überlieferung und Stil) ein gewichtiges Argument, wie *Goldberg* (KS) gezeigt hat: denn in den echten Pisqaot sind jeweils die Petichot (zwischen 1 und 10 pro Pisqa) der größte Teil (zu den Petichot *Braude-Kapstein* XXX–XXXVI); ihnen folgen gelegentlich thematische Abhandlungen, die fast als Abwandlungen der Form der Peticha zu betrachten sind, bevor die Pisqa mit wenigen Vers-Auslegungen schließt.

d) Redaktion und Datierung

Die handschriftliche Überlieferung von PRK zeigt mit ihrer Uneinheitlichkeit in Aufbau, Reihenfolge und Umfang, daß der Text von PRK ebenso wie jener der PesR noch lange nicht endgültig festgelegt war *(H. Hahn, Wallfahrt und Auferstehung zur messianischen Zeit, F 1979, 2: „Beide Pesiqtot sind als literarische Gesamtwerke nicht vor ihrer ersten Drucklegung fixiert").* Erwägungen zur Datierung betreffen daher nur den Grundstock des Werkes bzw. sein Material, müssen aber mit einer späteren Beweglichkeit der Schrift rechnen, die ja als Predigtsammlung ein Werk des praktischen Gebrauchs in der Synagoge war.

Zunz, GV 206f, nahm an, daß PRK pT, GenR, LevR und KlglR verwendet habe und etwa um 700 verfaßt worden sei. Zu dieser späten Datierung veranlassen ihn auch die Einleitung der Haggada durch Halakha und das Fest Simchat Tora. Die Homilie zu diesem Fest ist jedoch, wie schon gesagt, wahrscheinlich eine spätere Zufügung; auch die mit LevR gemeinsamen Kapitel wurden schon besprochen. Wenn *Zunz* (GV 207) meint, daß Eleazar ha-Kallir (der heute allgemein in die byzantinische Zeit datiert wird) schon PRK gekannt habe, spricht dies gegen die Spätdatierung. Von Inhalt, Aufbau, literarischen Beziehungen und Sprache her (zu dieser *Svedlund* 9f) ist das Werk in das 5. Jh. zu datieren, etwa gleichzeitig mit LevR, auch wenn die Annahme von *Margulies* (Mabo zu LevR, XIII) nicht zu beweisen ist, daß LevR und PRK vom selben Redaktor stammen.

L. M. Barth (JJS 33) hat versucht, zumindest für PRK 13–22 das Entstehungsdatum enger einzugrenzen. Diese Kapitel beruhen auf den Prophetenlesungen zu den drei Sabbaten vor und den sieben Sabbaten nach dem 9. Ab. Diese Haftarot sind hier erstmals belegt, in pT noch unbekannt, andererseits aber bei Jannai schon vorausgesetzt. Nach *Barth* sind diese Kapitel zwischen 451 und 527 entstanden, also zwischen dem Konzil von Chalcedon (Erhebung Jerusalems zum Patriarchat) und dem Regierungsantritt Justinians, in einer für das Judentum relativ ruhigen Zeit, die sich im wohlüberlegten Aufbau dieser Kapitel spiegle – „an elaborate homiletic acceptance of the status quo" (S. 513); innerhalb dieser Zeitspanne sei die zweite Hälfte des 5. Jhs. am wahrscheinlichsten. Die gebrachten Argumente reichen jedoch für eine solche Eingrenzung nicht aus.

Datum und palästinische Herkunft (diese ist aus den genannten Rabbinen und aus der Sprache zu erschließen) scheinen gegen eine Verbindung des Werkes mit einem der sechs uns bekannten Rabbinen namens Rab Kahana zu sprechen (alle sechs waren Babylonier, auch wenn drei davon sich zeitweise in Palästina aufhielten). *Buber* hatte PRK für den ältesten homiletischen Midrasch gehalten, den Rab Kahana, der Schüler Rabs, in Palästina verfaßt habe. *Svedlund* 4 rechnet ebenfalls mit der Möglichkeit, daß dieser Rab Kahana die Pesiqta redigierte. *Braude-Kapstein* X erklären den Namen der PRK damit, daß „it was presumably he who gathered, compiled, and edited the Piskas that comprise the work"; doch datieren sie PRK ins 5. Jh. (XXVIIIf), scheinen also an einen späteren Kahana zu denken. Keine dieser Lösungen befriedigt; die Benennung von PRK nach Rab Kahana bleibt ungeklärt.

Im Arukh und bei Raschi wird PRK noch oft zitiert; später jedoch wird sie durch PesR verdrängt und ist schon ab dem 15. Jh. nur noch durch den Jalqut bekannt.

3) Pesiqta Rabbati (PesR)

Lit.: V. *Aptowitzer*, Untersuchungen zur gaonäischen Literatur, HUCA 8–9 (1931f) 383–410; *B.J. Bamberger*, A Messianic Document of the Seventh Century, HUCA 15 (1940) 425–431; *I. Ben-David*, Jichude laschon mitokh Pesiqta Rabbati, Leschonenu 44 (1979f) 316–8; *P. Bogaert*, Apocalypse de Baruch. Introduction, Traduction du Syriaque et Commentaire, 2 Bde, P 1969, I 222–241; *W. G. Braude*, Overlooked Meanings of Certain Editorial Terms in the Pesiqta Rabbati, JQR 52 (1961f) 264–272; *A. Goldberg*, Erlösung durch Leiden. Drei rabbinische Homilien über die Trauernden Zions und den leidenden Messias Efraim (PesR 34. 36. 37), F 1978; *ders.*, Ich komme und wohne in deiner Mitte. Eine rabbinische Homilie zu Sacharja 2,14 (PesR 35), F 1977; *ders.*, Pesiqta Rabbati 26, ein singulärer Text in der frühen rabbinischen Literatur, FJB 17 (1989) 1–44; *K. E. Grözinger*, Ich bin der Herr, dein Gott! Eine rabbinische Homilie zum Ersten Gebot (PesR 20), Bern-F 1976; *L. Gry*, La ruine du Temple par Titus. Quelques traditions juives plus anciennes et primitives à la base de Pesikta Rabbati XXVI, RB 55 (1948) 215–226; *H. Hahn*, Wallfahrt und Auferstehung zur messianischen Zeit. Eine rabbinische Homilie zum Neumond-Shabbat (PesR 1), F 1979; *J. Heinemann*, A Homily on Jeremiah and the Fall of Jerusalem (Pesiqta Rabbati, Pisqa 26), in: *R. Polzin – E. Rothman*, Hg., The Biblical Mosaic. Changing Perspectives, Chico 1982, 27–41; *B. Kern*, Tröstet, tröstet mein Volk! Zwei rabbinische Homilien zu Jesaja 40,1 (PesR 30 und PesR 29/30), F 1986; *D. Lenhard*, Vom Ende der Erde rufe ich zu Dir. Eine rabbinische Psalmenhomilie (PesR 9), F 1990; *I. Lévi*, Bari dans la Pesiqta Rabbati, REJ 32 (1896) 278–282; *ders.*, La Pesikta Rabbati et le 4e Ezra, REJ 24 (1892), 281–5; *A. Marmorstein*, Eine messianische Bewegung im 3. Jahrhundert, Jeschurun 13 (1926) 16–28.171–186.369–383; *B.J. Meijer*, Midrasch Pesiqta Rabbati 42 – Und der Herr besuchte Sara –, Diss. F 1986; *J. Neusner*, From Tradition to Imitation. The Plan and Program of Pesiqta Rabbati and Pesiqta deRab Kahana, Atlanta 1987; *L. Prijs*, Die Jeremia-Homilie Pesikta Rabbati Kapitel 26. Kritische Edition nebst Übersetzung und Kommentar, Stuttgart 1966; *D. Sperber*, EJ XIII, 335f; *Zunz*, GV 250–262 (dazu ergänzend *Albeck*, Deraschot 119–121 und 388f).

Text: M. *Friedmann*, Pesiqta Rabbati. Midrasch für den Fest-Cyclus und die ausgezeichneten Sabbathe, W 1880, Ndr. TA 1963; *W. G. Braude*, The Piska concerning the sheep which rebelled, PAAJR 30 (1962) 1–35 (Pisqa 2b ediert auf der Basis von MS Parma 1240); *N.J. Cohen*, The Manuscripts and Editions of the Midrash Pesikta Rabbati. A Prolegomenon to a Scientific Edition, Diss. HUC NY 1977 (dazu kritisch *H. Hahn*, Wallfahrt 24f); *ders.*, The London Manuscript of Midrash Pesiqta Rabbati: A Key Text-Witness Comes to Light, JQR 73 (1982f) 209–237; *K. E. Grözinger – H. Hahn*, Die Textzeugen der Pesiqta Rabbati, FJB 1 (1973) 68–104; *H. Hahn*, Wiener Pesiqta-Rabbati-Fragmente (einschl. neuer Funde), FJB 7 (1979) 105–114; *B. Kern*, Die Pesiqta Rabbati 29/30 Naḥamu und die Pesiqta de Rav Kahana Naḥamu – Eine Gegenüberstellung zweier Textzeugen aus Parma, FJB 11 (1983) 91–112 (PesR benützt PRK oder einen gemeinsamen Predigtfundus); *M. Sanders*, The first print of Pesiqta Rabbati (h), Areshet 3 (1960f) 99–101; *A. Scheiber*, An Old MS of the Pesiqta on the Ten Commandments (h), Tarbiz 25 (1955f) 464–7 (Geniza-Fragment aus der Sammlung Kaufmann, Budapest: frühe Form von PesR oder eine Fassung des Midrasch zu den 10 Geboten).

Übersetzungen: A. Wünsche, Bibl. Rabb. III, Le 1882, Ndr. H 1967 (nur Auszüge); *W. G. Braude,* Pesikta Rabbati. Discourses for feasts, fasts and special Sabbaths, 2 Bde, New Haven 1968; *M. Gallo,* Sete del Dio vivente. Omelie rabbiniche su Isaia, R 1981 (8 Kapitel aus PesR zu Jes 40–66); *Übers.* von PesR 1–5.15.27 in *J. Neusner,* From Tradition. – Alle genannten Frankfurter Monographien enthalten auch Übersetzung und kritische Textausgabe.

a) Der Name

Zu Pesiqta siehe S. 288. Die Bezeichnung *rabbati* erfolgt zur Unterscheidung von anderen Predigtsammlungen wie PRK. Der Name ist zuerst in Raschi zu Jes 51,12 belegt; dieser verwendet, ebenso wie Machzor Vitry, auch den Namen *Pesiqta gedola* (zu Ex 6,14). Zedekia ben Benjamin verwendet im 13. Jh. *Pesiqta rabbeta,* ebenso auch die Ausgabe Prag. Gelegentlich wird PesR auch einfach Pesiqta genannt.

b) Inhalt und Text

PesR ist eine Sammlung von Predigten zu den Festen und besonderen Sabbaten. Ihr Umfang ist erst durch die Drucke endgültig festgelegt worden. Der Erstdruck Prag 1653 (so *Sanders*) oder 1656 umfaßt 47 Pisqaot, ebenso die nachfolgenden Drucke, die alle vom Erstdruck abhängig sind. *M. Friedmann* gibt die Ausgabe Sklow 1806 wieder, korrigiert durch die Erstausgabe und eigene Konjekturen. Den 47 Homilien fügt er als erste Ergänzung vier Predigten an (aus MS Parma? *Grözinger-Hahn* 104 rechnen mit einer eigenen Quelle), als zweite Ergänzung bringt er ein Stück von Bereschit Rabbati. Die Übersetzung *Braude* zählt diese Zusätze als Kapitel 48.49.50.52 und 53. 51 bei *Braude* ist eine Homilie zu Sukkot aus MS Parma, die in die Drucke nicht aufgenommen wurde, jedoch für die Vollständigkeit des Jahreszyklus notwendig ist.

Die Zahl der Kapitel entspricht nicht der der Predigten, die höher ist. Schon *Friedmann* hat daher die Kapitel 23, 27 und 29 geteilt (23; 23/24; 27; 27/28; 29; 29/30; 29/30–30: zur textlichen Problematik der beiden letzten Kapitel siehe jedoch *B. Kern,* Tröstet 24–27: *Friedmanns* 29/30 fehlt in MS Parma und ist von ihm, ergänzt durch Stücke aus KlglR, aus früheren Drucken übernommen; dafür enthält das MS den in *Friedmann* 29/30–30 fehlenden Anfang der Homilie, die *Kern* als 29/30 zählt).

Im jetzigen Aufbau folgt PesR diesem Jahreskreis (Zählung *Braude*): Neumondsabbat (1), Chanukka (2–9), ausgezeichnete Sabbate (10–16), Pesach (17–19 und 48–49), Wochenfest (20–25), drei Trauer- und Mahnsabbate vor dem 9. Ab (26–29/30), sieben Trostsabbate nach dem 9. Ab (29/30–30 bis 37), Neujahr bis Jom-ha-Kippurim (38–47.50), Laubhütten und Schemini Atseret (51–52), Schabbat Bereschit (53).

PesR hat somit erst in *Friedmann* und *Braude* ihren größten Textumfang erhalten. Die MSS hingegen kennen diese Form der PesR nicht. Die wichtigsten Textzeugen sind *MS Parma* 3122 (früher 1240; in *Friedmann* noch nicht verwertet), *MS Casanata* 3324 in Rom und *MS London* (jetzt Philadelphia, Dropsie MS 26). Das von *Zunz* auf 1270 datierte MS Parma (in De Rossi's Katalog noch fälschlich als Leqach Tob identifiziert) ist eine Sammelhandschrift mit sehr vielen Flüchtigkeitsfehlern, die PesR in vier Blöcke aufteilt, diese offenbar nicht als Einheit betrachtend (dagegen *Hahn*, Wallfahrt 15: das MS bietet eine möglichst umfassende Sammlung von Homilien zu den Sabbaten und Festen inklusive der Midraschim zu den Festrollen). Das MS umfaßt (Tabelle in *Grözinger-Hahn* 88f): Tanchuma Buber /PesR 1–18 / HldR / PesR 48. 49. 25.19–24 / Leerseiten/ 29/30–43.50.44–47.51–53 /andere Midraschim/ 26–28 / KlglR.

MS Casanata kann nach *Grözinger-Hahn* 87 noch am ehesten als ein Pesiqta-MS bezeichnet werden, da es offenbar einen Festzyklus von Chanukka bis Sukkot bieten will. Das spätestens Anfang 17.Jh. sorgfältig geschriebene MS ist nur unvollständig erhalten, doch ist der fehlende Teil aus dem Inhaltsverzeichnis bzw. der verwandten Londoner Handschrift zu erschließen. Die Handschrift ersetzt über die in MS Parma und den Ausgaben mit PRK gemeinsamen Pisqaot von PesR hinaus eine Reihe weiterer Homilien durch solche aus PRK, mischt die Pesiqtot also noch stärker als die sonstige Überlieferung. Im Aufbau zeigt sich jedoch auch eine gewisse Gemeinsamkeit mit MS Parma: in beiden steht 25 vor 19, 50 zwischen 43 und 44 und fehlt 46.

MS London, schon von *Friedmann* in Bet Talmud 5 ((1892) 1–6 beschrieben, doch lange Zeit verschollen und jetzt in der Bibliothek des Dropsie College wiederentdeckt, ist 1531 in Italien entstanden. Dieses MS hat mit *MS Casanata* viele Gemeinsamkeiten und bietet auch den Text der dort fehlenden, jedoch im Inhaltsverzeichnis angegebenen Pisqaot; i.a. ist es *MS Parma* vorzuziehen.

Von Bedeutung sind die Fragmente eines Wiener Pesiqta-MS, das wahrscheinlich im 13.Jh. entstand und textkritisch wichtig ist; bisher sind 18 Seiten davon gefunden worden (Paraschen 1,5,7,8, 21,22,27,27/28,28,31 und 32 ganz oder teilweise). Ein weiterer Textzeuge ist das Exemplar der editio princeps im JThS, das nicht nur zahlreiche Randglossen, sondern auch zusätzliche handschriftliche Paraschen aufweist, davon 2 aus dem Jalqut, weitere 9 aus einer mit MS Parma verwandten Quelle (dazu *Grözinger-Hahn* 98–104). Zu berücksichtigen sind auch die PesR-Zitate im Jalqut, die textkritisch allerdings mit Vorsicht zu verwenden sind. Zusätzliches Material findet sich in *L. Ginzberg*, Ginze Schechter I 171–181, und *S. A. Wertheimer*, Batei Midraschot I 260–264.

c) Redaktion und Kompilation

Schon die Textüberlieferung zeigt, daß ein Gesamturteil über PesR nicht möglich ist. Das Werk ist zusammengesetzt. Der Erstdruck, MS Casanata bzw. MS London und MS Parma sind drei Redaktionen dieser Pesiqta, „die aus einem gemeinsamen Homilienschatz schöpften, dem sie mehr oder weniger große Blöcke entnahmen und nach ihren Vorstellungen oder Bedürfnissen gruppiert und zu eigenen Werken verbunden haben" (*Grözinger*, Ich bin der Herr 7; vgl. *Goldberg*, Ich komme 7). Mit *Grözinger* (Ich bin der Herr 8f) sind mindestens fünf oder sechs Quellen zu unterscheiden:

1. eine *Jelamdenu-Quelle* (MS Parma überschreibt PesR 1–18: „Im Namen des Herrn unseres Gottes laßt uns beginnen. Jelamdenu". Dies ist womöglich als Titel gemeint: *Grözinger-Hahn* 90). Diese Predigten beginnen jeweils mit einem Jelamdenu-Abschnitt, dem eine Peticha im Namen des R. Tanchuma bar Abba folgt. Dazu gehören: PesR 1–14.19.25. 29.31.38–45.47–49.

2. *Homilien, die aus PRK stammen* bzw. aus dieser bekannt sind: PesR 15–18 (=PRK 5–8) und 32 (=PRK 18); teilweise 14 (=PRK 4); PesR 51.52 (=PRK 27.28). Die Handschriften haben zusätzliches PRK-Material aufgenommen.

3. *Formal mit 2. verwandt* sind PesR 27, 27/28, 29/30, 29/30–30.

4. *Ruach-ha-qodesch-Homilien* beginnen mit: „Das ist es, was N. N. im heiligen Geiste sprach". Sie haben stets nur eine Peticha, die einen eigenen Aufbau aufweist: PesR 20 (gehörte ursprünglich vielleicht nicht zu PesR und scheint auch in der dem Jalqut vorliegenden PesR noch nicht enthalten gewesen zu sein: *Grözinger*, Ich bin der Herr 19f), 28,30,34–37. Eine Mischform in 50.

5. *Midrasch von den 10 Geboten* (bei Ha-Meiri als Midrasch Mattan Tora zitiert): PesR 21–24. Unterscheidet sich in Sprache und Aufbau vom Rest (Teile in Aramäisch, zahlreiche Ma'asim). Allein dieser Teil von PesR ist bisher in der Geniza belegt.

6. *PesR 26: Prijs* 21f sieht keinen Grund, diese Homilie einem anderen Verfasser zuzuschreiben: zwar beginne 26 nicht mit einem Bibelvers, aber doch mit einem aus Bibelversen zusammengesetzten Satz; der flüssige Erzählstil, der PesR 26 auszeichne, sei durch die Sache bedingt. Dagegen zeigt *A. Goldberg*, daß das Kapitel formal durchaus keine Homilie, aber auch kein Auslegungsmidrasch und in der Midraschliteratur ein singulärer Text ist, den kaum der Kompilator von PesR selbst hergestellt hat.

PesR 46 fehlt in allen drei MSS. Schon *Friedmann* 186b Anm. 1 hat diese Homilie als später erklärt. PesR 53 stammt, wie schon gesagt, aus Bereschit Rabbati.

Zunz, GV 255, datiert PesR in die 2. Hälfte des 9. Jhs.; dabei stützt er sich neben der seiner Meinung nach in PesR zitierten Schriften v. a. auf PesR 1 (F. 1b): seit der Zerstörung des Tempels sind 777 Jahre vergangen (Glosse: „nun sind es schon 1151"), d.h. der Verfasser schrieb nach 845 (da in der jüdischen Chronologie 68 als Jahr der Tempelzerstörung gilt). Diese Datierung wurde weithin übernommen: so von *J. Mann*, The Jews in

Egypt and in Palestine under the Fatimid Caliphs, I, Lo 1920, NY 1970, 48 Anm. 2; *L. Prijs* 77, auch wenn dieser das Material für älter hält (11 Anm. 3); *D. Sperber*, EJ XIII,335 (doch nur für den Jelamdenu-Teil, während er sonst eine Datierung ins 6. oder 7. Jh. angibt).

Friedmann zur Stelle stützt sich ebenfalls auf diese Zahl, bezieht sie jedoch auf die Zerstörung des 1.Tempels, d.h. nach der Chronologie von SOR das Jahr 355 (die Perserzeit wird nur als 52 Jahre gezählt); die Glosse wäre entsprechend auf 719 zu datieren. *Friedmann* ist sich bewußt, daß dies nicht für das Gesamtwerk gilt (24: Stücke stammen zweifellos aus gaonäischer Zeit), möchte dieses jedoch aus verschiedenen Gründen nicht viel später ansetzen.

Einen Bezug dieser Stelle auf das Jahr 355 vertritt auch *H. Hahn*, der deshalb auch die Zuschreibung der Peticha an R. Tanchuma für verläßlich hält (Wallfahrt 110–113), jedoch selbstverständlich daraus keine Schlüsse für das Gesamtwerk zieht. Immerhin scheint ihm die Redaktionsgeschichte von PesR 1 ein Datum dieses Kapitels im 5. Jh. nahezulegen (388ff), und zwar in Palästina (397ff). Für den Jelamdenu-Teil der PesR sieht *Hahn* 380 keinen Grund gegen das allgemeine Ergebnis von *F. Böhl*, „daß der Jelamdenu materiell spätestens um 400 vorlag" (Aufbau und literarische Formen des aggadischen Teils im Jelamdenu-Midrasch, Wiesbaden 1977, 90). Ein solches versuchsweises Ergebnis gilt natürlich nur für das Material dieses umfangreichen Teils von PesR, nicht jedoch für die Sammlung dieser Homilien, die jedoch unter Umständen nicht allzuviel später anzusetzen ist.

Ein anderer Block von PesR, der zum Großteil schon in Detail untersucht worden ist, sind die *Ruach-ha-qodesch-Homilien*. Schon *Friedmann* 24 hatte PesR 34–37 einem anderen Verfasser als dem des Hauptteils des Werkes zugeschrieben und als die frühesten Kapitel des Buches bezeichnet. *B. J. Bamberger* datiert diese Homilien über die Trauernden Zions und den leidenden Messias in die Jahre 632–7, gestützt auf 36,2 (F. 162a): „Im Jahr, in dem sich der Messias offenbart... wird der König Persiens gegen einen König Arabiens Krieg führen, und dieser König Arabiens wird nach Edom gehen, um sich mit den Edomitern zu beraten. Darauf wird der König Persiens die ganze Welt verwüsten". Ebensogut könnte dieser Text sich jedoch auf Odenat beziehen, wofür sowohl der Name des R. Isaak als auch die Erwartungen der Zeit sprechen, daß dem Kommen des Messias ein Krieg zwischen Persien und Rom vorausgeht.

Ein anderer Anhaltspunkt sind die „*Trauernden Zions*": *J. Mann*, The Jews in Egypt I 47–49, sieht sie als Büßerbewegung in islamischer Zeit und betrachtet PesR 1 und 34–37 als spätesten Teil des Werkes, von einem italienischen Haggadisten verfaßt, der in der 1. Hälfte des 9. Jhs. sich den Trauernden um Zion in Jerusalem anschloß. Andere kommen zu einer ähnlichen Datierung, indem sie die Trauernden um Zion mit der gelegentlich erwähnten karäischen Gruppe dieses Namens gleichsetzen: so z.B. *H. Graetz*, Geschichte V, Le [4]1909, 269.507f, und *M. Zucker*, Tegubot litenuat Abele Tsion ha-Qarajjim ba-sifrut ha-rabbanit, FS Ch. Albeck, J 1963, 378–401. Zur Kritik *A. Goldberg*, Erlösung durch Leiden 131–4.

Goldberg zeigt, daß PesR 35 mit 34.36–37 ursprünglich nicht zusammengehörte, betont aber auch die Problematik jeglicher Datierung dieser Texte. Nichts spricht gegen eine Datierung von PesR 35 im 3. oder zu Beginn des 4. Jhs. (Ich komme 20); ebenso ist auch für PesR 34 eine Entstehung irgendwann nach Mitte des 3. Jhs. anzunehmen (Erlösung 142). Doch kann die Redaktion in beiden Fällen auch viel später erfolgt sein. Besonders kompliziert wird die Frage, da selten klar verwertbare Parallelen mit bekannten und datierten Schriften vorliegen. So ist auch die Frage der Benützung der Scheiltot des R. Acha (7./8. Jh.) in PesR oder umgekehrt nicht geklärt: *Zunz* und *Aptowitzer* nahmen eine solche Benutzung in PesR für gesichert an, *Friedmann, S. Buber* und *Braude* kommen zum gegenteiligen Ergebnis. Auch würde die Entscheidung natürlich immer nur für die betreffenden Stellen gelten. Ebenso ungeklärt ist das Verhältnis der PesR zu ha-Kallir (nach *Zunz*, GV 256, hat dieser PesR gekannt; dagegen *Aptowitzer* 403 ff).

Was den Entstehungsort von PesR betrifft, hatte *Zunz* einst Griechenland vorgeschlagen (GV 256), *I. Lévi* wegen einer vermeintlichen Nennung von Bari (PesR 28, F. 135 b) Süditalien angenommen. Diese Lokalisierungen hängen natürlich mit der Spätdatierung von PesR zusammen. Zahlreiche Argumente sprechen für eine Entstehung in Palästina, so v. a. die Namen der zitierten Rabbinen (paläst. Amoräer des 3. und 4. Jhs.), ebenso das Fehlen einer Pisqa für Simchat Tora, vielleicht auch die Sprache. Allerdings ist keines dieser Argumente absolut beweiskräftig und müßte auch hier noch vor einer vorschnellen Verallgemeinerung gewarnt werden.

Die Entstehungsgeschichte von PesR ist somit noch weithin ungesichert. Der Gedanke an einen einzelnen Endredaktor ist jedenfalls nicht haltbar. Vielmehr ist ein langwieriger Entwicklungsprozeß anzunehmen. In diesem wurden einzelne Homilien, die ihrerseits wieder schon vorredigiertes Material verwenden (etwa Apokalypsen in PesR 36–37 oder Hekhalot-Material in PesR 20), in Gruppen zusammengefaßt, die Form und Geist gemeinsam haben. Oft wurden diese erst später der Festliturgie dienstbar gemacht und sodann mit anderen Texten verbunden (so wurde wohl 34–37 mit anderen Homilien zu den Trostpredigten 29–37 zusammengefaßt). So entstanden relativ feste Einheiten, die im Lauf der Zeit zu einem Predigtzyklus für das ganze Jahr zusammenwuchsen. Doch blieben Teile noch immer austauschbar, wie dies ja der Predigtsammlung als einem Gebrauchsbuch von ihrem Wesen her entspricht. Die globale Spätdatierung von *Zunz* u. a. ist jedenfalls nicht haltbar. Die jetzt öfter vertretene Datierung ins 6. oder 7. Jh. *(Braude; Sperber* in EJ XIII,335) kann allerdings auch nur für Homiliengruppen als angemessener zeitlicher Rahmen gelten, der jedoch im einzelnen erst abzusichern ist.

4) Tanchuma – Jelamdenu

Lit.: Ch. Albeck, Deraschot 112–6.373–5; *V. Aptowitzer*, Scheeltoth und Jelamdenu, MGWJ 76 (1932) 558–575; *F. Böhl*, Aufbau und literarische Formen des aggadischen Teils im Jelamdenu-Midrasch, Wiesbaden 1977; *M. Bregman*, Stratigraphic Analysis of a Selected Pericope from the Tanhuma-Yelammedenu Midrashim (h), 10th WCJS (J 1990) 117–124; *ders.*, Early Sources and Traditions in the Tanḥuma-Yelammedenu Midrashim (h), Tarbiz 60 (1990f) 269–274; *L. Ginzberg*, Ma'amar al ha-Jelamdenu, in: Ginze Schechter I 449–513; *M. D. Herr*, EJ XV, 794–6; *A. Marmorstein*, Zur Erforschung des Jelamdenu-Problems, MGWJ 74 (1930) 266–84; *ders.*, Die Gottesbezeichnung Elohim im Jelamdenu, MGWJ 75 (1931) 377–9; *C. Milikowski*, The Punishment of Jacob – A Study in the Redactorial Process of Midrash Tanhuma (h), Bar-Ilan 18–19 (1981) 144–9; *M. Schlüter*, Ein Auslegungsmidrash im Midrash Tanhuma, FJB 14 (1986) 71–98; *M. Stein*, Le-cheqer Midresche Jelamdenu, FS M. Schorr, Warschau 1935, hebr. Teil 85–112; *Zunz*, GV 237–250.

Text: Midrasch Tanchuma, J 1960; *S. Buber*, Midrasch Tanchuma, 2 Bde, Wilna 1885, Ndr. J 1964; *J. Adler*, Midrasch Tanchuma ketab jad Vatikan 44, Kobez al Yad 8 (18), J 1975, 15–75 (MS aus dem 14. Jh., Mischform zwischen gewöhnl. Text und TanB); *M. Bregman*, Toward a Textcritical Approach of the Tanhuma-Yelamdenu Midrashim (h), Tarbiz 54 (1984f) 289–292; *ders.*, Textual Witness of the Tanḥuma-Yelamdenu Midrashim (h), 9th WCJS (J 1986) C 49–56; *ders.*, Sifrut Tanchuma-Jelamdenu. Te'ur Nosacheha we-Ijjunim be-Darkhe Hithawwutam, Diss. J 1991; *L. Ginzberg*, Ginze Schechter I 18–66. 96–102.107–135 (13 Geniza-Fragmente); *J. Mann*, The Bible as Read and Preached in the Old Synagogue, I NY 1971 (=Ndr. von 1940, mit Prolegomenon von *B. Z. Wacholder*), II Cincinnati 1966 (vollendet von *I. Sonne*); *S. A. Wertheimer*, Batei Midrashot I 139–175; *E. E. Urbach*, Seride Tanchuma-Jelamdenu, Kobez al Yad 6 (16) Teil 1, J 1966, 1–54; *J. D. Wilhelm*, Qetaim mi-midrasch Tanchuma le-Sefer Schemot u-mi-midrasch Jelamdenu le-Sefer Debarim, Kobez al Yad 6 (16) Teil 1, J 1966, 55–75; *K. Wilhelm*, Ein Jelamdenu-Fragment, MGWJ 75 (1931) 135–143.

Übersetzung: H. Bietenhard, Midrasch Tanhuma B. R. Tanhuma über die Tora genannt Midrasch Jelammedenu, 2 Bde, Bern-F 1980–82 (Fassung Buber: Textbasis ist Cod. Vat. Ebr. 34, der vom Bubertext oft abweicht); *J. T. Townsend*, Midrash Tanḥuma. Translated into English with Introduction, Indices and Brief Notes (S. Buber Recension), vol.I: Genesis, Hoboken, N. J. 1989.

a) Der Name

Tanchuma oder Jelamdenu bezeichnet einen in mehreren Sammlungen bekannten Homilien-Midrasch zum ganzen Pentateuch. Letzterer Name ist der halakhischen Einleitung *Jelamdenu Rabbenu*, „es belehre uns unser Meister", entnommen. Der Name Tanchuma wird entweder damit erklärt, daß mehrere Vorträge beginnen: „So hat R. Tanchuma bar Abba eingeleitet", oder durch die Annahme, dieser Amoräer in der 2. Hälfte des 4. Jhs. habe selbst die Grundlage zu diesen Homilien geschaffen (so *Bacher*, pAm III, 502f). Tatsächlich sind im Namen keines anderen Rabbi so viele Proömien überliefert wie in dem Tanchumas. Der Name Tanchuma ist z. B. bei Raschi und im Jalqut belegt, der Name Jelamdenu besonders im Arukh und im Jalqut.

b) Der Text

Tan liegt in zwei Ausgaben vor, die zwei verschiedene Textrezensionen darstellen: *1. die gewöhnliche Ausgabe*, Erstdruck K 1520/22 (Faksimile J 1971), dann V 1545, Mantua 1563 (Faksimile J 1971; über Zusätze in diesem Druck, welche auch in die späteren Ausgaben aufgenommen wurden, siehe *Buber*, Einleitung 163–180), Verona 1595 und öfter; mit den Kommentaren Ets Josef und Anaf Josef Wilna-Grodno 1831 und öfter. – *2. Die Ausgabe Buber* nach MS Oxford Neubauer 154 (Alter fraglich) als Basistext und vier weiteren MSS aus Oxford, dem Cod. Vat. Ebr. 34 (den *Theodor* lieber als Basis der Ausgabe gesehen hätte), München Cod. hebr. 224 (einige Kapitel, z. T. auch in BhM VI 91–185) und MS Parma De Rossi 1240. Der von *Buber* veröffentlichte Text (=TanB) weicht zu Gen und Ex stark von der gewöhnlichen Ausgabe ab; zu Lev, Num und Dtn stimmt er mit dieser im wesentlichen überein. TanB dürfte eine europäische Rezension sein (cf. *I. Ta-Shma*, KS 60, 1984f, 302: aschkenasische Bearbeitung; *M. Bregman*, Textual Witness 51, denkt an Endredaktion in Italien; auch die Geniza-Fragmente dazu sind europäischer Herkunft).

Schon *Buber* kannte eine Reihe weiterer MSS. Erst ein Teil davon ist inzwischen veröffentlicht worden, so das MS Cambridge 1212 (Anfang 14. Jh.), das *Urbach* veröffentlicht hat. Zahlreiche Fragmente aus der Geniza von Kairo haben v. a. *L. Ginzberg* und *J. Mann* veröffentlicht. Zu weiteren Textzeugen siehe *M. Bregman*, Textual Witness (v. a. Geniza-Fragmente).

Wie verhalten sich Tan und Jelamdenu zueinander? Einerseits scheinen die beiden Namen austauschbar zu sein – nicht nur werden im Mittelalter dieselben Zitate manchmal als Tan, manchmal als Jel. gebracht; eine große Zahl von Homilien in Tan verbindet die halakhische Einleitung Jelamdenu Rabbenu mit einer Peticha im Namen Tanchumas. Andererseits scheinen Tan und Jel. für den Kompilator des Jalqut zwei verschiedene Werke gewesen zu sein, die er nebeneinander zitiert und die sich nur zum Teil decken. Außerdem sind viele Jel.-Zitate der mittelalterlichen Literatur in beiden Fassungen des Midrasch nicht auffindbar (Sammlung der Zitate, bes. zu Num, in *L. Grünhut*, Sefer ha-Likkutim 4–6). Ist demnach mit einem verlorengegangenen Jel.-Midrasch zu rechnen?

Lange Zeit wurde die Diskussion durch die Frage nach einem Ur-Tanchuma oder Ur-Jelamdenu bestimmt und deren Stellung zu den beiden Tan-Drucken und den weiteren Jel.-Zitaten diskutiert. *Buber* z. B. betrachtete seinen Text als den Ur-Tanchuma, *Ginzberg* die von ihm veröffentlichten Fragmente als Ur-Jelamdenu. Alle Rekonstruktionen mußten mit verschiedenen Unbekannten rechnen und waren zudem in der Datierungsfrage sehr subjektiv (so wurde von manchen Aramäisch im Text als Zeichen der Jugend, von anderen als solches des Alters gewertet; ähnlich in der Frage der Gottesnamen).

Die seither veröffentlichten bzw. bekannt gewordenen MSS zeigen, daß die Fragen viel komplizierter als angenommen sind. Die Tan-Jel.-Midraschim sind eine in vielen Fassungen überlieferte Gruppe von Homilien-Midraschim zum Pentateuch, der nicht nur die beiden Tan-Ausgaben und verschiedene handschriftliche Rezensionen angehören, sondern die auch ExR II, NumR II, DtnR, Teile der PesR und anderer Midraschim umfaßt. Mit *E. E. Urbach* 3 ist somit die Suche nach einem Ur-Tanchuma hoffnungslos, zumindest was seine Erhaltung in einer bestimmten Handschrift betrifft. Diese Midraschgattung war so erfolgreich, daß sie sich schnell regional differenzierte. Als Gebrauchsliteratur waren diese Midraschim noch längste Zeit Veränderungen, Textzuwachs und Textverlust ausgesetzt.

Was die *Form der Tan-Homilien* betrifft, leitet gewöhnlich das stereotype Jelamdenu Rabbenu die halakhische Einheit ein, der sich eine mit dieser eng verbundene haggadische Einheit anschließt. Mehreren Proömien folgt die Auslegung der ersten Verse des Sedertextes und ein messianischer Schluß. Eine Analyse der Formen des haggadischen Teils hat *F. Böhl* vorgelegt. Die Predigten dürften z.T. tatsächlich gehalten worden sein, z.T. aber auch literarische Predigten sein; hier hat sicher auch eine Wechselwirkung stattgefunden, so daß eine klare Bestimmung nicht möglich ist.

c) Entstehung – Redaktion

Zunz (GV 247) datiert Tan-Jel. in die 1. Hälfte des 9. Jhs. Dafür beruft er sich v.a. auf Ähnlichkeiten mit den Scheiltot und gaonäischen Schriften, Polemik gegen die Karäer und einen Text (Tan Noach 3), wonach die beiden Akademien in Babylonien noch bestehen. Auch heute ist diese Datierung noch weithin üblich (z.B. *Herr*, EJ 795).

Gerade bei einer Predigtsammlung ist eine Datierung anhand von Einzelstellen äußerst problematisch. Der Text über die beiden Jeschibot Babyloniens (dazu *Goodblatt*, Instruction 13–15; *V. Aptowitzer*, HUCA 8–9, 1931f, 415–7) findet sich mit Varianten auch in einem Brief des Pirqoi ben Baboi (um 800). Diesen Brief als Quelle von Tan anzunehmen ist kaum möglich; auch ist jederzeit mit Interpolationen in Tan zu rechnen. Das gilt übrigens auch für die übrigen Berührungen mit gaonäischen Texten, v.a. mit den Scheiltot (dazu *Aptowitzer*, MGWJ 76), die eher für die Überlieferungsgeschichte von Tan von Interesse sind. Auch ist die Nähe von Tan zu den Scheiltot v.a. formaler Art.

F. Böhl sieht die Tatsache, daß schon in TBer IV,16–18 (L. 22–24) eine dem Jel. vergleichbare Form belegt ist, als „Beweis gegen die häufig behauptete Abhängigkeit des Jelamdenu von den Scheeltoth des R. Achai, zumal die Abfolge von (a) Bitte um Belehrung durch die Schüler und (b) Antwort des Rab öfters in tannaitischen Texten nachweisbar war" (Aufbau 91). Die Jelamdenu-Formel findet sich auch in bT mehrfach im Zusammenhang halakhischer Belehrung; formal ähnlich ist auch die Predigt des Tanchum von Newai in Schab 30a–b. *Böhl* sieht eine Entwicklungslinie der Jelamdenu-Form von der Schülerunterweisung über die halakhischen Responsen des bT zur halakhisch-haggadischen Unterweisung der literarischen Jelamdenu-Form, die im Midrasch als Einleitung in eine größere Texteinheit verwendet wird. In PesR findet diese Entwicklung ihren Abschluß. Aufgrund der in Jel. genannten Tradenten kommt er zum Schluß, daß dieser „materiell spätestens um 400 vorlag" (Aufbau 90).

Sofern man dieses Urteil nicht als Globaldatierung versteht und mit längerer Weiterentwicklung rechnet, ist ihm wohl zuzustimmen. Die übliche Spätdatierung gerade von Predigtwerken hat sich zusehr auf Einzelbeobachtungen gestützt, die nicht eindeutig bestimmbar sind. Formanalytische Untersuchungen können hier vielleicht weiterhelfen, auch wenn die Einzeldatierung von Tan-Homilien wohl weitgehend unerreichbar bleiben wird.

Daß eine Predigtsammlung zu den Pentateuch-Lesungen (wie schon *Theodor* zeigte, richtete sich Tan ursprünglich nach der etwa dreijährigen paläst. Leseordnung) sicher nicht später als eine solche zu dem Festzyklus einem Bedürfnis der Gemeinden entsprach, spricht sicher auch für eine frühe Datierung solcher Sammlungen, die jedoch nie eine absolut endgültige Form erreicht haben, wie die Vielfalt der MS-Versionen und mittelalterlichen Zitate zeigt.

Als Entstehungsort der Gattung haben wir sicher Palästina anzunehmen (Lesezyklus, Rabbinen, Stoff), auch wenn später andere Länder zur Weiterentwicklung der Textrezensionen beigetragen haben.

5) Deuteronomium Rabba (DtnR)

Lit.: M. D. *Herr*, EJ V,1584–6; *Zunz*, GV 263–5 *(Albeck*, Deraschot 122f.391).

Text: Ausgaben von Midrasch Rabba, z.B. A. *Mirkin* XI; S. *Liebermann*, Midrash Debarim Rabbah, J ³1974; L. *Ginzberg*, Ginze Schechter I 107–168; *J. Mann – I. Sonne*, The Bible as Read and Preached in the Old Synagogue II, Cincinnati 1966, hebr. Teil 220–239; Z. M. *Rabinovitz*, Ginzé Midrash 72–82. Siehe auch Lit. zu Tanchuma.

Übersetzungen: A. *Wünsche*, Bibl. Rabb. III, Le 1882, Ndr. H 1967; *J. Rabbinowitz* in der Soncino-Ausgabe des Midrasch Rabba, Lo 1939, Ndr. 1961 (jeweils die gewöhnliche Fassung).

a) Name

DtnR wird im Mittelalter als (Haggadat) Elle ha-Debarim Rabba, Debarim Rabbati und ähnlich, aber auch als Jelamdenu oder Tanchuma zitiert, da der Midrasch ja tatsächlich zur Tan-Gruppe gehört.

b) Text

Alle MSS weichen von der gedruckten Fassung von DtnR (Erstdruck K 1512; dann V 1545) z.T. ab. *S. Buber*, Liqqutim mi-Midrasch Elle ha-Debarim Zutta, W 1885, 10–32, hat aus dem Cod. Hebr. 229 der Staatsbibliothek München vom Jahr 1295 die Perikope Debarim (Dtn 1,1–3,22) und die Zusätze in Nitsabim veröffentlicht. Die Paraschen 2 und 9–11 fehlen in diesem MS, die übrigen Kapitel sind gleich dem Druck. Ein MS im Besitz von *A. Epstein* (von ihm beschrieben in Qadmoniot 80–82) gleicht MS München, enthält jedoch vom üblichen Druck abweichende Paraschen 2 und 9 (Wa-etchannan und Wa-jelekh), Zusätze zu 8 (Nitsabim) und Ergänzungen der beiden letzten Paraschen aus Tanchuma.

Oxford MS 147, von *S. Lieberman* ediert, gehört in dieselbe Art von MSS wie jenes von *Epstein* beschriebene (ähnlich auch Oxford MS 2335). Es enthält Midrasch Rabba zur ganzen Tora. In DtnR bietet es über das Material von MS Epstein hinaus zusätzliche Homilien aus Tanchuma zur Parascha 2 (Wa-etchannan). Die Ausgabe *Lieberman* kennzeichnet durch kleineren Druck die Stücke, die mit Tanchuma identisch sind (Wa-etchannan p. 34–43; Ha'azinu und We-zot ha-Berakha, p. 125–131) bzw. mit der üblichen Ausgabe übereinstimmen (Eqeb bis Nitsabim, p. 83–116), zusammen über die Hälfte des Textes.

Das von *Rabinovitz* edierte Fragment, ein Blatt aus der Antonin-Sammlung in Leningrad, weicht in der Parasche Re'e von beiden Tan- und DtnR-Fassungen ab und könnte eine Frühform davon darstellen. Das Fragment stammt ca. aus dem 11. Jh.

c) Aufbau

Die gewöhnliche Fassung von DtnR ist in den Drucken nach den Sabbatperikopen des einjährigen Zyklus in 11 Abschnitte geteilt (die Ausgaben K 1512 und V 1545 haben nur 10, da Nitsabim und Wa-jelekh miteinander verbunden sind). In Wirklichkeit besteht DtnR aus 27 in sich abgeschlossenen Homilien, die sich auf Texte des ca. dreijährigen Zyklus beziehen.

Die Homilien beginnen mit einer halakhischen Einleitung: *Halakha – adam me-Jisrael* ist die Frageformel, auf die die Antwort mit der Einleitung *kakh schanu chakhamim* folgt. Es folgen ein oder mehrere Proömien, die hier schon ziemlich selbständige homiletische Gebilde sind. Die Haggada setzt gewöhnlich mit den Worten ein: *ze sche-amar ha-katub*, „das ist es, was die Bibel sagt". Nach Auslegung des Schriftabschnitts klingt die

Predigt gewöhnlich mit einem verheißenden oder tröstenden eschatologischen Schluß aus.

DtnR in der Ausgabe *Lieberman* leitet die Predigten nicht immer mit einer halakhischen Frage ein; auch beginnt die Frage dort jeweils ohne einleitende Formel. Die Antwort hingegen beginnt stets mit *kakh schanu rabbotenu*, die Haggada mit *zehu sche-amar ha-katub*.

d) Entstehung und Datierung

Die Textüberlieferung deutet auf eine komplizierte Entstehungsgeschichte. Bei Bekanntwerden von MSS München und Epstein schloß man auf die Existenz eines zweiten vollständigen DtnR. Mittelalterliche Zitate, die in beiden Textfassungen fehlen, führten *A. Epstein* zur Annahme einer dritten Rezension. Doch ist der MS Oxford eigene Stoff nicht so umfangreich (verschiedene Rezensionen nur in den beiden ersten und zu Beginn der dritten Parasche), als daß man auf eine zweite vollständige Fassung von DtnR schließen müßte.

Aus mittelalterlichen Zitaten ist zu erschließen, daß die übliche Fassung in Frankreich und Deutschland verbreitet war, die von *Lieberman* edierte in Spanien, wo sie Nachmanides als erster zitiert.

Beide Textfassungen benützen pT (oft gekürzt), GenR und LevR, die gewöhnliche Fassung auch KlglR. Ein Einfluß von bT ist hingegen nicht nachzuweisen (einzelne babyl. Wendungen in DtnR gehen auf die Textüberlieferung zurück). Da DtnR der Sprache (Hebräisch, galiläisches Aramäisch, viele griechische Fremdwörter), den Rabbinen- und Ortsnamen nach in Palästina entstanden ist, muß es vor der Ausbreitung des bT in Palästina entstanden sein. Parallelen mit dem späteren Midrasch Petirat Mosche sind wohl als nachträgliche Ergänzungen zu betrachten. Die Spätdatierung von *Zunz* (GV 264f) ist somit völlig unbegründet, wie *Lieberman* XXII betont. Das Werk ist sicher früh entstanden; eine genauere Datierung zwischen etwa 450 und 800 ist durch die bewegte Textgeschichte (v. a. ständige gegenseitige Beeinflussung der verschiedenen Tan-Rezensionen) sehr erschwert.

6) Exodus Rabba (ExR)

Lit.: *M. D. Herr*, EJ VI, 1067–9; *S. Liebermann*, Midrash Debarim Rabbah, J ³1974, XXII; *A. Shinan*, The Opening Section of Midrash Exodus Rabbah, GSJ. Heinemann, J 1981, hebr. Teil 175–183; *Zunz*, GV 268–270 (und *Albeck*, Deraschot 125.396f).

Text in den üblichen Ausgaben des Midrasch Rabba, z.B. *A. Mirkin*, Midrasch Rabba Bd V–VI; krit. Ausgabe des ersten Teils: *A. Shinan*, Midrash Shemot Rabbah, Chapters I–XIV. A Critical Edition Based on a Jerusalem Manuscript, with Variants, Commentary and Introduction (h), TA 1984.

Übersetzungen: A. Wünsche, Bibl. Rabb. III, Le 1882, Ndr. H 1967; *S. M. Lehrmann* in der Soncino-Ausgabe des Midrasch Rabba, Lo 1939, Ndr. 1961; *L.-F. Girón Blanc*, Midrás Exodo Rabbah I, Valencia 1989 (übersetzt Ausgabe Shinan).

ExR (oder Schemot Rabba) ist in MS Oxford Bodl. 147 und 2335 überliefert, die jeweils den ganzen Midrasch Rabba zur Tora enthalten, ebenso in MS Jerusalem 24°5977 (Spanien, 15. Jh.); für weitere Textzeugen siehe *Shinan* 24–28. Die Handschriften sind noch nicht hinreichend analysiert; eine wissenschaftliche Ausgabe (nicht ganz zufriedenstellend) gibt es nur für den ersten Teil des Werkes. Erstdruck K 1512, dann V 1545.

Das Werk ist aus zwei verschiedenen Teilen zusammengesetzt. *Der erste Teil* (ExR I) umfaßt die Paraschen 1–14 und ist ein exegetischer Midrasch zu Ex 1–10 (11 wird in ExR nicht kommentiert), führt also bis zum Beginn der Mekhilta. *Der zweite Teil* (ExR II) mit den Paraschen 15–52 ist ein homiletischer Midrasch zu Ex 12–40, der zur Gattung des Tan-Jel.-Midrasch gehört (dies zeigt u.a. die mehrfache Einleitung: *kakh patach R. Tanchuma bar Abba*). Die Predigten folgen den Sedarim des palästinischen Lesezyklus, wobei gewöhnlich nur die ersten Verse kommentiert werden. Ein auf die Zukunft gerichteter Predigtschluß ist in diesem Teil häufig.

Zunz, der das Werk noch nicht teilt, datiert es als ganzes in das 11. oder 12. Jh., wobei aber viele Stücke aus älteren Werken geschöpft seien, da die Schrift die gesamte ältere Haggada benütze. Eine so globale Spätdatierung ist jedoch äußerst fraglich *(Lieberman)*. ExR I ist wohl jünger als ExR II; mit *Herr* als Basis einen verlorengegangenen homiletischen Midrasch zum ersten Teil von Ex zu vermuten, ist wohl nicht notwendig. Als Grundtext hat der Verfasser offensichtlich Tan (v.a. die übliche Fassung) verwendet und mit anderem Material (so v.a. dem Ex-Midrasch von bT Sota) aufgefüllt, das er in kleinere Einheiten zerlegt, wo eine Tradition mehrere Verse betrifft; dazu fügt er gelegentlich eigene Auslegungen. *Shinan* 19ff rechnet mit der Möglichkeit, daß dem Redaktor bT noch nicht als fertiges Werk vorlag, sondern nur in Teilauszügen, und datiert ExR I ins 10. Jh.; wo die Schrift entstanden ist, läßt sich nicht festlegen.

In ExR II, dessen Sprache im wesentlichen M-Hebräisch mit galiläischem Aramäisch und zahlreichen griechischen und lateinischen Lehnwörtern ist, sieht *Herr* neben der tannaitischen Literatur und pT die frühen amoräischen Midraschim und Tanchuma benützt, nicht jedoch bT. Die ersten, die ExR namentlich zitieren, sind Azriel von Gerona (1. Hälfte 13. Jh.) und Nachmanides in seinem Pentateuchkommentar (um 1260); doch kann die Kombination der beiden Teile des Midrasch natürlich auch bedeutend früher anzusetzen sein. Für eine genauere Datierung sind erst weitere Untersuchungen notwendig.

7) Numeri Rabba (NumR)

Lit.: Ch. *Albeck*, Midraš Berešit Rabbati, J 1940, Ndr. 1967, Mabo 9–20; *ders.*, Deraschot 126 f; A. *Epstein*, Qadmoniot 64–9; M. D. *Herr*, EJ XII, 1261–3; H. *Mack*, Anti-Christian Sections in Midrash Numbers Rabbah (h), 10th WCJS (J 1990) C I 133–140 (NumR I als Beleg für die Polemik in Südfrankreich nach dem 1. Kreuzzug); *Zunz*, GV 270–274.
   Text: in den üblichen Midrasch-Rabba-Ausgaben; z.B. in A. *Mirkin*, Midrasch Rabba IX–X. Vgl. auch L. *Ginzberg*, Ginze Schechter I 91–102 (von unseren Tan-Ausgaben und NumR z.T. abweichendes Geniza-Material); Z. M. *Rabinovitz*, Ginzé Midrash 66–71.
   Übersetzungen: A. *Wünsche*, Bibl. Rabb. IV, Le 1883–5, Ndr. H 1967; J. J. *Slotki* in der Soncino-Ausgabe des Midrasch Rabba, Lo 1939, Ndr. 1961.

Die frühesten vollständigen MSS von NumR (im Hebräischen Bemidbar Rabba bzw. im Erstdruck K 1512 Bemidbar Sinai Rabba) stammen aus dem 15. Jh. (Oxford Bodl. 147 und 2335); MS hebr. Paris 149 aus dem Jahr 1291 enthält NumR 1–5; MS München 97,2 von 1418 bietet NumR 1–14.

Der Midrasch besteht aus zwei sehr verschiedenartigen Teilen. NumR I umfaßt die Abschnitte 1–14, etwa drei Viertel des Gesamtwerks, und ist eine haggadische Bearbeitung von Num 1–7. NumR II (Abschnitte 15–23) ist ein homiletischer Midrasch, der Num 8–36 in viel kürzerer Form bespricht.

Was die Entstehung des Midrasch betrifft, betrachtete *I. H. Weiss* (Dor III 236), dem *Mirkin* folgt, NumR als einheitliches Werk des Mosche ha-Darschan (11. Jh., Narbonne); die meisten hingegen sehen mit *Zunz* in NumR ein zusammengesetztes Werk.

NumR I zu den zwei ersten Sedarim des einjährigen Zyklus (Bemidbar, Naso), doch nach dem palästinischen ca. dreijährigen Zyklus in Paraschen gegliedert, hat als Textbasis einen Tanchuma-Midrasch (anonyme Proömien, z.T. noch mit Halakha), der später jedoch stark erweitert worden ist: „Statt der kurzen Erläuterungen oder Allegorien der Alten, statt ihrer steten Berufung auf Autoritäten, lesen wir hier Compilationen aus halachischen und haggadischen Werken, untermischt mit künstlichen, oft spielenden Anwendungen der Schrift, und finden viele Blätter hindurch keine Quelle namhaft gemacht" *(Zunz*, GV 272 f). In den Erweiterungen gegenüber Tan finden sich zahlreiche Stellen aus verschiedenen rabb. Schriften (hal. Midraschim, PRK, PesR, MidrPss usw). Mit *Ch. Albeck* ist anzunehmen, daß diese Texte auf einmal eingefügt wurden, und zwar aus einem Werk aus der Schule des Mosche ha-Darschan, den schon Raschi (z.B. zu Num 32,41 f) als Autor von Auslegungen kennt, die uns nur aus NumR bekannt sind. Bereschit Rabbati und der von *S. Buber* veröffentlichte Midrasch Aggada, die von Mosche ha-Darschan oder aus seiner Schule stammen, haben viel mit NumR gemeinsam und auch in ihnen zeigt sich die Methode des Mosche ha-Darschan, Auslegungen aus den verschiedensten Werken mosaikartig zu einem neuen Midrasch zusammenzubauen. Bezeichnend für ihn ist die starke Benützung der Pseudepigraphen und die Zitierung von rabb. Werken nach den (vermeintlichen) Verfassern. So wird z. B. Midrasch Tadsche öfter in NumR als Pinchas ben Jair zitiert, Seder Elijahu als Elija (z. B. NumR 5,9: „Elija sagt"); 14,10 bringt ein Zitat aus Tan Schemot 3: „R. Tanchuma sagt". Mit *Zunz* ist die Entstehung der erweiterten Fassung nicht vor dem 12. Jh. anzunehmen.

NumR II (Kapitel 15–23), ursprünglich wohl nach dem ca. dreijährigen Lesezyklus eingeteilt, ist in den Ausgaben nach den Sabbatparaschen des einjährigen Zyklus gegliedert; nur die Parasche Schelach-lekha (Num 13–15) hat zwei Abschnitte. Wie schon *M. Benveniste* erkannt hat (Vorwort zu Ot Emet, Saloniki 1565), ist dieser Teil im wesentlichen der Midrasch Tanchuma. Am Anfang der halakhischen Einleitung haben die Drucke von NumR „Halakha", während das Pariser MS Hebr. 150 Jelamdenu Rabbenu liest. Der Textüberschuß gegenüber den Tan-Drucken ist i. a. durch Tan-MSS gedeckt. Die zwei längeren Ergänzungen, auf die das nicht zutrifft, stammen aus Mosche ha-Darschan: 18,15–18; 20,5–6; ebenso 18,29, das aber auch in den Tan-Druck aufgenommen worden ist.

Herr rechnet für diesen Teil wie für Tan im allgemeinen mit einer Entstehungszeit im 9. Jh.; doch ist wohl ein früheres Datum wahrscheinlicher (siehe S. 300f.). Wie NumR II muß auch NumR I vor der Bearbeitung ausgesehen haben; eventuell ist aber auch damit zu rechnen, daß ein ursprünglich einheitlicher Tan-Midrasch zu Num erst durch die Bearbeitung in der Schule des Mosche ha-Darschan zerrissen und nachträglich wieder vereint worden ist. Diese Verbindung der beiden Teile erfolgte wohl Anfang 13. Jh., da der Jalqut NumR noch nicht als Gesamtwerk zu kennen scheint, Nachmanides hingegen NumR schon als solches zitiert.

8) Kleinere Homilien-Midraschim

a) Aggadat Bereschit

Aggadat Bereschit ist eine Sammlung von 28 Homilien zu Gen nach dem ca. dreijährigen Lesezyklus. Jede Homilie hat drei Abschnitte, somit insgesamt 84 (83 in den früheren Drucken; denn MS Oxford 2340 allein, das übrigens das Werk als Seder Elijahu Rabba bezeichnet, enthält auch den Abschnitt 42). Der erste Abschnitt knüpft jeweils an Gen an, der zweite an einen Text aus den Propheten, der als Haftara zu diesem Seder zu betrachten ist; der dritte ist zu einer (vielleicht an demselben Sabbat gelesenen) Psalmstelle. Der Anfang (Gen 1,1–6,4) und die letzte Besprechung eines Psalmverses fehlen. Der Inhalt ist großteils aus TanB entnommen. Das oft Rab zugeschriebene Werk (so Abraham ben Elija von Wilna in seiner Textausgabe Wilna 1802) wird von *M. D. Herr* in das 10. Jh. datiert.

Text: Zuerst V 1618 am Schluß der Schtei Jadot von Menachem di Lonzano; BhM IV 1–116; *S. Buber*, Aggadat Bereschit, Krakau 1903, Ndr. 1973 (verwendet den Erstdruck zusammen mit MS Oxford). Siehe M. D. Herr, EJ II,366; Zunz, GV 268.

b) Midrasch Haschkem oder Midrasch We-hizhir

Ein von *J. M. Freimann* ediertes MS der Münchener Staatsbibliothek (Cod. Hebr. 205) enthält einen Midrasch, der von Ex 8,16 bis Num 5,11ff reicht und nach den Paraschen des einjährigen Zyklus gegliedert ist. Nach dem Beginn *haschkem* („Steh früh auf") wird das Werk schon im Mittelalter zitiert. *Freimann* hat den ebenfalls im Mittelalter belegten Namen We-Hizhir vorgezogen, der vom stereotypen Einsatz zahlreicher Abschnitte kommt: *we-hizhir ha-qadosch barukh hu* („und Gott ermahnte" Israel). Zitate aus alten Autoren haben L. *Grünhut*, Sefer ha-Likkutim I 2a–20a, und *Enelow* veröffentlicht. Nach *Freimann* bezeichnen die beiden Namen verschiedene Midraschim, da sich die Parallelen oft nicht genau decken; nach anderen wieder, wie z. B. *S. Assaf*, sind solche Abweichungen in mittelalterlichen Zitaten üblich und bezeichnen beide Namen dasselbe Werk. Die Schrift ist formal und inhaltlich von den Scheiltot des R. Acha (8. Jh.) abhängig; wie diese behandelt sie im Anschluß an die Toralesung halakhische Fragen, ergänzt durch haggadische Abschnitte. Weiteres halakhisches Material übernimmt das Werk in hebr. Übersetzung aus den Halakhot Gedolot. Haggadischer Stoff kommt zusätzlich aus der Tanchuma-Tradition; aber auch 12 der 14 Kapitel der Baraita de-Melekhet ha-Mischkan sind aufgenommen (dazu *R. S. Kirschner*, „Baraita d-Melekhet ha-Mashkan, Diss. Berkeley 1988, 61f.74f.119). Nachdem man nun den Text der Scheiltot v. a. durch Fragmente aus der Geniza viel besser kennt, ist eine neue Untersuchung der Abhängigkeit des Midrasch von diesen dringend erforderlich. Mit *S. Assaf* ist das Werk wohl im 10. Jh. in Palästina entstanden.

Text: J. M. Freimann, Sefer We-hizhir I (Ex), Le 1873; II (Lev, Num), Warschau 1880; *J. D. Eisenstein*, Ozar Midraschim I 138–146; *H. G. Enelow*, Midrash Hashkem Quotations in Alnaqua's Menorat ha-Maor, HUCA 4 (1927) 311–343; *A. N. Z. Roth*, A Fragment from Midrash ve-Hizhir (h), Talpijot 7 (1958) 89–98. Siehe *S. Abramson*, Injanut be-Sifrut ha-Geonim, J 1974, 382f; *S. Assaf*, Geonim 161–3; Zunz, GV 294; ders., Schriften III, B 1876, 251–9.

c) Pesiqta Chadatta

Die „neue Pesiqta" ist ein kürzerer Predigtmidrasch für die Feiertage (veröffentlicht in BhM I 137–141; VI 36–70). Er enthält Homilien zu Chanukka, Pesach, Schabuot, Sukkot, Purim, Neujahr und Versöhnungstag. Wie der in älteren Quellen bezeugte Name *Ma Rabbu* zeigt, begann der Midrasch ursprünglich mit Neujahr, dessen Homilie mit diesen Worten beginnt (*S. Lieberman*, Midrash Debarim Rabbah, J³1974, XIVf). Quellen sind u. a. GenR, PRE und Sefer Jetsira. Übersetzung: *A. Wünsche*, Lehrhallen V.

d) Midrasch Wa-jekhullu

Nach Gen 2,1 benannt. Wir kennen das Werk nur aus Zitaten bei Autoren seit der Mitte des 12. Jhs. (gesammelt von *L. Grünhut*, Sefer ha-Likkutim II 16b–20a). Diese Zitate beziehen sich auf Gen, Lev, Num und Dtn; somit scheint der Midrasch den ganzen Pentateuch umfaßt zu haben. Eine wesentliche Quelle für ihn war Tanchuma. Vgl. *Zunz*, GV 293f.

e) Midrasch Abkir

Das Werk ist aus mehr als fünfzig Auszügen im Jalqut und in anderen Schriften bekannt (nicht sicher sind die Zitate im Leqach Tob des Tobija ben Eliezer). Es hat sich wohl nur über Gen und Ex erstreckt. Sein Name stammt von der Formel *Amen. Be-jamenu ken jehi ratson*. Mit dieser Formel („Amen. In unseren Tagen, so sei es das Wohlgefallen„ Gottes) schlossen alle seine Homilien, wie Eleazar aus Worms um 1200 bezeugt. Von Sprache und Inhalt her ist das Werk spät. Das ganze Werk war noch Azarja de Rossi (gest. 1578) und Abraham Ibn Aqra bekannt.

Text: *S. Buber*, Liqqutim mi-Midrasch Abkir, Ha-Schachar 11, W 1883, 338–345.409–418.453–461 (Auszüge im Jalqut; Sonderdruck dieser Seiten TA 1982); *Abraham ben Elija von Wilna*, Rab Pealim (Hg. *S. M. Chones*, Warschau 1894, Ndr. TA 1967) 133–147; weitere Zitate: *A. Epstein*, Ha-Eschkol 6 (1909) 204–7; *A. Marmorstein*, Debir 1 (1923) 113–144 (nicht sicher aus diesem Midrasch).
   Lit.: *H. J. Haag*, „Dies ist die Entstehungsgeschichte des Himmels und der Erde" – Midrash Avkir zu Gen 2,4, Judaica 34 (1978) 104–119. 173–9; *M. D. Herr*, EJ XVI, 1516f (datiert das Werk Anfang 11. Jh.); *J. S. Spiegel*, The Latest Evidence to Midrash Abkir (h), KS 45 (1969f) 611–5; *Zunz*, GV 293f.

f) Midrasch Esfa

Ein Midrasch zu Num, benannt nach Num 11,16 "Versammle mir 70 Männer von den Ältesten Israels„. Fast nur in einigen Auszügen im Jalqut zu Num bekannt und daher auch gattungsmäßig nicht sicher einzuordnen. Zitate gesammelt in *S. Buber*, Knesset Jisrael 1, Warschau 1887, 309–320, und *Abraham ben Elija Gaon*, Rab Pealim, Hg. *S. M. Chones*, Warschau 1894, Ndr. TA 1967, 147–153; *Wertheimer* I 208–214. Vgl. noch *Zunz*, GV 292.

V. Midraschim zu den fünf Megillot

1) Die sogenannten Rabbot

a) Klagelieder Rabba S. 279–83

b) Midrasch Schir ha-Schirim oder Hoheslied Rabba (HldR)

Nach dem zu Beginn angeführten Vers Spr 22,29 *chazita isch mahir* wird der Midrasch auch Aggadat Chazita genannt. Die editio princeps Pesaro 1519 verwendet die Bezeichnungen Schir ha-Schirim Rabbati und Midrasch Schir ha-Schirim. Die älteste Handschrift ist MS Parma De Rossi 3122 (früher 1240), wo ein Teil von HldR, gefolgt von einem anderen Midrasch zu Hld 2,3–6, nach PesR 18 zum Pesachfest eingefügt ist, zu dem ja Hld gelesen wird. *Z. M. Rabinovitz*, Ginzé Midrash 83–117, hat mehrere Geniza-Fragmente aus Cambridge bzw. Leningrad, insgesamt 10 Seiten, alle etwa aus dem 11. Jh., veröffentlicht (zu Hld 1,2.5 f.8 f.12; 3,1). Diese weisen v. a. sprachlich einen viel unverfälschteren palästinischen Charakter auf; Anleihen bei bT, wie sie auch in den Druckausgaben zu finden sind, fehlen hier.

HldR ist ein exegetischer Midrasch. In der Erstausgabe war er in zwei Paraschen eingeteilt (Hld 1,1–2,7; 2,8 ff); die späteren Ausgaben zählen entsprechend der Kapitelzahl von Hld 8 Paraschen. Das Hld, dessen Heiligkeit in M diskutiert wird (Jad III,5), ist darin allegorisch bzw. genauer typologisch ausgelegt. Mehrfache Wiederholungen innerhalb des Midrasch wie auch die Verschiedenartigkeit des Materials hat *Theodor* mit dem katenenartigen Charakter von HldR zu erklären versucht (dazu *Lachs*, JQR 55, 243 f); doch ist HldR nicht eine bloße Katene, sondern von einem durchgehenden Grundkonzept bestimmt (siehe *J. Neusner*). Die Wiederholungen wurden z. T. in den Drucken ausgelassen, wie die Geniza-Texte zeigen. Hauptquellen sind pT, GenR, LevR und PRK; auch M-Stellen und Baraitot sind angeführt. Die Proömien am Anfang enden mit ein und demselben Satz aus Seder Olam. HldR (in einer anderen Fassung) diente als Quelle von PesR. Die Schrift ist mit *Herr* in die Mitte des 6. Jhs. zu datieren (eine spätere Datierung in Anlehnung an *Zunz* vertritt *Lachs*, JQR 55,249: ursprüngliche Komposition zwischen 650 und 750, endgültige Fassung in der 2. Hälfte des 8. Jhs.); doch enthält sie viel älteres Material. *Urbach* sieht darin auch wertvolle Informationen zur christlich-jüdischen Kontroverse der ersten Jahrhunderte; doch cf. *J. Maier*, Jüdische Auseinandersetzung mit dem Christentum in der Antike, Darmstadt 1982, 193:

trotz unverkennbar apologetischen und polemischen Charakters des Textes „ergibt die Analyse im einzelnen kaum Anhaltspunkte für konkrete Kenntnisse christlicher Argumente".

Text: in den üblichen Midrasch-Rabba-Ausgaben; *S. Dunsky,* Midrasch Rabba. Schir ha-Schirim, J-TA 1980, bietet nur den Text der Ausgabe Wilna, „korrigiert" durch Parallelen aus der rabb. Literatur und Konjekturen früherer Kommentatoren, jedoch ohne Benützung von MSS; *N. Goldstein,* Midrasch Schir ha-Schirim Rabba be-ketab jad Parma 1240, Kobez al Yad 9 (19), J 1979, 1–24 (umfaßt nur ein Viertel des Textes, wichtige Varianten); *Z. M. Rabinovitz,* Ginzé Midrash 83–117; ders., On the Ancient Form of Midrash Shir ha-Shirim Rabba (h), in: *M. A. Friedman, A. Tal, G. Brin,* Hg., Studies in Talmudic Literature, TA 1983, 83–90 (zum von *Scheiber* edierten Geniza-Fragment); *A. Scheiber,* Ein Fragment aus dem Midrasch Schir Haschirim Rabba. Aus der Kaufmann Geniza, AcOr 32 (1978) 231–243 (ein Blatt; HldR zu 4,7–8; Ndr. in ders., Geniza Studies, H 1981, 500–512); *H. E. Steller,* Shir haShirim Rabbah 5.2–8. Towards a Reconstruction of a Midrashic Block, in: A. Kuyt u.a., Hgg., Variety of Forms. Dutch Studies in Midrash, Amsterdam 1990, 94–132; *S. A. Wertheimer,* Batei Midrashot I 347–353. Eine kritische Ausgabe bereiten *M.C.* und *H. E. Steller,* Amsterdam, vor.

Übersetzungen: A. Wünsche, Bibl. Rabb. II, Le 1880, Ndr. H 1967; *M. Simon* in der Soncino-Ausgabe des Midrasch Rabba, Lo 1939, Ndr. 1971; *J. Neusner,* Song of Songs Rabbah. An Analytical Translation, 2 Bde, Atlanta 1989.

Lit.: D. Boyarin, Two Introductions to the Midrash on the Song of Songs (h), Tarbiz 56 (1986f) 479–500 (zur tannaitischen Auslegung von Hld: typologisch, nicht allegorisch oder esoterisch); *M. D. Herr,* EJ XV, 152–4; *S. T. Lachs,* An Egyptian Festival in Canticles Rabba, JQR 51 (1960f) 47–54; ders., Prolegomena to Canticles Rabba, JQR 55 (1964f) 235–255; ders., The Proems of Canticles Rabba, JQR 56 (1965f) 225–239; *M. B. Lerner,* Concerning the Source of a Quotation in the Epistle of R. Solomon b. Judah and Studies in Midrash Shir Hashirim (h), Tarbiz 52 (1982f) 581–90 (zu einer Interpolation im Interesse des paläst. Gaonats); *J. Neusner,* The Midrash Compilations of the Sixth and Seventh Century. An Introduction to the Rhetorical, Logical, and Topical Program, vol. IV: Song of Songs Rabbah, Atlanta 1989; *J. Theodor,* Zur Komposition der agadischen Homilien, MGWJ 28 (1879) 271–5.337–350.408–418. 455–462; 29 (1880) 19–23; *E. E. Urbach,* Rabbinic Exegesis and Origenes, Commentaries on the Song of Songs and Jewish-Christian Polemics (h), Tarbiz 30 (1960f) 148–170; dass. engl., Scripta Hierosolymitana 22 (1971) 247–275; *Zunz,* GV 274f.

c) Midrasch Rut

Durchgehende Kommentierung des traditionell zu Schabuot gelesenen Buches in acht Abschnitten (ursprünglich wohl vier). Das Gesamtwerk wird mit 6 Proömien eingeleitet; weitere Proömien vor den Abschnitten 3,4,6,8. Im Versuch, Rut in die biblische Geschichte zu integrieren, sind zu Beginn von Kap. 2 und 5 auch längere Auslegungen zu 1 Chron 4,21–3 und 11,13 (dies aus pSanh II,5,20b–c) aufgenommen; die auch in Midrasch Kohelet aufgenommene Geschichte von Elischa ben Abuja dient hier (6,4) zur

Kontrastierung mit Boaz, wie allgemein das mit anderen Schriften gemeinsame Material klar der Intention dieses Midrasch dienstbar gemacht wird. Hauptquellen sind die tannaitische Literatur, pT, GenR und PRK. Der Text, in dem keine Rabbinen nach dem 4. Jh. genannt sind und der u. a. wegen seiner Sprache in Palästina beheimatet ist, ist wegen seiner literarischen Abhängigkeiten um etwa 500 anzusetzen. In der Erstausgabe Pesaro 1519 als Midrasch Rut bezeichnet, seit der Ausgabe V 1545 als Rut Rabba.

Text in den üblichen Midrasch-Rabba-Ausgaben. Kritische Ausgabe mit Einführung: *M. B. Lerner*, The Book of Ruth in agadic literature and Midrash Ruth Rabba (h), Diss. J 1971, Bd 2 (Basistext MS Oxford 164; Kollation der Geniza-Texte usw.); *N. Alloni*, Geniza Fragments 65 f.

Übersetzungen: A. Wünsche, Bibl. Rabb. III, Le 1883, Ndr. H 1967; *L. Rabinowitz* in der Soncino-Ausgabe des Midrasch Rabba, Lo 1939, Ndr. 1971; *J. Neusner*, Ruth Rabbah. An Analytical Translation, Atlanta 1989.

Lit.: *P. D. Hartmann*, Das Buch Ruth in der Midrasch-Literatur, F 1901; *M. D. Herr*, EJ XIV,524; *T. Kronholm*, The portrayal of characters in Midrash Ruth Rabbah, Annual of the Swedish Theological Institute 12 (1983) 13–54; *M. B. Lerner*, siehe oben, 3 Bde; *S. Lieberman*, Qetsat heʿerot le-techilat Rut Rabba, FS H. Yalon, J 1963, 174–181; *J. Neusner*, The Midrash Compilations of the Sixth and Seventh Centuries. An Introduction to the Rhetorical, Logical, and Topical Program, vol. III: Ruth Rabbah, Atlanta 1989; *Zunz*, GV 276f (ergänzt durch *Albeck*, Deraschot 130).

d) Midrasch Kohelet

Das in Handschriften und im Erstdruck Pesaro 1519 Midrasch Kohelet genannte Werk führen Chananel u. a. als Midrasch Chazita an (ebenso wie HldR und Midrasch Rut!); der Arukh zitiert es als Haggadat Kohelet; erst seit der Ausgabe V 1545 heißt es Kohelet Rabba. Es folgt dem Bibeltext von Vers zu Vers; nur wenige Verse (in der Ausgabe Pesaro 15 von 222) bleiben ohne Auslegung. Der Erstdruck zählt drei Paraschen (1,1 ff; 7,1 ff; 9,7 ff). Jetzt wird der Text gewöhnlich nach der Kapitelzahl der Bibel in zwölf Abschnitte geteilt. Das Werk hat zahlreiche Parallelen in den älteren Midraschim (bes. an Koh anknüpfenden Proömien). Neben GenR, KlglR, LevR und PRK ist v. a. pT benützt; die Parallelen zu bT sind dagegen wohl spätere Ergänzungen. Der Traktat Abot und mehrere der kleinen Traktate (Gerim, Sklaven, Schaufäden, Gebetsriemen und Mezuza) werden genannt. Wiederholungen sind nicht selten. *Hirshman* (HUCA) betont den enzyklopädischen Charakter des Werks, das anhand des Bibeltextes die verschiedensten Themen bespricht und so auch als Schulbuch gedient haben könnte (so schon *J. Heinemann*), damit die Notwendigkeit kultureller Anleihen in der Umwelt bestreitend. Der Text, von dem es (abgesehen von Kap. 1–4 in der Diss. von *Hirshman*) noch keine kritische Ausgabe gibt, ist vielleicht im 8. Jh. in Palästina entstanden; *Hirshman* möchte ihn ins 6. oder 7. Jh. datieren. Die älteste Handschrift ist MS Vat. Hebr. 291,11 b

(14.–15. Jh.; das Datum 1417 im ersten Teil der Sammelhandschrift muß sich nicht auch auf Midrasch Kohelet beziehen); weitere MSS befinden sich in Oxford und Jerusalem. Geniza-Fragmente sind in *Wachten* 28–31 beschrieben, zusätzliches Material findet sich bei *Hirshman*, Diss. 118–121.

Lit.: I. Ben-David, Some Notes on the Text of Midraš Ecclesiastes Rabba (h), Leschonenu 53 (1988f) 135–140; *L. Grünhut*, Kritische Untersuchung des Midrasch Kohelet Rabba, Quellen und Redaktionszeit, F 1892; *M. D. Herr*, EJ VI,355; *M. Hirshman*, Midrash Qohelet Rabbah. Chapters 1–4. Commentary (Ch. 1) and Introduction (h), Diss. JThS 1983; *ders.*, The Prophecy of King Solomon and Ruaḥ Hakodesh in Midrash Qohelet Rabbah (h), JSJT 3 (1982) 7–14; *ders.*, The Priest's Gate and Elijah ben Menahem's Pilgrimage: Medieval Interpolations in Midrash Manuscripts (h), Tarbiz 55 (1985f) 217–227; *ders.*, The Greek Fathers and the Aggada on Ecclesiastes: Formats of Exegesis in Late Antiquity, HUCA 59 (1988) 137–165; *S. Lieberman*, Notes on Chapter I of Midrash Koheleth Rabbah (h), FS G. Scholem, J 1967, hebr. Teil 163–179 (v.a. zum griech. Wortschatz); *ders.*, Schesch Millim mi-Qohelet Rabba, GS G. Allon, J 1970, 227–235; *J. Wachten*, Midrasch-Analyse. Strukturen im Midrasch Qohelet Rabba, H 1978; Zunz, GV 277.

Übersetzungen: A. Wünsche, Bibl. Rabb. I, Le 1880, Ndr. H 1967; *A. Cohen* in der Soncino-Ausgabe des Midrasch Rabba, Lo 1939, Ndr. 1971.

e) Midrasch Ester

Midrasch Ester, seltener auch Haggadat Megilla oder auch Midrasch Ahasweros genannt, ist eine Auslegung der am Purimfest vorgelesenen Esterrolle. Die frühesten MSS stammen vom Anfang des 15. Jhs., der Erstdruck ist Pesaro 1519. Dieser teilt den Midrasch in 6 Abschnitte (1,1.4. 9. 13; 2,1.5), die i. a. durch Petichot gekennzeichnet sind. Die späteren Ausgaben haben 10 Abschnitte. Die Ungleichheit der Textbehandlung (Est 1–2 ist der Großteil der Verse besprochen; 3,1–8,15 mit vielen Auslassungen) legt nahe, zwei verschiedene Midraschim zu unterscheiden:

EstR I (Abschnitte 1–6) zeichnet sich durch Proömien aus, die selten anonym sind, und ist der Sprache nach in Palästina entstanden. Dieser Text zitiert pT, GenR und LevR; er selbst wird in KohR, MidrPss usw. zitiert; somit ist er ab etwa 500 zu datieren.

EstR II (Abschnitte 7–10) weist nur wenige und nicht klassische Petichot auf und mischt altes mit jungem Material (in 8f eine lange Einschaltung von Septuaginta-Material zu Est aus Josippon: Traum und Gebet Mordechais, Gebet Esters und ihr Erscheinen vor dem König). *Herr*, EJ VI 915, vermutet eine Entstehungszeit im 11. Jh. als Ersatz für die ursprüngliche Fortsetzung von EstR I, die durch Zitate in KohR, MidrPss und bei mittelalterlichen Autoren belegt ist. *Z. M. Rabinovitz*, Ginzé Midrash 155–160, bringt einen Geniza-Text von Cambridge (ca. 11. Jh.) zu Est 6,11–7,8, der eine Fortsetzung von EstR I zu sein scheint. Die Verbindung von EstR I und II ist wohl im 12. oder 13. Jh. erfolgt.

Lit.: J. Neusner, The Midrash Compilations of the Sixth and Seventh Centuries. An Introduction to the Rhetorical, Logical, and Topical Program, vol. II: Esther Rabbah I, Atlanta 1989.

Text in den üblichen Ausgaben von Midrasch Rabba. *J. Tabory*, Some Problems in Preparing a Scientific Edition of *Esther Rabbah* (h), Sidra 1 (1985) 145–152; *Übersetzungen: A. Wünsche*, Bibl. Rabb. II, Le 1881, Ndr. H 1967; *M. Simon* in der Soncino-Ausgabe des Midrasch Rabba, Lo 1939, Ndr. 1971; *J. Neusner*, Esther Rabbah I. An Analytical Translation, Atlanta 1989.

2) Andere Midraschim zu den Megillot

a) Hoheslied

S. Buber, Midrasch suta. Hagadische Abhandlungen über Schir ha-Schirim, Ruth, Echah und Koheleth, nebst Jalkut zum Buche Echa, B 1894, Ndr. TA o.J. Die Ausgabe gibt MS Parma De Rossi 541 (jetzt 2342,3) wieder; *S. Schechter* hat das sehr fehlerhafte MS Parma (ca. 1400 geschrieben) gleichzeitig mit *Buber* ediert und mit vielen Anmerkungen versehen: Aggadath Shir Hashirim, C 1896 (aus JQR 6–8, 1894–6; JQR 8, 1896, 179–184 kritisiert er die sehr fehlerhafte Wiedergabe des MS durch *Buber*). *Schechter* verweist auf die großen Gemeinsamkeiten mit Jelamdenu und datiert das Werk ins 10. Jh., auch wenn es viel altes Material enthält. Besonders die Abschnitte über den Krieg gegen Rom haben viel Interesse erregt (siehe *Lieberman*, Greek 179–182; *G. Alon*, Studies 43; *Y. Baer*, Zion 36, 1971, 131f). *Z. M. Rabinovitz*, Ginzé Midrash 250–295, hat ein Geniza-Fragment aus Leningrad ediert, das auf 6 Blatt etwa ein Drittel des Textes umfaßt und der bisher bekannten Version weit überlegen ist. *Rabinovitz* bestreitet die Verwandtschaft des Textes mit Jelamdenu (andere Terminologie; jeder Vers wird erklärt); auch die Datierung erfordert eine neue Untersuchung.

Einen dritten Midrasch zum Hld hat *L. Grünhut* herausgegeben: Midrasch Schir Ha-Schirim, J 1897. Neubearbeitung dieser Ausgabe: *E. H. Grünhut – J. Ch. Wertheimer*, Midrash Shir Hashirim, J 1971. Siehe dazu die scharfe Kritik von *M. B. Lerner*, KS 48 (1972f)543–9: für den Text ist die alte Ausgabe vorzuziehen, Einleitung und Kommentar sind dilettantisch. Das von *Grünhut* edierte Geniza-MS, auf 1147 datiert, ist nicht mehr auffindbar. *Herr* (EJ XVI, 1515) datiert das Werk ins 11. Jh.; doch bedarf das noch einer genaueren Untersuchung.

J. Mann hat ein Fragment eines weiteren Midrasch zu Hld aus der Geniza veröffentlicht: HUCA 14 (1939) 333–7; ein von ihm in Texts and Studies I, NY 1930 (Ndr. 1972) 322 Anm. 47 publiziertes Fragment stammt seiner Meinung nach wiederum von einem anderen Midrasch. Siehe auch *M. B. Lerner*, Perusch Midraschi le-Schir ha-Schirim mime ha-Geonim, Kobez al Yad 8 (1976) 141–164; *Albeck*, Deraschot 129.404f.

b) Kohelet

Kohelet Zutta ist kürzer als KohR, ohne daß es bisher geklärt ist, ob KohZutta älter als KohR oder nur eine Kurzfassung (mit einigen Ergänzungen) von KohR ist (so *Albeck*, Deraschot 130f). Raschi kennt offenbar nur KohZutta, während der Verfasser des Leqach Tob in Griechenland nur KohR kennt (*Hirshman*, Midrash Qohelet Rabbah 44). Ausgabe von S. *Buber* (siehe oben zu a); Beschreibung von MSS: *M. G. Hirshman* 117f; *J. Wachten*, Midrasch-Analyse, H 1978, 32–36; *S. Greenberg*, Midrash Koheleth Zuta, FS A. Marx, NY 1950, hebr. Teil 103–114. Siehe auch *L. Ginzberg*, Ginze Schechter I 169–171 (Fragment eines anderen Koh-Midrasch).

c) Ester

S. Buber, Sammlung agadischer Commentare zum Buche Esther, Wilna 1886, umfaßt den Midrasch Abba Gurion, den Midrasch Panim Acherim A und B sowie Leqach Tob. Der *Midrasch Abba Gurion*, schon von Raschi zitiert, ist auch in BhM I abgedruckt. *Übersetzung*: A. Wünsche, Lehrhallen II. Die übliche Spätdatierung auf das 11. oder 12. Jh. ist nach der Veröffentlichung einer anderen Fassung aus der Geniza durch *Rabinovitz*, Ginzé Midrash 161–170, zu revidieren (Fragmente aus dem 10. Jh.). Auch das Verhältnis zum Targum Scheni zu Ester (*Zunz*, GV 291) ist zu überprüfen. Der *Midrasch Panim Acherim A* stammt vielleicht aus dem 11. Jh.; die *Fassung B* (2,5–14 schon in BhM I 19–24; *Übersetzung* in *A.Wünsche*, Lehrhallen II), die *Buber* aus einem Oxforder MS von 1470 edierte, wird schon im Jalqut benützt. *Rabinovitz*, Ginzé Midrash 171–8, hat ein Geniza-Fragment (Cambridge, ca. 11. Jh.) veröffentlicht, das einen vollständigeren Text als die MSS bietet.

S. Buber, Aggadat Ester. Agadische Abhandlungen zum Buche Esther, Krakau 1897, Ndr. TA 1982, nach zwei jemenitischen MSS ediert, ist dem Verfasser des MHG zuzuschreiben (*Ch. Albeck*, Das verkannte Buch „Agadath Esther", MGWJ 72, 1928, 155–8).

Weitere Midraschim zu Ester sind Midrasch Jeruschalmi al Megillat Ester, *S. A. Wertheimer*, Batei Midrashot I, 318.340–43, und zwei verschiedene Fassungen von Mordechais Traum und Esters Gebet: BhM V 1–8 (*Übersetzung A. Wünsche*, Lehrhallen II); *S. A. Wertheimer*, Batei Midrashot I 316f.331–9. Eine andere Fassung bringt *M. Gaster*, The Oldest Version of the Midrash Megilla, GS A. Kohut, B 1897, 167–178 (Ndr. in: *ders.*, Studies and Texts, Lo 1925–8, I 258–263; III 44–49; Text auch in *Eisenstein* I 59–61).

VI. Andere Auslegungsmidraschim
(nach der Reihenfolge der biblischen Bücher)

Bereschit Rabbati, Bereschit Zutta, Leqach Tob, Sekhel Tob und Midrasch Samuel: siehe Kapitel VIII.

1) Midrasch Jona

Midrasch Jona besteht in den üblichen Ausgaben aus zwei Teilen. Der erste im wesentlichen auch im Jalqut zu Jona (Jalqut II §§ 550f: beide scheinen aus derselben Quelle geschöpft zu haben); PRE 10 ist fast ganz übernommen worden, einiges auch aus pT und bT. Der zweite Teil mit 2,11 beginnend („da sprach Gott zum Fisch") ist aus dem Zohar ins Hebräische übersetzt; er steht nicht in dem von *H. M. Horowitz*, Sammlung kleiner Midraschim I 11–34, benützten MS De Rossi. *Horowitz* bringt drei Rezensionen. Erstdruck Prag 1595, dann Altona (ohne Jahr, um 1770), beidemal im Anschluß an den Reisebericht des Petachja von Regensburg. Text auch in BhM I 87–105 und *Eisenstein* I 218–222, übersetzt in *Wünsche*, Lehrhallen II.

2) Midrasch Psalmen (MidrPss)

MidrPss bzw. Midrasch Tehillim, nach den Anfangsworten aus Spr 11,27 auch Schocher Tob genannt, besteht aus zwei verschiedenen Teilen, wie schon *Zunz*, GV 278–280, erkannt hat. Der erste umfaßt die Psalmen 1–118 (nur diese befinden sich in den Handschriften und im Erstdruck), vielleicht auch ein Stück von 119 (so zwei MSS). Dieser erste Teil ist nicht das Werk eines einzigen Redaktors; denn die Handschriften weichen stark voneinander ab, auch finden sich nicht wenige Wiederholungen. Sicher hat es schon früh haggadische Sammlungen über die Psalmen gegeben: GenR 32,3 (Th-A 307) spricht von einer Aggada de-Tehillim des R. Chijja; auch sonst ist in der rabb. Literatur von Haggada-Büchern mit Psalmen die Rede. Auch wurden Psalmen mit Vorliebe für den Peticha-Vers verwendet, so daß zahlreiche Auslegungen dazu vorhanden waren; ob die Psalmen im Synagogengottesdienst Palästinas als dritte Lesung verwendet wurden, wie Aggadat Bereschit nahelegen könnte, ist jedoch nicht gesichert. Immerhin sind von diesen älteren Sammlungen sicher noch Reste vorhanden gewesen, als spätere Haggadisten Midraschim zu biblischen Büchern in größerer

Zahl zusammenstellten. Man hat offenbar aus den verschiedensten Quellen Homilien (dazu siehe *D. Lenhard*) und Auslegungen über einzelne Verse zusammengetragen. Daher läßt sich auch eine bestimmte Abfassungszeit nicht angeben. *Zunz* dachte an die letzten Jahrhunderte der gaonäischen Epoche; *Buber* hat eine Frühdatierung von MidrPss 1–118 vorgeschlagen und gemeint, nur spätere Zutaten erweckten den Eindruck der Jugend. *Albeck* wiederum bleibt bei der Spätdatierung. Es ist sicher mit einer längeren Entwicklungszeit zu rechnen, was genauere Aussagen unmöglich macht. Der Großteil des Materials geht sicher auf talmudische Zeit zurück (*Braude* XI; XXXI meint er, MidrPss sei vom 3. bis zum 13. Jh. gewachsen). Der Ausdruck und die Art der haggadischen Auslegungen sprechen für Palästina als Abfassungsort: die erwähnten Amoräer sind alle Palästinenser oder kommen doch (das sind nur wenige) auch im pT vor. Die Auslegung berücksichtigt oft Qere und Ketib, volle und defektive Schreibung und verwendet mehrfach den Zahlenwert der Buchstaben eines Wortes. Auch finden sich Zerlegungen von Wörtern (Gematria und Notarikon).

Der zweite Teil von MidrPss, Pss 119–150 umfassend, wurde zuerst allein in Saloniki 1515 gedruckt. Er steht in keiner Handschrift und ist großteils (Pss 122.124–130.132–7) wörtlich aus dem Jalqut entlehnt. Für die Pss 123 und 131 hat *Buber* aus PesR, Sifre, NumR und bT einen Ersatz-Midrasch zusammengestellt. *J. Mann* hat ein Geniza-Fragment veröffentlicht (Pss 13–16.24–7), das in seinen stilistischen Eigenheiten diesem zweiten Teil gleicht (Pss 119–121.138–150), und daher geschlossen, daß es ursprünglich mindestens zwei vollständige Midraschim zu Pss gegeben habe: der 2. Teil verwendet nicht die Formel *zehu sche-amar ha-katub*, sondern einfach Salomo usw. *amar*, bringt die Auslegungen anonym und ist viel kürzer gefaßt. Somit vermutet *Mann* auch für den 2.Teil eine frühere Textbasis, während man diesen gewöhnlich erst im 13. Jh. ansetzt.

Text: zusammen mit Midrasch Samuel und MidrSpr V 1546, Prag 1613; allein als Midrasch Schocher Tob Lemberg 1851, Warschau 1873. *S. Buber*, Midrasch Tehillim, Wilna 1891, Ndr. J 1966 (nach MS Parma De Rossi 1332 mit Vergleichung weiterer 7 MSS); zum Text auch: BhM V; *M. Arzt*, Chapters from a Ms. of Midrash Tehilim, FS A. Marx, NY 1950, hebr. Teil 49–74; *J. Mann*, Some Midrashic Geniza Fragments, HUCA 14 (1939) 303–358.

Übersetzungen: A. *Wünsche*, Midrasch Tehillim, Trier 1892, Ndr. H 1967; *W. G. Braude*, The Midrash on Psalms, 2 Bde, New Haven 1959 (= ³1976; auch textkritisch wertvoll).

Lit.: J. *Elbaum*, EJ XI,1519f; K.-E. *Grözinger*, Prediger gottseliger Diesseitszuversicht. Jüdische ‚Optimisten', FJB 5 (1977) 42–64 (zu Ps 34); *D. Lenhard*, Vom Ende der Erde rufe ich zu Dir...(PesR 9), F 1990, 98–116; *L. Rabinowitz*, Does Midrash Tillim Reflect the Triennial Cycle of Psalms?, JQR 26 (1935f) 349–368 (wahrscheinlich ja); *Zunz*, GV 287–280 (und *Albeck*, Deraschot 132.411f).

3) Midrasch Mischle

Dieser Midrasch zu den Sprichwörtern (MidrSpr) wird im 11. Jh. zitiert, vielleicht auch schon von den Geonim (so *Buber*, aber nicht sicher). Großteils mehr Kommentar als Midrasch (doch vgl. 1,1 die vier Rätsel, welche die Königin von Saba Salomo aufgibt; 9,2 Tod Aqibas). Nicht weniges ist ohne Auslegung gelassen, so Kap. 3 ganz, 7 und 18 fast ganz. Zitate im Jalqut zeigen, daß viel verloren gegangen sein muß. Als Quellen haben ältere Midraschim gedient, nach *Bubers* Meinung auch bT, nicht aber pT. Ihm folgt *Visotzky* 41 f; die typisch palästinische Schreibweise und Terminologie der von Rabinovitz veröffentlichten Geniza-Fragmente aus Cambridge (2 Blatt eines Palimpsests, die *Rabinovitz* ins 10., *Visotzky* 20 eher ins 11. oder 12. Jh. datieren möchte, und 6 Blatt aus dem 11. Jh.: Kap. 7–10.14f) und Oxford (2 Blatt, ca. 11. Jh: Kap. 11f,17,19) möchte er nur für die Herkunft der Handschriften, nicht aber des Midrasch selbst als Argument anerkennen; Parallelen zu bT, die *Rabinovitz* aus deren in pT oder Midraschim belegten Textfassung ableitet, sieht *Visotzky* direkt aus bT entlehnt. Dies ist ebenso wie die Frage der Datierung der Schrift noch genauer zu untersuchen; diese ist in den Geniza-Fragmenten oft umfangreicher, weist aber noch nicht die in den Drucken übliche Einteilung in 31 Kapitel wie in der Bibel auf. S. *Buber* hatte an eine Entstehung gleich nach bT gedacht, *Zunz* das Ende der gaonäischen Zeit vorgeschlagen; heute vertritt *Rabinovitz* etwa 7.-8. Jh.; *Visotzky* 55 datiert die Schrift zwischen 860–940 (dabei stützt er sich u.a. auf eine antikaräische Tendenz der Schrift, die aber erst zu erhärten wäre). Hinsichtlich der Herkunft der Schrift hat *Buber* an Babylonien gedacht, *Zunz* an Süditalien; doch ist wahrscheinlicher Palästina ihre Heimat.

Text: K 1512/17, V 1546. S. *Buber*, Midrasch Mischle, Wilna 1893, Ndr. J 1965 zus. mit MidrSam (nach MS Paris 152 von 1532, verglichen mit MSS aus Parma und Rom, jedoch nicht mit dem ältesten MS, Parma 3122 aus dem Jahr 1270); B. L. *Visotzky*, Midrash Mishle: A Critical Edition Based on Manuscripts and Early Editions with an Introduction and Annotated English Translation of Chapters One through Ten, Diss. JThS 1982 (ausführliche Beschreibung der MSS und Geniza-Fragmente); *ders.*, Midrash Mishle. A critical edition based on Vatican MS. Ebr.44, NY 1990. Zum Text auch L. *Ginzberg*, Ginze Schechter I 163–8 (neue Fassung zu 31,22–25); Z. M. *Rabinovitz*, Ginzé Midrash 218–249; *ders.*, A Genizah Fragment of Midrash Mishle (h), Michtam le-David, GS D. Ochs, Ramat-Gan 1978, 106–119; andere Fassung von Kap. 31 in *Wertheimer*, Batei Midrashot II 146–150. *Übers.:* A. *Wünsche*, Bibl.Rabb. IV, Le 1885, Ndr. H 1967; B. L. *Visotzky*, The Midrash on Proverbs, New Haven 1991. – Vgl. auch J. *Elbaum*, EJ XI, 1517; M. *Higger*, Beraitoth in Midrash Samuel and Midrash Mishlei, Talpioth 5 (1951f) 669–682 (sieht darin Beleg für babyl. Herkunft).

4) Midrasch Ijob

Seine Existenz bezeugt z.B. Jalqut ha-Makhiri. Die erhaltenen Auszüge und Zitate sind gesammelt in *Wertheimer*, Batei Midrashot II 151–186, der das Werk R. Hoschaja Rabba zuschreiben möchte (3. Jh.), da viele hier anonyme Aussagen ihm anderswo zugeschrieben sind. Vgl. *Zunz*, GV 282. Die Datierungsfrage, schon durch die fragmentarische Überlieferung problematisch, bedarf noch genauerer Untersuchungen (z.B. Vergleich mit dem Targum Ijob aus Qumran).

VII. Andere Haggadawerke

1) Vom Midrasch zur Erzählliteratur

a) Seder Olam (SOR)

Seder Olam wird seit dem 12. Jh. (zuerst bei Abraham ben Jarchi) zur Unterscheidung von dem anschließend zu nennenden Werke Seder Olam Rabba (SOR) genannt. SOR ist ein besonders (aber durchaus nicht ausschließlich) chronographisch interessierter Midrasch, der die Zeit von Adam bis zum Ende der Perserzeit umfaßt; diese zieht er auf 52 Jahre bzw. auf 34 Jahre nach Errichtung des zweiten Tempels zusammen. Der zweite Teil des abschließenden Kapitels 30 bietet die wesentlichen Daten von Alexander dem Großen bis Bar Kokhba, vielleicht eine Kurzfassung einer ursprünglich umfangreicheren Version. Die Tradition schreibt das Werk dem Tannaiten Jose ben Chalafta (ca. 160) zu (gestützt auf R. Jochanan in Jeb 82b und Nid 46b: „Wer lehrte Seder Olam? Es ist R. Jose"). *Milikowsky* (PAAJR 52, 124) hält R. Jose nicht für den Autor oder Redaktor, sondern den Tradenten eines älteren Werks, das er bearbeitete; aus dem Vergleich mehrerer Stellen von SOR mit TSota XII schließt er, daß „Seder Olam schon als redigiertes Buch existierte, bevor die Endredaktion von T erfolgte" (Tarbiz 49, 263). Doch ist die Schrift wohl in früher amoräischer Zeit redigiert und auch später noch durch Zusätze vermehrt oder überarbeitet worden. *B. Z. Wacholder* (Eupolemus, Cincinnati 1974, 109 Anm. 53) bezeichnet den uns erhaltenen Text gar als „a posttalmudic publication"; dies müßte im Zusammenhang mit der sehr lückenhaften Überlieferungsgeschichte des Werkes (dazu v. a. *Ratner*) noch näher untersucht werden. Vielfach leitet man von SOR die Zeitrechnung „seit Erschaffung der Welt" ab (die dort aber nur für die Datierung der Flut vorkommt), die sich jedoch im Judentum erst seit dem 11. Jh. allgemein durchgesetzt hat, ebenso die Datierung der Zerstörung Jerusalems auf das Jahr 68 (die man aber auch erst aus den verschiedenen Angaben der Schrift errechnen müßte).

Text: Erstdruck Mantua 1513; B. *Ratner*, Seder Olam Rabba. Die grosse Weltchronik, Wilna 1897 (dazu kritisch A. *Marx*, Zeitschrift für hebr. Bibliographie 3, 1899, 68–70); ders., Einleitung zum Seder Olam (h), Wilna 1894; Ndr. zusammen mit hebr. Einleitung von S. K. *Mirsky*, NY 1966= J 1988; A. *Marx*, Seder Olam (Kap. 1–10) herausgegeben, übersetzt und erklärt, B 1903; C. J. *Milikowsky*, Seder Olam: A Rabbinic Chronography, Diss. Yale 1981 (krit. Edition v. a. auf Basis des Geniza-Textes Antonin 891, Leningrad, vielleicht 9. Jh.; wo dies unmöglich ist, editio princeps als Basis); *M. J. Weinstock*, Seder Olam Rabba ha-schalem, 3 Bde, J 1956–62; *S. A. Hopkins*, Miscellany 78.92–4 (Fotos von Geniza-Fragmenten).

Lit.: *S. Gandz*, The Calendar of the Seder Olam, JQR 43 (1952f) 177–192; 249–270; *M. Gaster*, Demetrius und Seder Olam: ein Problem der hellenistischen Literatur, FS D. Simonsen, Kopenhagen 1923, 243–252; *C. J. Milikowsky*, Seder ʿOlam and the Tosefta (h), Tarbiz 49 (1979f) 246–263; *ders.*, Kima and the Flood in Seder ʿOlam and B. T. Rosh ha-Shana: Stellar Time-Reckoning and Uranography in Rabbinic Literature, PAAJR 50 (1983) 105–132; *ders.*, Seder ʿOlam and Jewish Chronography in the Hellenistic and Roman Periods, PAAJR 52 (1985) 115–139; *ders.*, Gehenna and 'Sinners of Israel' in the Light of Seder ʿOlam (h), Tarbiz 55 (1985f) 311–343; *J. M. Rosenthal*, EJ XIV, 1091–3; Zunz, GV 89.

b) Seder Olam Zutta (SOZ)

SOZ stellt eine Liste von 89 Generationen von Abraham bis zum Exil und dann bis zum Ende der talmudischen Zeit auf. Sein Hauptinteresse gilt dem Amt des Exilarchen, das nach der Tradition auf die Zeit des babyl. Exils zurückgeht und in der Familie Davids erblich ist. Diese Linie kommt mit der Auswanderung von Mar Zutra III. nach Palästina zu ihrem Ende. Die späteren Exilarchen sind nicht davidischer Herkunft und daher nicht legitim, wie das Buch polemisch impliziert. Das Werk ist frühestens im 8. Jh. entstanden.

Text: *S. Schechter*, Seder Olam Suta, MGWJ 39 (1895) 23–8 (MS De Rossi 541, 1. Hälfte 14. Jh.); *M. Grosberg*, Seder Olam zuta and complete Seder Tannaim v'Amoraim, Lo 1910, Ndr. J-TA 1970; *M. J. Weinstock*, Seder Olam Zutta ha-Schalem, J 1957.

Lit.: *M. Beer*, Exilarchate 11–15; *A. D. Goode*, The Exilarchate in the Eastern Caliphate, 637–1258, JQR 31 (1940f) 149–169; *J. M. Rosenthal*, EJ XIV, 1093; Zunz, GV 142–7.

c) Sefer Zerubbabel

Die Serubbabel nach der Zerstörung Jerusalems durch Nebukadnezzar in den Mund gelegte Apokalypse wurde zu Beginn des 7. Jhs. im Stil biblischer Visionen (Dan, Ez) geschrieben. Sie schildert den endzeitlichen Kampf zwischen dem Führer Roms und des Christentums, Armilos, und dem Messias ben Josef, der in der Schlacht fällt, doch dem davidischen Messias den Weg bereitet. Armilos ist vielleicht an der Gestalt des Kaisers Heraklius geformt. Der große Einfluß der Schrift, die nur zum Teil aus rabb. Quellen schöpft, hat zu vielen Textveränderungen geführt, die eine Rekonstruktion des Urtextes ziemlich unmöglich machen. Ein Zusatz zum Sefer Zerubbabel (in *Wertheimer* I 118–134 als Pirqe Hekhalot Rabbati publiziert, bei *Eben-Schmuel* 357–70 ebenfalls wiedergegeben) ist eine sabbatianische Ergänzung des Werks aus der Schule des Natan von Gaza (*Eben-Schmuel* 352–6).

Text: BhM II 54-7 (übersetzt in *A.Wünsche,* Lehrhallen II); *Wertheimer* II 495-505; *Eben-Schmuel,* Midresche Geulla 71-88 (Einführung 55 ff; problematischer Mischtext mit Umstellungen und Konjekturen, doch bietet *Eben-Schmuel* 379-89 auch andere Textfassungen). Geniza-Fragmente: *S. Hopkins,* Miscellany 10.15.64f.72f.

Lit.: J. Dan, The Hebrew Story 35-46; *ders.,* EJ XVI, 1002; *E. Fleischer,* Hadutahu-Hadutahu-Chedweta: Solving an Old Riddle (h), Tarbiz 53 (1983 f) 71-96, v.a. 92 ff (zu einem von Sefer Zerubbabel bzw. einer frühen Schicht desselben beeinflußten Pijjut); *I. Lévi,* L'apocalypse de Zorobabel et le roi de Perse Siroès, REJ 68 (1914) 129-160; 69 (1919) 108-121; 71 (1920) 57-65 (enthält auch Text und Übersetzung); *N. Martola,* Serubbabels Bok, Nordisk Judaistik – Scandinavian Jewish Studies 3 (1979) 1-20; *A. Marx,* Studies in Gaonic History, JQR 1 (1910f) 75-78; *G. Stemberger,* Die römische Herrschaft im Urteil der Juden, Darmstadt 1983, 138-143. Weitere messianische Schriften bei *J. T. Townsend,* Minor Midrashim, in: Bibliographical Essays in Medieval Jewish Studies, NY 1976, 360f.

d) *Pirqe de Rabbi Eliezer (PRE)*

PRE, auch Baraita de Rabbi Eliezer (Arukh, Raschi), Mischna de RE oder auch Haggada de RE genannt, hat in der uns vorliegenden Gestalt 54 Kapitel, ist jedoch offensichtlich unvollständig. Von weiteren Kapiteln ist keine Spur erhalten, auch wenn mittelalterliche Zitate von PRE oft nicht mit unserem Text übereinstimmen und SEZ 19-25 irgendwie zur R. Eliezer-Tradition gehört (doch keine Fortsetzung von PRE!); somit hat der Verfasser das Werk vielleicht nicht abgeschlossen.

Inhalt: 1-2 aus dem Leben des R. Eliezer; 3-11 die Schöpfung; 12-23 Adam bis Noach (Ankündigung des zehnmaligen Herabkommens Gottes auf die Erde; die drei Pfeiler, auf denen die Welt ruht: Tora, Gottesdienst, Liebeswerke); 24-25 die sündige Menschheit und die Sprachverwirrung; 26-39 Abraham bis Jakob; 40-48 Mose bis zur Offenbarung Gottes nach der Versündigung durch das goldene Kalb; 49-50 Nachkommen Amaleks (Haman, Titus), Bemerkungen über die Esterrolle; 51 die kommende Erlösung; 52 sieben Wunder; 53-4 Bestrafung Mirjams wegen ihres Redens gegen Mose (Num 12). Hier bricht die Erzählung ab.

Daß die Schrift weitergehen sollte, sieht man meist darin bewiesen, daß von den angekündigten zehn Abstiegen Gottes zur Welt nur acht gebracht werden; auch sind die Kapitel 27 ff mit den Benediktionen des Achtzehngebets verbunden; doch kommt das Werk nur bis zur 8. Benediktion, dem Gebet um Gesundheit. Es ist anzunehmen, daß das Werk bis zum Tod des Mose geplant war, also den ganzen Pentateuch behandeln wollte. Eine andere Erklärung dieser Beobachtungen versucht *M. Pérez* (Los Capítulos 22-26): PRE habe ein Werk über die zehn Abstiege Gottes nur zum Teil verwendet. Das Achtzehngebet dagegen sei nur eine redaktionelle Klammer (am Ende von Kap. 10 wird auch die 13. Benediktion zitiert); Vollständigkeit wäre da nicht notwendig zu erwarten. Die Quellenanalyse von

Pérez verdient eine genauere Prüfung; doch auch dabei bleibt der abrupte Schluß von PRE zu erklären.

Die Schrift ist kein Midrasch im eigentlichen Sinn, sondern eher der Gattung der „rewritten Bible" zuzurechnen, einer zusammenhängenden biblischen Geschichte, in manchem arabischen Bibelerzählungen ähnlich, auch wenn noch midrasch-artige Züge vorhanden sind (Anführung von Einzeltraditionen im Namen ihrer Sprecher, auch wenn diese oft pseudepigraphisch eingesetzt zu sein scheinen; Widersprüche von Einzeltraditionen sind nicht ausgeglichen). Ob der Verfasser selbst die pseudepigraphe Zuschreibung an Eliezer ben Hyrkan gewollt hat, ist unsicher. Das Buch kann auch einfach nach Eliezer benannt worden sein, weil es mit ihm beginnt. Da manche Handschriften jedoch Kap. 1–2 nicht enthalten, ist auch die Möglichkeit gegeben, daß sie erst nachträglich mit diesem Werk verbunden wurden. Dies müßte aber schon früh erfolgt sein; denn Geniza-Fragmente bezeugen schon die heutige Kapitelzählung (so der Text von PRE 26–29, 11. Jh.; ebenso das von *Alloni* publizierte Fragment mit Kap. 46); auch ist die Benennung nach R. Eliezer schon früh bezeugt, so bei R. Natan in seinem Arukh.

Das Werk scheint im 8. oder 9. Jh. entstanden zu sein (Pirqoi ben Baboi im frühen 9. Jh. zitiert es offenbar schon: Ginze Schechter II 544). Es spielt mehrfach auf die arabische Herrschaft an, besonders in den Erzählungen über Ismael, als dessen Frauen Aischa und Fatima genannt werden (Kap. 30). Im selben Kapitel ist auch schon der Felsendom auf dem Tempelplatz bekannt und wird die gemeinsame Herrschaft zweier Brüder erwähnt: gewöhnlich deutet man dies auf die beiden Söhne Harun al-Raschids (809-813); *A. H. Silver* (A History of Messianic Speculation in Israel, Boston 1959=1927, 41) denkt hingegen an die Halbbrüder Moawija (Kalif ab 661) und Zijad (ab 665 Herrscher in den östlichen Provinzen). Ähnlich unsicher ist die Deutung eines Textes in PRE 28, daß die Herrschaft der vier Reiche einen Tag Gottes währt, d.h. 1000 Jahre. Mit je verschiedenen Ausgangspunkten hat daraus *Zunz* (GV 289) die Erwartung der messianischen Zeit für das Jahr 729 abgeleitet, *Friedlander* (S. 200) für das Jahr 832, *A. H. Silver* für 648: damit ist die Problematik einer direkten historischen Verwertung solcher Angaben schon deutlich genug.

Sicher ist in PRE auch mit Interpolationen zu rechnen. Insgesamt ist jedoch das Werk, wiewohl es sich auf eine Fülle älterer Traditionen stützt, auch die Pseudepigraphen kennt und vielleicht auch ganze Kapitel ziemlich unverändert aus anderen Quellen übernommen hat (etwa die drei astronomischen Kapitel 6–8: dazu *M. Steinschneider*, Mathematik bei den Juden, B/Le 1893, Ndr. H 1964, 44–48), nicht ein Sammelwerk wie andere Midraschim, sondern als die Leistung einer Schriftstellerpersönlichkeit anzusehen. Als Entstehungsort ist wohl Palästina anzunehmen (fast alle zitierten Rabbinen sind von dort).

Text: Erstdruck K 1514 (Lücken durch Selbstzensur); V 1544; Warschau 1852 mit Kommentar von *D. Luria* (Ndr. J 1963; auch hier viele Zensurlücken); *M. Higger,* Pirqe Rabbi Eliezer, Horeb 8 (1944) 82–119; 9 (1946f) 94–166; 10 (1948) 185–294 (Kollation von drei MSS der Biblioteca Casanatense, Rom); *C. M. Horowitz,* Pirke de Rabbi Eliezer. A complete critical edition as prepared by C. M. Hor., but never published. Facsimile edition of editor's original MS, J 1972 (leider fehlen im Faksimile mehrere Blätter, S. 183ff sind in Unordnung); eine abweichende Fassung des letzten Kapitels, ähnlich MS Epstein: *Wertheimer* I 238–243; Kap. 39–41 aus MS Parma 1240 (wo diese Kapitel zusammen mit Seder Elijahu Zutta 19–25, die auch zur Eliezertradition gehören, zwischen PesR eingeschoben sind): *M. Friedmann,* Pseudo-Seder Eliahu Zuta, W 1904, 50–56. *Geniza-Fragmente:* N. *Alloni,* Geniza Fragments 76 (ein Palimpsestblatt zu PRE 45f in Cambridge); Z. *M. Rabinowitz,* Genizah Fragments of the Pirke R. Eliezer (h), Bar-Ilan 16–17 (1979) 100–111 (PRE 26 – Anfang 29, 11. Jh.).

Übers.: G. *Friedlander,* Pirke de Rabbi Eliezer, Lo 1916, Ndr. NY 1981 (engl. Übers. des MS A. Epstein, Wien, mit Einführung; dazu *B. Halper,* JQR 8, 1917f, 477–495); *M.-A. Ouaknin* – E. *Smilévitch* – *P.-H. Salfati,* Pirqé de Rabbi 'Eliezer (Traduction annotée), P 1984; *M. Pérez Fernández,* Los Capítulos de Rabbi Eliezer, Valencia 1984 (auf der Basis der Ausgabe *Luria,* mit Verwendung der Ausgabe V 1545 und der drei von *Higger* publizierten MSS; ausführliche Einleitung, v. a. auch zum Verhältnis PRE – Targum).

Lit.: D. *Blumenthal,* The Rationalistic Commentary of R. Hoter Ben Shelomo to Pirqe de Rabbi Eliezer (h), Tarbiz 48 (1978f) 99–106; *R. Hayward,* Pirqe de Rabbi Eliezer and Targum Pseudo-Jonathan, JJS 42 (1991) 215–246; *J. Heinemann,* Aggadah 181–199.242–7 (v. a. Verhältnis zum Islam); *ders.,* Ibbude aggadot qedumot beruach ha-zeman be-Pirqe Rabbi Eliezer, FS S. Halkin, J 1975, 321–343; *B. Heller,* Muhammedanisches und Antimuhammedanisches in den Pirke R. Eliezer, MGWJ 69 (1925) 47–54; *M. D. Herr,* EJ XIII, 558–560; *C. M. Horowitz,* Iggeret Petucha, Bet Talmud 1 (1881, Ndr. J 1969); *M. Ohana,* La polémique judéo-islamique et l'image d'Ishmael dans Targum Pseudo-Jonathan et dans Pirke de Rabbi Eliezer, Augustinianum 15 (1975) 367–387; *M. Pérez Fernández,* Targum y Midrás sobre Gn 1,26–27; 2,7; 3,7.21. La creación de Adán en el Targum de Pseudojonatán y en Pirqé de Rabbí Eliezer, GS A. Díez Macho, Madrid 1986, 471–487; *ders.,* Sobre los textos mesiánicos del Targum Pseudo-Jonatán y del Midrás Pirqé de Rabbí Eliezer, Estudios Biblicos 45 (1987) 39–55; *A. Schussman,* Abraham's Visits to Ishmael – The Jewish Origin and Orientation (h), Tarbiz 49 (1979f) 325–345; *Zunz,* GV 283–290 (*Albeck,* Deraschot 136–140.421–3; vgl. auch *Albeck,* Agadot im Lichte der Pseudepigraphen, MGWJ 83, 1939, 162–9, zu Parallelen v. a. mit dem Jubiläenbuch).

e) Megillat Antiochos

Das Werk, auch Sefer Bet Chaschmonai, „das Hasmonäerbuch", oder Megillat Bene Chaschmonai, „die Hasmonäerrolle", ist eine legendenhafte Darstellung der Makkabäerzeit bis zur Einsetzung des Lichterfestes (Chanukka), in westlichem Aramäisch, wenn auch wahrscheinlich in Babylonien überarbeitet. *Kadari* möchte die Schrift aus sprachlichen Gründen zwischen dem 2. und 5. Jh. ansetzen; gewöhnlich jedoch nimmt man das 8.

oder 9. Jh. an und betrachtet die Sprache als literarische Nachahmung der Sprache des Targum Onqelos; so auch *A. Kasher:* mit früheren Autoren betrachtet er den Text als Festrolle für Chanukka; in der Polemik gegen die Karäer, die dieses Fest ablehnten, redigiert, könnte das Werk nicht vor der 2. Hälfte des 8. Jhs. entstanden sein. Der Stoff könnte aus Antiochien stammen, wo die Verehrung der Makkabäer schon früh belegt ist.

Die Halakhot Gedolot schreiben den Ältesten der Schulen Schammais und Hillels eine Megillat Bet Chaschmonai zu; doch kann der Text nicht als sicherer Beleg für die Kenntnis unserer Schrift gelten, zumal MS Rom Megillat Taanit liest. Somit gibt es keinen eindeutigen Nachweis der Schrift vor Saadja, der sie ins Arabische übertrug und auch eine arabische Einleitung dazu schrieb. Mehrere MSS und umfangreiche Geniza-Fragmente belegen die Schrift, die im Mittelalter sehr beliebt war und zum Teil auch in der Synagoge für Chanukka verwendet wurde.

Text: Erstdruck Aram.-Hebr. ca. 1481/2 in Guadalajara: dazu *I. Joel*, The Editio Princeps of the Antiochus Scroll, KS 37 (1961f) 132–6 (Varianten des aram. Textes gegenüber BhM sowie der ganze hebr. Text hier wiedergegeben, der stark von der üblichen Fassung abweicht); *H. Filipowski* veröffentlichte den aram. Text am Ende von Mibchar ha-Peninim des Ibn Gabirol, Lo 1851; BhM VI 4–8; *M. Gaster*, Studies and Texts, 3 Bde, Lo 1925–8, Ndr. NY 1971, III 33–43 (Einleitung und englische Übers. in I 165–183); *Wertheimer* I 319–330; *M. Z. Kadari*, The Aramaic Megillat Antiochus (h), Bar-Ilan I (1963) 81–105; 2 (1964) 178–214 (diesen Text übersetzt *L. Diez Merino*, Fuente histórica desconocida para el período macabaico: Megillat Antiochus, Ciencia Tomista 106, 1979, 463–501; er übernimmt auch *Kadari*'s frühesten Datierungsvorschlag, 2. Jh.; ebenso auch *A. Vivian*); *L. Nemoy*, The Scroll of Antiochus, New Haven 1952, gibt das Faksimile einer europäischen Version der Schrift; *A. Vivian*, Un manoscritto inedito della Megillat Antiochus, FS E. Bresciani, Pisa 1985, 567–592; *ders.*, La Megillat Antiochus: Una reinterpretazione dell' epopea maccabaica, Atti del congresso tenuto a San Miniato, 7–10 novembre 1983, R 1987, 163–195 (Einleitung, Übersetzung, Text eines Turiner MS). Geniza-Fragmente: *S. Hopkins*, Miscellany 18f.20–26 (ein fast vollständiger Text). 29–39.44f.50–53.55f.102f.110 (inklusive zwei Stücke der arab. Einleitung Saadjas). Sehr früh ins Hebräische übersetzt: so das Fragment in *Hopkins* 102f, das leicht von BhM I 142–6 abweicht (übersetzt in *Wünsche*, Lehrhallen II 186–192); *N. Fried*, Nusach Ibri Chadasch schel Megillat Antiokhos, Sinai 64 (1969) 97–140 (MS Brit. Museum, eigenständige Übersetzung aus dem Aram.). Zur arab. Einleitung des Saadja: *S. Atlas – M. Perlman*, Saadia on the Scroll of the Hasmoneans, PAAJR 14 (1944) 1–23.

Weitere Lit.: *I. Abrahams*, An Aramaic Text of the Scroll of Antiochus, JQR 11 (1898f) 291–9; *N. Fried*, Injanot Megillat Antiokhos, Leschonenu 23 (1958f) 129–145; *M. Z. Kadari*, Be-eizo Aramit nikhteba Megillat Antiokhos, Leschonenu 23 (1958f) 129–45; *A. Kasher*, The Historical Background of Megillat Antiochus, PAAJR 48 (1981) 207–230; *F. Rosenthal*, Saadyah's Introduction to the Scroll of the Hasmoneans, JQR 36 (1945f) 297–302; EJ XIV, 1045–7 (aus der deutschen EJ II, 1928, 944–7 bearbeitet übernommen).

f) Midrasch Eser Galujjot

„Midrasch über die zehn Exile", in mehreren Rezensionen überliefert, deren früheste vielleicht aus dem 9. Jh. stammt (die Vorstellung der 10 Exile ist aber älter, so z. B. schon in Qilliri: Tarbiz 56, 1986f, 510).

Text in BhM IV 133–6 (Übersetzung in *A. Wünsche*, Lehrhallen II). Eine spätere Rezension in BhM V 113–6; *L. Grünhut*, Likkutim III 1–22. *M. Isch-Schalom*, Midrasch „Eser Galujjot", Sinai 43 (1958f) 195–211.

g) Buch des Daniten Eldad ben Machli

Eldad ha-Dani (2. Hälfte 9. Jh.) behauptete, aus einem unabhängigen Judenstaat in Ostafrika zu sein, der von Angehörigen der Stämme Dan (daher sein Beiname), Ascher, Gad und Naftali bewohnt werde. Er besuchte Babylonien, Kairowan und Spanien. Durch seine Erzählungen über die Israeliten der verlorenen zehn Stämme jenseits des Flusses Sambation wie auch durch die angeblich aus seiner Heimat mitgebrachten, von den geltenden stark abweichenden Schächtregeln erregte er großes Aufsehen. Eldad scheint eine Art fahrender Sänger gewesen zu sein, dessen „autobiographische" Erzählungen nur den Rahmen der aus verschiedensten Traditionen geschöpften Geschichten bilden. Sein Buch hatte gewaltige Wirkung und wurde in zahlreichen Handschriften weitergegeben, dabei vielfach bearbeitet und verändert, so daß man heute mindestens 17 verschiedene Rezensionen kennt.

Text: Erstdruck Mantua um 1480. Drei Rezensionen in BhM II, III, V. *A. Epstein*, Eldad ha-Dani, seine Berichte über die 10 Stämme und deren Ritus, mit Einleitung und Anmerkungen (h), Preßburg (W) 1891, Ndr. in Kitbe *A. Epstein* I; *D. H. Müller*, Die Rezensionen und Versionen des Eldad had-Dani, W 1892 (synoptische Edition); *M. Schloessinger*, The ritual of Eldad ha-Dani, reconstructed and edited from Mss. and a Genizah fragment, Lo 1908. Engl. Übersetzung: *E. N. Adler*, Jewish Travellers, NY [2]1966, 4–21.

Weitere Lit.: *J. Dan*, The Hebrew Story 47–61; *L. Rabinowitz*, Eldad ha-Dani and China, JQR 36 (1945f) 231–8; *A. Shochat*, EJ VI, 576–8.

h) Midrasch Aseret ha-Dibrot

Der „Midrasch der zehn Gebote" ist kein eigentlicher Midrasch, sondern eine Sammlung von jüdischen und anderen Erzählungen, die die zehn Gebote illustrieren sollen, meist in Extremsituationen, oft aber auch nur noch noch schwach mit den zehn Geboten zusammenhängend. Durch Geniza-Fragmente belegte frühere Textfassungen legen nahe, daß das Werk ursprünglich der Gattung Midrasch näher stand (z. B. Petichot) und erst die spätere Textüberlieferung sich immer mehr auf das erzählerische Moment konzentrierte (dazu *M. B. Lerner*, Al ha-Midraschim). Die Sammlung, die *A. Alba Cecilia* nicht später als ins 10. Jh. datieren möchte, war schon im Mittelalter nicht einheitlich: Zahl und Auswahl der Geschichten variieren beträchtlich (in der üblichen Fassung 17 Erzählungen, in MSS bis zu 50). Wohl die älteste hebräische Geschichtensammlung, vielleicht abgesehen vom Alphabet des Ben Sira.

Text in BhM I 62–90 (Übersetzung in *Wünsche*, Lehrhallen IV). Andere Fassungen: *M. Gaster*, The Exempla of the Rabbis, NY 1968 (Ndr. von 1924 mit Prolegomenon von *W. G. Braude*) 7–8.142–8; *M. Hershler*, Hg., Genuzot 2 (J 1985) 109ff (aus MS Vat. 285): dazu *M. B. Lerner*, Collected Exempla. Studies in Aggadic Texts Published in the Genuzot Series (h), KS 61 (1986f) 867–891. Span. Übersetzung mit Einleitung zur mittelalterl. Erzähltradition: *A. Alba Cecilia*, Midrás de los Diez Mandamientos y Libro Precioso de Salvación, Valencia 1990.

Lit.: J. Dan, The Hebrew Story 79–85; ders., EJ XI, 1515f; *B. Elizur*, On the Process of Copying Midrasch ʿAseret Haddiberot (h), Leschonenu 48f (1984f) 207–9; *M. B. Lerner*, Al ha-Midraschim le-Aseret ha-Dibrot, in Talmudic Studies I 217–236; *D. Noy*, General and Jewish folktale types in the Decalogue Midrash (h), 4th WCJS, J 1968, II 353–5; *Zunz*, GV 150–152.

i) Alphabet des Ben Sira

Eine aus biblischen und haggadischen Elementen zusammengesetzte scharfe Satire auf Bibel und rabb. Religiosität. Der erste Teil erzählt das Leben des Ben Sira von der Zeugung bis zu seinem ersten Geburtstag; er gilt als Sohn des Jeremia, da dieser Name denselben Zahlenwert wie Sira hat. Im zweiten Teil sagt der einjährige Ben Sira seinem Lehrer zu jedem Buchstaben, den er lernen soll, ein damit beginnendes Sprichwort, das den Lehrer jeweils veranlaßt, etwas aus seinem Leben zu erzählen. Im dritten Teil ist Ben Sira am Hof Nebukadnezzars und beantwortet dessen Fragen über die Eigenheiten von Tieren usw. (hier ist der Aufbau nicht ganz klar und offenbar einiges später ergänzt worden). Im letzten Teil kommentieren dann Ben Siras Sohn Uzziel und sein Enkel Josef ben Uzziel dessen Sprichwörter, wiederum 22 in alphabetischer Reihenfolge. Der Name „Alfabet des Ben Sira" ist in den MSS für das Gesamtwerk nicht belegt; er paßt nur auf einen Teil des Werkes, hat sich aber seit der Ausgabe *Steinschneider* durchgesetzt.

E. Yassif hat die zahlreichen Handschriften in zwei Rezensionen gruppiert; beide sind ab dem 11. Jh. in Europa belegt, die eine (A) war in Frankreich und dann in ganz Europa verbreitet, die andere (B) in Italien und im Orient vertreten. Rezension B dürfte die dem ursprünglichen Text näherstehende Fassung sein. A hingegen ist stark überarbeitet und auch in sich uneinheitlich überliefert. *Yassif*'s Versuch, die einzelnen Teile als ursprünglich voneinander unabhängige Schriften nachzuweisen, die von verschiedenen Autoren stammen, ist allerdings ebensowenig überzeugend wie sein Bemühen, das satirische und religionskritische Element des Werkes zu leugnen (siehe die Kritik von *J. Dan*). Trotz oder gerade wegen ihrer Religionskritik war die Schrift weit verbreitet, allerdings auch vielfach von Abschreibern zensuriert und verharmlost, so daß sie dann sogar die Chaside Aschkenaz beeinflussen konnte. Die Schrift ist wohl im 9.–10. Jh. entstanden (von *Yassif* ausführlich für ihre einzelnen Teile begründet); ihr Ursprungsland dürfte Babylonien sein.

Text: Erstdruck K 1519; V 1544; wissenschaftliche Ausgaben: *E. Yassif*, The Tales of Ben Sira in the Middle Ages. A Critical Text and Literary Studies (h), J 1984 (dazu *J. Dan*, KS 60, 1984f, 294–7); *M. Steinschneider*, Alphabetum Syracidis, B 1858; *D. Friedman* – D. S. *Löwinger*, Alfa Beta de-Ben Sira, Hazofeh 10 (Budapest 1926, Ndr. J 1972) 250–281 (anderer Text); *A. M. Habermann*, Alphabet of Ben Sira, Third Version (h), Tarbiz 27 (1957f) 190–202; *Eisenstein* I 35–50 (andere Fassung); *Hopkins*, Miscellany 57–60.66.78–85 (Geniza-Fragmente).

Lit.: J. *Dan*, The Hebrew Story 68–78; ders., Chidat Alfa Beta de-ben Sira, Molad 23 (1965f) 490–496; ders., EJ IV, 548–550; *A. Epstein*, Qadmoniot 110–115; *S. Lieberman*, Shkiin, J ²1970, 32–42; *A. Marmorstein*, A Note on the „Alphabet of Ben Sira", JQR 41 (1950f) 303–6; *J. Reifman*, Tekhunat Sefer Alfa Beta de-Ben Sira, Ha-Karmel 2 (1873) 124–138; *E. Yassif*, Medieval Hebrew Tales on the Mutual Hatred of Animals and Their Methodological Implications (h), Folklore Research Center Studies 7 (J 1983) hebr. Teil 227–246; ders., ‚The History of Ben Sira': Ideational Elements in Literary Work (h), Eshel Beer-Sheva 2 (1980) 97–117; *J. L. Zlotnick*, Aggadot minni qedem. Bene adam sche-nischtalu sche-lo ke-derekh hanischtalim, Sinai 18 (1945f) 49–58; *Zunz*, GV 111.

k) Josippon

J. ist eine Geschichte der Juden vom Fall Babylons bis zur Zerstörung des Tempels in Jerusalem. Das Werk wurde 953 von einem anonymen Verfasser in Süditalien geschrieben; als Quellen benützte er v. a. Josephus, den er durch Hegesipp, die Apokryphen in der Vulgatafassung und verschiedene lateinische Texte aus dem frühen Mittelalter ergänzte. Schon im 11. Jh. identifizierte man den Verfasser mit Josephus Flavius und machte damit das Werk zum Pseudepigraph; im Originaltext hingegen gibt der Verfasser klar zu erkennen, daß er von Josephus abhängig ist. Im Lauf der Zeit ist das Werk stark erweitert worden, u. a. durch eine hebräische Fassung des Alexanderromans.

Text: Erstdruck Mantua 1480, dann in einer längeren Fassung K 1514, die den üblichen Ausgaben zugrundeliegt. *D. Flusser*, The Josippon (Josephus Gorionides). Edited with an Introduction, Commentary and Notes (h), 2 Bde, J 1978–80; ders., Hg., Josippon. The Original Version MS Jerusalem 8° 41280 and Supplements, J 1978 (Faksimile; dazu wie allgem. zu MSS und Ausgaben siehe *A. M. Habermann*, K'vusei Yahad. Essays and Notes on Jewish Culture and Literature, h, J 1980, 27–47).

Latein. Übers.: J. F. *Breithaupt*, Gotha 1707.

Weitere Lit. bei *D. Flusser*, EJ X, 296–8.

l) Midrasch Petirat Aharon

Der „Midrasch vom Ableben Aarons" schließt an Num 20 an. Text K 1515; V 1544; BhM I,91–5. Übersetzung *A. Wünsche*, Lehrhallen I; *B. M. Mehlman*, Midrash Petirat Aharon; introduction and translation, Journal of Reform Judaism 27 (1980) 49–58. *Zunz*, GV 153.

m) Midrasch Petirat Mosche

Der „Midrasch vom Ableben Moses" ist in mehreren Rezensionen erhalten, die zwischen dem 7. und 10./11. Jh. zu datieren sind. Die erste Fassung ist gedruckt K 1516; V 1544; BhM I 115–129. Übersetzung in *A. Wünsche*, Lehrhallen I. Ein langes Stück ist in den Jalqut aufgenommen (Dtn § 940), auch in DtnR. Die zweite Fassung knüpft an Spr 31,29 an und ist in BhM VI 71–8 gedruckt. Übersetzung des ersten Teils in *A. Wünsche*, Lehrhallen I 122–5. Im zweiten Teil gibt es eine abweichende Textfassung, aus Bereschit Rabbati *(Albeck* 136f), in BhM VI, pp. XXIIf abgedruckt. Siehe auch *Wertheimer* I 273–5.286f. Eine weitere Rezension in *Eisenstein* II 368–371. Versuch der Rekonstruktion einer frühen Fassung: *L. J. Weinberger*, A Lost Midrash (h), Tarbiz 38 (1968f) 285–293. *Zunz*, GV 154.

n) Dibre ha-jamim schel Mosche

Das „Leben Moses" ist in einem pseudobiblischen Hebräisch geschrieben. Es gehört zur Gattung der „rewritten Bible" und reiht vielfach bloß Bibelverse aneinander, stets ohne Einleitungsformel. Manche Parallelen finden sich bei Josephus; die rabbinische Tradition wird stets ohne Rabbinennamen verwertet, die Auswahl aus den Quellen erfolgt v. a. mit dem Bestreben, die wunderbaren Züge im Leben des Mose übersteigert hervorzuheben. Das Werk benützt ExR und Josippon; es wird im Arukh erwähnt und dürfte im 11. Jh. entstanden sein.

Text: K 1516; V 1544; BhM II,1–11; *A. M. Habermann*, Hg., Chelqat Mechoqeq. Dibre midrasch we-aggada al Mosche Rabbenu u-petirato, TA 1947, 7–24; *A. Shinan*, Dibre ha-jamim schel Mosche Rabbenu, Hasifrut 24 (1977) 100–116 (Einleitung und Text nach MS Oxford Bodl. 2797 von 1325; dieses und die anderen MSS weichen v. a. in der zweiten Hälfte stark von den gedruckten Fassungen ab).

Übersetzung: *A. Wünsche*, Lehrhallen I. *M. Gaster*, The Chronicles of Jerahmeel, Lo 1899 (Ndr. NY 1971), Kap. 42–8, übersetzt einen ähnlichen Text.

Lit.: *J. Dan*, The Hebrew Story 140f; *ders.*, EJ XII, 413; *D. Flusser*, Josippon II 151 (zur Benützung von Josippon); *Zunz*, GV 153.

o) Midrasch Wa-jissau

Die Schrift schildert die Kämpfe der Söhne Jakobs gegen die Amoriter und Esau, anknüpfend an Gen 35,5; 36,6. Es finden sich auch Parallelen zu Jub

34.37f und Testament Juda 2ff, die vielleicht als Vorlage für die Schrift dienten, welche im Mittelalter, wohl durch Heldensagen angeregt, kompiliert wurde. G. *Schmitt* 48 rechnet mit einer alten Quelle des Midrasch, „wahrscheinlich nicht später als der Bar-Kokhba-Krieg"; der jetzige Text sei „freie Nacherzählung eines hebr. Originals oder auch Übersetzung eines aram. Originals".

Text: Der im Jalqut Gen § 133 erhaltene Text ist abgedruckt in BhM III und *R. H. Charles,* The Greek Versions of the Testaments of the Twelve Patriarchs, O 1908, 237f (1.Teil), und *ders.,* The Ethiopic Version of the Hebrew Book of Jubilees, O 1895, 180–2; krit. Ausgabe: *J. Z. Lauterbach,* Midrash Wayissa'u o Sefer Milchamot Bene Ja'aqov, GS H. P. Chajes, W 1933, hebr.Teil 205–222; *T. Alexander – J. Dan,* The Complete „Midrash Vayisa'u", Folklore Research Center Studies 3 (J 1972) hebr. Teil 67–76; *M. Gaster,* The Chronicles of Jerahmeel, Lo 1899, 80–87, bietet die engl. Übersetzung einer etwas verschiedenen Fassung; deutsche Übersetzung in *H. Rönsch,* Das Buch der Jubiläen, Le 1874, 390–398.

Weitere Lit.: J. Dan, The Hebrew Story 138–140; *D. Flusser,* EJ XI, 1520f; *A. Hultgård,* L'eschatologie des Testaments des Douze Patriarches II, Uppsala 1982, 123–127; *Z. Safrai,* Midrash Wajisau – The War of the Sons of Jacob in Southern Samaria (h), Sinai 100 (1987) 612–627 (Synopse mit TestJuda und Jub; Liste von MSS); *G. Schmitt,* Ein indirektes Zeugnis der Makkabäerkämpfe, Wiesbaden 1983; *Zunz,* GV 153.

p) Midrasch Wa-joscha

Auslegung zu Ex 14,30–15,18, dem „Lied am Schilfmeer"; im Stil der jüngeren Haggada. Vieles wörtlich aus Tanchuma, auch die Dibre hajamim schel Mosche sind benützt. 15,18 erwähnt Armilos, der den Messias aus dem Stamm Josef erschlagen, aber vom Messias ben David getötet werden wird (vgl. Sefer Zerubbabel). Das dem Jalqut schon bekannte Werk ist wohl Ende des 11. Jhs. entstanden.

Text: K 1519; BhM I 35–57; *H. Niedermaier,* Der altjiddische Midrasch Wojoscha, Judaica 21 (1965) 25–55; deutsch *Wünsche,* Lehrhallen I. Vgl. *M. D. Herr,* EJ XVI, 1517; *Zunz,* GV 294f.

q) Midrasch Elle ezkera

Benannt nach Ps 42,5: „Derer will ich gedenken". Das Werk beschreibt die Hinrichtung von zehn berühmten Tannaiten: Rabban Simeon ben Gamaliel II., der Hohepriester Jischmael, Aqiba, Chananja ben Teradjon, Jehuda ben Baba, Jehuda ben Dama, Chutspit, Chananja ben Chakhinai, Jeschebab und Eleazar ben Schammua (Abweichungen der Liste in einzelnen Rezensionen). Das Werk bietet nicht geschichtliche Fakten, sondern ist primär literarisch (die zehn Männer sind nicht in derselben Zeit gestorben). Anfangs stand die Zahl 10 noch nicht fest; diese wurde dann mit den zehn Brüdern Josefs verbunden, die durch seinen Verkauf nach Ägypten schuldig wurden; für sie sühnen nun die Märtyrer. Zugleich aber bedeutet ihr Martyrium die Garantie der kommenden Erlösung und des nahen Endes Roms.

Die Schrift gehörte im Mittelalter neben der Aqedat Isaak zur Grundlage der jüdischen Martyrologie und ist daher in zahlreichen Handschriften und Versionen erhalten. Das Motiv der zehn Märtyrer und Namenslisten finden sich in verschiedenen Midraschim (KlglR 2,2, B. 100; MidrPs 9,13, B. 88f; MidrSpr 1,13, B. 45); von hier aus entwickelt sich die Geschichte der Zehn Märtyrer, wovon eine frühe Fassung in Midrasch Hld, ed. *E. H. Grünhut – J. Ch. Wertheimer*, J 1971, 9–24, vorliegt. Parallelen zur Hekhalot-Literatur, die in großem Umfang v. a. in Rezension III der Edition *Reeg* vorkommen (siehe dazu auch *A. Goldberg*, FJB 1, 1973, 16–19; *I. Gruenwald*, Apocalyptic and Merkavah Mysticism, L-Köln 1980, 157–9) haben *Dan* und andere als Basis der gesamten Erzählung gesehen. Doch zeigt die Analyse der Textrezensionen durch *Reeg*, daß dieses Material erst im Lauf der Überlieferung aufgenommen wurde. Auch rabb. Parallelen sind in Rezension III in besonderem Maße aufgenommen worden. Der Inhalt der Zehnmärtyrererzählung wird von der Selicha (liturg. Dichtung) *Elle ezkera* vorausgesetzt; diese wiederum scheint die Basis des Midrasch *Elle ezkera* zu sein (= die erste der zehn Rezensionen bei *Reeg*). Der Midrasch ist also eine zeitlich sehr späte Stufe dieser Erzähltradition.

Text: G. *Reeg*, Die Geschichte von den Zehn Märtyrern. Synoptische Edition mit Übersetzung und Einleitung, Tüb. 1985. Frühere Editionen einzelner Rezensionen: BhM II 64–72 und VI 19–35; *M. Hershler*, Midrash Asara Haruge Malkhut, Sinai 71 (1972) 218–228; *M. Oron*, Merkavah texts and the legend of the ten martyrs (h), Eshel Beer-Sheva 2 (1980) 81–95; *P. Schäfer*, Hg., Synopse zur Hekhalot-Literatur, Tüb. 1981, §§ 107–121, bietet 7 MSS für die Fassung der Erzählung in Hekhalot Rabbati.

Lit.: M. *Auerbach*, Asera Haruge Malkhut, Jeschurun 10 (1923) 60–66.81–8; *Ph. Bloch*, Rom und die Mystiker der Merkabah, FS J. Guttmann, Le 1915, 113–124; *J. Dan*, The Hebrew Story 62–8; ders., The Story of the Ten Martyrs: Its Origin and Developments (h), FS S. Halkin, J 1973, 15–22; ders., Hekhalot Rabbati and the legend of the ten martyrs (h), Eshel Beer-Sheva 2 (1980) 63–80 (zur „italien." Rezension = *Reeg*, Rez.III); *L. Finkelstein*, The Ten Martyrs, GS L. R. Miller, NY 1938, 29–55; *M. D. Herr*, EJ XV 1006–8; *S. Krauss*, Asara Haruge Malkhut, Hashiloah 44 (1925) 10–22. 106–117.221–233; *S. Toder*, „Aseret Haruge Malkhut". Hasippur we-reqaʿo, Ha-Umma 9 (1972) 199–206; *N. Wahrmann*, Zur Frage der „zehn Märtyrer", MGWJ 78 (1934) 575–580; *S. Zeitlin*, The Legend of the Ten Martyrs and its Apocalyptic Origins, JQR 36 (1945f) 1–16. 209f (Ndr. in: ders., Studies in the Early History of Judaism II, NY 1974, 165–80).

r) Midrasch Al-jithallel

Benannt nach Jer 9,22 („Nicht rühme sich" der Mensch ...). Geschichten aus dem Leben des weisen Salomo, des mächtigen David und des reichen Korach. Text in BhM VI 106–8; *L. Grünhut*, Sefer ha-Likkutim I, 21 ff.

s) Sefer ha-jaschar

Das „Buch des Aufrechten" (vgl. Jos 10,13), auch Toldot Adam genannt, bietet eine Nacherzählung der Geschichte von Adam bis zum Auszug aus Ägypten. Es gibt sich als altes Werk aus, das ein Greis gerettet habe, als Titus Jerusalem eroberte. Die Erzählung stützt sich auf Bibel, Talmud und Midrasch, aber auch auf nichtjüdische Traditionen. *J. Dan* (The Hebrew Story 137f) vermutet, daß das gewöhnlich ins 11. oder 12. Jh. datierte Werk, das als Quellen u. a. den Midrasch Wa-jissau und die Dibre hajamim schel Mosche sowie Josippon verwendet, erst zu Beginn des 16. Jhs. in Neapel entstanden ist (es gibt kein MS!); *J. Genot* sucht diese Datierung mit der Schilderung Josefs als eines jüdischen Astronomen an einem heidnischen Hof, mit der Verwendung des Astrolabs sowie mit zeitgenössischen Einflüssen auf biblische Erzählungen zu stützen.

Text: V 1625 (Ndr. P 1986 zus. mit einem Einleitungsband, Hg. *J. Genot-Bismuth*). Die Ausgabe beruft sich auf einen Druck Neapel 1552, den es jedoch offensichtlich nie gegeben hat (siehe *J. Dan*, KS 49, 1973f, 242–4); B 1923, Hg. *L. Goldschmidt*; J 1986, Hg. *J. Dan*. Zu zwei jiddischen Adaptierungen des Werks im 17. Jh. siehe *Ch. Turniansky*, The First Yiddish Translations of Sefer Hayashar (h), Tarbiz 54 (1984f) 567–620. Engl. Übers.: *M. M. Noach*, The Book of Jaschar, NY 1840, Ndr. 1972; franz. Übers.: *P. L. B. Drach*, in: Migne, Dictionnaire des Apocryphes II, P 1858, 1070–1310.

Lit.: *J. Dan*, Matai nitchaber „Sefer ha-Jaschar"?, FS D. Sadan, TA 1977, 105–110; *ders.*, The Hebrew Story 137f; *ders.*, Einleitung zu seiner Ausgabe; *D. Flusser*, Josippon II 17–24; *J. Genot*, Joseph as Astronomer in Sefer ha-Yashar (h), Tarbiz 51 (1981f) 670–672; *dies.*, Censure idéologique et discours chiffré: Le Sefer hayašar oeuvre d'un exilé espagnol refugié à Naples, REJ 140 (1981) 433- 451; *M. D. Herr*, EJ XVI, 1517; *G. Schmitt*, Ein indirektes Zeugnis der Makkabäerkämpfe. Testament Juda 3–7 und Parallelen, Wiesbaden 1983; *Zunz*, GV 162–5.

t) Maase-Bücher

Über die zahlreichen hebräischen und jiddischen *Maase-Bücher* siehe *M. Steinschneider*, Catalogus librorum Hebraeorum in bibliotheca Bodleiana, B 1860 (Ndr. H 1964) 3869–3942; *J. Dan*, The Hebrew Story (Lit); weitere Lit. in: *E. Yassif*, Sepher ha-Maᶜasim. Character, Origins and Influence of a Collection of Folktales from the Time of the Tosaphists (h), Tarbiz 53 (1983f) 409–429.

2) Ethische Midraschim

a) *Derekh Erets Rabba und Derekh Erets Zutta:* siehe S. 228f.

b) *Tanna de-be Elijahu*

Das auch *Seder Elijahu* (SE) genannte Werk verdankt seine Einteilung und manches von seinem Inhalt dem Ket 106a Erzählten: der Prophet Elija habe Rab Anan, einen Schüler Rabs, Seder Elijahu Rabba (SER) und Seder Elijahu Zutta (SEZ) gelehrt. Von den in den verschiedenen Traktaten des Talmud mit der Formel Tanna debe Elijahu erwähnten Stellen befinden sich einige in unserem Buch. Es will, wie gleich im Anfang in Ausdeutung von Gen 3,24 ausgesprochen, zum rechten Lebenswandel (*Derekh Erets*) ermahnen und das Gesetzesstudium verherrlichen. Den Inhalt bilden einerseits Auslegungen von Gesetzesvorschriften, durch Gleichnisse, Sentenzen, Gebete und Ermahnungen belebt, andererseits Erzählungen über die Wanderungen des Verfassers, der aus Jabne stammen und nach Babylonien gezogen sein will, sowie seine Erlebnisse. Mehrfach tritt Elija auf; doch ist nicht anzunehmen, daß er durchgehend als der Erzähler gedacht ist, wo nicht ausdrücklich sein Name genannt ist. Die Sprache von SE ist ein reines, doch mit eigenartigen Ausdrücken und zahlreichen neuen Wendungen geschmücktes, blumenreiches „klassizistisches" (*Urbach*) Hebräisch. Datierung und Lokalisierung der Schrift sind umstritten. Nach den einen ist sie im wesentlichen mit dem in bT als Tanna de-be Elijahu erwähnten Werk gleichzusetzen und im Grundstock im 3. Jh. in Babylonien entstanden (*Friedman, Margulies, Braude*) bzw. jedenfalls vor der Endredaktion des bT in der 2. Hälfte des 5. Jhs. verfaßt, da die Verfolgung unter Peroz und die Macht der Magier vorausgesetzt sei (*Mann; Epstein*, der Anan für den Erstredaktor hält, doch mit mehreren Ausgaben in den babylonischen Akademien rechnet). Andere (z. B. *Zunz*) datieren die Schrift ins 10.Jh., gestützt auf die Daten in Kap. 2 (F. 6f), 7 (F. 37) und 29 (F. 163). Die Parallelen in bT und GenR wären demnach nicht aus SE entnommen, sondern im Gegenteil Anregung dafür gewesen. Allerdings beweist ein Vergleich der ersten Zeitangabe in SER (schon mehr als 700 Jahre der vorgesehenen messianischen Zeit sind wegen unserer Sünden in Knechtschaft vergangen: das würde auf eine Redaktion nach 940 verweisen) mit dem Zitat der Stelle im Jalqut Makhiri zu Sach 14,7 (hier wird 664 genannt, also das Jahr 904), daß Abschreiber diese Daten jeweils aktualisierten. Auch ist deutlich, daß Natronai Gaon (9. Jh.) das Werk schon zitiert. Somit ist eine Abfassungszeit der Schrift vor dem 9. Jh. und wohl nach bT wahrscheinlich (so z.B. *Albeck*). Eine weitere Klärung ergibt sich vielleicht durch weitere Textfunde wie jenes Geniza-Fragment, das *Rabinovitz* veröffentlicht hat und das einen palästinischen Charakter (Halakha, Schreibweise) aufweist. Damit ist auch die babylonische Herkunft des Textes sehr fraglich geworden.

2. Ethische Midraschim

Nach dem Arukh, der aber kein Zitat bringt, hat der erste Teil (SER) 30 Kapitel, der zweite (SEZ) 12; in der Ausgabe V 1598 nach einem MS aus dem Jahr 1186 hat der 1. Teil 31, der 2. 25 Kapitel. Schon *Zunz* hat erkannt, daß in SEZ die Kapitel 15–25 spätere Zutat sind. *Friedmann*, der MS Vatikan 31 von 1073 zugrundelegen konnte, hat den ersten Teil sachgemäßer in 29 Kapitel eingeteilt. Der zweite Teil endet bei ihm mit Kap. 15 der Ausgabe V, doch ist das letzte Kapitel nicht echt. In der Ausgabe von *Ch. M. Horowitz* hat SEZ nur 12 Kapitel. Die Handschriften, Drucke und Auszüge im Jalqut weichen in bezug auf SEZ so voneinander ab, daß man verschiedene Rezensionen anzunehmen geneigt ist. Die Ausgabe *S. Haida*, Prag 1677, ist keine Ausgabe des eigentlichen Textes von SE, sondern wie der Verfasser selbst mitteilt, habe er angesichts des verderbten überlieferten Textes Elija bewogen, ihm nach Gebet und Fasten den Text von SE nochmals zu offenbaren!

Text: M. Friedmann, Seder Eliahu rabba und Seder Eliahu zuta (Tanna d'be Eliahu), W 1902; Pseudo-Seder Eliahu zuta, W 1904 (gemeinsamer Ndr. J 1960; dazu *J. Theodor*, MGWJ 44, 1900, 380–384. 550–561; 47, 1903, 77–79); *L. Ginzberg*, Ginze Schechter I 235–245 (SEZ); *Ch. M. Horowitz*, Bibliotheca Haggadica, F 1881, Ndr. J 1967, II 3–19; *Z. M. Rabinovitz*, Ginzé Midrash 296–301 (SER 1, F. 5f, orient. Schrift, ca. 11. Jh.). Faksimile: Torath Cohanim (Sifra). Seder Eliyahu Rabba and Zutta. Codex Vatican 31, J 1971. Engl. Übersetzung: *W. G. Braude – I. J. Kapstein*, Tanna Debe Eliyahu. The Lore of the School of Elijah, Phil. 1981 (dazu *J. Elbaum*, JSHL, h, 7, 1985, 103–119).

Lit.: V. Aptowitzer, Seder Elia, GS G. A. Kohut, 1935, 5–39; *J. Brand*, Seder Tanna de-be Elijahu Rabba we-zutta (zemano u-mechabero), FS Z. Shazar, J 1973, 597–617; *W. G. Braude*, „Conjecture" and Interpolation in Translating Rabbinic Texts. Illustrated by a Chapter from Tanna debe Eliyyahu, FS M. Smith, L 1975, IV 77–92; *ders.*, Novellae in Eliyahu Rabbah's Exegesis, GS J. Heinemann, J 1981, 11–22; *J. Elbaum*, EJ XV, 803f; *ders.*, The Midrash Tana Devei Eliyahu and Ancient Esoteric Literature, JSJT 6 (1987) hebr.Teil 139–150; *J. N. Epstein*, ITM 762–7; 1302f; *A. Goldberg*, Erlösung durch Leiden, F 1978, 28–31 (Verhältnis SEZ 19–25 und PesR 34–7 nicht unmittelbar. S. 31: „Die Möglichkeit, daß PesR 36–37 mittelbar auf SEZ 21 einwirkte, kann dagegen nicht ausgeschlossen werden"); *M. Kadushin*, The Theology of Seder Eliahu, NY 1932; *J. Mann*, Date and Place of Redaction of Seder Eliyahu Rabba and Zutta, HUCA 4 (1927) 302–310; *M. Margulies*, Le-ba'ajat qadmuto schel SER, Sefer Assaf, J 1953, 370–390; *E. E. Urbach*, Lescheelat leschono u-meqorotaw schel sefer „Seder Elijahu", Leschonenu 21 (1956f) 183–197; *R. J. Z. Werblowsky*, A note on the text of Seder Eliyahu, JJS 6 (1955) 201–211; *M. Zucker*, Rav Saadya Gaon's Translation of the Torah (h), NY 1959, 116–127.205–219 (antikaräische Polemik in SE, den er zwischen 850 und 860 datiert); Zunz, GV 92f. 119–124 *(Albeck*, Deraschot 55–7; 292–6).

c) Midrasch Ma'ase Tora

Eine Zusammenstellung von Lehren und Regeln nach den Zahlen von 3 bis 10, daher auch Midrasch Schloscha we-Arba'a genannt. Ein anderer Name ist Pirqe Rabbenu ha-Qadosch. Es gibt verschiedene Versionen, die erst zum Teil veröffentlicht sind. Der Midrasch dürfte im 9. Jh. entstanden sein, jedoch ältere Quellen benützt haben.

Text: K 1519; V 1544; BhM II 92–101 (Übersetzung in *Wünsche,* Lehrhallen IV); andere Rezension in *S. Schönblum,* Schloscha sefarim niftachim, Lemberg 1877 (Pirqa de Rabbenu ha-qadosch), in *Grünhut,* Sefer ha-Likkutim III 35–89, sowie *Wertheimer* II 45–73; *M. Higger,* Pirqe Rabbenu Ha-Qadosch, Horeb 6 (1941) 115–149 (jemenitisches MS des JThS, das die Vorlage für das von *Grünhut* edierte MS war); vgl. auch die von *Ch. M. Horowitz* in Kebod Chuppa herausgegebene Chuppat Elijahu, F 1888. Vgl. *M. D. Herr,* EJ XVI, 1516; *Zunz,* GV 297f.

d) Midrasch Temura

Eine kleine ethisch-haggadische Schrift, welche die Notwendigkeit von Wechselfällen und Kontrasten in der Welt aufzeigen will. In den beiden ersten von fünf Kapiteln treten Jischmael und Aqiba lehrend auf (bewußte Pseudepigraphie?); es folgt eine Auslegung von Ps 136 in Beziehung auf Koh 3,1–8. Sprache und früheste Zitate der Schrift legen ein Datum in der 2. Hälfte des 12. Jhs. nahe.

Text: Erstdruck als Anhang zu *H. J. D. Azulai,* Schem ha-gedolim, Livorno 1786, dann in BhM I 106–114; kritische Ausgabe *Wertheimer* II 187–201; *M. Perani,* Hg., Il midrash temurah. La dialettica degli opposti in un' interpretazione ebraica tardomedievale. Introduzione, versione e commento, Bologna 1986. Vgl. *M. D. Herr,* EJ XVI, 1518; *Zunz,* GV 124.

e) Midrasch Chaserot wi-Jterot

Midrasch über die mit bzw. ohne mater lectionis geschriebenen Wörter der Bibel, wohl unter dem Einfluß der Masoreten in Palästina entstanden (9. Jh. oder früher, bei Hai Gaon schon zitiert). Das Werk richtet sich nicht nach der Ordnung der Bibel; eine solche Ordnung ist erst von einem späteren Redaktor eingeführt worden. Es sind verschiedene Fassungen des Werkes überliefert.

Text: Wertheimer II 203–332; *A. Berliner,* Pletath Soferim, Breslau 1872, 34–41; hebr. Teil 36–45; *A. Marmorstein,* Midrasch Chaserot wi-Jterot, Lo 1917; *E. M. Mainz,* Midrasch Male we-Chaser, Kobez al Yad 6 (16), J 1966, 77–119 (MS Vat. 44, teils in Arabisch, wohl aus dem Jemen); *L. Ginzberg,* Ginze Schechter I 206–9. Ein verwandter Text (über die einander widersprechenden Bibelverse): *J. Mann,* HUCA 14 (1939) 338–352.

3) Esoterische bzw. mystische Schriften

Allgem. Lit.: I. Chernus, Mysticism in Rabbinic Judaism. Studies in the History of Midrash, B 1982; *I. Gruenwald,* Apocalyptic and Merkavah Mysticism, L-Köln

1980 (dazu *J. Dan*, Tarbiz 51, 1981f, 685–91; *G. Vajda*, REJ 140, 1981, 217–224); *D. J. Halperin*, The Merkabah in Rabbinic Literature, New Haven 1980; *ders.*, The Faces of the Chariot. Early Jewish Responses to Ezekiel's Vision, Tüb. 1988; *P. Schäfer*, Hekhalot-Studien, Tüb. 1988; *ders.*, Der verborgene und offenbare Gott. Hauptthemen der frühen jüdischen Mystik, Tüb. 1991; *G. Scholem*, Die jüdische Mystik in ihren Hauptströmungen, F ²1967; *ders.*, Jewish Gnosticism, Merkabah Mysticism, and Talmudic Tradition, NY ²1965; *ders.*, EJ X 489–653 (zusammen mit anderen EJ-Artikeln *Scholems* auch als Buch: Kabbalah, J 1974); *N. Séd*, La mystique cosmologique juive, P 1981.

a) Sefer Jetsira

Das „Buch der Schöpfung" stellt in knapper Sprache Entstehung und Konstitution der Welt dar. In den „32 Pfaden der Weisheit" verbindet es dabei offenbar zwei ursprünglich selbständige Teile: der eine ist über die *zehn Sefirot*, die Grundzahlen, die zugleich die Grundprinzipien der Welt sind, nämlich die vier Grundelemente (göttlicher Geist, Äther, Wasser und Feuer) und die sechs Dimensionen des Raums (die vier Himmelsrichtungen, Höhe und Tiefe); der zweite Teil bespricht die 22 *Buchstaben* des hebräischen Alphabets. Wie sich die Buchstaben zu den Sefirot verhalten, ist nicht gesagt. Die Buchstaben, die die Schöpfung tragen, sind in drei Gruppen aufgeteilt: die drei „Mütter" Alef, Mem und Schin; die sieben „doppelten" (zweifach auszusprechenden) Buchstaben (b,g,d,k,p,t und r); die zwölf verbleibenden Buchstaben. Jede Buchstabengruppe wird sowohl kosmologisch wie auf den Menschen gedeutet. Alles Seiende existiert durch die Kombination dieser Buchstaben.

Die früher gern in gaonäische Zeit datierte Schrift wird von *Scholem* in die Zeit zwischen dem 3. und 6. Jh. datiert und nach Palästina verlegt. *P. Hayman* vermutet wegen der Beziehungen der Schrift zur valentinianischen Gnosis, zu den Pseudoklementinen usw. syrische Herkunft im späten 2. oder frühen 3. Jh.; eine Einzelbegründung steht aber noch aus. Mit *Gruenwald* ist jedenfalls zwischen der Entstehung der beiden Teile und ihrer Vereinigung in der Endredaktion (wohl zu Beginn der islamischen Zeit) zu unterscheiden, wobei jedoch genauere Aussagen noch nicht möglich sind. Die Schrift taucht im 10. Jh. erstmals auf, und zwar gleich in drei Rezensionen: eine kurze Rezension kommentierte um 956 Dunasch b.Tamim; eine lange liegt dem Kommentar von S. Donnolo (10. Jh.) zugrunde; eine dieser nahestehende Fassung befindet sich in Saadjas Kommentar von 931. Später wurde i.a. die Kurzfassung bevorzugt und von Jakob ben Nissim, Jehuda ben Barzillai, Mose ben Nachman und anderen kommentiert.

Text: Erstdruck Mantua 1562 (Kurzfassung mit mehreren Kommentaren; als Anhang die Langrezension ohne Kommentar); *L. Goldschmidt*, Das Buch der Schöpfung, Text nebst Übersetzung... und Einleitung, F 1894 (Ndr. Darmstadt 1969): dazu kritisch *A. Epstein*, MGWJ 39 (1895) 46–8.134–6; *I. Gruenwald*, A Preliminary Critical Edition of Sefer Yeẓira, Israel Oriental Studies 1 (TA 1971) 132–177 (nimmt als Textbasis MS Vat. 299[8], wahrscheinl. 10. Jh.); *I. Weinstock*, Le-berur ha-nusach schel Sefer Jetsira, Temirin 1 (1972) 9–61 (rekonstruiert den Text sehr willkürlich: *Gruenwald*, REJ 132, 1973, 475 Anm. 1); *N. Allony*, „Sefer Jetsira" nusach RaSa"G be-tsurat megilla mi-genizat Qahir, Temirin 2 (1982) 9–29; *M. Lambert*, Commentaire sur le Séfer Yesira ou le livre de la Création par le Gaon Saadya de Fayyoum, P 1891 (Ndr. 1986); *A. M. Habermann*, Abanim le-cheqer „Sefer Jetsira", Sinai 10 (1945) 241–265 (Geniza-Fragment des Kommentars Saadjas, 10. Jh.); *G. Vajda*, Le Commentaire de Saadia sur le Séfer Yeçîra, REJ 106 (1941) 64–86; *ders.*, Le commentaire kairouanais sur le "Livre de la Création„, REJ 107 (1946f) 99–156; 110 (1949f) 67–92; 112 (1953) 5–33; *ders.*, Deux nouveaux fragments arabes du commentaire de Dunash b. Tamim sur le „Livre de la Création", REJ 113 (1954) 37–66; *ders.*, Deux nouveaux fragments arabes…, REJ 122 (1963) 149–162; *D. Castelli*, Il commento di Sabbathai Donnolo sul libro della creazione, Florenz 1880.

Weitere Lit.: N. Allony, Ha-schitta ha-anagrammatit schel ha-milonut ha-ibrit be-Sefer Jetsira, Temirin 1 (J 1972) 63–100 (argumentiert vom 2. Teil des Buches aus für eine Entstehung in islamischer Zeit); *I. Gruenwald*, Some Critical Notes on the First Part of Sefer Yeẓîrâ, REJ 132 (1973) 475–512; *P. Hayman*, Some Observations on Sefer Yesira: (1) Its Use of Scripture, JJS 35 (1984) 168–184; (2) The Temple at the Centre of the Universe, JJS 37 (1986) 176–182; *N. Séd*, Le Sefer Yeṣîrâ, L'édition critique, le texte primitif, la grammaire et la métaphysique, REJ 132 (1973) 513–528; *G. Scholem*, EJ XVI, 782–8; *G. Toaff*, Gnosticismo e Sepher Yezirah, Annuario di Studi Ebraici 9 (1977–9), R 1980, 19–26; *ders.*, Sefer Yezira (Il libro della creazione), R 1979; *L. Zunz*, GV 175.

b) Midrasch Tadsche

Das nach dem am Anfang kommentierten Vers Gen 1,11 benannte Werk heißt auch Baraita de Rabbi Pinchas ben Jair (P. wird zweimal im Text und, als Autor, am Ende genannt). Es kommentiert verschiedene Stellen der Tora und der Klgl. Es steht der rabbinischen Esoterik nahe und weist eine deutliche Kenntnis des Jubiläenbuches auf. *G. Scholem* (Ursprung und Anfänge der Kabbala 14) sieht die Schrift in Südfrankreich bzw. in benachbarten Zentren entstanden. Sie wird von Mosche ha-Darschan zitiert (siehe *Albeck*, Bereschit Rabbati 16f), den *A. Epstein* überhaupt für den Verfasser der Schrift hält.

Text: BhM III 164–193; *A. Epstein*, Qadmoniot 144–171; Übersetzung *A. Wünsche*, Lehrhallen V b.

Lit.: S. Belkin, Midrasch Tadsche o Midrasch de R. Pinchas b. Jair. Midrasch Hellenisti Qadmon, Horeb 11 (1951) 1–52 (sieht für die allegorische Exegese eine mit Philo gemeinsame Quelle); *A. Epstein*, Qadmoniot 130–143; *ders.*, Le livre de Jubilés, Philon et le Midrash Tadsché, REJ 21 (1890) 80–97; 22 (1891) 1–25; *Zunz*, GV 292f.

c) Midrasch Konen und andere Texte zum Schöpfungswerk

Ein Midrasch über die Weltschöpfung, zuerst V 1601 gedruckt; BhM II 23–39 (Übersetzung in *Wünsche*, Lehrhallen III). Das Werk gehört mit einer Reihe anderer Texte zum Ma`ase Bereschit, dem zweiten Zweig der jüdischen Mystik neben dem Ma`ase Merkaba: BhM V 63–9; *Wertheimer* I 1–48 (Seder Rabba de-Bereschit); *L. Ginzberg*, Nusach Chadasch schel Seder Ma`ase Bereschit, Ginze Schechter I 182–7. Cf. *N. Séd*, Une cosmologie juive du haut moyen age. La Berayta di Ma`aseh Bereschit, REJ 123 (1964) 259–305; 124 (1965) 23–123 (Einleitung und Text). Siehe auch die Texte in der Synopse zur Hekhalot-Literatur §§ 428–467.

d) Die großen und die kleinen Hekhalot

Die Schriften über die „Thronhallen" oder himmlischen „Paläste" sind die wichtigsten Texte der Merkaba-Literatur, die den mystischen Aufstieg zum Thronwagen (Merkaba) Gottes vorbereitet bzw. einfach schildert. Der Weg durch die sieben Himmel und sieben Thronhallen ist voller Gefahren, die man nur überwindet, wenn man die rechten Formeln weiß (viele Ausdrücke dieser Texte sind griechisch). Ein Großteil der Texte ist der himmlischen Liturgie gewidmet. Sie zitieren Hymnen, welche die Engel bzw. die vier Lebewesen singen, die den göttlichen Thron tragen. Diese Lieder enden gewöhnlich mit dem dreifachen Heilig von Jes 6,3. Die feierliche und monotone Einförmigkeit der Hymnen soll sicher auch die Ekstase fördern. *A. Goldberg* sieht in den Hekhalot Rabbati drei größere Teile, die später redaktionell ineinander verarbeitet worden sind: die Qeduscha-Lieder, die Initiation der Adepten über den Aufstieg zu den sieben Hekhalot, das Geheimnis der Tora. Hekhalot Rabbati (traditionell R. Jischmael zugeschrieben) und Zutarti (gewöhnlich mit R. Aqiba verbunden) wurden von *G. Scholem* in talmudische Zeit datiert. *P. Schäfer* hingegen betont die uneinheitliche handschriftliche Überlieferung besonders von Hekhalot Zutarti, den uneinheitlichen inneren Aufbau der Schrift und die Tatsache, daß die Handschriften den Titel nicht verwenden, den Anfang des Werkes nicht kennzeichnen und auch seinen Schluß nicht erkennen lassen, sondern nahtlos zusätzliches Material anfügen; er sieht darin „das Musterbeispiel einer Textfiktion, deren redaktionelle Einheit wahrscheinlich niemals bestanden hat" (Hekhalot-Studien 62). S. 15f äußert er sich ähnlich für die ganze Hekhalot-Literatur; von daher läßt sich auch die Frage nach der Datierung der Schriften nicht sinnvoll stellen, sondern nur „als relativ sicher annehmen, daß spätestens im 10. Jh. Makroformen von *Hekhalot Rabbati* und *Zutarti* im Umlauf waren" (Übersetzung II, p. XXf). Spätere (sogar noch sabbatianische) Ergänzungen und Veränderungen der Textüberlieferung sind häufig.

Text: Synopse zur Hekhalot-Literatur, in Zusammenarbeit mit M. Schlüter und H. G.von Mutius hg. von P. Schäfer, Tüb. 1981 (bisher umfangreichste Veröffentlichung von Hekhalot-Material, Synopse von 7 MSS; siehe dazu *J. Dan*, Tarbiz 53, 1983f, 313–7); *P. Schäfer*, Hg., Übersetzung der Hekhalot-Literatur II–IV, Tüb. 1987–91 (Band I mit §§ 1–80 der Synopse, 3 Hen, steht noch aus); *ders.*, Hg., Geniza-Fragmente zur Hekhalot-Literatur, Tüb. 1984; *ders.*, Hg., Konkordanz zur Hekhalot-Literatur, 2 Bde, Tüb. 1986–88; *ders.*, Hekhalot-Studien 96–117 (neue Fragmente von Hekhalot-Texten). 154–233 (Handschriften-Beschreibung); *R. Elior*, Hekhalot Zutarti, J 1982 (dazu *P. Schäfer*, Tarbiz 54, 1984f, 153–7). Ältere (Teil)- Editionen in *S. Musajoff*, Sefer Merkaba Schlema, J 1921, Ndr. J 1972; *Wertheimer* I 65–136 und BhM III 83–108.

Lit.: Außer den eingangs genannten Schriften *Scholems ders.*, EJ XI, 1386–9; *P. S. Alexander*, Comparing Merkavah Mysticism and Gnosticism: An Essay in Method, JJS 35 (1984) 1–18; *I. Chernus*, Individual and Community in the Redaction of the Hekhalot Literature, HUCA 52 (1981) 253–274; *ders.*, Visions of God in Merkabah Mysticism, JSJ 13 (1982) 123–146; *A. Goldberg*, Einige Bemerkungen zu den Quellen und den redaktionellen Einheiten der großen Hekhalot, FJB 1 (1973) 1–49; *I. Gruenwald*, Apocalyptic 98–123.142–173; *ders.*, The Song of the Angels, the Qedushah and the Composition of the Hekhalot Literature (h), GS A. Schalit, J 1980, 459–481; *D. J. Halperin*, The Faces of the Chariot, Tüb. 1988; *J. Maier*, Vom Kultus zur Gnosis, Salzburg 1964, 128–133; *ders.*, Serienbildung und „numinoser" Eindruckseffekt in den poetischen Stücken der Hekhalot-Literatur, Semitics 3 (1973) 36–66; *P. Schäfer*, Hekhalot-Studien; *L. H. Schiffmann*, The Recall of Rabbi Nehuniah Ben Ha-Qaneh from Ecstasy in the Hekhalot Rabbati, AJSR 1 (1976) 269–281; *M. Schlüter*, Die Erzählung von der Rückholung des R. Nehunya ben Haqana aus der Merkava-Schau in ihrem redaktionellen Rahmen, FJB 10 (1982) 65–109; *G. Wewers*, Die Überlegenheit des Mystikers. Zur Aussage der Gedulla-Hymnen in Hekhalot Rabbati 1,2–2,3, JSJ 17 (1986) 3–22.

e) Andere Merkaba- bzw. Hekhalot-Texte

Der *Sefer Hekhalot*, von *Odeberg* als 3 Henoch ediert, schildert eine Himmelsreise des R. Jischmael unter Führung Henochs, der im Himmel zu Metatron umgewandelt wurde. Nach *Odeberg* stammt das Werk aus dem späten 3. Jh., doch ist es eher ans Ende der talmudischen Zeit zu rücken: siehe *P. Alexander*, der für eine nachtalmudische Endredaktion argumentiert.

Text: Teilweise schon in BhM V,170–190; *H. Odeberg*, 3 Enoch or The Hebrew Book of Enoch, C 1928 (Ndr. NY 1973 mit Prolegomenon von *J. C. Greenfield*); Synopse zur Hekhalot-Literatur §§ 1–80; eine neue Edition mit Übers. bereitet *P. Schäfer* vor. Kommentierte engl. Übersetzung mit ausführlicher Einleitung: *P. Alexander* in *J. H. Charlesworth*, Hg., The Old Testament Pseudepigrapha I, Lo 1983, 223–315; deutsch: *H. Hofmann*, Das sogenannte hebräische Henochbuch, Königstein/T. – Bonn 1984. – Vgl. *P. S. Alexander*, The Historical Setting of the Hebrew Book of Enoch, JJS 28 (1977) 156–180; *ders.*, 3 Enoch and the Talmud, (JSJ 18 (1987) 40–68; *I. Gruenwald*, Apocalyptic 191–208; *C. R. A. Morray-Jones*, Hekhalot Literature and Talmudic Tradition: Alexander's Three Test Cases, JSJ 22 (1991) 1–39.

Schon früher, wahrscheinlich im 4. oder Anfang 5. Jh. entstanden sind die "Visionen Ezechiels„ (*Reujjot Jechezqel*), eine Art Kommentar zu Ez 1.

Text: J. *Mann*, Pereq Reijjot Jechezqel, Hazofeh 5 (Budapest 1921, Ndr. J 1972) 256–264 (Geniza-Text); *Wertheimer* II 127–134 (Text von *Mann* plus Konjekturen); A. *Marmorstein*, A Fragment of the Visions of Ezekiel, JQR 8 (1917f) 367–378 (Geniza-Fragment). Kritische Ausgabe mit Kommentar: *I. Gruenwald*, Temirin 1 (J 1972) 101–139. Vgl. *ders.*, Apocalyptic 134–141; *D. J. Halperin*, The Faces of the Chariot, Tüb. 1988, 263–289 (264–8 Übers.). 495–504.

Merkaba Rabba, eine zusammengesetzte Schrift, deren Hauptthema das „große Geheimnis" (der Tora) ist, das sich R. Jischmael erwirbt. Reich an magischen Passagen, mit einem Schi^c^ur-Qoma Stück und anderen Texten, wie der „Beschwörung des Sar ha-Panim, verbunden.

Text: S. *Musajoff*, Merkaba Schlema, J 1921, Ndr. J 1972, 1a-6a;Synopse zur Hekhalot-Literatur §§ 623–712; *P. Schäfer*, Hekhalot-Studien 17–49 (Merkava Rabba). 118–153 (Sar ha-Panim); Übers. in *P. Schäfer*, Übersetzung der Hekhalot-Literatur IV. Siehe auch *I. Gruenwald*, Apocalyptic 174–180.

Ma^c^ase Merkaba wurde zuerst von G. *Scholem*, Gnosticism 101–117, ediert, auf breiterer Textbasis dann in der Synopse zur Hekhalot-Literatur §§ 544–597; deutsch in *P. Schäfer*, Übersetzung der Hekhalot-Literatur III, dort auch ausführliche Einleitung. Siehe auch *I. Gruenwald*, Apocalyptic 181–7; *M. D. Swartz*, Mystical Prayer in Ancient Judaism. An Analysis of Ma^c^aseh Merkavah, Tüb. 1992. Davon zu unterscheiden ist die in *Wertheimer* 51–62 *als Ma^c^ase Merkaba* publizierte Schrift, die auch als Massekhet Hekhalot bekannt ist (siehe auch BhM II 40–47). Nach *Gruenwald*, Apocalyptic 209–212, wohl aus dem Kreis deutscher Chasidim im 12. oder 13. Jh.

Schi^c^ur Qoma: M. S. *Cohen*, The Shi^c^ur Qomah: Text and Recensions, Tüb. 1985; Hekhalot-Synopse §§ 939–985; deutsch in *P. Schäfer*, Übersetzung der Hekhalot-Literatur IV, dort auch Einführung. Ob es je fertig redigierte Schi^c^ur-Qoma-Schriften gegeben hat, bezweifelt *P. Schäfer* wegen des äußerst fluktuierenden Textmaterials. – *Lit.:* M. S. *Cohen*, The Shi^c^ur Qomah: Liturgy and Theurgy in Pre-Kabbalistic Jewish Mysticism, NY-Lo 1983; *J. Dan*, The Concept of Knowledge in the Shi^c^ur Qomah, FS A. Altmann, Alabama 1979, 67–73; *K. Herrmann*, Text und Fiktion. Zur Textüberlieferung des Shi^c^ur Qoma, FJB 16 (1988) 89–142; *P. Schäfer*, Hekhalot-Studien 75–83; *G. Scholem*, Gnosticism 36–42.

f) Alphabet (Otijjot) des R. Aqiba

Diese in verschiedenen Rezensionen überlieferte Schrift der Merkaba-Mystik enthält u. a. auch verschiedene Stücke der Schi^c^ur- Qoma-Spekulation. *Graetz* versuchte einst den Nachweis, daß dieses Werk die Hauptquelle der Hekhalot-Literatur ist. Tatsächlich muß das Verhältnis dieser Schriften zueinander umgekehrt gesehenwerden. Ab dem 10. Jh. wird das Werk zitiert. Eine Entstehungszeit zwischen dem 7. und 9. Jh. ist wahrscheinlich. Doch ist auch hier eine neue Untersuchung notwendig.

Text: BhM III 12–64 (zwei Rezensionen; Übersetzung in *Wünsche*, Lehrhallen IV); *Wertheimer* II 333–477 bringt diese Rezensionen und ähnliche Schriften (cf. dazu *D. F. Sawyer*, JJS 42, 1991, 115–121); vgl. auch BhM V 31–3. – *Lit.:* H. *Graetz*, Die mystische Literatur in der gaonäischen Epoche, MGWJ 8 (1859) 67–78.103–118. 140–153 (die zwei Fortsetzungen sind hauptsächlich zu Schi'ur Qoma); *M. D. Herr*, EJ XVI, 1516; G. *Scholem*, Über eine Formel in den koptisch-gnostischen Schriften und ihren jüdischen Ursprung, ZNW 30 (1931) 170–176; *Zunz*, GV 178.

g) Sefer Raziel und Sefer ha-Razim

Sefer Raziel, zuerst Amsterdam 1701 gedruckt, dürfte in seiner jetzigen Fassung auch kaum viel älter sein. Er kompiliert jedoch eine Reihe älterer Schriften aus der Hekhalot-Literatur und Ähnlichem, wie auch eine lange Fassung des Schi'ur Qoma. Der Name geht wohl auf den Engel Raziel zurück, den Offenbarer der Geheimnisse, der schon im alten *Sefer ha-Razim*, dem „Buch der Geheimnisse" , eine Rolle spielt. Diese aus einem Geniza-Text und verschiedenen MSS rekonstruierte Schrift, die vielleicht schon im 3. oder 4. Jh. in Palästina entstanden ist *(Gruenwald*, Apocalyptic 226: 6. oder 7. Jh.), ist mit den Hekhalot-Texten verwandt, indem sie sieben Himmel schildert. Charakteristisch für die Schrift ist jedoch das Vorherrschen des Magischen, das oft schon die Grenzen des „rechtgläubig" Jüdischen überschreitet und seine nächste Parallele in den griechischen Zauberpapyri Alexandriens hat. Die Schrift enthält u. a. sogar einen griechischen Hymnus an Helios.

Text: M. *Margalioth*, Sepher ha-Razim. A newly recovered book of magic from the Talmudic period, J 1966. Die ausführliche Einleitung ist auch für das Buch Raziel relevant (zu diesem cf. auch *J. Dan*, EJ XIII 1592f). Zur Ausgabe siehe *J. Dan*, „Sepher Harazim" edited by M. Margalioth (h), Tarbiz 37 (1967f) 208–214. Übersetzung: *M. A. Morgan*, Sepher ha-Razim: The Book of Mysteries, Chico 1983. – *Lit.:* I. *Gruenwald*, Apocalyptic 225–234; *J.-H. Niggemeyer*, Beschwörungsformeln aus dem „Buch der Geheimnisse", Köln 1974 (kritisch zu Edition von Margalioth); *N. Séd*, Le Sefer ha-Razim et la méthode de „combinaison des lettres", REJ 130 (1971) 295–303.

VIII. Sammelwerke und Midrasch genannte Kommentare

1) Jalqut Schimʿoni

Gewöhnlich einfach Jalqut genannt. Eine Midraschkompilation zum ganzen Alten Testament, aus mehr als fünfzig Werken zusammengesetzt, von denen manche für uns verloren gegangen sind (Sifre Zutta, Jelamdenu, die Midraschim Abkir, Tadsche, Esfa usw. sind z.T. nur durch den Jalqut belegt). Wertvoll ist der Jalqut auch für die Textkritik noch vorhandener Werke. Dies ist allerdings insofern einzuschränken, als der Verfasser des J. natürlich auch fehlerhafte MSS als Vorlage verwendet, diese z.T. durch Konjekturen korrigiert, auch seine Quellen kombiniert und kürzt. Auch hat J. selbst in seiner Überlieferung gelitten; daher ist selbstverständlich der Erstdruck Saloniki sowie die einzige fast vollständige Handschrift (MS Oxford 2637) heranzuziehen, die auch der kritischen Ausgabe zugrundeliegt. Die Quellen des Werkes sind jeweils zu Beginn des Zitats (so im Erstdruck) bzw. am Rand (in den späteren Drucken) vermerkt, was sicher schon auf den ursprünglichen Kompilator zurückgeht.

J. hat zwei Teile, den Pentateuch mit 963 Paragraphen *(remazim)*, die anderen Bücher der Bibel mit 1085. Die Reihenfolge der biblischen Bücher ist die in BB 14b angegebene, nur Est vor Dan, also: Jes nach Ez; Hagiographen: Rut, Pss (nur 147 statt 150! das geht vielleicht auf MidrPs 22,4 zurück, wonach die Zahl der Pss den 147 Lebensjahren Jakobs entsprechen soll), Ijob, Spr, Koh, Hld, Klgl, Est, Dan, Esr, Neh, Chron. In den späteren Ausgaben hat man sich an die übliche Reihenfolge der biblischen Bücher gehalten und damit das System der Remazim durcheinander gebracht. Die einzelnen Abschnitte sind von sehr ungleicher Länge und reichen von wenigen Zeilen zu mehreren Seiten. Wahrscheinlich sollten sie auch gar nicht als Texteinteilung dienen, sondern als internes Verweissystem: das geht daraus hervor, daß die Zahlen in MS Oxford wie in der Erstausgabe nicht zu Beginn der Paragraphen stehen, sondern bei einem Text, der im Werk auch anderswo verwendet wird (so *Hyman*). Einzig die Erstausgabe des J. fügt dem Text einen Appendix an *(Qunderes acharon)*, der in 256 Remazim Haggadot des pT und in 55 Remazim Zitate des Jelamdenu bietet.

Verfasser des J. ist Schimʿon ha-Darschan. Nach den Titelblättern der Ausgaben (schon V, dessen Herausgeber *M. Prinz* sich wohl auf Traditionen stützt) soll er aus Frankfurt (am Main) stammen. *S. I. Rapaport* (Kerem Chemed 7, 1843,4ff) und andere lassen diesen Schimʿon ha-Darschan einen Bruder des Menachem ben Chelbo sein, des Vaters von Josef Qara;

demnach müßte er schon in der 2. Hälfte des 11. Jhs. gelebt haben. Mit Recht haben diese Gleichsetzung schon *A. Geiger* und besonders *A. Epstein* bestritten; auch die Annahme von *M. Gaster* 38f, der Verfasser habe in Spanien nicht vor dem 14. Jh. gelebt, hat schon *A. Epstein* widerlegt. Als Datum ist vielmehr das 13. Jh. anzunehmen, wie aus der ältesten Handschrift (MS Oxford 2637 stammt von 1307) und andererseits aus den zitierten Schriften hervorgeht: J. verwendet u. a. schon Bereschit Rabbati und Midrasch Abkir. Seit Ende des 15. Jhs. hat der zuerst bei Isaak Abrabanel zitierte J. immer mehr Verbreitung gefunden und dadurch auch dazu beigetragen, daß so manche Midrasch-Texte, die in ihm exzerpiert sind, nicht mehr selbständig überliefert wurden.

Text: Saloniki 1526f (Teil 1) und 1521 (Teil 2) (Ndr. J 1968 Teil 1, 1973 Teil 2); V 1566 (mit vielen Änderungen), die Grundlage der folgenden Drucke. Zu den Drucken siehe *A. Epstein*, Kitbe II 278–308. Kritische Ausgabe: Jalqut Schim°oni al ha-Tora le Rabbenu Schim°on ha-Darschan, Hg. *D. Hyman – D. N. Lerrer – I. Shiloni*, 9 Bde, J 1973–91.

Lit.: S. *Abramson*, Sinai 52 (1963) 145–7; *J. Elbaum*, EJ XVI, 707–9; *A. Epstein*, Qadmoniot (Kitbe II) 278–327.351–4; *A. B. Hyman*, The Sources of Jalqut Shimeoni (h), 2 Bde, J 1965–74; *D. (=A. B.) Hyman*, Rimze Jalqut Schim°oni, Hadorom 12 (1960) 144–7; *Ch. Z. Finkel*, „Jalqut Schim°oni" u-feschar „remazaw", Moria 7 (1977f) Heft 8–10, 62–92; *M. Gaster*, The Exempla of the Rabbis, NY 1968 (Ndr. von 1924), engl. Teil 21–39; *A. Greenbaum*, Sinai 76 (1975) 120–133 (Rezension von *Hyman*); Zunz, GV 308–315.

2) Jalqut ha-Makhiri

Makhir ben Abba Mari (ben Makhir ben Todros) hat nach verbreiteter Auffassung in Südfrankreich gelebt, was allerdings nur aus dem Namen erschlossen wird. Eine mittelalterliche Notiz, daß er „vor den Verfolgungen in Spanien" geschrieben habe, würde sich mit der ursprünglichen Verbreitung seiner Schrift in Spanien und auch mit seiner Benützung des gerade in Spanien verbreiteten DtnR *Lieberman* decken (so schon *A. Marx*, OLZ 5, 1902, 295f). Wenn die genannte Notiz recht hat, wäre der terminus ante quem des Werkes 1391, sonst 1415, als MS Leiden verkauft wurde. Als Entstehungszeit ist somit wohl das späte 13. oder das 14. Jh. anzunehmen. *M. Gaster* wollte das Werk in das Spanien des 12. Jhs. verlegen und als Quelle von Jalqut II ansehen, was *A. Epstein* widerlegt hat. Die beiden Jalqutim sind wohl unabhängig voneinander entstanden.

Jalqut ha-Makhiri umfaßt die eigentlichen prophetischen Schriften und die drei großen Hagiographen, schloß also bewußt die im Midrasch Rabba schon behandelten Schriften aus. Als Quellen verwendet die Schrift die meisten uns bekannten Midraschim einschließlich so später wie Midrasch Ijob, MidrSpr und SER, aber auch sonst nicht erhaltene Schriften. Sie zitiert manchmal Midrasch Jelamdenu neben Tanchuma, was darauf schließen läßt, daß dies für ihn zwei verschiedene Werke waren und nicht nur verschiedene Namen desselben Werkes. Auch stimmt der Text seiner Zitate mit den beiden Tan-Drucken nicht überein. Der Verfasser hatte offenbar zahlreiche MSS zur Verfügung, zu manchen Schriften auch mehrere. Da er i. a. genau zitiert, sind die Varianten, die er zu dem anderweitig bekannten Text seiner Quellen bietet, von großer Bedeutung.

Text: J. *Spira,* The Yalkut on Isaiah of Machir ben Abba Mari, B 1894 (nach Codex Leiden, in dem 20,4–40,20 und 63,2 bis Ende fehlen); S. *Buber,* Jalkut Machiri... zu den 150 Pss, Berdyczew 1899, Ndr. J 1964 (zusätzliche Quellennachweise: *M. Margulies,* MHG Gen, J 1947 = 1967, 6f); L. *Grünhut,* Sefer ha-Jalqut ha-Makhiri al Mischle, F 1902 (zu Spr 18–31; Ndr. mit J. *Spira* zu Jes J 1964); Ergänzungen im Sefer ha-Likkutim 6 (Spr 2,3,13,14); weitere Ergänzungen (zu Spr 2,3,14) hat *I. Berdehav,* J 1927, veröffentlicht; Y. S. *Spiegel,* A New Section of Yalqut ha-Makhiri on Proverbs (h), Sidra 1 (1985) 91–130; A. W. *Greenup,* The Yalkut of R. Machir bar Abba Mari, 2 Bde, Lo 1910–13 (Ndr. J 1967), nach dem am Anfang und Ende unvollständigen Codex Harley 5704 (kleine Propheten); *ders.,* A Fragment of the Yalkut of R. Machir bar Abba Mari on Hosea (I. 9 – XIV. 1), JQR 15 (1924f) 141–212 (aus MS Vat. 291): Ndr. zus. mit *Berdehav* J 1968; J. Z. *Lauterbach,* Unpublished Parts of the Yalkut ha-Makiri on Hosea and Micah, FS M. Gaster, Lo 1936, 365–373.

Lit.: J. *Elbaum,* EJ XVI, 706f; A. *Epstein,* Le Yalkout Schimeoni et le Yalkout Ha-Makhiri, REJ 26 (1893) 75–83 (gegen *Gaster*); M. *Gaster,* La source de Yalkout II, REJ 25 (1892) 44–52; 53–64 bringt er als Belege für seine These das Vorwort des Jalqut ha-Makhiri und Exzerpte zu Jes 10f und Obd.

3) Jalqut Reubeni

Dieses Werk zur Tora, auch Jalqut Reubeni gadol genannt, zum Unterschied von dem zuerst in Prag 1660 gedruckten J. R. desselben Verfassers, einer thematisch geordneten Sammlung kabbalistischer Haggadot, stammt von *Ruben Höschke* (H. ist poln. Diminutiv für Jehoschua) *Kohen,* Rabbiner in Prag, gest. 1673. Dieser Jalqut (Wilmersdorf 1681, dann Amsterdam 1700; Warschau ohne Jahr, 2 Bde) ist eine Sammlung kabbalistischer Auslegungen zum Pentateuch und somit für die Geschichte der Kabbala, nicht jedoch für die Midrasch-Forschung von Bedeutung. Vgl. G. *Scholem,* Die jüdische Mystik 34f.

4) Midrasch ha-Gadol (MHG)

MHG zum Pentateuch ist die größte aller Midrasch-Sammlungen. David ben Amram von Aden gilt heute fast allgemein als Verfasser, auch wenn A. *Steinsalz* wegen der Reimtechnik im MHG an dessen jemenitischer

Herkunft zweifelt und eher an Ägypten denken möchte. Gewöhnlich datiert man David ben Amram im 13. Jh.; eine jemenitische Handschrift datiert jedoch seine halakhischen Anfragen an einen Nachfahren des Maimonides auf 1346 bzw. 1352 (*Y. Razhabi*, Tarbiz 54, 556). Die Zuschreibung an Abraham, den Sohn des Maimonides, ist nur äußerst schwach bezeugt.

Der Verfasser hat den Pentateuch nach dem einjährigen Lesezyklus eingeteilt. Jede Parasche beginnt mit einem gereimten zweistrophigen Proömium, das zum zu kommentierenden Abschnitt hinführt, und endet mit einem Ausblick auf die kommende Erlösung und die Heimkehr nach Israel. Dazwischen trägt er zu jedem Vers die Auslegungen der gesamten Midrasch-Tradition, der beiden Talmudim, vieler gaonäischer Schriften, des Alfasi und v. a. auch des Maimonides zusammen. Jedoch führt der Autor seine Quellen nicht an. Auch geht er, wie der Vergleich des MHG mit manchen seiner Vorlagen ergibt, die in der Geniza von Kairo wiederentdeckt wurden, mit seinen Quellen relativ frei um. Er zerlegt sie in kleinste Einheiten, korrigiert vielfach die Halakha der halakhischen Midraschim nach dem Wortlaut von M, ergänzt aus dem Talmud und anderen Schriften und fügt eigene erklärende Glossen ein. Somit entsteht, mosaikartig zusammengesetzt, ein ganz neues Werk mit eigenem Stil, dessen Vorlagen zu rekonstruieren oft nicht mehr möglich ist. Das mindert die Bedeutung des MHG für die Wiederherstellung von verloren gegangenen Midraschtexten wie MRS, Sifre Zutta und MidrTann. Das zeigt u.a. ein Vergleich der beiden Ausgaben der MRS von *D. Hoffmann* und von *Epstein-Melamed* (cf. dort die Einleitung von *Melamed* 45–58); aber auch *Horowitz* ist es in seiner Rekonstruktion von Sifre Zutta nicht immer gelungen, echte Zitate von Sifre Zutta von solchen des Maimonides zu trennen. Früher hat man oft geglaubt, MHG habe Mek sowie Sifre nicht zur Verfügung gehabt und deshalb die anderen Midraschim, MRS, Sifre Zutta und MidrTann verwendet; doch hat sich inzwischen gezeigt, daß er sehr wohl auch Mek und Sifre kennt und zitiert, sie jedoch aus bestimmten Gründen vernachlässigt; gelegentlich hat er sie auch mit den anderen Midraschim so kombiniert, daß dabei die halakhischen Gegensätze verschwinden. MHG ist im Jemen sehr beliebt geworden und hat weithin andere Midraschim verdrängt. Auch der Midrasch Aggadat Ester (siehe S. 314) ist mit *Ch. Albeck* dem Verfasser des MHG zuzuschreiben. In Europa ist MHG erst im 19. Jh. bekanntgeworden: 1878 kam die erste Handschrift durch *M. W. Schapira* nach Berlin. Inzwischen sind zahlreiche weitere MSS bekannt geworden.

Text: Die ersten Teilausgaben waren: *S. Schechter*, Midrash ha-gadol forming a collection of ancient Rabbinic homilies to the Pentateuch... Genesis, C 1902; *D. Hoffmann*, Midrasch ha-Gadol zum Buche Exodus, B 1913–21. Kritische Ausgaben: Gen – *M. Margulies*, J ²1967; Ex – *M. Margulies*, J ²1967; Lev – *E. N. Rabinovitz*, NY 1932; *A. Steinsalz*, J 1975; Num – *S. Fisch*, Lo 1940 (nur Teil; 1–

136 ausführliche englische Einleitung); *ders.*, 2 Bde, J 1957–63; Z. M. *Rabinowitz*, J ²1973; Dtn – S. *Fisch*, J 1972.

Lit.: S. *Belkin*, Ha-Midrasch ha-Gadol u-Midresche Philon, FS J. Finkel, NY 1974, hebr. Teil 7–58; S. *Fisch*, EJ XI, 1515f sowie Einleitungen zu MHG Num und Dtn; M. M. *Kasher*, Sefer ha-Rambam we-ha-Mekhilta de Raschbi, J ²1980, 29–47; S. *Morag*, The Rhyming Techniques in the Proems of Midrash Haggadol and the Authorship of this Midrash (h), Tarbiz 34 (1964f) 257–262; Y. L. *Nahum*, Mi-Tsefunot Jehude Teiman, TA 1962, 181–205; Y. *Ratzabi*, The Authorship of Midrash Haggadol (h), Tarbiz 34 (1964f) 263–271; *ders.*, Linguistic Study in „Midrash Haggadol" (h), Bar-Ilan 13 (1976) 282–320; *ders.*, She'elot Hanagid – A Work by R. Yehoshua Hanagid (h), Tarbiz 54 (1984f) 553–566; *ders.*, Leqet leschonot mi-Midrasch ha-Gadol, FS E. Z. Melammed, Ramat Gan 1982, 376–397; D. *Sperber*, Al kamma millim ba-Midrasch ha-Gadol, Sinai 77 (1974f) 13–16; A. *Steinsalz*, Rhyming Techniques in the Proems of Midrash Haggadol (h), Tarbiz 34 (1964f) 94–7; M. *Zucker*, Pentateuchal Exegeses of Saadia Gaon and Samuel ben Chofni Incorporated into the Midrash ha-Gadol (h), FS A. Weiss, NY 1964, 461–481.

5) Bereschit Rabbati

Mosche ha-Darschan aus Narbonne (1.Hälfte 11. Jh.), oft von Raschi und dessen Enkel Jakob Tam zitiert, verfaßte Kommentare zu biblischen Büchern und kompilierte Midraschim, deren Umfang nicht geklärt ist (die ganze Tora? auch andere bibl. Schriften?). Der spanische Dominikaner Raymund Martini (1220–1285) zitiert in seiner ca. 1280 entstandenen Schrift Pugio Fidei oft einen Midrasch Bereschit Rabba major des Mosche ha-Darschan. Die Echtheit dieser Zitate ist oft bestritten worden, bis ein MS von Bereschit Rabbati entdeckt wurde. Da jedoch verschiedene Zitate in Pugio Fidei und bei Raschi auch hier nicht vorkommen, sieht A. *Epstein*, dem *Albeck* folgt, in Bereschit Rabbati eine Kurzfassung des Werkes von Mosche ha-Darschan, aus dessen Schule auch der von S. *Buber* veröffentlichte Midrasch Aggada (W 1894) und die Bearbeitung von NumR I stammt. Das Werk ist eine typische Midrasch-Kompilation, die die gesamte rabb. Literatur verwendet, aber auch den Midrasch Tadsche oft zitiert (so daß er gelegentlich dem Mosche ha-Darschan selbst zugeschrieben wurde) und auch die pseudepigraphe Literatur, v. a. Hen, Jub und Test XII, viel verwendet. Textkritisch ist das Werk für frühere Midraschim kaum verwertbar, da der Autor die Quellen, die er benützt, frei für seinen Zweck bearbeitet, kombiniert und kürzt.

Text: Ch. *Albek*, Midraš Berešit Rabbati ex libro R. Mosis Haddaršan collectus e codice Pragensi cum adnotationibus et introductione, J 1940, Ndr. 1967.

Lit.: A. *Epstein*, Moses had-Darschan aus Narbonne, Fragmente seiner literarischen Erzeugnisse... mit Einl. und Anm., W 1891; J. *Elbaum*, EJ VII,401f; M. *Himmelfarb*, R. Moses the Preacher and the Testaments of the Twelve Patriarchs, ASJR 9 (1984) 55–78; *S. Lieberman*, Texts and Studies 285–300; *I. Ta-Shma*, EJ XII,429; *Zunz*, GV 300–306 *(Albeck,* Deraschot 149f. 447).

6) Leqach Tob

Die Schrift ist nach Spr 4,2 (eine „gute Lehre") und zugleich in Anspielung auf den Namen des Verfassers Tobia ben Eliezer benannt. Nach Meinung von *Zunz* stammt dieser aus Mainz und hat später im Orient gelebt; doch ist mit *S. Buber* (18.20–26) als Wohnort Kastoria (Griechenland) anzunehmen. Er hat sein Buch wahrscheinlich im Jahr 1097 geschrieben, 1107 und 1108 selbst mit Zusätzen und Verbesserungen herausgegeben. Es enthält Anspielungen auf zeitgenössische Ereignisse wie die Judenverfolgung von 1096. Leqach Tob erstreckt sich über den Pentateuch und die Megillot und ist „halb Commentar, halb Hagada, grossentheils aus älteren Werken" *(Zunz*, GV 306f). Es verarbeitet v.a. bT und viele Midraschim sowie mystische Literatur; meist zitiert es ohne Quellenangabe und nicht wörtlich, sondern gießt das Ganze in ein einheitliches Hebräisch und vermischt es mit eigenen Auslegungen. Der Verfasser ist v.a. auch an Grammatik sowie Halakha interessiert. Später wurde die Schrift irrtümlich als Pesiqta oder auch als Pesiqta zutrata zitiert.

Text: V 1546 (Lev, Num, Dtn); Wilna 1884 mit Kommentar von A. M. (Katzenellenbogen von) Padua; *S. Buber*, Lekach tob (Pesikta sutarta), ein agadischer Commentar zum ersten und zweiten Buche Mosis von R. Tobia ben Elieser, Wilna 1884; Ndr. beider Bände Israel ohne Jahr; *J. Nacht*, Tobia ben Elieser's Comm. zu Threni, mit einer Einl. und Anm., B 1895; *A. W. Greenup*, The Commentary of R. Tobia b. Elieser on Echah, Lo ²1908; *G. Feinberg*, Tobia ben Elieser's Commentar zu Koheleth (Lekach tob) samt Einleitung und Comm., B 1904; Ndr. zus. mit *Greenup* J 1967; *S. Bamberger*, Lekach Tob (Pesikta Sutrata). Ein agad. Kommentar zu Megillat Ruth, Aschaffenburg 1887; *A. W. Greenup*, The Commentary of Rabbi Tobia ben Elieser on Canticles, Lo 1909; Ndr. zus. mit *Bamberger* ohne Ort, ohne Jahr (J 1968?); Leqach Tob zu Ester bei *S. Buber*, Sifre de-Aggadeta, Wilna 1886, 85–112.

Lit.: J. Elbaum, EJ XI,1516f; *L. Ginzberg*, Ginze Schechter I 246–297; *Zunz*, GV 306–8.

7) Sekhel Tob

Eine midraschische Anthologie zum Pentateuch von Menachem ben Salomo, 1139 geschrieben, vielleicht in Italien (Fremdwörter im Text sind italienisch). Neben der rabb. Literatur zitiert der Verfasser gaonäische Schriften wie die Scheiltot und die Halakhot Gedolot, aber auch noch Alfasi und den Midrasch Leqach Tob. Von mittelalterlichen Autoren noch vollständig gekannt, doch nur Gen und Ex erhalten.

S. Buber, Sechel Tob. Commentar zum ersten und zweiten Buch Mosis von Rabbi Menachem ben Salomo verfasst i.J. 1139... herausgegeben... commentiert und mit... Einl., B 1900/1901 (Ndr. TA o.J.). Vgl. *I. Ta-Shma*, EJ XI,1307f.

8) Midrasch Samuel

Zunz (GV 281f) datierte diese Kompilation von Einzelauslegungen zu Sam nicht vor das 11. Jh. Doch ist das Werk sicher viel früher entstanden, wenn auch später überarbeitet worden (späte Petichot). Das belegen Zitate bei Samuel ben Chofni (10.Jh.) als Aggadat Schmuel und in der Megillat Setarim des Rab Nissim Gaon (*S. Abramson*, Injanut be-Sifrut ha-Geonim, J 1974, 154; *ders.*, Rab Nissim Gaon, J 1965, 311). Der Qitsur Aggadot ha-Jeruschalmi aus der Geniza zitiert „Samuel Rabba" (Ginze Schechter I 392); Buchlisten der Geniza erwähnen eine Aggadat Schmuel (*J. Mann*, Texts and Studies I, NY 1972 = Ndr. von 1931, 644). Die Schrift verwendet nicht nur die rabb. Midrasch-Literatur, sondern auch sonst nicht belegten Stoff, der z.T. sehr alt ist. Sie umfaßt 32 Kapitel (24 zu 1 Sam, 8 zu 2 Sam) und ist wohl in Palästina entstanden: die genannten Amoräer und die zitierten Quellen sind alle palästinisch. MS Parma 563 ist das einzige MS, doch sehr fehlerhaft; *Rabinovitz* hat acht Blatt aus der Geniza veröffentlicht, die einen sehr abweichenden Text bieten (ohne die späteren Ergänzungen, dafür jedoch mit anderem Material, das offenbar später ausgefallen ist).

Text: K 1517; V 1546; *S. Buber*, Midrasch Samuel... kritisch bearbeitet, commentiert und mit einer Einleitung, Krakau 1893, Ndr. zus. mit Midrasch Mischle J 1965 (dazu *A. Ehrlich*, MGWJ 39, 1895, 331–6. 368–370: viele Druckfehler, Auslassungen usw.); *Z. M. Rabinovitz*, Ginzé Midrash 179–217 (ca. 13.Jh.); ein weiteres Fragment bei *N. Alloni*, Geniza Fragments 77. *Übersetzung:* *A. Wünsche*, Lehrhallen V.

Lit.: *J. Elbaum*, EJ XI, 1517f; *M. Higger*, Beraitoth in Midrash Samuel and Midrash Mishlei (h), Talpioth 5, 3–4 (1952) 669–682; *Zunz*, GV 281f.

9) Bereschit Zutta

So nennt *S. Buber* den Gen-Kommentar des Samuel b. R. Nissim Masnut, der im 13.Jh. in Aleppo lehrte, aber wohl aus Toledo stammte. Nicht sicher ist seine Identifikation mit Samuel b. R. Nissim, den Alcharizi um 1218 in Aleppo besuchte (dieser nennt als Namen nicht Masnut; auch hat der Autor des Midrasch noch 1276 einen Dan-Kommentar geschrieben). Die Handschrift nennt das Werk einfach Midrasch des R. Samuel Masnut. Das Werk ist eine Kompilation aus der gesamten rabb. Literatur (nicht namentlich zitiert), mosaikartig aus kleinsten Einheiten zusammengesetzt und deutlich dem Literalsinn zuneigend. Vom selben Verfasser stammen ein „Midrasch Sefer Ijob Maʿajan Gannim" sowie Midraschim zu Dan, Esra (mit Neh) und Chron. Auch von einem Num-Kommentar ist ein Teil erhalten (JThS), so daß man wohl annehmen kann, daß der Verfasser die ganze Bibel kommentierte. Samuel Masnut stützt sich auch stark auf die Targumim und die Peschitta; sein Kommentar zu Chron kopiert einfach jenen des David Qimchi (ca. 1160–1235) und ergänzt ihn mit rabb. Zitaten. Vielleicht hat er dies auch zu Esra und Dan getan, wozu kein Kommentar Qimchis (abgesehen von einer Erklärung der aramäischen Ausdrücke) erhalten ist.

Text: S. *Buber*, Samuel b. R. Nissim Masnut, Maʿajan Gannim... al Sefer Ijob, B 1889, Ndr. J 1970; M. *(Ha)Cohen*, Midrasch Bereschit Zutta, J 1962; I. S. *Lange – S. Schwartz*, Midras Daniel et Midras Ezra auctore R. Samuel b. R. Nissim Masnuth (Saec. XIII), J 1968.

Lit.: A. *Díez-Macho*, Las citas del targum palestinense en el midras Bereshit Zuta, FS M. Delcor, Neukirchen-Vluyn 1985, 117–126; I. *Ta-Shma*, EJ XI, 1097f.

10) Pitron Tora

Eine Sammlung von Auslegungen und Predigten zu Lev, Num und Dtn, wahrscheinlich im 9. Jh. in Babylonien entstanden. Das Werk, das in einem MS von 1328 erhalten ist, zitiert neben rabb. Quellen auch die Scheiltot des R. Achai sowie Auslegungen des Karäers Benjamin al-Nahawandi. Es ist für die Text- und Überlieferungsgeschichte der rabb. Literatur von Bedeutung.

Text: E. E. *Urbach*, Pitron Torah. A Collection of Midrashim and Interpretations, J 1978 (engl. Kurzfassung der Einleitung: 7th WCJS III, J 1981, 21–27). Zu Pijjutim zu Beginn der einzelnen Kapitel siehe E. *Fleischer*, On the Payytanic Heritage of Rav Hai Gaon – The Introductory Poems in the Midrash Pitron Torah (h), JSHL 10f (1987f), J 1988, II 661–681.

11) Weitere Midraschim und verwandte Werke

Die Sammlungen von *Eben-Schmuel*, Midresche Geulla, J. D. *Eisenstein*, Ozar Midrashim, L. *Grünhut*, Sefer ha-Likkutim, Ch. M. *Horowitz*, Sammlung kleiner Midraschim, 1. Teil B 1881, 2. und 3. Teil F 1881–2, Ndr. in 2 Bden J 1966–7, A. *Jellinek*, BhM, und S. A. *Wertheimer* enthalten eine Reihe weiterer Midraschim. Eine Kompilation der Midrasch-Tradition bietet M. M. *Kasher*, Torah Shelemah, J-NY 1927ff (bis 1991 42 Bde); gekürzte engl. Übersetzung Hg. H. *Freedmann*, NY 1953ff. Für die Lokalisierung verstreuter Bibelauslegungen in der gesamten rabb. Literatur sehr wertvoll: A. *Hyman*, Torah Hakethubah Vehamessurah, Second Edition Revised and

Enlarged by his Son *A. B. Hyman*, 3 Bde, TA 1979; Ergänzungen dazu: Sepher Hahashlamoth, J o.J (1985?).

Weitere Bibliographie: *J. T. Townsend*, in: The Study of Judaism I, NY 1972, 35–80; II NY 1976, 333–392.

ANHANG

Liste der Wochenlesungen (Sedarim) aus der Tora nach dem einjährigen Zyklus

Gen	1,1–6,8	Bereschit
	6,9–11,32	Noach
	12,1–17,27	Lekh lekha
	18,1–22,24	Wa-jera
	23,1–25,18	Chajje Sara
	25,19–28,9	Toldot
	28,10–32,3	Wa-jetse
	32,4–36,43	Wa-jischlach
	37,1–40,23	Wa-jescheb
	41,1–44,17	Miqqets
	44,18–47,27	Wa-jiggasch
	44,28–50,26	Wa-jechi

Ex	1,1–6,1	Schemot
	6,2–9,35	Wa-era
	10,1–13,16	Bo
	13,17–17,16	Beschallach
	18,1–20,26	Jitro
	21,1–24,18	Mischpatim
	25,1–27,19	Teruma
	27,20–30,10	Tetsawwe
	30,11–34,35	Tissa
	35,1–38,20	Wa-jaqhel
	38,21–40,38	Pequde

Lev	1,1–5,26	Wa-jiqra
	6,1–8,36	Tsaw
	9,1–11,47	Schemini
	12,1–13,59	Tazri'a
	14,1–15,33	Metsora
	16,1–18,30	Achare
	19,1–20,27	Qedoschim
	21,1–24,23	Emor
	25,1–26,2	Behar
	26,3–27,34	Bechuqqotai

Num	1,1–4,20	Bemidbar
	4,21–7,89	Naso
	8,1–12,16	Beha'alotkha
	13,1–15,41	Schelach
	16,1–18,32	Korach
	19,1–22,1	Chuqqat
	22,2–25,9	Balak
	25,10–30,1	Pinhas
	30,2–32,42	Mattot
	33,1–36,13	Mas'e

Dtn	1,1–3,22	Debarim
	3,23–7,11	Wa-etchannan
	7,12–11,25	Eqeb
	11,26–16,17	Re'e
	16,18–21,9	Schoftim
	21,10–25,19	Ki Tetse
	26,1–29,8	(Ki) Tabo
	29,9–30,20	Nitsabim
	31,1–30	Wa-jelekh
	32,1–52	Ha'azinu
	33,1–34,12	We-zot ha-Berakha

Abgekürzt zitierte Literatur

Dieses Verzeichnis enthält nur jene Werke, die über das ganze Buch verstreut öfter vorkommen, nicht jedoch jene, die aus der Bibliographie des jeweiligen Kapitels ersichtlich sind.

Albeck, Ch., Einführung in die Mischna, B-NY 1971 (Einführung).
- Introduction to the Talmud, Babli and Yerushalmi (h), TA 1969 (Mabo).
- Untersuchungen über die halakischen Midraschim, B 1927 (Untersuchungen).
- Deraschot: siehe bei *L. Zunz*.

Alloni, N., Geniza Fragments of Rabbinic Literature, Mishna, Talmud and Midrash, with Palestinian Vocalization (h), J 1973 (Geniza Fragments).

Alon, G., The Jews in their Land in the Talmudic Age, 2 Bde, J 1980–84 (The Jews; bearbeitete Übersetzung von Toldot ha-Jehudim, TA ³1958).
- Jews, Judaism and the Classical World. Studies in Jewish History in the Times of the Second Temple and Talmud, J 1977 (Studies; eine Auswahl der wichtigsten Aufsätze der hebr. Ausgabe, 2 Bde, TA 1958).

Assaf, S., Tequfat ha-Geonim we-Sifruta, J 1955 (Geonim).

Bacher, W., Die Agada der Tannaiten, Straßburg I ²1903; II 1890; Ndr. B 1965–6 (Tann).
- Die Agada der palästinensischen Amoräer, 3 Bde, Straßburg 1892–1905, Ndr. H 1965 (pAm).
- Die Agada der babylonischen Amoräer, F ²1913, Ndr. H 1965 (bAm).
- Die exegetische Terminologie der jüdischen Traditionsliteratur, Le 1899–1905, Ndr. H 1965 (ET).
- Tradition und Tradenten in den Schulen Palästinas und Babyloniens, Le 1914, Ndr. B 1966 (TT).

Baron, S. W., A Social and Religious History of the Jews, 18 Bde, NY ²1952–1983 (History).

Beer, M., The Babylonian Exilarchate in the Arsacid and Sassanian Periods (h), TA 1970 (Exilarchate).
- Exilarchs of the Talmudic Epoch Mentioned in R. Sherira's Responsum, PAAJR 35 (1967) 43–74 (Exilarchs).

Beit-Arié, M., Hebrew Codicology, P 1976, ergänzter Ndr. J 1981.

Dan, J., The Hebrew Story in the Middle Ages (h), J 1974 (The Hebrew Story).

Daube, D., Alexandrian Methods of Interpretation and the Rabbis, FS H. Lewald, Basel 1953, 25–44; Ndr. in *H. A. Fischel*, Hg., Essays 164–182 (Alex. Methods).
- Rabbinic Methods of Interpretation and Hellenistic Rhetoric, HUCA 22 (1949) 239–264 (Rabb. Methods).

Dor, Z. M., The Teachings of Eretz Israel in Babylon (h), TA 1971 (Teachings).

Eisenstein, J. D., Ozar Midrashim. Bibliotheca Midraschica, 2 Bde, NY 1915, Ndr. J 1969.

Eben-Schmuel, J., Midresche Geulla, J 1954, ³1968.

Ephrathi, J.E., The Sevoraic Period and its Literature in Babylonia and in Eretz Israel (500–689) (h), Petach Tikva 1973 (The Sevoraic Period).
Epstein, A., Me-Qadmoniot ha-Jehudim. Beiträge zur jüdischen Alterthumskunde, W 1887; Ndr. in Kitbe R.A. Epstein, 2 Bde, J 1950/7, Bd 2 (Qadmoniot).
Epstein, J.N., Introduction to the Text of the Mishna (h), J 1948 (ITM).
– Introduction to Tannaitic Literature: Mishna, Tosephta and Halakhic Midrashim (h), Hg. E.Z. Melamed, J 1957 (ITL).
– Introduction to Amoraitic Literature. Babylonian Talmud and Yerushalmi (h), Hg. E.Z. Melamed, TA 1962 (IAL).
Fischel, H.A., Hg., Essays in Greco-Roman and Related Talmudic Literature, NY 1977 (Essays).
– Rabbinic Literature and Greco-Roman Philosophy, L 1973.
Frankel, Z., Mabo ha-Jeruschalmi. Einleitung in den jerusalemischen Talmud, Breslau 1870, Ndr. J 1967 (Mabo).
– Darkhe ha-Mischna. Hodegetica in Mischnam librosque cum ea conjunctos. Pars prima: Introductio in Mischnam, Le 1859; Additamenta et Index, Le 1876; Ndr. TA o.J. (Darkhe).
Gafni, I.M., The Jews of Babylonia in the Talmudic Era. A Social and Cultural History (h), J 1990.
Gerhardsson, B., Memory and Manuscript. Oral Tradition and Written Transmission in Rabbinic Judaism and Early Christianity, Uppsala 1961.
Ginzberg, L., A Commentary on the Palestinian Talmud I, NY 1941, Ndr. 1971, hebr. Einleitung (Mabo).
– Genizah Studies in memory of Doctor Solomon Schechter: I Midrash and Haggadah, II Geonic and Early Karaitic Halakah (h), NY 1928/9, Ndr. 1969 (Ginze Schechter).
Goodblatt, D., Rabbinic Instruction in Sasanian Babylonia, L 1975 (Instruction).
Graetz, H., Geschichte der Juden von den ältesten Zeiten bis zur Gegenwart, Bd 4 und 5, Le⁴ 1908–9 (Geschichte).
Green, W.S., Hg., Persons and Institutions in Early Rabbinic Judaism, Missoula 1977 (Persons).
– Hg., Approaches to Ancient Judaism, I Missoula 1978, II Chico 1980, III Chico 1981, IV Chico 1983; V Atlanta 1985 (Approaches).
Grünhut, L., Sefer ha-Likkutim. Sammlung älterer Midraschim und wissenschaftlicher Abhandlungen, 6 Hefte, J 1898–1903, Ndr. J 1967 (Sefer ha-Likkutim).
Halevy, I., Dorot Harischonim. Die Geschichte und Literatur Israels Ic, Ie, II, III, F 1897–1918, Ndr. J 1967 (Dorot).
Halivni, D.W., Sources and Traditions (h), 2 Bde, I TA 1968, II J 1975 (Sources).
Heinemann, I., Darkhe ha-Aggada, J³ 1970.
Heinemann, J., Aggadah and its Development (h), J 1974 (Aggadah).
Hopkins, S., A Miscellany of Literary Pieces from the Cambridge Genizah Collections, C 1978 (Miscellany).
Juster, J., Les Juifs dans l'Empire Romain, 2 Bde, P 1914, Ndr. NY 1968.
Lauterbach, J.Z., Rabbinic Essays, Cincinnati 1951,Ndr. NY 1973.
Levine, L.I., Caesarea under Roman Rule, L 1975.
Lieberman, S., Greek in Jewish Palestine, NY ²1965 (Greek).
– Hellenism in Jewish Palestine, NY ²1962 (Hell.).
– Texts and Studies, NY 1974.

- Tosefta Ki-Fshuṭah. A Comprehensive Commentary on the Tosefta (h), 10 Bde und Ergänzungsband zu Moed, NY 1955-88 (TK).
Maier, J., Jesus von Nazareth in der talmudischen Überlieferung, Darmstadt 1978.
Mantel, H., Studies in the History of the Sanhedrin, C (M) 1961.
Melammed, E.Z., An Introduction to Talmudic Literature (h), J 1973 (Introduction).
Neusner, J., A Life of Rabban Yohanan ben Zakkai, L ²1970 (Life).
- Development of a Legend. Studies in the Traditions concerning Yoḥanan ben Zakkai, L 1970 (Development).
- A History of the Jews in Babylonia, 5 Bde, L 1965-1970 (Bab).
- The Rabbinic Traditions about the Pharisees before 70, 3 Bde, L 1971 (Phar).
- Eliezer ben Hyrcanus. The Tradition and the Man, 2 Bde, L 1973 (Eliezer).
- A History of The Mishnaic Law of Purities, 22 Bde, L 1974-7 (Pur).
- Hg., The Modern Study of the Mishnah, L 1973 (The Modern Study).
- Hg., The Formation of the Babylonian Talmud, L 1970 (Formation).
- Hg., The Study of Ancient Judaism, 2 Bde, 1981 (The Study).
Porton, G.G., The Traditions of Rabbi Ishmael, 4 Bde, L 1976-82 (Ishmael).
Rabinovitz, Z.M., Ginzé Midrash. The Oldest Form of Rabbinic Midrashim according to Geniza Manuscripts (h), TA 1976.
Safrai, S., Hg., The Literature of the Sages. First Part: Oral Tora, Halakha, Mishna, Tosefta, Talmud, External Tractates, Assen 1987 (Safrai I).
Safrai, S. - Stern, M., Hg., The Jewish People in the First Century, 2 Bde, Assen/Amsterdam 1974-6 (Safrai-Stern).
Schäfer, P., Studien zur Geschichte und Theologie des rabbinischen Judentums, L 1978 (Studien).
Schürer, E., The History of the Jewish People in the Age of Jesus Christ. A New English Version Revised and Edited by *G. Vermes, F. Millar, M. Black,* 3 Bde, Edinburgh 1973-87 (Schürer-Vermes).
Talmudic Studies: *Y. Sussman - D. Rosenthal,* Hgg., Meḥqerei Talmud. Talmudic Studies I, J 1990.
Towner, W.S., The „Enumeration of Scriptural Examples", L 1973.
Urbach, E.E., The Tosafists: Their History, Writings and Methods (h), J ²1955.
Vermes, G., Post-Biblical Jewish Studies, L 1975 (Studies).
Vries, B.de, Mechqarim be-sifrut ha-Talmud, J 1968 (Mechqarim).
Weiss, A., Studies in the Literature of the Amoraim (h), NY 1962 (SLA).
- Mechqarim ba-Talmud, J 1975.
Weiss, I.H., Dor Dor we-Dorschaw. Zur Geschichte der jüdischen Tradition (h), 5 Bde, W 1871-83, Ndr. Wilna 1904 und öfter (Dor).
Wertheimer, S.A., Batei Midrashot, 2 Bde, J ²1968.
Wünsche, A., Bibliotheca Rabbinica. Eine Sammlung alter Midraschim. Zum ersten Male ins Deutsche übertragen, 5 Bde, Le 1880-85, Ndr. H 1967 (Bibl. Rabb.).
- Aus Israels Lehrhallen, 5 Bde, Le 1907-10; Ndr. in 2 Bden H 1967 (Lehrhallen).
Zunz, L., Die gottesdienstlichen Vorträge der Juden historisch entwickelt, F ²1892, Ndr. H 1966 (GV); hebr. Übersetzung: Ha-Deraschot be-Jisrael, J 1954, ergänzt von *Ch. Albeck* (Deraschot; zitiert nur bei wichtigeren Ergänzungen *Albecks*).

Abkürzungen

1) Zeitschriften und Sammelwerke

AcOr	Acta Orientalia (Budapest)
AJSR	Association for Jewish Studies Review
ANRW	Aufstieg und Niedergang der Römischen Welt Bd II 19/2, Hg. *H. Temporini* und *W. Haase*, B-NY 1979
Archive	Archive of the New Dictionary of Rabbinical Literature, Ramat Gan I 1972, II 1974
BhM	Bet ha-Midrasch. Sammlung kleiner Midraschim, hg. von *A. Jellinek*, 6 Teile 1–4 Le 1853–7, 5–6 W 1873–7; Ndr. in 2 Bden J 1967
Bib	Biblica
BSOAS	Bulletin of the School of Oriental and African Studies
CCSL	Corpus Christianorum. Series Latina
CSEL	Corpus Scriptorum Ecclesiasticorum Latinorum
DBS	Dictionnaire de la Bible, Supplément
EJ	Encyclopaedia Judaica, J 1971 (Verweise auf die deutsche EJ, B 1928–34, erfolgen mit Jahreszahl)
FJB	Frankfurter Judaistische Beiträge
GCS	Die griechischen christlichen Schriftsteller
HR	History of Religions
HThR	Harvard Theological Review
HUCA	Hebrew Union College Annual
IEJ	Israel Exploration Journal
JAAR	Journal of the American Academy of Religion
JBL	Journal of Biblical Literature
JE	Jewish Encyclopedia
JJS	Journal for Jewish Studies
JQR	Jewish Quarterly Review
JSJ	Journal for the Study of Judaism
JSHL	Jerusalem Studies in Hebrew Literature
JSJT	Jerusalem Studies in Jewish Thought
JSS	Journal of Semitic Studies
KS	Kirjath Sepher
MGWJ	Monatsschrift für Geschichte und Wissenschaft des Judentums
OLZ	Orientalistische Literaturzeitung
PAAJR	Proceedings of the American Academy for Jewish Research
REJ	Revue des Etudes Juives
RHR	Revue de l'Histoire des Religions
RQ	Revue de Qumran
RSR	Recherches de science religieuse
SBLSP	Society of Biblical Literature. Seminar Papers
SH	Scripta Hierosolymitana

SHJP	Studies in the History of the Jewish People
ThWAT	Theologisches Wörterbuch zum Alten Testament
VT (S)	Vetus Testamentum (Supplements)
WCJS	World Congress of Jewish Studies
ZDMG	Zeitschrift der deutschen morgenländischen Gesellschaft
ZThK	Zeitschrift für Theologie und Kirche

2) Verlagsorte

B	Berlin	NY	New York
C (M)	Cambridge (Mass.)	O	Oxford
F	Frankfurt am Main	P	Paris
H	Hildesheim	Phil.	Philadelphia
J	Jerusalem	R	Rom
K	Konstantinopel	TA	Tel Aviv
L	Leiden	Tüb.	Tübingen
Le	Leipzig	V	Venedig
Lo	London	W	Wien
M	München		

3) Sonstige Abkürzungen

Bd	Band	Jb.	Jahrbuch/Jahresbericht
h	hebräisch	JThS	Jewish Theological Seminary
FS	Festschrift		
GS	Gedenkschrift	MS(S)	Manuskript(e)
Hg.	Herausgeber	Ndr.	Nachdruck
		rabb.	rabbinisch

4) Rabbinische Texte

a) Mischna, Tosefta, Talmudim

bT	babylonischer Talmud	pT	palästinischer Talmud
M	Mischna	T	Tosefta

Die Abkürzungen der Traktate dieser Werke sind stets dieselben. Zur Unterscheidung der Zitate: M wird nach Kapitel (römische Zahl) und Halakha (arabische Zahl) zitiert (z.B. AZ I,1), der bT nach Blatt, Seite a oder b (z.B. AZ 2b); Zitaten aus dem pT ist ein p vorangesetzt (z.B. pAZ I,1,39a: die beiden ersten Zahlen entsprechen Kapitel und Halakha wie in M, die dritte gibt Blatt und Spalte an), solchen aus T ein T (TAZ I,1: hier folgt jeweils der Anfangsbuchstabe der jeweiligen kritischen Ausgabe: L. = S. Lieberman, R. = K.H. Rengstorf, Z. = M. Zuckermandel).

Abkürzungen

Abot		Men	Menachot
Ar	Arakhin	Mid	Middot
AZ	Aboda Zara	Miqw	Miqwaot
BB	Baba Batra	MQ	Moed Qatan
Bek	Bekhorot	Naz	Nazir
Ber	Berakhot	Ned	Nedarim
Betsa		Neg	Negaim
Bik	Bikkurim	Oh	Ohalot
BM	Baba Metsia	Orla	
BQ	Baba Qamma	Para	
Chag	Chagiga	Pea	
Chal	Challa	Pes	Pesachim
Chul	Chullin	Qid	Qidduschin
Demai		Qin	Qinnim
Ed	Edujot	RH	Rosch ha-Schana
Er	Erubin	Sanh	Sanhedrin
Git	Gittin	Schab	Schabbat
Hor	Horajot	Schebi	Schebiit
Jad	Jadajim	Schebu	Schebuot
Jeb	Jebamot	Scheq	Scheqalim
Joma		Sota	
Kel	Kelim	Suk	Sukka
Ker	Keritot	Taan	Taanit
Ket	Ketubbot	Tam	Tamid
Kil	Kilajim	TebJ	Tebul Jom
Maas	Maaserot	Tem	Temurot
Mak	Makkot	Ter	Terumot
Makh	Makhschirin	Toh	Toharot
MSch	Maaser Scheni	Uq	Uqtsin
Meg	Megilla	Zab	Zabim
Meila		Zeb	Zebachim

b) Andere Texte

Abraham Ibn Daud: G.D. Cohen, A Critical Edition with an Introduction and Notes on the Book of Tradition (Sefer ha-Qabbalah) by Abraham Ibn Daud, Phil. 1967.
ARN Abot de Rabbi Natan, Text A oder B; Sch. = Ausgabe S. Schechter, W 1887, Ndr. H 1979.
DtnR Deuteronomium Rabba; L. = S. Lieberman, Midrash Debarim Rabbah, J³ 1974.
ExR Exodus Rabba
GenR Genesis Rabba; Th-A = J. Theodor-Ch. Albeck, Midrash Bereshit Rabba. Critical Edition with Notes an Commentary, J² 1965.
HldR Hoheslied Rabba
ISG Iggeret Rab Scherira Gaon; Seitenangabe nach B.M. Lewin, Hg., F 1920, Ndr. J 1972.

KlglR	Klagelieder Rabba; B. = S. *Buber*, Midrasch Echa Rabbati, Wilna 1899, Ndr. H 1967.
KohR	Kohelet Rabba
LevR	Levitikus Rabba; M. = *M. Margulies*, Midrash Wayyikra Rabbah, 5 Bde, J 1953–1960.
Mek	Mekhilta de R. Jischmael; L. = *J. Z. Lauterbach*, Mekilta de Rabbi Ishmael, 3 Bde, Phil. 1933–5.
MHG	Midrasch ha-Gadol
MidrPss	Midrasch Psalmen; B. = S. *Buber*, Midrasch Tehillim, Wilna 1892, Ndr. J 1966.
MidrSpr	Midrasch Sprichwörter; B. = S. *Buber*, Midrasch Mischle, Wilna 1893, Ndr. J 1965.
MidrTann	Midrasch Tannaim; H. = *D. Hoffmann*, Midrasch Tannaim zum Deuteronomium, B 1908–9.
MRS	Mekhilta de R. Simeon b. Jochai; E.-M. = Ausgabe *J. N. Epstein-E. Z. Melamed*, J 1965.
NumR	Numeri Rabba
PesR	Pesiqta Rabbati; F. = *M. Friedmann*, Pesikta Rabbati, W 1880.
PRE	Pirqe de Rabbi Eliezer; L. = Ausgabe *D. Luria*, Warschau 1852, Ndr. J 1963.
PRK	Pesiqta de Rab Kahana; M. = *B. Mandelbaum*, 2 Bde, NY 1962.
SER	Seder Elijahu Rabba; F. = Ausgabe *M. Friedmann*, W 1902, Ndr. J 1960.
SOR	Seder Olam Rabba
SOZ	Seder Olam Zutta
STA	Seder Tannaim we-Amoraim
SZ	Sifre Zutta; H. = Ausgabe *H. S. Horovitz*, J² 1966.
Tan	Tanchuma
TanB	Tanchuma Buber

Register

Sachregister

Amoräer 17, 67
Analogieschluß 28f.
Anonyme Sätze 64, 65, 69, 206f.
Atbasch 39

Baraita 179f., 109, 156f., 159f., 162, 199f., 248
Binjan ab 29, 34
Birkat ha-Minim 80

Chatima 243f.

Datierung rabb. Texte 56–8, 67–9

Exilarch(at) 13, 23, 24, 320

Formgeschichte 59–63

Gaon, Geonim 17, 15f., 105, 207f.
Gemara 168
Gematria 39
Gezera schawa 28f., 34

Haggada 26, 42f., 44, 49, 61f., 72
Halakha 26, 42f., 46f., 49, 60f., 132f.
Hellenismus 58f., 71f.
Heqqesch 29

Kalla 22, 194
Karäer 129, 132, 207, 208, 214f., 221f., 296f., 300

Maschal 38
Memra 203f.
Midrasch 231ff.
Mi'ut 33f.

Nachote 181f.
Notarikon 39

Ordination 23f.

Patriarch(at) 12f., 14f., 20f., 24, 173
Peticha 242f., 273f., 281–3, 285, 290, 312
Pirqa 22f.
Predigt 241–4, 284ff.
Proömium siehe Peticha
Pseudepigraphie 68, 69, 322, 327

Qal wa-chomer 28, 34

Redaktionsgeschichte 63–5
Responsen 216
Ribbui 33f.

Saboräer 17, 64, 104f., 194, 205–7
Schreibverbot 41–44
Sugia 204

Talmud 167
Tanna (Rezitator) 22, 50, 51, 126, 139, 144, 154
Tannaiten 17, 67
Targum 45f., 200, 234, 274, 323
Tosafisten 219
Traditionsgeschichte 63

Zensur 208f., 222

Büchertitel

O = Ordnung, Tr = Traktat, Md = Midrasch
(Die jeweils erstgenannte Zahl verweist auf die Seite,
die die Grundinformation bietet.)

Abadim Tr 230
Abba Gurion Md 314
Abkir Md 308
Aboda Zara Tr 120
Abot Tr 120, 14, 16, 60, 125, 127, 154, 225
Abot de Rabbi Natan Tr 224–6, 14
Aggadat Bereschit Md 306f.
Aggadat Ester Md 314
Ahilot Tr 122
Al-jithallel Md 330
Alphabet des R. Aqiba 339f.
Alphabet des Ben Sira 326f.
Arakhin Tr 121
Arukh 218
Aseret ha-Dibrot Md 325f.

Baba Batra Tr 119
Baba Metsia Tr 119
Baba Qamma Tr 119
Baraita de-melekhet ha-mischkan 250f.
Bechirta Tr 120
Bekhorot Tr 121
Berakhot Tr 115, 126f.
Bereschit Rabbati Md 345f.
Bereschit Zutta Md 347f.
Betsa Tr 117
Bikkurim Tr 116

Chagiga Tr 118
Challa Tr 116
Chaserot wi-Jterot Md 334
Chullin Tr 120

Demai Tr 115
Derekh Erets Rabba Tr 228f.
Derekh Erets Zutta Tr 229
Deuteronomium Rabba Md 301–3
Dibre ha-jamim schel Mosche Md 328

Ebel Rabbati Tr 227
Edujot Tr 120, 127, 129, 136
Ekha Rabbati Md 279–283
Eldad ha-Dani, Buch des, 325
Elle ezkera Md 329f.
Erubin Tr 116
Eser Galujjot Md 325
Esfa Md 308
Ester Md 312f., 314
Exodus Rabba Md 303f.

Fastenrolle 44f., 42

Genesis Rabba Md 272–9, 286
Gerim Tr 230
Gittin Tr 118

Haschkem Md 307
Hekhalotschriften 337f.
Henoch, hebr. Buch, 338
Hoheslied Rabba Md 309f.
Hoheslied Zutta Md 313
Horajot Tr 120

Ijob Md 318

Jadajim Tr 123
Jalqut ha-Makhiri 342f.
Jalqut Reubeni 343
Jalqut Schimʿoni 341f.
Jebamot Tr 118
Jelamdenu Md 298–301, 295, 343
Jom Tob Tr 117
Joma Tr 117
Jona Md 315
Josippon 327

Kalla Tr 228
Kalla Rabbati Tr 228
Kelim Tr 121f., 137, 154
Keritot Tr 121, 196
Ketubbot Tr 118
Kilaim Tr 115
Klagelieder Rabba Md 279–283
Kohelet Md 311f.
Kohelet Zutta Md 314
Konen Md 337
Kutim Tr 230

Leqach Tob Md 346
Levitikus Rabba Md 284–7, 290, 291

Maase-Bücher 331
Maase-Merkaba 339
Maase-Tora Md. 333f.
Maaserot Tr 116
Maaser Scheni Tr 116, 128
Machzor Vitry 16, 228, 229
Makhschirin Tr 122
Makkot Tr 119, 124
Maschqin Tr 118, 122
Megilla Tr 117
Megillat Antiokhos Md 323f.
Meglillat Chasidim 45
Megillat Juchasin 45
Megillat Taanit 44f., 42
Meila Tr 121, 196, 197
Mekhilta de R. Jischmael Md 249–254
Mekhilta de R. Simeon b. Jochai Md 254–7
Menachot Tr 120
Merkaba Rabba 339
Mezuza Tr 230
Middot Tr 121, 134–6, 154
Midrasch Agur 32f.
Midrasch ha-Gadol 343–5
Midrasch Tannaim 270f.
Miqwaot Tr 122
Mischle Md 317
Mischna 113ff., 51, 53, 65, 156–9, 161, 178f., 198, 260
Mischnat R. Eliezer 32f.
Moed O 116
Moed Qatan Tr 117f.

Naschim O 118
Nazir Tr 118, 127, 196
Nedarim Tr 118, 196
Negaim Tr 122
Neziqin O 118, 176f.
Neziqin Tr 119, 124
Nidda Tr 122
Numeri Rabba Md 305f.

Ohalot Tr 122
Orla Tr 116

Para Tr 122
Pea Tr 115
Pereq ha-Schalom 229f.
Pesach-Haggada 235
Pesachim Tr 117
Pesiqta Chadatta 307
Pesiqta de Rab Kahana 287–291, 285f., 295
Pesiqta Rabbati 292–7, 290, 309, 333
Petirat Aharon Md 328
Petirat Mosche Md 328
Pirqe R. Eliezer 321–3, 315
Pitron Tora Md 348
Psalmen Md 315f.

Quidduschin Tr 118
Quinnim Tr 121, 154
Qodaschim O 120, 169f.

Rehob, Inschrift, 46f., 188
Reujjot Jechezqel 339
Rosch ha-Schana Tr 117
Rut Md 310f., 181

Samuel Md 347
Sanhedrin Tr 119, 124
Schabbat Tr 116
Schebiit Tr 115
Schebuot Tr 119f.
Scheiltot 216
Scheqalim Tr 117, 184f.
Scherira Gaon, Brief des, 16, 15, 17, 21, 42, 66, 129, 131f., 154, 193f., 205f., 216
Schiᶜur Qoma 339

Seder Elijahu Md 332f., 64
Seder Olam Rabba 319f.
Seder Olam Zutta 320
Seder Tannaim we-Amoraim 15f., 17, 21, 66, 130
Sefer ha-Bahir 76, 169
Sefer ha-jaschar Md 331
Sefer ha-Maasim 188
Sefer ha-Metibot 188, 219
Sefer ha-Razim 340
Sefer Hekhalot 338
Sefer Jetsira 335f.
Sefer Juchasin 45
Sefer Raziel 340
Sefer Tora Tr 230
Sefer Zerubbabel 320f.
Sekhel Tob Md 346f.
Semachot Tr 227
Sifra Md 257–262, 180, 250
Sifre Deuteronomium Md 266–9
Sifre Numeri Md 263–5
Sifre Zutta Md 265f., 248
Soferim Tr 227f.
Sota Tr 118, 127f.
Sprichwörter Md 317
Sukka Tr 117

Taanit Tr 117
Tadsche Md 336, 345

Talmud, bab., 191ff.
Talmud, pal., 167ff., 201, 274f., 286f.
Tamid Tr 121, 134, 135f., 154, 189
Tanchuma Md 298–301, 276, 287, 306–8, 343
Tanna de-be-Elijahu 332f.
Tebul Jom Tr 122f.
Tefillin Tr 230
Temura Md 334
Temura Tr 121, 196f.
Terumot Tr 115f.
Toharot O 121, 147
Toharot Tr 122
Torat Kohanim Md 257–262, 180, 250
Tosefta 153ff.
Tsitsit Tr 230

Uqtsin Tr 123, 129, 134, 137

Wa-jekhullu Md 308
Wa-jissau Md 328f.
Wa-joscha Md 329
We-hizhir Md 307

Zabim Tr 122
Zebachim Tr 120
Zeraim O 115, 192
Zohar 84

Register

Eigennamen

A = Amoräer, bA = babyl. Amoräer, G = Gaon, S = Saboräer, T = Tannait. Die Zahlen hinter A bzw. T zeigen an, welcher Generation der genannte Lehrer angehört. Andere Namen nur in Auswahl. (Die jeweils erstgenannte Zahl verweist auf die Seite, die die Grundinformation liefert.)

Abaje bA4 101, 202f.
Abba Arikha bA1 92
Abba II. A3 97
Abba aus Akko A3 98
Abba bar Abba bA1 92
Abba bar bar Chana = Rabba bA3 99
Abba bar Kahana A3 97, 288
Abba bar Memel A3 97
Abba bar Zabda(i) A2 94
Abba Chanin (Chanan) T3 84
Abba Jose b. Dostai T3 86
Abba Saul T3 86
Abbahu A3 96, 176, 177
Abimi bA2 94
Abin I. A4 99f.
Abin II. A5 102
Abina = Rabina II. bA7 104, 193f.
Abraham ben David 33, 262
Abraham ha-Jakini 165
Abraham Ibn Daud 17, 172, 194, 205
Abtaljon T 74, 27
Abudimi = R.Dimi A4 100
Abun = Abin I A4 99f.
Acha aus Lydda A4 99
Acha b. Abbuha S 105
Acha b. Chanina A3 98
Acha b. Jakob bA4 101
Acha b. Raba bA6 104
Achai b. Joschijja T4 86
Achai b. Rab Huna S 105
Achawa = Ahaba b. Zera A4 100
Acher T2 83
Adda (Ada) b. Ahaba bA2 95
Adda II. b. Ahaba bA4 101
Ahaba b. Zera A4 100
Aibo A4 100
Aina S 105
Alexander A2 93f.
Alfasi 163, 168, 188, 201, 217

Amemar bA6 103
Ammi (Immi) b. Natan A3 96
Amram G 31
Antigonos von Sokho 74
Aqabja b. Mahalalel T1 76
Aqiba T2 80f., 30–32, 34, 67, 70, 82, 83, 128, 129–131, 136f., 181, 245–7 (Schule A.s), 252, 269, 334
Aqilas T2 81f.
Ascher b. Jechiel 151, 218, 220
Aschi bA6 103f., 193f., 202
Assi bA1 92
Assi (Jose) A3 96
Azarja A5 102
Azikri, El., 189

Ba = Abba b. Zabda A2 94
Banna'a T5 90
Bar Pedaja A1 91
Bar Qappara T5 90, 88, 180, 266
Bebai A3 97
Bebai b. Abaje bA5 103
Ben Azzai T2 83
Ben Zoma T2 83
Bene Batyra T 27
Benjamin b. Levi A3 98
Berekhja (ha-Kohen) A5 102
Berurja 72, 82
Bet Schearim 12, 20
Bun = Abin I. A4 99f.

Caesarea 20, 173, 176f.
Chaggai A4 99
Chama b. Bisa A1 90
Chama b. Chanina A2 94
Chama in Nehardea bA5 103
Chananel b. Chuschiel 168, 169, 188, 215, 218, 263

Chananja (Chanina) aus Sepphoris A5 102
Chananja b. Aqabja T3 86
Chananja b. Chakhinai T2 83
Chananja b. Chizkijja b. Garon T1 78
Chananja (Chanina) b. Gamaliel II. T2 83
Chananja b. Teradjon T2 82
Chananja „Genosse der Gelehrten" A3 97
Chananja Neffe des Jehoschua T2 83 f.
Chananja (Chanina) Vorsteher der Priesterschaft T1 76
Chanin (Chanan) aus Sepphoris A4 100
Chanina b. Abbahu A4 100
Chanina b. Acha A4 100
Chanina b. Chama A1 90
Chanina b. Dosa T1 77f.
Chanina b. Isaak A4 100
Chanina b. Pappai A3 98
Chelbo A4 99
Chidqa T2 83
Chijja (b. Abba) T5 89f., 155, 156, 180, 259, 266, 315
Chijja II. b. Abba A3 96
Chijja b. Gamda A1 91
Chijja b. Josef A2 94
Chisda bA3 98, 198
Chizkijja A5 102
Chizkijja b. Chijja A1 90, 256, 268

Dimi A4 100
Dimi aus Nehardea bA5 103
Donin, Nikolaus, 222
Dosa T4 87
Dostai b. Jannai T4 86
Dostai b. Jehuda T4 87

Efa bA2 95
Efes A1 90
Eisenmenger, J.A., 222f.
Ela (Hela) A3 97
Eleazar aus Modiin T2 80
Eleazar b. Arakh T2 79
Eleazar b. Azarja T2 79
Eleazar b. Jehuda T4 87
Eleazar b. Jehuda aus Bartota T2 83

Eleazar b. Jose T4 87
Eleazar b. Parta T2 82
Eleazar b. Pedat A3 96
Eleazar b. Schammua T3 85
Eleazar b. Simeon T4 87
Eleazar b. Tsadoq I. T2 80
Eleazar b. Tsadoq II. T3 85
Eleazar b. Chisma T2 82
Eleazar ha-Kallir 240, 291, 297
Eleazar (Eliezer) ha-Qappar T4 88
Eliezer (b. Hyrkanos) T2 77, 20, 135, 228, 269, 321
Eliezer b. Jakob I. T1 77, 135f.
Eliezer b. Jakob II. T3 85, 266
Eliezer b. Jose ha-Gelili T3 85, 25, 32–40 (Regeln)
Elija Gaon von Wilna 151, 165, 189, 220, 262, 265
Elischa b. Abuja T2 83
Eurydemos b. Jose T4 87

Gamaliel I. T1 76
Gamaliel II. T2 78, 20
Gamaliel III. T5 89
Gebiha bA7 104
Geniba bA2 95
Gerschom b. Jehuda 218
Giddel bA2 95
Große Synagoge (Synode) 73, 129, 130

Hai G 107, 150, 217, 227, 265
Haus Hillels und Schammais T1 75f., 20, 69
Hela A3 97
Heller, J.T.L., 147, 151
Hillel T 74–6, 14, 15, 16, 27–30 (Regeln), 31, 72, 130
Hillel II. A4 100f.
Hillel b. Eljaqim 262, 265
Hoschaja A1 91, 155, 180, 272, 275, 318
Hoschaja II. A3 97
Huna (Rab H.) T5 90
Huna (Rab H.) II. bA2 94f.
Huna (b. Abin) A4 100
Huna b. Chijja bA3 98
Huna b. Jehoschua bA5 103
Huna b. Natan bA6 103

Idi b. Abin I., bA4 101
Idi b. Abin II., bA7 104
Ilai T2 81
Isaak T4 87
Isaak II. (Nappacha) A3 96
Isaak b. Eleazar (b. Chaqola) A2 93
Isaak b. Melchisedek von Siponto 151
Isaak b. Nachman A3 97
Isserles, M., 218
Issi b. Jehuda T3 86

Jabne 12, 14
Jakob T4 87
Jakob b. Ascher 218
Jakob b. Idi A3 97
Jannai A1 90
Jehoschua (b. Chananja) T2 79
Jehoschua b. Levi A1 91, 43
Jehoschua b. Nechemja A4 100
Jehoschua b. Perachja T 74
Jehoschua b. Qarcha T3 85
Jehuda II. Nesia A1 91
Jehuda III. Nesia A3 96
Jehuda IV. A5 102
Jehuda b. Baba T2 82f.
Jehuda b. Batyra T2 83
Jehuda b. Chijja A1 90
Jehuda (b. Ilai) T3 85, 259
Jehuda (b. Jechezqel) bA2 95
Jehuda b. Laqisch T4 87
Jehuda b. Nachmani A2 42f.
Jehuda b. Natan 219
Jehuda b. Pedaja A1 91
Jehuda b. Simon b. Pazzi A4 100
Jehuda b. Tabbai T 74
Jehuda Hadassi 32
Jehuda ha-Nasi (= Rabbi) 88f., 12, 17, 20, 67, 129f., 138–144, 155, 268
Jehudai G 188, 196, 207, 215, 216, 228
Jemar bA7 104
Jirmeja A4 99
Jirmeja b. Abba bA2 95
Jischmael (b. Elischa) T2 80, 25, 28, 29, 30–32 (Regeln), 180, 236, 245–7 (Schule), 250–252, 264, 268, 334, 337
Jischmael Sohn des Jochanan b. Beroqa T3 86
Jochanan b. Beroqa T2 82

Jochanan (b. Nappacha) A2 93, 21, 43, 172f., 269
Jochanan b. Nuri T2 82
Jochanan b. Torta T2 82
Jochanan b. Zakkai T1 77, 12, 14, 15, 17, 20, 64, 269
Jochanan ha-Sandelar T3 85
Jona A5 102
Jonatan T3 84, 252f.
Jonatan aus Bet Gubrin A2 94
Jonatan b. Eleazar A1 91
Jonatan b. Uzziel 75
Joschijja T3 84, 252f.
Joschijja A3 97
Jose (Assi) A3 96
Jose (sof hora'a) 104, 194
Jose b. Abin (Abun) A5 102
Jose (b. Chalafta) T3 85, 137, 319f.
Jose b. Chanina A2 94
Jose b. Jasjan T3 85
Jose b. Jehuda T4 87
Jose b. Jochanan T 74
Jose b. Joezer T 74
Jose b. Kipper T4 87
Jose b. Meschullam T4 88
Jose b. Qisma T2 83
Jose b. Saul T5 90
Jose II. b. Zabda A5 102
Jose b. Zimra A1 91
Jose der Priester T2 79
Jose ha-Gelili T2 82
Jose Sohn der Damaszenerin T2 82
Jose b. Chama bA4 101
Josef (b. Chijja) bA3 99
Josephus Flavius 43f., 59, 233, 274, 281, 327, 328
Judan A4 100

Kahana (Rab K.) 94, 291
Kahana (Rab K.) in Pumbedita bA6 104
Kahana (Rab K.) in Pum Nahara bA6 103
Kairowan 16, 215, 218
Karo, Josef, 218

Levi A3 96
Levi b. Sisi T5 90

Levitas aus Jabne T2 80
Lod = Lydda 20, 266

Maimonides siehe Mose ben Maimon
Mana T4 88
Mani II. (Mana) A5 102
Mani I. (Mana) b. Tanchum A2 94
Mar bar Rab Aschi bA7 104
Mar bar Rab Chanan G 105
Mar bar Rab Huna G 105
Mattai von Arbel T 74
Mattena bA2 95
Mattja b. Cheresch T2 83
Meascha A2 94
Meir T3 84, 72, 129, 130, 132, 134, 137, 138
Melchisedeq von Siponto 151, 165
Menachem (b. Jose) T4 87
Menachem b. Salomo (ha-Meiri) 220
Mendelssohn, M., 223
Meremar bA7 104
Mosche ha-Darschan 305, 345
Mose b. Maimon 17, 42, 124, 125, 126, 147, 150f., 155, 170, 172, 188, 209, 218, 265, 270, 275
Mose b. Nachman 209, 219f., 222, 230, 255

Nachman A5 102
Nachman b. Isaak bA4 101
Nachman (b. Jakob) bA3 98
Nachman b. Rab Huna bA7 104
Nachmanides siehe Mose b. Nachman
Nachum aus Gimzo T1 78
Nachum der Meder T1 77
Natan (ha-Babli) T4 88, 22, 225f., 252
Natan Leiter der pal. Jeschiba 150
Natan b. Jechiel 218
Natronai b. Chakinai G 209, 227, 332
Nechemja T3 85, 154
Nechunja ben ha-Qana T1 76f.
Nehardea 21, 197
Nehorai T3 86
Nichumai bA7 104
Nissim (b. Jakob) 155, 188, 215, 218, 347
Nittai = Mattai 74

Obadja v. Bertinoro 147, 151
Oschaja A1 91

Paltoi G 201, 209, 216
Papa b. Chanan bA5 103, 197, 202
Papi bA5 103
Papias T2 78f.
Pappos b. Jehuda T2 82
Pardo, D., 165, 265
Philo 58, 233, 274
Pfefferkorn, J., 222
Pinchas (b. Chama) A5 102
Pinchas b. Jair T4 87
Pirqoi b. Baboi 170, 173, 215, 300, 322
Pumbedita 13, 16, 21, 193, 197

Qarna bA1 91
Qattina bA2 95

Rab bA1 92, 21, 257, 259, 263, 306
Raba (b. Josef b. Chama) bA4 101, 202, 228
Rabba bar Chana bA1 92
Rabba Jose(f) S 105
Rabba Tosfaa bA7 104
Rabbah b. Abuha bA2 95
Rabbah bar bar Chana bA3 98f.
Rabbah bar Mari bA4 101
Rabba(h) b. Nachmani bA3 99, 275
Rabbah bar Rab Huna bA3 98
Rabbai S 105
Rabbi siehe Jehuda ha-Nasi
Rabina I. bA6 103, 193
Rabina II. bA7 104, 193f.
Rabina von Amutsja S 105
Rachba bA3 99
Rafram I. b. Papa bA5 103
Rafram II. bA7 104
Rami b. Abba bA3 98
Rami b. Chama bA4 101
Raschi 33, 42, 151, 155, 169, 194, 196, 208, 218f., 278, 291
Raymund Martini 222, 345
Resch Laqisch A2 93
Reuben b. Istrobeli T3 86
Reuchlin, J., 222
Richumai bA7 104
Richumai S 105

Rohling, A., 223
Ruben A2 94

Saadja G 32, 42, 129, 149f., 215, 217, 324, 335
Sama b. Jehuda S 105
Sama b. Raba bA7 104
Samuel (Mar S.) bA1 92f., 21, 202
Samuel b. R. Abbahu S 105
Samuel b. Ammi A4 100
Samuel b. Chofni G 33, 216
Samuel b. Isaak A3 97
Samuel b. Nachman(i) A3 95
Samuel der Kleine T2 80
Samuel ha-Nagid 209, 217
Samuel ha-Kohen ben Chofni G 105
Schammai T 75f., 14, 17
Schela bA1 91f.
Schemaja T 74, 27
Scherira G siehe Büchertitel
Scheschet bA3 98
Sepphoris 12, 21, 266
Simeon aus Schiqmona T2 83
Simeon aus Timna T2 83
Simeon b. Azzai T2 83
Simeon b. Chalafta T5 90
Simeon b. Eleazar T4 87f.
Simeon b. Gamaliel I. T1 77
Simeon b. Gamaliel II. T3 86, 156
Simeon b. Jehotsadaq A1 91
Simeon b. Jehuda T4 86
Simeon b. Jochai T3 84, 180, 256, 264, 266, 268
Simeon b. Jose b. Laqonja T4 88
Simeon b. Laqisch A2 93
Simeon b. Menasja T4 88

Simeon b. Pazzi A3 96
Simeon b. Schetach T2 74, 18
Simeon b. Zoma T2 83
Simeon der Gerechte 73, 15, 17
Simeon ha-Paqoli T2 80
Simlai A2 94
Simona S 105
Simson von Chinon 32, 155, 172, 217
Simson von Sens 151, 165, 219, 262
Sirillo, S., 184, 189
Sura 13, 21, 197
Symmachos T4 87

Tachna (Tachina) S 105
Tanchum(a) b. Abba A5 102, 298f.
Tanchum b. Chanilai A2 94
Tanchum b. Chijja A3 98
Tarfon T2 81
Tiberias 12, 21, 173, 176
Tsadoq T1 77

Ulla (b. Jischmael) bA3 99
Ulla II. A5 102f.
Uqba (Mar U.) I. bA1 92
Uqba(n) II. (Mar U.) bA2 95
Uscha 12, 15

Zabdai b. Levi A1 91
Zebid bA5 103
Ze'iri (Zera) bA1 92
Zera I. A3 96f.
Zera II. A5 103
Zeriqa(n) A3 97
Zutra (Mar Z.) bA6 104
Zutra (Mar Z.) S 105

Bücher von Günter Stemberger

Der Talmud
Einführung – Texte – Erläuterungen
2., durchgesehene Auflage. 1987. 234 Seiten.
Leinen

Midrasch
Vom Umgang der Rabbinen mit der Bibel
Einführung – Texte – Erläuterungen
1989. 242 Seiten. Leinen

Geschichte der jüdischen Literatur
Eine Einführung
1977. 257 Seiten. Broschiert

Das klassische Judentum
Kultur und Geschichte der rabbinischen Zeit
(70 n. Chr. bis 1040 n. Chr.)
1979. 271 Seiten.
Broschiert

Juden und Christen im Heiligen Land
Palästina unter Konstantin und Theodosius
1987. 298 Seiten. Broschiert

Die Juden
Ein historisches Lesebuch
3., unveränderte Auflage. 1991. 348 Seiten, 3 Abbildungen
Paperback
Beck'sche Reihe Band 410

Verlag C. H. Beck München